[美] 杰克·卡普尔（Jack Kapoor）

[美] 莱斯·德拉贝（Les Dlabay）　　著

[美] 罗伯特·休斯（Robert Hughes）

苏凇　译

认识个人理财

上册

BUSINESS AND PERSONAL FINANCE

中信出版集团 | 北京

图书在版编目（CIP）数据

认识个人理财：全两册 /（美）杰克·卡普尔，
（美）莱斯·德拉贝，（美）罗伯特·休斯著；苏淞译
. -- 北京：中信出版社，2021.5
　　书名原文：Business and Personal Finance
　　ISBN 978-7-5217-2415-8

　　Ⅰ. ①认… Ⅱ. ①杰… ②莱… ③罗… ④苏… Ⅲ.
①私人投资—青少年读物 Ⅳ. ① F830.59-49

中国版本图书馆 CIP 数据核字 (2021) 第 038977 号

认识个人理财：全两册

著　者：[美]杰克·卡普尔　[美]莱斯·德拉贝　[美]罗伯特·休斯
译　者：苏淞
出版发行：中信出版集团股份有限公司
　　　　（北京市朝阳区惠新东街甲 4 号富盛大厦 2 座　邮编　100029）
承 印 者：北京启航东方印刷有限公司

开　本：787mm×1092mm　1/16　　印　张：26.5　　字　数：630 千字
版　次：2021 年 5 月第 1 版　　　印　次：2021 年 5 月第 1 次印刷
京权图字：01-2020-5537
书　号：ISBN 978-7-5217-2415-8
定　价：268.00 元（全两册）

现在人们越来越重视对青少年学生课堂外知识的教育培训和素质养成。尽管对这一现象的看法不尽一致，但总体而言，大家对增强青少年的通识教育是赞成的。当然，随着社会和经济的发展，我们也可以发现，现在对孩子们的培训教育（这里主要说的是课外的培训教育）基本还是围绕如何开发和提升学生们的"智商""情商"等方面来开展的，似乎缺少了一块关于"财商"的内容。

财商是指一个人在财务方面的智力和能力，通俗地说也就是一个人正确认识金钱、财产及其相关规律的能力。青少年时期是财商的重要培育期，现在国际上很多发达国家都已从国家战略层面着手青少年财商教育的普及。英国、澳大利亚等国将财商教育纳入了国家基础教育体系，美国、日本、加拿大等国成立了专门的机构负责推动财经素养教育。2012 年开始，世界经济合作与发展组织（OECD）在国际学生评估项目（PISA）的测评中将"财商"作为评价学生素质的重要一项。

在我国，青少年财商教育也越来越受到国家及社会各界的关注。

自 2013 年起，国务院办公厅、教育部、人力资源社会保障部、银监会（2018 年与保监会合并为银保监会）、证监会等先后出台了多项文件和政策措施，要求"将投资者教育逐步纳入国民教育体系"，提出建立金融知识普及长效机制，切实提高国民金融素养，推动大中小学积极开设金融基础知识相关课程，"积极开展常态化、丰富多彩的消费观、金融理财知识及法律法规常识教育"。2019 年 3 月，证监会、教育部还联合印发了《关于加强证券期货知识普及教育的合作备忘录》，推动证券期货知识有机融入课程教材体系，提升教师队伍金融素养，创新证券期货知识的学习、应用方式，鼓励、引导社会各界加大相关资源投入力度。可以预见，从国家层面，将财商教育纳入国民教育体系已成为未来重要的发展趋势。

目前国内教育部门已开始发力，据悉北京师范大学成立了北师大财经素养教育研究中心，推出了中国 K12（从幼儿园到高中）财经素养教育项目，联合清华大学、北京大学、中央财经大学等国内高校的师资力量，在北京中关村一小、海淀实验二小、世纪阳光幼儿园、广州市桥中心小学等全国 10 余所学校和幼儿园进行了试点授课，得到了老师和学生的好评。

随着国内个人投资理财市场的发展，一些银行、保险、证券、基金等机构在进行投资者教育的过程中，根据客户的需求，开始将教育对象的年龄进一步下沉。特别是近年来随着私人财富管理业务快速发展，人口年龄结构变化，财富传承逐渐提上财富客户的议事日程。一些金融机构、第三方财富管理机构和家族办公室等，为满足客户的差异化服务需求，均不同程度、不同范围开展了针对二代的财商培训、亲子教育活动。与此同时，随着我国普通居民投资热情的增长，金融机构正在通过与一些教育培训机构、医疗服务机构、社区等的合作，扩大投资者教育的范围。近年来，地产物业公司、律师事务所、会计师事务所、留学服务中介机构等也开始注重为客户提供财商学习服务。

除了传统的线下活动，近年来线上教育正在成为新的方向。利用移动互联网、大数据、人工智能等，不少机构通过手机应用和网站开设专门的板块，设立专门的入口，为投资者提供资讯、工具、金融知识科普服务，为大众提供丰富的金融、理财知识的学习资源。

近年来，在一些地方还出现了专门从事财商教育的培训企业。这些企业多由曾在金融机构从业的理财师和专业讲师发起成立，开发课程，为金融机构的投资者教育提供服务，或与 K12 的培训机构联合，纳入孩子们的素质教育项目。

部分财经媒体联合专家学者、学研组织，举办各种形式的论坛、研讨会，推动经济金融知识在大众中尤其是青少年中的普及。

社会上也出现了一些公益性的组织，与中小学校合作，开展面向更多普通家庭青少年的财商教育活动。

一些文化出版机构对于大众的文化消费需求反应也十分敏锐。国内图书市场的金融类图书产品已经从起初面向专业机构的从业者到面向大众读者，从国外的优秀读物引进到本土原创作品开发，层次逐步多样化，品种日渐丰富。近年来，还出现了专门面向青少年的金融知识普及读物。这些无疑都很好地推动了国内财商教育的发展。

我认为今天之所以有条件专门来研究和讨论青少年财商教育这个话题，离不开改革开放 40 多年来的社会进步和经济发展，离不开这些年一直强调的"教育是国之大计"。

近几年，我国关于财商教育的认知在不断深化。财商教育的目标不是财富，而是幸福。财商教育的根基不是理财知识，而是价值体系。财商教育的场所不仅仅在课堂，更是在家庭、在社会。

勤劳致富是中华民族的传统美德。如何随时代发展，树立正确的劳动价值观，创造美好生活，是中国人的精神追求。财商教育要立足于此，不仅帮助人们更好地认识财富、创造财富，还要进一步提高大家科学、合理地运用经济金融知识实现财富的保值增值和有序传承的能力。从小的方面讲，让财富为幸福生活服务，从大的方面说，让财富为国家和社会的和谐与进步服务。

当然，不可否认，目前国内青少年金融教育的发展还相对滞后，亟需提高的方面还有不少。

首先，公众尤其是父母，对青少年财经素养教育的认识和重视程度不足。中国的学生普遍课业压力大，虽然已经有一部分父母认识到财经素养教育的重要性，但还有很多父母更多是关注孩子的校内课业成绩。即使是明白财经素养教育重要性的父母，可能也因为自身对经济金融不够了解，而无法更好地引导孩子学习经济金融知识、提升财经素养。对青少年进行财经素养教育，第一步是要让家长乃至是整个社会有意识、有能力去引导和培养孩子的财经素养。在这方面还有一些认识需要澄清。要搞清楚对青少年加强财商教育，并不是要把孩子们都培养成金融从业者，也不是要让孩子们从小就整天琢磨如何投资、如何理财、如何赚钱，而是要让青少年了解金融在社会发展、经济运行中的基本作用；懂得财富应该通过劳动（包括体力劳动和脑力劳动）而获得，期盼不劳而获、希望一夜就能暴富是不行的；要让青少年们知道财产是可以投资的，投资是可能带来财富的保值、增值的，同时也是可能带来风险和损失的。对增值保值获益的预期要合理，对风险的掌控要在自己心理和财力承受范围内。要让青少年们了解在社会生活和经济生产中是可以借钱（负债）的，但借钱是要还的，讲信用是一件十分重要的事情。负债不能过度，欠债不能耍赖。

目前，国内还缺少权威、系统又全面的青少年财经素养教育知识体系，尤其是适合中国国情的知识体系。国外，不乏许多普及经济、金融、个人理财的通识读本，但鉴于国情不同、经济社会文化背景不同，国外这方面的知识体系，我们不能全盘接收，要进行鉴别判断，选取适合我们自己的知识内容。

此外，国内的相关师资力量还有待完善和提高，不少财商教育项目的内容质量不高、教学手段相对单一。在科技发展日新月异的今天，教育的形式已得到极大扩展。尤其是 5G 时代的来临，视频、直播等方式，让教育随时、随地。这对于财经素养教育这一与人们日常生产生活关系十分密切的领域来说，无疑是提供了新的条件，不仅仅是青少年，家长、教师、学校都应该善于利用新技术。

相对于传统的学科教育，青少年财经素养教育更是一种素质教育、能力教育，既具有一定的基础性，又具有很强的专业性。因此，它的发展与普及，不仅仅是教育部门的事情，更需要文化部门、金融部门、科研部门等社会多方跨界协作。

中信出版社与有关方面合作，准备推出"青少年财经素养培优"项目，这是一件很有意义的事情。希望这个项目能以优质的内容，搭建起一个图书、教材教具、理财游戏、模拟体验、线上音视频课程、线下论坛、冬/夏令营、财商训练营、师资培训、机构内容服务等多元化的产品与服务体系，摸索出一条具有我国特色的青少年财商教育培训的路子。在这个过程中，要充分发挥出版社的优势，按照读者年龄段进行细分，为不同的群体量体裁衣，进行不同金融基础知识的内容出版及产品匹配。其中，书系不仅要包括国外经典图书，更要有更多的国内一批专家总结凝练出的适合我们自己的财经素养教育图书。希望这个项目能为中国青少年的财经素养教育做出应有的贡献。

杨凯生

财经素养的重要性得到了越来越多的人认同。但如何提高财经素养对于很多人来说仍然是困惑的。在推广财经素养教育的这些年中，不断有学校、学生和培训机构希望我们能推荐一些财经素养方面的入门工具书。让我犯难的是，一方面，财经素养是一个较新的跨学科领域，它涉及的面比较多，包括经济、金融、财务、会计、管理、心理等。财经素养从个人财务决策和管理出发，所涉及的知识点和这些学科有交叉，但又不属于这些学科。市场上能够较为系统地介绍财经素养的书目前较难见到。另一方面，财经素养是行为导向的素养，它强调的是在生活情境中面临财经问题时，能够合理分析、判断和决策的能力，直观、生动地告诉读者"是什么"和"怎么办"尤其重要。中信出版社让我翻译的系列图书很好地满足了这两方面的要求。它们以个人和家庭财经决策需要了解的知识为出发点，以问题为导向，以案例为切入点，有针对性地选取相关基础知识，深入浅出，通俗易懂。虽然所采用的案例和分析的市场都针对美国的财经环境，但作为入门工具书，其内容对于中国读者来说仍然是非常好的选择。

这本《认识个人理财》紧扣个人和家庭财经决策和财经福祉，在简单介绍经济和金融相关知识的基础上，从如何通过创业和职业规划获取收入、如何消费等角度来指导做好个人财务规划，通过借贷来预支未来的收入，通过储蓄和投资来用钱生钱，借助税收规划、保险和遗产规划等保护财务。

第一篇，简要介绍相关的经济和金融基础知识，重点回答什么是经济学及以美国为例介绍经济体系的构成，同时介绍政府和全球贸易在经济中的作用。

第二篇和第三篇，总结了个人创业需要了解的基本知识，包括企业组织形式，如何制订商业计划和财务计划，如何筹集所需资金、编制财务报表、管理工资和库存，以及如何核算成本和为商品定价等。

第四篇，指导如何规划个人财务，包括确定财务目标、规划个人职业，通过整理财务记录、编制家庭财务预算和报表等方式管理家庭财务，做到合理消费。

第五篇，告诉你如何合理向银行借贷来预支未来的收入。了解银行可以提供的借贷服务以及如何办理。积累和保护个人信用来获得在银行借贷的资格，管理好债务成为美好生活的助力而非负担。选择更适合自己的租房或者买房方式，并通过银行借款来实现。

第六篇，当你有闲钱的时候，要根据自己的风险承担能力来让钱生钱，这一篇是总结如何选择储蓄和各类有风险的投资（包括股票、债券、基金、房产和收藏品等）。

第七篇，梳理了在积攒财富后如何保护它。首先，通过合理的税务筹划来避免多缴税。其次，通过购买家庭财产险、健康和人寿险等来防止各种意外。最后，通过提前制订退休计划和进行遗产规划来保障退休后的生活和财富的传承。

通过多年的财经素养教育研究和实践，要从钱的流向和保护角度提升财经素养能力，我归结为五大维度的能力培养（通过知识技能积累和迁移促使行为习惯的形成）。它们分别是：收入和职业、支出和预算、储蓄和投资、信用和借贷、风险和保险。其中，收入和职业关乎如何获得钱；支出和预算关乎如何花钱；当收大于支时，涉及储蓄和投资；当收小于支时，就涉及信用和借贷；而钱的整个流动过程都涉及对钱的保护问题，它关乎风险和保险。从上面的内容介绍可以看出，这本书的脉络与我提出的五大维度能力培养视角基本上是一致的。尽管这本书中所涉及的美国决策情境与中国的有很大不同，但其基本逻辑和理论同样适用于我们日常的财经决策。我们在使用这本书时，结合我们所处的决策情境进行思考和分析，会对提升财经决策的效率和合理性有很大帮助。

这本《认识个人理财》的翻译工作，主要由我和北京师范大学经济与工商管理学院的硕士生李琳、郭雪俐、邵梦影、田珍珍共同完成。此外，特别感谢田俊丽博士在这本书翻译过程中对相关专业领域的学术支持和把关，也感谢苏清弈同学对书中一些案例的讨论。

最后，非常期待大家对这本书给予反馈和意见，待再版时进行修订和完善。

苏凇

北京师范大学经济与工商管理学院教授、博士生导师

北京师范大学财经素养教育研究中心主任

目录

上册

经济学和个人理财

看图说话

　　世界经济一体化提供了新的机遇，但也可能使国家面临风险。随着信息文化交流和资源交换的频繁，各国如何保护自身利益和全球利益？

你所在的世界

地球村

    几个世纪以前，当雄心勃勃的商人离开家园去寻求新的资源和新的市场时，全球性变革就开始了。如今，随着技术、贸易的发展和联系的频繁，这种情况仍在继续。当今世界是一个拥有全球经济的地球村。不断增强的连通性和竞争力为消费者提供了许多机会，但也存在缺陷。例如，它在某种程度上导致许多工作转移到劳动力成本较低的国家。你认为在日益全球化的市场中应如何保护工人？谁应该对此负有监管的责任？

 **大学和职业**
准备

全球化   全球化提供了更多的机遇，但也给全球经济带来了某些风险。解释全球化的利与弊。技术将如何影响全球经济？

经济学与你

全球化

    电信业的发展使得世界各地的人可以观看同样的体育赛事和其他电视节目。这种进步改变了其他国家的文化选择和购买习惯。观众需要在广告中看到的或电视节目中的外国商品。大家对全球化的看法并不相同。例如，有些美国人认为这将导致美国人失去就业机会，有些美国人则认为它将带来全球统一并增加财富。上网搜索，找一家外包服务公司，写一篇短文来解释如果全球化意味着会把工作机会留在美国，你会愿意还是不愿意支付更多钱来购买商品，为什么？

1 经济学入门

看图说话

由于资源有限，企业和消费者必须做出选择。这位女商人必须决定在她的商店里上哪些新的春季时装。由于资源有限，你需要做出哪些选择？

探索项目

教授财经知识

关键问题

儿童可以理解那些能够帮助他们了解财经知识的经济概念吗？

项目目标

研究表明，了解与财经知识相关的经济概念永远不会太早。

- 以小组形式为四年级学生组织三项活动，向他们讲授经济学、政府和全球贸易的相关知识。假设孩子们从未参加过有关这些主题的活动。
- 编写一个脚本，通过确定的目标告诉学生开展每项活动的原因。
- 使用适合儿童的概念和例子。
- 设计和准备年幼的孩子可以使用的道具和其他视觉辅助工具。
- 向同学们介绍活动以获得反馈。必要时，这将为你提供完善活动的机会。
- 愿意接受建设性的批评。

考虑以下内容

- 活动应该包含哪些概念？
- 每一个活动的目标是什么？
- 哪些类型的道具和视觉辅助工具将会吸引一个四年级学生的注意力？
- 你将如何判断活动是否达到了目标？

21世纪技能

经济素养

为什么从小学习财经知识和经济学很重要？

重要见解

你对经济学了解得越多，对当前和未来财务状况做出的决策就越明智。

请教专家

市场经济中的监管

问： 在市场经济中，为什么政府会监管市场？

答： 在理想情况下，每个人都会诚实和公平地交易，但事实并非如此，因此需要政府监管。政府监管旨在制定和执行标准和规则，解决纠纷，并进行改进以保持交易公平和有效。对于政府监管，既有支持者也有反对者。支持者认为市场无法自我保护、监督和监管。反对者认为市场能自我监管，同时监管资金可用于其他目的。

 写作任务

列出个人、家庭、企业和政府的需要品和想要品清单。在每一个需要品和想要品旁边写一句话，解释稀缺性有怎样的影响。

阅读开始前

基本问题　经济概念和政策如何影响你的个人财务状况?

中心思想

你越了解经济如何运作以及经济因素对你财务状况的影响，就越有利于你做出有关财务资源使用和规划的决策。

内容词汇

- 经济学
- 机会成本
- 稀缺性
- 生产要素
- 土地
- 劳动力
- 资本
- 企业家才能
- 经济
- 传统经济
- 物物交换
- 计划经济
- 市场经济
- 供给
- 需求
- 均衡点
- 最高限价
- 最低限价
- 需求弹性
- 弹性需求
- 无弹性需求
- 金融市场
- 存款机构
- 非存款机构
- 激励

学术词汇

在阅读和回答问题时，你会看到这些词。

- 分配
- 自由裁量权
- 可替代的
- 衍生品

使用图表

在阅读本章之前，请绘制右图。在你阅读时，请使用右图总结每种经济体系必须解决的问题。

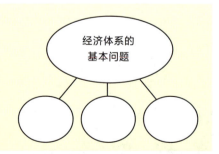

稀缺性和经济学

有限资金会如何影响你的财务决策

你有多少钱？你用这些钱做决策是经济学和个人理财的本质。**经济学（Economics）**是有关生产、分配以及使用商品和服务决策的学科。

机会成本和权衡

为了做出决定，你需要区分需要和想要。需要的是必需品，如食品和衣服。想要的是你渴望拥有的，但没有也可以生存。想象你赚了200美元，你可以将钱存入为上大学而设立的银行账户中，你也可以投资以获得丰厚回报。或许你选择立即将这笔钱花在你想要或需要的东西上。

每个行动都有机会成本，都需要权衡。**机会成本（opportunity cost）**是你为了得到某样东西而放弃的。你的200美元不足以满足你所有的"需要"和"想要"。如果你花掉这笔钱，你需要更长的时间为上大学筹钱。如果你把这笔钱存起来，你将放弃拥有你现在十分想要的新商品的满足感。因此，你必须在做出决定时比较这些可选方案，因为每个方案都有成本和收益。这些成本和收益也被称为边际成本和边际收益。边际成本是每多获得一件商品的成本。在这种情况下，这是购买你想要的商品的成本。边际收益是每多购买一件商品的收益。这是你从购买所需商品中获得的收益。评估边际成本和边际收益将有助于你做出有效的决策。

从商业视角来看，边际成本是每多生产一件商品所放弃的。边际收益是消费者愿意为了多获得一件商品而放弃的。企业利用这一信息，通过比较生产更多商品的成本和收益来最大化利润。

稀缺性和社会

你如果考虑所有的"需要"和"想要"，你会意识到你铲雪赚的200美元不能满足自己。这一问题就是被称为稀缺性的经济原则。

本节目标
- 解释机会成本。
- 讨论稀缺性的概念和商品的要素。
- 比较不同经济系统和它们分配商品和服务的方式。
- 解释供给和需求如何决定价格。
- 区分弹性和无弹性需求。

 阅读进行时

联系 你的家庭成员在国家经济中扮演什么角色？

世界各地的体育场馆和竞技场都有体育赛事和音乐会。这些活动的门票通常很难获得。如果你无法获得活动门票，有许多售卖热门活动门票的在线拍卖网站可供你使用。这些网站作为一个自由市场运作，由消费者决定每一个商品的价格。门票的价格就是消费者愿意花费的钱。鉴于此，拍卖网站上的门票有时会非常贵，所以你通常会支付比门票的票面价值更高的费用。

稀缺性（scarcity） 要求人们决定使用或不使用某些商品和服务，因为资源有限而欲望无限。

由于对资源的竞争和这些资源的多种用途，经济中的稀缺性是一直存在的。短缺是暂时的，例如，干旱会毁掉某种农作物。

稀缺性也会影响企业。由于资源供给有限，拥有某个东西可能意味着放弃其他东西。例如，一位餐厅老板可能想要一个昂贵的新装饰品，又想将更多的钱用于购买厨房设备。这位老板必须评估新装饰品和厨房设备的机会成本，并决定应该放弃什么。

生产要素

资源稀缺要求做选择。当经济学家讨论资源稀缺时，它指的是生产要素（见图1.1）。**生产要素（factors of production）** 是生产商品和提供服务所需要的资源。生产的四个要素为土地、劳动力、资本和企业家。

土地 在经济学领域，**土地（land）** 是指存在的自然资源而不是由人创造的资源。它包括土地、水、动物、树木、矿物和其他自然产物。由于现存的"土地"数量是有限的，经济学家认为土地供给有限。

劳动力 **劳动力（labor）** 是人们所做的工作，包括他们的所有能力、效率和技能。它包括人们为生产商品和提供服务所做的任何工作。该类别包括除了在经济中具有特殊作用的企业家以外的所有人。

资本 **资本（capital）** 是用于生产其他商品和提供服务的制成品。例如，机器、建筑物，工厂中用于生产特定商品的工具都属于资本。当土地、劳动力和资本相结合时，这三个因素的价值都会增加。例如，将未切割的钻石（土地）、钻石切割人员（劳动力）和钻石切割机（资本）组合在一起，你将获得有价值的商品。

企业家 生产的第四个要素是企业家。**企业家能力（entrepreneurship）** 是指个人开展新业务、推出新商品和改进业务流程的能力。它关于企业家承担风险以获取利润的意愿，且企业家必须承担失败的成本。

我们所做的一切都需要生产的四要素。你拥有的每个要素的数量决定了你的财富。你拥有越多的资本和土地，你就会越富有。对于国家来说也是如此。例如，拥有丰富自然资源的国家往往比资源较少的国家更富裕。

图1.1　生产要素

经济必要性 生产四要素对于生产消费者想要的商品来说是必需的。以生产鞋子为例，哪些是生产要素呢？

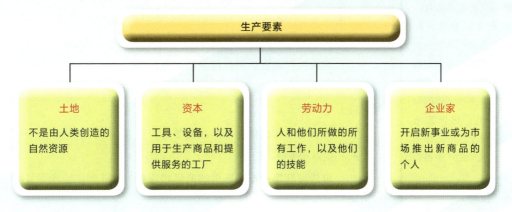

稀缺性和政府

　　一个国家的政府必须管理有限资源的使用。例如，美国政府必须决定如何花从纳税人那里获得的钱。当美国人购买商品时，其可能要交纳销售税。而当他开始工作时，他将交纳所得税。

　　政府对如何花纳税人的钱负责。一旦你 18 岁，你将有机会决定影响你个人财务和其他方面的政策。这就是为什么说理解政府的政策是非常重要的。

　　政府**分配**或分发用于提供大家需要和想要的商品和服务的有限资源，因经济体系不同而不同。机会成本是政府必须牺牲来满足人民的。每个决定都需要放弃其他东西。无论是投资者、员工，还是消费者，政府的政策都会影响你。

 阅读进展检查

定义	稀缺性在经济学中意味着什么？

投资者希望保持多元化的投资组合。多元化组合包含股票、债券和来自各种行业的其他类型的投资。多元化组合受特定行业突然亏损的影响较小。这种方法也适用于企业。许多企业选择生产多种商品。

概念应用

为什么企业会生产不止一种产品？这是一个好主意吗？

经济体系的类型

你为什么应该理解其他国家的经济体系

经济体系因政府的参与而不同。在一些体系中，个人有更多的选择，而在另一些体系中，人们通过让政府替他们做决策来共同行动。由于国家的经济资源的可获得性，经济体必须考虑以下问题。

- **应该生产和提供哪些商品和服务？** 如果一种商品被生产得更多，另一种商品将会被生产得更少。例如，企业必须决定生产什么商品以及生产多少商品。

- **如何生产和提供这些商品和服务？** 例如，企业必须确定生产商品和提供服务所需的要素。

- **谁应该获得生产和提供的商品和服务？** 谁获得商品和服务将取决于经济体系。

经济（economy）是指一个国家如何分配资源。三种基本的经济体系是传统经济、计划经济和市场经济。

传统经济

在**传统经济（traditional economy）**中，三个基本问题都与习俗和传统有关。社会成员从事生存所需的活动。他们生产狩猎和采集所需的工具，以及居住和烹饪所需的物品。他们所进行的生产活动是基于他们的祖先所做的。由于他们主要关注的是生存，因此没有可用于出售的商品。如果有多余的商品，传统经济中的社会成员会进行物物交换。**物物交换（Bartering）**是在不使用金钱的情况下交换物品。

如今，传统经济的例子有限。生活在北极圈寒冷环境中的因纽特人是一个例子。他们中的每个成员所扮演的角色都是基于在极端环境中生存。亚洲的不丹是一个欠发达国家，农业对生存至关重要。由于几乎没有道路及其他运输货物的途径，耕种土地的人通常消费农产品。

计划经济

计划经济（command economy）是一种由中央机关控制所有经济决策的体系。独裁者或中央计划委员会决定生产什么商品。由于政府控制着国家的所有经济资源，也要决定如何生产商品。政府控制着土地、住

每个人都有贡献

传统经济是基于习俗和传统的经济。传统经济的优点和缺点有哪些?

房、公用事业、工厂和商店。因此,政府是社会中所有人的雇主。

在计划经济中,消费品的选择仅限于基本需求。你不会看到各种各样的选择或不同品牌的商品。计划经济中的个人对生产什么或如何生产没有任何影响。对于特殊的奢侈品,如洗衣机或汽车,常常被消费者列入"候补"名单。尽管商品的选择很少,但食物、住房和服装等必需品的价格在计划经济中较低,因此人们整体上可以从政府控制中受益。

市场经济

在 <mark>市场经济(market economy)</mark> 中,供给、需求和价格系统允许人们通过自由互动做出经济决策。市场,而非政府,控制着经济决策,生产什么基于消费者的需求,这被称为消费者主权。个人在每次购买商品时,都在回答"应该生产什么"这一问题。承担制造商品风险的企业决定如何生产商品。个人决定谁获得生产的商品。他们工作并将他们的收入进行投资,因此他们有钱购买需要和想要的商品。个人收入越多,他们可以购买的商品和服务就越多。

在市场经济中,消费者有各种可选择的商品。在市场中,价格是基于买卖双方的互动而形成的,竞争在质量、品种和价格中起重要的作用。市场经济在发达国家很常见。

表 1.1 为三种基本经济体系的对比。

重要职业

艾莉安娜·布罗姆菲尔德　立法助理

没有可靠的帮助，州立法者就不可能完成他们的工作。作为立法助理，我要回复选民的要求，阅读和研究法案，与新闻界人士交谈，并与研究人员、律师、选举助理和委员会工作人员合作。我也可能协助他们进行重选工作。立法助理必须愿意在幕后工作，并且要明白我们的工作可能会被归功于立法者。我取得了政治学学位，但我的同事来自不同的背景，包括社会研究、法律、经济学和外语。我的时间管理和多任务技能每天都在接受测验。这是一项快节奏、高耗能的工作。它并不总是稳定的，因为当立法者升职或没有再次当选时，助理经常会失去工作。然而，它可以成为其他工作的重要基石，而且我知道我所做的事情会产生影响，会使这项工作非常有意义。

职业探索

通过互联网，了解更多有关立法者责任的信息。

1. 哪些具体任务需要立法者和他的助理是优秀的沟通者和团队成员？

2. 如果你是立法助理，你如何解决工作稳定问题？

职业细节

技能	教育	职业道路
外交、沟通、多任务处理、领导、时间管理、冲突解决等技能	学士学位，年龄、居住地和选民登记要求可能适用	立法助理可以成为立法者、律师或政治家

混合经济体系

当你了解了这三个经济体系后，你可能已经意识到没有一个国家是纯粹的传统经济、计划经济或市场经济。在某个国家，我们都可以发现某个经济体系的一些特点。例如，在美国，政府通过法律和法规来影响企业的运营。因此，生产某些东西不仅取决于企业主的**自由裁量权**或判断，企业还必须遵守保护消费者的法律。美国也提供免费的公共教育，以及医疗保险和医疗补助等计划，而这些由纳税人支付费用。经济体系的分类基于它与三个基本体系的一致程度。

 阅读进展检查

总结　什么是市场经济？

表1.1 经济体系

混合经济体系 世界上大多数经济体系都是传统经济、计划经济和市场经济体系的混合体。在美国经济中可以找到每个体系的哪些方面？

	传统经济	计划经济	市场经济
优点	• 每个人在经济中的角色都是固定的，并且定义明确 • 稳定和可预测的	• 经济中的变化和改善可以迅速发生 • 公共服务花费很少或无须花费，如教育和医疗保健	• 个人自由 • 改变是渐进的 • 政府有限干预 • 不受中央决策者的控制 • 多种多样的商品和服务 • 更高水平的消费者满意度
缺点	• 不鼓励新想法和改变 • 有限的进步 • 生活水平往往较低	• 没有满足消费者的"需要"和"想要" • 对人们工作的激励有限 • 需要一个庞大的统治机构，通常耗费资源 • 应对变化的灵活性有限 • 不鼓励个人的主动性	• 只有生产性资源才会得到回报 • 因年龄而无法工作的人没有报酬 • 没有足够的公共商品，如医疗保健 • 由于竞争和变化，员工和企业面临不确定性

供给和需求

价格理论如何改善你的个人财务状况

供需概念在市场经济中共同发挥作用。随着某种商品的价格下降，越来越多的消费者会需要该商品，从而增加需求。如果该商品价格上涨，消费者对该商品的需求会减少，从而减少需求，这种相关性就是供给规律。

在市场经济中，价格和工资由供需决定。**供给（supply）**是指生产者愿意并且能够以特定价格生产商品的数量。**需求（demand）**是消费者愿意并且能够以特定价格购买商品的数量。图 1.2 显示了价格与需求和供给的关系。

供给的影响因素

价格不是可以影响供给的唯一因素。有四个因素会影响特定商品的供给：投入价格、供应商数量、税收和技术。

投入价格 投入是生产商品所必需的所有材料、工资等。随着投入价格的下降，生产者可以以更低的成本生产更多的商品。这增加了在每个价格下的可用供给。然而，如果投入价格上涨，生产者将生产更少的产品，减少供给。

供应商数量　随着特定行业的供应商进出市场，供给受到影响。当有其他供应商进入某一行业时，会提供更多的商品，并增加每个价格下的供给。但是，当供应商离开这一行业时，供给就会减少。

税收　如果政府对某一商品征收更多税，商品的生产成本将会增加。由于成本增加，企业将生产更少的商品，供给将会减少。

技术　技术进步将增加供给。技术能使供应商以更低的成本生产更多的商品。

在供需情况图上，消费者和生产者达成一致的价格被称为 **均衡点**（equilibrium point）。当价格处于均衡点时，商品没有过剩或短缺。同样的原则可以适用于工作和工资。当雇员数量和雇主所需要的一样多，且他们就工资达成一致时，雇员不会短缺或过剩。

过剩

当供给大于需求时会出现过剩。为了快速卖出商品，生产者降低价格以鼓励消费者购买。这一行为激励消费者在价格低廉时购买更多商品。例如，在每个季节末，你会经常发现服装店有商品在打折。当某个领域的员工过剩时，员工可能会因为想要被雇用而接受较低的工资。

短缺

当需求大于供给时会出现短缺。短缺时，消费者促使价格上涨，生产者愿意以更高的价格出售，因为他们可以赚取更多的利润。例如，当石油短缺时，汽油价格上涨，消费者被迫支付更高的价格。当某个领域的员工短缺时，员工可以通过谈判来提高工资，因为雇主需要这些员工。如果员工选择为他们工作，一些雇主甚至会提供签约奖金。

政府干预

在某些情况下，如果政府认为保护消费者或供应商是必要的，将参与价格制定。**最高限价**（price ceiling）是政府设定的商品和服务的

图1.2　需求、供给与价格

需求和供给曲线　图1.2显示了价格与需求和供给的关系。当价格下降时，需求会如何变化？供给会如何变化？

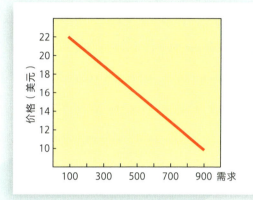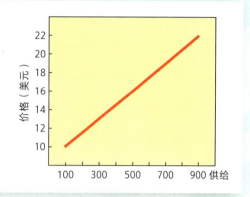

最高价格。最高限价通常会导致商品或服务短缺。

短缺可能导致政府限制供不应求的商品和服务的销售或分配。例如，当地政府可以为某个地区的公寓设定租房价格上限。更多的人希望以政府定价租房，但如果 业主无法收取更高的租金，他们将不太可能建造更多的公寓。这将导致公寓短缺，见图1.3。

相对地，**最低限价（price floor）**是政府设定的商品和服务的最低价格。最低工资是最低限价的一个例子。这是可以支付给大多数员工的最低法定工资。如果美国一家当地企业准备以 6.00 美元 / 小时的工资雇用 50 名工人，但最低工资设定为 7.25 美元 / 小时，那么价格下限会导致企业雇用的人员减少，从而造成失业工人的增多，见图1.3。

需求弹性

需求受价格影响的程度被称为**需求弹性（demand elasticity）**。就像有弹性的东西被拉伸时伸展一样，弹性商品的需求随着价格的变化而变化。因此，**弹性需求（elastic demand）**是指商品需求受价格的影响。例如，随着电影票价格的上涨，看电影的人会减少。当价格下降时，会有更多人去看电影。

图1.3 最高限价和最低限价

政府干预 在某些情况下，政府会设置最高限价和最低限价。最高限价和最低限价的影响分别是什么？

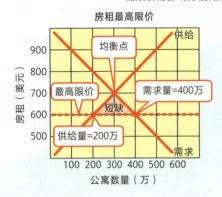

房租最高限价

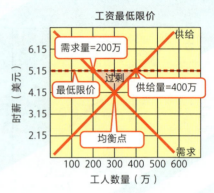

工资最低限价

需求也受到可获得的替代品的影响。当有许多可供选择的品牌的洗涤剂时，需求往往更具有弹性。例如，一个品牌的洗涤剂价格上涨，那么消费者将购买便宜的其他品牌的洗涤剂。这样一来，较高价格洗涤剂的需求将会下降。

一个人的财务状况也会影响他的选择。价格和个人收入有关，这将影响商品的需求。精打细算的消费者将对价格的变化做出反应并寻找可供选择的价格更低的替代品。然而，价格较高的商品可能不会影响高收入者，因为相对于他们的收入而言，价格上涨幅度较小。

在**无弹性需求（inelastic demand）** 条件下，价格对需求的影响不大。大多数需求缺乏弹性的商品是必需品。例如，电力和处方药都是人们所必需的商品。因此，当这些商品的价格发生变化时，需求的变化不大。

消费者对品牌忠诚以及必须立即购买而不能考虑价格的情况，也体现了需求缺乏弹性。对品牌忠诚的消费者不接受替代品，因此他们倾向于支付溢价。例如，你最喜欢的品牌的运动鞋价格上涨了，你可能仍然会买该品牌的运动鞋，因为你对这个品牌很忠诚。如果你附近有一个指标牌，上面显示这个加油站是附近几千米内的最后一个加油站，而且你车里的油快用完了，那么无论这个加油站的汽油价格是多少，你都会选择支付。

丹麦

高所得税

　　虽然大多数人不喜欢税收，但他们已经接受了税收是生活的一部分。许多人经常在选举中投票，试图降低税收或防止提高税收。想象一下，生活在世界上税收最高的国家会有什么样的感受。丹麦是世界上税率最高的国家，税收与国内生产总值（GDP）之比为48.9%，此处包括所有形式的税收，包括社会贡献（或总税收）、市政税、健康税、州税、销售税、教堂税和公司税。

　　尽管如此，定期的调查报告显示，丹麦公民的生活满意度很高。这可能与政府使用这些税收的方式有关。比如，丹麦提供免费的教育和医疗保健，有引以为傲的低失业率和稳定的经济增长。如果丹麦人失业了，政府将提供长达4年的失业保险。

批判性思考

1. **扩展**　研究查找丹麦所使用的州税类型，州税的不同收入等级是怎样的？

2. **关联**　人们一直在寻求更低的税收。你认为应该降低税收吗？或者我们应该效仿丹麦的模式，提高税收吗？

数据库

首都
哥本哈根

人口
5 627 235

语言
丹麦语、法罗语、英语、格陵兰语（因纽特方言）、德语（少数人）

货币
丹麦克朗

国内生产总值
4 662亿美元

人均国内生产总值
46 426美元

工业
铁、钢、有色金属、化工、食品加工、机械和运输设备、纺织品和服装、电子、建筑、家具和其他木制品、造船和翻新、风车、药品、医疗设备

农业
大麦、小麦、土豆、甜菜、猪肉、乳制品、鱼

出口
机械和仪器、肉类和肉类制品、乳制品、鱼类、药品、家具、风车

自然资源
石油、天然气、鱼、盐、石灰石、白垩、石头、砾石和沙子

回顾关键概念

1. **定义**　什么是机会成本?

2. **总结**　在做出决策时, 边际成本和边际收益的作用是什么?

3. **列举**　生产的四个要素是什么?

4. **描述**　什么是稀缺性? 为什么说它是经济学中的一个基本问题?

5. **解释**　如何通过供需关系确定价格? 什么是消费者主权?

6. **区分**　什么是弹性需求? 什么是无弹性需求?

7. **比较和对比**　比较和对比经济体系。

延伸思考

8. **推理**　企业能否为其商品创造缺乏弹性的需求? 解释你的答案, 如果你认为可以的话, 举一些例子。

语言艺术

9. **综合**　消费者、企业和政府都面临资源稀缺的问题。研究每个群体如何解决稀缺问题。边际成本和边际收益是多少? 这种选择的长期后果是什么? 企业应对消费者主权做出什么样的回应? 为你的研究准备一份简短的总结。

数学

10. **机会成本**　暑假, 汤姆在杂货店找了一份工作。在夏天结束时, 他通过这份工作攒下了500美元。汤姆想购买一台新电视机放在他的卧室里, 而他的父母则建议他开一个储蓄账户。一个新的储蓄账户每年可获得2%的利息。如果汤姆选择购买电视, 那么一年后的边际成本或边际收益是多少?

    数学概念　**计算成本**　想要计算边际成本或边际收益, 你首先需要确定未采用的选项的总收益。

    提示　将总金额乘以年利率, 以确定一年后能够获得的利息。

金融体系

当你开始赚钱时，你将如何储蓄或投资

当你听新闻的时候，你可能会听到关于"今天市场表现如何"的报道。这里的市场就是金融市场。如果你持有股票或者债券，你可能会对此消息感兴趣。市场会对经济的变化以及政府政策的变化做出反应。

金融市场

金融市场（financial market）是一种机制，它提供了购买和出售股票、债券、大宗商品和其他金融工具的手段。股票是公司的所有权份额。债券是借给公司或政府的钱。商品是可以**替代（fungible）**并且有需求的一种物品，可以很容易地被具有同等价值的物品所取代。商品包括农产品（如小麦、糖）和矿产品（如煤、铁矿石）等物品。

在美国，有两个把买卖双方聚集在一起的金融市场或交易所。它们是纽约证券交易所和纳斯达克电子证券交易市场。还有其他类型的金融市场，包括货币市场、**衍生品市场**（包括财务风险管理）、保险市场和外汇市场。

金融市场为公司寻找投资者和贷款人提供了手段。当公司经营得好的时候，投资者可能会获得分红（公司利润的一部分）。贷款人获得利息。

由于交易，股票的销售价格会持续变化。当大量投资者开始购买股票时，股票价格通常会上涨。当投资者开始抛售股票时，股票价格就会下跌。因此，如果你在股票价格低的时候买进，在股价高的时候卖出，你就可以赚钱。当然如果反过来，你就可能会赔钱。

技术和电子通信的进步使世界成为一个庞大的金融市场。美国的证券、外汇和股票在世界各地被不断交易。除此之外，英国、德国和日本等国家也有各自独立的金融市场。在当今的全球经济中，其他国家的金融市场可以影响美国的金融市场。经济、政治以及许多其他因素都会影响市场。

本节目标

- 解释什么是金融市场和金融机构。
- 识别激励措施。
- 描述不同群体如何应对激励措施。

阅读进行时

观察 环顾你的社区周围，举一些例子来说明有哪些金融体系和政府机构影响你的生活。

金融机构

金融机构为其客户或会员提供服务，以便他们能够储蓄、借贷或投资。例如，你存入银行的资金用来向需要借钱的银行客户提供贷款。这个过程使得货币在流动。

美国有两大类金融机构：存款机构和非存款机构。

存款机构 **存款机构（depository institutions）**管理存放在机构中的资金。存款机构如下。

- 商业银行。
- 信贷联盟。
- 储蓄和贷款协会。

存入的资金被用于向其他客户和会员提供贷款。存款人可以通过存款获得利息。存款机构以一种利率借入资金（存款），然后以更高的利率借出资金。

有许多法律和法规来管理这些存款机构的运作。在美国，美联储负责监督这个行业。

非存款机构 **非存款机构（non-depository institutions）**不办理存款业务，但在存款人和借款人之间起着中介作用。它们出售证券和保险单，以为机构创造收入，对于收集到的资金，它们要么投资，要么出借。非存款机构包括保险公司、投资银行、共同基金和股票经纪公司。在美国，美国证券交易委员会（SEC）是监管股票和债券销售的监管机构。

商业银行

银行是消费者最常见的金融机构之一。商业银行是什么类型的机构？为什么？

　　保险公司向企业和个人出售保险，帮助它们 / 他们规避财务风险。例如，你可以购买房屋保险或汽车保险。在这两种情况下，你都需要支付保费，如果你的房子或汽车发生了意外，你将获得保险赔偿，以支付部分维修费用。购买人寿保险是为了支付丧葬费用，并向可能需要支付家庭债务的家庭成员提供资金。购买保单的人在保单的有效期内需要支付保费。由于保险公司定期收取这些款项，它们可能会将盈余借给其他人。

　　投资银行家是持牌经纪人，专门帮助公司和政府向投资者发行证券。他们通过交易股票和债券，以及提供建议和管理公司资产来帮助投资者。他们也为公司合并出谋划策。

　　共同基金创建股票投资组合。每个共同基金都包括来自几个不同公司的股票。共同基金管理基金，其中一些基金的风险会高于其他基金。个人或公司可以购买满足其需求和在其风险承受能力范围内的共同基金中的股票。

　　经纪公司和股票经纪人是为个人买卖证券的代理人。它 / 他们为投资者提供建议，并代表投资者进行证券交易以收取费用。它 / 他们还可以提供软件，让交易者选择并自行完成交易。

 阅读进展检查

总结 存款机构和非存款机构有什么区别？

经济学与你

亚当·斯密

亚当·斯密于1723年出生于苏格兰。他最著名和最有影响力的作品是《国富论》（*The Wealth of Nations*）。在这本书中，他引入了"分工"的概念，意思是随着每个工人在一项工作上的技能变得熟练，劳动生产率也会提高。亚当·斯密将一个国家的财富定义为通过劳动生产出的商品的总和。

亚当·斯密的主要观点是，当个人可以在没有政府监管的情况下自由地追求自身利益时，社会才是最成功的。他建议，政府的作用应限于执行合同、授予专利和版权，以及建设道路和桥梁等公共工程。亚当·斯密提出的"自由放任"（法语意为"随它去"）的思想标志着现代经济学的开端。事实上，这一前提仍然是美国经济的基础，在这种经济中，竞争、分工和有限的政府参与被认为可以提高生产力和产量。

个人财务联系 自由市场经济为消费者带来了许多好处。消费者推动经济发展，并为购买和投资提供了许多选择。考虑和评估每个选项的机会成本并进行权衡对于管理个人财务至关重要。

批判性思考 举例说明在现代美国经济中，亚当·斯密的观点是如何发挥作用的。解释一个人追求自己的个人利益如何有益于整个社会。

激励

激励如何影响你管理个人财务的方式

激励（incentive）会鼓励特定的行为，并有助于鼓励个人采取具体的行动。激励通常与奖励挂钩。激励的一个例子是，学校的某项作业获得学分可以加分，或者在购买特定商品时获得回扣。消极的激励如，因为没有完成作业，所以考试得了零分。

企业如何使用激励措施

企业使用激励措施来激励员工，并鼓励消费者购买它们的商品。企业通过认可和工资来激励员工，通过预存和奖励计划来激励消费者。

员工 为了鼓励员工尽其所能，企业可能会给予奖励，比如"月度最佳员工"称号。销售人员可能会被鼓励达到或超过一定的销售量以获得奖金。如果销量超过目标，员工可能会得到奖金。消极的激励措施，如不遵守公司的规章制度，员工可能会被解雇。

企业还通过工资激励员工。企业支付的工资越高，其获得的工作质量就越好，愿意为其工作的人也越多。例如，一名员工在目前的工作岗位上每小时挣10美元，减少工作3小时的决定将导致30美元的机会成本。如果一个企业将工资提高到每小时15美元，那么这3小时的机会成本将增加到45美元。员工减少工作的机会成本是激励他们多工作的一个因素。

消费者　为了吸引消费者购买商品，商家将提供特殊的销售和忠诚度计划（loyalty program）。忠诚度计划的激励措施可以是在消费者购买一定数量的商品后给予特别折扣和免费商品或服务。鼓励消费者光顾餐馆的激励措施可以为孩子们提供免费的玩具或免费的开胃菜。有些餐馆甚至有"成人购买晚餐，儿童免费用餐"的活动。企业提供给消费者的激励措施可能非常有创意。然而，消费者必须意识到有"欺诈"的可能。有些激励措施可能很好但不是真实的。例如，你完成一项调查，你将会获得一张500美元的礼品卡。然而，当你阅读细则时，你会发现并不是每个完成调查的人都会得到奖励。此外，你可能会被要求提供个人信息。身份信息盗窃是一种严重的犯罪行为，违法者经常通过消费者激励措施来收集信息。

政府如何使用激励措施

大多数政府实施的激励措施都包括对生产者、公民、储蓄者和投资者的税收优惠。税收优惠的两种类型是税收减免和税收抵免。税收减免是减少纳税人缴税时所依据的税基。税收抵免是在税收已经减免后，减少总税款额。由于有关所得税的法律一直在变化，及时了解这种变化是非常重要的。

生产者　对于那些通过雇用新工人来建造新设施以帮助贫困地区的公司，国家会采取不征税或降低税率的方式来减免税收。那些修建节能建筑或修复历史建筑的公司，也会获得相应的税收激励。

美国联邦政府会为愿意在美国开设制造工厂的外国公司（外国直接投资）提供税收减免优惠。如果不遵守政府规定，对生产者的消极激励将是罚款。例如，一家公司被发现污染超过了社区规定的空气污染标准，它可能会被罚款，并被要求采取纠正措施。

大学和职业准备

公民素养

公民素养包括有效参与政府和社区活动所必需的知识和技能。了解你作为公民在社区和国家层面的权利和义务是非常重要的。例如，投票既是公民的权利也是公民的义务。无论你是在学校问题上投票，还是在全国选举中投票，重要的是要随时了解这些问题并了解进程，因为你的投票可能会影响到国家问题甚至全球问题。

写作任务

考虑一下你如何才能随时了解候选人以及国家和地方问题。写一份可以获得公民问题相关信息的渠道和方法的总结。

无尽的选择

　　鼓励人们为上大学和退休生活储蓄的激励措施有很多。哪些因素可以帮助你省钱和做计划?

　　储蓄者和投资者　为了鼓励员工为退休储蓄,美国政府允许他们创建特殊账户,如401(k)和个人退休账户(IRA)。政府的激励措施是,储蓄在这些账户中的钱不是用于纳税的。因此,储蓄在401(k)中的钱减少了计算所得税所依据的收入。

　　特定的股票和债券也可以提供税收优惠,因为它们的税率与其他股票和债券不同。为了鼓励为上大学而储蓄,美国各州都有专门的大学储蓄计划(如529基金),父母可以从孩子很小的时候就开始实施此计划。529基金的供款在缴付时是没有税收减免的,但实际的基金是递延纳税的。当孩子使用该笔资金上大学时,是免税的。

　　低利率对储蓄者是消极激励。例如,2010年美国储蓄账户利率不到1%。经济疲软,许多公司业绩不佳,可能会对投资证券产生消极的激励或抑制作用。

　　公民　为了鼓励公民回收垃圾,美国的一些当地政府可能会为居民提供回收箱。儿童可以免税,大学学费、部分慈善捐款以及住房抵押贷款利息也可以实现税收减免。美国鼓励公民缴纳州税和联邦税的消极激励措施包括罚款和监禁。

　　政府实施相应的税收抵免政策,以鼓励公民购买节能混合动力汽车和电器。为了鼓励房屋销售,美国政府规定新购房者可以在特定时期享受税收抵免政策。2010年,新购房者的税收抵免额为8 000美元。"旧车换现金"计划是2009年制订的一项短期特别计划,目的是鼓励公民用他们耗油的汽车换新车。采取这些激励措施通常是为了增加消费者支出和改善经济。

阅读结束后

联系　为什么学习经济概念对管理个人财务很重要?

回顾关键概念

1. **识别**　什么是激励?请举例子。

2. **解释**　什么是金融市场?

3. **描述**　金融机构的类型有哪些?它们有什么相似之处?它们有什么不同之处?

4. **总结**　描述员工、生产者、消费者、储蓄者、投资者和公民对激励措施的反应。

延伸思考

5. **关联**　针对每个群体的激励措施如何影响经济?

21世纪技能

6. **做出判断和决定**　在经济下行或衰退期,企业会减少生产并裁员。当经济衰退伴随着金融市场和房地产市场的崩溃时,经济会变得更糟。在美国,许多房主因为无法偿还抵押贷款而失去房屋。有些人针对买不起的房屋进行了抵押贷款。因为房屋价值的急剧下降,抵押贷款的价值超过了房屋价值。持有违约抵押贷款的银行取消了房屋赎回权。你会向你们这一代人和政府提出什么建议,以免这种情况发生?

数学

7. **地方所得税和销售税**　在美国,你想确定你一年要缴纳多少地方税和销售税。地方税是根据你的年薪计算的,而销售税是根据你购买的商品计算的。研究确定你所在城市的当地税率,或者假设你所在地区的税率为2.25%。你购买商品的地方销售税税率是6.25%。如果你的年薪是43 000美元,计算你应缴纳的当地所得税。如果你在一年内购买了价值12 350美元的商品,你应缴的销售税是多少?

数学概念　**计算税额**　要计算应纳税额,首先要确定特定税种的税率,确定税基,并将税基乘以相应的税率。

提示　首先确定你在这段时间内为消费品支付的总金额,以此来确定你应该支付的销售税。确定销售税税率,并将其乘以在消费品上的总开支。

经济学基础

经济重叠

大多数现代经济体系是混合经济体系,它们结合了不同经济体系的要素,如图所示。

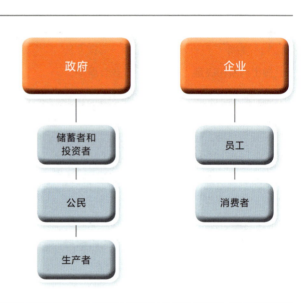

计划经济
- 政府决定生产什么产品以及如何生产
- 政府拥有土地、公用事业、工厂和商店
- 产品仅限于必需品

混合经济
- 有保护消费者的法规
- 有针对低收入家庭和老年人的项目

市场经济
- 政府不参与商品和服务的生产
- 市场决定生产
- 产品种类繁多

激励

企业和政府利用激励措施对经济产生积极影响,如图所示。

政府
储蓄者和投资者
公民
生产者

企业
员工
消费者

试一试

绘制如右所示的图,以确定生产要素。

生产要素

章节评估

章节总结

- 由于稀缺性，个人和国家必须基于有限的经济资源做出决定，以满足他们"无限"的"想要"和"需要"。
- 机会成本有助于决策。
- 由于稀缺性原则，三种类型的经济体系（传统经济、计划经济和市场经济）必须决定一个国家该生产什么、如何生产以及谁应该获得生产的商品，以满足公民"无限"的"需要"和"想要"。
- 市场上的供需关系决定价格。

- 四个生产要素是土地、劳动力、资本和企业家。
- 金融机构为客户或会员提供服务，以便他们储蓄、借贷或投资。
- 经济、政治以及一系列其他因素都可能影响金融市场。
- 企业使用激励措施来激励员工，并鼓励消费者购买它们的产品。
- 大多数政府实施的激励措施都包括对生产者、公民、储蓄者和投资者的税收优惠。

词汇复习

1. 将下面每个术语写在一张索引卡上，并将定义写在另一张单独的索引卡上。结对练习或小组练习，使每个术语与其定义相匹配。

- 经济学
- 机会成本
- 稀缺性
- 生产要素
- 土地
- 劳动
- 资本
- 企业家才能
- 经济
- 传统经济
- 物物交换
- 计划经济
- 市场经济
- 供给
- 需求

- 平衡点
- 最高限价
- 最低限价
- 需求弹性
- 弹性需求
- 无弹性需求
- 金融市场
- 存款机构
- 非存款机构
- 激励
- 分配
- 自由裁量权
- 可替代的
- 衍生品

延伸思考

2. **描述** 什么是"需要"和"想要"？分别举例说明。

3. **总结** 金融机构在经济中扮演什么样的角色？

4. **关联** 激励措施如何使企业、政府和消费者受益？

5. **区分** 存款机构和非存款机构有何不同？它们对经济的作用是什么？

6. **综合** 选择一个流行的商品，说出商品的制造和销售中每个生产要素的例子。

7. **假设** 如果一个经济体失去了四种生产要素中的一种，它会受到怎样的影响？请依次考虑每一个生产要素。

8. **比较** 解释企业、消费者和政府如何面对资源稀缺问题。每种方案的权衡点和机会成本是什么？

9. **巩固** 说一个你最近基于机会成本这一概念做出的决定。

大学和职业准备

社会研究

10. 经济体系 想象一下，你搬到了一个有传统经济或计划经济体系的国家，你的生活会是什么样的? 什么事情是相同的? 什么事情有所不同?考虑一些话题，比如你的日常活动、当前和未来的财务状况、教育、职业选择和个人目标等。写一篇文章来比较你所处的经济环境中的家庭状况与你想象中的传统经济或计划经济环境中的家庭状况。

数学

11. 均衡价格与均衡数量 市场均衡是指消费者希望以一定的价格购买商品的数量与生产者愿意以此价格出售商品的数量相等。在这一点上，生产者或消费者没有动机去改变他们的行为。假设供求方程为供给量（Qs）= 90 + 10P，需求量（Qd）= 150 − 5P，求出需求量等于供给量的均衡价格,同时求出需求量和供给量。

数学概念 计算均衡数量

要计算均衡数量，就要先求出均衡价格，将均衡价格代入需求或供给公式中替换P，然后求需求量或供给量来确定数量。

提示 通过需求量和供给量相等的公式来确定均衡价格，供给量 = 需求量或90 + 10P = 150 − 5P，求此方程以得出P值。

语言艺术

12. 财务计划 关注当前的新闻是一种很好的做法。你对自己国家的经济状况了解得越多, 你就越能对自己目前和未来的财务做出明智的决定。找一篇关于经济的时事新闻，注明你引用的文章来源，包括出版物的名称、作者、日期和页码。先用一段话总结该文章。然后在第二段指出这些信息对你和你的家人的现在或将来可能产生的影响。

经济学

13. 生产 为什么国家之间要进行贸易?各国拥有不同的资源，气候、自然资源各不相同, 没有任何两个国家在使用资源方面的效率是相同的。生产机会成本较低的商品，然后利用这些商品产量的增加来换取机会成本较高的商品，效率更高。贸易的增加是如何更有效地利用世界上的稀缺资源的? 人们的生活水平将受到怎样的影响? 请用一篇文章来解释这些问题。

实际应用

14. 实发工资 胡安得到了一份每周工作16小时、每小时12.5美元的工作。他的汽车保险是每月175美元。他的父母希望他专心学习，每周工作不要超过16个小时。如果胡安每周工作16小时，扣除以下几项，计算他的周净工资: 联邦所得税税率10%，州所得税税率2%，社会保障率7%，失业保险3%。胡安在支付了汽车保险后，这个月月底还能剩下多少钱? 胡安如何根据机会成本的概念做出决定?

你的资产组合

你的财务目标和教育目标是一致的吗

　　罗里的父母为她存了足够的钱，作为她上州立大学的学费。但是，罗里需要负担所有其他的费用，如书籍、住房、食物和活动。如果她想上私立大学，她必须申请学生贷款来支付差额。罗里决定上州立大学，这样她就不会负债。大学期间，她继续做兼职工作。到她大学毕业时，她不但没有债务，银行账户里还有余额。

公立和私立大学一年的费用比较

单位：美元

公立大学		私立大学		备注
学费		学费		
书		书		
食物		食物		
娱乐活动		娱乐活动		
小计		小计		
如果住在学校		如果住在学校		
住房		住房		
总计		总计		
如果通勤		如果通勤		
汽油、过路费		汽油、过路费		
总计		总计		

注：这些费用是一年的，将总数乘以4，才是大学4年的财务计划。

大学财务计划

单位：美元

公立大学		私立大学		备注
4年的费用		4年的费用		
融资		融资		
储蓄		储蓄		
工资		工资		
学生贷款		学生贷款		
总计		总计		

计算

　　对比一下公立和私立大学的学费。分别计算你住在学校或者坐车上大学的费用。在另一张单独的纸上，创建一个类似上面的表来说明所涉及的财务成本。你现在能做些什么来准备你上大学所需的资金?在你的表中，应包括储蓄、工资和学生贷款，这些都属于你研究的公立和私立大学4年的大学教育所需的资金。

2

经济学与全球经济

看图说话

　　拥有投票权是国家民主的一项基本原则。为什么你需要关注那些参选人的观点？

探索项目

制订一份财务计划

关键问题

制订财务计划时可以有哪些选择？应该考虑哪些因素？

项目目标

两人或小组合作，为一位客户制订财务计划。根据年龄、婚姻状况、子女个数和职业，创建客户的资料。给你们的团队起一个名字，并决定管理客户的100 000美元资金的策略。划分团队成员的职责，例如跟踪经济状况，整理有关政府政策、国外金融市场以及影响金融市场的时事新闻。从本质上讲，你们的团队是你们所描述的这位客户的财务顾问。因此，你们必须研究并了解客户现在和将来的需求，以此来支持你们的财务计划。详述你们的财务计划并说明你们做出选择的理由。

考虑以下内容

- 你打算怎么描述你的客户？
- 你可以在哪里找到有关储蓄和投资的最新信息？
- 在为客户决定财务策略时应考虑哪些因素？
- 如何分配这100 000美元以满足客户当前和未来的需求？
- 你会如何向客户展示这个财务计划？

21世纪技能

有效推理

为什么你需要了解经济和政治才能制订财务计划？

重要见解

你对经济和政府政策的了解越多，你对当前和未来财务做出的决策就越明智。

请教专家

政府政策和经济学

问： 如果我还不能投票，我为什么要关注经济和政府政策呢？

答： 政府政策可以通过所得税准则、利率和政府发起的项目来影响你未来的收入和储蓄，这些项目必须由你的税金资助。你对政府政策和经济状况了解得越多，你越能够做出更优的财务选择。对政府政策和经济的了解还会对你的职业选择和投票有所帮助。

 ### 写作任务

给民选官员写一封信，说明现在或不久的将来会影响你的一项政策。访问政府网站，查看最新的法规，例如最新的信用卡法规，以找到一个感兴趣的话题。

阅读开始前

基本问题　你对经济原则和政府政策的理解如何影响你的财务决策?

中心思想

　　你对经济如何运行以及政府在经济运行中的作用了解得越多,就越有利于你做出有关财务资源使用、给政府官员投票以及未来职业生涯规划的决策。

内容词汇

- 法定货币
- 货币供应
- 预算赤字
- 预算盈余
- 专利
- 版权
- 商标
- 消费者物价指数
- 通货膨胀
- 通货紧缩
- 经济衰退
- 低谷
- 专业化
- 国际贸易
- 绝对优势
- 比较优势
- 贸易差额
- 保护主义
- 关税
- 配额
- 禁运

学术词汇

　　在阅读和回答问题时,你会看到这些词。

- 监管机构
- 知识产权
- 指标
- 相互依存

使用图表

　　在阅读本章之前,请绘制如右所示的表。在阅读时,请使用该表总结与政府和社区相关的经济概念。

经济与社区	经济与政府

货币的角色

为什么稳定的货币供应对你的个人储蓄和未来财务计划来说很重要

货币是用于交易、储蓄、贷款和投资的东西。你可以用它来购买物品和偿还债务，也可以将其存起来以备将来使用。

除非人们接受货币代表某种价值，否则货币几乎没有价值。例如，当你用游戏币玩棋盘游戏时，你会为了进行棋盘游戏赋予游戏币价值。

相似地，美元在美国是**法定货币（fiat money）**，这意味着政府认为它是货币或法定货币。法定货币意味着你可以用它来偿还债务。正如游戏中使用游戏币一样，你也可以用珠子或石头来代表货币。但是，这些东西不能像美元一样流通。货币起到的作用也比物物交换更好，因为货币可以用于市场上各种不同物品的交易，你不必像物物交换时那样担心自己没有其他人想要的货物。有关其他国家货币价值的一些例子，见表2.1。

货币的职能

货币有三个主要职能。它是交换媒介，是价值尺度，也是价值贮藏。

交换媒介　当你购买你想要的东西时，你会用货币作为交换的媒介。你不会用石头、贝壳或游戏币，而是使用政府指定为货币的钱。因此，货币使交易和做生意变得更加容易。

价值尺度　作为价值单位，货币可以帮助你比较你可能想要购买的商品和服务的价格。你可以比较汽车、糖果、理发等的价格。这些被赋予货币价值，由此你可以比较出比市场上其他物品具有更高价值的物品。

价值贮藏　货币也可以作为一种价值贮存，也就是说你可以在不损失价值的情况下积累和保存货币。作为一种价值贮存，货币可能会在高通胀时失去价值。通货膨胀是指你购买的商品和服务的价格上涨。通货膨胀时，货币价值会下降。当出现这种情况时，你需要为你购买的东西支付更多货币。例如，你每周为购买家庭食品花费100美元，那么在通货膨胀时购买相同的物品需要花费110美元甚至更多。因此，你的货币在通货膨胀时损失了价值。

本节目标

- 列出货币的三个主要职能和属性。
- 讨论政府在国家经济中扮演的角色。
- 解释政府预算的概念。
- 列举为保护投资者、工人、消费者和环境而建立的政府机构。
- 描述美联储的结构、目的和职能。

阅读进行时

联系　当你想到"货币"这个词时，你会想到什么？货币对你的个人财务，对政府、经济分别有什么作用？

表2.1 汇率

波动 汇率是一国货币兑换另一国货币的比率。为什么汇率会波动？

外汇汇率					
美元等值					
国家（货币）	2008	2009	2010	2011	2012	2013
澳大利亚（澳元）	1.245	1.332	1.134	1.008	1.005	1.078
欧盟（欧元）	0.711	0.748	0.785	0.748	0.809	0.783
英国（英镑）	0.567	0.667	0.673	0.649	0.656	0.665
巴西（雷亚尔）	0.914	2.008	1.838	1.742	2.0.35	2.249
加拿大（加拿大元）	1.109	1.187	1.072	1.029	1.040	1.071
中国（人民币）	7.241	7.115	7.050	6.732	6.573	6.446
丹麦（克朗）	5.299	5.570	5.847	5.571	6.025	5.843
印度（卢比）	45.567	50.804	47.774	49.0124	55.911	60.936
日本（日元）	107.605	97.361	91.342	82.931	83.008	101.517
韩国（韩元）	1 146.949	1 330.240	1 206.268	1 153.728	1 175.380	1 142.933
墨西哥（比索）	11.612	14.058	13.151	12.943	13.695	13.275
瑞典（克朗）	6.857	7.958	7.498	6.755	7.048	6.780

货币属性

为了在经济中发挥作用，货币应该具有某些属性或特征。它应该是可分的、可用的和稳定的。

可分的 你需要能够将货币分成更小的单位。在美国，25 美分是 1 美元的 1/4，那么 4 个 25 美分就是 1 美元。

欧元

欧元是欧盟的官方货币，目前欧盟一半以上的国家（约3.27亿人）都在使用欧元。各国之间采用统一货币有哪些好处？

货币的价值

　　过去，货币的形式是硬币，硬币通常由金和银一类的贵金属制成。为什么没有内在价值的纸币的价值很高？

　　可用的　你也需要货币是可用的。使用者应能够将货币从家里带到商店。因此，美国货币的形式是纸币（币值为1美元、5美元、20美元、50美元和100美元）和硬币（包括1美分、5美分、10美分和25美分）。

　　稳定的　最后，货币应该具有稳定的价值。你应能够每周或每月使用相同数量的货币来购买所需的商品和服务。货币的稳定性对经济十分重要。因此，政府会采取措施保持价格稳定，以避免通货膨胀（高价格）或通货紧缩（低价格）。

货币供应

　　当你将所有个人拥有的货币与企业和政府所拥有的货币加总时，就可以得出有多少货币正在流通。一个国家流通的货币总量被称为这个国家的**货币供应量（money supply）**。货币供应量也包括银行支票和储蓄账户中的资金。银行掌握的货币增加了货币供应量，因为存入银行的钱被用于向企业和个人提供贷款。每当同一笔资金被存入又被作为贷款支出时，货币供应量就增加了。

　　对价格的影响　当一个国家的货币供应量等于其商品和服务的生产量时，就不会有通货膨胀或通货紧缩。当增加的货币供应量超过商品生产量时，货币太多而货物太少，所以价格上涨。当流通中存在过多借来的钱时，就会发生这种情况。而生产力充足但货币供应量低时，价格则会下降，导致通货紧缩。通货膨胀和通货紧缩对经济的影响都是不利的。

 阅读进展检查

　　识别　货币在经济中扮演什么角色？

经济学与你

经济活动

在市场经济中，经济资源、收入、商品和服务的流动是循环的。从企业流向个人，再从个人流回企业。个人将资源出售给企业，例如，企业雇用有技能的员工。然后，个人购买企业生产的商品和提供的服务。并非所有收入都是这一循环的组成部分。例如，通过征税，部分货币被移除。这种循环中的货币损失被称为渗漏。渗漏可以通过投资或政府支出等注资方式得以平衡，政府支出通常采取维护基础设施的形式，如维护国家公园。

个人财务联系 消费者只是经济活动的一个方面。消费者向企业提供的商品和服务付费。消费者能够购买这些商品和服务是因为他们能够向企业出售他们的商品和服务资源。

批判性思考 渗漏和政府对渗漏的平衡如何影响商品和服务的购买者以及企业资源的出售者？找出经济活动循环流程中其他渗漏的例子。在例子中，为平衡货币损失采取了什么样的注资形式？

政府在经济中的作用

哪些政府政策和税收会影响你的财务计划

政府在致力于给公民提供安全和福利时，需要扮演多种角色。为了做到这一点，政府出台预算，说明预计将产生的收入和政府运营的成本。图 2.1 显示了美国政府收入的来源，图 2.2 为几十年的联邦预算。

当政府的支出超过收入时，就会出现预算赤字（budget deficit）。预算赤字会造成国家债务，因为要弥补赤字，政府必须借钱。这种借款与个人超支时相似。

当政府的支出与收入相同时，被称为预算平衡。当政府获得的收入超过支出时，会出现预算盈余（budget surplus）。

图2.1　美国政府收入

给和取　该饼状图显示了某一年度美国政府收入的构成百分比，以及这些钱被于哪些类型的服务。

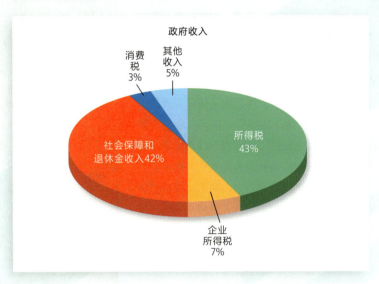

政府决定如何使用从纳税人那里获得的收入，以便为公民提供监管、保护措施和援助。

监管

为了保障经济，保护投资者、工人、消费者和环境，政府扮演着监管者或**控制者**的角色。这些机构运行的所有费用都由税收支付（见图2.1）。以美国为例，以下是现有的为公民安全和健康服务的联邦监管机构。

投资者　证券交易委员会监管股票和债券的销售。美联储监管美国的银行系统，还会根据利率和汇率指导货币政策。根据当前的经济情况，在兑换外币时，美元可能会强势或疲软。例如，美元疲软将使美国出口的商品对其他国家的人更具有吸引力。

工人　职业安全与健康管理局（OSHA）发布工人安全指南。平等就业机会委员会（EEOC）规定招聘、解雇和晋升条例，以确保雇员根据其能力而不是年龄或性别等其他因素获得平等待遇。

我们的世界

卢旺达
给每个孩子一台笔记本电脑

　　如果一个发展中国家的孩子无法使用电脑，那么这个国家如何在21世纪兴旺发达呢？一些我们认为理所当然的东西，比如家里和学校都有的电脑，其实在世界许多地方都闻所未闻。然而，这正是孩子跟上当今数字时代变化的步伐所需要的。"给每个孩子一台笔记本电脑"（OLPC）是为满足这一需求而开展的项目。卢旺达接受了这项计划，并购买了超过100 000台笔记本电脑，成为该项目在非洲最大的客户。该项目中的XO计算机经久耐用，能够在极端天气条件和高湿度下工作。它功率很小，重量不到3.5磅①，有内置无线适配器，还有摄像机等功能。电脑预装的内容能够以吸引人的方式教育孩子。卢旺达计划将这些笔记本电脑送给9岁至12岁的儿童。同时，政府打算建立一个覆盖整个基加利国会大厦的无线宽带网络，并将在全国范围内安装光纤电缆用于宽带接入。经过多年的内乱，卢旺达的目标是稳定和繁荣，教育儿童将会促进这一目标的实现。

①1磅≈0.45千克

批判性思考

1. **扩展**　"给每个孩子一台笔记本电脑"的项目中的笔记本电脑被专门设计成经久耐用、经济实惠的。对XO笔记本电脑进行研究，它常常出现什么问题？该项目是如何解决这些问题的？

2. **关联**　为什么电脑对孩子的教育如此重要？提供免费的笔记本电脑是如何帮助贫困儿童的？

数据库

首都
基加利

人口
12 337 138

语言
卢旺达语（官方语言）、法语（官方语言）、英语（官方语言），班图语（通用语言），斯瓦希里语（商务用语）

货币
卢旺达法郎

国内生产总值
77亿美元

人均国内生产总值
1 500美元

工业
水泥、农产品、小型饮料、肥皂、家具、鞋子、塑料制品、纺织品、香烟

农业
咖啡、茶、除虫菊（由菊花制成的杀虫剂）、香蕉、豆类、高粱、土豆，家畜

出口
咖啡、茶、皮革、锡矿

自然资源
黄金、锡石（锡矿）、黑钨矿（钨矿）、天然气、水电、耕地

图2.2　美国联邦赤字

预算上升和下降　如果一个经济体的支出超过了收入，就会产生预算赤字，反之，则会产生预算盈余。哪些经济趋势会影响预算赤字和预算盈余？

联邦预算

预算盈余/预算赤字（10亿美元）

资料来源：美国行政管理和预算局。

　　消费者　食品药品管理局（FDA）负责食品、药品、化妆品的安全监管和标签的统一规定。消费品安全委员会（CPSC）负责监管食品、药品和化妆品以外的商品，该机构为商品设定标准，并且有权召回不安全的商品。联邦贸易委员会（FTC）通过规范竞争、消费者保护条例和经济法规来保护消费者。

　　环境　环境保护局（EPA）为保护美国公民的健康和美国环境而成立。

保护措施

　　美国的法律保护公民和企业。例如，合同中提及的所有义务都未被履行，合同一方当事人可以起诉另一方。法院维护法律权威，并审理一般违法案件和刑事案件。

　　一些案件可能涉及保护公司免受盗版者侵害的法律。这些法律与

全球化与互联网

虽然关税和禁运是国际贸易壁垒的典型例子，但未来国际贸易的另一个障碍可能是审查。对于互联网公司来说，中国是一个巨大的市场，蕴藏着巨大的赢利机会。但是，中国对媒体传播的内容有非常严格的规定。由于中国提供了大量且不断增多的赢利机会，谷歌等互联网搜索引擎公司已经并将继续调整以适应中国市场。

专利和版权有关。**专利（patent）**是政府授予发明人的专有权，以防止其他人在一段时间内使用该发明。**版权（copyright）**是授予作者的专有权。为了得到使用知识产权、创意或发明的权利，使用者必须获得许可并且通常需要付费。**商标（trademark）**（如公司徽标）可以起到保护公司的名称和声誉的作用。

在美国，保护公民是各级政府的优先事项。联邦支出的一部分用于国防，美国政府为陆军、海军、海军陆战队、海岸警卫队以及国土安全局、中央情报局（CIA）和联邦调查局（FBI）提供资金。

在州和地方，执法机构提供警力保护。所有设备和工资都通过税收支付。在地方，房屋检查员负责检查新建筑，以确保新建筑符合建筑规范和安全标准。律师、医生、理发师和理疗师都必须通过州级考试才能合法地提供服务。

援助

政府还为需要帮助的人提供援助。财富的再分配是公民的安全网。若想查看援助项目的清单，可以访问美国政府网站。援助项目包括教育、救灾、能源、食品、住房、保险和医疗保健多个方面。

根据《社会保障法》（SSA），美国政府实行了个人福利政策。当你开始工作，你会发现工资的一部分交了保险税。它会为已支付基金的退休人员、幸存者、死者家属和残疾工人提供收入，同时为老年人（医疗保险）和低收入者（医疗补助）提供医疗保健服务。

针对低收入或无收入群体的额外援助项目包括儿童保育、食品券、公立学校午餐计划、早餐计划以及住房援助，并提供补贴、助学金、奖学金以及学生贷款给符合标准的学生。

当龙卷风、飓风或其他灾难摧毁一个地区，地方政府和州政府需要援助时，联邦政府会伸出援助之手。联邦紧急事务管理局（FEMA）可以提供重建该地区基础设施所需的专业人员和救济资金，并向个人和企业提供低息贷款以帮助其渡过难关。

阅读进展检查

定义 什么是预算赤字和预算盈余？

美联储

美联储的行动会如何影响你的财务决策

作为美国的中央银行，美联储监管美国的银行体系，并根据利率和汇率指导货币政策。美联储的职能包括支票清算，担任联邦政府的财务代理人，监管银行，持有准备金和设定准备金要求，提供纸币以及规范货币供应。我们一起看看美联储的结构、功能和在经济中的作用。

结构与功能

美联储由一个政府机构理事会和十二个联邦储备银行组成。理事会成员由总统任命，并由美国参议院确认，每个成员任期为十四年。十二家银行分别负责美国境内的特定区域。

理事会和联邦储备银行共同监管储蓄机构和其他金融机构的行为。其他职能还包括：向成员银行和政府提供银行服务，制定并实施美国消费者信用保护法（CCPA），向政府官员提供有关经济、消费者信用和货币政策的统计数据和信息，发布相关报告。

在经济中的作用

美联储的主要职责是监管货币供应，这一职能对经济的稳定至关重要。它通过控制联邦基金利率，即银行向美联储借款的利率来影响经济。例如，经济增长太快，需要抑制通货膨胀，美联储就可能会提高联邦基金利率，从而迫使银行提高利率。如果经济陷入衰退，美联储可能会降低利率以鼓励借贷和消费。

美联储还参与国际事务和外汇市场。美联储的主席是多个国际货币组织的理事会成员，并作为美国的代表之一出席国际货币和金融会议。货币政策的变化会影响国际关系和贸易。例如，在换汇时，美元可能会强势或疲软。美元疲软将使美国出口的商品对其他国家的人更具吸引力；如果美元过于强势，则会出现相反的情况。

回顾关键概念

1. **列出**　货币的三个主要职能和属性是什么?

2. **识别**　政府在美国经济中扮演什么角色?

3. **描述**　解释什么是联邦预算和预算平衡。

4. **列举**　列举为保护投资者、工人、消费者和环境而建立的政府机构,并说明它们提供什么服务。

5. **总结**　美联储的结构、目的和职能是什么?

6. **解释**　确定政府收入来源并解释国债。

延伸思考

7. **关联**　政府在支持和稳定经济方面的作用是什么? 政府行为如何影响你的个人财务?

21世纪技能

8. **财产权**　在美国和许多其他国家都有保护知识产权的法律。对知识产权有关的法律进行研究,如音乐作品的知识产权,什么情况下从互联网下载音乐被认为是非法的? 非法下载音乐的个人会怎样?

数学

9. **政府预算**　政府以各种方式获取收入,包括收取所得税、关税和发行债券。当政府支出超过收入时,会产生预算赤字。预算盈余是指政府支出低于其收入。当政府支出等于政府收入时,预算得以平衡。一个小国家征收了2 500 000美元的所得税,4 750 000美元的关税,发行了6 420 000美元的债券。如果政府支出为13 340 000美元,它是预算赤字、预算盈余还是预算平衡? 如果预算不平衡,它如何平衡?

数学概念　**盈余和赤字**　要计算政府预算的状态,应确定政府在此期间的收入总额,并从总支出中减去这一数额。

提示　通过确定总所得税、总关税、发行债券所得收入和所有其他收入,将其加总来确定政府的总收入。

经济指标与你

经济如何影响作为消费者和员工的你

一个经济体的目标是经济增长、稳定价格和充分就业。当一个国家达到这些目标时，企业、消费者和员工会对经济充满信心。企业投资新设备，进行研发，并雇用更多的员工。随着越来越多的员工就业，充分就业的目标便达到了。市场以消费者愿意并且能够支付的价格销售商品和提供服务，会形成稳定的价格。

为了衡量经济目标，研究经济状况，政府和独立经济学家会使用经济指标或统计值。这些指标衡量经济中的变量，并提供对经济运行状况的调查结果。经济指标包括国内生产总值、消费者价格指数和失业率等。

国内生产总值

许多国家使用国内生产总值来衡量一个国家的生产率。==国内生产总值（GPD）==是指在一定时期内国内生产的所有最终商品和提供的服务的价值。它包括私人投资、政府和个人支出、进出口之间的差异以及扩大和缩小库存的差异。国内生产总值占比最大的部分是消费者支出，约为70%。每年国内生产总值显著增长表明经济强劲。

消费者价格指数

==消费者价格指数（CPI）==是用来衡量某个城市家庭的一揽子商品和服务的费用。美国国家统计局每月公布消费者价格指数并进行季节性调整。通过消费者价格指数，经济学家能够确定是通货膨胀、通货紧缩还是价格稳定。==通货膨胀（inflation）==即价格上涨。当价格上涨时，你会为你需要和想要的商品花费更多。因此，你的货币没有以前值钱了。==通货紧缩（deflation）==即价格下跌。虽然因通货紧缩而价格下跌听上去不错，但这对经济是不利的。公司需要一定的利润才能持续经营，如果价格不得不大幅降低，公司可能因没有足够的钱购买新商品或不能支付账单而倒闭。因此，一个经济体的目标应是保持稳定的价格。

本节目标

- 列出一个经济体的三个基本目标。
- 描述经济指标及其重要性。
- 讨论商业周期的各个部分。
- 调查各国互相交易的原因。
- 解释贸易差额。
- 比较自由贸易和贸易保护主义。

阅读进行时

联系 你认为个人、企业和政府在循环经济活动中的作用是什么？

失业率

通常，失业率是目前失业并积极找工作的人在总劳动力中所占的百分比。可以接受的美国经济增长率是 5% 左右。低失业率是一个目标，因为就业人员是购买商品和服务的消费者。低失业率对政府也是有利的，因为雇员要缴纳税收。此外，失业人员的失业补助也会很低。

阅读进展检查

定义 什么是经济指标？有哪些例子？

商业周期

商业周期是怎么影响作为消费者的你的

除了经济指标，经济学家还研究经济波动，以确定经济在特定的某一时间点处于商业周期的哪个阶段。商业周期的四个主要阶段是扩张、衰退、低谷和复苏。从一个阶段到下一个阶段的循环是在该阶段发生后才能确定的。经济活动循环见图 2.3。

扩张

当一个国家的经济在增长，经济指标是积极的，这个国家的经济就处于扩张阶段。一些经济学家认为这一阶段是繁荣时期。企业经营良好，失业率低，消费者的消费也促进了这一时期的经济发展。当商业周期的这个阶段达到顶峰并开始下降时，下一个阶段就开始了，这就是经济衰退。

衰退

衰退是为期六个月的经济下行。在衰退期，经济会放缓，失业率上升。消费者需求的减少迫使企业减少生产和对业务的改进。随着经济下滑，政府收入减少，失业工人带来的成本增加。长时间的经济衰退被称为萧条。在大萧条时期，企业关门歇业，许多工人失业。消费者支出大幅减少，贫困加剧。美国在 20 世纪 30 年代初就经历了一次大萧条。

图2.3　经济活动

循环流动　在经济活动流中，政府、企业和消费者都是相互联系的。企业的活动如何影响消费者呢？

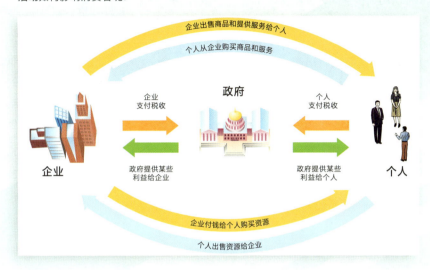

企业出售商品和提供服务给个人

个人从企业购买商品和服务

企业支付税收

政府

个人支付税收

企业

政府提供某些利益给企业

政府提供某些利益给个人

个人

企业付钱给个人购买资源

个人出售资源给企业

低谷

商业周期的最低点被称为**低谷（trough）**。它处于衰退（或萧条）与复苏阶段之间。随着更多的工人就业和支出增加，经济指标开始回升。而这一节点的下一个阶段便是复苏阶段。

复苏

商业周期的复苏阶段发生在经济衰退或萧条之后，此时经济好转。随着经济的增长，企业投入更多的生产资料，雇用更多的工人来满足消费需求。在这一阶段，你会看到失业率降低，物价稳定，生产力提高。

实现经济目标

为了实现经济目标，政府可能会进行干预。例如，在经济衰退期，为了刺激消费，政府可能会减税，这样消费者和企业就会有更多的钱用来消费。为了减少失业者，政府可能会通过立法，以鼓励企业雇用新员工，并为失业工人提供培训。此外，为了应对通货膨胀，美联储可能会提高利率，以抑制信贷消费。

重要职业

布兰达·威灵顿　预算分析师

作为一家私人机构的预算分析师，我负责找最有效的方法来增加利润，并在各个部门和项目之间分配资金。我制定、分析和执行预算，并估计未来的财务需求。我的工作日常包括审查财务申请，审查过去和现在的预算，研究影响支出的进展。我检查预算和提案的完整性、准确性，以及是否符合程序、法规和组织目标。然后，我将各个部门的预算合并成预算概要，用来支持或反对资金申请。在一年里，我都在监控预算，以确定资金是否按计划使用。如果不是，我会写一份报告来解释这些变化，并提出修改建议。这份工作有压力，但也有回报。如果你对这类工作感兴趣，我建议你通过学习获得会计、金融、商业、公共管理、经济学或统计学的学士或硕士学位。

职业探索

了解更多有关预算分析师这一职业的信息。

1. 例如，在一家平面设计公司中，预算分析师与艺术家或销售人员相比，所面临的特殊挑战是什么？

2. 大多数预算分析师在哪个部门工作？这个职业未来的机会是什么？

职业细节 ▶

技能	教育	职业道路
有分析技巧以及数学、统计学、会计学和计算机科学等知识，了解财务分析软件，较强的口头和书面沟通能力	学士学位，但大多数公司要求硕士学位	预算分析师可以成为财务总监、审计员、首席财务官、税务稽查员或首席税务代理

当经济衰退时，政府有时需要采取强硬的手段。罗斯福总统采取了"新政"来帮助美国从大萧条中复苏。"新政"的两个组成部分为社会保障和证券交易委员会。为了应对金融危机，政府通过立法来帮助银行、抵押贷款公司和汽车制造商。例如，**不良资产处置计划（TARP）**帮助了贷款机构，2009年《美国复苏和再投资法案》（ARRA）帮助了消费者和失业工人。这两项措施的目的都是重振经济。

 阅读进展检查

总结　商业周期的阶段有哪些？

贸易的作用

你的个人财务如何从国际贸易中获益

个人、企业和国家为了他／它们想要和需要的东西会进行贸易。个人用他们的技能换取工资，再用工资换取他们需要和想要的商品。企业用它们生产的商品和提供的服务获取收入，并希望获得利润。国与国之间进行贸易，因为它们相互依赖对方的资源以提供给本国公民所需的商品和服务。理论上，每个人都能从交易中获益。

分工和专业化

当任务分配给不同的工人时，制造业就会呈现出**专业化（specialization）**。每个工人都为生产最终商品做出贡献。专业化生产的目标是提高生产力。当所有的工人都各尽其职时，最终的商品就会被生产出来。制造厂的流水线是生产专业化的一个例子。今天，专门服务于制造过程中的一个或多个方面的机器人已经取代了许多工人曾经从事的工作。

专业化可以应用于经济学。为了有效地完成交易，需要有分工和专业化。个人专注于他们所选择的工作。企业专注于它们所提供的商品和服务，国家也一样。贸易是必要的，因为每个人在经济上都相互依赖，或者需要彼此来创造商品和服务。

生产和消费应该随着专业化程度而增长，因为每个人都在尽力生产社会想要的东西。工人生产的商品越多，他们赚取的购买商品的钱就越多。企业赚得越多，它们生产和销售的商品就越多。个人和企业赚得越多，政府就能从税收中获得更多的钱，用以提供国家需要和想要的社会服务。

国际贸易

你看一下你购买的商品上的标签，你会发现许多商品是在其他国家制造或生产的。葡萄可能来自智利，服装可能来自斯里兰卡，电子商品可能来自日本。其他国家的人可能会购买美国制造的商品，如飞机。国与国之间的商品和服务的交换就是**国际贸易（international trade）**。买入一个国家的商品叫作进口，卖给其他国家商品称为出口。

商品的进出口有助于创造全球市场，其中所有参与国际贸易的国家都能受益，受益于商品的更多选择、竞争的加剧、生活水平的提高，以及没有这样的贸易就不会存在的机会。

为什么会出现国际贸易

一些国家可以根据可获得的资源更有效地生产某些商品。经济资源（或生产要素）包括土地（原材料）、劳动力（工人）、企业家（企业主）和资本（工具、设备）。

资源的稀缺造成了国家之间的相互依赖。例如，拥有有限肥沃土地但资本充足的国家需要贸易来获取公民所需的粮食。甚至当一个国家拥有丰富的经济资源时，与其他国家进行贸易可能会更经济实惠。例如，由于一些国家的员工工资较低，对于劳动力成本较高的美国，进口商品比生产商品更有利可图。

一个国家的特殊资源往往使它在生产一种或多种商品时具有优势。例如，巴西的气候非常适合种植香蕉。气候较为温和的国家将会生产较少的香蕉，这使得巴西在香蕉生产上具有优势。当一个国家能够生产出比另一个国家更多的商品时，它就具有了==绝对优势（absolute advantage）==。

一个国家要从专业化和同其他国家的贸易中获益，并不是必须要具备生产某种特定商品的绝对优势。当一个国家具有==比较优势（comparative advantage）==时，贸易也是有益的。比较优势是一个国家比另一个国家以更低的机会成本有效地生产一种商品的能力。例如，两个国家——A国和B国都生产玉米和大豆，A国能够生产更多的玉米和大豆，且生产的玉米明显多于B国。那么，A国不应该继续占用产量更高的玉米用地来生产产量更低的大豆。如果A国专注于生产玉米，进口大豆，那么它的机会成本就会更低，A国就具有比较优势。

贸易差额

贸易差额是一国在一定时期内进出口商品的价值差（见图2.4）。当一国进口商品的价值超过其出口商品的价值时，就会出现贸易逆差。当一个国家的出口商品的价值超过进口商品的价值时，这个国家就会出现贸易顺差。

重要的是要认识到，持续的贸易逆差不一定是坏事。因为一个国家有外商投资的机会，贸易逆差就会持续存在。例如，许多日本汽车公司在美国建立工厂，以满足消费者对日本汽车的需求。这是通过提供美国国内就业机会，创造使美国公民受益的支持性产业。有关美国贸易逆差的波动，请参见图2.5。

自由贸易与保护主义

许多经济学家认为，当自由贸易时，国际贸易最有效。自由贸易是建立在市场经济原则基础上的，不会被管制。没有了管制，总产出和国际竞争就会增加。国家之间建立联盟和签订协议以鼓励自由贸易。在没有贸易限制的情况下，协议为企业在全球市场的竞争中奠定了基础。例如，美国与其邻国加拿大和墨西哥签署了一项贸易协定，被称为"北美自由贸易协定"（NAFTA）。在欧洲，许多国家加入欧盟，联盟中的各国由于贸易和经济目的而联合起来。通过协议，欧盟甚至发行了一种叫欧元的货币。

最大的贸易组织是世界贸易组织（WTO），它涉及世界各地的各

图2.4 进口和出口

贸易差额 该图显示了美国近年来以美元计算的进出口差额。
影响贸易差额的因素有哪些？

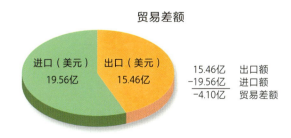

贸易差额

| 进口（美元）19.56亿 | 出口（美元）15.46亿 |

15.46亿　　出口额
−19.56亿　　进口额
−4.10亿　　贸易差额

阅读结束后

联系 当你做个人财务决策时，为什么了解全球经济政策很重要？

个国家。世贸组织为了其成员国之间的公平贸易而制定规则。如果一个国家认为其中一个成员国不遵守规则，它可能会将违规行为的书面材料提交给世贸组织进行审查，并要求采取行动。世贸组织为我们全球市场建立框架。

然而，有时候成员国发现贸易限制是有必要的，又给自由贸易制造了壁垒。**保护主义（protectionism）** 就是自由贸易壁垒的一个实例。贸易壁垒包括关税、配额和禁运。保护主义试图保护国内产业免受全球竞争。

关税（tariff） 是进口税。如今，美国政府如果希望帮助国内企业更好地与国外制造企业竞争，往往会对商品征收关税。关税提高了进口商品的价格，这有助于美国国内企业的竞争。

配额（quota） 是对进口商品数量或价值的限制。一旦某一特定商品达到配额，该类商品就不能再进口到某个国家。配额保护了那些拥有这类配额商品的国内供应商。国内企业受益于进口配额。

禁运（embargo） 限制了一个国家的进出口。当出现健康问题时，禁运就会实施，比如受污染的食品。对商品的完全禁止也可能出于政治原因。

图2.5 贸易差额

影响 在2009年，美国服务出口降幅最大的是旅游业和交通业。你认为减少的原因是什么？

回顾关键概念

1. **列出**　一个经济体的三个基本目标是什么？

2. **描述**　经济指标有哪些？它们提供了哪些关于经济的信息？

3. **识别**　商业周期分为哪些阶段？解释每一个阶段。

4. **解释**　国家之间贸易的原因是什么？

5. **识别**　什么是贸易顺差和贸易逆差？它们与贸易差额有何关系？

6. **比较**　自由贸易和保护主义有何相似之处或不同之处？

7. **区分**　比较优势和绝对优势的区别是什么？

延伸思考

8. **角色扮演**　如果经济衰退，你会给企业主、投资者和消费者什么建议？如果经济处于复苏时期，你的建议会有什么改变？

语言艺术

9. **自由贸易的利弊**　北美自由贸易协定的签订是为了扩大美国、加拿大和墨西哥之间的贸易，并使这些国家在全球市场上更具竞争力。北美自由贸易协定减少了贸易壁垒，甚至在某些情况下完全消除了贸易壁垒。从刊物和网上收集有关北美自由贸易协定的信息，作为消费者，你如何从自由贸易协定（如北美自由贸易协定）中获益？美国的企业如何获益？该协议的负面影响是什么？世界贸易组织的影响是什么？用一页报告陈述你的发现，并确定你的信息源。

数学

10. **货币兑换**　詹妮弗住在美国俄亥俄州，上个月她和家人在加拿大待了一个星期。有一天她去购物，当时美元比加元更值钱。在旅途中，詹妮弗买了一件25.99美元的衬衫、一个45美元的钱包和两双35.99美元的鞋子。那天，1美元等于1.10加元。注意，货币汇率每天都在变化，以美元计算在加拿大所购买商品的总成本。

数学概念　**计算商品成本**　为了计算在另一个国家所购买商品的成本，要用外币总成本除以汇率。

提示　将购买的每种商品的数量乘以该商品的价格，以确定每种商品的总成本。用加元的总成本除以汇率来确定美元的总成本。

经济学和全球经济

货币的作用

在市场上，货币可以用于各种各样的交换，而且比物物交换更容易。

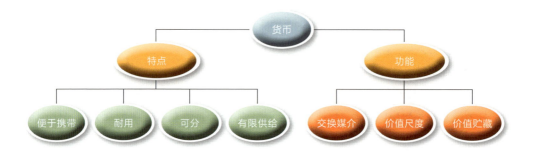

激励

企业和政府利用激励措施对经济产生积极影响，如图所示。

贸易差额	=	出口	−	进口

试一试

绘制如右所示的图，以说明商业周期各阶段的循环。

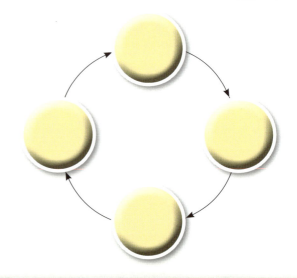

章节评估

章节总结

- 货币的功能是交换媒介、价值尺度和价值贮藏。
- 美国货币供给影响价格。联邦政府试图通过控制货币供给来稳定物价。
- 政府有三个重要的功能：监管、保护、援助。
- 建立政府机构是为了保护投资者、工人、消费者和环境。
- 美联储监管银行并指导货币政策。

- 经济的三个基本目标是稳定价格、降低失业率和提高生产率。
- 国内生产总值、消费者价格指数和失业率有助于监测一个经济体的健康状况。
- 经济经历的高低起伏，称为商业周期，会有以下波动：扩张、衰退、低谷和复苏。
- 由于市场的相互依赖和所创造的效率，各国之间得以进行贸易。

词汇复习

1. 使用其中至少十个词来写一篇关于全球化和全球经济利与弊的文章。

- 法定货币
- 货币供应
- 预算赤字
- 预算盈余
- 专利
- 版权
- 商标
- 国内生产总值
- 消费者价格指数
- 调节器
- 通货膨胀
- 通货紧缩
- 经济衰退

- 低谷
- 专业化
- 国际贸易
- 绝对优势
- 比较优势
- 贸易差额
- 保护主义
- 关税
- 配额
- 禁运
- 知识产权
- 相互依存
- 指标

延伸思考

2. **关联** 什么是全球化？国际贸易和技术如何影响全球化？

3. **联系** 讨论专业化和分工如何促进贸易以及如何影响绝对优势和比较优势。

4. **确定** 解释美国货币供给对价格的影响，政府对此如何监管？

5. **检查** 为什么失业率不能完全准确地反映实际失业人数？

6. **计划** 在商业周期的哪个阶段，企业最有可能裁员和减产？

7. **拓展** 消费者信心对美国经济有多重要？它如何影响企业和政府？

8. **评估** 经济指标的波动如何影响股票经纪人、消费者和政府？经济增长放缓将如何影响这些群体？

9. **证明** 解释和证明政府机构的重要性，它们是如何获得资金的？

社会研究

10. 政府援助 讨论政府在实施政府计划时采用了哪些财政支出和税收政策，这些计划在金融或经济危机期间如何帮助私营企业。写一份关于公平与平衡的书面报告，要包括可靠来源的引用，以支撑关于政策优缺点的观点。

数学

11. 关税 A国从B国进口越野车（SUV），为了帮助本国汽车公司更好地与外国汽车公司竞争，A国对进口的越野车征收关税。国内公司将越野车定价为43 250美元，而包括关税在内的进口越野车定价为43 900美元。如果没有关税，这两辆越野车的价格将是一样的，计算进口越野车的关税百分比。如果B国在A国销售3.5万辆越野车，那么A国政府会征收多少关税？

数学概念 **计算关税百分比** 为了计算一个国家对国外商品征收的关税，要比较国外商品和国内商品的价格。

提示 为了计算A国对国外商品征收的关税百分比，先确定关税金额，用总额除以不含关税的越野车价格。

语言艺术

12. 电视广告 瑞典禁止电视上出现针对儿童的广告。假设类似的法案在美国国会上待定，人们就会给联邦贸易委员会写信，支持或者反对禁止针对儿童的电视广告，你持什么立场？

经济学

13. 政府计划 全民医疗是政府提供的医疗，它一直是政治和医学上争论的话题。在全民医疗的国家，为了给全国公民提供医疗服务，医院和医生的工资由政府支付。在提供全民医疗的国家，公民不直接支付医疗费用，政府通过税收来支付，因而税收比不是全民医疗的国家要高。研究全民医疗的利弊，写一篇报道风格的文章来表达你的观点，并说服读者考虑你的观点。

现实应用

14. 《标签法》 食品上的标签显示了营养成分。百分比最高的成分列在最前面，然后次之，以此类推。广告可以提供额外的信息，比如低钠、高纤维、无糖、高钙。研究五种你最喜欢的食品所含的成分和卡路里，以及它们的价格。找出比这五种食品的价格更低但成分或营养价值相同的替代品，对你的发现做一个总结，并记下关于成本和商品标签的启示，这可能会帮助你成为一个更好的消费者。这些商品是在其他国家生产的吗？这些商品的标签有什么不同吗？

你的资产组合

证券组合

> 　　罗里的父母为她存了足够的钱，为她支付上州立大学的学费。但是，罗里需要负责所有其他的费用，如书籍费、食宿费和活动费。如果她想上私立大学，她必须申请学生贷款来支付差额。罗里决定上州立大学，这样她就不会负债了。大学期间，她继续做兼职工作。到她大学毕业时，她不但没有债务，银行账户里还有余额。

计算

　　研究股票价格和股票经纪公司，看看你需要多少钱投资证券（股票和债券）和共同基金，制订一个计划。你需要多少钱购买证券投资组合？你想购买哪些股票、债券或共同基金？你会购买国际证券吗？在一张单独的纸上，创建一个表，并填入至少包含你想购买的10种证券，标注股票的数量、当前的价格和需要的总金额，确定股票经纪人或经纪公司，以处理你的交易，表中还应包括交易的成本。你需要多少钱才能使这个假设的证券投资组合成为现实？

1

回顾与评估
了解全球贸易

问自己

你会通过商品标签来看商品是哪里生产的吗？你考虑过进口商品的成本吗？商品的产地会影响你的购买决定吗？对这些问题的回答可以帮助你理解和领会全球贸易的重要性。

你的目标

该项目的目标是了解当今社会全球贸易的作用和重要性。

你将使用的技能

成功地确定目标并为目标做好财务准备，取决于你的技能。你可能会用到以下技能。

学术技能——阅读、写作和研究。

21世纪技能——批判性思维、做决策、口语能力、听力能力和角色扮演。

技术技能——文字处理、键盘输入、演示软件和网络研究。

第1步　研究商品

选择一件你最近购买或正在考虑购买的商品，例如一件衣服、一款游戏或一款媒体播放器，并且它是国外生产的，回答以下问题。

• 商品在哪里生产的？
• 可以获得类似的在国内生产的商品吗？
• 与竞争品牌相比，哪些因素影响了你购买该商品的决定？
• 进口商品对你的生活有何益处？你的回答将帮助你考虑商品来源以及最终用途。用你的答案创建一个关于你所购买商品的信息表。你可以选择一个电子表格或图，把你购买的商品和竞争品牌的类似商品进行比较。

第2步　探索规律

使用刊物和在线资源进行研究，了解更多关于你所购买商品的进口法规。

• 生产该商品的国家是否具有生产该商品的绝对优势或相对优势？
• 生产该商品的国家是否与美国进行自由贸易或者有贸易保护？
• 如果实施贸易保护，对商品征收何种关税或确定多少配额？这些会如何影响你为该商品支付的价格？
• 研究该商品的历史，以确定美国是否对其实施过禁运。如果是这样，为什么？

写一份一页的报告，解释你所购买的商品是如何受到全球贸易法规的影响，请一定注明你的信息来源。

项目清单

计划

- ✔ 选择和评估一种你拥有或可能购买的进口商品。
- ✔ 研究影响你选择进口商品的贸易法规。
- ✔ 采访当地销售人员，比较该商品与竞争商品。
- ✔ 扮演一个销售员，将你选择的商品展示给企业主。

写作

- ✔ 创建一个有关你所选择商品的信息表格。
- ✔ 报告影响你的商品的全球贸易的法律研究成果。
- ✔ 以问答的形式把你的采访结果打印出来。
- ✔ 列出进口商品的好处，用作你角色扮演的演讲重点内容。
- ✔ 画一个图，比较进口商品和国内制造的商品。

展示

- ✔ 起草你的报告大纲。
- ✔ 使用图文和技术来改进你的报告。
- ✔ 清晰简明地演讲。
- ✔ 分享你所选择的商品的信息表。
- ✔ 展示你有关全球贸易法律的发现，以及你的商品是如何受到它们的影响的。
- ✔ 展示你的信息组织图，比较进口商品和国内制造的商品。
- ✔ 回答同学或朋友的提问。

第3步 建立联系

与同学或朋友组成一组。一个人扮演销售人员的角色，销售你选择的商品。另一个人扮演企业主，正决定购买该商品还是购买国内生产的类似商品。

- 准备好你的角色扮演，在社区中找到一个了解你的商品并且值得信赖的成年人。你问他（或她）什么因素会影响客户购买进口商品或其竞争商品，记下答案。
- 根据你在步骤1和步骤2以及采访中收集到的信息，确定演讲要点。
- 在角色扮演过程中，倾听并注意"企业主"的关注点，礼貌地解决这些问题。
- 以专业的方式进行。
- 尊重"企业主"的决定，并感谢他付出的时间。

在你的笔记上画一个信息组织图，列出你的商品和国内制造的竞争品的优点和缺点。

第4步 起草你的报告

使用项目清单来计划和创建你的演示文稿。

第5步 评价你的演示文稿

你的报告将根据以下内容进行评价。

- 评价标准。
- 研究范围。
- 清晰明了的陈述。
- 听说能力。

2 企业所有权和计划

看图说话

在新企业中，明确的业务和财务计划都是关键要素，但一些个人特质也可以决定企业的成败。在创办企业时，什么样的个人特质和技能是有益的？

你所在的世界

做自己的老板

　　你曾经想过自己创业吗？作为一名企业家，在获得回报之前，你需要理解并接受风险。每两家小企业中就有一家在第一年倒闭。然而，如果你有一个不错的想法，知道如何写一份商业计划，如何获得资金，并努力工作，你可能成为一个幸运的企业主，可以讲述一个伟大的成功故事。想想自己创业所需要的个人特质，你觉得自己具备所需的条件吗？

 大学和职业
准备

启动成本　想想你想拥有的企业，写一份在投入资金之前你需要完成的待办事项清单。这份清单是激励了你，还是让你怀疑拥有一家小型企业可能不值得付出这么多努力？解释你的答案。

经济学与你

经济体系和税收

　　在以社会主义为政治哲学的计划经济中，税收往往很高。政府提供的社会服务需要高税收。在一些社会主义国家，税收用于从幼儿园到大学的免费教育，所有公民的免费医疗，以及为持续给消费者低廉价格而对某些行业的补贴。高税收降低了计划经济中企业主的净利润。在市场经济中，政府不能提供像社会主义国家中看到的社会福利项目。因此，在市场经济中，税收没有那么高，这就鼓励了人们开办自己的企业。写一段或几段文字来解释你更愿意成为哪一种经济体系中的公民、纳税人和企业主。

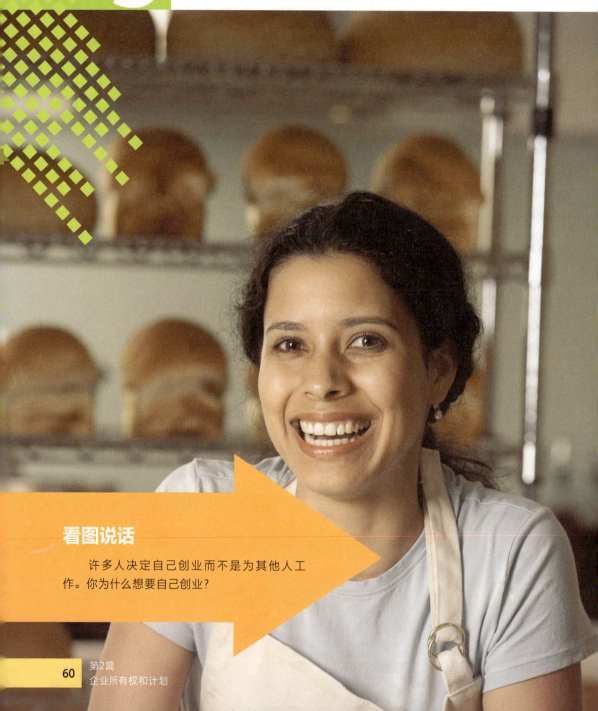

第3章

3 企业所有权类型

看图说话

许多人决定自己创业而不是为其他人工作。你为什么想要自己创业？

探索项目

准备申请文件

关键问题

为何在申请成立公司时，全面了解业务的各个方面很重要？

项目目标

罗斯和爱丽丝合伙经营她们的蛋糕装饰公司，名叫糖衣。她们已经确定业务正在增长，想以公司的形式经营。假设她们雇用你来研究并完成她们的申请，即撰写公司章程与公司规章制度。你要进行研究，寻找公司章程和公司规章制度的样本，仔细评估每个文档，确保你理解预期的内容。这些表格可能因公司所处州不同而略有不同，但通常要求提供相同的信息。如有必要，可与你的老师或其他成年人面谈，以清楚表格的内容。在你完全理解了期望的和必要的内容之后，完成公司章程，并为罗斯和爱丽丝制定公司规章制度。

考虑以下内容

- 公司的正式名称是什么？
- 这家公司成立的目的是什么？
- 这是一家私人控股公司还是一家公众持股公司？
- 如果是一家公众持股公司，它能发行的最大股份数量是多少？
- 董事会的选举将采用什么程序？
- 股东多久召开一次会议？

有效应用技术

你如何利用技术使得董事会更加有效运转？

重要见解

有几种类型的企业所有权可供企业选择。

请教专家

市场经济中的监管

问： 在独资企业里，所有的利润都归你自己所有。你为什么要为设立公司而烦恼呢？

答： 每种类型的企业结构都有其优缺点。独资企业的净收入按个人所得税税率纳税，但公司的利润按税率较低的公司税纳税。然而，独资企业更容易建立，所以你可以更快地开展业务。

 写作任务

列出个人独资企业和公司的利弊。用一个段落写出你的总结，并确定你更喜欢哪种类型的企业所有权。

阅读开始前

基本问题　如果你拥有一家小企业，哪种类型的企业所有权最适合你的需求和未来目标?

中心思想

理解和选择合适的组织形式是企业成功的一个重要因素。

内容词汇

- 公共部门
- 私人部门
- 竞争
- 价格竞争
- 非价格竞争
- 市场
- 寡头垄断
- 垄断
- 利润
- 独资企业
- 企业家
- 雇主身份证号

- 无限责任
- 有限生命
- 合伙企业
- 合伙协议
- 普通合伙人
- 有限合伙人
- 合作社
- 公司
- 公司章程
- 公司规章制度
- 公司执照
- 董事会

- 有限责任公司
- 特许经营权

学术词汇

在阅读和回答问题时，你会看到这些词。

- 运营
- 创造
- 选举
- 股东

使用图表

在阅读本章之前，请创建如右所示的编号列表。阅读时，记下合伙协议中应该包含的基本信息。

合伙协议

1. _____
2. _____
3. _____
4. _____
5. _____
6. _____

私营企业体系

自由企业体系会如何影响一个人的财务决策

美国经常被认为是私人体系，因为拥有大部分资源的是个人，而不是政府。**公共部门（public sector）**全部由政府资助。公立学校属于公共部门，因为它们是由税收资助的。一个经济体中的**私营部门（private sector）**不是由政府出资的企业。超市属于私营部门，也是私营企业的一个例子。

自由竞争

竞争是企业之间争夺客户。在私营企业体系中，为了鼓励企业以消费者愿意支付的价格提供优质商品，竞争是必要的。企业努力争取并留住客户，因为它如果不这么做，另一家企业就会抢走客户。

价格和非价格竞争　**价格竞争（price competition）**是假定消费者会选择价格最低的商品的情况下发生的。无论何时，当一家公司声明"我们将击败所有竞争对手的价格"时，你会观察到"价格竞争"。折扣、优惠券、回扣和特价销售都是价格竞争的例子。在价格竞争中，企业通过提供比竞争对手更低的价格来吸引客户。

非价格竞争（non-price competition）依赖于价格以外的因素来吸引和留住客户。优质的服务、免费运输、较高的品质和品牌的可靠性是非价格竞争的例子。由于地理位置、食物的味道和优秀的服务员，你可能经常光顾某家餐厅。基于这些因素，你在这家餐厅的花费可能比其他餐厅要高。因此，使用非价格竞争的企业有时会收取比竞争对手更高的费用，但仍能取得成功。

竞争水平　**市场（market）**是买卖双方进行交换的地方。市场结构取决于竞争水平。政府通过法律确保公平竞争。完全竞争是指有很多竞争者争夺很多客户。在另外两种情况下，价格竞争是非完全的。

寡头垄断（oligopoly）的特点是市场上有一些大型企业，且有许多想要或需要这些企业生产的商品的消费者。美国的移动电话服务行业是寡头垄断的一个例子。

本节目标

- 描述竞争对企业和消费者的影响。
- 解释竞争如何影响消费者。
- 识别独资企业的优点和缺点。
- 解释普通合伙人和有限合伙人之间的差异。
- 识别合伙企业的优点和缺点。
- 识别合作社企业的优点和缺点。

阅读进行时

联系　你的家庭成员在经济中扮演什么角色？

威瑞森无线公司（Verizon）、美国电话电报公司（AT&T）和斯普林特公司（Sprint）是手机行业的三家主导公司。消费者可选择的供应商或零售商是有限的。然而，这三大巨头之间的竞争依然激烈。因此，商品、价格和服务必须具有竞争力。

垄断（monopoly） 的特征是市场上只有一个供应商。在这种情况下，不存在竞争。如果很多消费者想要这个供应商生产的商品，他们别无选择，只能支付供应商收取的价格。垄断在美国和一些国家是被禁止的，除非是政府控制。美国邮政服务是政府控制的一级邮件垄断的例子。

风险

在私营企业体系中，企业并不能确保成功。风险，也就是潜在的失败，总是存在的。企业家是私营企业体系中的风险承担者。统计数据告诉我们，在美国，每三家新企业中只有一家在开业的第一年能取得成功。

开展业务的风险包括竞争、经济形势的变化、新的政府法规、新技术、自然灾害以及由于无法预见的情况而引发的诉讼。

利润

在支付开展业务的费用后留下的钱被称为**利润（profit）**。企业通过销售商品和提供服务来创造收入，有时也被称为收益。但是，企业也需要花钱来经营其业务。例如，它们为自己的营业场所支付租金，并且必须支付雇员的工资。收入和支出之间的差额是利润。利润有助于激励企业主更有效地进行运营。激励措施鼓励企业将部分利润再用于人力资本投资、购买新机器和产品创新。

有利润的企业通过雇用工人和纳税来维持运行。当一个经济体就业率很高时，工人就可以购买更多的商品和服务。反过来，这会为其他企业带来收入，政府也受益。所有工人和成功的企业都要纳税。当公司赢利时，它还能够通过慈善捐赠与支持公民和社区的项目为社会做出贡献。

阅读进展检查

总结 在市场中，价格和竞争如何相互作用并且影响企业和消费者？

雇主身份证号码申请表

你可能决定将来自主创业。当你创办一家企业时，美国的法律要求你向联邦政府申请雇主身份证号码。表格SS-4包含以下信息。

- 企业的名称和地址。
- 企业类型。
- 企业创办日期。
- 企业的主要活动。

关键点 雇主向联邦政府发送表格SS-4。收到后，政府会向雇主分配一个号码。此过程也可以在美国国税局（IRS）网站上在线完成。如果在线完成申请，雇主会立即获得号码。雇主身份证号码帮助政府监控企业需要支付的税款。每当缴纳税款时，企业必须提供其身份证号码。

寻找 解决方案

复习关键内容

1. 谁应该使用表格SS-4?
2. 这个表格的目的是什么?
3. 这家企业是什么时候创办的?
4. 该企业在哪个州注册成立?
5. 这家企业的主要活动是什么?

企业所有权组织

存在不同类型的企业所有权吗

了解如何处理你的个人财务可以帮助你为管理自己的企业做好准备。计划、管理和记录自己的金钱的能力可以应用到经营企业上。如果你决定创业并管理财务，熟悉不同类型的所有权是很重要的。

当你开始创业时，你要合法地组织所有权。企业所有权有以下三种合法形式。

- 独资企业。
- 合伙企业。
- 公司制企业。

 阅读进展检查

回顾　哪三种个人财务技能可以应用到经营企业上？

选择最适合你的需求和业务需求的所有权形式是很重要的。本节将研究企业所有权的前两种形式——独资企业和合伙企业。

独资企业

独资企业有哪些特征

sole 的意思是单身、一个人，proprietor 的意思是所有者，所以 sole proprietorship 译为<mark>独资企业</mark>，指一个人拥有的企业。独资企业是最古老、最普遍的企业所有权形式。美国大约 75% 的企业是以独资企业的形式组织起来的。虽然许多人一想到美国的企业就会想到公司制企业，但是独资企业是美国企业的支柱。

大多数独资企业都是小型企业，且都由个人拥有。一个敢于冒险创业的人被称为<mark>企业家（entrepreneur）</mark>。许多独资企业提供服务，如汽车修理、房屋清洁或管道疏通。它们通常在家门口、小办公室里或店面中运营。有些独资企业很成功，但很多都倒闭了。然而，无一例外，独资企业的所有者都在追求经营自己企业的梦想。

例如，黛比·菲尔兹有一个卖饼干的梦想。她创立了一家非常成功的企业，叫菲尔兹夫人饼干。约翰·约翰逊想创办一份杂志。于是他向家人借了 500 美元，创办了杂志《乌木》（*Ebony*）。甚至一些大公司也是由企业家冒险创办的。没有艾默里·霍顿，康宁公司就不会存在；没有威廉·高露洁，就不会有高露洁棕榄公司。

独资企业的优势

将企业组织为独资企业有几个优势。最重要的优势是可以自由地做出所有决定。此外，你会得到所有利润并每年以个人纳税一次。这种类型的企业设立容易，许可证的办理和文书工作简单，政府监管也较少。

设立容易　独资企业是最容易设立的企业组织形式。虽然政府要求一些文书工作，但通常可以轻松地完成这项工作。开办独资企业确实需要一些努力，但只需要少量的文件，所以组建独资企业的成本相对较低。

许可证的办理和文书工作　在一般情况下，你只需要从当地政府获得营业许可证，就可以组织一家独资企业。你还需要获得销售税号码，因为你销售给客户的商品可能要被征收销售税。

如果你不以你的名字作为名称开办企业，则必须申请化名营业执照（Certificate of Doing Business Under an Assumed Name）。这一证书简称为 DBA，意思是"作为……做生意"。例如，希丽亚想要创办一家个性化的婚礼策划服务公司——铭记时刻。为了以此商业名称合法经营，她需要获得 DBA。

如果你打算聘请一名或多名员工在你的企业中工作，你需要一个雇主身份证号码。==雇主身份证号码（EIN）==是由美国国税局指定的编号，用于所得税缴纳。许多独资企业主雇用经理和几名雇员。一些大型独资企业，拥有数百名员工。

完全控制　作为唯一所有者，你可以按照自己的意愿经营企业，这是一个很大的优势，因为你不必说服合伙人、股东或其他人相信你的业务决策是合理的。你可以决定要销售的商品或提供的服务，要收取的价格以及你工作的时间。作为企业的唯一所有者，你可以做出所有管理和财务的决策。

利润归所有者　对于独资企业，企业获得利润后，你可以保留所

大学和职业准备

财经素养

　　财经素养是指做出个人经济和财务决策并有效管理资金的能力。财经素养涉及预算和增加储蓄，它还涉及退休计划、信贷管理、税收策略和保险。基本的财经素养不仅可以改善你的个人财务状况，还会影响国家。财经素养高的公民将做出更好的财务和经济决策，这将有助于建立一个更有效和稳定的经济体系。

写作任务

　　研究财经素养和任何资源。你怎么能具有财经素养？简短总结实现财经素养的方法。

重要职业

克里斯·杰克逊　总承包商

一些总承包商拥有负责施工的承包公司，另一些总承包商是业主和开发商的员工。我在大学期间开始做学徒，现在我拥有一家小公司。作为总承包商，我帮助房主、房东和企业，建造、改造或维修他们的建筑物。我可以投标参与一项工作，例如，修理厨房或监督整个项目。我必须知道价格并能够计划开支。无论我处理所有工作还是将部分工作分包给电气、供暖和管道专家，我都有责任按照预算按时完成工作。虽然一些总承包商会从事各种类型的工作，但我们大多数人都专注于一种建筑项目。例如，像我这样的住宅承包商可以监管商业建筑，但我们很少承接像桥梁、污水处理系统和工业场所这样的大型项目。

职业探索

在承包商开始项目之前，他们必须向需要完成工作的个人、公司或政府机构提交报价。

1. 承包商如何准确出价？

2. 你认为最低出价者总能参与项目吗？解释你的答案。

职业细节 ▶

技能	教育	职业道路
会计、沟通、领导、决策、销售、数学、谈判、组织、解决问题、时间管理	高中文凭或同等学力、建筑科学学士学位、该领域的经验、承包商执照考试	总承包商可以成为成本估算师、规范编写者、城市规划师、土木工程师、测量师和建筑师

有利润（在你缴纳税款之后）。随着公司的业务经营得越来越好，你将获得更多的利润。独资企业可以使所有者获得努力工作和决策的回报。

一次利润征税　独资企业不按公司缴纳所得税。作为所有者，你必须在个人所得税申报表中申报业务的利润。税收按你当年的总收入计算。如果你全职经营企业，你所获得的所有利润都将计入应税收入。如果经营企业只是你的兼职工作，你还有全职工作，你的应税收入将包括你的工作收入以及企业的净收入。

较少的政府监管　独资企业运营的另一个好处是，你无须填写并向政府提交多份表格和报告。虽然有一些关于特定业务的政府法规，但大多数独资企业的经营者几乎没有经历过政府的烦琐流程。

独资企业的劣势

人们做的大多数选择都有积极的一面和消极的一面。虽然以独资企业的形式组织企业有一些优势，但这种组织形式也有一些劣势。

有限资金　当你开始独资经营时，除了借钱，运营资金的唯一来源就是你自己的钱。一般来说，没有其他人能帮你为企业融资。此外，你能获得的现金数量可能是有限的。充足的资金和正的现金流对企业至关重要。如果没有足够的资金来建立企业、运营和扩张，你可能会陷入困境。

无限责任　独资企业的一个主要缺点是如果你的企业经营不善，你要对所有的损失负责。**无限责任（unlimited liability）**是指企业所有者有责任用个人资产偿还企业债务。换句话说，如果你的企业不成功，你可能会失去你的汽车、房子、存款和其他资产。如果你的企业财务状况不好，你可能不得不宣布个人破产。

创业风险很高。超过一半的新企业在五年内倒闭。如果你的企业失败了，你的财务状况和信用评级可能会受到严重损害。

有限的人力资源　独资企业的一个优势是你是企业中唯一的决策者。然而，当你是一家企业的唯一所有者时，你不能依靠其他人来帮你承担这个重担。

大多数人只有有限的知识和才能。也许你对某些商品或服务很了解，但你的基本业务技能很弱。如果你开办了一家绘画企业，你可能擅长绘画，能够识别不同类型的颜料，并知道如何正确地将颜料涂在不同的表面。与此同时，你可能在定价、记录或广告和市场营销方面

从小开始

传统上，小企业一直是美国经济的支柱。你能在家附近找到哪些小企业？

的经验有限。

在购买、会计或营销方面的糟糕决策可能会毁掉你的企业。独资经营者必须愿意雇用那些具有多元化才能和技能的人来改善业务。

有限生命 独资企业具有**有限生命（limited life）**，在这种情况下，企业的寿命由所有者的寿命或所有者终止企业的决策来决定。如果出售给其他人，该企业也可以合法地结束。在这种情况下，新所有者以自己的名义创建企业。

阅读进展检查

定义 什么是雇主身份证号码？

合伙企业

合伙企业的特征是什么

有些人选择在创业时建立合伙企业。**合伙企业（partnership）**是由两个或更多人拥有的企业。作为共同所有者的合伙人自愿同意经营企业以获取利润。合伙企业成立时，合伙人签署一项特殊的法律协议——**合伙协议书（partnership agreement）**。它是一份说明如何组织合伙企业的书面文件。协议通常包括以下内容。

- 合伙人的姓名。
- 企业的名称和性质。
- 每个合伙人的投资金额。
- 每个合伙人的职责和权利。
- 分享利润和承担损失的程序。
- 当合伙企业解散时，如何划分资产。

在合伙企业中，你和共同所有者决定如何划分企业的利润和损失。你还概述了每个合伙人的职责和权利。所有合伙人必须同意合伙协议书中规定的条件。一些大公司在成为公司之前是以合伙企业起步的。例如，1876 年，一个名叫亚伯兰·安德森的冰箱企业主开始与一个名叫约瑟夫·坎贝尔的水果商合作。他们的小型合伙企业逐渐发展成坎贝尔汤公司（Campbell Soup Company）。

普通合伙人和有限合伙人

合伙人有两种基本类型：普通合伙人和有限合伙人。在许多合伙企业中，所有合伙人都是普通合伙人。普通合伙人是具有决策权，在企业运营中发挥积极作用的业务合伙人，对合伙企业的所有损失或债务承担无限责任。每个合伙企业至少有一个普通合伙人。

所有普通合伙人都拥有所谓的代理权力。代理权力，也称为共同代理，是签署对合伙企业具有法律约束力的合同的权利。假设戴伦、胡安妮塔和查尔斯组成了一个合伙企业来制作书柜。戴伦前往克林顿木制品公司并签署了在该公司购买木材的合同。戴伦拥有代理权力，代表企业行事，因此根据合同，合伙人具有法律义务。

合伙企业也可以增加有限合伙人。**有限合伙人（limited partner）**是不会在决策或经营业务中发挥积极作用的企业合伙人。有限合伙人在合伙企业中的责任仅限于他对企业的投资金额。例如，低地家具公司的有限合伙人克丽丝塔·克拉克为企业投入了 25 000 美元。克丽丝塔没有参与经营业务。此外，她的财务责任仅限于她 25 000 美元的投资。这意味着如果企业破产，她最多可能损失 25 000 美元。

合伙企业的优势

合伙企业的许多优势类似于独资企业的优势。但是，你不会成为企业中唯一的决策者，而是与合伙人共同制定决策。更多的人可以产生更多的想法，甚至可能产生更多的钱。

合伙企业有几个优势。

- 设立容易。
- 更多的技能和知识。
- 有可用资金。
- 合伙人完全控制。
- 一次性利润征税。

容易设立　建立合伙企业相对容易，虽然需要一些文书工作，但通常很少。你可能需要获得某些本地营业许可证或执照。对于某些类型的业务，你还必须了解并遵守各种政府法规。

合伙企业最重要的法律文件是合伙协议书。合伙企业的所有条款和条件必须在这一书面文件中明确说明。注意尽可能使协议完整和明

虚拟顾问

使用技术可以帮助你制定企业战略。智能软件可以帮你制定建立企业的战略。例如，MBA向导是一个具有学习能力的智能软件。它准确地评估了20 000多个商业计划，因此，用户可以学习其不断增加的知识。

我们的世界

爱沙尼亚
虎跃基金会

　　提高教育质量是大多数国家的目标。爱沙尼亚已经研发出一种独特的方式来应对这一挑战。爱沙尼亚政府制订了虎跃计划，通过使用现代信息和通信技术提高学校教育质量。由教育部资助，该计划的最初目标是使教育机构的信息通信技术（ICT）基础设施现代化，然后重点转向学校包括大学的电子学习计划。通过将信息通信技术和电子学习作为日常课程的一部分，虎跃基金会希望提高爱沙尼亚学校的课程质量和效率。

　　我们可以从基金会的具体项目中看到其有效性。科学虎项目为期三年，旨在通过鼓励教师用创新设备进行试验，让学生对科学感兴趣。例如，许多学校体育馆都配有用于物理课程的数据记录器和传感器。除了物理学，科学虎项目还专注于生物学和化学领域。

批判性思考

1. **扩展**　围绕如何培训教师以支持虎跃计划这个问题进行研究，解释研究过程。
2. **关联**　州政府会协助无法为学校提供所需信息通信技术设备的地方市政当局。你是否认为美国联邦和州政府应该采取更多措施来确保公立学校有统一的基础计算机设备？

数据库

首都
塔林

人口
1 257 921

语言
爱沙尼亚语（官方）、俄语等

货币
爱沙尼亚克朗

国内生产总值
242.8亿美元

人均国内生产总值
22 400美元

工业
工程、电子、木材和木制品、纺织品、信息技术、电信

农业
蔬菜、牲畜和乳制品、鱼

出口
机器设备、木材和纸、金属、食品、纺织品、化学品

自然资源
油页岩、泥炭、磷矿、黏土、石灰石、沙子、白云石、耕地、海泥

取长补短

合伙企业能使你从自己的技能和知识中受益。为什么合伙协议书很重要？

确，这可以帮助你避免合伙人之间的误解，有助于企业的发展。

更多的技能和知识　在独资企业中，经营所需的技能和知识仅由一个人负责。然而，在合伙企业中，不同的合伙人可以提供不同的技能和经验。第一个合伙人可能有类似业务的经营经验。第二个合伙人可能拥有丰富的业务或会计经验。第三个合伙人可能具有出色的销售和营销技能。相对于独资企业，人才和知识的汇集是合伙企业的优势。

有可用资金　合伙企业中的几个人可以为企业贡献更多的钱，而不是一个人只用自己的个人资产。此外，如果需要更多的现金来维持或扩大运营，那么当几个人共同努力筹集资金时，可能更容易筹到。

例如，1872 年，干货商人李维·施特劳斯收到了他的一位顾客的来信，他是一位名叫雅各布·戴维斯的内华达裁缝。戴维斯一直在为矿工制作工作服，并通过在接缝处添加铆钉来加固裤子。他想为自己的想法申请专利，但无法支付申请文件所需的 68 美元。他写信给施特劳斯，建议他一起持有专利。施特劳斯同意了，两人于 1873 年合作，创立了李维斯牛仔裤公司。

不止一个人负责贷款时，可能会更容易获得银行融资。例如，相比独资企业，银行可能更愿意批准贷款，或者更愿意向合伙企业贷更多的钱，因为合伙人共担风险。

合伙人的信用评级非常重要。避免与信用评级有问题的任何人签订合作协议。所有合伙人的借贷能力都可能是企业成败的重要因素。

合伙人完全控制　在合伙企业中，企业的运营仅是普通合伙人的责任，他们可以按照自己的意愿行事。但是，合伙人也对业务的成败负责。

一次性利润征税　与独资企业一样，合伙企业不作为企业纳税。因此，它不需要缴纳州或联邦所得税。合伙协议规定了合伙企业的利润如何分配。每个合伙人都必须根据所获得的利润份额，向州政府和联邦政府缴纳个人所得税。因此，企业利润只被征税一次。

合伙企业的劣势

虽然合伙企业可以提供许多优势，但当几个人共同拥有并经营一家企业时，就会出现许多问题。这种形式的企业所有权可以避免一些独资企业存在的问题，但它也有缺点，具体如下。

- 无限责任。
- 合伙人之间可能存在分歧。
- 共享利润。
- 有限的生命。

1975 年，名叫比尔·盖茨和保罗·艾伦的两个年轻人建立了一家合伙企业，生产计算机软件。今天，他们的公司微软是一家大公司，比尔·盖茨和保罗·艾伦是世界上最富有的人中的两个。微软这家合伙企业的成功故事成为美国最伟大的成功故事之一。然而，大多数人从来没有接近过这一成就水平。许多合伙企业几乎没有成功，或者最终失败。建立合伙企业可能涉及巨大的财务风险。

无限责任　在本节的前面部分，你了解了独资企业的所有者具有无限责任，合伙企业中的普通合伙人也是如此。如果合伙企业亏损或出现财务问题，每个合伙人都要对企业的所有债务负个人责任。换句话说，如果你的合伙企业失败了，公司的债务无法用资产来偿还，你和你的合伙人有责任用你们自己的个人资产来偿还债务。

例如，两个朋友邀请你加入他们的合伙企业，你有大量的个人资产，你的两个合伙人的资产很少。如果生意失败了，你可能要为企业的大部分债务负个人责任，你甚至可能失去你所拥有的一切，所以仔细选择你的商业合伙人是非常重要的。你需要了解每个合伙人的个人财务状况和信用评级。请记住，每个普通合伙人对整个企业都负有无限责任，而不仅仅是其中的一部分。

合伙人之间可能存在分歧 当几个人共同管理一家企业时，他们可能并不总是在重要的企业决策上达成一致。合伙企业失败的一个常见原因是，合伙人在如何经营企业方面存在严重的冲突，并且使得企业因为这些冲突而遭受财务损失。

共享利润 你的努力工作是企业成功的关键因素。然而，你仍然必须与你的合伙人共享利润。合伙协议中已经概述了企业利润的分配方式。

有限的生命 合伙企业的生命取决于合伙人是否愿意和有能力继续共同经营。合伙企业的生命是有限的，很多原因都可能导致合伙企业的终止。可能是某个合伙人去世、退休或生病而退出合伙企业。合伙人可能意见不一致并决定终止他们的合作关系，或者决定吸纳新的合伙人。在这些情况下，原来的合伙企业就会解体。剩下的合伙人和新的合伙人应该起草一份新的合伙协议，这将创建一家新的企业。

阅读进展检查

区分 普通合伙人和有限合伙人有什么不同？

合作社

合作社的特点是什么

组织企业的另一种方式是合作社。<mark>**合作社（cooperative）**</mark>是由其成员共同拥有和经营的组织。合作社提供从公用事业到杂货店的各种产品和服务。

合作社的优势

合作社为用户提供利益、控制权和所有权。合作社的成员选举董事会或成员小组来监督企业的管理。每个成员都有平等的投票权。这使每个成员都对企业有一定的控制权。此外，合作社通常能够节省购买某些商品和服务的费用。一群人和一些小企业可以集中他/它们的资源和人脉来增加购买力。这种资源汇集的另一个好处是，合作社可以使商品和服务的营销更加有效和有利可图。

合作社的劣势

这种类型的企业也有劣势。合作社有经理，经理对成员小组或董事会负责。所有决定都必须得到该组织的批准。这可能会限制合作社的灵活性并延长有关赢利机会的决策过程。由于资金有限，增长潜力有限，再加上成员可能会失去兴趣或寻找其他企业，因此合作社很难留住小组成员。

回顾关键概念

1. **清单**　合伙企业的成本、优势和劣势分别是什么? 个人独资企业呢?

2. **描述**　开办合作社的成本、优势和劣势分别是什么?

3. **区分**　普通合伙人和有限合伙人的区别是什么?

4. **联系**　竞争如何影响消费者、卖家和生产者?

5. **评估**　垄断如何影响企业和消费者?

6. **评价**　税收如何影响不同类型的企业?

延伸思考

7. **结论**　你正准备做修理自行车的生意,你的叔叔提供启动成本,他是普通合伙人还是有限合伙人?

21世纪技能

8. **与他人合作**　雅各布和他的朋友赛斯决定建立伙伴关系,开创自己的事业。他们都计划成为企业的普通合伙人。他们已经确定,创建这样的企业需要500美元购买设备和耗材。撰写一份合伙协议,详细说明雅各布和赛斯应该如何分配投资、利润和损失,并明确职责和权利,确保在合作协议中包含所有必要的基本信息。

数学

9. **合伙企业**　萨姆、贝丝和桑贾伊合伙创办了一家小型房地产投资公司。他们这样做是为了能够汇集他们的资金和专业知识。萨姆是普通合伙人,贝丝和桑贾伊都是有限合伙人。根据合作协议,萨姆拥有45%的股份,贝丝拥有30%的股份,桑贾伊拥有25%的股份,这是基于他们的初始投资比例分配的。如果初始投资总额为250 000美元,那么每个合伙人各投资了多少?

数学概念　**计算合伙投资**　计算合伙企业的初始投资,要先根据合伙协议确定所有权的百分比,再确定投资总额,计算得出每个合伙人的原始贡献。

提示　通过确定普通合伙人的持股比例来确定其原始投资。根据合伙协议,所有权比例是基于每个合伙人的原始投资确定的,最后将普通合伙人的持股比例乘以初始投资得出结果。

什么是公司

公司和其他的企业形式有什么不同

本节目标

- 描述两种类型的公司。
- 总结成立公司的过程。
- 讨论公司的优势和劣势。
- 讨论特许经营的优势和成本。

阅读进行时

问题　所有权和经营权分离的好处是什么？

你可能听说过"公司"这个词。世界上有许多大公司，如国际商业机器公司、大众、索尼、施乐和固特异等。公司是不同于独资企业或合伙企业的另一种企业所有权形式。

公司（corporation） 是一种企业组织，作为一个独立于其所有者的法人实体运行，在法律上被视为一个独立个体。公司可以做独资企业或合伙企业所能做的一切——拥有财产、交易商品、支付账单和订立合同。它也可以在法庭系统中起诉和被起诉。在美国，大约有 20% 的企业是以公司的形式组织起来的，但是它们在美国企业的总营业收入中占了约 90% 的份额。

阅读进展检查

陈述　什么是公司？

创办一家公司

成立公司的过程是怎样的

当你成立了一家公司，你就创建了一个法人实体。这一过程比开办独资企业或合伙企业更复杂。

文书和文件

要创建一家公司，你必须向政府提交申请，以获得运营许可。以公司形式经营的申请被称为**公司章程（articles of incorporation）**。申请包括公司的名称和公司将涉及的业务类型等信息。

此外，你还必须编写一套公司规章制度。**公司规章制度（corporate bylaws）** 是公司运作的规则。规章制度中的条款可能包括公司将如何选举或如何选择公司董事，以及何时召开股东大会。

州政府批准申请后，颁发公司执照。**公司执照（corporate charter）**

大企业

尽管公司只占美国企业总数的20%左右，但它们创造了约90%的公司收入。你认为它们为什么占收入的比重这么大？

是经营公司的许可证。它陈述了企业的愿景，并阐明了企业运营所应依据的法律和准则。

发行股票

公司的所有权被分成若干份，即股票份额。这些股票被称为股东的人购买。股东是公司的合法所有者。如果你购买了施乐公司的一股股票，你在法律上就成为该公司的所有者并拥有所有权。小公司通常只有几个股东，像谷歌这样的大公司有成千上万的股东。

少数人持股的公司　一家少数人持股的公司是指由一小群人持有股份的公司。这种公司的股票不在股票市场上公开交易。许多小型企业和家族企业是少数人持股的公司。如果股东支持，一家少数人持股的公司就可以向公众开放。当一家公司决定在公开市场上出售股票时，就是"上市"。

公开持股的公司　一家公开持股的公司是指在股票市场上公开出售股票的公司，任何人都可以买这些股票。这些公司大多在交易所交易股票，如纽约证券交易所或美国证券交易所。几乎所有的大公司都是公开持股的公司。

 阅读进展检查

概述　解释什么是公司章程和公司执照。

公司的优势

成立公司的好处是什么

与独资企业和合伙企业相比，设立公司具有许多优势，例如较强的筹资能力、有限的责任、持久的生命力、所有权和经营权分离。

筹资能力

　　公司的一个主要优势是能够出售股票以带来资本或资金。如果公司需要资金用于业绩增长、规模扩张或其他目的，可以出售更多股票来筹集必要的资金。如果刚创业时需要大量的资金，公司可以以一家少数人持股的公司开始，而不是合伙企业。这类公司包括汽车经销商、餐馆和游乐园等。

有限的责任

　　公司对于股东或所有者来说的一大优势是他们的责任有限。这意味着，如果公司有债务或财务问题，所有者可能只损失他们的投资金额——他们为股票支付的价格。

　　考虑下面的情况：你拥有价值 20 000 美元的家庭乐趣餐厅的股票。这家餐厅经营不善倒闭了，欠债权人 150 000 美元。而作为股东，你最多只会损失 20 000 美元，即你的投资金额，以帮助偿还这些债务。对于超过这个数额的债务，你个人概不负责。

　　与独资企业或普通合伙企业不同，公司会保护你的个人资产。你对公司所欠的所有债务不负有法律责任。

持续的生命

　　当独资经营者退休、死亡或将企业出售给其他人时，该企业即不复存在。每次有合伙人进入或离开合伙企业时，都会建立一个新的合伙企业。然而，在公司中，所有者的变更并不会终止公司的合法经营。股东可以随时进入或离开，并不影响公司的存在。公司作为一家企业的法律地位将无限期延续下去。

所有权和经营权分离

　　大多数公众持股公司的所有者并不经营企业。相反，他们选举产生**董事会（board of directors）**，董事会由一群人组成，负责监督公司的日常事务。公司会雇用管理人员和职业经理人负责日常的经营决策，其他专家，如律师和会计师，为职业经理人提供咨询建议。通过

图3.1 企业的优势

权力的分离 一些独资企业或合伙企业最终决定成为一家公司，以帮助确保企业有持续的生命。所有权和经营权的分离如何有助于确保持续的生命？

将经营权与所有权分离，公司可以利用各种各样人才的技能、知识和经验，以确保企业能够成功运营。（企业优势见图3.1。）

在规模较小且由少数人持股的公司中，所有者常常扮演经营企业的经理角色。一些少数人持股的公司是家族企业。家族企业在家族成员与企业政策之间存在某种关系。在很多情况下，家族成员通过在企业中担任高级管理人员来维持控制权。所有权和经营权的分离通常是在公司发展壮大并上市之后才会发生。

例如，苹果公司最初是作为合伙企业建立的。它由其共同所有者史蒂夫·乔布斯和史蒂夫·沃兹尼亚克管理和运营。为了扩大规模，他们成立了一家少数人持股的公司。后来，它成为一家公众持股公司，公司聘请了职业经理人和其他专家来经营公司。（有关公众持股公司以及其他形式的企业所有权形式，请参见图3.2。）

 阅读进展检查

明确 董事会由谁组成，他们在企业中扮演什么角色？

市场经济和计划经济

市场经济和计划经济	
市场体系	计划体系
在市场体系中，计划是由私营公司、个人和民选政府代表制订的。经济活动由私营企业和个人根据市场信息进行协调。	在纯粹的社会主义制度中，中央计划人员代表个人进行计划。计划人员还控制着资源的流动，尤其是劳动力的流动。

经济体系

计划经济和市场经济是两种不同类型的经济体系。在计划经济中，政府进行生产什么、如何生产以及为谁生产的经济决策。生活必需品的价格保持在较低水平，保证每个人都买得起。在市场经济中，这三个经济决策是在市场中做出的。消费者通过购买行为决定应该生产什么，企业决定如何最有效地生产消费者想要的产品，消费者通过工作赚取消费所需的钱，决定应该为谁生产产品。实际上，大多数经济体是混合的，每一种经济体都包含市场经济和计划经济的一些特点。例如，政府可以在市场体系中鼓励自由企业，但仍然通过对食品和产品安全的指导方针来规范企业的运营。

个人财务联系　在市场体系中，企业主仍可能面临政府监管。例如，在防止污染环境方面，需要复杂的机器来监测和减少污染物，在税务方面，需要准确的记录。尽管如此，在市场体系中，企业主可以获得利润，他们可以将利润保留下来或进行再投资，以改善自己的企业运营。

批判性思考　作为消费者，你更喜欢哪种经济体系——计划经济还是市场经济? 请解释一下。如果你想成为一名企业主，你更喜欢哪种类型? 为什么?

公司的劣势

公司所有权的劣势是什么

虽然公司形式的所有权有许多优势，但也有一些劣势。公司的劣势包括以下几个。

- 设立的程序复杂且费用高昂。
- 决策过程缓慢。
- 要缴纳税收。

设立程序复杂且费用高昂

你已经了解到，独资企业和合伙企业的建立是相当容易的，但是每种类型的企业都有它的劣势。相比之下，创建一家公司需要做大量的工作。你必须填写许多表格，提交报告，并遵守许多法律法规。

由于需要大量的工作，并进行组织，所以成立一家公司需要花费大量资金。创建公司的成本包括法律费用、许可证成本、申请费用、发行股票的成本和管理成本等。

决策过程缓慢

公司的一个主要缺点是决策过程缓慢。在独资企业和合伙企业中，只有少数人决定如何经营企业，因此可以快速做出决定。然而，在公司，尤其在大公司，在做出决定之前需要许多不同的人研究讨论。如果出现分歧，这个过程可能会花费更多的时间。因此，公司可能无法对影响企业的问题或情况做出快速响应。

要缴纳税收

公司的另一个主要缺点是要缴纳税收。由于公司是一个独立的法人实体，它必须为其利润缴纳所得税。股东获得的股息将被再次征税。

阅读进展检查

回顾　成立一家公司的成本有哪些？

有限责任公司

另一种类型的所有权是什么

联邦政府还允许另一种形式的企业——**有限责任公司（LLC）**的存在，这是一种作为合伙企业经营和纳税的企业，但所有者对企业负有限责任。它结合了合伙制和公司制的优点。在有限责任公司，所有者的责任仅限于他们的投资，利润只被征税一次。这种商业形式是为小型企业设计的。

美国大多数州都允许设立有限责任公司，而且这种类型的公司越来越受欢迎。如果公司规模小，美国国税局会批准其采用这种新的商业组织形式。这种形式的所有权并不适用于大型企业。

阅读进展检查

识别　有限责任公司的两个优点是什么？

图3.2　企业所有权形式

考虑你的选择　在决定创业时，你应该仔细考虑每种类型企业的优势，然后决定你的企业采取何种类型。如果你想教别人一项技能，你会创办什么类型的企业?

1 **独资企业**　利用钓鱼这样的爱好可以成立一家理想的独资企业。一个狂热的渔民可以提供钓鱼指导或教练服务。

2 **合伙企业**　有些企业可能太大，一个人无法经营。例如，一家专门从事宴会花艺设计的企业，适合合伙制，它的合伙人可以为公司贡献不同的才能。

3 **少数人持股公司**　有些企业被组织成少数人持股的公司。其所有者可以是有共同兴趣的团体，比如都喜欢皮划艇运动。

4 **上市公司**　家得宝博览会是家得宝的一部分，家得宝是一家拥有数千名股东的上市公司。

任何类型的企业都可以购买特许经营权。什么是母公司？

特许经营权

特许经营权的优势是什么

特许经营权不一定是企业所有权的一种形式，但了解其法律地位非常重要。**特许经营权（franchise）** 是指在指定地理区域内销售公司产品或服务的合同协议。特许经营权在快餐行业非常受欢迎，如麦当劳、赛百味、汉堡王、温蒂汉堡、塔可钟等都有特许经营权。像这样的特许经营权会提供一个众所周知的品牌，并提供一个可以遵照执行的计划。

如果你开始特许经营，你首先要以独资企业、合伙企业、公司或有限责任公司的形式组织你的企业。然后你可以从一家被称为母公司的公司购买特许经营权，这样你就获得了许可，而特许经营权是你企业的一项资产。

较小的特许经营权可能只需要几千美元，但大的特许经营权，像迈达斯消音器则需要几十万美元。

 阅读进展检查

陈述 解释什么是特许经营权。

 阅读结束后

关联 想象一下，你和几个朋友决定创业，想制作和销售烘焙食品的装饰物，那么什么类型的企业组织最适合你们？

选择所有权的形式
哪种形式的企业所有权是最好的

　　没有现存的魔法配方可供决定哪种形式的所有权是最好的。你必须仔细考虑每一种形式的优点和缺点，然后决定哪一个最适合你的企业和个人需求。许多人认为，小型初创企业最好是以独资企业或合伙企业的形式创建，因为这些形式的企业很容易创建。如果生意成功了，你可以考虑成立一家公司来获得资本投入，并承担有限责任。

回顾关键概念

1. **识别**　成立公司时必须完成的三个主要文件和文书工作是什么?

2. **列出**　与合伙企业或独资企业相比,公司的成本和四大优势是什么?

3. **描述**　少数人持股公司与公众持股公司的区别是什么?

4. **解释**　特许经营权的优势和成本是什么?

延伸思考

5. **判断**　现在可以购买"自己动手"的公司工具包,你认为这是一个好主意吗?你是否会聘用律师来处理公司法律方面的问题?

英语语言艺术

6. **评价公司的形式**　凯西·梅森和埃德加·黑尔共同创办了一家在线零售企业,且生意越来越好。他们想征求你的意见,现在是否应成立一家少数人持股的公司或有限责任公司。他们不打算雇用更多的员工,请你进行研究,找出更多关于某种形式企业的优势和劣势,并写一封信给凯西·梅森和埃德加·黑尔,告诉他们你的建议,务必清楚地说明你决定的理由。

数学

7. **发行股票**　桑巴市咨询公司是一家私营公司。它决定上市,以筹集足够的资金来扩大国际业务。如果它的股票的首次发行价格是每股17.25美元,筹集150万美元,它需要出售多少股股票?如果该股票的首次发行价格是25.50美元,想筹集相同数量的资金,它需要出售多少股股票?

数学概念　**计算所需的股票**　要计算为了获得特定金额的资本而需要出售的股票数量,可以用所需资本总额除以初始发行价格。

提示　先确定股票的初始发行价格,用总资本除以这个价格,可以计算出桑巴市咨询公司扩大国际业务所需的股票数量。

企业所有权类型

比较优势

独资企业和合伙企业作为企业所有权的一种形式有各自的优势。

独资企业
- 营业许可和文书
- 利润归所有者
- 较少的政府监管

容易设立
- 一次性利润征税
- 完全控制

合伙企业
- 更多的技能和知识
- 可用的资金

公司

认真考虑公司所有制的利弊是很重要的。

创建一家公司

优势
1. 有筹资能力
2. 有限责任
3. 持续的生命
4. 所有权和经营权分离

劣势
1. 设立程序复杂且费用高昂
2. 决策过程缓慢
3. 要缴纳税收

试一试

绘制如右所示的网状图,方便组织不同形式的企业所有权。

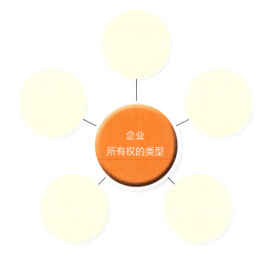

企业所有权的类型

章节评估

章节总结

- 独资企业容易设立, 所有者保留控制权和利润, 政府监管很少, 利润作为个人收入被征税一次。
- 劣势有资金有限、责任无限、人力资源有限、生命有限。
- 在合伙企业中, 普通合伙人拥有决策权, 积极参与业务, 并承担无限责任。
- 有限合伙人很少在企业中发挥积极作用, 他们的责任仅限于投资。
- 建立合伙企业很容易, 并且可以为企业带来更多的技能、知识和资本。
- 合伙人保留控制权, 利润作为个人收入被征税一次。

- 劣势包括无限责任、潜在的分歧、共享利润和有限的企业寿命。
- 少数人持股公司由少数人持股, 股票不在股票市场交易。
- 公众持股公司在证券交易所出售股票, 股票由许多个人和机构持有。
- 要成立一家公司, 你必须提交公司章程并起草公司规章制度。
- 政府颁发公司执照。
- 公司作为独立于所有者并可以发行股票的法人实体运营, 股东承担有限责任。然而, 建立公司很困难并且费用高昂, 决策可能很慢, 利润要被征税两次。

词汇复习

1. 假设你是一位专攻商法的律师, 使用下面的术语写一份备忘录, 向新客户解释不同形式的所有权。

- 公共部门
- 私人部门
- 竞争
- 价格竞争
- 非价格竞争
- 市场
- 寡头垄断
- 垄断
- 独资企业
- 雇主身份证号
- 无限责任
- 有限的生命
- 合伙企业
- 合伙协议

- 普通合伙人
- 有限合伙人
- 合作社
- 公司
- 公司章程
- 公司规章制度
- 公司执照
- 董事会
- 有限责任公司
- 特许经营权
- 运营
- 创造
- 选举
- 股东

延伸思考

2. **预测** 股东的增加会对公司产生什么影响?
3. **分析** 为什么在企业中做出所有决策可能是不利的?
4. **推断** 在大公司里, 许多人参与决策, 请推断谁可能参与决策过程。
5. **创建** 公司规章制度的一项内容是董事会的选举, 请设计一个可以用到该过程的公司计划。
6. **假设** 你认为提供服务的独资企业为什么比提供商品的企业多?
7. **推理** 一个独资经营者可能缺乏什么技能和知识? 这使得合伙企业成为一个好主意吗?
8. **判断** 购买特许经营权比自己开一家类似的公司更有好处吗?
9. **证明** 你认为合伙协议中最重要的部分是什么?

大学和职业准备

社会研究

10. 经营压力 企业家常常意识到经营一家公司的责任比预期的要大得多。它很容易耗尽所有者的时间和金钱。但许多企业家正在学习如何将压力作为一种资产，而不是一种负担。

过程 进行研究，了解更多关于"好的压力"和企业家的信息。

分析 创建一个口头报告来分享你的发现，包括"好的压力"的定义，以及企业家如何使用"好的压力"，避免成为给健康带来风险的压力。

数学

11. 一家合伙企业 汤姆和胡安是合伙人，汤姆是普通合伙人，胡安是有限合伙人。他们正在考虑扩大业务，并通过上市来筹集资金。他们也面临着一场官司，可能欠下高达350 000美元的债务。汤姆目前的持股比例是55%，这让他获得了整个企业价值的95 000美元。计算胡安的持股比例和他在整个企业价值中所占的美元份额。整个企业的价值是多少？ 如果合伙企业败诉，每个合伙人将承担多大的损失？解释你的答案。

数学概念 计算所有权价值 先确定公司的总价值，然后减去其他合伙人的价值，计算合伙人的所有权价值。

提示 列出方程$0.55 \times A = 95\ 000$美元，计算合伙企业的总价值，其中A为企业的总价值。

语言艺术

12. 企业家才能 在决定你的企业应该采取何种形式时，需要考虑许多关于企业类型的优点和缺点。利用文本、印刷品或在线资源中的信息创建一个小册子，清晰而简单地概述和比较独资企业、合伙企业和公司的优缺点。你的小册子应该用简单易懂的语言来表达，你还可以添加图形来增加小册子的吸引力。

经济学

13. 人力资本 企业主必须不断地对企业进行再投资，以实现业绩增长和企业发展。最具争议的投资之一是员工培训。许多公司只提供在职培训，而一些公司则乐于为员工提供课堂培训、网络培训或研讨会。此外，许多大公司还为员工提供继续教育补贴。进行研究，找出投资员工培训的优势和劣势，你觉得这是一项值得的投资吗？ 如果你拥有一家公司，你会为新员工培训或继续教育做预算吗？ 将你的答案写成一段话。

实际应用

14. 广告 设想你有一个擅长的技能，且你正在组建一家独资企业，教别人掌握这项技能。你要考虑如何为你的新企业做广告，并研究成本。你会使用在线广告还是平面广告？发放传单还是建立一个网页？ 你要确定使用哪种媒体，然后使用适当的软件制作广告。为你的广告撰写文案，以有效地传达你所提供的服务信息，包括必要的细节，如时间、地点和成本。如果可以的话，请附上照片。

创建一家合伙企业

　　玛丽过去三年一直在一家健身房教瑜伽。她觉得自己现在有足够的经验开一家自己的瑜伽工作室。由于担心成本和责任问题，她和另一位瑜伽教练托尼讨论了一起开瑜伽工作室的事。托尼认为这是个好主意，他们一起制订了合作计划。

地点：托尼的一个朋友在一家艺术画廊工作，那里有充足的空间且很安静。玛丽与画廊的老板进行了交谈，并协商工作日的晚上以及周六和周日的上午使用画廊。玛丽和托尼同意画廊老板收取课程费用的25%。

竞争：目前该地区唯一提供瑜伽课程的是他们正在工作的那家健身房。

启动成本：玛丽和托尼必须购买25个瑜伽垫，每个垫子20美元。他们每年还要支付1 200美元的保险费，外加150美元的费用和许可证。他们每个人将从个人储蓄中拿出等额的钱来开办工作室。

课程安排：他们计划每周开设8节课：每个工作日晚上1节课，周六上午2节课，周日上午1节课。每节课的时长为1小时。他们商定每人每周上4节课，并在对方生病或休假时代课。

职责：玛丽负责做会计记录和支付账单。托尼负责广告和促销活动。

收入：他们决定每节课收费15美元，预计周末的课程每节课可以招到25名学生(375美元)。工作日的课程平均为5到10名学生(75~150美元)。玛丽和托尼同意平均分配收入和费用。

创建合伙企业：为了建立合法的合伙企业，他们撰写了一份文件，概述了企业的组织结构、每个合伙人的责任以及损益的分配。

分析

　　你会和合作伙伴一起创立什么类型的企业? 和另一名学生一起讨论，如果你们设立合伙企业，你们将如何分担责任。你可以通过哪些方式为企业融资? 在合作关系中，你们每个人的哪些技能和特点可以互补? 概述你的计划，使用玛丽和托尼的大纲作为你们合伙企业的模型。

4 制作商业计划书

看图说话

独立的企业主为了使企业成功而努力工作。一份商业计划书是怎样帮助企业增加赢利机会的?

探索项目

准备一个战略计划

关键问题

对于任何企业而言，为什么一份书面战略计划是至关重要的？

项目目标

如果你已经决定开办一个大型晚会策划公司来帮助他人组织和计划活动，你要意识到制作一份书面的商业计划书的重要性。制订企业战略计划，包括使命陈述、公司描述以及产品与服务计划。你可能需要在线查找一些例子，来了解更多关于如何制订有效的战略计划的信息，以及哪些信息是必要的和有用的。使命陈述应包括企业愿景和价值观，要确保公司描述是详细的，能够说明公司目标、机遇、挑战、潜在客户。产品与服务计划应涵盖你将为客户提供的具体产品和服务，以及你将如何提供产品和服务。

考虑以下内容

- 你是自己工作还是雇用员工？
- 你是否会为客户活动购买所需的装饰品、食品或其他物品？
- 你将为你的业务设定哪些目标？
- 实现目标需要采取哪些行动？
- 你会向谁推销你的产品和服务？
- 将哪些价值观纳入你的企业是非常重要的？

21世纪技能

有效推理

如果你有两个客户在同一天晚上请求服务，你会怎么做？

重要见解 ▮

一份书面的商业计划对企业的成长和成功是必需的。

请教专家

商业计划书

问： 我和姐姐在经营一家儿童生日蛋糕店，我们已经做得很好了，那为什么还需要一份商业计划书呢？

答： 因为企业现在的成功并不意味着它将继续成功。通过制作一份商业计划书，你能够对销售和盈利等有清晰的目标，这将使你的企业持续走向正轨。商业计划书还能帮助你评估通货膨胀对企业的影响。

▭ 写作任务

一份书面的商业计划除了使目标更明确之外，还有很多其他优势，写一篇有关其他优势的分析文章。

阅读开始前

基本问题　你会做什么样的研究来帮助你制作商业计划书?

中心思想

对于一个企业的成长和成功而言，一份完善的商业计划书和有效的财务管理是至关重要的。

内容词汇

- 自由企业制度
- 商业计划
- 战略计划
- 营销计划
- 财务计划
- 会计
- 交易

- 公认会计准则
- 预算
- 商品
- 库存
- 现金流
- 负现金流

学术词汇

在阅读和回答问题时，你会看到这些词。

- 应变
- 组成部分
- 单调
- 项目

使用图表

在读这一章之前，画一个饼状图，如下图所示。在读这一章时，找到4个指导方针来帮助你设定业务目标。

指导方针

企业环境

企业有什么共同点

　　当你听到"企业"这个词时，你是否只会想到如微软、福特、可口可乐、迪士尼或者国际商业机器公司这样的大公司呢？或许你会想到一些小公司，比如你家附近的花店或五金店。这些企业都是自由企业制度的一部分，自由企业制度是一种经济制度，人们可以选择购买什么、生产和销售什么，以及在什么地方工作。在这样一个体系中，企业必须通过竞争来吸引客户。

　　衡量一个企业成功与否的主要标准是它所赚取的利润。记住，利润指的是销售总额超出企业运营成本的部分。大小企业都必须做两件事才能存活下来：赢利经营，财务管理有效；吸引并留住运营企业的人。

阅读进展检查

定义　什么是自由企业制度？

制作商业计划书

什么是商业计划书

　　无论你是自己创业还是接管家族企业，首先都必须制作一份商业计划书。商业计划书属于书面提案，包括对一个新企业的描述以及启动该企业的一些策略。它能够帮助你专注于你想要做什么，你要怎么做，你希望得到什么成果。就像你为自己设定目标一样，它也为企业设定目标。商业计划书是提案的重要组成部分，目的是从投资者那里获得资金。在投资者投资或贷款之前，他们希望看到所有者对企业未来的发展有很多想法。

商业计划书的组成部分

　　商业计划书可以有多达10多个组成部分：概要、使命陈述、公司描述、产品与服务计划、管理团队计划、行业概述、市场分析、竞争分析、营销计划、运营计划、组织计划、财务计划、发展计划、应

本节目标

- 讨论财务管理对企业的重要性。
- 解释商业计划书的组成部分。
- 描述财务计划的各个方面。

阅读进行时

问题　为什么一个好的营销计划对任何企业都至关重要？

图4.1 **商业计划书组成部分**

企业计划 任何企业都应该有一份完整、书面的商业计划书。一份商业计划书怎么帮助你？

三个基本部分

(1) **战略计划**
你的企业目标是什么？
如何实现它？

(2) **营销计划**
为了获利，如何改进你的业务，增加营业额？

(3) **财务计划**
你如何为企业的创建和运营提供资金、维持财务运营、保持企业记录？

变（或紧急）计划、证明文件。当然，它还有封面、标题页和目录。

商业计划书的三个基本部分涵盖了 15 个组成部分，包括战略计划、营销计划和财务计划。战略计划是对企业目标及其实现过程的书面概述。第二部分营销计划，是关于如何改进业务以增加客户数和销售量的书面概述。第三部分财务计划也是书面概述，关于如何获得资金来启动和运营企业，以及企业将如何保持财务运营和记录。一般而言，财务计划决定了你将如何跟踪你的资金。图 4.1 描述了商业计划书的组成部分。

战略计划

新企业和持续运营的企业都必须有完善的战略计划，才能取得成功。在经典小说《爱丽丝梦游仙境》中，爱丽丝问柴郡猫："我应该走哪条路？"柴郡猫回答说："这很大程度上取决于你想去哪里。"这可以作为对决策和计划的恰当观察。每个人和每个企业都需要目标，以及实现目标的具体行动方针。

文件探索

职位描述

当你写商业计划书时，如何组建员工队伍是很重要的。首先给每个
职位下一个定义，然后列出符合这一职位的人员的资格。职位描述包含
以下信息。

- 员工头衔。
- 岗位职责描述。
- 所需技能和教育程度。

卓越建筑公司		
职位/薪资	职责描述	工作要求
企业家/所有者 • 全职 • 薪资：因收益而异，销售额的20% • 年薪：约12万美元	• 监督企业的运营 • 负责制定所有政策、程序和指导方针 • 完成所有招聘和员工评估工作 • 负责制定长期和短期组织目标 • 分配资源	• 优秀的沟通能力 • 激励和领导他人的能力
会计 • 兼职专业人员，每周12小时 • 税前年薪：3万美元	• 负责监督工资、应付账款和应收账款的相关事宜 • 负责协调供应商和分包商 • 与业主合作获得融资和信贷额度 • 负责付款并遵守当地、州和联邦的要求	• 优秀的口头和书面沟通能力 • 具备与他人合作的能力 • 两年以上建筑业、相关服务业或制造业的工作经验 • 注册会计师证书
运营总监 • 全职 • 薪资:年薪5.5万美元	• 制定操作流程 • 负责执行所有政策、程序和指导方针 • 管理所有运营工作，协助招聘和员工评估工作 • 解决所有问题，负责客户服务和员工投诉等工作	• 能够与各种背景和技能的人一起工作 • 具有激励和领导他人的能力 • 四年以上建筑行业工作经验 • 两年制管理学学位 • 至少两年的管理经验

关键点 职位描述是商业计划书的重要组成部分，因为投资者想要知
道你将如何为你的企业雇用员工。职位描述可以刊登在报纸或杂志的
分类板块上，也可以发布在招聘网站上。

寻找 解决方案

回顾关键概念

1. 所有者将如何获得薪酬？
2. 会计工作需要什么技能和背景？
3. 运营总监的工作职责是什么？
4. 为什么会计的税前工资要按年计算？
5. 运营总监需要什么经验？

如果你是一位企业所有者，你最终的目标是拥有一个成功且赢利的企业。为了实现这个目标，首先，你必须明确企业将遵循的战略计划，从而使企业不断壮大并朝着正确的方向前进。

战略计划类似于你为运动队制订的比赛计划。简单地说"我们想赢"并不会带来胜利，教练必须制订一个计划，概括出团队将如何取得重大胜利。团队必须共同努力，实践教练制定的策略。同样，企业所有者或经营者可能会说他希望企业成功，但没有完善的商业计划书，就很难取得成功。制订战略计划的第一步是设定目标。

设定目标 企业需要设定短期和长期目标。在商业世界，短期目标是你希望在一到两年内实现的目标。长期目标是那些可能需要三年或更长时间才能实现的目标。因为长期目标的实现需要相当长的时间，它可能没有短期目标那么具体，也可能会随着时间需要不断调整。

企业目标与你为个人财务所设立的目标有相同的指导方针。

- 它应该是现实的。
- 它应该是具体的。
- 它应该有一个明确的时间框架。
- 它应该能够帮助你决定采取什么行动。

无论你在城里开一家小便利店还是经营一家跨国公司，目标都是相似的。共同的目标包括增加销售额、增加新客户和更新设备。

然而，企业目标也可能不同，这取决于企业的规模。例如，小型企业的目标可能包括购买计算机系统、引入一系列新的商品和搬到更

个性化目标

就像个人有自己的目标一样，企业也必须有个性化目标来满足特定的需要。小企业的三个目标是什么？

好的位置。中型企业可能希望开设更多的分店，或者开始在网上运营，以增加销售额。大公司有更复杂的目标。它可能想要拓展国际市场，改变分销系统，或者收购其他规模较小的公司。

不管规模大小，企业都应该根据基本的指导方针设计目标。目标应该全面，并与公司的经营理念相适应。无论什么情况，企业都需要明确该目标在财务上是否可行。

确定实现个人目标的步骤 对于个人财务而言，人们应该设定财务目标，然后确定实现目标的方法。假设你有一个短期的个人目标——进入荣誉榜，这是一个令人钦佩的目标，那你如何实现这一目标呢？你应该分析现状并制订行动计划，然后明确你可以采取的具体行动，比如更好地记笔记，更好地完成作业，在课堂上问更多问题。

长期目标在较长时间内涉及更多步骤。假如你的长期目标是成为一名成功的平面设计师，那你必须做些什么才能成为一名设计师呢？你需要职业规划，然后你必须确定短期步骤，如学习相关的高中课程，选择要上的学校，并完成申请。之后，你可能会把注意力集中在长期步骤上，比如毕业、找工作、获得专业经验。你希望通过这些，能实现成为设计师的目标。

当你为企业制订战略计划时，你应该使用同样的方法。首先，确定你的短期和长期目标，然后制订一个计划，包括实现每个目标的具体步骤。

一个战略计划案例研究 麦克和艾琳计划创立一家生态环保景观企业。他们意识到制定一个切实可行的目标的重要性。因为他们的企

经济学与你

经济指标

　　失业人数和消费者价格指数是帮助经济学家判断经济运行好坏的经济指标。随着失业率上升，消费者支出和信心下降，经济增长随之放缓。消费者价格指数是由城市家庭采购的约400种商品和服务组成的一个市场篮子，如食品、住房、公用事业、服装、娱乐和汽油。消费者价格指数的变化反映了价格上涨或下跌的信息，或者说是通胀还是紧缩。经济目标是稳定价格，使价格没有明显的波动。

消费者价格指数

编号	描述	价格基本期（1982—1984）	价格第二期（1998）	价格第三期（2006.01）
1	牙膏（7盎司①）	1.40（美元）	1.49（美元）	2.25（美元）
2	牛奶（1加仑②）	1.29（美元）	1.29（美元）	1.79（美元）
3	花生油（1升）	2.50（美元）	2.65（美元）	3.73（美元）
4	电灯泡（60瓦）	0.45（美元）	0.48（美元）	0.65（美元）

个人财务联系　　当你制定商业计划书时，经济指标（如失业数据和消费者价格指数）有助于制定实际的目标。当前的经济状况是你分析行业、市场、竞争以及营销、财务和运营计划的一部分。经济繁荣时的目标与经济衰退时大有不同。在个人层面上，经济指标也要成为你财务计划的一部分。如果经济衰退，工作不稳定，你的消费习惯需要做出相应调整。你可以存更多的钱，密切关注你的投资，调整你的财务目标以反映当前的经济状况。

批判性思考　　为什么商业计划书和个人家庭计划需要定期审查和修订？如果你失去工作，成为失业者，你的家庭计划会有什么变化呢？

①1盎司≈28.3克。②1加仑≈4.5升。

　　业刚成立，短期目标包括获得低利率的商业贷款、购买基础设备、为植物寻找供应商、购买低成本的电话系统。

　　长期目标包括获得一个存储设备、购买一辆混合动力（燃气/电力）汽车，以及每年增加20%的客户。

　　实现商业目标的步骤　　麦克和艾琳曾与其他园林设计师合作过，并有照料各种花草树木的经验。他们计划先以服务的形式开展业务，再开设一家花卉零售商店。在他们的战略计划中，麦克和艾琳明确了实现每个目标需要采取的步骤。他们的短期目标之一是两年后实现赢利。为了达到这个目标，他们计划增加客户数量，坚持低成本。

营销计划

一份营销计划概括了推广企业的方法。推广活动包括打广告和促销。广告是企业发布的相关产品的有偿信息。促销是企业用来告知人们其产品或提升其形象的沟通形式。你可以通过增加客户量来赚取利润或扩大企业。因此，你需要与尽可能多的潜在客户进行沟通，告诉他们你的产品或服务。例如，麦克和艾琳计划在当地报纸上刊登他们项目的照片。

随着战略计划的制订，你必须处理一些特定的问题。如果你有东西要卖，你怎么卖？你如何有效地与人沟通？你能负担得起什么类型的促销活动或者广告费用？要回答这些问题，你需要研究产品或服务的现有市场。有关该过程的说明，请参见图4.2。

大公司可以雇用私人营销公司来帮助制订营销计划。一些公司，如李维斯、麦当劳和福特，这些年做得都非常成功。有效的营销计划使公司能够推出新产品，并保持现有产品的销售量，让公司的名字留在公众的心中。

营销资金

一个好的营销计划是至关重要的，它可以帮助企业获得新客户，并在竞争中取得优势。小企业可以用什么样的广告形式呢？

图4.2　制订营销计划的步骤

做调查　在制订营销计划之前，你必须先做调查。你应该在营销研究中寻找哪些类型的信息呢?

为了制订一个营销计划，你首先需要研究现有的市场。通过了解市场情况，你可以更好地制订有效的营销计划。这个计划将成为你接触新客户和拓展业务的路线图。采取这些步骤来制订你的营销计划，是整个商业计划书的重要组成部分。

1 评估竞争性。

2 明确提供的服务。

3 研究当前的价格和广告。

4 明确潜在的客户。

财务计划

你可能已经注意到，战略计划和营销计划中的一些要素都包括有效资金管理。为了对企业的方向和未来做出明智的财务决策，你必须以一种有序的、一致的方式记录和报告你的财务状况。许多人认为财务计划是商业投资获得成功最重要的文件。合理的财务决策为以下几个方面提供可能。

- 销售额上升。
- 费用下降。
- 利润增加。
- 资产获得。
- 偿还债务。
- 扩大信贷规模。
- 增加客户。
- 开发新产品。

财务计划的各个方面　财务计划概述了创立和经营企业的基本要素。一个有效的财务计划解决了企业运营的三个方面问题（见图4.3）。

- 所需资产。
- 采购方法。
- 日常财务操作。

首先，它明确了你创立或持续运营企业所需的资产。资产是企业拥有的财产或有价值的物品。这可能包括企业销售的产品，企业运行所必需的机器、供给品、办公设备和运输工具等。

其次，你的财务计划应该说明获取或购买这些物品的方法。企业将如何支付所需的费用？你有足够的现金吗？你需要向银行或信贷联盟借钱吗？

最后，财务计划最重要的一个方面是：财务计划应该涉及企业的日常财务操作。此功能是记录、汇总、报告和分析企业的财务状况。

明确所需资产　制订财务计划首先要确定创立企业所需的资产，然后使其增长并增加企业利润。

假设两个企业家，麦克和艾琳想买一个计算机系统。该系统应该既能应对当前的企业运营，也能处理未来的企业活动。他们应该考虑一些问题，如处理速度、内存容量、可升级性以及所包含的软件等。

图4.3 财务计划

财务计划的三个步骤 第一步是确定需要哪些资产。企业应该有什么类型的资产？

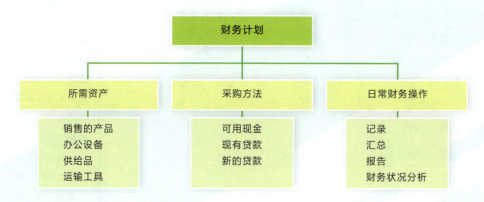

在麦克和艾琳确定了企业需要计算机系统之后，他们还需要分析不同系统的价格，并以最低的价格购买最好的系统。他们分析之后，决定了购买哪个计算机系统。这一研究过程是决定购买主要资产的一部分。

资产分析

在为企业购买新资产之前，你应该充分研究资产的特性与价格。你能说出企业所有者在购买前会研究的五种资产吗？

法国

自主创业

在你创立企业之前，你必须先明确将建立什么类型的企业所有权。不幸的是，这一决策涉及法律费用和文书数量。为了鼓励更多的小企业，法国在2009年引入了一种新的企业所有制——自主创业。这种新的企业所有制使得个人创业变得更容易、更快和需要更少的成本。在新的制度下，注册新公司无须缴纳必要的课程费或注册费用。自主创业制度的另一个重要亮点是：新企业的所有者在创业的前三年无须缴纳行业税和法国营业税。社会费用和税收将推迟至企业开始销售商品时缴纳。一旦获得销售收入，公司每月或每季度需要向法国社会保障局支付相关款项。这些费用包括加入法国医疗系统的相关费用，如养老金、伤残津贴、福利及福利基金等。

批判性思考

1. **扩展** 研究法国的企业所有权。对于在法国创业的个人来说，拥有企业所有权的两个选择是什么？
2. **关联** 你认为一份商业计划书会因企业所有权的不同而有所不同吗？

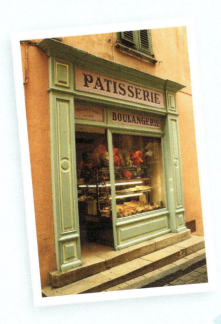

数据库

首都
巴黎

人口
66 259 012

语言
法语

货币
欧元

国内生产总值
2.739万亿美元

人均国内生产总值
35 700美元

工业
机械、化工、汽车、冶金、航空、电子、纺织、食品加工、旅游

农业
小麦、谷类、甜菜、马铃薯、酿酒葡萄、牛肉、乳制品、鱼

出口
机械和运输设备、飞机、塑料、化学品、医药制品、钢铁、饮料

自然资源
煤、铁矿石、铝土矿、锌、铀、锑、砷、钾、长石、萤石、石膏、木材、鱼

购买资产　财务计划的第二步是确定购买物品的方式。麦克和艾琳需要解决几个具体问题：他们能够用可用的现金购买计算机系统吗？还是应该申请贷款？他们能够获得合理的利率吗？他们可以利用购买的替代方案，如租赁吗？如果他们等待一段时间，能找到更有利的交易吗？在回答这些问题时，麦克和艾琳必须仔细分析他们当前的财务状况，包括债务、可用现金和未来开支情况等。

他们还必须调查所有信贷来源。向他们出售计算机的公司是否会向他们提供信贷？他们应该向银行申请短期贷款吗？通过研究这些问题和其他问题，麦克和艾琳在进行有效的财务管理。

如果你想购买小商品，例如 CD，你可能会支付现金，而且你不会对类似的购买行为有过多的财务考虑。但是，如果它是一个昂贵的物品，如音响系统或二手车，你就应该仔细地审查你的财务状况。请考虑以下问题：你真的需要它吗？你最多可以花多少钱？你现在有多少钱？你还需要买其他东西吗？通过考虑这些问题，你正在对这次购买行为进行财务分析，同时在进行有效的财务管理。

作为企业所有者或运营商，你可能会发现你想购买的某些商品超出了你的能力范围，你可能没有足够的现金。特别是在创业初期，你必须接受一个现实，那就是你不可能立即获得你想要的一切。你必须在现有财务资源允许的范围内工作，直到你的业务开始赢利并且你可以负担得起规模扩张。如果你只有有限的资源，无论使用现金还是信贷，你都必须根据你对物品的需求和你的支付能力做出决定。

记录和报告企业财务状况　财务计划的第三步涉及企业的财务运营。麦克和艾琳将如何保存每日财务记录？销售额是否会覆盖成本并产生利润？现金足够支付意外消费吗？他们能按时支付账单吗？

麦克和艾琳必须一直关注企业的财务状况，以准确和有效的方式记录和处理财务信息是至关重要的，这一过程包括使用公认的会计程序、分析财务报表、控制现金和偿还债务。如果未及时记录数据，或者未正确分析信息，就可能做出不恰当的财务决策，对于新企业或现存的小企业，这可能是灾难性的。由于财务决策不佳，每年都有成千上万的小企业倒闭。

回顾关键概念

1. **识别**　财务计划的三个方面是什么?

2. **解释**　在为企业购置资产时,你如何进行良好的财务管理?

3. **描述**　商业计划的三个主要部分是什么?每个部分的作用是什么?

高阶思考

4. **确定**　使命陈述是商业计划中战略计划的一个组成部分,请说明使命陈述对营销计划的重要性。

21世纪技能

5. **创造性合作**　按照老师的指示两两合作,选择一家当地企业,如书店、自行车维修店、花店或熟食店,想象你是这家店的新老板,你需要制订一个完整的商业计划来促使企业发展。你首先要考虑战略计划,两人合作为所选企业制定两个短期目标和两个长期目标,在确定目标时,请确保目标现实、具体,并且有明确的时间框架。

数学

6. **商业计划**　特雷尔和特洛伊为他们的奖杯制造企业制订了商业计划。他们确定了多个目标,包括在未来5年内实现每年客户数增长15%,然后在第6至第10年实现每年客户数增长10%。他们还确定,在未来5年内实现每年收入增长10%,然后在第6至第10年实现每年收入增长5%。如果他们现在有50个客户和9 500美元的收入,那么10年后他们的客户数和收入是多少?

数学概念　**计算计划增长数**　要计算一段时间内的客户数和收入,要将前一个时期的值乘以增长百分比,并将结果添加到前一个时期的数量上。

提示　使用公式 $P(1+g)^n$ 确定第5年后的客户数,其中P代表基数或上一时期的客户数,g代表增长率,n是以速率g增长的期数。

财务管理的内容

进行有效的财务管理应该了解哪些经济理论和原则

正如你在本章的第一部分所了解到的那样，健全的财务管理对于任何企业的生存都至关重要。财务管理包括经营企业的所有方面。它是连接企业的黏合剂，也是帮助企业平稳运转的机油。

还要记住，商业周期有规律地循环，既有扩张期，也有收缩期。如果经济收缩持续时间长，影响深远，就可能发展成经济衰退。如果经济衰退严重，就可能陷入萧条。最终，经济将在商业周期的低谷触底。低谷后，经济活动的增加形成经济复苏（见图4.4）。

许多业务职能和程序都基于经济理论和原则，比如供给和需求、定价、市场细分和竞争，这些只是你需要了解的经济原则中的一部分。理解基本会计原则和程序也很有用，你应具备相应的财务知识和技能，以便能够收集、汇总和分析财务数据。

阅读进展检查

识别　列出4个你熟悉的财务管理所需的经济原则。

会计：财务管理的支柱

什么是会计

会计（accounting）是记录和报告企业财务状况的系统过程，财务状况取决于企业日常运营中发生的交易。

交易（transaction）指能够对企业的财务状况产生影响的任何活动。每当你补货，出售商品，购买复印机或支付水电费时，你的企业都在进行交易。会计记录和报告可以追踪业务的收入和支出，来帮助企业高效运营并赢利。

会计通常被视作"企业的语言"，在每个企业的日常活动中起着至关重要的作用。会计的影响可以由专业术语体现出来。你可能听说过资产、负债、费用、收入和库存等术语，这些都是会计术语。企业

本节目标

- 解释财务管理中会计的重要性。
- 描述投资如何提高你的企业生产率。
- 识别会计的主要功能。

阅读进行时

识别　列出4个你熟悉的财务管理所需的经济原则。

所有者通过发布财务报表，使用这种语言来实现与企业的其他所有者、债权人和客户的沟通。

公认会计准则

在记录和报告企业的财务变化时，所有者、记录员和会计师必须使用一套标准准则，准则通常被称为**公认会计准则（GAAP）**。如果通用汽车、福特和戴姆勒克莱斯勒公司都以不同的方式准备财务报告，没有人可以比较这三家公司的财务情况。通过对公认会计准则的使用，投资者、银行、供应商和政府机构可以对各公司的财务状况进行比较，由此可以确定哪些企业财务稳定，哪些企业的利润百分比最高，哪些企业增长最快。

每个企业都必须拥有精确的会计系统，无论是手动的还是数字化的。计算机软件程序可以处理大多数企业的大部分基本会计工作。通过使用现代技术，所有者和管理者可以花更少的时间做单调、无聊、一成不变的文书工作，将更多的时间用于分析财务状况并进行规划。

会计系统有许多功能和程序。但是，大多数企业使用的最基本的会计功能是编制预算、跟踪库存、核算工资、监控现金流和计算投资金额。

编制预算

会计的一个重要功能是编制预算。企业**预算（budget）**是企业

图4.4 商业周期

低谷和复苏 经济活动的改善将发生在商业周期的低谷之后,哪些因素可能导致经济衰退，甚至发展为经济萧条?

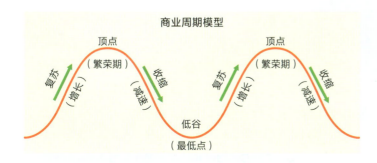

创造力

通过学习和创新能力可以将工作候选人选出来。创造力是一项创新技能，可以帮助你为不断升级的复杂工作环境做好准备。那些能够创造性地思考的人能够产生建设性的创新想法。这些想法可以改进当前流程，甚至可以彻底改变既定方法。创新思维者还能够评估和调整自身以及他人的想法，以求在创造性工作中收获更多。

写作任务

思考在学校里需要创造力的一个情境，写一段或几段话来描述情境，并解释创造性思考如何影响这种情境。

未来一段时间内预期收入和支出的正式书面说明。例如，企业主麦克和艾琳可以编制预算来预测通过销售或其他方式在园林绿化生意中赚取的金额。他们还可以规划同一时期的生产／运营成本（费用）。这两个金额之间的差异将是他们在此期间的预计利润或损失。预算使得企业主能够了解企业未来的财务状况，并为他们提供决策所需的信息。

从实际角度出发，你应该定期将预算与实际收入和支出进行比较。如果你使用年度预算，则应按月将预算金额与实际金额进行比较。如果实际金额与预算金额不太接近，则需要进行调整；如果实际金额远远大于预算金额，你必须立即采取措施以避免进一步的财务问题。财务管理的一个重要方面是发现问题并采取措施进行补救。准确地说，现行的会计报表和报告使得你可以及时发现问题，以便做出财务决策并采取纠正措施。

跟踪库存

许多企业的最大资产是在售商品。**商品（merchandise）**是零售商为了转售给顾客而购买的物品。**库存（inventory）**是商品零售商待出售的商品。大多数现金交易涉及商品的购买、管理和销售。因此，谨慎维护和检查库存十分重要。通过跟踪库存，企业可以了解有关商品的以下情况。

- 售出商品的数量。
- 畅销的商品。
- 何时补货。
- 不应再进货的商品。

库存量 不当的库存量可能会使企业付出巨大代价。库存太少意味着企业可能无法满足客户的需求。例如，当你去一家商店购买 CD 时，货架上的 CD 很少，你可能不会花时间逛这家店，相反，你更可能去另一家商店进行购买。没有销售意味着商店的利润在下降。

如果库存过多，则太多资金被库存占用而不能用于其他方面，例如不能购买新电脑，因为现金不足。不当的库存量，无论是太高还是太低，都是管理不善的体现。

大多数商店使用计算机程序来监控库存。程序提供每日报告，详细说明已售出的商品、有货的商品以及必须补货的商品。

跟踪库存

通过准确记录库存，你将了解哪些商品畅销。为什么了解哪些商品畅销，哪些商品滞销很重要？

核算工资

商品通常是企业的最大资产，而工资支出通常是企业的最大成本。美国电话电报公司、可口可乐和美国航空等大公司雇用了数千人，每周的工资支出就有数百万美元。一些小企业雇用不到一百名员工，一些非常小的企业的员工人数少于十人。无论你的企业规模是大是小，工资通常都是你最大的开支。

因为工资涉及大量现金，所以它受州和联邦法律的管制，必须根据公认会计准则进行核算。大多数企业使用计算机程序来处理工资核算，完成工资核算报告以及检查工资单信息。高效的工资管理涉及两项重要内容。

确定员工人数　首先，你必须确定你是否有适当数量的员工在适当的时间工作。有太多的员工在错误的时间工作意味着你支付的工资比你应支付的多，你的工资支出必须减少；如果你没有足够的员工或在某些时候人手不足，你的公司就面临销售下降的风险。这两种情况都是管理不善的体现。

使用公认会计准则　其次，为了确保高效的工资管理，要使用公认会计准则来编制工资单。工资必须按时发放，企业必须支付所有工资税，并且自愿扣除。

所有工资记录都应该被提供给管理者和所有者，以便立即评估。准确、完整且随时可用的工资信息至关重要。

重要职业

玛丽安·科尔 簿记员

我在一家小零售店做的第一份兼职簿记工作中，学会了平衡收银机，确定收银是多了还是少了，完成每日报告，计算并保存每日收据。现在，作为一家大公司的全职簿记员，我负责处理工资、应付账款和应收账款以及损益。我平衡分类账，标记并记录发票和索赔情况，并将相关文书工作转交给总办事处。我每天要进行大量的计算，所以我会使用专门的会计软件、电子表格和数据库。如果你喜欢与数字打交道并且注重细节，那你可能会喜欢簿记工作。你应该选修商业数学、消费者数学、应用数学和计算机等课程，然后在大学的学习过程中，重点关注应付账款、应收账款、总账平衡和季度税务筹划等内容。你可能还希望成为公证人，以便对财务文件进行公证。

职业探索

通过互联网，获取有关簿记员这一职业的信息。

1. 这个行业遇到了哪些健康和安全风险？

2. 簿记员应该采取哪些措施来保证工作安全？

职业细节

技能	教育	职业道路
会计、计算机、数学、组织、客户服务和解决问题	高中文凭，并学习了一些会计学课程或有相关工作经验；晋升和加薪需要相关证书	簿记员可以成为审计员、报税人、会计师和税务稽查员

监控现金流

每个人都需要现金，每个企业也都需要现金。可用现金通常决定了企业能做什么或不能做什么。充足的可用现金使得你的企业能够偿还债务，运用折扣并支付增加的费用。

在个人财务中，现金流是指实际进出个人钱包或银行账户的金额。对于企业而言，<mark>现金流（cash flow）</mark>是指在给定时间可用的现金金额。钱进来，钱出去——这就是现金流。有效财务管理的一个目标是：通过业务保持持续不断的现金流。但是说起来容易做起来难，经济和财务状况不断变化，有时销售量很高，但又可能会突然下降，费用也可能有所变化。当企业花费的金额超过收入金额时，它的财务状况被称为<mark>负现金流（negative cash flow）</mark>，也被称为现金紧缩。当现金流为负时，你的企业就会受到影响。

作为一名学生，你可能经历过类似的现金紧缩。比如，你想在周五晚上和朋友一起去看电影，但是周三你买了你想要的羊毛衫，因此，在周五晚上，你发现你没有足够的钱去看电影。对你而言，这只会造成短暂的失望，然而，对于企业来说，资金短缺可能意味着严重的问题。没有足够的现金流，商品就无法更新，账单无法支付，业绩增长和规模扩张所需的资金也无法投入。因此，保持正现金流是财务管理的主要目标之一。

计算投资金额

成功的企业为未来发展而投资。随着利润的增加，企业应该留出资金或进行投资以满足未来的业务需求。购买新设备、重新部署业务或出售新系列的商品都可能需要这笔储备资金。假设麦克和艾琳形成了商业伙伴关系，他们的目标是在 5 年内为他们的园林绿化企业购买一座办公大楼，那么他们每年应留出一定数额的资金，以确保有足够的资金购买办公楼或支付首付。

成功的企业投入资金来提高生产率。生产率是对使用特定数量的资源在特定时间段内生产商品数量的度量，是促进经济增长的最重要因素之一。当在相同的时间段内使用相同数量的资源生产出更多商品时，生产率提高。

企业可以投资的领域包括以下几个。

- 人力资本。
- 生产资料。
- 技术。

人力资本　生产率的提高可以来自对人力资本的投资。人力资本是人的技能、健康、知识和劳动力的总和。

企业可以通过提供能够提高员工技能的培训来投资人力资本，也可以为员工支付在相关领域进一步深造的费用。当企业投资人力资本时，工人技能会有所进步且工人更有积极性。生产率的提高使得企业能够以相同的成本生产更多商品，产量的增加也使得消费者购买商品的价格下降。

生产资料　提高生产率的另一种方法是投资生产资料。 生产资料是用于生产商品和提供服务的资源，例如建筑物、材料和设备。送货卡车、收银机和医疗用品也是生产资料。农民可以选择购买新的拖拉机，公司可以选择购买更大的办公楼。

　　技术　引入新机器或新工业流程可以降低生产成本并提高生产率。较低的生产成本意味着企业能够以市场上各种价位生产更多的商品，例如，提高飞机发动机的燃油效率以降低乘客的旅行成本。许多商业领袖认为，不投资技术的组织无法生存，你可以想象一下，一个没有计算机的办公室以及这种情况对生产率产生的负面影响。

投资和储备基金

　　企业需要储备现金以应对紧急情况或意外。 如果设备损坏并需要维修，销售量意外下降，或自然灾害袭击企业所在地区，你将需要现金。现金储备，也称为储备基金，可以在灾难发生时挽救你的企业。

　　你应小心投资并密切监控现金。 企业投资类似于个人储蓄，你应该为意外的账单或事件存钱，例如热水器损坏或产生的医疗费用。你还需要为购买新车、过暑假或购买新电脑存钱，以满足你的个人需求。

阅读进展检查

　　回顾　什么是现金紧缩？

财务管理的重要性

财务管理有哪些方面

　　企业必须创造利润并将部分利润以备将来使用，确定和监控投资是财务管理的一个重要方面。除投资外，健全的财务管理还依赖于会计。在本书其他章节中你会了解到更多有关会计职能和管理企业财务的信息。

阅读结束后

　　回答　储备基金和定期储蓄账户一样重要吗？为什么一样或者为什么不一样？

回顾关键概念

1. **识别**　大多数企业使用的会计五大基本功能是什么?

2. **解释**　会计如何帮助企业高效运营并赢利?

3. **描述**　为什么投资对企业很重要?

4. **关联**　投资人力资本、技术和生产资料,是如何提高企业的生产力的? 企业对应的每一项成本是什么?

高阶思考

5. **提议**　假设你的办公室有一个月现金紧缩,提出三个建议,以减少办公室开支。

语言艺术

6. **预算规划**　预算是指对特定时间段内预期收入和支出的书面说明,预算对个人和企业都很重要。请考虑你的个人财务状况,写出包含在个人预算中的收入和支出清单,假设你是一家快餐店的老板,写出包含在企业预算中的收入和支出清单。之后,再写一个摘要,说明这两个预算是否相似。

数学

7. **给予会计帮助**　兰迪是XYZ商店的会计师。1月,该商店的销售额为150 000美元,工资为35 000美元,租金和水电费为20 000美元,库存为20 000美元。2月,它的销售额为175 000美元,工资为39 000美元,租金和水电费为25 000美元,库存为45 000美元。兰迪被要求提供这两个月的净现金流量,并计算2月现金流增长的百分比。他请你帮他计算。

数学概念　**计算净现金流**　要计算某一时间段的净现金流,先确定给定时间段的总销售额,并从该数字中减去同期现金支付的总费用。

提示　要确定2月现金流增长的百分比,首先应确定每个月的净现金流,然后用2月份的净现金流除以1月份的净现金流,再将所得结果减去1。

制订一个商业计划

有效的商业计划

商业计划有三个基本部分，每一部分都有助于指导其他部分，它们必须协同作用才能有效。

准确的会计

会计记录和报告使得企业所有者和管理者可以准确分析他们的财务状况并对企业进行规划。

试一试

绘制如下所示的图，记录成功制订营销计划的步骤。

营销计划

章节评估

章节总结

- 衡量企业是否成功的标准之一是其获得的利润。

- 企业必须做两件事才能生存：通过有效的财务管理在企业运营中赢利和吸引客户。

- 商业计划的组成部分包括：概要、使命陈述、公司描述、产品和服务计划、管理团队计划、行业概览、市场分析、竞争分析、营销计划、运营计划、组织计划、财务计划、发展计划、应急计划和支持文件，以及封面、标题和目录。

- 商业计划的三个基本部分是战略计划、营销计划和财务计划。

- 财务计划是确定你需要的资产，你将如何获得这些资产，以及你将如何进行日常财务操作。

- 会计是记录和报告企业财务状况的系统过程，包括涉及金钱的所有交易。

- 会计功能包括编制预算、核算工资、跟踪库存、监控现金流和计算投资金额。

词汇复习

1. 将下面的术语按照关系分组，并解释你为什么这样分。

- 免费企业系统
- 商业计划
- 战略计划
- 营销计划
- 财务计划
- 会计
- 交易
- 公认会计准则
- 项目
- 预算
- 商品
- 库存
- 现金流
- 负现金流
- 应急
- 组件
- 单调

延伸思考

2. **预测** 如果一家公司的商业计划不包括战略计划、营销计划和财务计划，会有什么后果？

3. **推断** 适当的库存量对财务管理有什么重要意义？

4. **假设** 为了给当地的花店准备营销计划，你会做哪些研究？

5. **推理** 对企业所有者来说，始终掌握企业当前的财务状况是很重要的。如果企业的所有者一年只分析两次企业财务状况，会发生什么？

6. **评估** 如果你的企业要进行投资，你会投资人力资本、生产资料还是技术？为什么？

7. **建议** 你的餐饮生意在过去六个月一直保持稳定的利润，给出三个负责任地使用利润的建议。

8. **推论** 如果没有定期将预算与实际收入和支出进行比较，可能出现什么情况？

9. **评价** 一家小企业的所有者设定的一个目标是使企业的利润翻倍，这为什么不是一个好的目标？所有者应如何修改？

社会研究

10. 文化研究　假如你正在创业，选择你要销售的商品或提供的服务。为了扩展业务，你需要向广阔的市场进行销售。作为营销计划的一部分，你要研究谁将购买你的商品或服务。考虑不同文化群体会如何看待你的商品或服务，并明确其他地区、州或国家是否会有良好的市场，通过研究找到有潜在客户来源的三个国家。写出你的调查结果摘要，并解释这三个市场为什么会购买你的商品或服务。

数学

11. 库存　佩妮的玩具店需要三周的商品，包括货架上能够销售两周的商品和仓库里能够销售一周的商品。他们有一个系统，一旦手头的商品总量到了只够销售两周的水平，就会开始加购。他们会订购两周的商品，通常新商品需要一周才能到达商店。如果佩妮的玩具店目前只有能销售两周的商品，假设一周的商品为100件，在这一周内，商店里应该有多少件商品？

数学概念　**计算库存水平**　要计算预期库存水平，首先要确定当前手头商品的库存量，通过商品消耗或购买来调整库存量。

提示　首先确定当前的商品库存水平，从当前数量中减去一周的商品数量，求出在重新订购之前的商品数量，将此数字乘以100得出商品数。

语言艺术

12. 网页设计　山姆和比利拥有一家小型企业，该企业生产和销售各种动物形状的手工雕刻木制小饰品。他们六个月前开始经营，并在当地销售。他们希望建立一个更大的客户群，并决定建立一个网站来尝试推销他们的产品，请为他们草拟一个建立网站的计划，其中包括主页的图形和副本，以及你建议他们添加的内容链接。

道德标准

13. 举报　许多企业都有道德准则，很多都包括"举报"部分。公司希望员工如果目睹不恰当的行为，可以报告而不必担心遭到报复。这可能会鼓励你与你的主管交谈，而在情况未得到解决或你不便和主管交谈时，它会提供指导。假设你与你的主管有良好的工作关系，但却目睹他欺凌你的同事，你会和他谈谈他的这种行为吗？你会保持沉默以维持你们之间的关系吗？你会采取什么其他行动吗？

实际应用

14. 评估费用　假设你和合作伙伴决定创办一家销售定制T恤的企业。按照老师的指示两人一组，与你的合作伙伴一起，考虑创办企业所需的资产和库存。在你确定了资产和库存后，对每个项目进行成本估算，其中有可以推迟支付的费用吗？例如，你是要用软件来进行会计工作，还是手动完成？你是在接到订单时进货还是会准备库存？请注意哪些项目是必需的，并修改你的启动成本。

你的资产组合

为成功规划

几年来,汤姆常和父亲一起去旧货市场买东西。他的父亲买了一些旧钟和旧收音机。 如果有损坏,他会修好,并在米勒顿跳蚤市场销售这些旧物。汤姆现在想要开创自己的事业并制订了以下计划。

旧物也是商品

业务类型	销售二手CD、DVD和电子游戏机
地点	米勒顿跳蚤市场
目标客户	所有年龄段,但CD、DVD的销售对象主要集中在10岁至35岁,电子游戏机的销售对象主要集中在10岁至25岁
潜在客户数量	每天有300人至800人来到跳蚤市场,跳蚤市场周五至周日开放
主要竞争对手	自从艾伯森搬走之后,没有人在跳蚤市场上卖这些东西
其他竞争对手	购买二手CD最近的地方在10多千米以外,有三家本地音像店出售二手DVD和电子游戏机
挑战	购买足够供出售的产品:杰米·麦克里在富兰克林的折扣店购买剩余库存,他如果一次购买至少100张二手CD,将以每张大约2.50美元的价格买到
成本	购买商品时,爸爸与我分摊租用桌子的费用(周末50美元),以及我们的交通费
潜在利润	艾伯森还在这里做生意时,我看过他的所有DVD、CD,他似乎搬来了很多商品。我想每张CD我可以赚3美元,周末可以卖30到50张
商业背景和特殊技能	这几年,我和爸爸常去旧货市场,我总能以低价购买旧的DVD、CD和电子游戏机。我喜欢在买卖时讨价还价,并且帮助爸爸买卖东西。我也了解一些热门物品

准备计划

选择你想开展的商品营销业务,在一张纸上,描述业务类型、涉及的商品以及你认为能成功的因素,并解释你认为这项业务可以取得成功的原因。

5

制订财务计划

看图说话

开办和经营一家企业需要设备、场地和存货，所有这些都需要资金。你如何筹备资金来创办自己的企业？

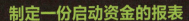

探索项目

制定一份启动资金的报表

关键问题

你如何确定一家新企业需要多少启动资金？

项目目标

制订一份可行的财务计划的第一步是：制定一份启动资金的报表。这需要认真考虑你打算做的业务，并做大量的研究。假设你要开一家玩具店，首先确定你的企业需要哪些资产。一旦有了资产清单，就必须研究每种资产的价格，从而对资产成本进行估计，然后进行研究，确定所需的启动成本，并估计每项的成本，再把它们加起来以确定你所需要的启动资金总额。

考虑以下内容

- 你如何确定你需要什么设备？
- 你的企业和竞争对手的企业有何不同？
- 谁能帮你确定启动成本？
- 你将如何确定每种资产的成本和启动成本？

与他人有效互动

当你为财务计划做调查时，为什么穿职业装是很重要的？

重要见解

一个可行的财务计划会为你呈现完整的公司财务状况。

请教专家

财务计划

问： 既然财务计划中的预测只是猜测，那么这个计划为什么如此重要？我为什么要花时间去做那些可能不会成真的财务预测呢？

答： 对于企业赢利来说，财务计划是至关重要的，你需要知道多少现金用来经营企业，以及企业未来的价值是多少。即使你需要定期更新财务计划，对于你的企业该走向何处，财务计划仍然会提供一个坚实的基础。

 写作任务

财务计划除了有预期财务报表之外，还有一个显示实际交易的财务报表。写一个说明，内容是你将如何使用财务预算，以及你为什么需要定期更新财务计划。

阅读开始前

基本问题　为什么制订一个周密的财务计划是很重要的?

中心思想

一个好的财务计划显示了你的收支预算，以及你所需要的资金。

内容词汇

- 资金
- 启动资金
- 启动成本
- 运营资金
- 财务预算
- 预计财务报表
- 销售毛利润
- 固定费用
- 可变费用
- 储备资金
- 会计科目表

学术词汇

在阅读和回答问题时，你会看到这些词。

- 复杂的
- 收入
- 初步
- 框架

使用图表

在阅读本章之前，画一个如下所示的图。在阅读时，记下开办一家企业的四个基本步骤。

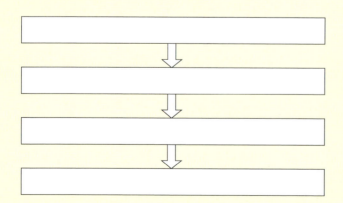

财务计划的要素

为什么财务计划是商业计划的重要组成部分

财务计划通常被认为是整个商业计划中最重要的部分。没有计划和现金，你的企业就无法生存。图 5.1 展示了一个明智的财务计划如何让你创办企业的梦想成真。

一个有效的财务计划能使你确定所需的资金。<mark>资金（capital）</mark>是你在最初几个月建立和运营企业，以及企业稳定下来后扩展规模所需要的钱。确定所需资金的过程包括确定和分析启动新企业所涉及的资产和成本，并确定每个资产和成本的估值。

财务计划说明了你将获得或购买所需物品的资金来源。此外，该计划还概述了你将如何记录、总结和报告企业的财务状况。

阅读进展检查

定义 什么是资金？

确定所需资金

为什么一个清晰、简洁、切合实际的财务计划是必要的

财务计划的第一个方面是确定需要多少资金。你可能会对创建一家成功企业所需的资金感到震惊。财务计划的目的是提供一个你需要的想法。计划的质量将会影响企业的成功，也会影响你获得融资的可能性。一个简洁、切合实际的财务计划会让贷款人对你的商业知识和技能更有信心。

所需资金包括三类：启动资金、运营资金和储备资金。实施财务计划之前，你需要仔细分析这三种类型的所需资金，并估计创办企业所需的每种类型资金的数量。

阅读进展检查

回顾 制订财务计划的第一步是什么？

本节目标

- 解释启动资金。
- 识别启动成本。
- 描述运营资金。
- 解释预计收益表。
- 讨论储备资金的作用。

阅读进行时

预测 启动资金和运营资金有什么区别？

启动资金

为什么很多企业在运营的前五年就倒闭了

　　所需资金的第一种类型是<mark>启动资金（start-up capital）</mark>——启动企业所需的资金。充足的启动资金对新企业的生存至关重要。

　　创办企业是一个高成本且有风险的事业。美国小企业管理局（SBA）报告指出：大多数小企业在经营的前一到五年就倒闭了。这些企业失败的原因之一是缺乏足够的启动资金。如果资金不足以购买必需的商品或支付当前的账单，企业将无法生存。

　　启动资金分为两大类。第一类是购买创业所需资产的资金。在你打开企业大门之前，你需要购买各种各样的物品。这些物品包括设备、展示架和存货等。

　　第二类启动资金是<mark>启动成本（start-up costs）</mark>——创办企业所需要的成本或费用。启动成本包括许可证费、法律费用和会计费以及保证金。有些启动成本是一次性费用，如许可证费、法律费用和电话服务押金。其他成本是持续费用，如租金、维护费和保险费。

识别所需资产

　　有些资产对所有企业来说是共有的，无论是新企业还是老企业。这些是大多数企业运营所需要的资产，其他资产是特定类型的企业或特定地域所特有的。

　　当你准备制订一份财务计划时，你需要识别出共同的和特有的资产，一定要记下你所需物品的种类和数量。首先，列出企业通常所需的资产。资产包括办公设备，如办公桌和文件柜；计算机软硬件；展示柜或架子；复印机和收银机；库存商品；运输设备，如汽车或货车；办公用品；地毯和照明用具；安全和通信系统。

　　其次，列出你所需的资产，这些资产可能是特定类型的企业或特定地域所特有的。这些资产包括特殊的生产或修理设备，特殊的显示设备，特殊的电子、安全或维护设备，特殊的原材料等。

　　当你列出清单时，一个好办法是：观察已经建立的类似企业，阅读行业杂志，并咨询该行业的供应商。这会让你更好地了解需要哪些资产。

图5.1 **创办一家企业**

成功的基础 财务计划必须详细和准确，以确保企业成功。企业需要什么物资？

　　创办一家企业需要有充足的准备并努力工作。制订一个全面且切合实际的财务计划，将确保你的企业拥有所需的资金以实现业绩增长。

1 分析你的需求和成本。 你的企业需要哪些物资？企业启动时你必须支付哪些费用和成本？

2 获得融资。 你的计划将描述如何支付每一笔企业费用。在同意借钱给你的企业之前，金融机构会考虑你的财务计划的准确性。

3 计划过程。 一旦开始，你的财务计划将会展示你如何记录、总结和报告企业财务状况。

4 准备开始。 一个好的财务计划将确保你有足够的资金来购买所有必要的物资，以及为创办企业做必要准备。

确定启动成本

　　接下来，在你的财务计划中确定并列出企业的启动成本，这是一项复杂且困难的任务。你必须确定共同的启动成本，并确定哪些成本应该包括在你的财务计划中。你还必须熟悉当地和州办理执照、许可证等的费用。地方行业协会、银行和美国小企业管理局可以帮助你确定这些成本。一些常见的启动成本包括商业保险费、法律费用及专业费，执照和许可证费、银行费用、营销和广告费用、保证金、改建和装修费用，以及维护费用。

　　对于刚开始创业的企业家来说，不确定成本是一个严重的问题，所以你一定要清楚创业过程中任何类型的成本。很多时候，预料不到的或隐藏的成本消耗了启动资金。如果这种情况发生，企业可能就没有资金购买其他需要的物资。

为确定的项目分配成本

　　一旦你确定了所需资产和启动成本，你必须要估计你将为每个项目支付多少资金，要谨慎地为每种所需资产和启动成本分配钱款。如果你低估了，你可能不得不减少其他类型的成本，或者你可能没有足够的现金支付必需品。如果这种情况经常发生，你的企业可能会面临严重的现金流问题。

　　偏高估算能确保资金够用。假设你的企业需要一台复印机，你决定花费 1 400 到 1 800 美元。当你为所需资产分配成本时，你应该使

个人财务报表

当你申请贷款时，你必须提供一份准确的个人财务报表，以便银行和贷款方审查你当前的财务状况，它们要确保你有足够的资源偿还贷款。该表会列出以下信息。

- 姓名和联系方式。
- 资产和收入。
- 负债和贷款。
- 收入来源。
- 联系人信息。

关键点 在向小企业管理局申请贷款时，它会让贷款申请人填写一份个人财务报表。与个人资产负债表类似，该表详细描述了个人的资产、负债等情况。

寻找 解决方案

回顾关键概念

1. 制定个人财务报表的目的是什么？
2. 莎拉的净资产是多少？
3. 她的净资产是如何计算的？
4. 莎拉的工资是多少？
5. 为什么小企业管理局要了解联系人的姓名和地址？

用较高的估值 1 800 美元。如果你买这台复印机只花了 1 600 美元，你可以把剩下的预算金额（200 美元）用在其他项目上。

计算创业所需资金的最后一步是准备一份所需启动资金的清单。例如，阿曼达·伍德兰正在开一家名为"一线希望礼品店"的新公司。她制定了一份所需启动资金的清单，清单见表 5.1。

阿曼达意识到会有一些预期不到的花费和她需要购买的小物品，这些都不在这个清单中。但她认为，她已经确定了所有必需资产和启动成本。列出这些之后，她意识到她需要大约 9 万美元的启动资金。如果阿曼达没有仔细研究和分析她的花费，她可能会以为开一家礼品店用不了 9 万美元的资金。

表5.1　所需启动资金

计算成本　列出一份预期资产和启动成本的清单有助于确保所有启动资金都能考虑到。为什么在创业前了解启动资金是重要的？

一线希望礼品店

所需启动资金明细表	
项目	花费（美元）
资产	
显示设备	11 400
办公家具	3 100
计算机系统	4 400
复印机	1 800
商品	37 000
物资	3 500
报警系统	2 700
地毯、灯、风扇	12 400
维护设备	2 900
总资产	79 200
启动成本	
保险费用	3 100
专业/法律费用	2 700
商业许可/执照	200
水电费存款	700
广告费用	1 300
维修/维护费用	2 200
银行费用	200
总启动成本	10 400
所需启动资金总额	89 600

运营资金

你为什么要预测你所需的运营资金

接下来，你必须专注于创业所需的第二种资金，它被称为**运营资金（operating capital）**——在最初的几个月或几年内经营一家企业所需的资金。

虽然销售商品或提供服务会带来收入，但这些钱往往不足以支持企业开支和扩张计划。你需要资金购买其他商品，并增加销售量，以保持企业继续运转。此外，你必须要有足够的现金来执行你的战略和营销计划。

作为财务计划的一部分，你必须进行**财务预测（financial forecasting）**，这是估算企业运营资金的过程。**预测财务报表（projected financial statements）**是报告你的企业未来的财务状况的——它预测未来几个月或几年内企业的财务状况。预测财务报表包括收入报表、资产负债表和现金流量表。

财务预测
　　财务计划的一个关键组成部分是估算企业的运营资金。什么类型的文件是用来报告财务预测的？

经济学与你

自由贸易与贸易壁垒

当贸易协定成员国对贸易商品没有贸易限制或不征税时，自由贸易就会发生。企业蓬勃发展是因为它的商品可以很容易地在成员国之间进行买卖。配额和关税等贸易壁垒使得企业参与全球市场更加困难。如果某一特定商品达到配额，则该商品不得再进入该国。关税是对进入一个国家的商品征收的税收，这提高了进口商品的价格。

个人财务联系 如果企业主想从国外进口商品，他们必须要知道贸易壁垒对他们财务计划的影响。如果实行配额，运输成本可能需要调整，以确保这类商品在达到配额之前能够完成交付。如果征收关税，与购买这些商品相关的成本增加必须在其财务计划中反映。在购买进口商品时，消费者可能不会注意到价格的差异，除非一件商品比国内同类商品价格高得多。在这种情况下，进口商品被征收关税，可以使得美国生产者在国内销售商品更具有竞争力。

批判性思考 对企业、工人和消费者来说，自由贸易的利弊是什么？

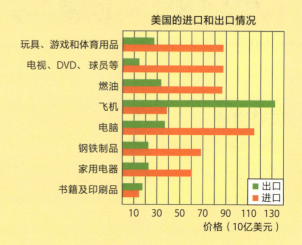

美国的进口和出口情况

价格（10亿美元）

■ 出口　■ 进口

预期收入报表

一个企业的收入报表将报告收入、商品销售成本、运营费用、净收入或亏损。这份报表还包括销售总利润。**销售总利润（gross profit on sales）** 是指在扣除运营费用之前销售商品所获得的利润。这类报表通常报告前期企业发生了什么。

相比之下，预期收入报表是对未来几个月或几年收入变化的估计，在企业运营之前要制定这类报表。这一报表显示了你对企业未来的预期。

预期收入报表的数据估计是一个挑战。你必须分析与你的企业类型相关的所有收入和费用信息。你可以从行业协会、供应商、当地企业组织和政府机构（如美国小企业管理局和人口普查局）获得这些信息。这些来源的信息基于事实和平均值。然而，要填写预期收入报表，你必须将这些信息应用到你的企业中，并做出有根据的推测。

你最好比较保守地估计预期收入，较高地估计预期支出。如果销售量没有达到你的预期，或者费用比你最初估计的高，这种方法提供了灵活性。如果你预期年销售额在 13 万到 15 万美元之间，就使用较低的估计值 13 万美元。如果你估计取暖费可能在 3 000 到 4 000 美元之间，那就用更高的估值 4 000 美元。

重要的是为初创企业确定正确的费用数额，费用通常分为固定费用和可变费用。

固定费用　**固定费用（fixed expenses）**是无论企业经营如何，都始终保持不变的费用。固定费用包括租金、保险费用或贷款利息。计划固定费用是很容易的，因为它在一定的时间内保持不变。例如，不管你的企业一个月的销售收入是多少，在租期内，你仍然要支付相同的租金。

可变费用　**可变费用（variable expenses）**是可能会发生变化的费用，有时可变费用可以根据销售情况进行调整。可变费用包括物品费、广告费、工资，有时还包括水电费。如果销售额低于你的预期，你可以购买更少的物品或减少员工的工作时间。预测可变费用是更加困难的。

一些可变费用，如维护费和修理费与销售无关，不能被准确预测。当你的电脑或收银机不工作时，你必须找人修理或更换。可变费用的主要特点是随着经营状况和其他情况的变化而变化。

表 5.2 显示了斯凯利工艺品店在开业头四个月的预期收入报表。你可以看到该报表预测了每个月的损失，这对于一家新企业来说并不

实际案例

使计划容易

许多企业家擅长宣传自己的企业，但在运用财务数据方面有困难。然而，当你必须制订一个财务计划来创办或扩展企业时，技术可以提供帮助。财务计划软件可以分析财务状况，做出预测，并为财务计划创建财务报表。

营销费用

企业经常需要在营销和广告上花钱。为什么企业把钱花在广告和营销上是很重要的？

罕见。事实上，一个新企业连续几个月甚至一年都没有盈利是很常见的。不过，你能注意到，斯凯利工艺品店的预估损失每个月都在减少。

表 5.3 显示了斯凯利工艺品店运营前五年的预期收入报表。它提供了企业开展业务的长远视野，如果预测的数据是可实现的，这表明企业有成功的可能。

注意，到第二年年底，工艺品店预计会赢利，这对企业主来说是个好消息。这也是财务计划的重要信息，财务计划供可能提供资金的银行或其他金融机构使用。

表5.2　预期收入报表

预期收入　预期收入报表显示了预期支出和预期利润，为什么要把费用估计得较高?

斯凯利工艺品店 预期收入报表				单位：美元
月	1	2	3	4
收入				
销售额	9 000	10 600	12 500	14 600
销售成本	− 5 400	− 6 400	− 7 300	− 8 700
销售毛利润	**3 600**	**4 200**	**5 200**	**5 900**
费用				
租金	3 800	3 800	3 800	3 800
电费	200	200	200	200
暖气费/空调费	300	325	340	350
电话费	100	140	175	195
保险费	290	290	290	290
维修费	100	160	230	250
杂项开支	100	140	170	200
工资	400	490	575	680
税费	250	250	250	250
物资费用	475	550	630	720
利息	510	510	530	530
广告费	875	875	960	760
总费用	**7 400**	**7 730**	**8 150**	**8 225**
净收入/<损失>	**< 3 800 >**	**< 3 530 >**	**< 2 950 >**	**< 2 325 >**

表5.3 预期五年收入报表

长期预测 一个财务计划应包括企业最初几个月以及最初几年的预期收入报表。金融机构为什么想看几年而不是几个月的预期收入报表呢？

斯凯利工艺品店

预期五年收入报表

单位：美元

年	1	2	3	4	5
收入					
销售额	172 000	224 600	258 500	298 000	370 000
销售成本	− 103 200	− 125 400	− 147 100	− 169 000	− 205 000
销售毛利润	68 800	99 200	111 400	129 000	165 000
费用					
租金	45 600	47 300	48 200	51 800	55 000
电费	4 600	4 800	5 000	5 200	5 600
暖气费/空调费	3 500	3 900	4 400	4 700	5 000
电话费	1 200	1 400	1 600	1 800	2 200
保险费	3 500	3 600	3 700	3 800	4 000
维修费	1 200	1 600	2 300	2 500	2 800
杂项开支	1 000	1 400	1 700	1 900	2 200
工资	4 800	6 100	7 200	8 000	9 900
税费	2 900	3 500	3 900	4 200	7 600
物资费用	4 900	5 500	6 300	7 000	7 900
利息	5 800	5 400	5 000	4 800	4 100
广告费	5 900	5 100	4 300	4 000	5 000
总费用	84 900	89 600	93 600	99 700	111 300
净收入/＜损失＞	＜16 100＞	9 600	17 800	29 300	53 700

预期资产负债表

金融机构也想看到企业整体财务状况的预测。你要提供一份预期资产负债表，它会显示未来一年、三年或五年企业资产、负债和企业净值的估值。表5.4是一份预期资产负债表。

我们来看拉莫斯T恤公司的预期资产负债表，它预计在三年内公司的净资产会增加，企业主权益从第一年年底的37 600美元增加到第三年年底的50 600美元。你还会注意到，在同一时间内，预期收入将增加（71 200美元增加至83 100美元），负债将减少（33 600美元减少至32 500美元）。

新西兰
科学支出

　　当一个企业制订财务计划时，它必须估计所需资金和启动成本。许多企业可能忽视的是研发的相关成本。新西兰政府已经认识到科学的重要性，以及为了进一步发展技术而进行研发的必要性。新西兰前总理约翰·基在他的网站上说："为了发展经济，我们需要产生和使用新想法。"为此，他在2010年宣布，政府将向企业提供3亿多美元用于研发与科学领域。其中约2 000万美元专门用于小型企业。资金将以技术转让凭证的形式发放。这些凭证一般价值10万至20万美元。他首先认为，这些凭证会使那些没有研发资源的小型企业进入公共研究机构进行研发。人们期望科学能够帮助这些公司开发新产品，并改善经营方式。

批判性思考

1. **扩展**　研究找出新西兰政府为促进科学发展而采取的其他措施，并介绍这些措施。

2. **关联**　超过一半的科学基金作为技术津贴分配给从事有价值的研究的大公司。你认为将资金用于促进本国科技发展是最好的使用方式吗？你认为一个国家还有其他促进科技发展的方式吗？

数据库

首都
惠灵顿

人口
4 401 916

语言
英语（官方）、毛利语（官方）、手语（官方）

货币
新西兰元

国内生产总值
1 811亿美元

人均国内生产总值
30 400美元

工业
食品加工、木制品、纸制品、纺织品、机械、运输设备、银行保险、旅游、矿山

农业
乳制品、羊肉、小麦、大麦、水果、蔬菜、羊毛、牛肉、鱼

出口
乳制品、肉、木材和木制品、鱼、机械

自然资源
天然气、铁矿石、沙子、煤炭、木材、黄金、石灰石

预期现金流量表

现金流量表报告了企业占用了多少现金，以及这些现金从哪里来，又都用在哪里。这个报表显示了在会计期内一个企业的现金状况是如何变化的。

许多人认为现金流量表是最重要的预测财务的报表。当你准备一份现金流量表时，你要分析企业未来可用的现金流量。如果企业按预期运营，你会有足够的现金吗？记住，企业的发展和业绩增长取决于可用的现金。

表5.5显示了三个月内韦斯特波特体育用品店的现金流量表。你可以看到，该企业预计这三个月的现金流为正。换句话说，每个月流

表5.4　**预期资产负债表**

财务状况　预期资产负债表清楚地显示了企业的预期收入和负债。为什么企业主想要显示每年资产是增长呢？

拉莫斯T恤公司

预期3年资产负债表			单位：美元
年	1	2	3
资产			
银行现金	13 200	15 000	12 000
应收账款	2 300	3 100	4 000
存储设备	18 400	22 100	27 000
办公设备	7 200	6 500	6 700
商品库存	24 900	26 000	30 000
物资	1 000	1 100	1 100
计算机设备	4 200	3 500	2 300
总资产	**71 200**	**77 300**	**83 100**
	7 400	8 100	8 800
应付账款			
应付票据	26 200	25 300	23 700
负债总额	**33 600**	**33 400**	**32 500**
所有者权益			
乔恩·拉莫斯的资金	37 600	43 900	50 600
总负债	**71 200**	**77 300**	**83 100**

入韦斯特波特体育用品店的资金比流出的要多。

应该注意的是，对于体育用品店来说，表中的三个月——4 月、5 月和 6 月——可能是销售旺季。因此，企业全年可能不会有这么好的现金流。

 阅读进展检查

回顾 哪一种预期财务报表通常被认为是最重要的？

表5.5 预期现金流量表

流入和流出 对于企业来说，知道有多少现金流入以及现金流向何处是很重要的。韦斯特波特体育用品店最大的现金支出是什么？

韦斯特波特体育用品店			
预计现金流量表			单位：美元
月	4	5	6
现金收入			
实际销售额	33 500	37 400	39 500
利息收入	170	175	180
现金流入总额	**33 670**	**37 575**	**39 680**
现金支付			
租金	4 600	4 600	4 600
水电费	1 300	1 375	1 420
物资费	450	450	460
广告费	2 800	3 000	3 700
银行手续费	220	250	270
利息	3 400	3 300	3 200
电话费	510	530	540
维护费	950	1 075	1 100
信用卡费用	390	425	460
工资	9 200	10 100	10 300
税费	4 800	6 000	7 300
送货费	1 040	1 260	1 290
其他	520	600	600
保险费	675	675	675
现金流出总额	**30 855**	**33 640**	**35 915**
经营净现金流量	**2 815**	**3 935**	**3 765**
期初现金余额	**5 860**	**8 675**	**12 610**
期末现金余额	**8 675**	**12 610**	**16 375**

重要职业

肯特·罗尔菲斯 管理员

你对数学和解决问题感兴趣吗？两者我都喜欢，所以我努力工作，成了一家大型零售连锁店的管理员。我的职业需要很多的技能。人际交往能力很重要，因为我管理他人，并作为团队的一员来解决问题。我需要有很强的沟通能力，这样我才能解释复杂的财务数据。我与会计、审计、预算等部门有广泛的合作，因此广泛了解企业是必不可少的。作为管理员，我负责公司财务的各个方面。我的日常工作包括：银行业务、损益表、资产负债表、工资表、应付账款、应收账款、代收款、成本、存货估价和政府备案。我还要准备并分析周现金管理报表、月费用报告、季度财务报表，并完成管理分析。我用以上信息来总结和预测公司的财务状况。

职业探索

通过互联网，获取有关管理员职业的信息。

1. 管理员需要哪些领域的专业知识？为什么？

2. 除了学术技能，还有什么技能对于一个管理员来说是必不可少的?

职业细节

技能	教育	职业道路
会计、分析、通信、计算机、决策、管理、数学、组织和解决问题	会计、财务或工商管理学士或硕士学位，注册会计师	管理员可以成为税务稽查员、财务分析师、预算分析师、财务主管、税务员、经济学家和审计员

储备资金

对一个初创企业来说，为什么储备资金是很重要的

第三种资金被称为 **储备资金（reserve capital）**——为非预期成本或机会而预留的资金。储备资金就像储蓄账户中的现金，当你需要资金时，它已经准备好了。

当紧急情况发生时，储备资金可以成为小企业的救生索。非预期成本可能会随时发生，通常需要及时关注。非预期成本包括修理费和更换设备的费用。如果不能立即获得现金，你的企业可能会面临财务问题。

企业还需要储备资金来把握商机。假设一家竞争企业即将倒闭，如果你付现金，你可以用较低的价格收购其库存。你可以用储备资金

只收现金

　　企业有时需要为商品支付现金。供应商为什么更喜欢现金支付？

来把握这个机会。良好的财务计划包括如何把握这类机会。

　　此外，企业所有者会使用储备资金来扩张和发展企业。例如，你可以使用储备资金中的现金购买新系列商品或购买更多的新设备。这种前瞻性的投资使你的企业能够更好地发展并在财务上取得成功。

　　储备资金中预留的资金金额因企业而异。许多企业将该资金设置为银行的信贷额度，它也可以来自个人资金。

　　你不应将储备资金用于企业的日常运营，它应该仅用于意外成本和有价值的商业机会。通过在储备资金中保留合理的金额，你的企业即使在危机情况下也能运转良好，并能够在需要资金的情况下占得先机。

 阅读进展检查

总结　什么是储备资金？

技术的使用

如何使用技术帮助你准备财务信息

　　记录、汇总和报告财务信息可能是一项非常耗时的工作。计算机使得小型企业所有者能实现所有会计职能的自动化，每日、每周、每月和年度报告可以快速、准确地完成。由于软件和硬件价格低廉，大多数小企业都会使用特定形式的自动化会计系统。

回顾关键概念

1. **描述**　运营资金的用途是什么？

2. **解释**　在哪里可以找到编制预期损益表所需的财务信息？

3. **识别**　哪些类型的商业机会可能需要使用储备资金？

4. **区分**　启动资金和启动成本之间的区别是什么？

延伸思考

5. **推想**　哪些类型的企业需要大量资金才能开始运营？

21世纪技能

6. **解决问题**　萨姆和艾米丽在当地开了一家花店，他们已经经营了大约一年。本周艾米丽前往花卉批发市场时，发现她常批发的许多鲜花本周价格都提高了，请你为萨姆和艾米丽制定一份建议清单，说明他们如何才能在不改变运营预算的情况下，保持与之前相同数量的鲜花库存。

数学

7. **预期损益表**　你正在创立一家企业，需要估算未来的销售额和费用，使用以下估算方法制定一份3年损益表。第1年的收入将达到165 000美元，并将以每年20%的速度增长。销售商品的成本占收入的50%，所有租金、水电费和物资费每年不超过25 000美元。第一年工资为5 000美元，每年将增加4%，税收占收入的35%。假设除上述收入和费用外不存在其他项目，计算第1至第3年的净收入。

数学概念　**计算净收入**　要计算净收入，需确定每年的总收入和总费用，从总收入中减去总费用以确定总净收入，对每年的数据都重复此计算过程。

提示　首先确定当年的收入，将收入乘以销售商品的成本占收入的百分比，对每年的数据重复此过程。

本节目标

- 识别构成财务计划的要素。

阅读进行时

预测 拥有全面而可靠的财务计划有什么好处？

创立一个企业

创业所必需的要素有哪些

在过去的五年里，莫莉·辛格曾在王点花店工作，这是一家当地的花店。在那段时间里，莫莉学会了插花，制作果篮、美食篮和花卉标本。她阅读了几本关于插花的书，许多人对她的设计赞不绝口。

由于莫莉在花店的工作经历，她在购买和布置鲜花、打广告、定价、销售流程和记账等方面拥有丰富的经验。她在当地社区学院学习了几门商业课程，并参加了两个关于经营小企业的研讨会。

莫莉觉得她已经准备好成立自己的花店了，她意识到经营自己的企业与为别人工作是不同的。她对作为企业所有者将面临的挑战感到有点紧张，但是，她确信自己拥有成功运营一家花店所需的知识和技能。

莫莉决定将她的企业命名为"板球里的花"。在研究了花店选址和潜在市场后，她找到了一家能够满足她需求的小商店。它位于一条主街道上，客流量稳定，曝光度高。该地区没有其他花店，但附近有几家小商铺会吸引顾客。商店状况良好，月租金合理，所需装修费用也在可承受范围内。

阅读进展检查

理解 哪些方面的经验可以帮助潜在的创业者？

板球里的花花店的企业计划

商业计划的典型案例

随着初步（或者早期）研究的完成，莫莉准备为花店制订企业计划。她的整体企业计划包括三个部分：战略计划、营销计划和财务计划。这一部分将简要概述莫莉的战略计划和营销计划，并提供她的财务计划所包含的要素。

战略计划

为了制订战略计划，莫莉研究了当地的花卉市场，确定了竞争对手，并决定了她的商店将提供的商品和服务。在仔细分析之后，她设定了以下短期和长期目标。莫莉的战略计划还概述了她为实现每个短期和长期目标将要采取的步骤。

短期目标

- 在理想位置租一家店铺。
- 确保通信系统好用。
- 会计职能计算机化。
- 第一年每月销售额增加5%或更多。
- 利用本地所有广告网点。

长期目标

- 前三年每年销售额增加30%或更多。
- 第二年结束时实现赢利。
- 扩展业务范围，业务包含出售水果和礼品。
- 拓展企业客户。

营销计划

在营销计划中，莫莉分析了同行竞争情况，挑选了广告网点，拟定了促销活动，并为花店制定了广告预算。目标的达成取决于有效的营销计划，莫莉决定在每年前三个月将2 000美元用于打广告。

阅读进展检查

回顾 在最终确定提供的商品和服务之前，企业应为战略计划完成哪些研究？

财务计划

莫莉在制订财务计划之前必须做些什么

随着战略计划和营销计划的完成，莫莉准备开始制订她的财务计划。记住，她的战略计划和营销计划的成功取决于她的财务计划的准确性。

在制订财务计划之前，莫莉必须确保她已为自己和企业设定了切花钱很容易，特别是当你有信用卡时。要学会抵制诱惑，不要用你的卡去买你想要但无法承担的东西。相反，要为那些特殊的物品耐心存钱。

概念应用

为什么理性地使用信用卡支付企业或个人费用是非常重要的?

实的目标。她明白虽然这些数字只是预估的，但必须是可以实现的。同时，莫莉也认识到赚取利润需要时间。

背景信息

为了创业，莫莉在过去的五年存下了一笔钱，她的家人也会借给她一些钱。她需要借入一些资金，因为有良好的信用记录，所以她对贷款资格十分自信。她已经买了两辆汽车，理性地使用信用卡并按时还款。

莫莉决定以独资经营的方式创立她的企业。虽然她将承担无限责任，但这种所有权形式比其他形式更容易建立，成本更低。她咨询了律师和会计师，并将继续与会计师合作，因为她需要向会计师咨询企业扩张、交纳税收和雇用员工等问题。

财务计划的要素

莫莉的财务计划包括以下报表。

- 所需启动资金明细表。
- 12 个月预期损益表。
- 12 个月预期现金流量表。
- 3 年预期损益表。
- 3 年预期现金流量表。
- 3 年预期资产负债表。

板球里的花花店财务计划
由莫莉·辛格编制

企业目标 创立并运营一家财务成功的花店	
所需资金（美元）	
启动资金	89 000
运营资金	12 000
储备资金	15 000
所需资金总额	116 000
资金来源（美元）	
所有者现金	30 000
个人贷款	6 000
短期商业贷款	
（美国小企业管理局担保）	30 000
房屋产权贷款	50 000
获得的资金总额（美元）	116 000

莫莉为花店编制的完整财务计划见表 5.6 至表 5.11。通过分析这六个预期财务报表，你会看到她希望企业如何随着时间的推移而发展。

表5.6 **板球里的花花店所需启动资金明细表**

必需的资金 启动资金明细表将详细说明企业需要多少资金以及用于何处。对莫莉的企业来说，价值最高的两项资产是什么？

板球里的花花店	单位：美元
所需启动资金明细表	
项目	**成本**
资产	
制冷设备	9 600
展示设备	8 100
维护设备	2 900
送货车	19 000
办公家具	1 900
地毯、灯、通风设备	5 200
电脑系统	3 500
电话系统	750
打印机	1 800
商品	17 000
物资	1 100
警报系统	900
总资产	**71 750**
启动成本	
租房的押金	3 500
保险费	1 400
建筑标志费	3 000
设计费	150
专业/法律费用	2 200
营业许可证/准入证费用	250
文具/名片费用	400
鲜花/上网费	500
预存的水电费	700
电话费	450
广告费	2 000
维修费	1 800
银行手续费	200
其他	500
启动成本总额	**17 050**
所需启动资金总额	**88 800**

表5.7　12个月预期损益表

第一年　本表显示了第一年企业的预期收入和费用。企业在哪个月可以首次实现净收入？

板球里的花花店

12个月预期损益表						
月	1	2	3	4	5	6
收入						
销售额	11 000	12 000	13 600	15 100	15 800	16 500
商品销售成本	4 900	5 300	5 850	6 500	6 800	7 400
销售毛利润	6 100	6 700	7 750	8 600	9 000	9 100
费用						
租金	3 500	3 500	3 500	3 500	3 500	3 500
电费	180	180	185	185	185	185
取暖费/空调费	340	375	390	395	395	370
话费	130	040	175	205	225	225
保险费	480	480	480	480	480	480
维修费/维护费	100	130	150	150	150	155
杂费	100	140	160	180	180	180
工资	350	400	475	500	500	600
税费	250	360	400	450	475	490
补给	460	530	590	620	640	640
利息	680	680	680	680	680	680
广告费	2 000	2 000	2 000	1 800	1 700	1 500
其他	100	100	100	100	100	125
总支出	8 670	9 015	9 285	9 245	9 210	9 130
净收入/<损失>	<2 570>	<2 315>	<1 535>	<645>	<210>	<30>

表5.8　12个月预期现金流量表

预期现金流量　企业必须有足够的资金来支付前几个月的负现金流。哪些费用每个月都没有变化？

12个月预期现金流量表						
月	1	2	3	4	5	6
现金收入						
现金销售额	10 400	11 900	13 400	15 000	15 600	16 500
总现金收入	10 400	11 900	13 400	15 000	15 600	16 500
现金支出						
购买商品费	4 600	5 100	6 050	7 100	7 700	8 400
运营费用	7 740	7 975	8 202	8 115	8 055	7 960
利息	680	680	680	680	680	680
税费	250	360	400	450	475	490
总现金支出	13 270	14 115	15 335	16 345	16 910	17 530
现金净流量	<2 870>	<2 215>	<1 935>	<1 345>	<1 310>	<1 030>

	7	8	9	10	11	12
	17 000	17 800	18 700	20 400	22 300	24 000
	7 900	8 300	9 100	9 900	11 400	12 000
	9 100	9 500	9 600	10 500	10 900	12 000
	3 500	3 500	3 500	3 500	3 500	3 500
	185	190	190	190	200	200
	370	350	340	340	350	360
	225	240	240	250	250	250
	480	480	480	480	480	480
	160	160	160	175	175	175
	180	190	190	190	190	190
	600	700	700	800	800	900
	525	595	615	640	660	675
	660	670	670	670	680	680
	680	680	680	680	680	680
	1 200	1 200	1 200	1 400	1 500	1 500
	125	125	125	125	100	130
	8 890	9 080	9 090	9 440	9 595	9 720
	210	420	510	1 060	1 305	2 280

	7	8	9	10	11	12
	16 500	17 500	18 600	20 300	21 400	23 500
	16 500	17 500	18 600	20 300	21 400	23 500
	7 500	8 300	9 000	10 100	10 600	11 900
	7 685	7 805	7 795	8 120	8 225	8 365
	680	680	680	680	680	680
	525	595	615	640	660	675
	16 390	17 380	18 090	19 540	20 195	21 620
	110	120	510	760	1 205	1 880

表5.9 **3年预期损益表**

收入增长 第一年和第三年之间销售毛利润的预期增长是多少？

板球里的花花店			单位：美元
3年预期损益表			
年	1	2	3
收入			
销售额	204 200	264 000	338 000
商品销售成本	95 350	122 000	159 000
销售毛利润	108 850	142 000	179 000
费用			
租金	42 000	42 000	43 500
电费	2 255	2 800	3 000
取暖费/空调费	4 375	5 400	5 700
话费	2 555	3 000	3 100
保险费	5 760	6 000	6 300
维修费	1 840	2 500	4 000
杂费	2 070	2 400	2 700
工资	7 325	11 200	17 000
税费	6 135	8 200	10 000
补给	7 510	8 000	9 500
利息	8 160	9 300	9 700
广告	19 000	15 000	14 000
其他	1 385	2 000	2 000
总费用	110 370	117 800	130 500
净收入/损失	<1 520>	24 200	48 500

表5.10 **3年预期现金流量表**

未来现金流 虽然莫莉预计现金收入会增加，但现金支出也会增加。莫莉预计负现金流会持续多长时间？

			单位：美元
3年预期现金流量表			
年	1	2	3
现金收入			
现金销售额	200 600	262 500	330 000
总现金收入	200 600	262 500	330 000
现金支出			
购买商品费	96 350	151 000	148 000
运营费用	96 075	100 300	110 800
利息	8 160	9 300	9 700
税费	6 135	8 200	10 000
总现金支出	206 720	268 800	278 500
净现金流	- 6 120	- 6 300	+ 51 500

表5.11 3年预期资产负债表

资产和负债 哪些资产的价值在前三年保持不变？为什么？

板球里的花花店			单位：美元
3年预期资产负债表			
年	1	2	3
资产			
银行存款	13 000	6 700	58 200
应收账款	2 900	4 400	12 400
展示设备	8 000	8 000	8 000
制冷设备	9 000	9 000	9 000
配送设备	17 500	17 500	17 500
办公设备	9 100	9 100	9 100
电脑设备	3 000	3 000	3 000
商品库存	21 000	51 700	43 400
物资	500	500	500
总资产	**84 000**	**109 900**	**161 100**
负债			
应付账款	8 400	10 100	12 800
应付票据	30 000	30 000	30 000
总负债	**38 400**	**40 100**	**42 800**
所有者权益			
莫莉·辛格的资金	45 600	69 800	118 300
总负债	**84 000**	**109 900**	**161 100**

表5.12 会计科目表

组织记录 会计科目表中，一个数字代表一种类型的收入或费用，这样可以准确记录每一笔交易。软件程序可以帮助记录这些账目吗？

板球里的花花店会计科目表

资产	205应付票据	费用
101银行存款	**所有者权益**	601广告
105应收账款	301 莫莉·辛格的资金	605银行卡费用
110商品库存	302 莫莉·辛格的取款	610配送
115 物资	303 收益汇总	615保险
120预付保险	**收入**	620利息
125展示设备	401销售收入	625维修
130制冷设备	405销售退货	630杂费
140电脑设备	**商品成本**	635租金
145配送设备	501采购	640 物资
负债	505采购退货	645水电费
201应付账款		650税费

莫莉会立即将三种来源（所有者的现金、个人贷款和短期商业贷款）的资金用于投资。为了支付企业的初始运营成本，莫莉选择使用房屋净值贷款。房屋净值贷款是基于房屋当前市场价值与仍未还清的抵押贷款金额之间差异的贷款，应谨慎使用房屋净值贷款。

会计程序

莫莉的会计师已经建立了一个 **会计科目表（chart of accounts）**，即一个企业将使用的所有总分类账户的列表，这个会计科目表将为莫莉提供一个记录和报告企业交易的框架或结构。表 5.12 显示了她的账户。

莫莉的会计师还建议她购买软件程序来记录花店的会计账目，因此所有会计程序都将是计算机化的。通过使用软件程序，莫莉可以花更少的时间来进行会计记录，有更多的时间来经营企业。

莫莉负责将所有业务交易的数据输入程序中。在每个月月末，计算机系统将生成试算表、财务报表和报告。莫莉和她的会计师将分析花店的月收益表、现金流量表和资产负债表。

通过将这些财务报表与前几个月的报表进行比较，莫莉和她的会计师将能够评估花店的财务和花店状况。如果确定了一个财务问题，莫莉的会计师将向她提出纠正问题的建议。只有通过谨慎、持续的财务分析，莫莉才能确保她的花店像财务计划中预测的那样发展。

在每个季度末或年末，她的会计师还要确保必须给地方、州和联邦政府的所有报告都已提交。

初创企业
莫莉知道一个可靠的商业计划将有助于确保她的新企业取得成功。莫莉必须完成商业计划的三个部分是什么？

回顾关键概念

1. **识别**　财务计划必需的四种报告是什么?

2. **解释**　为什么一份完整的财务计划包含多个预期损益表和预期现金流量表?

3. **描述**　什么是会计科目表?

延伸思考

4. **评价**　回顾莫莉为其战略计划制定的短期和长期目标,评估她的财务计划将如何支持这些目标。

语言艺术

5. **审视竞争对手**　营销计划可以帮助企业所有者预测营销的成本,制订营销计划的一个重要部分是分析竞争情况。通过分析竞争情况,企业所有者可以确定竞争的优势和劣势,并相应地形成营销策略。写一篇短文,概述莫莉如何评估她的新花店的潜在商业竞争对手。

数学

6. **预测灵敏度**　使用表5.9花店3年预期损益表来回答以下问题。

（1）每年的销售成本占销售额的百分比是多少?

（2）如果第1年的销售额低于预期,为195 000美元,销售额以每年15%的速度增长,那么每年的净收入/损失会是多少? 假设（1）中计算出的销售成本占比和所有其他费用保持不变。

数学概念　**计算修订后的预测值**　要计算修订后的净收入/损失,可以使用修订后的销售额替换原始销售额,并对受影响的所有费用进行相同的处理,再从销售额中减去总费用。

提示　首先确认第1年的新销售额,对第2年的销售预测额进行修订,即将第1年的销售额乘以销售额预期增长百分比,并将结果与第1年的销售额相加。

制订一份财务计划

确定所需资金

重要的是考虑三种类型的资金，以建立一个准确、可行的财务计划。

企业所需资金

启动资金	运营资金	储备资金
创立企业所需资金	最初几个月或几年经营企业所需的资金	为意外成本或商机预留的资金

财务预测

预期财务报表可以帮助你预测企业的财务状况，以便你可以确定需要多少运营资金。

预期损益表

预期财务报表

预期现金流量表　预期资产负债表

试一试

绘制如右所示的表，记下企业必须考虑的两种费用，然后列出每种费用的例子。

_____费用	_____费用

章节评估

章节总结

- 启动资金是购买企业资产所需的资金加上启动成本。
- 启动成本包括法律或专业费用、银行费用、许可证或准入证费、保险费、营销成本和维护成本。
- 对启动成本应该高估一些，因为新企业的所有者经常低估或漏掉一些成本。
- 运营资金是最初几年经营企业所需的资金。
- 预期损益表是对未来几个月或几年企业收入金额变化的估计。

- 固定费用和可变费用的估值应包含在预期损益表中。
- 当你申请商业贷款时，贷款机构会看这些报表。
- 储备资金是为非预期成本或商机预留的资金。
- 财务计划包括所需启动资金的明细表、12个月预期损益表、12个月预期现金流量表、3年预期损益表、3年预期现金流量表和3年预期资产负债表。

词汇复习

1. 为以下术语编多项选择题。

- 资金
- 启动资金
- 启动成本
- 营运资金
- 财务预测
- 预期财务报表
- 销售毛利润
- 固定费用

- 可变费用
- 储备资金
- 会计科目表
- 复杂性
- 收入
- 初步
- 框架

延伸思考

2. **预测** 如果你估计要为计算机硬件花费1 200美元，但实际花费2 000美元，会发生什么？

3. **确定** 假如你正在帮助一位朋友为她的新企业准备预期损益表，为了准备报表你需要问哪些问题？

4. **概述** 在一个月内，你的企业的销售额为264 000美元，销售成本为122 000美元，总支出为117 800美元，计算并说明净收入或净损失。

5. **分类** 确定以下每项费用是固定费用还是可变费用——租金、电费、保险费、维修费、工资、税费、物资费用、贷款利息和广告费，并解释原因。

6. **构建** 如果你打算开二手书店，你需要多少启动资金？

7. **综合** 你如何同时使用损益表和预期损益表？

8. **推理** 如果企业所有者没有足够的启动资金，他可能面临哪些问题？

9. **考虑** 你经常会看到哪些不同的广告？你可以使用哪些为新企业吸引客户？

科学

10. **小型企业软件**　技术使创办小企业变得简单。现在有软件程序可用于会计工作、税务工作甚至企业规划。

    过程　进行研究，以了解有关小企业主可用的软件程序的更多信息。

    分析　哪些类型的软件是可用的？比较执行相同任务的不同软件的特征和价格，建立电子表格整理你找到的信息。

数学

11. **启动成本**　使用下列信息回答问题：第1年的预期总费用是多少（包括所有一次性启动成本）？如果每年的收入是50 000美元，需要多少年才能实现盈亏平衡？

一次性启动成本		资产	
租房押金	4 000美元	电脑系统	2 500美元
法律费用	2 000美元	卡车	20 000美元
许可证费/准入证费	300美元	家具	1 500美元
		其他	3 500美元

每月经常性费用			
保险费	150美元	租金	2 500美元
电话费/水电费	400美元	卡车维修费	150美元

数学概念　**计算盈亏平衡点**　要计算盈亏平衡点，可以将总启动成本除以总净收入，以确定盈亏平衡所需的年数。

提示　通过确定每月预期费用，计算每年的总净收入（不包括启动成本），即将每月预期费用乘以12，确定年度预期费用；从预期收入中减去这一数值，以计算总净收入。

语言艺术

12. **创业**　如要创办企业，你必须考虑你将从哪里获得资金。新企业的所有者从金融机构借入启动成本和运营资金并不罕见，而且有很多不同类型的可用贷款。进行研究，以确定想要创办新企业的人可以有哪些选择，获得贷款资格需要满足哪些条件。总结你收集到的信息，如果你决定开办自己的企业，你有资格获得这些贷款吗？

经济学

13. **经济因素**　请记住，预期收入应被估计得低一些。同样，在估算可变费用时，你应该估计高一些，固定费用通常保持不变。在你准备好预期财务报表后，利率上升，这就意味着你支付的利息将增加。为了能支付更高的利息而又不寻找更多的资金，你可以对已经完成的财务计划做出哪些调整？给你的信贷员写封信，解释你将如何处理这个问题。

实际应用

14. **顾问**　许多小企业所有者需要顾问来帮助解决面临的各种商业问题。研究你所在地区的咨询服务，这些服务需要多少钱？他们提供哪些类型的服务？他们会来你的企业还是你必须去他们那里？例如，你是否需要带电脑去他们那里接受服务？他们对问题的反馈速度有多快？这项费用包含在你的财务预算中吗？为什么？准备一份简短的报告，与全班同学分享你的发现和答案。

你的资产组合

从计划开始

科林、凯尔和J.C.三兄弟计划创立一家房屋绘画企业。他们都有绘画经验，并且在市中心一个正在翻修的区域找到了大量的工作。他们想知道他们需要多少启动资金才能让企业建立并持续运营。

启动成本

单位：美元

一次性成本		
3个梯子	305	
喷漆器	120	
滚筒、刷子、落布机和其他用品		
（工作需要的物资）	250	
面包车首付	3 000	
一次性成本总计		3 675
持续成本（每月）		
保险费	120	
话费	25	
车贷	625	
面包车保养费和燃油费	100	
每月总成本		870
每月总成本 × 12个月		10 440
总启动成本		14 115

识别

启动成本取决于企业类型、企业规模、库存的数量和种类以及运营费用。在一张纸上，写出以下行业的例子：服务业、零售业和制造业。哪一类企业的启动成本最高？为什么？

2

回顾与评估
评价企业家才能

问自己

你有没有考虑过拥有自己的企业？你有没有想过自己当老板的优点和缺点？你认为自己拥有建立成功企业所需的技能吗？回答这些问题可以帮助你考虑自己是否具有企业家才能。

你的目标

该项目的目标是考虑如何成为一名企业家，探索可能的商业机会，评估你的优势是否适合创业，并创建一个简短的演示文稿来分享你的发现。

你将使用的技能

是否能成功确定目标并为这些目标做好财务准备取决于你的技能。你可能会使用以下技能。

学术技能——阅读、写作和研究。

21世纪技能——企业家素养、创造性思维、做决策、口语能力、听力能力和人际关系技巧。

技术技能——文字处理、键盘输入、互联网

步骤1 计划企业

在成为老板之前，你有许多问题需要仔细考虑。

- 你希望你的企业提供哪种类型的产品或服务？
- 你是从特许经营开始经营企业，还是从零

开始创业？
- 你的竞争对手是谁？
- 你是否需要雇用员工来帮助你运营企业？
- 在企业的哪些方面，比如会计或销售，你可能需要帮助？

成功的企业必须通过企业计划来确定公司的目标和行动。写下你对上述问题的回答，并制定一份愿景陈述，说明公司经营的范围和目的。

步骤2 发现企业家才能

你准备好成为自己的老板了吗？有些资源可以帮助你确定答案，你也可以借鉴其他人的经验。

- 借助互联网来确定自己是否已准备好创立企业。如果你发现自己还没有准备好，你可以做些什么来帮助自己为创立企业做准备？
- 找到关于成功企业家的文章，了解他们如何准备，他们面临哪些挑战，以及他们如何克服障碍。
- 试着考虑你有兴趣创立的具体企业。你认为可能遇到哪些挑战？你怎么才能避免或克服它们？
- 你可以使用其他哪些资源来帮助自己为企业成功做好准备和规划？

写一份简短的报告来分享自我评估的结果，以及你研究得出的其他企业家的摘要，还要说明你可以采取哪些步骤来为成为企业家做准备，并描述可能出现的挑战和解决方案。

项目清单

步骤3　建立联系

你如何从别人的错误和别人面临的挑战中学习？设法与当地企业所有者见面，了解更多他们作为企业家遇到的障碍。向他们寻求建立一家企业并成功运营的可行性建议。

- 根据你之前的研究，准备一份采访问题清单。
- 记下答案，记好笔记。
- 尊重企业所有者的时间。
- 要目光接触，做出适当的回应并表现出兴趣。
- 根据你了解到的信息，如有必要，调整你的愿景陈述。
- 使用企业所有者的答案和建议，为所有想成为企业家的人创建提示表。

步骤4　准备展示

使用项目清单来计划和准备你的展示内容。

步骤5　评估展示

你的展示将被根据以下内容进行评估。

- 评估量规。
- 创造力和你的信息组织能力。
- 操作技术——表达和整洁性。
- 采访技巧。

计划

✔ 考虑你可能想创立的企业类型，以及如何组织和建立企业的具体细节。

✔ 研究成功企业家的案例，并通过互联网获取用于创办企业的建议和资源。

✔ 在美国小企业管理局网站上做测试，来确定是否为拥有自己的企业做好了准备。

✔ 与你所在社区的企业所有者见面，获取创立和规划企业的建议。

写作

✔ 制定愿景陈述。

✔ 撰写一份报告，分享自我评估的结果，并总结你对企业家的研究结果。

✔ 列出你的采访问题。

✔ 使用你在研究和访谈中得到的信息，为想要成为企业家的人创建提示表。

展示

✔ 建立展示提纲。

✔ 创建图片并使用技术来增强展示效果。

✔ 语言清晰简洁。

✔ 展示愿景陈述。

✔ 展示自我评估的结果和你对企业家的研究结果。

✔ 分享包含你的研究和访谈结果的提示表。

✔ 回答同学的提问。

看图说话

市场上有很多选项，客户需要一个理由来选择某家企业而非其他企业。企业如何在该地区的类似企业中脱颖而出？

保持赢利

你已经知道了创业需要什么，还需要知道如何持续经营企业。企业的财务管理包括准确知晓因何支出以及如何支出。企业成长的一个关键因素是启动时的正现金流，这意味着收入的现金比支付的多，为了实现这一点，你需要找到有创造性的方法来保持低水平的成本和费用。考虑所有与定价和利润率相关的因素，哪些可能决定服务型企业的价格？

大学和职业准备

降低成本 企业所有者根据很多因素确定产品和服务的价格。例如，当你理发时，你会为你的新造型和理发店的租金、水电费、维护费、广告费和保险费付钱。企业所有者如何保持尽可能低的成本？

经济学与你

经济指标

经济指标有助于指导企业所有者做出财务决策。商业周期起起伏伏，为了了解经济在商业周期中的表现以及未来的发展方向，经济学家会研究国内生产总值和失业率等指标的变化。如果经济陷入衰退，企业所有者可能裁员或减少库存；当经济蓬勃发展时，企业可能会扩张并雇用新员工。经济指标如何影响你的消费习惯和预算？你可能需要对财务计划做出哪些调整？

6 资金来源

看图说话

这张照片中的人已经实现了成为企业所有者的梦想。你认为他在创立企业时需要什么?

探索项目

创业

关键问题

在创办新的企业之前，企业家能做的最重要的事情是什么？

项目目标

你获得了儿童教育学学士学位，并打算开一家日托中心。你的祖母是一位退休的护士，她自愿为你提供大约25%的启动成本。她还同意做你的兼职日托助理。一旦你的日托中心开始赢利，她会要求获得一小笔工资。但在你做出承诺之前，你需要做以下研究。

- 列出开办日托中心所需的项目。
- 列出你所在地区要求企业具备的营业执照、许可证、资格证明等清单。
- 以上述列表为指导，估算启动成本和运营成本。
- 确定日托中心未来的需求和成本。
- 联系你所在地区的日托中心，了解它们的服务和费用等相关信息。
- 确定你所考虑的资金来源。

考虑以下内容

- 我需要多少启动资金？
- 除了现金和库存以外，我还需要什么？
- 我该如何为意外费用做准备？
- 我可以提供哪些当地其他日托中心无法提供的服务？

创建媒体产品

使用插图软件，设计传单来宣传你的日托中心。

重要见解

小企业的成功、小企业基金以及创业精神对美国经济至关重要。

请教专家

快钱

问： 我家经营一个小企业。最近，企业产生了很多意外费用，现在我们急需4 000美元。因为我们刚刚进行了企业扩张，所以我们没有现金储备。我们怎样才能获得这笔钱？

答： 如果你有已经开具但客户尚未付款的发票，你可以带着发票去银行，利用这些应收账款借贷。如果你有需要完成的订单但缺少购买物资的资金，你可以向贷方咨询短期商业贷款。

 ### 写作任务

写出一个能够吸引企业家的具体大纲，解释每个类型的企业为什么能够吸引企业家。

阅读开始前

基本问题　当你梦想拥有一家企业时，你应该知道会需要大量的费用。但是当你意识到成本超出了你的承受能力时，你应该怎么做？

中心思想

要创办或扩张企业时，准确估计所需的资金数额是很关键的。对企业家来说，资金来源有很多。

内容词汇

- 运营成本
- 储备资金
- 私募融资
- 商业债务融资
- 商业贷款
- 信贷额度
- 担保贷款
- 无担保贷款
- 小企业管理局

- 低文档计划
- 企业信用卡
- 私人投资
- 风险投资公司
- 小企业投资公司

学术词汇

在阅读和回答问题时，你会看到这些词。

- 例行的
- 稳健的
- 萧条的
- 发言权

使用图表

在阅读本章之前，请创建一个如右所示的图。在阅读时，确定创办企业所需的3种类型的资金，并举出每种资金的3个例子。

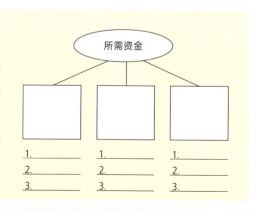

创立一家企业

创立企业需要什么

8 岁的珍妮和 7 岁的马特想要创业，他们想在马特家的房子前面摆一个名为"J & M 柠檬"的柠檬水摊。那条街道靠近学校和公园，街上人来人往。珍妮和马特认为这个位置会有很多客人光顾。因为正值夏天，人们很容易口渴，冰柠檬水有很大的需求。

然而，在开始销售柠檬水之前，他们必须考虑摆摊所需的东西。除了柠檬水，珍妮认为他们需要一个很大的罐子、一个支架和一张桌子，还有一些杯子。马特认为还需要一个大标牌、一个收银盒和一些冰块。他们觉得还需要准备一些硬币，以便为客人找零。

与其他企业经营一样，珍妮和马特将需要现金、设备、物资以及要出售的商品或服务。你认为他们会如何获得这些东西？他们可能会做你在他们这个年龄所做的事情：回家看看能找到什么。他们的家人可能会帮助他们找到一个大罐子、一张桌子和一些制作标牌用的纸板，可能会给他们一些硬币用于找零，并且帮助他们购买柠檬水和杯子。

很快，珍妮和马特就拥有了他们需要的所有东西，并摆了摊，"J & M"柠檬现在是自由企业体系的一部分了。

阅读进展检查

列出　创立企业需要的基本要素是什么？

企业家

成为一名企业家需要什么

当你年轻的时候，你可能有一个类似于珍妮和马特的"柠檬水摊"的小生意。像珍妮或马特一样，你是一名企业家。企业家是承担创立企业的风险的个人，是积极地将产品或服务创意转化为现实企业的人。在美国 2 300 万家企业中，约 80% 由一个所有者经营。请记住，企业家才

本节目标

- 解释企业家扮演的角色。
- 区分启动成本、运营成本和储备资金。
- 识别个人融资和私募融资的来源。
- 讨论通过银行融资可获得的选择。
- 列出银行在批准商业贷款时考虑的因素。

阅读进行时

设想　如果你要开办企业，那么你提供的产品或服务会是什么？如果你要创业，你要做的第一件事是什么？

能是生产的一个经济要素。事实上，企业家也是美国经济的支柱。

高中生企业家

在美国最近的盖洛普民意调查中，每 10 名高中生中就有 7 名表示他们想创业，高中生可以创立自己的企业。例如，弗雷德·德卢卡是一位成功的企业家，他高中毕业后不久就创立了自己的企业。1965年，德卢卡从朋友那里借了 1 000 美元，并在康涅狄格州的布里奇波特市开设了一家名为"皮特的超级潜艇"的三明治店。如今你可能知道德卢卡的公司叫"赛百味"。现在，赛百味已经在 82 个国家拥有超过 23 000 家餐厅。

 阅读进展检查

定义　什么是企业家？

为企业融资

为什么许多企业家需要寻找外部资金来源

创业时的重要问题之一是如何融资。那些创立新企业的人实际需要的钱通常比他们意识到的要多得多。珍妮和马特在摆柠檬水摊时没有任何东西——没有柠檬水，没有物资，也没有现金。他们的家庭为

准备创业
　　一个好的想法只是一个开始。在开业之前，这张照片中的企业家还需要考虑哪些因素？

成功案例

每个你能够叫出名字的成功企业都需要资金才能开始运营。对资金进行实际估算为什么如此重要？

他们的生意提供了资金。他们希望能卖出几杯柠檬水赚一些钱，他们赚到的钱很有可能还不够支付柠檬水和其他物资的成本。

他们的家人在财务上支持"J & M 柠檬"，但他们并没指望从投资中获利。如果没有他们的财务支持，珍妮和马特就不可能创立他们的"小企业"，因为没有其他资金来源。

作为年轻人，如果决定创立自己的企业，你将需要融资。但不幸的是，从外部获得融资并不容易。银行和其他金融机构会对借款人严格筛选，因为它们也期望获得丰厚的投资回报。

 阅读进展检查

解释 为什么银行和其他金融机构对借款人要严格筛选？

确定所需资金

为什么了解创立企业需要多少资金很重要

创立企业时，你必须要做的第一件事是对需要多少资金进行实际估算。如你所知，资金是你建立企业、在前几个月经营企业以及扩张企业所需要的钱，确定创立企业所需的资金是制订财务计划的步骤之一。

启动成本

确定所需资金的第一个目标是确定启动成本。启动成本通常是一大笔现金。如果你企图不仔细分析就估算成本，那你的估算可能会太

互联网金融教育

为了能够使用企业家可获得的多种贷款，你需要一些基本的财务管理技能。有很多书和资源可供使用，你也可以预约在线课程并在业余时间完成课程。每种在线课程都会按天或周通过电子邮件发送给你，旨在帮助你学习特定技能或解决特定问题。虽然没有成绩或学位，但许多课程是免费的。

低。要分析成本，你就应该列出经营所需的一切东西。

大多数企业都有一些相同的启动成本。

- 创业所需库存
- 设备、固定装置和展示柜
- 租赁场地保证金
- 广告和促销费
- 保险费
- 专业人员费用（如律师费）
- 改建成本（例如布置办公室）
- 法律许可证和营业执照费
- 物资

你的下一个任务是将估算的成本分配到每个项目上。除非你列出了每一项预期成本，否则总估算就是不切实际的。

园林绿化企业和便利店是不同类型的企业，每个企业都有不同的经营需求。不同企业、不同行业的启动成本各不相同，所以要确保你研究和探索的是你要进入的行业。

运营成本

除了确定启动成本外，你还必须估算最初 90 到 120 天的运营成本。**运营成本（operating costs）**是经营企业的持续费用。

启动成本和运营成本是两种成本类别，你需要尽可能准确地估算这两种类型的成本，因为这是至关重要的。如果你将所有资金用作启动成本，那么你将没有任何可用于支付运营成本的资金。当你创立企业时，你赚到的钱通常不足以支付你的费用。在许多情况下，最初几年的运营都会是这样。如果你无法支付物资费、租金或水电费，企业将面临严重问题。

当你为企业运营的前 90 到 120 天制定预算时，你需要将预期收入和估算的每月成本包含其中。请记住，企业最初几年没有盈利并非罕见。

企业有很多相同的运营成本，如下。

- 工资。
- 租金。
- 保险费。
- 水电费。
- 办公费。
- 广告费。
- 配送费。
- 银行手续费和其他费用。

储备资金

在开始创业之前，你还必须估算日后企业扩张可能需要的资金数量。==储备资金（reserve fund）==是可用于企业未来扩张的资金。你可能需要额外的钱来购买商品或设备，或者租用卡车。这笔钱可以用于扩张企业，并帮助你避免借入额外资金。

珍妮和马特的柠檬水摊只维持了两个小时，他们并不打算持续经营。当然，你会希望你的企业能够经营更久。因此，谨慎地进行财务规划至关重要。在预测企业的未来并估算储备资金时，请考虑下列费用。

- 扩张企业所需的额外设备费。
- 广告和其他促销费用。
- 为任何意外成本或销售额下降准备的资金。
- 保持正现金流的费用。
- 设施扩展费。
- 获得并维持适当库存水平的费用。

在估算了启动成本、运营成本以及储备资金之后，你会很好地了解企业的财务需求。你会知道在最初几个月的经营中，企业的现金流是怎样的，然后你可以估算创立企业并开始运营所需的资金总额。

阅读进展检查

解释 为什么银行和其他金融机构要对借款人严格筛选？

评论

全额支付

当你拿到第一张信用卡时，请理智地使用。你必须确定每月能负担多少还款，并按照预算进行。务必每个月全额支付账单，这样做你可以避免高额利息，从而省下一笔钱。

概念应用

正确使用个人信用卡如何帮助你创业？

完美地段

"位置、位置、位置"是房地产行业人士经常说的话，以强调购买房屋或企业时位置的重要性。确定你的新企业的位置之前，你会分析哪些因素？

经济学与你

利率和风险

　　一个经济体的目标之一是稳定价格。为了稳定价格，政府会控制利率。以美国为例，美联储会调整借给银行钱时的利率，银行会相应地调整借钱给借款人的利率。美国最优惠利率通常是联邦基金目标利率加3%。因此，如果联邦利率为1%，最优惠利率则为4%。贷款人通常将最优惠利率设定为自己放贷利率的基准。如果贷款有风险，贷款人会提高利率。担保贷款的利率可能

	1995	2000	2005	2009
最优惠利率——银行向大公司收取费率的指标	8.83	9.23	6.19	3.25
贴现率——金融机构从美联储借入资金的利率	5.21	5.73	4.19	0.50
国债利率——美国政府长期（20年）债券的收益率	6.95	6.23	4.64	4.11

更接近最优惠利率，因为风险较低。有些贷款会提供与最优惠利率挂钩的可调节利率。在这种情况下，每月付款额会随着利息部分的变化而变化。可调节利率贷款通常包括最低利率和最高利率。

个人财务联系　借钱时需要研究最优惠利率，因为最优惠利率是银行向客户收取利息时的基准。银行在最优惠利率的基础上，加上它们想要的利润，得出贷款利率。你需要了解多种贷款并进行对比，因为银行将根据客户的信用评级和风险提供不同的利率（即提供抵押品或不提供抵押品）。

批判性思考　何时以可调节利率贷款会有利？何时会有风险？试说明。

个人融资和私募融资

个人融资和私募融资有什么区别

　　在确定了你所需要的金额之后，你需要弄清楚你如何获得这些资金。在创立或扩张企业时，获得可用的、充足的资金通常是一个重要问题。 但是，对于企业来说，有许多可用的资金来源。最初，你可能会探究使用个人融资的可能性。

个人融资

　　许多人使用他们个人资产来创立小企业。事实上，对于美国大多数新企业而言，个人资产占据了启动资金的很大一部分。

　　使用这种方法的主要原因是新成立的小企业难以获得可负担的资金。银行和其他金融机构对有经营风险或未经市场检验的企业不感兴趣。你不可能走进一家银行，告诉经理你有很好的创业想法，期望信

贷员递给你钱。

银行更有兴趣为现存的、已经赢利一段时间的企业提供贷款，因为这些企业是更安全的投资选项，能够确保获得良好的投资回报。

在创立小型企业时，你可能需要依靠个人资产来承担启动成本和运营成本，你可能会使用个人储蓄或股票、债券等个人投资。

你还可能会使用家人和朋友借给你的钱。但是，仅使用这些资金来源，可能不足以支撑企业运营。

消费者贷款　为了获得所需资金，你可以考虑申请消费者贷款或个人贷款。大多数金融机构的消费者贷款要求使用抵押品进行担保。抵押品（通常是汽车或房屋等资产）是一种保证形式，用于保证偿还贷款。当你提供抵押品时，银行面临的风险就会降低。因此，你将更有可能获得资金，并可以获得较低的利率。如果你无法偿还贷款，金融机构会拿走你作为抵押品的财产。

房屋净值贷款　房屋净值贷款是基于房屋当前市场价值与房屋抵押贷款余额之间差额的贷款。房屋净值贷款也可称为二次抵押贷款。

房屋净值贷款对金融机构来说相对安全，因为它是由财产担保的。因此，这种贷款通常比消费者贷款更容易获得，一些拥有房产的企业家会使用这种贷款。

为确定此类贷款的最高金额，金融机构会确定房产的当前市场价值及其净值。净值是房产市场价值减去房屋抵押贷款的当前余额。

假设一处房产当前的市场价值为 175 000 美元，抵押贷款的余额为 65 000 美元，那么该房产的净值是 110 000 美元（175 000 美元 – 65 000 美元 = 110 000 美元）。

通常来讲，银行最多允许房屋主人借入房屋当前市场价值的80%。那么在这个例子中，银行能够向这套价值 175 000 美元的房子出借的最高金额为 140 000 美元（175 000 美元 × 0.80 或 80% = 140 000 美元）。

但是，现有抵押贷款余额为 65 000 美元。因此，银行实际贷款金额为最高贷款金额 140 000 美元减去抵押贷款余额。在这个例子中，贷款不能超过 75 000 美元（140 000 美元 – 65 000 美元 = 75 000 美元）。

大学和职业准备

环境素养

为了确保成功，你需要充分了解当前的热点问题，如环境问题。替代燃料和"绿色"技术正在全球环境中发挥越来越大的作用。环境素养包括研究和审查环境问题的能力，以及根据解决方案得出准确结论的能力。当你在学校和/或职业生涯中，识别和应对环境挑战的能力将使你受益。

写作任务

回想你最近阅读或看到的涉及环境问题的情景，有哪些方面的情况你还不明白？如果你对问题都不熟悉，请进行研究并选择一个问题深入探索。研究环境问题并准备一个简短的报告，向朋友进行展示。

房屋净值贷款

房屋净值贷款是基于房屋当前市场价值与抵押贷款余额之间差额的贷款。

示例　德鲁希望在威尔顿银行申请房屋净值贷款，用于创办互联网公司。他目前拥有一处市值为160 000美元的房产，他现在的抵押贷款余额为90 000美元。银行向德鲁提供房屋净值贷款的最高金额是多少？

公式

调整后的房屋市场价值－抵押贷款余额＝房屋净值贷款

答案

A. 确定房屋调整后的市场价值

市场价值×80%＝调整后的房屋市场价值

160 000美元×80%＝128 000美元

调整后的房屋市场价值为128 000美元。

B. 确定房屋净值贷款的最高金额

调整后的房屋市场价值－现有抵押贷款余额＝房屋净值贷款

128 000美元 － 90 000美元 ＝ 38 000美元

威尔顿银行将向德鲁提供最多38 000美元的房屋净值贷款。

轮到你了

如果你的房子调整后的市场价值为220 000美元，且现有抵押贷款余额为142 000美元，那么你被允许借多少房屋净值贷款？

这种类型的贷款只有在房产具有大额净值时才能用。换句话说，房屋的价值必须比抵押贷款余额多得多。房屋净值贷款的负面影响是：如果企业倒闭，企业所有者可能会失去房产。最近的一项研究发现，超过一半的新企业会在 5 年之内倒闭。考虑到这种高失败率，在使用房屋净值贷款为企业提供资金之前，你需要认真考虑。

私募融资

如果你无法通过个人融资获得足够的资金，你必须寻找其他资金来源，下一个选择可能是私募融资。**私募融资（private financing）** 是从家人或朋友那里借钱。这种融资方式很有吸引力，因为它涉及的文书工作很少，而且通常不需要抵押品，利息很低甚至没有利息。这种方式的缺点是如果创业失败，并且无法偿还贷款，就可能导致个人冲突。

　阅读进展检查

回顾　美国企业家是从哪里寻求创业的初始资金的？

银行融资

担保贷款和无担保贷款之间有什么区别

如果个人融资和私募融资的资金不够，你只能申请商业贷款才能获得额外的资金。此类融资的首要来源之一是当地的银行。

==商业债务融资（commercial debt financing）==是从银行或其他金融机构借钱来为企业提供资金。另一种选择是==商业贷款（commercial loan）==，这是一种为新企业或经营中的企业提供资金的贷款。较大的银行会提供商业贷款，但它们通常对规模更大、运营时间较长、收入百万美元以上的企业感兴趣。因此，当小企业需要资金时，规模较小的本地银行通常是其资金来源。

小型银行可以更好地与小型企业的需求相匹配，还可以提出建议并提供其他服务。从当地银行获得资金有利也有弊。

优点可能有以下几点。

- 当地银行在处理小型企业的事务方面经验丰富。
- 当地银行提供多种多样的贷款计划。
- 当地银行提供建议和其他服务。
- 当地银行面向社区，希望看到当地企业取得成功。

缺点可能有以下几点。

- 当地银行受到政府的严格监管。
- 贷款流程涉及大量的文书工作，还需要调查和文件。
- 当地银行本质上是保守的，如果你的企业存在较大风险，它可能会拒绝提供贷款。

如果你希望和当地银行建立工作关系，你应该知道哪些贷款是可用的。大多数大型银行甚至一些小型银行都提供在线服务，并在其网站上提供大量有关贷款的信息。银行都会提供各种各样的贷款，一位优秀的银行工作人员还会推荐最适合你和你的企业的贷款。

短期商业贷款

短期商业贷款通常是指为期一年或一年以内的商业贷款，大多数期限为 30 天、60 天或 90 天。这类贷款是专门为小企业准备的，旨在帮助小企业履行短期财务责任，并在特定时间补充现金流。你可以在

依靠它

　　本地小型银行可能是许多新企业主的选择。**为什么这类银行有动力帮助新成立的企业呢?**

销售高峰期、购买设备或支付意外成本之前使用这类贷款购买产品。

　　例如,在夏季,杜兰戈市的滑雪商店开始为即将到来的冬季准备库存。滑雪用品商店老板塞布丽娜决定购入大量新滑雪板。由于滑雪用品商店的销售额在夏季通常较低,她必须申请临时融资。通过短期商业贷款,塞布丽娜可以购入所需库存,并以冬季滑雪用品销售的利润偿还贷款。

长期商业贷款

　　长期商业贷款是指期限为一至五年的贷款。这种贷款通常由需要大量资金的大型成熟企业使用。由于贷款额度大,企业需要更长时间来偿还。这些资金可能用于昂贵设备的购买、设施搬迁、仓库的扩建或其他原因。

　　新企业或小型企业可能无法获得这种贷款,因为银行认为此类企业不太稳定,它不希望承担贷款无法收回的风险。

信用额度

　　信用额度(line of credit) 是银行客户可以从银行借走一定数额资金的一种制度。这种资金可用来作为意外成本、常规费用或定期费用。商店所有者可以随时以任何目的借走全部或部分资金。如果管道破裂,他需要花费 8 000 美元进行维修,资金是可获得的。

　　这种融资的主要优点是除非你使用它,否则你不需要支付任何利息。不过,一旦你在信用额度范围内借了钱,银行就会向你收取利息。

银行会经常检查你的可用信用额度。根据你使用资金和还款的历史记录，银行可以增加或减少信用额度。这类融资是为短期成本设置的，出于这个原因，银行希望你在短时间内偿还这笔钱。

担保和无担保贷款

担保贷款（secured loan）是由抵押品进行担保的贷款。大多数短期贷款和长期贷款必须有抵押品进行担保。银行将持有作为抵押品的设备或商品的所有权，直至贷款被偿还。大多数商业贷款需要担保，通常只有成熟的、利润丰厚的企业才能获得无担保贷款。**无担保贷款（unsecured loan）**是一种不需要借款人提供担保的贷款。如果无担保贷款获得批准，通常是短期的。由于风险增加，无担保贷款的利率通常更高。

阅读进展检查

拓展 面对这么多类型的贷款，如何确保你选择了合适的贷款？

商业贷款申请

信用中的"5C"是指什么

新创办的和正在扩张的小企业很难获得必要的资金。银行会使用特定的标准来判断企业的财务状况，并确定接受多大的风险。银行对批准给企业的资金是保守的、有选择性的。

保持忙碌
依靠季节性销售的企业将在旺季之前准备库存。为什么这类企业的所有者会选择短期商业贷款？

在后面的章节中，你将会了解更多的银行和信用卡公司，以确定你的信誉标准。

当你填写信用申请表时，你必须回答有关你的信用记录、年收入和有价值资产的一些问题，机构想要了解你完整的财务状况。在评估商业贷款申请时，银行将检查类似的因素以及其他信息，它们想要了解你的公司的财务状况。

信用"5C"

如果你申请商业贷款，银行将首先检查信用"5C"：品质（character）、能力（capacity）、资金（capital）、抵押品（collateral）和条件（condition）。（参见图6.1。）

品质　银行想要确保你有能力按时还清贷款。它们会考虑你的商业经历，以及你与其他当地企业的往来。你在银行的历史记录，在当地商界的声誉，债权人的意见，这些都很重要。此外，证明你作为管理者的技能也是必不可少的。

能力　银行要确认你的企业是否有足够的现金按时偿还贷款。它还要检查你的销售历史、现金流量表以及企业的利润报告。

资金　银行要查看你是否将大量的个人资产投入企业。一些金融机构要求你所使用的个人资产至少占创业所需资金的30%。

抵押品　银行要确保你有足够的企业资产来担保贷款。你的企业拥有办公设备、机器、运输设备或房地产吗？好的抵押品也是获得批

准的一个重要因素。

条件　条件描述了贷款的预期用途。这笔钱将会用在企业运营、设备或库存上吗？贷款人还将考虑当地的经济状况和整体环境，包括所在行业和其他可能影响企业的行业。

商业计划

银行也会检查你的商业计划，以确保你的企业财务状况是稳健的。银行会查看你是否清楚地知道企业的发展方向，以及你是否确定了实现你目标的必要步骤，然后才能更好地衡量你的财务需求。

银行通常根据商业计划做出贷款决策。你的计划必须清晰、准确且周密，这至关重要。商业计划又包括3个基本部分：战略计划、营销计划和财务计划。商业计划又包括多个部分，如概要、使命陈述、公司描述、产品和服务计划、管理团队计划、行业概述、市场分析、竞争分析、营销计划、运营计划、组织计划、财务计划、发展计划、应急计划、支持文件，以及封面、标题页和目录。花更多时间以确保你的商业计划有准确的信息，这可能会决定你是否能获得所需要的钱。

图6.1　信用"5C"

现状　银行会查看你的信用"5C"，以确定是否应该给你贷款。考虑你所在地区和当前的经济状况，贷款人将分析哪些状况？

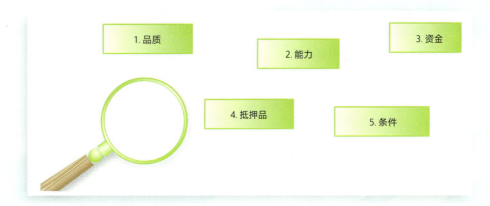

1. 品质
2. 能力
3. 资金
4. 抵押品
5. 条件

申请商业贷款

通过小企业管理局申请贷款，你将有更好的机会获得创业所需的资金。小企业管理局的贷款申请包括以下内容。

- 姓名和联系方式
- 其他未偿还的联邦贷款或债务。
- 贷款用途。

美国小企业管理局
商业贷款申请

个人 杰木·图雷	地址 亚利桑那州，凤凰城，阿尔瓦雷斯西1647号，邮编85001	
申请企业的全称 真正的商业形式		税号或社会保障号码
公司完整的街道地址 太阳棕榈巷5743号		电话号 480-672-1853

城市 凤凰城	县 马里科帕	州 美国亚利桑那州	邮编 85001	员工人数（包括子公司和附属公司）	
企业类型 企业对企业		企业创办日期		正在申请	14
				贷款批准后	22
开户银行及地址 第一麦瑞银行 #3006482-1	凤凰城国尔卡纳湖5812 阿尔瓦雷斯西，邮编85001			子公司或（不包括以上）附属公司	

使用收益 （输入总金额，四舍五入到百）	贷款要求	使用收益 （输入总金额，四舍五入到百）	贷款要求
土地征用	150 000	偿还小企业管理局贷款	
新建工程/扩张修复	250 000	偿还银行贷款(非小企业管理局相关)	
购置/修理机械和设备		其他借记卡支付(非小企业管理局相关)	
存货采购		所有其他	
营运资本(包括应付账款)		申请贷款总额	400 000
收购现有企业		申请贷款期限	10 年

之前小企业管理局或联邦政府其他债务: 如果你（或任何子公司或附属公司）曾进行政府融资或拖欠过联邦债务，请完成以下步骤:

机构名称	原交易数额	要求日期	批准或拒绝	金额	现在或过去
美国小企业管理局	100 000	6/28/20--	同意	12 500美元	现在

关键点 为了获得小企业管理局的贷款，你需要提供一份个人财务记录，告知它你所申请的贷款金额，并描述你打算如何使用这笔资金。该示例仅代表完整申请商业贷款的一小部分。

寻找 解决方案

回顾关键概念

1. 如果贷款获得批准，该公司将有多少员工？
2. 该公司将如何使用这笔资金？
3. 贷款总额是多少？
4. 该公司之前欠小企业管理局多少钱？
5. 申请贷款的期限是多长？

回顾关键概念

1. **列出**　银行在批准商业贷款时必须考虑哪些因素？

2. **识别**　个人融资和私募融资的来源是什么？

3. **解释**　企业家的角色是什么？

4. **讨论**　银行融资有哪些选择？

5. **区分**　启动成本、运营成本和储备资金有何不同？

延伸思考

6. **分类**　固定成本不随生产或销售的变化而变化，可变成本与生产或销售的变化成正比。每一类成本包括哪些典型的企业支出？

21世纪技能

7. **解决问题**　在过去的两年里，凯蒂一直经营着一家简历写作服务公司。因为她有很多新客户，她的卧室已经放不下新增的设备和用品。凯蒂正在为公司寻找新的地点，但她意识到这一变化将带来额外的成本。确定凯蒂能够获得的资金来源，你认为她应该避免哪些资金来源？哪种来源最好？

数学

8. **启动**　艾琳决定创业，她估计启动成本为11 500美元，估计前6个月的运营成本为7 500美元。她希望保留12 000美元的储备资金，以备不时之需，并为企业未来的扩张做准确。到目前为止，艾琳已经为创业存了2.2万美元。为了获得她所需的全部资金，她需要多少借款？预计借款占总成本的百分比是多少？

数学概念　**计算所需借款**　要计算创办企业所需的借款总额，先确定启动成本的总额，并从这个数字中减去已存的总额。

提示　确定预估启动成本和6个月的运营成本以及所需的储备资金，把这些数字加起来，以确定企业所需的启动成本总额。

美国小企业管理局

小企业管理局提供哪些服务

无论申请人的企业从外观上看有多好，银行也都不会提供必要的融资，对于新成立的企业尤其如此。作为一个刚创业的企业主，你可能没有良好的信用记录，也没有足够的抵押品、管理经验和经营利润。因此，你需要一些帮助才能获得贷款，其中一种选择是联邦政府。

联邦政府认识到小型企业在美国经济中的重要性，因此会向它们提供帮助。小企业管理局（SBA）是联邦政府的一个独立机构，为正在创办小企业的人以及希望扩大现有企业的人提供帮助。它的服务包括管理培训、组织指导和提供资金筹方面的帮助。

根据小企业管理局的指南，约 99% 的美国企业被认为是小企业。每年有成千上万的企业会使用小企业管理局提供的服务。如果小企业管理局不存在，许多小企业将永远无法获得所需的资金。

小企业管理局为那些很难通过其他方式获得所需资金的小企业提供很多贷款项目。如果你不能说服银行相信你是一个很好的贷款候选人以及你的企业会成功，你可以试试小企业管理局的贷款项目。

阅读进展检查

回顾　如果你需要更多帮助以获得贷款，你可以向谁求助？

本节目标

- 描述美国小企业管理局的服务和优点。
- 识别企业可选择的资金来源。
- 解释小企业为什么对美国经济很重要。

阅读进行时

决策　你更倾向于向家人和朋友借钱创业，还是向金融机构借钱？解释一下。

创业成本

创业者需要钱，要么是贷款，要么是其他资金源，以启动新业务。对创业者来说，什么是创业资金的第一来源？

联邦援助

　　如果银行拒绝了你的贷款请求，小企业管理局的担保贷款计划是另一种选择。如果你有一个很好的创业想法和财务计划，你为什么仍然需要更多的帮助来获得贷款呢？

小企业管理局担保贷款

获得小企业管理局担保贷款的好处是什么

　　最常见的小企业管理局贷款类型是通过担保贷款计划提供的。你的小企业要获得小企业管理局的担保贷款，你需要向银行或其他金融机构申请商业贷款。如果银行拒绝了你的申请，你可以向小企业管理局申请贷款。银行根据担保贷款计划向小企业管理局提交你的申请。

　　小企业管理局检查你的申请，如果它批准贷款，就会授权银行给你资金。而且，小企业管理局为大部分贷款提供担保。目前，小企业管理局将为 15 万美元以下的银行贷款提供高达 85% 的担保，为超过15 万美元的贷款提供 75% 的担保，还款期一般不能超过 7 年。

　　有了联邦政府的担保，银行更愿意为小企业提供资金。银行知道，如果你拖欠贷款，小企业管理局将偿还你所欠的大部分钱。记住，你不是向小企业管理局借钱。你从银行或其他金融机构获得贷款，而小企业管理局为大部分贷款提供担保。

　　过去，许多人不满意向小企业管理局申请贷款所需的文书工作量和时间。作为回应，小企业管理局在 1993 年推出了低文档计划。**低文档计划（LowDoc Program）** 是一项政府贷款计划，允许申请的贷款少于 15 万美元的企业提交一份带有少量文件的单页申请，且会在36 小时内收到回复。该计划还具有电子贷款处理的功能。贷款期限通常为 5 至 10 年或最多 25 年。

　　小企业管理局还为特定团体或企业提供其他类型的贷款。

阅读进展检查

解释　小企业管理局为什么推出低文档计划？

　　小企业管理局为国际贸易、控制污染企业、出口商和经济萧条或贫困地区的企业提供特殊担保贷款计划。今天，它仍然是小企业获得资金援助的主要来源。每年，银行和其他金融机构都会通过小企业管理局担保向小企业提供数十亿美元的贷款。

其他资金来源

一个新企业为什么需要从其他来源获得资金

　　一些企业主使用家人或朋友的个人资源或资金来扩大企业。许多企业使用短期商业贷款，这些贷款通常由小企业管理局担保。然而，你也可以通过企业信用卡、私人投资者、商业金融公司、风险投资公司，以及美国州和地方政府获得资金。

企业信用卡

　　金融机构提供替代性资金选择，以满足各种企业的需要，其中一个选择是通过企业信用卡提供信用额度。<mark>企业信用卡（business credit card）</mark>是发给企业而不是个人的信用卡。企业信用卡是小企业短期融资的主要来源。商业贷款是另一个常见的来源。

　　企业信用卡要求企业有良好的信用记录，它适用于想要扩张或支付意外成本的企业，但通常不作为启动资金。企业信用卡的信用额度通常低于 1.5 万美元。这种快速的资金来源的缺点是高利率，接近于个人信用卡的利率。企业信用卡适用于紧急情况，但要尽快偿还。

　　维萨信用卡、万事达信用卡和美国运通都提供小型企业信用卡。信用卡发行商还通过小型商业出版物提供咨询和帮助。

　　另一个信贷选择是贸易信贷。企业可以向其他企业提供贸易信贷以购买商品或服务。贸易信贷是同一行业的企业之间提供的短期融资来源。 例如，你可以用 60 天免息信用额度从供应商那里购买商品，但你必须在收到货物后 60 天内向供应商付款。

重要职业

希拉·奥戴尔　商业信贷员

作为一名商业信贷员，我的工作是帮助那些需要贷款购买新设备或购买房产的企业。我与一些客户见面，向他们解释可用的不同类型的贷款，并获得基本信息以确定他们偿还贷款的能力。商业贷款往往金额大且复杂，我不能简单思考，所以在审核财务报表和抵押品种类时，我必须运用自己的经验来判断。我使用这些信息，加上信用局的信用报告，以及经理的意见来决定是否批准贷款。在很多情况下，我也担任销售人员。如果一家公司正在寻找新的资金，那么我就试图说服这家公司从我的机构获得贷款。

职业探索

通过互联网，了解更多关于如何成为一名信贷员的信息。

1. 信贷员应具备哪些个人特质？

2. 信贷员如何增加晋升机会？

职业细节

技能	教育	职业道路
销售、演示、沟通、数学、解决问题和组织等技能，良好的判断力和谨慎度	高中文凭或同等学力，具有商业会计、财务报表和现金流量分析的经验，熟悉银行和金融软件	商业信贷员可以成为信用分析师、债务顾问、对贷款人员和文职人员进行管理的监事或经理

私人投资者

私人投资者（private investor）是企业家的朋友和亲戚圈子之外的人，他们提供资金，因为他们有兴趣帮助一家新企业取得成功。他们通常被称为"天使"，私人投资者通常会把企业管理权交给所有者，然而他们也对获得丰厚的回报感兴趣，这意味着你必须给他们一些股份。

私人投资者通常会参与他们了解的企业，或他们认识的企业家的企业。如今，许多私人投资者与志同道合的投资者建立了联系，他们汇集资金以获得更大的机会进行投资。这些投资者通常通过朋友和同事在当地寻找机会。

在美国，如果你不能在你所在地区找到私人投资者，你可以向小企业管理局求助。小企业管理局已经建立了天使资金电子网络（ACE-Net），这是一个网站，列出了在寻找投资者的小企业。小企业管理局对企业主和投资者进行筛选，以确保可靠性。获得批准的投资者可以访问数千家企业的信息。投资者选择一个企业，就可以和企业主进行协商交易。

商业金融公司

商业金融公司（commercial finance company）是只向企业提供贷款的公司。商业金融公司要求所有贷款都要有抵押品作为担保，比如设备或库存。这些公司对于需要短期融资的企业是有帮助的。

政府对商业金融公司的监管不像对银行那样严格，因此这些公司在发放贷款时接受更高的风险。但是，如果一家金融公司向你提供一笔风险较高的贷款，它就会向你收取更高的利率。获得这种贷款比较容易，但你要为此付出更多利息。

风险投资公司

风险投资公司（venture capital firm）是为需要大量现金的小企业提供私人资金的公司。由于小企业在偿还贷款能力方面具有高风险，因此无法始终从银行和商业金融公司等贷款人那里获得足够的资金。风险投资公司承担风险，但反过来，它们通常期望的投资回报率高达25%至40%。

风险投资公司通常寻求至少50万美元的投资。记住，风险投资公司不仅是借钱，它还投资你的企业。因此，风险投资公司希望在重大商业决策中有发言权或知情权，并且会仔细检查企业的全年财务状况。

在寻找投资机会时，风险投资家会寻找拥有良好管理团队的企业。他们相信一个好的团队是成功的关键。他们也在寻找拥有庞大且不断增长的市场的企业。从风险投资家那里获得资金可能很慢，通常需要几个月的时间。如果要使用这类资金，你应该在实际需要资金很久之前就开始申请。

大多数风险投资公司都是私营的，但是小企业管理局创建了一个公共风险投资计划——小企业投资公司计划。**小企业投资公司**（SBIC）是与小企业管理局合作，为小企业提供长期融资的私人投资公司。小企业投资公司计划的优势在于，小企业管理局对贷款机构进行监管，而且融资条款必须符合小企业管理局的规定。如果小企业需要风险投资，它们通常会先考虑小企业投资公司。

 阅读进展检查

识别 通过风险投资公司获得资金的缺点是什么？

英国

小企业贷款

　　小企业主通常依靠银行贷款来获得建立和经营企业所需的资金。不幸的是，当经济出现问题时，银行往往会减少批准这类贷款的数量，减少可提供的资金的数量，并使贷款申请标准更加严格。2009年，英国政府通过担保高达200亿英镑（约290亿美元）的银行贷款来帮助小企业主。随后，英国商务大臣彼得·曼德尔森（Peter Mandelson）表示，该计划专门针对企业对现金流、信贷和资金的需求。彼得·曼德尔森指出，虽然这项担保适用于贷款，但企业也可以将当下的欠款转换为该计划下的贷款。英国前首相戈登·布朗(Gordon Brown)介绍了该计划，并指出企业获得贷款的决定权仍然在银行，而不在政府。政府的作用是把钱提供给贷款人。

　　2010年，英国银行家协会（BBA）的报告称，4/5的商业贷款申请都获得了批准，这表明该计划的成功。此外，劳埃德银行集团（Lloyds Banking Group）等部分英国国有银行在2010年为新企业贷款提供了更多的资金。

批判性思考

1. **扩展**　研究以了解更多有关英国金融服务管理局（FSA）的信息。金融服务管理局负责监管英国的金融服务行业，它的5个法定目标是什么？

2. **关联**　如果申请商业贷款，你可以采取哪些措施来让银行确定你是可信的？你会考虑其他的资金来源吗？

数据库

资金
伦敦

人口
63 742 977

语言
英语

货币
英镑

国内生产总值
2.49万亿美元

人均国内生产总值
37 300美元

工业
机床、电力设备、自动化设备、铁路设备、造船、飞机、汽车及零部件、电子及通信设备、金属、化工、煤炭、石油、造纸以及纸制品、食品加工、纺织品、服装等消费品

农业
谷类、油籽、蔬菜、牛、羊、家禽、鱼

出口
制成品、燃料、化学品、食品、饮料、烟草

自然资源
煤炭、石油、天然气、铁矿石、铅、锌、金、锡、石灰石、盐、黏土、白垩、石膏、钾、硅砂、板岩、耕地

美国州和地方政府资金

为什么美国州和地方政府为小企业提供融资机会

美国州和地方政府的资金有时被用来鼓励创办新企业和增加就业机会。由于这些资金不以营利为目的，它们更有可能支持小企业。

美国许多州为小企业提供机会，让小企业通过各种计划获得资金。你在州和地方政府鼓励个人在经济萧条的地区创办企业的城市，可以获得这类资金计划。地方商会或小企业管理局的区域办事处也可以帮助你。

 阅读进展检查

解释 在经济萧条的地区，企业主可以获得哪些资金来源？

为你的梦想融资

为什么小企业对美国经济至关重要

美国经济是由愿意冒险和探索新企业的企业家建立起来的。雷·克罗克（Ray Kroc）52 岁时购买了加利福尼亚州圣贝纳迪诺的麦当劳兄弟所拥有的汉堡包摊，他的冒险彻底改变了食品行业。罗伯特·皮特曼（Robert Pittman）将视频和音乐结合创造了 MTV，当时他只有 26 岁。

企业家和小企业发现消费者的需求，并看到开发产品和创新服务以满足消费者需求的经济机会，这往往会创造更多需要满足的需求。企业家不仅提供就业机会，还创造风险投资市场。

小企业的融资对美国经济至关重要。美国几乎所有的 500 强公司都是从小企业做起的。它们起步时资金很少，但通过创造力获得了更多的资金。今天，你可以通过各种渠道获得资金。通过私人资金和公共资金，你可以追求自己的梦想，拥有自己的事业。

 阅读结束后

推理 既然企业家和新企业主都面临着很多潜在障碍，为什么他们还会继续梦想拥有企业呢？

回顾关键概念

1. **识别**　企业的其他资金来源有哪些?

2. **解释**　为什么小企业对美国经济很重要?

3. **描述**　小企业管理局的服务和带来的好处是什么?

延伸思考

4. **确定**　在6个月的赢利之后,你想要扩展新企业,你需要125 000美元的额外资金。你是否会向商业金融公司、风险投资公司或小企业投资公司寻求资金呢? 解释你的决定。

语言艺术

5. **说服力**　成功的企业家敢于冒险,以目标为导向,且是独立的。他们还知道如何获得融资,并将他们的想法转化为可以销售和赢利的产品或服务。想象一下,你已经准备好创业,你需要借1万美元才能开始创业。写一封信向家人、朋友或金融机构寻求资金。描述你想要创办的企业类型,并解释你认为它会成功的原因。你的信应该是有说服力的、专业的、有礼貌的。

数学

6. **小企业管理局贷款**　阿米特去银行为他的新企业申请贷款。不幸的是,他被拒绝了,于是他决定申请小企业管理局贷款。小企业管理局批准了贷款,并授权银行向阿米特提供他所需要的资金,小企业管理局为大部分贷款提供担保。如果贷款是11万美元,小企业管理局会担保多少呢? 如果贷款是17.5万美元,小企业管理局会担保多少呢?

数学概念　**计算担保贷款金额**　为了计算小企业管理局所担保的贷款金额,首先要确定贷款金额,并确定贷款担保的百分比,然后将该百分比乘以贷款金额。

提示　确定担保百分比,将该百分比乘以贷款金额,以确定小企业管理局提供的担保金额。

资金来源

实现你的梦想

通过公共融资和私人融资，你可以追求成为老板的梦想。

评估你的 "C"

银行使用一定的标准来判断一家公司的财务状况，并决定承担多大的风险。

试一试

小企业管理局是小企业资金的主要来源，使用下图来概述申请小企业管理局贷款的步骤。

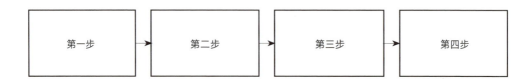

章节评估

章节总结

- 企业家是敢于冒险创业的人。
- 启动成本是购买企业经营所需资产的资金，包括库存费、设备费、办公用具费、物资费和水电费，法律费用、咨询专业人士费用和银行费用，执照费、许可证费、保险费、营销成本，以及改造和维护费用。运营资金是指企业最初经营所需的资金。储备资金是为意外成本或机会预留的资金。
- 个人资金包括个人资产、消费贷款和房屋净值贷款。私人资金来源包括家人和朋友。
- 通过银行融资可获得的选择包括：短期和长期商业贷款、信贷额度以及有担保和无担保贷款。
- 银行批准商业贷款要考虑的因素包括"5C"：品质、能力、资金、抵押品和条件。
- 小企业管理局是新办小企业的主要资金来源，该机构还提供管理培训和组织指导。
- 企业的其他资金来源包括企业信用卡、私人投资者（天使投资人）、商业金融公司、风险

词汇复习

1. 为每个术语编一个填空题。如果合适的话，你可以在一个句子中使用两个词语。句子中应该包含足够的信息来帮助确定要填的词。

- 运营成本
- 储备资金
- 私人融资
- 商业债务
- 融资
- 商业贷款
- 信用额度
- 担保贷款
- 无担保贷款
- 小企业管理局

- 低文档计划
- 企业信用卡
- 私人投资者
- 商业金融公司
- 风险投资公司
- 小企业投资公司
- 例行的
- 稳健的
- 萧条的
- 发言权

延伸思考

2. **解释** 小企业管理局如何担保贷款，才能让企业家和贷款机构获得双赢？

3. **预测** 根据你在本章所学到的知识，解释你将如何为新企业筹集启动资金？

4. **分析** 何时使用房屋净值贷款为企业融资是合适的？

5. **比较** 为新企业主选择最佳的资金来源，比如消费贷款、房屋净值贷款或私人融资，解释原因。

6. **概括** 每个企业主都是企业家吗？为什么是？为什么不是？

7. **拓展** 联邦政府通过运营小企业管理局可能获得哪些好处？

8. **建议** 企业应该使用企业信用卡支付哪些类型的费用？企业不应该使用企业信用卡支付哪些费用？解释原因。

9. **评价** 银行如何从批准无担保贷款中获益？

社会研究

10. 小企业宣传 美国经济的健康运行在很大程度上依赖于小企业的成功。小企业管理局是联邦政府的一个独立机构,建立的目的在于帮助小企业主,但市场上有类似的组织,通常被称为小企业倡导者或游说团体。使用书面资料或在线资源研究这些组织,创建一个至少包含3个这类组织的目录,并在每个条目旁边写下对该组织的目的和服务的简要描述。

数学

11. 房屋净值贷款 乔尔已经在他的房子里住了10年。他想买新房子,但最终还是决定改造现在的房子。他想借一笔房屋净值贷款来装修房子。乔尔的房子目前的市值是21万美元。他的抵押贷款余额为14.5万美元,计算乔尔目前房子的净值。如果银行最高担保房屋当前市场价值的80%,那么乔尔能获得最高的房屋净值贷款金额是多少?

数学概念 **计算房屋净值贷款金额** 根据市场价值确定可用的最大房屋净值贷款金额,并从该数字中减去现有的贷款余额,以此计算可借的房屋净值贷款金额。

提示 首先确定房屋当前的市值,根据市值计算房屋净值贷款的最大可用金额,然后确定银行允许个人借款的金额占当前市值的最高百分比。

语言艺术

12. 传记 无论是过去还是现在,世界上有很多著名的企业家。美国的500强企业,许多都是从小企业做起来的。选一位企业家,写一页他的传记,关注他创办的企业,包括他如何获得灵感,如果可能,找出资金的来源和途径。克服了什么障碍? 他成功的原因是什么?

道德

13. 借款行为 高利贷或掠夺性贷款被认为是不合理的高利率贷款。一些借款人质疑这些做法是否符合道德,贷款人的说辞是消费者有权选择在哪里获得贷款。一些贷款人认为,高风险借款人应该被收取更高的利息,因为他们更有可能违约。然而,一些消费者团体认为,向弱势消费者收取更高的利息是歧视性的,是不公正的。一个新企业主为什么会容忍高利贷行为?

实际应用

14. 银行选择 当选择银行时,新企业主通常有两种选择——本地银行和国有银行,两者都可以提供专门的服务。企业家需要考虑他们当前的需求以及需求将如何变化。想象你拥有一家企业,它位于某个地方,是一家小型本地企业、以家庭为基础,也可以是一个有潜力走向全球的企业。上网搜索地方银行和国有银行,记下每家银行提供的服务种类,然后选择最符合你需求的银行。写一个短文,解释你为什么选择这家银行。

你的资产组合

成本预算和融资

坦尼娅的母亲从她工作的工厂带回废弃品和残存的毛巾织物。坦尼娅的祖母教坦尼娅如何把布料缝成动物的形状，并填充。坦尼娅和她的家人将这些小毛绒织物以每个8美元的价格卖掉了25个，为高中橄榄球队筹集资金。坦尼娅和她的朋友莉莎决定创办一家企业，生产和销售"坦尼娅的玩具"。坦尼娅列出了制作100个毛绒玩具的成本和资金来源。

项目	成本	资金来源
毛巾	25美元	她直接和厂里的经理沟通，经理同意玩具卖出后收取25美元
缝纫机	430美元	坦尼娅已经在使用家里的缝纫机了，她找到了另一台用过的工业缝纫机。她和莉莎决定在卖出500个玩具后再买第二台
其他缝制设备：缝纫剪刀、卷尺	45美元	坦尼娅的祖母提出借钱给他们购买好的缝纫剪刀
物资：用于装饰动物的线、"眼睛"、纽扣、缎带和毛毡	25美元	坦尼娅和莉莎决定用她们的积蓄来购买物资
工资	0	坦尼娅和莉莎要等到所有设备和物资都准备好了才给自己发工资

计算

你可以创建什么类型的低启动成本的企业？使用上表来描述企业并给你的企业命名，在一张单独的纸上列出你需要的设备和物资，还要说明你如何为企业融资，你的设备和物资需要多少钱，你如何说服家人或朋友参与你的企业。

7

财务会计

看图说话

在会计流程中，会计师和企业所有者追踪、组织和记录公司的财务信息。这张照片中的企业所有者需要追踪和监控哪些财务信息？

探索项目

分析记录

关键问题

企业所有者如何运用会计记录来制定财务决策?

项目目标

你终于实现了自己的梦想:经营一家小型的社区面包店,在当地提供餐饮服务。在你的商业生涯中,你为毕业派对做过纸杯蛋糕,为野餐做过糕点,为婚礼做过蛋糕。你甚至有专门的狗饼干生产线。你的会计师建议你扩大餐饮业务,因为它比面包店的日常运营更有利可图、更可靠。你过去从会计师那里得到了很好的建议,所以你打算考虑她的建议。

- 创建资产账户和负债账户的列表。
- 使用会计循环的前5个步骤来帮助你确定需要分析的内容。
- 写摘要,说明你将如何使用此信息来决定是否接受会计师的建议。

考虑以下内容

- 我需要做什么才能保持赢利?
- 在做决定之前,我需要检查和了解哪些类型的会计记录?
- 我如何才能做出有关扩大餐饮服务的正确决策?

系统思考

如果你想买一辆新的餐车,但是你的公司只能支付75%的费用,那么用你个人储蓄账户上的钱支付差额可以吗?为什么?

重要见解

会计人员和会计软件可以提供最终的数据,但是如何解释这些数据并做出决定取决于企业所有者。

请教专家

会计循环

问: 当我开始创业时,我打算雇一个会计来帮我记录。那么,我为什么需要了解会计循环呢?

答: 职业会计可以帮助你保持财务记录。然而,你仍然需要了解你的财务报表中所呈现的信息,以及它与你需要做的决策的相关性。此外,为了与你的会计沟通,你需要了解他在说什么。

 写作任务

假如你的朋友刚刚开始他的美容业务,写一封有说服力的信,不仅要说服他保持准确的会计记录,还要解释他为什么需要分析会计信息。

阅读开始前

基本问题　对企业所有者来说，为什么牢牢掌握会计准则是重要的？

中心思想

为了做出合理的财务决策，所有企业都应使用会计循环来准确记录、分析和总结交易信息。

内容词汇

- 财务报告
- 会计期
- 会计循环
- 会计等式
- 账户
- 应收账款
- 应付账款
- 复式记账法
- T账户
- 借记
- 贷记（会计）

- 日记账
- 总分类账
- 过账
- 试算平衡表
- 财务报表
- 损益表
- 商品销售成本
- 净收入
- 资产负债表
- 现金流量表

学术词汇

在阅读和回答问题时，你会看到这些词。

- 要求
- 转移
- 首要的
- 浓缩

使用图表

在阅读本章之前，请创建一个如右所示的循环图。在阅读时，请确认会计循环的前5个步骤。

商业语言

企业如何使用会计系统

你有没有想过说唱团体或摇滚乐队是如何决定在多少个城市巡演或在哪些城市进行演出？音乐会将在哪类场所举行？是什么决定了门票的价格？一场全国性的巡回演出需要多少成本？这些问题都由会计和财务顾问来回答。

会计在企业的日常活动中起着至关重要的作用——对任何企业都是如此。会计记录和报告通过记录赚了多少钱和花了多少钱来帮助企业有效运作，实现赢利。会计是商业世界的重要组成部分，被称为"商业语言"。

阅读进行时

认识 逐日记录财务信息有什么作用？

阅读进展检查

解释 为什么会计被称为"商业语言"？

会计系统

使用会计系统的目的是什么

无论你是为摇滚乐队、社区自行车商店还是大型公司保持财务记录，会计原则和程序都是适用的。所有企业都使用相同的会计系统，遵循已有的会计指南，即会计准则。由于所有企业都使用相同的会计系统，所有有兴趣检查企业记录的人都能够理解财务报告。

会计系统旨在收集、记录和报告影响企业的财务交易信息。<mark>财务报告（financial reports）</mark>是书面报告，总结影响企业的财务交易结果并报告当前的财务状况。财务报告表明企业的表现如何。

许多组织和个人对企业的财务感兴趣。

- 潜在购买者。
- 政府机构。
- 银行或其他金融机构。
- 员工和消费者。

重要职业

尼古拉斯·伦巴　职业与技术教育教师

我喜欢教导和启发他人。在会计领域伏案工作了10年后，我需要改变一下工作节奏。我决定在一所职业学校做会计老师的助手。这是一份全职的职业与技术教育教师的工作。传统上，成为一名职业与技术教育教师需要学士学位和教师资格证，但我所在的州为像我这样在该领域有工作经验的人提供了另一种途径。除了课堂教学，我还教授与企业财务管理相关的计算机实践技能。我所教的课程在当地需求很高，雇主有课程需求，为学生提供实习或学徒机会。作为一名职业教师，我可以在建立和监督这类伙伴关系方面发挥积极作用。我还提供就业指导，帮助他们就业，并跟踪学生毕业后的情况。

职业探索

通过互联网，获取有关教师职业的信息。

1. 有哪些素质是会计教师可能需要而会计人员可能不需要的？

2. 职业与技术教育的教师教授从农业到技术等多种学科。你认为大多数州为什么会为那些在其领域有工作经验的人提供途径获得资格证？

职业细节 ▶

技能	教育	职业道路
会计、数学、沟通、电脑操作、组织、时间管理	教育或商业教育学士学位，会计、金融或商学硕士学位；根据州的不同，可以选择不同的途径获得资格证	职业与技术教育教师可以成为高等教育教师、高级教师或导师、管理人员或主管

会计假设

当你为企业创建会计账簿时，你对企业有两种假设。第一种假设是，企业将作为一个单独的单位或业务实体来运作。这意味着你的业务记录和报告将完全独立于你的个人财务。你绝不能将你的企业财务与你的个人财务混在一起。

第二种假设是，你的企业将在特定时间段内完成财务报告。==会计期（accounting period）==是会计报告涵盖的一段时间。会计期可以是一个月或一个季度（三个月），但最常见的是一年。

在一个会计期，你要记录企业所有财务交易信息并报告结果。你从事会计工作，保持会计记录以有序的方式进行。==会计循环（accounting cycle）==是帮助企业有序保持会计记录的活动或步骤。

在本章中，你将学习会计循环的前 5 步。在每个会计期——无论是一个月、一个季度还是一年，企业都需要完成整个会计循环。你可能听过这样的新闻："福特车的销量比上个季度增长了4%，比去年同期增长了6%。"通过一段固定的时间，比如一个季度，你可以比较一个时期和另一个时期的财务报告。

会计等式

财产是你拥有或控制的任何有价物。个人和企业都有财产。你可能拥有一台 CD 播放器、一台电脑、一件衣服、一台电视机或一辆汽车。对于企业来说，财产包括现金、办公设备、物资、商品或汽车。当你拥有一项财产时，你拥有该财产的财务要求权或法律权利。相反，当你对一件物品有控制权时，你只有使用它的权利。租用的办公场所是财产，但企业没有财务上的所有权。在会计中，企业拥有的财产或有价物被称为资产。

你对一项财产的权益是你对其价值的份额，或你对该财产的财务要求权。这也适用于企业。假设你的企业拥有一辆价值 1.6 万美元的卡车。你是该公司的所有者，因此你在卡车上的权益为 1.6 万美元。如果已付全款，你就拥有卡车的财务要求权。所有者对企业资产的要求权被称为所有者权益。

但是，如果关于这辆卡车，你还欠斯特拉特福储蓄银行 3 000 美元，卡车的价值为 1.6 万美元，债权人（银行）拥有 3 000 美元的权益，而你的权益现在仅为 1.3 万美元。你和债权人都有对资产（权益）的财务要求权。

财产 − 债权人的债权 ＝ 所有者的财务要求权

1.6 万美元 −0.3 万美元 ＝ 1.3 万美元

债权人对企业资产的债权是**负债（liabilities）**或企业债务。资产与两种类型的权益（负债和所有者权益）之间的关系等式如下。

财产 − 债权人的债权 ＝ 所有者的财务要求权

资产 − 负债 ＝ 所有者权益

租用场地

许多企业租用场地来经营业务。由于租用的办公室或场地是财产，将其称为资产是否正确？为什么？

会计等式（accounting equation）（资产 – 负债 = 所有者权益）是保持所有会计记录平衡的基础。整个会计系统都基于这个等式。当你的企业购买、出售或交换涉及商业交易的商品和服务时，数据可能会发生变化。但是，总资产总是等于总负债加上所有者权益。随着了解更多，你将理解为什么这个等式如此重要。

阅读进展检查

记忆 什么是会计等式？

建立账户

什么是账户

在设置业务账簿时，你可以为会计等式中的 3 个类别创建账户。

- 资产。
- 负债。
- 所有者权益。

账户（account）显示特定项目的余额，例如现金或设备。你必须查看你的业务并确定你的企业需要哪些账户。

企业只创建业务运营所需的账户。一家企业使用的账户可能与另一家企业使用的账户不同。例如，克里斯·阿彻使用以下账户开展业务，即阿彻配送服务。

资产

银行现金

应收账款

办公用品

配送设备

负债

应付账款

所有者权益

克里斯·阿彻的资本

利润表

如果你拥有一家企业或在企业工作，你会想知道这家企业是否赢利。如果你没有带来足够的收入以抵销你的开支，你就不会赢利。损益表包含以下信息。

- 姓名和联系方式。
- 赢利或亏损。
- 发生的费用。

一般产品损益表 截至20XX年12月31日		单位：美元
收入		
销售额		450 000
商品销售成本		250 000
毛利润		**200 000**
营业费用		
工资	70 000	
广告费	12 000	
租金	14 000	
水电费	3 600	
维修费	1 200	
保险费	1 500	
其他运营费用	1 000	
总费用		103 300
净利润		96 700
税收	48 350	
净利润		**48 350**

关键点 损益表显示的是一家企业在支付所有费用后的收入，这些费用包括工资、广告费、租金、水电费、维修费、保险费和其他运营费用。

寻找 解决方案

回顾关键概念

1. 毛利润如何计算？
2. 报表涵盖哪一时间段？
3. 税收占这家企业净利润的百分之几？
4. 这家企业生产、销售产品花了多少钱？
5. 这家企业可以如何提高利润？

资产账户

克里斯建立了 4 个资产账户。第一个账户显示所有进入或流出企业的现金。这一账户里的是银行现金（Cash in Bank），因为企业收到的所有现金都存在银行账户里，所有支付出去的现金都是用支票支付的。在会计系统中，现金和支票都被认为是现金。

企业的第二个资产账户是应收账款（accounts receivable）。应收账款是指客户欠企业的全部款项。克里斯为其他公司完成了送货服务，这些公司欠克里斯公司的钱。应收账款账户最终将为企业带来现金的未来价值。

克里斯购买设备时将使用剩余的两个资产账户——办公设备账户和配送设备账户。如果需要其他的资产账户，他可以再创建。

负债账户

克里斯只列出了一个负债账户——应付账款（accounts payable）。应付账款是对企业债权人的欠款（也叫应付金额）。欠款余额将保留在应付账款中，直到企业还清债务。

所有者权益账户

所有者权益账户的名字是由所有者的名字克里斯·阿彻后跟资本（capital）一词。该账户将报告所有者的资产份额。 大多数企业拥有的账户数量超过阿彻配送服务公司的。企业通常有许多账户，例如收入或销售额、水电费和其他费用、商品费用、工资单等。

T账户

当会计师分析和记录交易数据时，他们使用复式记账法（double-entry accounting），这是一种记录保存系统，其中每笔交易至少包含两个账户。请记住，阿彻配送服务公司有 6 个可以使用的账户。

理解复式记账法的有效方法是使用 T 账户。T 账户（T Account）是增加或减少交易所涉及的账户的工具。

账户名称		账户名称	
左侧 借记	右侧 贷记	左侧 借记	右侧 贷记

正如你在表中看到的，T账户包含位于顶部的"账户名称"，以及"左侧"和"右侧"。在T账户左侧输入的金额是**借记（debit）**，在右侧输入的金额是**贷记（credit）**。

借贷规则

借方和贷方是用于记录企业交易所涉及的账户的增加或减少。在复式记账法中，一个账户（或多个账户）中的每笔借记，在另一个账户（或多个账户）中必须有相等金额的贷记。

借贷规则根据账户是资产、负债还是所有者权益而有所不同。无论账户类型如何，左侧始终是借记，而右侧始终是贷记。一般规则如下。

- 资产账户在"借记"记录增加的金额，在"贷记"记录减少的金额。

- 负债账户和所有者权益账户在"贷记"记录增加的金额，在"借记"记录减少的金额。

阅读进展检查

重申 什么是复式记账法？

使用5个步骤

企业如何使用会计循环的前5个步骤

会计循环包括10个步骤，本部分描述了企业如何应用会计循环的前5个步骤并从中受益。

1. 收集和审核原始凭证。

2. 分析每笔交易的金额。

3. 记录每笔交易的金额。

4. 过账到总分类账。

5. 编制试算平衡表。

第1步 **收集和审核原始凭证**

当发生交易时，要准备一份原始凭证。原始凭证是发生交易的证据，常见的原始凭证包括支票存根、发票、收据和备忘录。在企业账簿中记录任何内容之前，都要收集并审核原始凭证。

第2步 **分析每笔交易的金额**

使用借贷规则分析交易金额，使用 T 账户很简单。请记住，每笔交易都必须有相同金额的借记和贷记。

使用以下步骤分析交易 #1。

1. 确定受影响的两个账户。

2. 对每个账户进行分类。

3. 确定每个账户是金额增加还是金额减少。

4. 确定借记哪个账户，贷记哪个账户。

交易 #1 5 月 5 日，阿彻配送服务公司以 900 美元的价格购买了一台复印机，用支票 104 开了全部金额。

分析

1. 受影响的账户包括办公室设备和银行现金。

2. 两者都是资产账户。

3. 公司正在购买办公设备，办公设备账户上的余额在增加，银行现金在减少。

4. 根据借贷规则，资产账户的增加被记为借方，办公设备借记900 美元。资产账户的减少被记为贷方，银行现金贷记 900 美元。

办公设备		银行现金	
借	贷	借	贷
+900	−	+	−900

交易 #2 5 月 7 日，阿彻配送服务公司以 1.1 万美元的价格从盖尔汽车公司购买了一辆卡车，全部费用由威尔顿银行支付。

分析

1. 受影响的账户是配送设备和应付账款。

2. 配送设备是一个资产账户，应付账款是负债账户。在这笔交易中，公司购买了一辆卡车。

3. 配送设备账户中的余额增加，应付账款余额增加。

4. 配送设备账户借记 1.1 万美元，应付账款账户贷记 1.1 万美元。

设备资产

　　昂贵的设备，如运货卡车，通常是融资而不是全额付款购买。一辆融资购买的运货卡车是资产还是负债？或者两者兼而有之？解释你的答案。

配送设备		应付账款	
借	贷	借	贷
+1.1万	—	—	+1.1万

　　注意，交易 #1 和 #2 都有一个账户的借记和另一个账户的贷记，每笔交易都有平衡的借方和贷方的分录，这就是复式记账法的工作原理。

第3步　记录每笔交易

　　你记日记或日志吗？许多人会记，他们写下想要记住的日常事件，企业也是这样做的。企业的财务活动就是商业交易，你把这些交易金额记在日志里，使用 T 账户来分析金额，为了记录交易金额，你需要使用日记账。**日记账（journal）**是企业按发生的顺序对所有交易金额的记录。在日记账中记录业务交易对金额的过程叫**日记账分录（journalizing）**。

　　企业日记账使用会计工具，在账本的"列"中记录美元的金额，不使用逗号、小数点或美元符号。例如，输入金额 1 846.20 美元，见表7.1。

表7.1　在会计账本上输入金额

专业账本 会计人员会使用专门为会计程序设计的会计工具，他们为什么要故意去掉美元符号、逗号和小数点呢？

表7.2　普通日记账中的交易信息

通用的日记账　普通日记账是最常见的会计日记账之一。在普通日记账中，人们能够找到哪些类型的分录？

	日期		描述	借	贷	
普通日记账						页　4
1	5月	5	办公设备	9 0 0 0 0		1
2			银行现金		9 0 0 0 0	2
3			支票104			3
4		7	配送设备	11 0 0 0 0 0		4
5			应付账款/威尔顿银行		11 0 0 0 0 0	5
6			本票			6
7						7

最常见的会计日记账之一是普通日记账。普通日记账是一种通用日记账，可以记录企业的所有交易金额。一笔商业交易发生时，就会产生一份原始凭证（如收据或发票），你使用 T 账户分析这笔交易，并把它记在普通日记账上。你要记录交易的日期、受影响的账户以及借贷方条目里的金额。表 7.2 显示了在普通日记账中记录的交易 #1 和交易 #2。

第4步　过账到总分类账

看普通日记账，你不可能很容易地看到每个账户的余额。你可能想知道你有多少现金，你的企业有多少应付账款，你有多少办公设备，最重要的是，你的企业是否赢利。

为了找到每个账户的余额，你必须把普通日记账上的金额转到总分类账上。**总分类账（general ledger）**是一本册子或一份电子文件，它包括适用于企业的账户。每个账户都有自己的页面。在手工会计系统中，企业所使用的账户被保存在单独的页面或卡片上。这些页面或卡片被放在一本册子或一份文件里，就是分类账。

在会计电算化系统中，账户的电子记录构成分类账。在总分类账上记账使得信息容易找到。当你需要财务报表时，你可以从分类账中提取信息，并将其组织成良好的报告。表 7.3 展示了一个空白的分类账页面。

做会计分录　手工会计系统使用分类账的形式，这是一种会计工具，记录特定账户的财务信息。有几种常用的分类账户表格，它们用"金额列"来描述。例如，表7.3中的分类账页面是一个4列分类账账户表单。4列的账户表单包括账户名称、账户编号、日期、描述和过账列。

做会计分录，要输入账户名称，例如银行现金。如你所见，页面有4个金额列。你可以使用前两列输入普通日记账中的借记或贷记金额，使用后两列来输入账户余额。

账户类型决定你将使用哪个余额列。例如，资产账户余额记在借方，负债和所有者权益账户余额记在贷方。

过账（posting）是将普通日记账中的金额转记到总分类账中个人账户的过程。表7.4显示了如何将5月5日的普通日记账分录过账到总分类账的相应账户。

你在总分类账中记录在账户上的日期是交易发生的日期，你还可以输入交易的简要说明。然后，你将900美元的借方分录从普通日记账转记到总账账户的办公设备账户。由于此账户之前的余额为1 600美元，因此现在的新余额为2 500美元。请记住，借记分录会增加资产账户的余额。

然后，你把贷方金额记录到总分类账的银行现金账户上。这一金额记在贷方一栏。银行现金是一种资产账户。记住，贷方分录会减少资产账户余额。因此，银行现金账户上的余额减少了900美元。银行

表7.3　**总分类账**

图解　总分类账是公司财务记录的核心。保持准确、最新的总分类账的最重要原因是什么？

账户名称				账户编号	
日期	描述	借	贷	余额	
				借	贷

表7.4　过账到总分类账

细节 过账是将普通日记账中的金额转记到总分类账上。过账为什么是必要的？

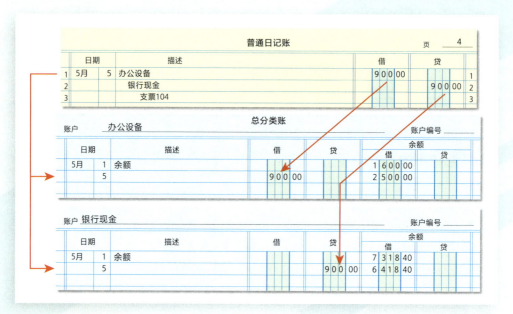

现金的新借方余额是 6 418.40 美元。两个账户的余额都记在借方。

最终余额 在一个会计期结束时，你要把数字从普通日记账上转记到总分类账上相应的账户上。所有的分录都过账后，总分类账上将显示每个账户的最终余额，见表 7.5。

该账户的初始余额为 1 600 美元，有 3 笔借记：900 美元、2 350 美元和 3 680 美元。每一项都增加了账户余额。5 月 18 日，400 美元的贷记减少了余额。因此，这个名为"办公设备"的账户最终借方余额为 8 130 美元。

过账时间 企业的规模、交易的数量，以及企业是使用手工会计系统还是会计电算化系统，都会影响过账的频率。理想情况下，企业应该每天过账，以更新账户。

表7.5　过到总分类账的日记账分录

单个分录　总分类账显示每一账户的单一费用和总额。扣除 400美元的贷记后，这个账户的余额是多少？

			总分类账						
账户名称　办公设备								账户编号	
								余额	
日期		描述		借	贷		借		贷
5月	1	余额					1 600 00		
	5			900 00			2 500 00		
	12			2 350 00			4 850 00		
	18				400 00		4 450 00		
	27			3 680 00			8 130 00		

第5步　编制试算平衡表

当你把所有的企业交易金额都记在日记账上，并把每一笔都过账到总分类账上时，你需要知道账户上的余额是否正确。你把普通日记账上的所有金额都转记到总分类账上了吗？会计等式仍然平衡吗？

表7.6　已完成的试算平衡表

平衡　试算平衡表会列出企业的所有独立账户。如果借贷不相等，这意味着什么？

阿彻配送服务公司		
试算平衡表		
截至20xx年5月31日		
银行现金	2 891 00	
应收账款	1 370 00	
办公设备	8 130 00	
配送设备	4 260 00	
应付账款		5 822 00
克里斯·阿彻的资本		10 829 00
总计	16 651 00	16 651 00

为了回答问题，你需要准备一个**试算平衡表（trial balance）**。试算平衡表是包含企业所有账户及其当前余额的列表。在你完成过账后，所有借方余额的总和应该等于所有贷方余额的总和。如果借方和贷方的余额总数相同，那么总分类账是平衡的。你可以假设过账是完整的，并且数学计算是正确的。表7.6显示了阿彻配送服务公司5月的试算平衡表。你会注意到会计等式仍然是平衡的。

$$资产 = 负债 + 所有者权益$$

保持记录

你已经了解了企业按照一套既定的原则和程序保持财务记录。每一笔有效的交易，无论大小，都遵循公认会计准则。会计循环的步骤是通用的。图7.1说明了本节介绍的会计循环的前5个步骤。企业按照会计循环的步骤编制财务报表。

图7.1　会计循环的前5个步骤

支柱　会计循环是所有会计程序的基础。所有企业为什么都应该使用相同的会计系统？

回顾关键概念

1. **解释**　会计制度的目的是什么?
2. **定义**　明确并定义会计等式的3个类别。
3. **总结**　企业为什么使用会计循环?

延伸思考

4. **拓展**　作为一名初级会计师,你刚刚为你的主管编制了一个试算平衡表,发现借方和贷方有2 300多美元的差额。在你的主管提交信息之前,你应该做什么?

21世纪技能

5. **创造性合作**　把自己想象成一个簿记员,选择一个伙伴扮演刚刚开始创业的平面设计师。设计师已经购买了所需的设备、办公用具和物资,并且已经开始为几个客户工作,为设计师建立适当的账户。和你的搭档进行角色扮演,解释你为公司建立的会计系统,让设计师问一些关于会计系统如何工作的问题,使用"商业语言"中的会计概念和术语。

数学

6. **会计交易**　ABC公司在年初做了几笔交易,为每笔交易创建了T账户。使用T账户,计算ABC公司的总资产、负债和所有者权益的净变化。

①ABC公司以1 500美元现金购买了办公设备。

②ABC公司以15 000美元的价格赊购了一辆送货卡车。

③ABC公司出售了价值7 500美元的存货,购买者用现金支付了总额的25%,用信贷支付了75%。

数学概念　**计算资产负债表变动**　要计算资产负债表上的净变动,请确定每个账户的借方和贷方,并确定资产和负债的借方和贷方总额,资产等于负债加所有者权益。

提示　通过确定受每笔交易影响的资产账户来确定总资产的净变化,用每个资产账户的借方总额减去贷方总额。正数是借方净额,负数是贷方净额。

财务报表

为什么财务报表对经营企业很重要

为了使生意有利可图，你需要掌握最新的财务信息。如果不了解当前的状况，你就无法做出决定。财务报表提供了这些信息。**财务报表（financial statements）**是总结某一会计期因交易而发生变化的报告。通过准备和分析财务报表，你可以了解业务是否正常开展，是否遇到了困难，是否面临严重的问题。编制财务报表是会计循环的另一个步骤。

首先，最重要的财务报表是损益表（经营报表或收益报表）和资产负债表。会计使用的第 3 种报表是现金流量表。你的财务报表的信息来源是总分类账上的期末余额。当你编制试算平衡表时，你已经证明了从普通日记账到总分类账的过账是正确和完整的。现在你要报告这段会计期发生了什么。

现在，你将查看希拉·亨利所拥有的一家小型销售企业的财务报表。企业购买商品，进行加成，然后卖给顾客。这家商店出售各种各样的卡片、礼品包装纸以及从批发商或分销商那里购买的小礼物。

损益表

在会计期末，你想知道企业赚了多少钱或损失了多少钱，你还想知道企业在销售中赚了多少钱以及资金流向何处。你要在**损益表（income statement）**上呈现这些信息，因为它是一个会计期的净收入或净损失的报告。企业的损益表有 5 个部分：收入、商品销售成本、销售毛利、营业费用和净收入（或亏损）。损益表上的金额将是总分类账户上的期末余额。表 7.7 显示的是损益表。

收入 你会注意到损益表的开头是该会计期的总销售额或销售收入。截至 20×× 年 12 月 31 日，"快乐之家"的销售额为 292 619 美元。这是企业销售商品所赚取的总金额。

商品销售成本 接下来，计算销售商品的成本。**商品销售成本（cost of merchandise sold）**是企业为销售商品所支付的金额。为了计算这个数额，希拉首先确定了会计期开始时的商品成本。

阅读进行时

列出 你经常去你所在社区的哪些企业？

在会计期期初，现货的成本为 83 744 美元，加上"快乐之家"在这一年购买的成本为 205 813 美元的商品，这意味着商店总共有 289 557 美元的商品可供出售。

在清点完存货后，希拉确定店里还有 93 281 美元的商品，这意味着已售商品的成本为 196 276 美元。

销售毛利 希拉从销售额（292 619 美元）中减去商品成本（196 276 美元），得到销售毛利（96 343 美元）。销售毛利是指扣除营业费

表7.7 **损益表**

重要记录 损益表显示利润和损失，以及钱花在了哪里。除了企业主和会计师，谁还会查看损益表呢？

快乐之家卡片店
损益表
截至20××年12月31日

收入		
销售额	292 619	
商品销售成本		
1月1日现货	83 744	
购买的商品	205 813	
可供销售的商品	289 557	
减去库存	93 281	
商品总成本		196 276
销售毛利		96 343
营业费用		
广告费	2 734	
保险费	487	
维修费	3 551	
杂项费	762	
租金	18 500	
工资	26 931	
耗材费	1 024	
水电费	4 107	
总营业费用		58 096
净收入		38 247

用前销售商品所取得的利润，这是希拉加成并出售商品获得的利润。

净收入 　净收入（net income）是指从销售毛利中减去会计期的费用剩下的收入金额。为了计算这段时间的净收入，希拉从销售毛利（96 343 美元）中减去总营业费用（58 096 美元）。在此期间，快乐之家卡片店的净收入为 38 247 美元。

分析损益表

你可以看到"快乐之家"赚了钱，把损益表上的数字和去年的进行比较是一个好主意。表 7.8 显示了"快乐之家"的损益表比较。回顾这些变化，希拉就会知道她的生意做得有多好。

在表 7.8 中，你可以看到销售额比去年增长了 3.10%。根据企业所在地和一般经济状况，这是好事。注意，净收入增长了 5.44%，这可能是因为该业务减少了 5.19% 的总营业费用。销售额增加了，但净收入增得更多，这是一个很好的财务管理的例子。

另一种常见的分析方法是在损益表中填入销售额的百分比。根据目前的损益表和"快乐之家"去年的报表，部分分析见表 7.9。

去年商品销售成本占总销售额的 65.63%。今年，它在总销售额

表7.8　**损益表的比较**

进度检查 常用的分析方法是使用损益表。比较连续两年的损益表，企业主能发现什么？

快乐之家卡片店

损益表

截至20××年12月31日

	上一年度	本年度	美元汇率变化	百分比变化
销售额	283 834	292 619	+8 785	+3.10
商品销售成本	186 283	196 276	+9 993	+5.36
销售毛利	97 551	96 343	−1 208	−1.24
总营业费用	61 277	58 096	−3 181	−5.19
净收入	36 274	38 247	+1 973	+5.44

德国

历史成本会计

美国的企业都依据公认会计准则进行会计核算，以便大家都能理解财务报告。遗憾的是，这些准则只适用于美国。没有国际准则，每个国家都根据本国的法律和实践建立自己的会计制度。

德国的会计制度以法律和税法为基础，与美国相比较保守。例如，财务报表上无形资产的摊销期在美国最长为40年，而在德国只有5年。德国的会计制度受银行的影响很大，而报告制度则是面向工人和投资者的。该系统被认为忠实于历史成本，因为不需要价格变化的相关信息。这是因为德国致力于保持低通胀。另一个不同于美国的情况是，除了财务报表外，德国企业还必须提供社会会计。这意味着它们要准备一份管理报告，要包含关于工作环境、人员、培训和行业团体活动的信息。

批判性思考

1. **扩展**　你将采取哪些步骤来确保你的企业遵循会计准则？
2. **关联**　如果你在美国以外的国家做生意，这些步骤会改变吗？

数据库

首都
柏林

人口
80 996 685

语言
德语

货币
欧元

国内生产总值
3.593万亿美元

人均国内生产总值
39 500美元

工业
钢铁、煤炭、水泥、化工、机械、汽车、机床、电子、食品饮料、造船、纺织

农业
土豆、小麦、大麦、甜菜、水果、卷心菜、牛、猪、家禽

出口
机器、车辆、化学品、金属、食品、纺织品

自然资源
煤炭、褐煤、天然气、铁矿石、铜、镍、铀、钾、盐、木料、耕地

幕后工作

　　企业要持续经营，不仅需要提供良好的客户服务，还需要不断评估和做出良好的决策。企业主应该定期监测哪些类型的财务报表？

　　中所占的比例上升到了 **67.08%**。希拉·亨利为她的商品付了更多的钱，但她的销售额没有以同样的速度增长。

　　销售毛利率从 **34.37%** 下降到 **32.92%**。"快乐之家"销售了更多的商品，但毛利率降低了。如果不是因为今年的费用下降，公司的净收入就会减少。这个比较为"快乐之家"的所有者提供了商品定价所需的信息。

资产负债表

　　企业的另一个重要财务报表是资产负债表。**资产负债表（balance sheet）**是一个会计期末所有资产、负债和所有者权益账户余额的报告。资产负债表的主要目的是通过报告企业的资产及其债权 (债权人债权和

表7.9　使用销售额百分比进行比较

百分比　财务数据也可以用百分比来表示，企业可以根据百分比来评估和表示其发展情况。就商品定价而言，此例中的信息对企业所有者有何帮助？

	上一年度		本年度	
	金额（美元）	百分比（%）	金额（美元）	百分比（%）
销售额	283 834	100.00	292 619	100.00
商品销售成本	− 186 283	− 65.63	−196 276	−67.08
销售毛利润	97 551	34.37	96 343	32.92

所有者债权）来反映企业的财务状况。它报告企业在特定日期拥有的、欠下的和其价值。这就像在会计期的最后一天为企业拍一张财务照片，以反映目前的财务状况。快乐之家卡片店的资产负债表见表7.10。

你已经了解到，会计等式必须始终保持平衡。资产负债表代表了会计等式。

$$资产 = 负债 + 所有者权益$$

请注意，资产负债表由3个部分组成：资产、负债和所有者权益。在"快乐之家"的资产负债表上，总资产（211 209美元）等于总负债（49 092美元）加所有者权益（162 117美元），这意味着会计等式仍然保持平衡。

表7.10 资产负债表

财务快照 资产负债表代表企业在会计期的最后一天的财务状况。如果企业处于平衡状态，资产负债表会显示什么？

快乐之家卡片店
资产负债表
20××年12月31日

资产		
银行现金	35 372	
应收账款	14 201	
库存	93 281	
物资	8 285	
办公设备	12 187	
展示设备	47 883	
总资产		**211 209**
负债		
应付账款	42 722	
应缴营业税	3 621	
应付工资税	2 749	
总负债		**49 092**
所有者权益		
希拉·亨利的资本		162 117
总负债+所有者权益		**211 209**

经济学与你

利润动机

利润是企业在支付了与经营有关的所有成本和费用后所剩下的收入。利润激励企业家用自己的钱去开办和经营企业。企业家要想成功，必须以具有竞争力的价格销售客户想要或需要的商品和服务，这个价格是消费者愿意支付的价格。这个价格必须足够高，以支付物品的成本(制造或购买)，并带来足够的利润。有利润，企业才能购买更多的商品，并对公司进行改进。利润是要纳税的，所以企业家实际获得的利润比损益表上的利润要少。因此，损益表上的净收入实际上是税前净利润。

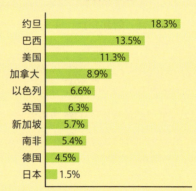

企业家精神的百分比

约旦	18.3%
巴西	13.5%
美国	11.3%
加拿大	8.9%
以色列	6.6%
英国	6.3%
新加坡	5.7%
南非	5.4%
德国	4.5%
日本	1.5%

个人财务联系　如果你是投资者，你可以分享公司的利润。公司在赚取利润时要向股东支付股息。你也可以利用利润动机来提高你的预算能力。列出你的收入来源和支出，看看你还剩下多少钱(你的个人利润)。你是否需要赚更多的钱来支付所有的开支，或者减少哪些开支，将更多的钱用于储蓄和投资?

批判性思考　如果一家企业没有准备财务报告，你怎么知道它是赢利还是亏损呢? 如果企业主没有保持准确的财务记录，可能会出现什么问题?

分析资产负债表

为了分析这些数据，你可以将资产负债表上的当前金额与去年的数据进行比较，见表 7.11。

通过查看这些数据，你可以看到已经发生的变化。"快乐之家"在这一年购买了各种各样的资产，它显示在各种余额的增加中。

- 消耗品。
- 物资。
- 展示设备。

与去年相比，该公司拥有的现金和库存都有所增加，应收账款也有所增加。

资产负债表是一份重要的财务报表，但为了做出明智的决定，你应该将财务数据与上一年的资产负债表进行比较。

请记住，财务报表提供有关资产、负债和所有者权益的信息。为了利用财务报表提供的数据，你必须对数据进行分析和解释，以便根据这些信息做出有效的决策。

解释 一家企业的所有者如何从销售中获利？

现金流量表

为什么现金流很重要

损益表和资产负债表会提供重要的财务信息，但两份财务报表都没有显示现金是如何进入和流出企业的。你肯定想知道企业在运营期

表7.11 **资产负债表比较**

年度比较 要分析当前资产负债表上的数字，企业所有者需要将其与以前会计期的数据进行比较。企业所有者可以从这样的比较中学到什么?在这个示例中，资产是增加了还是减少了？

快乐之家卡片店 比较资产负债表 20××年12月31日				
	上一年度	本年度	余额变化	百分比变化
资产				
银行现金	22 743	35 372	+12 629	+55.53
应收账款	8 338	14 201	+5 863	+70.32
库存	83 744	93 281	+9 537	+11.93
物资	4 631	8 285	+3 654	+78.90
办公设备	8 958	12 187	+3 229	+36.05
展示设备	41 720	47 883	+6 163	+14.77
总资产	**170 134**	**211 209**	**+23 075**	**+13.56**
负债				
应付账款	39 837	42 722	+2 885	+7.24
应缴营业税	3 506	3 621	+115	+3.28
应付工资税	2 921	2 749	−172	−5.88
总负债	**46 264**	**49 092**	**+2 828**	**+6.11**
所有者权益				
希拉·亨利的资本	123 870	162 117	+38 247	+30.88

有多少现金可用。你应该还记得，你的个人现金流实际上是进出你钱包和银行账户的钱。在企业中，现金流是指一个会计期现金的来源和使用。

了解现金流将有助于你进行现金管理。假设你的学校周五有一个大型舞会，你所有的朋友都要去，而且很可能在结束后去某个地方吃饭。周五晚上你需要现金，但周六之前你都拿不到工资。在这个例子中，在赚到钱之前，你去舞会需要先支出钱，你就有"现金短缺"的问题。企业经常面临类似的问题。如果一家小企业遇到现金短缺的情况，可能会出现严重的问题。良好的现金控制和管理意味着有足够的现金可用于日常经营和突发事件。

现金流入和流出

现金流量表（statement of cash flows）是一种财务报表，它显示了企业吸收了多少现金以及现金流向了哪里。它解释了在会计期银行账户中现金的变化。

现金流包括现金流入（进入企业的现金）和现金流出（流出企业的现金）。现金流入包括销售额和因投资或储蓄获得的利息。现金流出包括经营费用、商品购买费、物资费、利息支出和已缴税款。

表7.12显示了"快乐之家"的现金流量表。请注意，现金流量表有3个部分。

- 经营活动现金流。
- 投资活动现金流。
- 融资活动现金流。

娱乐费用

人们通常认为娱乐圈的人赚了很多钱，但事实并非总是如此——至少不是马上就能做到的。解释剧团为什么在售票之前，会经历负的现金流。

表7.12 **现金流量表**

看看钱款 一家企业从账面上看很不错，有资产，比如建筑和设备，但是需要现金形式的收入来支付开支。哪些项目被认为是企业的现金流入？

快乐之家卡片店

现金流量表

截至20××年12月31日   单位：美元

经营活动现金流		
现金收入		
销售额	286 756	286 756
现金支出		
商品购买费	(202 928)	
营业费用	(61 807)	(264 735)
经营活动现金流净额		22 021
投资活动现金流		
现金支出		
购置资产(设备)费	(9 392)	
投资活动现金流净额		(9 392)
融资活动现金流		
融资活动现金流净额		0
现金净增加(减少)额		12 629
年初现金		22 743
年末现金		35 372

分析现金流量表

"快乐之家"现金流为正。在这一年里，进入企业的现金比支付出去的要多，差额是 12 629 美元。

当你的企业有负现金流时，你可能会遇到缺少可用现金的情况。你可能无法支付账单或购买商品来进行销售，企业将无法发展。当你想借钱时，你的现金流量表是一个重要的考虑因素。潜在投资者和贷款人希望看到现金以持续、积极的方式流入你的企业。

会计电算化

企业如何使用会计软件

　　大多数企业使用某种类型的会计软件来记录和报告它们的业务交易数据。即使使用自动化系统，你仍然需要收集和保存源文档。每笔交易的金额都必须分成借方和贷方两部分。但是，你将使用账号而不是账户名在计算机系统中输入交易的金额。

电脑过账

　　当所有的交易数据都输入后，你可以"告诉"程序把所有的金额都过到相应的总账账户上。电脑过账速度很快，而且消除了手工过账可能产生的错误。

使用会计原则

对企业来说，什么是重要的金融工具

　　你已经知道了一些基本的财务报表，这些财务报表是 5 个会计步骤的相关工具。基本会计原则是每家企业的支柱。企业主和投资者冒着损失金钱和浪费时间的风险，依靠准确的会计记录来报告企业的经营结果和财务状况。所有企业都使用相同的做法，这有助于它们分析自己的财务状况并做出有效的商业决策。

回顾关键概念

1. **定义**　什么是财务报表?为什么要使用财务报表?

2. **描述**　损益表的功能是什么?

3. **解释**　为什么说理解现金流量表很有必要?

延伸思考

4. **评估**　为什么企业在最近的会计期是赢利的,但没有足够的钱支付员工本周的工资?

语言艺术

5. **财务信息共享**　西尔维娅在一家健康食品店"读完了商学院"。她的经理和师傅教了她经营企业各方面的知识,从订购商品到评估员工绩效等。毕业后,她开了一家自己的店,取名为"西尔维娅的冰沙"。现在,她准备为她的生意增加一个合伙人。使用演示软件,创建一些展示公司财务状况的幻灯片,以便西尔维娅可以将其给潜在合作伙伴看。

数学

6. **损益表**　妮娜有一家瑜伽店,她在那里出售书籍、饰品,还教瑜伽课,她正在为这家商店编制年度损益表。该期开始时的商品成本为75 750美元,她还购买了价值183 000美元的商品,该期结束时,她的商品成本为104 500美元。计算当期销售商品的成本,如果销售额是215 000美元,总营业费用是47 000美元,那么净收入是多少?

数学概念　**计算净收入**　要计算某一特定时期的净收入,要从销售额中减去销售商品的成本,以确定销售的毛利润。从销售毛利润中减去营业费用,计算出净收入。

提示　将购买商品的成本加到本期开始时的商品成本中,确定本期销售的商品成本,从这个数据中减去期末的商品成本。

财务会计

会计等式

使用重要的等式来确认企业账户是否处于平衡状态。

> 资产-负债=所有者权益
>
> 资产=负债+所有者权益

现金流量表

损益表和资产负债表很重要，但是现金流量表显示了会计期现金流入和流出企业的情况。

现金流入（流入企业的现金）
- 销售额
- 投资利息
- 储蓄利息

企业

现金流出（流出企业的现金）
- 营业费用
- 购买商品的费用
- 物资费
- 支付的利息

试一试

绘制如右所示的图，确定企业损益表的5个部分。

损益表的各部分

章节评估

章节总结

- 会计等式是资产-负债=所有者权益。账户显示特定项目的余额。账户是根据企业的需要建立的, 不同企业可能会有所不同。
- 会计循环的前5个步骤是收集和审核原始凭证、分析每笔交易的金额、记录每笔交易的金额、过账到总分类账上和编制试算平衡表。
- 交易的金额记录在普通日记账中。
- 过账到总分类账上, 可以让你看到每个账户的余额。
- 试算平衡表是所有账户及其当前余额的清单。所有借方余额应等于所有贷方余额的总和。
- 损益表是一个会计期的净收入或净损失的报告。
- 资产负债表报告会计期末的资产、负债和所有者权益账户的余额, 它展示了企业的财务状况。
- 现金流量表报告你的企业吸收了多少现金以及如何使用了这些现金。

词汇复习

1. 写一篇关于财务会计基础知识的短文, 至少使用下列术语中的15个。

- 财务报告
- 会计期
- 会计循环
- 会计等式
- 账户
- 应收账款
- 应付账款
- 复式记账法
- T账户
- 借记
- 贷记
- 日记账
- 总分类账
- 过账
- 试算平衡表
- 财务报表
- 损益表
- 商品销售成本
- 净收入
- 资产负债表
- 现金流量表
- 债权
- 转移
- 首要的
- 浓缩

延伸思考

2. **对比** 如何平衡你的支票簿和银行账单与会计循环步骤中的相似和不同之处?

3. **假设** 在商业风险投资中, 与会计师合作的好处和坏处是什么?

4. **巩固** 如果你有收据, 请说明是否有必要在普通日记账中输入交易的简要说明。

5. **拓展** 为什么了解基本的会计程序很重要, 即使你使用会计软件来管理账户?

6. **探知** 去年销售毛利率为32.38%, 今年销售毛利率为28.08%, 这足以证明价格上涨的合理性吗? 解释你的答案。

7. **证明** 作为一个企业主, 你会聘请会计师记账还是自己记账?

8. **拓展** 在会计期期末, 潜在投资者需要哪些文件?

9. **推测** 有了会计软件, 人们为什么仍然聘用会计师?

大学和职业准备

社会研究

10. **国际金融** 互联网促进了全球化的发展。国际商务人士需要监测和理解汇率。美国使用美元，欧洲大部分国家使用欧元，而英国仍然使用英镑。由于有了互联网，商务人士可以很容易地跟踪多种货币的汇率。连续3天，使用在线资源跟踪欧元、英镑和3种货币兑美元的汇率，记录100美元可以兑换这3种货币的额度。汇率对国际企业有何影响？

数学

11. **资产负债表分析** XYZ公司是一家私营公司，专门从事计算机网络和维修方面的工作。截至年底，XYZ公司的总资产为305 000美元，其中30%是现金，25%是应收账款，40%是存货，5%是物资。该公司的总负债为245 000美元，所有者权益为60 000美元。计算资产负债表上的现金、应收账款、存货和物资的金额，并说明这家企业的收支是否平衡。

数学概念 **计算资产负债表中的项目** 通过使用会计等式资产=负债+所有者权益，来计算资产负债表是否处于平衡状态。如果这个等式成立，公司的账务就处于平衡状态。

提示 要计算资产负债表上的现金金额，首先确定资产负债表资产部分的总额。现金可以在资产负债这一部分找到，而题目中给出了现金占总资产的百分比，将这个百分比乘以总资产得出现金金额。

语言艺术

12. **购买还是租赁** 企业总要决定购买还是租赁办公场所。拉韦塔是一名注册会计师，她在家工作已经快4年了。她有15 000美元可用在办公场所上，但她不知道该购买还是该租赁。对租赁和购买商业办公场所进行研究，然后写一份调查结果的总结，要包含你对拉韦塔的建议。

经济学

13. **经济机构的作用** 机构在市场经济中帮助个人和团体实现目标，财务会计准则委员会(FASB)就是这样一个组织。财务会计准则委员会的目标是通过建立和执行会计报告准则，识别和解决问题，以及在整个金融市场建立统一的标准，促进会计实践。财务会委员会标准，即公认会计准则财务会委员会，规范了公司财务报告的编制，并被美国证券交易委员会认可为权威准则。你认为这个组织为什么会发展？举例说明商业活动为什么会出现对财务会委员会的需求。

实际应用

14. **会计软件** 使用软件可以节省生成评估企业所需财务报告的时间。搜索5种不同会计软件的名称，访问这些软件的网站，列出并比较这些软件的网站。系统之间的区别是什么？一些系统是针对特定行业设计的吗？系统的用户需要了解会计知识吗？根据你的研究，你会向小企业主推荐哪一种产品？为什么？在报告中陈述你的观点。

你的资产组合

损益表

　　达科塔的园艺生意现在包括为22个家庭和3个商业地产提供园艺服务。她正在考虑雇用拉舍尔，按小时付薪，与她一起工作，这样她就可以拓展业务。她为了了解是否有能力雇用拉舍尔，准备了一份损益表。在审查6个月的利润情况后，达科塔觉得她有能力支付拉舍尔的工资，尤其是她如果能赊购的话。

达科塔的园艺生意 截至20XX年7月31日	单位：美元
收入	
普通园艺费	3 460
种植费	180
修剪树木的费用	300
总收入	3 940
营业费用	
购买种子费	90
卡车贷款	150
购买新型修枝机费	75
燃气费	25
保险费	35
总费用	375
净收入	3 565

应用

　　选择可以经营的服务业务，确定你的服务费用。根据你的费用和服务，确定你每月的收入和支出。使用与上述的指导原则，在另一张单独的纸上编制损益表。你是愿意雇用和监督一个帮手，还是愿意独自工作？

8 管理工资和库存

看图说话

使用库存系统能使好的业务成为可能，因为员工需要知道货架上有多少产品。不良的库存管理可能会带来哪些负面影响？

探索项目

探索工资和库存

关键问题

在创立或接管一家企业之前，企业主需要了解哪些关于工资和库存的信息？

项目目标

杰里米和辛迪·科尔刚刚接手了一家专卖店，该店有3名全职员工和2名兼职员工，它销售从印度进口的礼品。辛迪计划开展实体店的日常运营，杰里米将专注于新网站的建立和运行。每年大约有4次机会，他们希望到文化博览会和节日上销售产品。先前企业主的工资和库存记录都是手工完成的，科尔想要更新系统，他们要向你咨询。

- 解释在支付期要做的支付工资的相关工作，讨论他们必须在会计记录中记录的工资信息。
- 帮助他们决定是否以及如何支付加班费或佣金。
- 介绍库存系统的类型，并给出你的建议。
- 帮助他们确定使用哪种库存成本核算方法。

考虑以下内容

- 员工可能以何种方式被支付报酬？
- 科尔负责支付哪些员工税？
- 科尔可能会给员工提供哪些福利？
- 哪种库存体系和成本核算方法最适合他们的产品线？

创造性思维

良好的库存管理如何帮助企业实现目标？你在家如何管理你的个人物品？

重要见解

良好的工资和库存管理是所有企业成功的基本要素。

请教专家

社会保障和医疗保险

问： 我只有16岁，为什么要缴纳社会保障和医疗保险税呢？当我老到可以使用时，这些计划可能就不存在了。

答： 的确，未来社会保障计划的资金预计会很少。在目前的制度下，你所缴的这些税的回报率会低于你可能获得的回报率。但是，美国正在努力确保社会保障为未来的退休人员提供资金。此外，社会保障和医疗保险会提供许多类型的福利，包括残疾人福利。

 ### 写作任务

拟定标题并写好开头，给出一些建议，告诉年轻员工现在可以做什么来对社会保障和医疗保险进行补充，使用"谁、什么、何时、何地、为什么以及怎样"来组织内容。通过报纸，看文章是如何排版的。

阅读开始前

基本问题 为什么建立和维护有效的工资和库存管理系统对企业主来说是重要的?

中心思想

有效的工资管理和库存维护能够使企业更有效运营，管理现金流，并始终满足客户的需求。

内容词汇

- 工资
- 总收入
- 薪酬
- 每小时工资
- 加班率
- 佣金
- 扣除
- 《联邦保险缴款法》
- 社会保障税
- 医疗保险税
- 汇总收入
- 永续盘存制
- 销售点终端机
- 定期库存系统
- 具体识别法
- 先进先出法
- 后进先出法

学术词汇

在阅读和回答问题时，你会看到这些词。

- 保留
- 津贴
- 股票
- 主要

使用图表

在阅读本章之前，创建如右所示的图。当你阅读时，使用该图来识别和描述4种常见的支付员工工资的方法。

工资记录的重要性

为什么工资记录要准确

　　如果你拥有一家企业，会计系统的重要组成部分包括工资。**工资**（payroll）是在特定时期每个员工应得的报酬。你向员工支付工资的特定时期被称为支付周期。美国最常见的两种支付周期是每周或每两周。然而，有些企业每月只给员工发一次工资。

　　一个良好的工资核算系统可以确保员工按时得到工资，且工资金额正确。工资记录和报告必须准确。与其他会计功能一样，在处理工资信息时，必须遵循特定的指导原则。如上所述，这些指导原则被称为公认会计准则。除了遵循公认会计准则外，美国州政府和联邦政府还发布了严格的指导方针，以指导企业支付员工工资和报告工资信息。

　　在建立工资系统时，企业有两个主要目标。系统应履行以下职能。

- 收集和处理准备和发布工资核算所需的所有信息。
- 维护会计核算和为政府机构准备报告所需的工资记录。

　　每个工资系统都有共同的任务或步骤。这些很重要，企业必须认真、准确、定期完成。如果你每周都给员工发工资，你要每周完成以下任务。

1. 计算总收入。
2. 计算工资扣除额。
3. 准备工资记录。
4. 准备工资支票。
5. 在会计记录中记录工资信息。
6. 向政府报告工资信息。

阅读进展检查

定义　什么是工资？

本节目标

- 识别管理工资系统的6个步骤。
- 解释企业主如何计算员工的总收入。
- 讨论要求的和自愿的工资扣除额。
- 描述企业主在确保及时向政府付款方面的作用。

阅读进行时

　　发现　为什么保持准确的工资记录是必要的？

重要职业

罗琳达·哈珀　采购代理

作为聚合物和电子产品的采购代理，我每天的工作就是为产品寻找好的货源，并就购买原材料、零部件、设备等物品进行谈判。我的工作是与供应商建立关系，确定需求模式，并确保所购物品的最佳质量和最低成本。我还必须了解影响产品供应的市场趋势和问题。由于特殊的销售、会议或生产截止日期，我偶尔还需要出差，经常每周工作40多个小时。我为这个职业做了准备，完成了商科的学士学位课程，并接受了几年的在职培训，培养商业关系是我最强的技能，也是我最喜欢的工作内容。

职业探索

通过互联网，获取有关采购代理职业的信息。

1. 良好的工资管理如何影响公司的采购能力？

2. 该职业取得进步有什么要求？

职业细节

技能	教育	职业道路
分析数据、执行财务分析结果、沟通和谈判、数学、供应链管理	工程、经济或应用科学的学士或硕士学位	采购代理可以成为采购经理、批发和零售买家或供应经理

计算总收入

什么是薪酬和工资

工资系统的第一步是计算所有员工在工资期的总收入。员工在一个工资期所赚的总金额就是**总收入（gross earnings）**。3 种最常见的支付员工工资的方法是薪酬、加班工资和薪酬加佣金。

薪酬

薪酬（salary）是每个工资期支付给员工的固定金额，与工作时间无关。例如，凯瑟琳·博格斯是迪金森百货公司鞋类部门的经理，她每周的固定工资是 530 美元，尽管她可能这周工作 40 小时，下周工作 44 小时。工资是支付给经理、主管和其他人员的。

如果你放学后和周末为当地的某企业工作，你可能会得到**小时工资 (hourly wage)**，即员工每小时获得的特定金额。大多数临时和兼职工作，企业会支付小时工资。许多全职工作，如入门级工作，企业也支付小时工资。

例如，肖恩·麦考密克工作日下午在一家体育用品店工作，每小时 7.25 美元。上周他工作了 20 个小时，他的总收入是 145 美元（7.25 美元 ×20 小时 = 145 美元）。这个星期到星期三为止，他已经工作了 20 个小时。肖恩的总收入每周都不同，因为他每周工作的时间不同。

雇主可能会让小时工使用考勤卡或时钟来记录每天的时间。他们利用这些信息来确定每个员工在一个工资期工作的总时间。在每个时间段结束时，雇主会检查考勤卡或考勤表上的信息是否准确。如果信息不正确，工资将不准确，这对雇员和雇主都是一个问题。

加班工资

根据美国州和联邦法律，小时工每周工作 40 小时以上通常会得到额外的报酬。**加班工资 (overtime rate)**，通常是员工正常小时工资的 1.5 倍。例如，凯丽·罗宾逊的正常小时工资是 7.40 美元。如果她在一周内工作超过 40 小时，她的加班工资是 11.10 美元（7.40 美元 ×1.5 = 11.10 美元）。

假设凯丽上周工作了 40 多个小时，要计算她的总收入，把她的正常小时工资乘以 40 小时，然后用加班费（每小时）乘以加班时数，把这些结果加起来，就能算出她这周的总收入。

通常，员工可能在销售旺季或其他繁忙时段加班。他们加班也可能是代替生病或休假的员工工作。记住，控制工资成本是良好财务管理的一个重要方面。

薪酬加佣金

佣金 (commission) 是根据雇员销售额的百分比支付给雇员的金额。员工将产品卖得越多，得到的报酬就越多。向销售人员支付佣金是鼓励他们增加销售额的一种方式。

雇主向销售人员支付薪酬加佣金是很常见的。例如，奥利维亚·春每周的薪酬是 150 美元，另外有 5% 的佣金。本周，她的销售额达到了 3 725 美元。奥利维亚这周的佣金是 186.25 美元（3 725 美元 ×5% = 186.25 美元）。她当周的总收入为 336.25 美元（150 美元 + 186.25 美元 = 336.25 美元）。

实际案例

管理现金流

一家成长型公司在正确的时间拥有足够的现金是至关重要的。从付给供应商款项和员工工资到从客户那里收到钱之间的时间差通常是一个问题，解决方法是现金流管理。现金流管理意味着尽可能拖延现金支出，同时催促所有欠你钱的人尽快还款，但是你怎么催促那些欠你钱的人按时还款呢？

总收入和加班费

你的总收入是你在工资期所收到的总金额。如果加班，你的工作时间超过了规定的时间，你收到的加班费是正常小时的1.5倍。

示例 凯丽这周工作了43个小时，如果她的正常小时工资是7.40美元，加班工资是11.10美元，那么她这周的总收入是多少？

> **公式**
> （小时费×正常工作小时）+（加班费×加班小时）=总收入
> **答案**
> （7.40美元×40小时）+（11.10美元×3小时）=329.3美元
> 凯丽这周的总收入是329.3美元。

轮到你了

如果你每小时赚8.25美元，一周工作47小时，你的总收入是多少？

阅读进展检查

概括 哪些类型的员工通常拿的是薪酬而不是小时工资？

计算工资扣除

从雇员工资中扣除的部分有哪些

如果你曾经收到过工资支票，你可能会惊讶地发现支票上的金额比你预期的要少。**扣除额（deductions）**是从雇员的总收入中减去的各种金额。有些扣除额是地方、州或联邦法律规定的，有些是自愿扣除。员工选择从他们的总收入中扣除这些金额，计算这些扣除额是工资系统的第二步。

典型的工资扣除额包括以下几项。

- 联邦所得税。
- 联邦社会保险税。
- 州和地方所得税。

美国法律规定的扣除额

作为雇主，法律要求你从所有员工的总收入中扣除某些工资税，其中包括联邦所得税、联邦社会保险税和医疗保险税。在许多州，还要征收州和地方所得税。雇主从员工的工资中扣除这些税款，然后把这些金额送到相应的政府机构。

联邦所得税　大多数人每年都要向联邦政府缴纳所得税，该税是根据他们一年的总收入计算的。为了确保人们有足够的钱来支付这些税款，美国政府要求雇主在每个工资期从员工的工资中扣下一定数额的钱。这笔钱要上交政府，作为每个员工的联邦所得税。

在计算总收入后，雇主使用美国国税局提供的税表来确定在每位员工工资中扣除的联邦税额。要使用这些表格，雇主必须知道每位员工申请了多少津贴，津贴是对工资扣除税款的一种调整。雇员申请的津贴越多，扣除的税款就越少。津贴是根据婚姻状况和需供养的人数计算的。有的单身人士无法申请津贴，有的可以申请一份津贴。有两个孩子的已婚人士可以申请4份津贴。表8.1显示了美国国税局税务表。

例如，埃里克·高斯每周的总收入为235美元，并申请了一份津贴。根据税表，他缴纳的联邦所得税是12美元。如果埃里克扣款太多，政府会退还他超出的金额。如果埃里克扣款少，他就要把欠国税局的金额补上。

联邦社会保险税　除了联邦所得税，雇主还为联邦政府从员工的薪水中扣除社会保险税。1935年的《联邦保险缴款法》（FICA）确立了目前的社会保障制度。社会保险金通常被称为联邦社会保险税。

联邦社会保险税用于为某些人提供收入的计划。

- 老年和幸存者福利项目为退休人员、已故工人的家属提供收入。

激励

　　有些员工拿薪酬，有些拿小时工资，有些拿薪酬加佣金。你认为直接拿佣金的工作意味着什么？

表8.1　美国国税局税务表

山姆大叔的份额 每人每年都要缴纳正确的税额。你的雇主如何决定从你的薪水中扣除适当的金额？

单身人士——每周工资期

工资		申请的扣缴津贴额度										
至少	低于	0	1	2	3	4	5	6	7	8	9	10
		应扣缴的所得税金额										
125	130	8	2	0	0	0	0	0	0	0	0	0
130	135	8	2	0	0	0	0	0	0	0	0	0
135	140	9	3	0	0	0	0	0	0	0	0	0
140	145	9	3	0	0	0	0	0	0	0	0	0
145	150	10	4	0	0	0	0	0	0	0	0	0
150	155	10	4	0	0	0	0	0	0	0	0	0
155	160	11	5	0	0	0	0	0	0	0	0	0
160	165	11	5	0	0	0	0	0	0	0	0	0
165	170	12	6	0	0	0	0	0	0	0	0	0
170	175	12	6	0	0	0	0	0	0	0	0	0
175	180	13	7	1	0	0	0	0	0	0	0	0
180	185	13	7	1	0	0	0	0	0	0	0	0
185	190	14	8	2	0	0	0	0	0	0	0	0
190	195	14	8	2	0	0	0	0	0	0	0	0
195	200	15	9	3	0	0	0	0	0	0	0	0
200	210	16	9	3	0	0	0	0	0	0	0	0
210	220	18	10	4	0	0	0	0	0	0	0	0
220	230	19	11	5	0	0	0	0	0	0	0	0
230	240	21	12	6	1	0	0	0	0	0	0	0
240	250	22	13	7	2	0	0	0	0	0	0	0
250	260	24	15	8	3	0	0	0	0	0	0	0
260	270	25	16	9	4	0	0	0	0	0	0	0
270	280	27	18	10	5	0	0	0	0	0	0	0
280	290	28	19	11	6	0	0	0	0	0	0	0
290	300	30	21	12	7	1	0	0	0	0	0	0
300	310	31	22	13	8	2	0	0	0	0	0	0
310	320	33	24	15	9	3	0	0	0	0	0	0
320	330	34	25	16	10	4	0	0	0	0	0	0
330	340	36	27	18	11	5	0	0	0	0	0	0
340	350	37	28	19	12	6	0	0	0	0	0	0

- 残疾保险计划为残疾人及其家庭提供收入。

- 医疗保险计划为 65 岁以上的人、某些残疾人和任何年龄的永久性肾衰竭患者提供医疗保险福利。

联邦社会保险税包括两种税：社会保障税和医疗保险税。**社会保障税（social security tax）** 为退休、残疾和人寿保险福利的联邦计划提供资金。**医疗保险税（medicare tax）** 为医疗保险计划提供资金。

所有员工按照美国国会制定的税率缴纳联邦社会保险税，税率随时可能变化。2010 年，联邦社会保险税中社会保障税和医疗保险税的税率分别为 6.2% 和 1.45%。税收会被转入社会保障局，存入那里的一个信托基金，然后，将其分发给领取社会保障和医疗保险福利的人。

雇主使用联邦社会保险税税率计算每名雇员在每个工资期从应纳税总收入中扣缴的金额，即将总收入乘以社会保障税税率，再将总收入乘

扣除联邦社会保险税

联邦社会保险税包括社会保障税和医疗保险税,这些税为很多人提供收入。

示例 如果亚历克斯这周的总收入是380美元,那么联邦社会保险税扣除额是多少?

> **公式**
> (总收入×社会保障税税率)+(总收入×医疗保险税税率)=联邦社会保险税扣除额
> **答案**
> (380美元×0.062)+(380美元×0.0145)=23.56美元+5.51美元=29.07美元
> 亚历克斯的联邦社会保险税扣除额为29.07美元。

轮到你了

如果你这个月的总收入是550美元,你的工资将被扣除多少联邦社会保险税?

以医疗保险税税率,将这两个数相加以确定联邦社会保险税的扣除额。

州和地方所得税 许多州和城市对居住或工作的人员征收联邦社会保险税。在一些州,简单的税收,按总收入的一定百分比计算。在另一些州,应缴额基于税表计算,类似于美国国税局发布的联邦预扣税表。员工工作和生活的地方决定了如何从他的收入中扣除州和地方税。

自愿扣除额

许多雇主还会扣除自愿扣除额,但雇主只有在员工提出要求时才会扣除。一旦员工要求自愿扣款,每笔工资就会被扣款,直到员工要求雇主停止。一些常见的自愿扣除额包括以下内容。

- 健康或人寿保险费。
- 会费。
- 向慈善机构的捐款。
- 养老金和其他退休计划金。
- 直接存入信用社或银行的金额。

一种普遍的自愿工资扣减方式是401(k)退休计划。许多员工把总收入的一部分用于公司的401(k)计划,401(k)计划中的资金是税收递延的。员工不需要为401(k)计划积累的资金交税,直到他们把钱取出来。

工资存根

当你收到雇主的支票时，支票上会附上一份清单。该清单会告诉你你的工资是如何计算的。有时雇主会在工资计算上犯错。你可以检查工资存根，确保金额正确。工资存根包含以下信息。

- 员工姓名及社保号。
- 员工在工资期和年初至今所赚的金额。
- 公司在工资期和年初至今从员工工资中扣除的税额。

普通产品 邮政信箱 27806 纽约,NY 20012			米歇尔·李 第二大街101号 雅典,OH 44573		号码：299-XX-XXXX
开始日期: 12/24/20－－		结束日期: 01/04/20－－		工资日: 01/11/20－－	

工资汇总表					
收入	113.07				
税收	12.93				
扣除	0.00				

净核算	100.14美元				

工资日期	类型	税率	小时	现在	年初至今
假期	17	6.75	3.25	21.94	89.08
工作时间	12	6.75	13.50	91.13	368.05

税收	现在	年初至今
联邦所得税	1.11	25.63
社会保障税	7.01	65.24
医疗保险税	1.64	28.43
州所得税	0.91	23.06
城市税	2.26	56.97

关键点 工资存根包含当前工资期的信息以及当年至今的累计总额。

寻找 解决方案

回顾关键概念

1. 米歇尔每小时赚多少钱？
2. 她在假期每小时会赚更多的钱吗？
3. 米歇尔什么时候会收到工资？
4. 她的工资被扣了多少税？
5. 米歇尔总共收到了多少钱？

阅读进展检查

计算 你如何确定联邦社会保险税扣除额？

准备工资记录

工资登记册上包括哪些信息

工资系统的第三步是准备工资记录。美国联邦和州法律要求所有企业保持准确的工资记录，雇主应该做以下事项。

- 正确计算收入和扣除额。
- 按时发放员工工资。
- 保持准确的工资记录。
- 按时向政府机构缴纳应缴的所有税款。
- 按时向政府机构提交所需的工资报告。

为了履行这些义务，你的企业需要一个有效的系统来收集、记录和汇总工资信息。

准备工资登记册

收集了工资期的信息之后，你要将数据记录在工资登记册上。工资登记册是一份记录，它汇总了每个工资期的员工收入和扣除额信息。表 8.2 显示了埃兹拉运动服装公司工资登记册。

工资登记册有 3 个主要部分与资金有关：收入、扣除额和净工资。收入部分记录了每个员工在工资期的正常工资、加班费和总收入。工资登记册上的扣除额部分列出了每个员工必需和自愿的扣除额，所列数量因企业而异。净工资部分记录了从总收入中减去总扣除额后剩余的金额。埃兹拉运动服装公司本周的工资总额为 1 338.31 美元。

阅读进展检查

识别 工资登记册的扣除额部分列出了什么？

准备工资支票
直接存款有什么好处

检查了工资登记册的准确性之后，你要为每个员工准备工资支票，这是工资系统的第四步。每张工资支票上的金额——通常被称为实得工资——应该等于所列出的每位员工的净工资。除了工资支票，每位员工还会收到一份书面说明，解释净工资是如何计算的。工资支票附带的存根提供了这种说明，并作为员工工资的记录。表8.3 显示的是一个列出了总收入、扣除额和净工资的工资支票。

直接存款

许多企业不发放工资支票，而是直接将员工的收入存入银行。直接存款是企业将净工资自动存入员工指定的银行账户。如果雇主提供直接存款，他们就不需要准备工资支票。但是，他们必须向员工提供一份工资信息的书面记录。

员工和雇主一般更喜欢直接存款。员工不需要去银行存工资支票，就不会有把支票放错地方或丢失的风险，而且通常可以更快地获得资金。雇主使用直接存款也可以减少有关支票的纸张和人工费用。

表8.2　埃兹拉运动服装公司工资登记册

准备工资　工资系统的第三步是准备工资记录。工资登记册的用途是什么？

工资登记册

工资期结束日 ___5.18___ 20___　　　支付日期 ___5.18___

5	姓名	号码	许可	总时间	税率	总收入			扣除							净支出	实得收入
						固定工资	加班工资	总工资	社会保险税	医疗保险税	联邦所得税	州所得税	医疗保险税	工会费	总计		
1	3	德拉蒙德	S	0	37	7.80	288 60		288 60	17 89	4 18	35 00	5 77		5 00	67 84	220 76	186
2	7	菲尔德	M	2	41	7.40	296 00	11 10	307 10	19 04	4 45	14 00	6 14	12 00		55 63	251 47	187
3	4	蒙赛沃斯	S	0	33	8.10	267 30		267 30	16 57	3 88	32 00	5 35	7 00		64 80	202 50	188
4	9	西蒙	S	1	28	7.40	207 20		207 20	12 85	3 00	15 00	4 14		5 00	39 99	167 21	189
5	11	帝默	S	0	42	8.20	328 00	24 60	352 60	21 86	5 11	52 00	7 05	7 00	5 00	98 02	254 58	190
6	6	怀曼	M	2	39	7.60	296 40		296 40	18 38	4 30	14 00	5 93	12 00		54 61	241 79	191
		总计				1 683 50	35 70	1 719 20	106 59	24 92	162 00	34 38	38 00	15 00	380 89	1 338 31	

表8.3　工资支票和存根

实得工资 每张工资支票上的金额应该等于工资登记册上列出的每个员工的净工资。瑞安·德拉蒙德到5月18日的总收入是多少？他的实得工资（净工资）是多少？

埃兹拉运动服装公司
155大街
萨克拉门托，CA 94230

186

91–182
1721

日期　5.18　20 ——

付给
指定人：　瑞安·德拉蒙德　　　　　　　　　220.76美元

贰佰贰拾点七六　　　　　　　　　　　　美元

❖ 美国国家银行
加州萨克拉门托

Agnes Werman

A172109182A 085 015 1189064C 186

员工支付表
分开并保留这一表格

186

结束日期	总收入			扣除							净支付
	固定工资	加班工资	总工资	社会保障税	医疗保险税	联邦所得税	州所得税	医疗保险费	工会会费	总计	
5/18	288.60		288.60	17.89	4.18	35.00	5.70	–	5.00	67.84	220.76

自动准备工资

今天，几乎所有企业都使用某种类型的自动化系统来准备工资记录。生成记录的是高效、准确的系统，有多种软件包可供选择。雇主输入每位雇员的工作小时数，系统就会生成工资登记册和工资支票。

阅读进展检查

描述　使用直接存款对员工有什么好处？

记录工资信息

公司的会计记录中记录了哪些工资信息

你完成工资登记册并准备好个人工资支票后，必须要把工资信息记录在公司的会计系统中，这是工资系统的第五步。

用户友好

大多数员工都喜欢直接存款的便利。为什么许多雇主更愿意使用直接存款支付员工工资呢？

在记录工资信息时，你只记录工资期的总金额，因为每名员工的个人金额已经记录在工资登记册上。

薪资费用账单

每个工资期，你都要以薪酬的形式向你的员工支付一定数额的工资。企业在扣除之前向所有员工支付的金额被称为**总收入（total gross earnings）**，这是企业的基本运营费用。你把总收入记录在名为"费用"的总分类账户上。如在表 8.2 的工资登记册上，这段时间的收入为 1 719.20 美元。

负债扣除

你从员工收入中扣除的社会保障税、医疗保险税和其他税收或支付的金额将从总收入中减去。这笔钱不属于你的公司，你必须代表你的员工付给相应的机构或组织。因此，从员工总收入中扣除的所有费用便成为你企业的负债。

记住，在选择会计系统时，只需创建公司所需的账户，包括资产、负债和所有者权益。公司账户中的负债应标明为"应付"。

根据表 8.2 显示的工资登记册上的扣除项目，埃兹拉运动服装公司有以下负债账户。

- 应缴社会保障税。
- 应缴医疗保险税。
- 员工应缴纳的联邦所得税。
- 员工应缴纳的州所得税。
- 应缴医院保险费。
- 应付工会会费。

在企业向政府、保险公司、当地工会和其他机构或组织支付所需款项之前，这些项目仍然是负债。

爱尔兰

最低工资

为了防止企业剥削劳动者，大多数国家都有某种形式的最低工资法，但爱尔兰有点不同。事实上，爱尔兰没有法定最低工资，然而，一些工人会受到最低工资的保护。

一些行业有联合劳工委员会（JLCs），会设定具有法律约束的最低工资水平。为了建立联合劳工委员会，行业应该很少有或没有有效的集体谈判。

工会有时能够提高工人的工资，但这种能力取决于各种因素。例如，技术工人的工会可能比代表非技术工人的工会更有能力保护其成员的工资。尽管工会和其他团体一直在向爱尔兰政府施压，要求其确定国家法定最低工资，但这一想法遭到了政府和雇主的强烈抵制。工会认为，目前的选择性制度并不足以满足所有低收入者的需求。

批判性思考

1. **扩展**　一个确保国家法定最低工资的团体是反贫困机构。研究以了解更多关于某个反贫困机构的信息，该机构的4个一般职能是什么？

2. **关联**　你是否同意政府设定最低工资？相关法律是否侵犯了自由市场经济中企业的权利？

数据库

首都
都柏林

人口
4 832 765

语言
英语、爱尔兰语

货币
欧元

国内生产总值
2 209亿美元

人均国内生产总值
41 300美元

工业
钢铁、铅、锌、银、铝、重晶石、石膏的加工，酿造，纺织，服装，化工，制药，机械，铁路运输设备，玻璃和水晶，软件

农业
萝卜、大麦、土豆、甜菜、小麦，牛肉

出口
机械设备、计算机、化工制品、药品、活的动物、动物产品

自然资源
天然气、泥炭、铜、铅、锌、银、重晶石、石膏、石灰石、白云石

银行存款

　　在记录工资支出和扣除后，受工资影响的最后一个账户是银行存款，银行存款是记录进出企业所有现金的账户。对于表8.2所示的工资期，现金账户要减去的净支出总额是 1 338.31 美元。当你支付工资负债时，现金账户余额将进一步减少。

 阅读进展检查

　　解释　为什么从员工的总收入中扣除的款项会立即变成企业的负债？

雇主的工资税

雇主如何帮助员工支付社会保障税等福利

　　企业各种工资负债账户中的金额体现了员工为其收入所缴纳的税款。州政府和联邦政府还要求雇主根据每个工资期的应税总收入缴纳额外的税款。这笔钱将用于社会保障、失业和伤残保险等福利。

雇主应缴的联邦社会保险税

　　联邦法律要求雇主必须缴纳与雇员从工资中扣除的社保和医疗保险的总金额同等的金额。换句话说，如果你的员工支付 25 美元，你必须支付 25 美元。

在表 8.2 中，截至 5 月 18 日，从工资期的总收入中扣除的社会保障税总额为 106.59 美元。作为雇主，埃兹拉运动服装公司必须缴纳同等金额（106.59 美元），向政府缴纳的支票总额为 213.18 美元（106.59 美元 + 106.59 美元 = 213.18 美元）。雇主还必须匹配同等数额的医疗保险扣除额，在每个工资期匹配并支付社会保障税和医疗保险税。

联邦和州失业税

雇主同时支付联邦和州失业税。最高联邦失业税是员工年薪的前 7 000 美元的 6.2%，各州的失业税率和最高纳税额各不相同。雇主可以从联邦失业税中扣除高达 5.4% 的州失业税。因此，大多数雇主支付的联邦税为应税总收入的 0.8%（6.2% – 5.4% = 0.8%）。

为了计算支付的金额，你可以将工资期的总收入乘以联邦税率，再将工资期的总收入乘以州税率，最后，将这两个数字相加，计算要缴纳的税款总额。

阅读进展检查

回顾 州政府和联邦政府要求雇主交税，这些钱到哪里去了？

计算 **数学**

失业税

雇主必须缴纳联邦和州失业税，这些税收为失业工人提供收入。

示例 草原宠物店在工资期的总收入为 3 000 美元，所有员工均未达到最高应税额。根据失业税率，雇主必须向联邦政府和州政府缴纳多少钱？

公式
（总收入×联邦税率）+（总收入×州税率）= 总失业税
答案
（3 000美元×0.008）+（3 000美元×0.054）= 24美元 + 162美元 = 186美元
草原宠物店将向联邦政府支付24美元，向州政府支付162美元，共计186美元。

轮到你了

如果你的公司在一个特定工资期的总收入是 4 100 美元，那么你必须缴纳多少联邦和州失业税？

向政府报告工资信息

在向政府提交的报告中，哪些信息至关重要

企业向政府机构缴纳的税款金额，必须按照美国国内税收法（IRC）的严格规定进行支付。联邦政府和州政府都希望企业及时缴纳税款并提交相应的表格与报告，你必须向不同的政府机构提交各种表格。向政府报告缴税的相关信息是工资系统的第六步，也是最后一步。你需要有最新、准确的工资信息，才能完成报告并向政府缴税。

雇主必须遵守美国国内税收法中雇用税款的规则和程序，否则将面临民事或刑事处罚的风险。

美国国内税收法解决以下问题。

- 确定联邦税收保障规则是否适用。
- 计算员工的应税工资。
- 计算应扣缴的就业税金额。
- 向政府缴纳正确数额的税款。
- 填写就业纳税申报表。

阅读进展检查

解释 美国国内税收法的作用是什么？

财务管理中的工资核算

为什么定期分析工资信息很重要

准确的工资记录对控制企业开支至关重要。良好的工资记录可以确定企业中不同业务领域的人工成本，也可以显示出总收入有多少被用于支付加班费。在许多情况下，加班是合理的，但也可能是一种使用雇员不当的信号。

工资通常是经营企业的最大开支，因此，仔细分析每个付薪周期的工资信息非常重要。工资成本能够大幅降低利润，但是，工资也是可以减少开支的一个选项。要实现良好的财务管理，需要不断地审查企业的工资系统。

回顾关键概念

1. **识别**　管理工资系统的6个步骤是什么?

2. **解释**　雇主如何计算员工的总收入?

3. **讨论**　确定并描述必需的和自愿的工资扣除。

4. **描述**　在确保及时向政府缴税方面,雇主的作用是什么?

延伸思考

5. **比较**　从雇主的角度来看,相比支付小时工资,支付薪酬有哪些优点和缺点? 你更喜欢哪种支付方式? 为什么?

21世纪技能

6. **解决问题**　莉恩经营的企业正在迅速发展。她必须决定是继续向现有员工支付每周的加班费,还是再雇用一两名员工。莉恩共有15名员工,每人每小时工资7.50美元,平均每周加班8小时,计算莉恩要向现有员工支付多少加班费,再计算莉恩以7.50美元/小时的价格雇用一名员工的费用是多少。哪种解决方案成本更低? 是雇用新员工还是继续给现有员工加班费?

数学

7. **收入和税收**　卡门拥有自己的小公司。她有两名要付薪酬的员工,上一个工资周期两名员工分别赚了750美元和700美元。她还有两名小时工,在上一个工资周期分别工作了43和45小时,两个小时工的时薪均为9.75美元,加班费为正常小时工资的1.5倍。请计算这一周期的员工总收入,员工应缴纳多少联邦社会保险税? 该公司需要向政府缴纳多少联邦社会保险税?

数学概念　**计算联邦社会保险税**　要计算公司必须向政府缴纳的联邦社会保险税总额,首先要确定给定的工资周期的工资总收入,用总收入乘以税率,然后乘以2。

提示　将小时工资乘以该期的工作小时数,确定小时工的总工资,最多工作时间为40小时,超过40小时的部分乘以1.5,最后将两数相加,得到总工资数额。

建立库存系统

为什么密切关注库存很重要

菲利克斯·马丁内斯拥有一家专门销售旅行资料的小书店。最近书店生意很好，菲利克斯面临的最具挑战的任务之一，是决定为他的顾客购入并储存哪些书。他会定期检查库存、物资或产品，看看哪些书畅销，哪些书滞销。他在购入书籍时做出的决定会对书店的现金流和利润产生重大影响。

当你经营一家企业时，企业的主要开支之一是购买转售给客户的商品的费用。在任何特定时间，你手中的商品就是库存。制造企业的库存可能包括原材料和成品。对于零售业来说，库存则是产品或商品（如书籍），它是企业最大的资产。

为了控制商品的购入和销售，你必须建立库存控制系统。 这个系统会跟踪购入的商品、有货的商品以及销售给客户的商品的数量和成本。请见图8.1，正确跟踪商品流量可以为你提供做出正确管理决策所需的最新信息。库存控制系统的基本信息包括每个会计期销售的商品数量，以及畅销商品和滞销商品的相关信息。

跟踪和控制库存也是会计系统的一个主要职能，没有准确、最新的库存信息，你就无法做出正确的财务决策。

阅读进展检查

记忆　一家企业最大的资产是什么？

控制库存

库存过少为什么对企业不利

因为购买商品通常需要大量资金，这会对现金流造成很大影响，所以，保持适当的库存水平是很重要的。你的目标应该是拥有足够的商品来满足客户的需求，同时没有积压商品。

如果你的库存过多，可能是因为购买了不当的商品或购入的商

图8.1 **商品经历的阶段**

流动中 从企业订购开始，直到销售给客户，商品一直在流动。如果商品被长期存放可能意味着什么？

1 **订购商品** 当库存不足时，为了满足客户需求，必须重新订购商品。

2 **储存商品** 收到商品后，必须以安全、有效的方式储存商品。

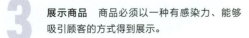

3 **展示商品** 商品必须以一种有感染力、能够吸引顾客的方式得到展示。

4 **销售商品** 销售商品为企业带来了现金，也减少了库存，要通过重新订购来补充库存。

品数量不当。因此，你可能没有足够的现金来支付运营、开展活动或紧急情况需要的费用，同时还要为过多的库存支付不必要的成本。为了减少库存，你可能会被迫亏本出售商品。

如果你的库存过少，客户就没有多样的商品选择，他们可能会去其他商店购物，在这种情况下，你的销售量会降低，企业的现金会减少。你有过购买商品时却发现缺货的经历吗？你对此感觉如何？失望的客户通常不会再来，相反，如果客户在想要购买某一商品时恰好在商店中找到了，满意的客户会再来。因此，保持适当的库存水平有利于企业管理。

 阅读进展检查

解释 为什么购买商品会对现金流产生很大的影响？

确定库存量
哪些系统有助于确定库存量

在会计期的特定时间点，企业需要确定库存商品的数量，并计算库存商品的价值，如何计算给定时间点的商品数量呢？

两种用于确定库存商品数量的会计方法是永续盘存制和定期盘存制，这两种方法都可以表示可供销售的商品数量。

永续盘存制

永续盘存制（perpetual inventory system）是一种对现有商品进行持续更新记录的制度，即每销售一件商品，都会从库存中扣除对应的商品。永续盘存制使你能够随时确定现有商品的数量和成本，通过获取当前的最新信息，你可以在库存减少时重新进货，适时补货有助于避免销售量降低。

在引进计算机系统之前，大多数企业都无法使用这种类型的库存系统，因为追踪大量商品的购入和售出情况十分困难。然而，如今许多企业使用**销售终端（point-of-sale terminals）**，即电子收款机，这种终端与中央计算机系统相连，可以准确跟踪销售情况。

经济学与你

专业化

个人、公司和国家都专注于自己擅长的事情。专业化使得彼此需要交易，以便每一方都能获得需要和想要的商品或服务。例如，擅长制作服装的公司将从原料生产公司购买布料、线、纽扣和拉链。当每家公司都专门生产特定产品时，生产和消费都会增加，因为每家公司都拥有专门的技术、材料和设备。一些公司使用即时库存系统，因此一旦产品达到一定数量，供应商就会得到通知。这种专业化优化了对库存的控制。由于专业化，各国也相互依存。一个专门种植咖啡豆的国家将向另一个缺少自然资源的国家出售咖啡豆。购买咖啡豆的国家可能拥有加工咖啡豆所需的机器，因此它将该机器出售给咖啡豆生产国。

个人财务联系 在某些情况下，员工可能负责保存工资记录或管理公司的库存信息。每位员工通过自己擅长的工作为企业做出贡献。当决定了自己要从事的职业时，你应该专注于自己最擅长的领域。

批判性思考 工资记录和库存控制的哪些方面可以利用劳动力的专业化？专业化如何改善企业经营？

比较优势

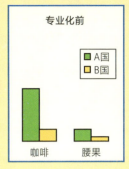

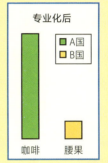

你可能已经在配有这种系统的商店中购买过商品，员工通过电子枪或扫描仪扫描你要购买的商品的条形码，扫描仪扫码时，你会听到"滴"的一声，然后商品的价格就会出现在销售终端的屏幕上。

此外，在输入商品信息时，系统会自动计算销售税。商店提供的销售小票上会列出你刚刚购买的商品的名称和价格。

除了记录商品的价格之外，销售终端还会识别商品，并自动从库存记录中移除该商品。当特定商品的数量达到预设的低点时，采购经理会重新订购该商品，使得该商品不至于售空。通过这样的自动化系统，企业可以随时了解已售商品和现有商品的实时数量。表 8.4 给出了每日库存报告的计算机输出结果示例。

对于企业而言，不使用计算机却使用永续盘存制是困难的，但也并非不可能。企业通常会出售大件商品，比如汽车或家具，这类企业库存较少，并且在特定时间段内不会出售太多商品。因此，它们可以使用索引卡或列出库存表来跟踪。当这类企业售出一件商品时，会有人从库存盒中拿出该商品的索引卡，或从库存表中移除该商品。由于每天销售的商品非常少，使用非计算机化的永续盘存制是可以实现的。例如，当地家具店可以使用索引卡或库存表，并在每天结束时统计销售量，以跟踪库存。但是，许多这样的企业还是会使用借助计算机的永续盘存系统。

定期盘存制

用于跟踪现有商品情况的另一个方法是定期盘存制。**定期盘存制（periodic inventory system）**是只在有人对现有商品进行实际盘点后才会更新的一种方法，每次购买或售出商品，并不会改变库存记录。

你也许曾在商店工作并帮助盘点库存，即使没有，也可能在商店的窗户上看过"暂停营业，盘点库存"的字样。企业至少每年进行一次商品实地盘点。对于大多数企业而言，清点并确认所有商品的过程非常耗时。因此，只有当商品数量到达最低点时，才会清点库存。对于销售季节性商品的企业来说，通常在销售高峰期之后清点库存。例如，对于滑雪用品商店来说，销售高峰期是 11 月到次年 3 月，你可

表8.4　永续盘存制的计算机输出结果

库存情况　运用计算机，几乎所有企业都可以使用永续盘存制。企业如何从这种类型的系统中受益？

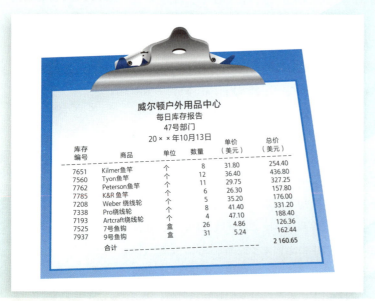

威尔顿户外用品中心
每日库存报告
47号部门
20××年10月13日

库存编号	商品	单位	数量	单价（美元）	总价（美元）
7651	Kilmer鱼竿	个	8	31.80	254.40
7560	Tyon鱼竿	个	12	36.40	436.80
7762	Peterson鱼竿	个	11	29.75	327.25
7785	K&R 鱼竿	个	6	26.30	157.80
7208	Weber 绕线轮	个	5	35.20	176.00
7338	Pro绕线轮	个	8	41.40	331.20
7193	Artcraft绕线轮	个	4	47.10	188.40
7525	7号鱼钩	盒	26	4.86	126.36
7937	9号鱼钩	盒	31	5.24	162.44
合计					2 160.65

能会在 5 月或 6 月清点库存，此时需清点的商品数量已经减少。在实地盘点后，你可以订购一批新商品。

如今，许多企业在进行实地盘点时使用电子设备。一位员工将每件商品的库存号和库存数量输入掌上电脑，实地盘点完成后，他会打印库存记录。

企业即使使用永续盘存制，每年也必须至少进行一次实地盘点，以检查库存记录的准确性。购入商品时，输入的库存数据可能会出错；当企业销售商品时，销售终端也可能出错。商品还可能丢失、被盗或出现识别错误。定期的实地清点可以确保会计记录的准确性，使记录与企业实际拥有的库存保持一致。

阅读进展检查

应用　纽约的泳池供应商为什么会在 11 月和 12 月清点库存？

确定库存成本

为什么对企业来说，持续使用选定的成本核算方法很重要

你已经确定了现有的商品数量，现在你需要计算这些商品的成本。换句话说，你必须为库存分配一部分资金。如果每件商品的成本总是相同的，你可以很容易地计算出总成本，然而这种情况并不常见。例如，海瑟·马丁在一个库存周期内多次为她的宠物商店购买特定的商品，在此期间，这些商品的成本经常发生变化。3 月，海瑟可能会以每袋 9 美元的价格购买特定品牌和容量的狗粮；然而在 6 月，她可能会为同样的狗粮支付 12 美元。她怎样才能准确计算出她手上

现场

　　许多商店使用销售终端和扫描仪来记录销售情况。商店使用这种技术有什么好处？

剩余狗粮的成本呢？要回答此问题，企业应使用公认会计准则指南批准的几种库存成本核算方法中的一种。以下方法都可以计算出库存的成本：特定识别法、先进先出法，以及后进先出法。

特定识别法

特定识别法（specific identification method）是一种确定每件商品的具体成本，并将具体成本赋予该商品的库存成本的核算方法，每件商品的实际成本由发票确定，这是最精确的成本核算方法，通常由出售商品数量少、价值高的企业使用，这一类型的企业包括家电卖场、汽车经销商和家具店。因为必须研究每一件商品，这种成本核算方法对大多数企业来说并不实用。只有需要跟踪的商品数量很少且成本易于查询时，企业才会使用这种方法。

先进先出法

如果你无法确定库存中每件商品的确切成本，就必须做出正确的估算。估算成本的一种方法是先进先出法。**先进先出法（first-in,first-out method）**是一种库存成本核算系统，它的假设是购入的第一件商品（先进）也是销售的第一件商品（先出），同时假设企业购买的最新商品将是期末的现有商品。

例如，马修·李拥有一家小型社区杂货店，店中最畅销的商品之一是牛奶。由于牛奶易变质，员工首先将最早购入的牛奶摆在货架上。随着牛奶的售出，较晚购入的牛奶会被添加到货架的后排位置，这就是所谓的"先进"即"先出"。

下面给出了另一个例子，说明了拉马尔音乐屋如何使用先进先出法计算库存成本。

特洛伊 DVD 播放器 # 875 型

日期	说明	数量	成本（美元）	总值（美元）
2月4日	期初存货	9	250	=2 250
5月12日	购入	20	253	= 5 060
7月7日	购入	10	258	= 2 580
9月15日	购入	12	263	= 3 156
11月9日	购入	10	265	= 2 650
总计		61		15 696

在进行实地盘点之后，拉马尔音乐屋的员工发现库存中有 12 个 DVD 播放器。使用先进先出法，他们假设剩下的 12 个播放器是企业购买的最后一批播放器，因为"先进"即"先出"。他们对期末库存成本核算如下。

9 月 15 日：剩余 2 件 × 263 美元 = 526 美元

11 月 9 日：剩余 10 件 × 265 美元 = 2 650 美元

期末库存成本 = 3 176 美元

后进先出法

另一种计算期末库存成本的方法是后进先出法。**后进先出法**（ last-in,first-out method ）是一种成本核算方法，其假设购入的最后一件商品（后进）是销售的第一件商品（先出），同时假设购买的第一件商品在期末仍为现有商品。

例如，斯特拉特福德石材公司向承包商出售零散的石材。当购入新石材时，新石材会堆放在现有石材上面。因为石材是从石堆的顶部取出的，所以售出的第一块石头是最后购进的。因此，该公司商品的实际流动方式是"后进先出"。

如果拉马尔音乐屋的员工使用后进先出法计算 DVD 播放器的成本，他们会假设最后购入的播放器是首先被出售的，最早购入的播放器仍在库存中。如果他们将较早放置的商品推到货架后面，就会发生这种情况。若使用后进先出法，他们对期末库存成本核算如下。

2 月 4 日：剩余 9 件 × 250 美元 = 2 250 美元

5 月 12 日：剩余 3 件 × 253 美元 = 759 美元

期末库存成本 = 3 009 美元

选择成本核算方法

根据你使用的成本核算方法，期末库存成本会有所不同。请注意，使用先进先出法时，拉马尔音乐屋的库存成本是 3 176 美元，而使用后进先出法时则为 3 009 美元。同样，如果商店使用特定识别法，计算出的库存成本也将不同。

企业会选择最适合企业类型的库存成本核算方法。但是，一旦企业选择了某种方法，它就必须持续使用该方法，这样报告才具有一

评论

库存丢失

零售企业在管理库存时必须考虑因人为因素而导致的库存丢失。美国国家安全调查最终报告显示，库存短缺的原因包括48%的员工盗窃、32%的入店行窃、5%的供应商欺诈及15%的行政和书面错误。

概念应用

如果一家精品店有100件连衣裙和50个名牌手提包，商店的总库存短缺率通常为10%，那么每种商品有多少件是因为被盗窃而丢失的？

管理

　　企业的成功人士往往拥有强大的管理技能。所谓管理技能，是将一群人聚集在一起以实现共同目标的能力。为了领导一个小组以实现目标，你必须制订详细的计划，与有不同社会文化背景的人有效合作，并利用财务和技术资源。拥有强大的管理技能不仅有助于实现个人目标，还能帮助你为职业生涯做好准备。

写作任务

　　回想你使用或别人使用管理技能的情景，写一段或几段话来描述当时的情形，并说明管理技能如何对情形产生积极影响。

致性，便于企业所有者和债权人对不同的会计周期的财务报告进行比较。

 阅读进展检查

拓展　哪种成本核算方法最适合酸奶店？为什么？

分析库存周转率

高库存周转率更好还是低库存周转率更好

　　为了评估你的企业绩效，请分析当前库存信息，并与上一会计周期的数据进行比较。

库存周转率

　　库存周转率是对特定时间内销售库存商品的次数的一种分析。

　　平均库存　平均库存是期初库存值与期末库存值之和除以2。确定平均库存后，便可以计算库存周转率；计算时，要将该时期内销售的商品的成本除以平均库存。

　　库存周转水平　高库存周转率意味着你的企业的资金在库存中停留的时间较短。因此，企业的融资成本、存储成本和保险成本会相应降低，这对企业是有利的。相反，低库存周转率可能意味着销售低于预期，或者商品库存过多并且仍未售出。

　　库存天数　库存周转率可用于确定商品的库存天数。你可以将一年天数（365）除以库存周转率来计算库存天数。

　　你如果发现商品每年的库存时间越来越长，就需要找出原因并决定是否改变采购策略。

库存清单

　　企业用于计划购买和管理库存的另一个工具是库存清单，有3种类型的库存清单：基本库存清单、模型库存清单和永不缺货清单。

　　基本库存清单　基本库存清单是企业应始终保持库存的商品的清单。基本库存清单用于记录基本的或主要的商品。基本库存清单包

计算　数学

平均库存

你需要确定公司的平均库存，以便计算特定时间段的库存周转率。

示例　截至1月1日，辛迪精品瓷器的库存价值为65 000美元，截至同年12月31日，其库存价值为80 000美元。这家商店这一年的平均库存是多少？

> **公式**
> （期初库存值+期末库存值）/ 2 = 平均库存
> **答案**
> （65 000美元 + 80 000美元）/ 2 = 72 500 美元
> 该商店这一年的平均库存为72 500美元。

轮到你了

如果你的企业期初库存值为72 000美元，期末库存值为100 000美元，那么你的企业这一年的平均库存是多少？

括商品的最小数量和需要重新订购的数量。

模型库存清单　模型库存清单用于时尚商品，它不像基本库存清单那样具体。由于时尚商品的变化多于基本商品，模型库存清单较短，但它详细说明了每件商品的数量。

永不缺货清单　永不缺货清单用于最受欢迎的商品。当受欢迎程度增加时，商品会被添加到该清单当中，在销售量下降时会被移除，这样现金流可以保持稳定。

阅读进展检查

回顾　如何计算库存周转率？

计算　数学

库存周转率

库存周转率是在特定时间段内库存销售的次数，高库存周转率是有利的。

示例　辛迪精品瓷器卖出了200 000美元的商品。如果这家商店这一期的平均库存为72 500美元，那么它的库存周转率是多少？

> **公式**
> 已售商品的成本/平均库存=库存周转率
> **答案**
> 200 000美元 / 72 500美元 = 2.76
> 辛迪精品瓷器的库存周转率为每年2.76次。

轮到你了

如果你的企业销售了110 000美元的商品，平均库存为80 000美元，那么企业这一年的库存周转率是多少？

库存天数

库存周转率可用于确定企业库存的天数。如果库存时间越来越长，你可能需要重新考虑采购策略。

示例 辛迪精品瓷器2009年的库存周转率为2.76，2010年为3.25，库存天数是多少？

公式
365/库存周转率=库存天数
答案
365 / 2.76 ≈132天 365 / 3.25 ≈ 112天
商品2009年的库存天数约为132天，2010年约为112天。

轮到你了
如果你的企业某年的库存周转率为3.6，那么库存天数是多少？

工资、库存和现金流

企业为什么应密切监测工资、库存和现金流

流经你身体的血液可以让你生存、健康和有活力。如果没有稳定的血液流动，你的身体将无法正常运转，最终你会死亡。现金对企业也有类似的作用。现金在企业中流动，为企业提供所需的财务资源，使企业以健康、赢利的模式经营。负现金流可能会导致企业日常经营困难，因为负现金流意味着现金不足以支付账单，企业无法重新采购商品或扩大规模。如果这样的状况持续很长一段时间，企业可能会倒闭。

工资和库存是对现金流和企业有重大影响的两个方面。如果现金流入不能满足工资和库存的需求，可能会导致财务问题。因此企业必须将工资支出保持在最低水平，购入商品时也必须仔细分析当前和未来的销售市场。详细记录、监测和分析涉及工资和商品的数据，对于实现正现金流和做出明智的财务决策是至关重要的。成功的企业会仔细监控现金流情况，并不断分析工资和库存成本。

 阅读结束后

总结 工资和库存系统为什么比企业的其他方面更需要仔细的监测和分析？

回顾关键概念

1. **识别**　库存控制系统需要哪些信息?

2. **总结**　回顾用于确定库存数量的两种主要方法。

3. **解释**　有哪些方法可用于计算库存成本? 成本会如何影响供应?

4. **分析**　解释怎样分析库存周转率。

5. **关联**　成本和库存如何影响利润?

延伸思考

6. **调查**　里克的三明治店非常成功地使用了永续盘存制。解释他的商店应在何时以及为何进行实地盘点库存。

语言艺术

7. **库存控制**　玛丽亚计划在纽约开一家小型艺术画廊,展出拉丁美洲新兴艺术家的作品。当准备建立库存系统时,她意识到她需要做出如何跟踪和控制库存的诸多选择。玛丽亚的艺术画廊应该使用哪种库存系统? 她应该使用哪种成本核算方法? 简短解释什么选择是最优的,并将你的选择与其他同学进行比较。

数学

8. **平均库存周转率**　小部件公司制造并向其他制造商出售各种小部件。截至1月1日,该公司的库存价值为225 000美元。同年12月31日,该公司的库存价值为187 500美元。小部件公司全年售出475 000美元的商品。请计算一年中小部件公司的平均库存,同时计算该公司当年的库存周转率,简要说明库存周转的相关数据对公司有什么意义。

数学概念　**计算库存周转率**　要计算一段时间内的库存周转率,应将该期销售商品的价值除以公司的平均库存。

提示　要确定平均库存,首先将期初库存值和期末库存值相加,再将结果除以2。

管理工资和库存

自愿性扣除

雇主将应雇员要求扣除相应金额。

商品阶段

商品从订购到出售一直在流动。

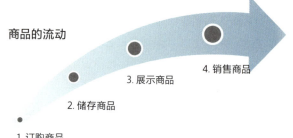

商品的流动

1. 订购商品
2. 储存商品
3. 展示商品
4. 销售商品

试一试

使用下表列出雇主在编制工资记录时必须履行的义务。

要编制工资记录，雇主必须：

1. _____
2. _____
3. _____
4. _____
5. _____

章节评估

章节总结

- 管理工资系统的6个步骤是:(1)计算总收入,(2)计算工资扣除额,(3)编制工资记录,(4)准备工资支票,(5)在会计记录中编制工资信息,(6)向政府报告工资信息。
- 员工根据固定工资、小时工资和基于销售额的佣金获得报酬。
- 有些工资扣除额是法律要求的,例如社会保障税,有些则为自愿性扣除。
- 工资信息都记录在工资支出账户中,扣除额变成了负债,并作为应付款记录在单独的账户中。
- 要建立库存控制系统,首先要了解商品的销售数量,哪些商品畅销,哪些商品滞销。
- 通过使用条形码和销售终端,可以实现永续盘存制;要对定期盘存制进行状态更新,则需要定期进行实地盘点。
- 如果企业的商品销量小、价格高,特定识别法较为适用。对于先进先出成本核算法,销售的第一批商品即购入的第一批商品。对于后进先出成本核算法,销售的第一批商品是最后购入的。
- 存货周转率的计算方法是将一段时间内销售商品的成本除以平均库存。

词汇复习

1. 查找、抄写这些术语,或以图文的方式创建一份拼贴表。

- 工资
- 总收入
- 薪酬
- 小时工资
- 加班费
- 佣金
- 扣除
- 联邦保险法案
- 社会保障税
- 医疗保险税

- 汇总收入
- 永续盘存制
- 销售终端
- 定期盘存制
- 特定识别法
- 先进先出法
- 后进先出法
- 津贴
- 库存
- 基本的

延伸思考

2. **联系** 贷记和借记规则如何用于员工的扣除?

3. **判断** 为了赚取更多的佣金,你认为销售人员会为了提高销售量而夸大产品的优点吗?

4. **研究** 员工可能会选择在自己的工资支票中使用哪些自愿扣除?

5. **考虑** 为什么美国国税局会因未能按规定纳税而对相应主体处以刑事或民事处罚?

6. **确定** 你中午到晚上8点在一家咖啡店工作,到下午4点,几乎所有的烘焙糕点都已售空,解释这种情况表明库存管理是好还是差。

7. **分类** 加内特拥有一家儿童和青少年服装店,请列出加内特会写在基本库存清单、模型库存清单和永不缺货清单中的商品类型。

8. **准备** 假如你经营一家商店,你会提前准备哪些措施,以防止销售终端崩溃?

9. **说明** 对于企业来说,库存过多和过少哪个更糟糕?试说明。

社会研究

10. 销售终端的便利之处　从早期的电子收款机到现代的基于网络的销售终端系统，技术已经帮助企业所有者和零售商提高了库存管理效率，也提升了销售的速度和准确性。

过程　研究自动化销售终端系统的发展过程。

分析　写一份报告，简要概述企业利用最新销售终端技术可以得到哪些好处。

数学

11. 库存成本　全球茶叶公司全年购入库存如下。

日期	说明	数量	单价（美元）	总价（美元）
1/15	期初库存	100	85	8 500
4/25	购入	75	93	6 975
8/31	购入	150	79	11 850
11/30	购入	80	90	7 200

　　在完成实地盘点后，该公司确定库存为98件。请分别使用先进先出法和先进后出法计算期末库存成本。

数学概念　**计算库存成本**　通过确定给定时间段的库存水平，计算期末库存成本。首先确定使用哪种核算方法，然后用剩余单位数乘以每单位的购入成本。

提示　先进先出法假设当前库存是最近购入的，将单位数乘以每个订单中的购入单价以获得总成本。

语言艺术

12. 选择正确的表格　通过互联网，检索企业用于向政府报告工资信息的表格。和朋友组建小组并选择至少4个表格进行评估，一起找出每种表格所需的信息。哪种表格易于理解？哪种更难理解？企业所有者如何使用表格？企业家可以获得哪些如何纳税的信息？

道德标准

13. 信息泄露　当填写就业和纳税表格时，你需要回答有关个人信息的问题。　考虑以下情景：凯瑟琳上班时在线填写了自己的福利待遇，并用公共打印机打印了包含当前工资信息的总结。但此时她接到了一个电话，忘记拿走打印好的文件。后来劳伦经过打印机时看到了凯瑟琳的文件，并阅读了这份文件。现在劳伦很不高兴，因为凯瑟琳的工资比她高。她想和经理谈谈这件事，但她不想透露她是如何获得这一信息的，劳伦应该怎么做？

实际应用

14. 广告艺术　商品通过电视、网络和传单打出广告，甚至被绘制在商店橱窗上进行宣传。　定价是零售商用于推广自身商品最重要的工具之一。请选择一个商品，想象你要为此商品投放广告。研究该商品的普遍价格，并为商场的清仓大甩卖设定折扣价。使用马克笔、蜡笔、油漆、杂志剪贴画或插图软件，制作展示该商品和其折扣价格的广告。

你的资产组合

追踪库存

珍妮正在妈妈的珠宝店银鹦鹉帮忙清点库存, 她正在清点诞生石吊坠的数量。在清点之后, 她又看了看有多少正被订购。然后, 根据至少保留5个吊坠库存数的原则, 她在表格上填写了待订购数。

描述	库存数	已订购数	待订购数
1月	2	3	0
2月	5	0	0
3月	0	3	2
4月	0	3	2
5月	1	3	1
6月	4	3	0
7月	3	3	0
8月	3	0	2
9月	2	0	3
10月	4	0	1
11月	2	3	0
12月	1	3	1

计算

在订购新商品之前, 珍妮的妈妈决定将原则更改为 "每种吊坠始终保持15个库存数", 而不是原先的5个。请你在一张单独的纸上, 计算珍妮应该为商店额外订购多少个诞生石吊坠。

9 定价、成本核算和增长

看图说话

即使在开业之后，企业也需要不断为自身的所有功能进行规划。为什么一家小型企业的所有者在扩大业务规模时必须做出创造性的融资决策？

探索项目

价格分析

关键问题

哪些因素影响青少年美容产品的定价？

项目目标

化妆品制造商对不同年龄段的男性和女性进行目标群体分类，因为他们的需求不同。青少年化妆品与年龄更大的男性和女性的化妆品有很大的不同。

- 与合作伙伴一起分析特定目标市场的美容产品价格。
- 比较在同一目标市场销售类似产品的竞争对手。这些产品可能是化妆品、彩妆工具或男性/女性的皮肤护理产品。
- 在线上和线下不同类型的零售店（药店、超市、百货公司）查找不同点。
- 分析价格，并解释产品定价时必须考虑的目标和因素。

考虑以下内容

- 你将如何选择一个特定的目标市场？
- 你将如何决定研究哪些产品线？
- 你将如何分析影响产品定价的目标和因素？
- 你将如何组织和展示你的报告？

21世纪技能

判断和决策

提供研究成果来支持你对美容产品定价的目标和因素的分析。

重要见解

为增长做计划是至关重要的，因为更大的企业不一定意味着更好的生意。

请教专家

销售价格

问： 我开始是为了好玩，为我的朋友们制作围巾和帽子，但是需求量太大了，所以我考虑出售围巾和帽子。我应该收多少钱呢？

答： 你的销售价格应该接近于你竞争对手的要价，确保你的生意在价格下是有利可图的。对许多企业来说，利润率仅在10%到15%之间。每卖出1美元的商品，公司就会保留10美分，这使得准确的定价至关重要。

写作任务

想想你能做的产品或能提供的服务，你如何给你的产品或服务定价？写一份简短的声明，说明你将收取多少费用，以及你是如何做出这个决定的。

阅读开始前

基本问题　定价和成本与企业的增长和扩张有什么关系？

中心思想

　　你有效的定价和成本核算对于每个企业赢利和增长的能力都是至关重要的。

内容词汇

- 定价
- 产品成本加成定价法
- 加成
- 制造企业
- 产品成本核算
- 成本习性
- 可变成本
- 直接材料
- 直接人工
- 固定成本
- 边际贡献
- 盈亏平衡点
- 市场渗透
- 目标利润
- 目标销售
- 安全边际

学术词汇

　　在阅读和回答问题时，你会看到这些词。

- 收益率
- 预测
- 适应
- 满足

使用图表

　　在阅读本章之前，请创建一个如右所示的图。在阅读时，记下固定成本的类型和可变成本的类型。

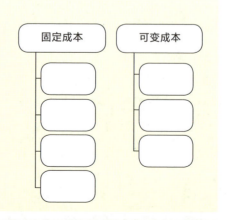

定价

为什么对企业来说，定价很重要

定价（**pricing**）是为商品或服务确定销售价格的过程。价格通常用货币形式来表示，例如一双鞋 60 美元。它也可以用非货币的形式来表示，如以商品来换取商品或服务。最古老的定价形式是物物交换，即用一种商品或服务交换另一种商品或服务，而不使用货币。对于企业来说，必须对商品或服务进行适当的定价，才能获得成功。如果价格定得太高，客户可能会在企业的竞争对手那里购买商品，或者干脆不买。如果价格定得太低，企业可能无法支付成本和运营费用。

定价的目标

影响商品和服务价格的因素很多。定价决策必须考虑成本、竞争和经济状况。为了做出合理的定价决策，企业所有者必须考虑定价的目标。

每个企业所有者都想设定一个有效价格，从而获得丰厚利润。大多数企业都以 3 个目标作为有效定价的指导原则。

- 获得一定的市场份额。
- 产生特定利润的销售。
- 匹配竞争对手的价格。

在确定价格时，企业必须优先考虑这 3 个目标。假设你的新户外运动服装业务的首要目标是匹配竞争对手的价格。你必须记住，如果你把价格定得太低，可能没有足够的利润使你的企业成功。

假设你的企业的首要目标是增加利润。你可以通过现在的价格卖出更多的商品，或者以更高的价格卖出同样数量的商品来达到你的目标。然而，如果你提高价格以增加利润，你可能不再匹配竞争对手的价格，你必须决定哪个定价目标对你的企业更重要。

阅读进展检查

解释　为什么定价的 3 个目标会因企业而异？

本节目标
- 识别定价的目标。
- 解释零售企业如何决定销售价格。
- 定义产品成本。
- 描述可变成本和固定成本。
- 解释盈亏平衡点。

阅读进行时

考虑　如果你要为零售企业定价，你会考虑哪些因素？

商品定价

零售企业如何为它们销售的商品定价

到目前为止，你所学到的所有财务程序都涉及企业。企业购买商品，对其进行标价，然后卖给客户，如零售店。

零售定价方法

零售企业向消费者销售商品或提供服务。零售商使用的一种定价方法是产品成本加成定价法。**产品成本加成定价法（product cost-plus pricing）**是通过将产品的发票成本（企业为该产品支付的金额）加成至该成本价格的一定百分比来确定产品的销售价格。增加的金额量就是**加成（markup）**，加成是指一项商品的成本与该商品的售价之间的差额。例如，行李世界是一家销售旅行袋和手提箱的零售商店。商店经理给所有的包定价，加成 70%。假设总裁包的发票成本或购买成本为 48 美元，加成 70%（48.00 美元 ×70% = 33.60 美元），得到这个包的价格是 81.60 美元（48.00 美元 + 33.60 美元 = 81.60 美元）。

价格调整

如果你无法销售进行了特定加成的商品，那么你可能不得不降低销售价格或停止进货。如何加成，将取决于经济状况、竞争或季节等因素。

假设你以每件 12 美元的价格为运动服装店购买运动衫，并且每件运动衫的价格都有 60% 的加成（12 美元 ×60% = 7.20 美元），那么每件运动衫的零售价是 19.20 美元（12 美元 + 7.20 美元 = 19.20 美元）。

弥补差异

一家珠宝店每天可能只有少数潜在客户，而且只会向其中一小部分销售商品。为什么销售珠宝和其他贵重物品的商店要给他们的商品定高价？

然而，如果你的竞争对手以每件 17.99 美元的价格销售同样的运动衫，你可能很难以这样加成后的价格销售你的运动衫。如果降低价格，你可能赚不到足够的利润来覆盖你的费用。如果你不能以更低的成本从其他供应商那里购买相同的运动衫，你可能不得不销售不同系列的运动衫。

加成会根据你所销售的商品种类而有所不同。一天只卖很少东西的商店 (如珠宝店) 比一天卖出很多东西的商店 (如音乐商店) 的加成更高，加成必须弥补费用并为企业创造利润。

 阅读进展检查

解释 为什么零售企业要给它们销售的商品加价？

制造企业的成本核算和定价

成本核算如何影响制造企业的定价

有些企业生产新产品。**制造企业（ manufacturing business ）** 是指购买原材料或加工品，并将其加工成成品的企业。

如果托尼娅决定向她的朋友销售手工装饰的手袋，她的企业将会是一家制造企业。她购买一个普通的包，对它进行装饰，制作出一个令人想要的新包。在为包确定合适的价格之前，托尼娅必须考虑生产第一个包所需的材料和劳动力成本。在制造企业中确定成本和定价比在零售企业中确定成本和定价复杂得多。

企业费用

费用计划将影响你销售产品的价格，所以你应考虑运营费用。小企业费用排前9名的包括医疗保险、互联网费用、手机费、水电费、广告费、会计服务费、语音邮件费、财务规划服务费和托收服务费。

概念应用

选择一个你想拥有的小企业，如果你正在寻找削减企业开支的方法，你会针对哪些方面？为什么？

畅销商品

烧烤用品、泳衣、空调和游泳玩具等商品很少在夏季促销。这可能是什么原因？

产品成本核算

产品成本核算（product costing）是分析制造产品所涉及的所有成本的过程。通过产品成本核算，你可以为你的企业确立一个既具有竞争力又具有赢利能力的销售价格。产品成本核算将帮助托尼娅决定她是否能以一个合理的价格出售手工装饰包。如果她的第一个包的成本很低，那么她可以制作和销售类似的包，并获得利润。然而，如果制作第一个包的成本是很高的，她将不得不设定一个更高的价格来覆盖成本。价格如果太高，就没有人会买这种包。因此，托尼娅可能会认为这些包不值得做。

阅读进展检查

回顾 哪种企业购买原材料或加工品，并将其加工成成品？

成本分类

企业需要考虑哪些不同类型的成本

无论你是经营一家大公司，如苹果公司，还是经营一家小公司，如一家当地的面包店，你都需要完整的成本信息来做出明智的财务决策。你必须明确你的成本，并确定哪些成本将会增加，哪些成本将保持不变。

成本习性（cost behavior）是指成本随着企业活动的变化而变化的方式。例如，当你的企业生产更多的产品时，一些成本可能会增加，例如更多的材料或人工。一些成本保持不变，不受产品生产数量或销量的影响，这些费用包括租金、税收和保险。在分析成本习性时，你通常要将成本划分为可变的和固定的。

可变成本

在产品成本核算中，可变成本（variable costs）是与生产活动水平成正比的成本。这意味着如果产量增加，可变成本就会增加；如果产量下降，可变成本就会降低。

为了理解成本习性，我们可以看一个例子。韦恩和娜奥米是美国原住民，他们想要开办一家小型企业——风河创造，手工制作美国本土的珠宝。他们打算购买金属带、珠子、皮革和其他材料，制作一些产品卖给当地的商店。他们租了一家小店，买了设备、材料和物资，还雇了两名当地的艺术家制作珠宝。

风河创造确定了 3 种可变成本：用于制作珠宝的直接材料、用于制作珠宝的直接人工和用于加工珠宝的物资。

直接材料　直接材料（direct materials）是用来制作成品的原材料。对于风河创造而言，这些材料包括金属、珠子、皮革、别针、包装材料和其他物品。韦恩和娜奥米计划生产 5 类珠宝，其中一种是日落手链。制造一条手链的直接材料成本为 4.30 美元。

直接人工（direct labor）是将原材料转化为成品所需要的工作。为了确定直接人工成本，要将生产该产品所花费的时间乘以员工的小时工资。韦恩和娜奥米付给员工的工资为每小时 12 美元。制作日落手链大约需要 15 分钟（0.25 小时），因此，每条手链的直接人工成本为 3 美元（0.25 小时 ×12 美元 = 3 美元）。

韦恩和娜奥米现在知道制作手链所需的材料和人工成本是 7.30 美元（4.30 美元的直接材料成本加上 3 美元的直接人工成本）。他们还必须考虑将要消耗的物资成本。它应该包括线材、焊料、胶水和喷漆等。韦恩和娜奥米估计，一条手链的物资成本是 0.35 美元。这使得每条手链的总可变成本为 7.65 美元，具体如下所示。

直接材料	4.30 美元
直接人工	3.00 美元
物资	0.35 美元
总可变成本	7.65 美元

随着生产更多的产品，每个产品的可变成本保持不变，但是企业的总可变成本增加。当生产更少的产品时，总可变成本就会降低。以下显示了可变成本对风河创造的影响。

经济学与你

供给和需求

当供给大于需求时，企业所有者可能会降低价格，以期增加需求。理论上，当价格下降时，需求会增加，当价格上涨时，需求会减少。因为需求并不总是对价格变化那么敏感，所以供求理论有例外情况。当需求对价格没有反应时，就是无弹性需求。当产品是必需品，没有替代品，甚至客户对某一品牌非常忠诚时，无弹性需求会发生。

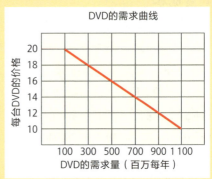

个人财务联系 作为消费者，你可以利用供过于求的时机，成为一个更精明的购物者。在这种情况下，你可以用很低的价格买到你需要的东西。只要商品没有保质期，你就可以把它们存起来，这样可以省钱。

批判性思考 如何将供求理论应用于就业和工资问题上？

	单位可变成本			总可变成本
7 条手链	7.65 美元	×	7	= 53.55 美元
10 条手链	7.65 美元	×	10	= 76.50 美元
18 条手链	7.65 美元	×	18	= 137.70 美元

固定成本

租金、保险和水电费是固定成本。**固定成本（fixed costs）**是即使生产活动或水平发生变化也保持不变的成本。不管生产多少产品，总固定成本都是一样的。例如，韦恩和娜奥米每月支付 700 美元租店铺。不管手链的制作数量多少，实际租金仍为 700 美元。记住，手链的售价必须超过所有固定成本加上所有可变成本，他们才能赢利。

 阅读进展检查

解释 什么是成本习性？

销售价格

企业如何决定销售价格

定价的两种方法是价值基础定价法和成本加成定价法。价值基础定价法是基于客户愿意为产品支付的金额以及该类型产品的市场价值来设定价格。价值基础价可以设定的最高水平由客户认可的该产品的价值决定，包括该产品的质量、服务、可用性和效益。

成本加成定价法是根据预期销售量和生产产品的成本来确定可以产生利润的金额。成本加成价格的设定是在支付产品的金额上加一定的百分比。例如，韦恩和娜奥米计划加可变成本的约70%，以弥补固定成本，并产生利润。每月固定成本总额为1 400美元。风河创造销售的珠宝有5种类型，所以每种类型的珠宝必须支付每月固定成本的1/5，或者20%，每款首饰的价格必须覆盖280美元的成本（1 400×20% = 280美元）。韦恩和娜奥米必须确定这一加成是否足够，即他们需要确定必须销售多少条手链来弥补固定成本和可变成本。

阅读进展检查

总结 一个企业所有者如何知道产品的加成是否足够？

边际贡献

什么是边际贡献

边际贡献（contribution margin）是指某一特定产品的销售为支付固定成本和企业利润所贡献的金额。边际贡献等于总销售额减去总可变成本。例如，一个产品的销售额为13 000美元，总可变成本为7 000美元，那么这一产品的边际贡献为6 000美元，这是产品对覆盖固定费用和利润的贡献。

机器人

　　许多制造企业依赖自动化，通常使用机器人来组装产品。用机器人替代人工有什么好处？

销售额	13 000 美元
减去可变成本	- 7 000 美元
边际贡献	6 000 美元（可用作固定费用的金额）

阅读进展检查

定义 什么是边际贡献？

盈亏平衡点
为什么销售产品的企业想知道盈亏平衡点

　　盈亏平衡点（break-even point） 是指总销售额等于总成本（可变成本和固定成本）的点。盈亏平衡点是指一家企业为了达到盈亏平衡或覆盖所有成本而必须达到的销售额。在盈亏平衡点，企业既没有利润也没有损失。

　　计算盈亏平衡点有助于企业所有者预测成本和销售额的变化如何影响企业的利润。盈亏平衡分析还可以确定必须生产和销售多少产品来覆盖费用。

　　例如，你想要计算韦恩和娜奥米要卖出多少条日落手链才能达到盈亏平衡，或者覆盖所有成本，可以用一个变量（如 n）来表示达到盈亏平衡所需的单位数量，在方程的左边，用单位销售价格乘以 n，在方程的右边，用单位可变成本乘以 n 再加上总固定成本，解出 n。如果某一产品的单位销售额为 1 300 美元，单位可变成本为 700 美元，总固定成本为 12 000 美元，要想达到盈亏平衡，必须卖出多少件商品？

$$1\ 300n = 700n + 12\ 000$$
$$1\ 300n - 700n = 12\ 000$$
$$600n = 12\ 000$$
$$n = 20$$

　　盈亏平衡是指企业必须用它来覆盖所有成本的销售额。在后面的计算中，日落手链的盈亏平衡销售额为 689 美元 / 月（53 条手链 × 13 美元 = 689 美元）。

　　接下来的计算显示了数学的准确性。

我们的世界

韩国

准备增长

当新技术出现时，企业很快就会注意到，新企业的成立是为了创新或向消费者提供新技术。成熟的企业找到了将技术融入运营的方法，以使生产流水线适应不断变化的市场。技术创新会促进经济高速增长，韩国政府和人民意识到了这一点，整个国家都接受了宽带学习。85%的韩国家庭使用宽带互联网服务，超过2/3的韩国人经常使用互联网。韩国政府通过现代化的国家基础设施和宽松政策来鼓励竞争，使得这一技术成为一项全国性的举措。其结果是，韩国拥有世界上速度最快的便宜宽带。新的电信公司开始向大量人口提供服务。网络游戏已经成为韩国全国性的消遣方式，成功的游戏玩家的名气与美国体育明星相仿。

批判性思考

1. **扩展** 研究韩国的休闲活动，宽带互联网服务的创新如何影响韩国的休闲活动？
2. **关联** 美国能从韩国实施宽带的模式中学到什么？我们面临哪些限制？

数据库

首都
首尔

人口
49 039 986

语言
韩语

货币
韩元

国内生产总值
1.198万亿美元

人均国内生产总值
33 200美元

工业
原油生产、石油炼制、基础石化、氨、工业气体、氢氧化钠(烧碱)、水泥、化肥、塑料、金属、商业船舶修理、商业飞机修理、建筑

农业
小麦、大麦、西红柿、西瓜、大枣、柑橘、羊肉、鸡、鸡蛋、牛奶

出口
石油及石油产品

自然资源
煤、钨、石墨、钼、铅

计算 数学

盈亏平衡点

通过计算每月固定成本和销售产品的单位可变成本，企业可以计算出一件产品必须销售多少单位才能实现盈亏平衡。

示例　风河创造每条日落手链售价13美元，手链的单位可变成本是7.65美元，日落手链的月固定成本预计为280美元，企业要卖出多少条日落手链才能达到盈亏平衡？

> **公式**
>
> 盈亏平衡销售额 = 可变成本 + 总固定成本
>
> 单位销售价格 n = 单位可变成本 n + 总固定成本
>
> **答案**
>
> 13.00美元 n = 7.65美元 n + 280.00美元
>
> 13.00美元 n − 7.65美元 n = 280.00美元
>
> 5.35美元 n = 280.00美元
>
> n = 280.00美元 ÷ 5.35美元
>
> n = 52.3条
>
> 为了达到盈亏平衡，风河创造每个月必须出售53条日落手链。

轮到你了

你的妹妹周末在海滩上售卖定制的印花T恤，销售的固定成本总计345美元。如果一件t恤卖20美元，而单位可变成本是11.50美元，她应该卖出多少件T恤才能达到盈亏平衡？

	总计	单位
销售额（53 条 ×13 美元）	689.00 美元	13.00 美元
更少的可变成本（53 条 ×7.65 美元）	−405.45 美元	−7.65 美元
边际贡献	283.55 美元	5.35 美元
更少的固定成本	280.00 美元	
净收入	3.55 美元	

对韦恩和娜奥米来说，幸运的是，在过去几个月里，风河创造平均每月销售 70 至 80 条手链，超过了盈亏平衡点。按照目前的销售速度，这款手链的边际贡献已经覆盖了它在固定成本中所占的份额，并为公司带来了净利润。

韦恩和娜奥米通过在盈亏平衡方程中代入不同的数字，可以分析销售价格、成本、销售量等方面的变化如何影响利润。如果只卖出 45 条手链呢？如果可变成本增加 2 美元呢？如果卖出 75 条手链，利润是多少？这些问题是财务分析的重要组成部分。如果你是一名企业主，你必须预计或预测市场的变化，并在实际发生变化之前准备好备用计划。使用这些方法来分析财务的可能性，并为变化做好准备，可以帮助企业保持增长。

回顾关键概念

1. **识别**　定价的目标有哪些?

2. **解释**　零售企业如何决定销售价格?

3. **定义**　什么是产品成本核算?

4. **描述**　什么是可变成本和固定成本? 举例说明。

5. **解释**　什么是盈亏平衡点?

延伸思考

6. **关联**　对不同群体的激励措施如何影响经济?

21世纪技能

7. **收集和评估信息**　作为一个在管道维修和一般家庭护理方面拥有多种技能的人,你正在考虑开设一家提供家庭维修和杂工服务的公司。你意识到你将会和大型管道维修公司以及其他专家进行竞争,列出你计划提供的服务,然后上网寻找你所在地区类似服务的提供者,并对竞争情况进行评估。写一份营销计划,说明你将如何通过推广你的服务,让潜在客户把你和竞争对手区分开来,以增加你的市场份额,从而增加你的业务。

数学

8. **可变成本**　塑料模具公司生产某一产品,用于制造成品的直接材料成本为每单位12.50美元,将原材料转换成成品的单位直接人工成本为5.75美元,该特定产品生产过程中使用的物资为每单位1.10美元,那么每单位该产品的总可变成本是多少? 如果你生产75个单位,总可变成本是多少? 如果生成125个单位呢?

数学概念 **计算可变成本**　计算特定产品的总可变成本,方法是确定该产品的单位可变成本,并用单位成本乘以生产的总单位数量。

提示　通过确定单位直接材料成本、直接人工成本和物资成本,把这些加在一起,就可以计算出单位产品的总可变成本。

企业增长的来源

企业有哪些不同的增长来源

所有成功企业运作的关键是增长。企业，无论是小型个人独资企业还是大型企业，它的发展和个人的发展类似。它们必须成长和成熟，才能获得成功。一个不增长的企业最终可能远远落后于竞争对手。

企业增长可以来自很多方面，也可以用很多方法来衡量。企业增长可能源于以下方面。

- 客户数量。
- 销售额。
- 市场份额。
- 员工。
- 生产线。
- 利润。

对任何企业来说，这些都是增长的重要方面，也是成功的指标。然而，企业应该仔细计划和促进增长。合理的财务规划对企业的扩张决策至关重要，但你的企业并不是每个方面都需要每年增长。对于一家企业来说，规模越大并不一定意味着越好。如果一家企业发展过快或在错误的领域发展，都可能导致严重的财务问题。

计划增长以实现短期和长期目标，是财务成功的关键。如果你拥有一家企业，企业的短期目标反映了需要集中努力的领域。

第一年你可能会把重点放在增加客户数量上，第二年，你可能会开发新的产品线。随着一个目标领域的增长，其他领域也可能增长。例如，今年你专注于增加客户数量，你的销售额和利润也会增长。一个领域的主要增长常常会使其他领域次要增长。

客户

增加新客户通常会增加销售额，更多的销售额通常会带来更多的利润。增加客户数一直是企业的首要目标，新客户的增加通常是两个因素的结果：有效的广告和促销，以及满意客户的推荐。

潜在客户必须知道企业所在的位置，并且必须相信从企业购买产品将是一种积极的体验。你可以控制你的广告和营销计划，但你无法控制客户推荐。满足客户的需求是建立稳固的客户基础的关键。

本节目标

- 识别并描述企业增长的形式。
- 总结利润计划。
- 描述增长计划的重要性和面临的挑战。

阅读进行时

预测 你认为企业可以通过什么方式增长？

重要职业

马克斯韦尔·塞巴斯蒂安　首席财务官

每家公司都需要有人来处理企业的财务问题，那就是我，我喜欢制定有助于实现长期目标的短期目标。我是一家摩托车零件连锁店和服装零售连锁店的首席财务官。在日常工作中，我负责指导公司的整体财务政策、程序和报告，不断提高赢利能力，以保持每年30%的增长率。我管理所有的财务职能，包括会计、预算、现金流管理、银行关系、风险管理、库存管理和税务。除了会计知识，我还需要了解美国联邦和州的法律法规以及国际贸易的发展。整个会计部门都向我汇报工作，我的生活很美好，但是这份工作要承担很多责任和压力。如果你精通商业知识并热爱财务，你可以成为一名首席财务官。

职业探索

通过互联网，获取更多有关高级管理人员的职业生涯信息。

1. 为什么首席财务官需要了解定价原则？

2. 除了预期的工作职责之外，首席财务官还有其他哪些职责能证明他应取得高额薪酬？

职业细节 ➤

技能	教育	职业道路
会计、分析、沟通、计算机、决策、数学、解决问题和长期规划、能够看到全局、能够应对压力、灵活、具有良好的判断力、独立、喜欢和人打交道、喜欢和数字打交道	工商管理、会计、经济、金融等学士学位或硕士学位，注册会计师认证，参加研讨会、会议和培训项目可以增加工作选择	首席财务官是高级管理人员，通常经过多年在其他职位如会计师、注册会计师、理财规划师和商业战略家的工作后，才能胜任这一岗位

销售

销售的增长也是企业增长的一个来源。然而，当销量增加时，你必须有能力应对更大的销量，这样你才能继续满足你的客户。如果销售增长过快，而你没有足够的员工，你的客户服务质量可能会受到严重影响。此外，你必须确保你有足够的产品供给。

市场份额

衡量增长的标准是企业在现有市场中的份额。如果你的公司去年占市场大约15%的份额，而今年市场份额已经上升到19%，那么你的公司已经实现了积极的增长，这是公司通过有效广告和促销活动来保持竞争力的证据。

市场渗透

市场渗透（market penetration）是你在目前的市场上增加销售额的一种尝试，你可以用多种方法来做这件事。你可以找到方法让你的客户更频繁地使用你的产品，以发现产品的其他用途和优势。你可以设法吸引竞争对手的客户。零售商店的老板可能会把店设在竞争对手附近，以鼓励消费者比较购物。

增加当前市场销售额的另一种方法是你在现有市场上寻找那些不使用你产品的人。在商店中进行产品演示是一种方法，不选择你的产品的消费者会立即看到并体验你的产品。

市场开发

企业可以扩大产品市场，使产品进入当地、全国，甚至全球范围的新市场。特许经营是实现增长的一种方式。特许经营商出售以公司名义经营企业的权利，它将提供培训、招聘和其他方面的帮助，如培训手册和市场分析。

特许经营的优势　特许经营最大的优势之一是你可以用别人的钱来扩大企业。特许经营也使你可以轻松管理不断增长的企业。通过特许经营，你可以亲自培训你的特许经营者。反过来，他们雇用员工并对为他们工作的员工负责，你不必监督员工。

特许经营的劣势　特许经营也面临着挑战，这就像重新开始你的企业一样。你必须准备培训手册，写操作说明，对市场和竞争对手进

过犹不及

　　如果这家商店的经理订购了太多的足球，未售出的足球将不得不储存到下个赛季。零售商店在订购要销售的商品时面临哪些持续的挑战？

行分析。

此外，建立特许经营结构的成本也在增加，有法律、会计、咨询和培训等费用。特许经营要赢利可能还需要很长时间。在某些情况下，你可能需要等待 3 到 5 年才能获利。

全球化　你不应该把你的增长限制在美国。总部设在美国的特许经营商遍布欧洲、亚洲和世界其他地区。

除了特许经营外，许多企业也形成了合作关系，并在全球市场取得巨大成功。外国商人来到美国寻求特许经营权和合作伙伴，他们想把成功的商业理念带回自己的国家。

员工

随着市场份额和销售额的增加，你必须保持适当数量的员工来促进增长，雇用更多的员工来满足客户的需求，这是企业积极增长的迹象。但是，你需要以适当的方式雇用更多的员工，因为薪资是企业的一项主要支出。

产品开发

产品开发是增加销售额的另一种方式。在开发新产品线时，企业

计算　数学

目标销售额

企业至少销售多少产品才能获得利润，是企业成功的关键。

示例　风河创造每条日落手链售价13美元，手链的单位可变成本为7.65美元，月固定成本为280美元，目标利润是每月500美元。风河创造要卖多少条日落手链才能达到目标利润？

> **公式**
> 目标销售额＝可变成本＋固定成本＋目标利润，单位销售价格n＝单位可变成本n＋固定成本＋目标利润
> **答案**
> 13.00美元n＝7.65美元n＋280.00美元＋500.00美元
> 13.00美元n－7.65美元n＝280.00美元＋500.00美元
> 5.35美元n＝780.00美元
> n＝780.00美元÷5.35美元
> n＝145.8条，即146条手链
> 风河创造必须出售146条日落手链才能实现目标利润。

轮到你了

你在学校赞助的体育赛事上卖冰沙。每个冰沙定价是3.5美元，单位可变成本为1.25美元，销售的月固定成本应该是150美元，你的目标利润是每月400美元，那么你应该卖多少冰沙？

要仔细分析潜在市场，并估计利润，为扩张而扩张并不总是积极增长的源泉。

新产品线应能确保拥有新的销售市场和良好的利润。不幸的是，许多小型企业取得了财务上的成功后，却将业务扩大到无利可图的新领域。

利润

企业成功的关键指标之一是利润的增长率，获取利润对你的企业至关重要。只有利润增长，你的企业才能生存。然而，为增加利润做计划往往说起来容易做起来难，企业可以通过多种方式获取利润。

阅读进展检查

识别 建立稳固的客户基础的关键是什么？

利润计划

企业如何计划赢利

公司经理经常评估成本和利润，以确定如何使利润最大化。他们使用盈亏平衡分析来测试可能的变化，并确定这些变化如何影响未来的利润。运用分析结果，经理们预测销售情况并为企业计划财务活动。

设定目标利润

计划过程的一个重要部分是设定目标，一个普遍目标是增加净收入或利润。目标利润（target profit）是企业设定的净收入目标。例如，你可能想要做一个新的商品系列或者开设新的经销店或商店，为了实现目标，你需要获得一定金额的利润。

假设韦恩和娜奥米想在接下来的 6 个月里通过日落手链的销售获得每月 500 美元的利润。如果销售价格和成本保持不变，他们需要卖出多少条手链才能达到这个目标利润？

目标销售额（target sales）是企业为达到目标利润而需要实现的销售额，目标销售额方程式如下。

目标销售额 = 可变成本 + 固定成本 + 目标利润

短的上架期

　　品味在变化，潮流也在变，每天都有新产品问世。有哪些产品是短期销售的？

　　使用目标销售额方程，你可以计算一家企业必须销售多少单位商品才能达到目标利润。以变量 n 代表达到目标利润所需的单位数，在等式的左边，将单位销售价格乘以 n。在等式的右边，将单位可变成本乘以 n 再加上固定成本和目标利润，求 n。

　　风河创造每月销售约 70 至 80 条手链，销量每月增长约 10%。如果在接下来的 6 个月里，风河创造的月销量将以每月约 10% 的速度增长，到第 6 个月，该公司将销售约 124 条日落手链。

　　假设销量为每月 70 条，预计销售情况如下（假设销量每月增长 10%）。

1 月	77 条
2 月	85 条
3 月	94 条
4 月	103 条
5 月	113 条
6 月	124 条

控制扩张

　　小型企业扩张通常是一件好事，但不应该扩张得太快。你能说出你所在地区一家扩张后出现财务问题的公司吗？

技术

在课堂和工作中，有效运用技术是一项重要的技能。现在和未来的职业都将继续依赖技术。为了获得成功，你应该能够使用技术来研究、组织、评估和交流。此外，熟悉并利用数字技术和通信工具（如智能手机或平板电脑）访问、创建和呈现信息也很重要。

写作任务

设想一个你使用或看到某人使用技术访问或呈现信息的情景。写一个或多个段落来描述情景，并解释使用技术产生的影响。

风河创造每月必须卖出 146 条手链，才能实现 500 美元的目标利润。韦恩和娜奥米认为这是一个不切实际的期望，他们的结论是，400 美元的目标利润更为现实。通过对目标销售额的计算，他们确定每月必须销售 128 条手链，才能达到 400 美元的目标。

安全边际

当你分析目标销售额和目标利润时，你应该考虑如果没有达到目标会发生什么。你的安全边际表明，企业在出现亏损之前，销售额可以下降多少。**安全边际（margin of safety）** 是目标销售额减去盈亏平衡销售额，表示销售额达到盈亏平衡点的风险量。较高的安全边际意味着销售额跌至盈亏平衡点以下的风险较小。

韦恩和娜奥米计算了日落手链的安全边际，如下。

目标销售额（实现利润 400 美元）	1 664.00 美元	128 条手链
减去盈亏平衡销售额	-689.00 美元	-53 条手链
安全边际	975.00 美元	75 条手链

安全边际是 975 美元，也就是销售 75 条手链，这意味着在企业出现亏损时，销售额可能会比目标销售额低这么多。对于风河创造来说，这个目标销售额是相当安全的。

 阅读进展检查

对比　目标利润和目标销售额之间的区别是什么？

增长的挑战

影响企业增长能力的因素有哪些

如果你的企业成功了，它很可能会增长。如果你做了有效的计划，你的企业也会增长。

你应该考虑你的企业是否为增长做好了准备，有几个因素会影响企业的增长能力。

- **市场特征**——如果你的利润市场太小，你的企业可能无法增

盈亏平衡分析

如果你管理或拥有一家零售商店，你需要分析你的商品定价、成本和销售额，以确定你是否在赢利。盈亏平衡分析工作表可以帮助你确定赢利能力，它包含以下信息。

- 分析产品的名称。
- 确定定价以及固定成本和可变成本。
- 计算实现盈亏平衡的最少销售量。

盈亏平衡分析工作表

商店:	莎莉的饰品店
地点:	伊利诺伊州斯科基，
	129时尚之路
产品系列:	珠宝
时间:	从6月20日开始的6个月

项目	单价（P）	单位可变成本（V）	固定成本（F）	盈亏平衡点（n）Pn = Vn + F
手表	49.99美元	23.25美元	2 000美元	75
项链	79.95美元	29.50美元	2 000美元	40
戒指		40.00美元	2 000美元	40
手链	19.95美元	4.50美元	2 000美元	130
耳环	41.50美元	12.00美元	2 000美元	68

关键点 固定成本包括租金、水电费、保险费、广告费和管理费等费用。

寻找 解决方案

回顾关键概念

1. 为期6个月，分配给珠宝部门的固定成本总额是多少？

2. 项链的盈亏平衡点是多少？

3. 哪类项目的加成最高？

4. 如果莎莉提高手链的价格，盈亏平衡点会如何变化？

5. 莎莉的饰品店的戒指的成本是多少？

长。为了进一步发展，企业必须向外扩展到新的市场领域。

- **多个网点**——因为有多个位置，你必须确定你的主要操作位置。你还需要为其他地点配备人员。
- **授权**——许多小企业主成功地开创了自己的企业，然而，他们可能不具备组织其他人来完成扩展任务的技能，这时可以考虑聘请一个人来担任经理。
- **行业创新**——如果你所在行业的增长依赖于创新或不断变化的想法和产品，你就必须比潮流走得更快。
- **系统和控制**——有效的系统和控制需要用在管理、营销、财务和记录、保存等方面。

 阅读进展检查

扩展 什么时候考虑聘用经理是个好主意？

 阅读结束后

联系 将定价目标与做定价决策时涉及的因素联系起来。

计划和增长

为什么计划很重要

当你预测企业的财务前景时，你必须仔细分析你将把利润花在哪里。增长是重要的，但前提是要仔细分析、计划和控制增长。良好的计划通常会带来企业的增长，糟糕的计划可能会导致你破产。

以下几点不能保证企业成功，但忽视它们可能导致企业失败。

- 在设定短期和长期目标时，做出合理的财务决策。
- 设定切合实际的财务目标。
- 控制费用和成本。
- 经常分析财务报表。
- 分析你的竞争对手。
- 评估当前的经济状况。
- 保持储备金。

你用于投资企业的资金可能总是有限的。然而，详细的计划和财务分析应该可以为你提供所需的知识，以用于明智的投资决策和进一步的精心计划，以及可控的企业增长。

回顾关键概念

1. **识别**　命名并描述企业增长的形式。

2. **总结**　什么是利润计划?

3. **描述**　增长计划的挑战和重要性分别是什么?

4. **解释**　特许经营的优势和劣势是什么?

延伸思考

5. **解释**　企业增长通常被认为是一件好事,在什么情况下小型企业扩张可能是不明智的?

语言艺术

6. **增长的烦恼**　企业主需要在企业出现问题时进行计划,也需要在事情进展顺利时进行计划。当企业准备好迎接增长时,企业可以更好地应对增长带来的变化和挑战,并且可以实现企业在创立时设定的目标。选择你想创立的企业,用海报、拼贴画或其他形式进行展示,以直观地呈现可能阻碍企业增长的3件事和可能促进企业增长的3件事。

数学

7. **目标销售和安全边际**　文森特和马略开始经营销售数字闪存卡的企业。他们已经估计了与企业相关的成本以及销售价格。他们决定以每包52美元的价格出售闪存卡,每包的可变成本为20美元,而固定成本为600美元,他们的目标利润是1 000美元。为了达到目标利润,他们需要销售多少包闪存卡? 销量和销售额的安全边际是多少?

数学概念　**计算安全边际**　计算安全边际,先确定目标销量和保本点,再从目标销量中减去盈亏平衡点的销量来确定安全边际。

提示　利用本章提供的公式确定目标销售额,目标销售额=可变成本+固定成本+目标利润或单位销售价格n=(单位可变成本n)+固定成本+目标利润,求出n。

定价、成本核算和增长

扩大你的生意

所有企业成功运营的关键是增长。

激励

企业所有者必须考虑定价目标，并在做出定价决策之前考虑成本、竞争和经济状况。

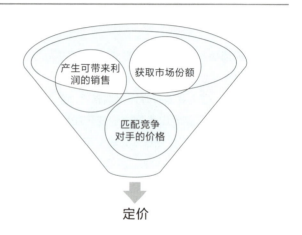

试一试

绘制如右所示的图，写下业务谨慎增长的计划。

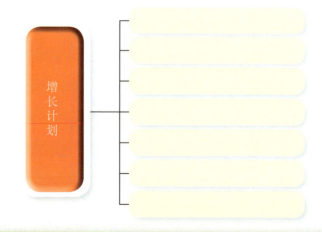

章节评估

章节总结

- 在企业中，产品成本加成定价法是：将基于商品成本的加成添加到实际成本中。加成是营业费用加上利润率。在制造业中，产品成本是原材料加上加工成本，再加上利润。

- 可变成本，如直接材料成本和直接人工成本，随着生产水平的变化而变化。尽管生产水平发生了变化，但固定成本保持不变。

- 通过确定边际贡献率和盈亏平衡点，企业可以设定有吸引力的价格，同时确保企业赢利。

- 企业通过增加客户、销售额、市场份额、员工、商品种类和利润来实现增长。

- 利润计划是通过设定目标利润和估算安全边际（目标销售额减去盈亏平衡销售额）实现的。

- 实现目标利润所需的目标销售额等于可变成本加上固定成本，再加上目标利润。安全边际是指企业在出现亏损之前，销售额可以下降的幅度。

- 计划增长将使企业以可控的方式增长，并为利用机会做好准备。

词汇复习

1. 用每个术语写一个陈述句，让同学判断是对还是错，并解释原因。

- 定价
- 产品成本加成定价法
- 加价
- 制造企业
- 产品成本核算
- 成本习性
- 可变成本
- 直接材料
- 直接人工
- 固定成本
- 边际贡献
- 盈亏平衡点
- 市场渗透
- 目标利润
- 目标销售额
- 安全边际
- 收益率
- 预测
- 适应
- 满足

延伸思考

2. **描述** 如果一家企业以其买进产品时支付的价格出售其所有的产品，会发生什么？

3. **分析** 衣服经常加成超过100%，这对于你在商店里支付的价格意味着什么？决定价格的因素还有哪些？

4. **考虑** 为什么企业对容易销售的产品或提供的服务定价不正确是很常见的？

5. **提议** 如果企业面临成本增加，它如何用定价来应对？

6. **拓展** 除了价格，营销人员还需要通过什么手段来达到提高市场份额的目的？

7. **评估** 有时候，作为增长计划的一部分，公司必须淘汰一个成功的产品，有哪些因素可能使公司停止生产某种产品？

8. **推断** 企业的储备金如何影响增长机会？

9. **证明** 增长是需要计划和指导的还是顺其自然的？请证明你的答案。

大学和职业准备

社会研究

10. 法律和道德定价　美国联邦和州政府有控制价格的法律。营销人员和零售商必须意识到他们在定价方面的权利和责任。一种非法策略是"诱饵和转换广告"，这种情况是指企业为不打算出售的商品打出低价广告("诱饵")。当客户询问广告上的商品时，销售人员会说商品已经卖完了，然后给客户推荐一件价格更高的商品("转换")。上网看看，美国至少有3部已经颁布的法律，旨在保护消费者和企业主免受不公平定价行为的影响。为每一部法律写一个简短的总结，并与全班同学分享你的发现。

数学

11. 盈亏平衡点　贾斯汀和布里耶什正在考虑创业。在开始之前，他们想清楚盈亏平衡点，以此来判断这是否是一个有价值的项目。他们决定以每件17美元的价格销售一种特定的产品。该产品单位可变成本为5美元，包括直接材料成本、直接人工成本和所需物资的成本。总固定成本为500美元，计算盈亏平衡点，并解释这对他们意味着什么。

数学概念　**计算盈亏平衡点**　计算产品的盈亏平衡点，要确定总销售额等于总成本时所需要销售的产品数量。

提示　首先确定单位产品的销售价格，再确定单位可变成本和总固定成本，使用公式：单位销售价格n＝单位可变成本＋固定成本，求出n。

语言艺术

12. 顾客关系　迈克尔是一家女装店的部门经理之一。一位顾客走近他，手里拿着两件衣服，仅仅尺码不同。顾客在少年区找到的那件已经降价到35美元，但是她在小码区找到的那件仍然标价50美元，少年区的衣服没有在小码区降价出售，因为那个区的买家并没有低价需求。迈克尔不想失去这个顾客，写一段话，说明顾客要求以较低的价格购买这件高档连衣裙时，迈克尔应该对顾客说些什么。

经济学

13. 竞争　快餐店的定价如果过高，而提供的服务效率低下，或者员工缺乏礼貌，就有失去顾客的风险，这是因为顾客会选择价格更低、食品质量更高、服务更好的餐厅。了解竞争的好处和限制竞争的成本有助于消费者评估公共政策，这些政策影响着各个市场的竞争水平。为什么竞争是成功市场的一个有利和必要的方面？

实际应用

14. 手机　手机公司以各种各样的方式做广告，以瞄准具体的市场。让父母和孩子在白天保持联系的家庭计划非常受欢迎，面向大学生和其他年轻人的预付费计划也很受欢迎，手机计划的什么因素会吸引你？1983年生产的世界上第一款商用便携式手机的零售价为3 995美元，想想近年来手机价格变化大的3个原因，并至少列出3种近年来价格下降的商品。

你的资产组合

企业扩张的魔法

维克多·摩根从8岁起就以"摩根大帝"的名字表演魔术,现在他已经16岁了,他想从在学校活动和朋友及家人的生日聚会上表演扩展到专业表演,他已经有了自己的网站和一个表演视频。

为了扩张企业,他写下了他可以采取的策略和行动。

制作一份传单和一封我可以发给潜在顾客的信	联系当地公司人力资源部门的员工,让他们知道可以参加员工活动和节日聚会
联系当地销售或租赁聚会用品的商店,询问我是否可以张贴传单,如果有人要找艺人,他们是否可以推荐我	联系一家公关公司,进行免费表演,以让它帮助我宣传
联系当地商会,了解它什么时候举办街头集市或手工艺品展览会	联系婚礼策划者,看看他们是否会推荐我参加婚礼娱乐活动
打电话给当地的报社,询问是否有人可以写一篇关于我的文章	去冰激凌店看看能不能张贴传单

计算

选择你所在地区的一家企业,在一张单独的纸上,列出8项可以改善或扩大业务的策略和行动计划,总结策略如何影响企业。

3

回顾与评估
寻找资金和赚钱

问自己

你可以从哪里获得创业所需的资金? 你如何确保企业产生足够的利润来维持经营? 为什么产品或服务的价格会因企业而异? 回答这些问题可以帮助你拟订一个健全的财务计划, 建立能赢利的企业。

你的目标

本项目的目标是为新企业制订财务计划, 探索产品和服务的定价, 以助于确保利润, 并创建演示文稿, 在班级里分享你的结果。

你将使用的技能

成功地确定目标并为目标做好财务准备, 取决于你的技能。你可能会用到以下技能。

学术技能——阅读、写作和研究。

21世纪技能——批判性思维、做决策、口语能力、听力能力和角色扮演。

技术技能——文字处理、键盘输入、演示软件和网络研究。

第1步　探索资金来源

所有企业都需要启动资金来购买设备、准备库存或打广告。考虑一种你想创立的企业类型。

你会销售什么产品或者提供什么服务? 研究类似的企业以及它们的财务状况, 然后回答以下问题。

- 你是否有足够的资金作为启动成本、运营成本和储备金?
- 如果是小额资金(低于1 000美元), 你会考虑哪些融资选择?
- 你可以从哪里获得更多的融资?
- 如果你需要一大笔钱, 你会试图从某个来源获取全部资金, 还是从不同来源获取资金?

你的回答将有助于指导你确定新企业的需求和制订企业计划。想想你最可能通过哪些资金来源融资, 然后编制一份财务计划。请记住, 这将是一个活动文档, 一旦你确定了新企业的具体内容, 并能够计算实际的启动成本和运营成本, 你就可以在以后的日子里更新和完成该文档。

第2步　了解定价

你的企业如何赢利? 你将如何对特定的产品和服务收取费用? 为你的产品或服务搜索竞争对手和定价的信息。

- 你需要用多少收入来覆盖工资或日常开支?
- 你的竞争对手对类似产品或服务如何收费?
- 你会在成本上加多少? 如果成本上涨, 你会提高价格吗?

写一段话解释你打算如何为你的产品或服务定价,然后做出解释,说明你会如何控制开支,以获得更多的利润。

 第3步　建立联系

在你的社区里采访一位值得信赖并且拥有或管理本地企业的成年人,询问公司如何设定和调整价格以确保赢利能力,谈谈你的商业想法和定价计划,询问对方你的定价计划是否现实。

- 根据你的研究和确保利润的计划,提出要采访的问题。
- 做好笔记,准确地记录回答的内容。
- 练习积极的倾听技巧。
- 礼貌而专业地回应。
- 如果你有不明白的地方,可以要求对方详细解释。
- 通过开放式的问题鼓励专业人士分享。
- 输入你的笔记内容和对受访者回答的总结。
- 根据采访中的信息,适当调整你的定价计划和财务计划。

第4步　起草报告

使用项目清单来计划和创建演示文稿。

第5步　评价演示文稿

对展示的评价依据如下。

- 评价量规。
- 财务计划的内容和组织性。
- 定价计划的创造性和逻辑性。
- 沟通技巧。

项目清单

计划
✓ 选择一种你想创立的企业类型。
✓ 探索新企业可能的资金来源。
✓ 研究定价方法,并考虑方法如何增加或维持利润。
✓ 采访你社区里拥有或管理本地企业并且值得信赖的成年人。

写作
✓ 开始制订一个财务计划。
✓ 写一段文字来解释你的产品或服务是如何定价的。
✓ 写一段文字说明你如何控制费用以助于保持赢利。
✓ 列出你的问题。
✓ 输入对受访者的总结。

展示
✓ 为你的演示文稿创建大纲。
✓ 增强视觉效果并使用技术来改进你的演示文稿。
✓ 清晰而简明地表述。
✓ 呈现你的财务计划和定价方案。
✓ 分享你增加或维持利润的计划,呈现你的访谈结果。
✓ 回答班里同学提出的问题。

第4篇

4 规划个人财务

看图说话

你的技能、兴趣和优势可以引导你获得一份回报丰厚的工作，这将帮助你实现财务目标。哪些因素可能影响你的职业道路？

你所在的世界

发现一种职业

你有没有想过，为什么有些人在工作中获得了很大的满足感，而有些人只想满足最低要求？与其他决策一样，选择职业也需要规划。在规划职业时，要确定自己的兴趣和优势，并思考如何将兴趣和优势应用于职业领域。将此信息与你对就业行业的研究结合起来，帮助自己选择未来的职业发展道路。你认为你的优势和兴趣与哪些职业或职业领域相符？

大学和职业
准备

职业规划　职业规划通常从年纪很小的时候就开始了。例如，许多孩子梦想成为一名消防员或飞行员，几年之后就改变了主意。你对职业生涯最初的想法是什么？你改变主意了吗？解释改变或者没有改变的原因。

经济学与你

就业增长

你是否曾与某人交易棒球卡或午餐券？国际贸易是可以互惠互利的，甚至在国内创造了就业机会。例如，美国从日本进口汽车，日本将这些收入用于从美国购买棉花和飞机，那么在生产棉花和飞机以及营销和出售汽车的过程中，工作机会就被创造出来。考虑某种流行产品，制造和销售该产品时涉及哪些行业？这会如何影响就业增长？

10 个人财务规划

看图说话

制订一个如何花钱的计划，帮助你明智地购物。哪些因素可以帮助你决定买什么和不买什么？

探索项目

创建购买计划

关键问题

为什么在做出财务决策之前制订计划很重要？

项目目标

你有一个大家庭，但只有一台电脑供所有人使用。与家庭中的其他成员轮流使用电脑很不容易，因此你觉得，是时候购买自己的电脑了。你的家人同意了，所以他们赞助了你50美元，你的兼职收入大约400美元。 你想要的电脑是在电视上做过广告的笔记本电脑，当地商店的售价是775美元，但你的朋友直接从制造商那里购买的价格是725美元。为了在学年结束时使用这台电脑完成一项重大研究项目，你制订了一个循序渐进的财务计划，列出了你应该完成的任务，以及时购买笔记本电脑。

考虑以下内容

- 你当前的积蓄有多少可以合理地用于购买笔记本电脑？
- 你在这段时间内还有哪些其他开支？
- 购买电脑可能带来哪些风险？购买的收益是否会超过风险？
- 到今年年底，你还能攒多少钱？
- 为了获得购买笔记本的最优惠价格，你可以做些什么？
- 你计划中的哪些步骤可以确保你能够准确地跟踪支出和储蓄？

管理目标和时间

为购买笔记本电脑等行为创建的书面计划，如何帮助你管理时间并实现财务目标？

重要见解

财务规划可以带来财务独立和财务安全。

请教专家

资金计划

问： 我是一名高中生，我没有钱投资或购买房产，那么现在如何花钱对我又有什么意义呢？

答： 你不会一直是学生，现在学会如何明智地储蓄和花钱，能够帮助你了解如何在未来实现财务安全。在高中阶段，财务规划能够帮助你决定如何花钱、如何储蓄，以及如何投资特殊产品或对你而言重要的活动，你甚至可以买股票！

 写作任务

列出你想购买的5件或更多产品，写一份简短的报告，比较购买每件产品的成本和收益。你认为为每件产品攒钱分别需要多长时间？如何将此活动视为财务规划？

第10章 阅读指导

阅读开始前

基本问题 为什么现在学习规划对你未来的财务很重要?

中心思想

财务规划可以帮助你实现财务目标。

内容词汇

- 个人财务规划
- 目标
- 价值
- 流动性
- 服务
- 产品
- 消费者
- 利息
- 货币的时间价值
- 本金
- 未来价值
- 年金
- 现值

学术词汇

在阅读和回答问题时,你会看到这些词。

- 估算
- 消费
- 权衡
- 衍生品

使用图表

在阅读本章之前,请绘制如下所示的图。在你阅读时,请总结每种经济体必须解决的问题。

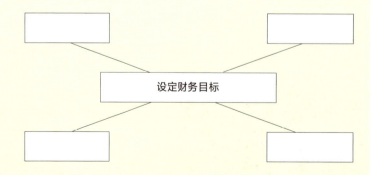

个人财务决策

财务规划的好处有哪些

什么是个人财务？是生活中一切涉及金钱的事情。**个人财务规划**（personal financial planning）是对支出、储蓄和投资资金的安排，以求生活舒适，获得财务安全以及实现财务目标。每个人都有不同的财务目标，**目标**（goal）是你想要完成的事情，例如，接受大学教育、购买汽车和创立企业。规划个人财务非常重要，因为它可以帮助你实现目标。同时，财务规划也需要你自己来做并执行。

财务规划的一些好处如下。

- 提高获取、使用和保护财务资源的效率。
- 通过避免过多的债务、破产和对他人的依赖来增加对财务的控制。
- 通过精心规划和良好的财务决策来改善人际关系。
- 从展望未来、预算开支和实现个人经济目标中，获得摆脱财务担忧的自由感。

我们每天都会做出数百个决策，这些决策大多数都很简单，而且几乎没有什么后果。然而，其中一些决策是复杂的，并且对我们的个人状况和财务状况有长期影响。虽然每个人都会做出决策，但很少有人会考虑如何做出更好的决策。财务规划可以被视作 6 个步骤，它能够适应任何生活状况。

第1步 确定你当前的财务状况

要确定你当前的财务状况，请列出与你的财务相关的项目。

- 存款。
- 月收入（工作收入、津贴、礼品和银行账户利息）。
- 月支出（你的花销）。
- 债务（你欠别人的钱）。

估算支出的一个好方法，是仔细记录一个月内你买的所有东西。你可以用一个小笔记本或电脑来跟踪记录开支。你确定了自己的财务状况后，就可以开始规划了。

本节目标

- 定义个人财务规划。
- 列出财务规划的6个步骤。
- 识别影响个人财务决策的因素。

阅读进行时

联系 你的财务目标是什么？哪些目标是你需要的？哪些目标是你想要的？

重要职业

杰森·康普兰德　个人理财顾问

作为国家银行的个人理财顾问，我负责发展、建立和管理客户关系。我的客户范围广泛，从开设第一个账户的高中生到寻求合适的金融产品和服务的商人都有。每个星期，我都会监督个人账户的财务运营情况，我会处理所有新账户的交易，并帮助客户选择合适的账户和银行投资选项。一直以来，我面临的挑战是识别每个个体的需求，并将这些需求与银行提供的服务相匹配。由于我对银行和股票市场的了解，我可以为客户提供建议，并协助解决有关财务状况的投诉和问题，我还为新雇员提供指导、培训和支持。如果你喜欢与人打交道，并通过帮助他们实现财务目标而获得满足感，那么个人理财顾问对你来说可能是一个很好的职业选择。

职业细节 ▶

技能	教育	职业道路
交流、客户服务、计算机、人际关系、数学、销售、交叉销售和第二语言	工商管理或经济学专业的副学士学位或学士学位	个人理财顾问可以成为持证私人银行家、区域经理或抵押贷款顾问

职业探索

通过互联网，获取有关个人理财顾问的职业信息。

1. 解释一下，既然有电子银行服务，为什么仍然需要个人理财顾问和贷款人员？

2. 这一职业未来会如何变化？

第2步　制定你的财务目标

为了制定明确的财务目标，请考虑一下你对金钱的态度，并问自己几个问题：现在花钱重要还是为将来存钱更重要？在高中毕业后找工作还是继续接受教育？选择的职业将来是否需要额外的培训或教育？个人价值观是否影响财务决策？**价值观（value）**是你认为重要的、正确的和可取的信念或原则，不同的人对不同的事物的价值观不同。

需要与想要　你应该定期分析自己的财务价值观和目标，进行分析的目的是区分你需要的和你想要的。记住，你需要的是生存所必需的东西，比如食物、住所和衣物。你想要的是你渴望拥有或愿意去做的。例如，你生活的地方冬天很冷，那么你就需要一件外套，所以你可能想要一件皮夹克，但其他较便宜的外套也能满足保暖的需求。只有你可以决定你所追求的具体目标，例如，你想存钱，你可以每月存50美元或每次薪水的15%。

确定可替代的行动方案

除非你知道所有的选项，否则你不可能做出正确的决策。通常你有几种可能的行动方案，假设你每个月要存 50 美元，你可能有以下选项。

- **继续执行相同的行动方案**。你可以选择不做任何改变。
- **拓展现状**。你可以决定将每月存的金额增加到 60 美元。
- **改变现状**。你可以投资股票，而不是把钱存入储蓄账户。
- **采取新的行动方案**。你可以使用这 50 美元来偿还债务。

并非以上方案都适用于每个决策，然而，在每种情况下，你都需要意识到决策的成本可能超过收益。

第4步 **评估你的替代方案**

在这一步骤中，作为财务规划的组成部分，你将评估你的替代方案。你可以使用可获取的财务信息的多种来源（见图 10.1），来了解自己的生活状况、目前的财务状况、个人价值观和当前的经济状况，并考虑每项决策的后果和风险。

财务信息的来源　决策制定过程的各个阶段都需要最新的相关信息。帮助你做出财务决策的常见信息来源有以下几个。

- 网络。
- 银行和投资公司等金融机构。
- 报纸、杂志、电视和广播等媒体资源。
- 财务规划顾问、律师和税务代理人等财务专家。

选择的后果　当你选择一个选项时，你就失去了其他可选项，你不可能选择所有选项。假设你想成为一名全日制大学生，又想获得全

了解你的选项

人们在进行常规购买时有多种选择。在旧货店、交换会或折扣店购物有什么好处？

职工作的收入，在选择接受教育时，至少在那一刻，你放弃了获得全职工作的机会。记住，机会成本是做出一个选择、放弃其他选项时需要付出的代价，上大学所付出的机会成本就是获得全职工作的收入。然而，选择后不仅要了解你可能会放弃什么，还包括你会获得什么。例如，通过上大学，你可以获得薪酬更高的工作。

评估风险 如果你决定在一条繁忙的城市街道上骑自行车，你就要承担发生事故的风险。同样，当你做出财务决策时，你也需要接受特定的财务风险，财务风险的类型有以下几种。

- **通胀风险** 如果你等到明年再买车，你就要接受价格上涨的可能性。

- **利率风险** 利率上升或下降可能会影响借款成本，或储蓄、投资获得的利润。

- **收入风险** 你可能会因为意外的健康问题、家庭问题、事故或工作领域的变化而失去工作。

图10.1 **财务规划的信息来源**

了解实际情况 有关财务规划的信息有多种来源。如果你想了解为上大学进行储蓄的相关信息，可以使用哪些来源？

1 **财务专家** 会计师、银行家、财务规划顾问、保险代理人、税务律师和税务代理人。

2 **技术** 电脑软件和网络。

- **个人风险**　在结冰的山路上驾车 8 小时是很危险的，为了节省飞机票钱而冒着风险开车，是不值得的。
- **流动性风险**　<mark>流动性（liquidity）</mark>是指在不损失价值的情况下轻松将财务资产转换为现金的能力。一些长期投资，如房产投资，很难快速产生现金。

第5步　制订并使用你的财务行动计划

行动计划是实现财务目标的方法清单。如果你的目标是增加储蓄，那么行动计划可能是削减预算中特定领域的支出，例如娱乐消费。如果想增加收入，你可能会找一份兼职工作，或者增加现有工作的时间，或者用你当前收入的一部分进行投资。你可以使用赚取的额外资金来偿还债务、存钱、购买股票或进行其他投资。

3 　**媒体**　图书杂志、新闻通讯、报纸、广播和电视。

4 　**金融机构**　银行、信贷联盟、保险和投资公司、储蓄和贷款协会。

5 　**教育**　高中及大学课程和研讨会。

文件探索

每月预算工作表

每月预算工作表可以帮助你分析和比较每月支出与每月收入之比，这种分析可以帮助你计划支出。每月预算工作表包含以下信息。

- 收入。
- 工资扣款。
- 实得工资。
- 其他收入。
- 支出。
- 收入减去支出。

珍妮特·洛佩兹的每月预算工作表			单位：美元
月收入	**数额**	**每月可变支出**	**数额**
工资（税前）	3 500	水电费（燃气费、电费）	75
津贴	0	电话/手机费	65
其他收入	35	日杂费	135
工资扣款		服装费	75
联邦税	700	信用卡	150
社会保险税	268	慈善捐款	25
州税	175	汽油费	85
地方税	35	个人用品支出	45
其他	0		
总实得工资	2 357		
每月固定支出		**每月可自由支配开支**	
存款	100	电影	15
租金/抵押贷款	750	个人爱好	35
车贷	425	餐饮	55
车辆及房屋保险	125	其他	155
人寿与健康保险	55	总支出	2 465
有线电视/网络费	95	**收入减支出**	**−108**

关键点 你可以通过确定实得工资来创建预算。实得工资是工资减去工资扣款后的数额，税收、工会会费和健康保险等都属于工资扣款。表中还列出了各项支出，一些支出是固定的，不会改变；可变支出则每月都在变化，不包括满足基本需求的支出。

寻找 解决方案

回顾关键概念

1. 解释固定支出和可变支出之间的差异。
2. 列出此工作表中未列出的其他可能支出。
3. 确定珍妮特是否有足够的每月收入用于每月支出。
4. 解释水电费为什么是可变支出。
5. 提出使预算表中收支平衡的建议。

在执行计划的同时，你要继续进行财务规划。随着年龄的增长，你的财务状况和需求发生了变化，这就意味着你的财务计划也必须改变，你应该每年都要重新评估并修改。

阅读进展检查

定义　什么是流动性？

确定个人财务目标

为自己设定财务目标需要考虑什么

为什么很多人都有资金问题？主要原因是他们没有计划如何使用资金。你可以通过目标明确的规划，来避免资金问题。

财务目标的种类

有两个因素会影响你对财务目标的规划，第一个因素是你实现目标的时间框架，第二个因素是促使你实现目标的财务需求类型。

实现目标的时间框架　目标可以根据实现所需的时间来定义。

- **短期目标**　需要 1 年或更短的时间实现（例如存钱购买电脑）。
- **中期目标**　需要 2 到 5 年的时间实现（比如为支付房屋首付存钱）。
- **长期目标**　需要 5 年以上才能实现（例如为退休做规划）。

短期目标可能会变成长期目标。每年都会有一些新目标出现，例如为假期出游或其他特殊活动准备的资金。还有一些目标只是偶尔出现，例如购买汽车。你的短期、中期和长期财务目标是什么？

目标的不同需求　理发与购买新车是不同的需求，理发是一项**服务（service）**，或者说是人或机器为你执行的任务；新车是一种**商品（good）**，或者说是生产出来的可以称重或测量的实际产品。你可能每天都会买瓶装水，但你可能隔五六年才会购买一辆新车。

如何建立和实现你的财务目标取决于目标是否涉及对消耗品、耐用品或无形品的需求。

- **消耗品**　指你经常购买并快速消费或消耗的物品，食品和洗发水、护发素等产品均属于这一范畴。

- **耐用品**　指你不经常购买的昂贵物品。大多数耐用品，例如汽车和大型家用电器，即使经常使用，也可以使用3年或更长时间。

- **无形品**　无法触及，但往往对你的健康和幸福很重要。无形品包括你的人际关系、健康、教育和闲暇时光，它们经常被忽视，但非常昂贵。

表10.1　**不同生活状况下的财务目标与活动**

财务目标　你的财务需求和目标在不同人生阶段会发生变化。10年之后你会有哪些现在没有的目标？

生活状况	财务目标与活动
年轻的单身人士	·获得职业培训 ·实现经济独立 ·获得健康保险 ·制订储蓄计划 ·谨慎管理信用
无子的年轻夫妇	·建立有效的财务记录跟踪体系 ·获得健康和人寿保险 ·实施预算 ·谨慎管理信用 ·制订储蓄和投资计划
有幼子的夫妇	·买房子 ·获得健康和人寿保险 ·建立大学基金 ·订立遗嘱，并为孩子确定监护人
有幼子的单亲父母	·获得健康、人寿和残疾保险 ·订立遗嘱，并为孩子确定监护人 ·建立应急基金
中年单身人士	·参与延税退休计划 ·评估并选择合适的投资 ·积攒足够的应急基金 ·审查遗嘱与遗产计划
不和孩子一起住的老年夫妇	·安排退休住房、生活费和活动 ·获得退休健康保险 ·审查遗嘱与遗产计划

目标设定的原则

如何做出良好的财务决策？你必须确定你的目标，然后确定实现每个目标的时间框架和需求的种类。但是，这些因素会随着你的生活而改变。你作为学生的财务目标与你结婚或有孩子以后的财务目标将会不同。表 10.1 显示了不同生活状况下的财务目标和活动。

设置财务目标时，你应遵循以下原则。

1. 财务目标应尽可能现实。

2. 财务目标应尽可能具体。

3. 财务目标应该有一个清晰的时间框架。

4. 财务目标应该能够帮助你确定要采取何种行动。

阅读进展检查

列出 无形品有哪些？

对个人财务规划的影响

哪些因素会影响你的个人财务规划

许多因素会影响你的日常财务决策，其中最重要的 3 个因素如下。

- 生活状况。
- 个人价值观。
- 经济因素。

生活状况和个人价值观

你成年以后，会经历许多变化。你可能会上大学，开始新的职业、结婚、生孩子，或者搬到新的城市，这些新的生活状况将影响你的财务规划。同样，你的个人价值观也会影响你的财务决策。

例如，安吉拉刚高中毕业，将在秋季开始上大学。她将离开家，住在大学宿舍里。安吉拉将开启她生命中一个全新的、激动人心的阶段。她重视独立，所以她计划在大二那年和一个室友搬到公寓去住。在那里，她将拥有更多的个人自由，但随着她的独立，她也会面临更多的财务责任。

经济因素

一个国家乃至全世界的经济因素都会影响个人财务，它们会在大多数人的日常财务规划和决策中发挥作用。经济学是一项关于做决策的研究，它研究如何制造产品和提供服务，如何分配和使用产品和服务。经济包括人们制造产品和提供服务、分配和使用产品和服务的方式等。要了解经济学和经济，你需要了解市场、金融机构，全球影响，以及影响全球和个人决策的经济状况。

市场　供给和需求的关系决定了产品和服务的价格。供给是可供出售的产品和服务的数量，需求则是人们想要购买产品和服务的数量。当对流行玩具之类的产品有很高的需求，或者公司不能制造足够的某种产品以满足需求时，产品的价格会上涨。当对产品的需求很少，或者公司生产的产品超过其销量时，产品的价格会下降。

金融机构　大多数人会与金融机构，包括银行、信贷联盟、储蓄和贷款协会、保险公司和投资公司等开展业务合作。金融机构提供的服务可以促进金融活动。例如，它们会处理储蓄和支票账户、提供贷款、出售保险，并为客户进行投资。

在规范金融机构活动的政府机构中，美联储在美国经济中负有重大责任。记住，美联储是美国的中央银行组织，它在美国经济中的主要作用是监管货币供应。美联储通过确定利率和购买或出售政府证券，来控制货币供应。它的决策会影响储蓄利率、贷款利率，并在某种程度上影响消费者购买产品的价格。

全球影响　你和你花的钱都是全球市场的一部分，这是另一个可以影响财务规划的经济因素。环视家中或教室中的物品，你会发现许多物品是由其他国家生产的。

每个国家的经济都会受到其他国家的影响。每个国家都希望其他国家的消费者购买自己的产品。当其他国家向美国出售的产品多于美国在对方市场上出售的产品时，更多的钱会流出美国，此时可用于支出和投资的资金减少，利率可能会上升。这种全球性影响也会影响财务决策。

经济状况

当前的经济状况也会影响你的个人财务决策。表 10.2 显示了经济状况如何影响财务规划，3 个重要的经济状况如下。

1. 消费价格。

2. 消费支出。

3. 利率。

消费价格 随着时间的推移，大多数产品的价格都会上涨。记住，产品和服务价格水平的上涨被称为通货膨胀。在快速通货膨胀时期，购买相同数量的产品和服务需要更多的钱。如果通货膨胀率是5%，计算机的价格以通货膨胀率增长，那么一台一年前价值 1 000 美元的计算机现在将花费 1 050 美元。

通货膨胀的主要原因是需求增加而供给没有增加。例如，人们由于加薪或借款而有更多的钱可以花，但是只能获得相同数量的产品或服务，那么价格就会上涨。通货膨胀对某些群体的负面影响尤其严重，比如收入可能不会增加的退休人员。通货膨胀率影响消费价格，并且每年都在变化。记住，美国劳工统计局发布的消费者价格指数是衡量消费者为一揽子固定产品和服务支付的价格的平均变化。在 20世纪 60 年代初，年通货膨胀率在 1% 到 3% 之间。从 20 世纪 70 年代末到 80 年代初，通货膨胀率每年攀升到 10% 至 12%。近几年，它每年降到 2% 至 4%。

消费支出 **消费者（consumer）**是购买和使用产品或服务的人。无论你什么时候买 CD、书、衣服、午餐，或者理发，你都是一个消费者。消费支出通过帮助创造和维持就业机会来影响经济。当人们购买更多的产品或服务时，公司必须雇用更多的员工来满足需求。这种情况导致更高的就业率，提供更多的就业机会。更多的人工作，有更多的钱可以花。然而，当消费者购买更少的产品或服务时，企业必须减少生产或裁员，那么失业率会上升，工作便很难找。

利率 像其他东西一样，金钱也有价格，这个价格叫利息。**利息（interest）** 是为使用他人的钱而支付的价格。利率也会影响经济。当你把工资存入储蓄账户时，你收到的利息是银行或其他金融机构为使用你的钱而支付的金额。反过来，银行或贷款机构将你的钱贷给那些想买房子、汽车和创业的人，获得贷款的借款人必须向银行或贷款机构支付一定的费用或利息。

利率代表资金的成本。当消费者增加储蓄和投资时，可供他人借

适应力

成功人士最重要的特征之一是他们的适应能力强。适应能力是做出改变适应变化的环境或需求的能力。适应能力强的人从他们的经历中学习。你可以从对家庭、学校、工作和社区中遇到的几乎所有问题采取适应性态度上获益。

写作任务

设想一个场景，在这个场景中，拥有适应性的心态将有助于你在学校学习。写一段或多段话来描述这个场景，并解释适应性态度将如何对场景产生积极的影响。

贷的资金就会增加，利率就会下降。当消费者借入更多的钱时，货币需求就会增加，利率就会上升。

在通货膨胀时期，贷款利率也会上升。无论你是储蓄、投资还是贷款，利率都会影响你的财务规划。你从储蓄账户获得的收入或为贷款支付的利息取决于当前的利率。更高的利率使得贷款或成本更加高，从而抑制借贷，使储蓄更具吸引力。利率只是影响个人财务规划的一个经济因素。

表10.2 经济状况及财务规划

经济状况　经济状况会影响你的财务规划，从本章或前几章中选择一个经济状况，解释它如何影响你今天的生活。

经济状况	衡量的是什么	如何影响财务规划
消费价格	1美元的价值，通货膨胀的变化	如果消费价格上涨的速度快于工资上涨的速度，那么美元的价值就会下降，即1美元的购买力就会低于以前。消费者只能购买更少的产品或服务，贷方会收取更高的利率
消费支出	个人和家庭对产品或服务的需求	消费支出的增加通常会创造更多的就业机会和更高的工资，消费支出的减少会导致失业率的上升
利率	资金成本、你借钱时的信用成本，以及你储蓄和投资的回报	更高的利率使借钱的成本更加高，也使得储蓄更具吸引力。当利率上升时，消费价格趋于上升
资金供给	用于消费的资金	美联储有时会调整利率，以增加或减少经济中流通的资金数量。如果美联储降低利率，资金供应量就会增加；如果美联储提高利率，资金供应量就会减少
失业	愿意并且有能力工作但找不到工作的人	低失业率增加了消费支出，高失业率降低了消费支出
国内生产总值	一个国家在一年内生产的所有产品或服务的总价值	国内生产总值是衡量一个国家人民生活水平的指标

回顾关键概念

1. **定义**　什么是个人财务规划?

2. **列出**　财务规划的6个步骤是什么?

3. **识别**　影响个人财务决策的因素是什么?

延伸思考

4. **推理**　拥有冲突的财务价值观和做法的人在工作或个人关系中经常会面临挑战。如何运用你在本章中学到的知识来最小化或防止问题?

21世纪技能

5. **与他人创造性地合作**　想象你的经济学课程刚刚结束,你和一位同学正在一起吃午饭。你的同学在回顾当前章节时表示,她从未设定过任何财务目标,她财务上的成功或失败完全靠运气。在老师允许的情况下,和同学进行角色扮演,回应你同学的观点,向你的同学解释决定财务成败的不是运气,而是计划。

数学

6. **通货膨胀的影响**　两年来,马修一直在暑期打工攒钱。他这么做是为了买一辆二手车,这样他就不用依靠哥哥的交通工具了。两年前,他想要的那辆车的价格是2 600美元,过去两年的通货膨胀率分别为3%和2.5%。假设汽车价格随着通货膨胀率增长了,那么现在马修买二手车需要多少钱?

数学概念　**计算通货膨胀的影响**　要计算通货膨胀的影响,你必须先确定通货膨胀率,并将百分比加到基准价格上。

提示　将两年前的汽车价格乘以第一年的通货膨胀率,并将此金额加上两年前的价格,以确定一年后新的价格。

个人和财务的机会成本

什么是个人和财务的机会成本

本节目标

• 解释与个人财务决策相关的机会成本。

• 了解金钱的时间价值。

• 识别在人生的不同阶段实现财务目标的8种策略。

阅读进行时

考虑 现在开始进行财务规划和监控支出是否重要？为什么？

正如前面所讨论的，无论何时做出选择，都必须放弃或权衡其他一些选择。在做财务决策和计划时，你必须仔细权衡个人和财务的机会成本。

个人的机会成本

像财务资源一样，你的个人资源——你的健康、知识、技能和时间都需要管理。你吃垃圾食品并且不锻炼身体吗？你每晚睡眠充足吗？你现在所做的关于健康的决定可能会随着年龄的增长而产生影响。

同样，你今天所做的财务决策也会影响你未来的财务健康。例如，你和你的朋友买了本周四晚上的演唱会门票。在星期四下午，你的老师宣布星期五有一个重要的考试，你必须决定去听音乐会，为考试而学习，还是两者都做。去听音乐会的机会成本可能是在考试中取得好成绩。你必须决定如何利用你的时间来满足你的需求，实现你的目标，符合你的价值观。

财务的机会成本

你还必须选择如何花钱。比如，你会买一双在购物中心看到的129 美元的运动鞋，还是把钱省下来？你不能两者都做，因为大多数人的钱是有限的。为了帮助选择，你要考虑<mark>金钱的时间价值（time value of money）</mark>，它是因赚取的利息或股息而增加的金额。如果你决定把这 129 美元存起来或投资，而不是买运动鞋，这笔钱以后可能会更值钱，因为你可以从中获得利息或股息。另一方面，你的运动鞋也许已经穿破了，在这种情况下，你当前的需求将决定利息收益是否值得。

每次你消费、存钱或投资时，都要把这些钱的时间价值看作机会成本。例如，你花储蓄账户上的钱意味着失去利息收入，但是，你用这些钱买的东西可能比这些收入更重要。

计算利息 通过计算你所获得的利息，你可以计算出你储蓄的时

年利息

利息是账户里的钱赚来的额外的钱。

示例　你刚刚在储蓄账户中存了1 000美元,银行每年付给你3%的利息。如果你把钱存在银行一年,你能赚多少利息?

> **公式**
> 本金×年利率=一年赚取的利息
> **答案**
> 1 000美元×0.03 = 30美元
> 你将获得30美元的利息。

轮到你了

如果你的姐姐以同样的利率存了50美元一年呢? 她有多少利息?

间价值。要做到这一点,你需要知道本金、年利率,以及你在账户中的存款时间。

对于一个储蓄账户,**本金(principal)**是存款的原始金额(对于贷款,本金就是你借的钱)。当你开立储蓄账户时,银行或金融机构会为你的账户确定利率。它通常以年百分比的形式表示,这样你就知道你每年能赚多少钱。通过比较几家金融机构的利率,你可以找到哪一家会让你的资金增长最快。

你可以用本金乘以年利率计算出你的资金第一年能赚多少利息。

单一存款的未来价值　**未来价值(future value)**是基于特定时间段的特定利率,计算你的原始存款在未来值多少钱。用本金乘以年利率,然后把利息总额加上本金,计算出你的储蓄能赚多少钱,还能增加多少。

你可以确定未来2年或3年的价值。每年,你的本金和以前赚取的利息都可以获得利息。要计算第二年的利息,用本金加上第一年的利息,然后用这个数字乘以年利率。

未来价值也称为复利。有了复利,你的资金会随时间增长得更快。如果你现在存款,你的资金将有更多的时间增加。例如,在40岁时存入1 000美元,以5%的利率计算,到65岁时就会得到3 387美元。然而,如果你在25岁时存入1 000美元,到65岁时就会有7 040美元。

未来价值表简化了计算复利的过程。许多在线的未来价值计算器是可用的,表10.3的A部分显示了1美元单一存

腾出时间娱乐

和理财一样,在管理时间时,你可能需要权衡利弊。你可以做些什么来管理你的学习时间,使你有时间参加你喜欢的活动呢?

单一存款的未来价值

当你从银行存款中获得利息时,你的存款余额会随着时间的推移而增加。

示例　你刚刚在储蓄账户上存了1 000美元,年利率为3%。一年后你赚了30美元的利息,两年后你能赚多少钱?

> **公式**
> (本金+以前赚取的利息)×年利率=第二年的利息
> **答案**
> (1 000美元+30美元)× 0.03 = 30.90美元
> 你将获得30.90美元的利息。
> 1 030美元 + 30.90美元 = 1 060.90美元,两年后你的原始存款的未来价值为1 060.90美元。

轮到你了

如果你的姐姐以同样的利率存了50美元一年呢? 她有多少利息?

款的未来价值。使用这个表格,找出你资金的年利率,然后看第5年、第6年的未来价值,以此类推。用未来价值乘以你的存款金额,例如,你把1美元存入一个7%的账户,到第7年年末,你将拥有1.606美元。

$$1 \text{美元} \times 1.606 = 1.606 \text{美元}$$

一系列存款的未来价值　有些储蓄者喜欢定期存入本金。一系列相等的定期存款有时被称为**年金(annuity)**。使用表10.3的B部分来计算未来6年每年5%的年利率下1 000美元的价值。6年后,你将拥有6 802美元。

$$1 000 \text{美元} \times 6.802 = 6 802 \text{美元}$$

单一存款的现值　你也可以计算**现值(present value)**,即你现在需要存入的金额,以便将来获得所需金额。例如,你想在5年内有1 000美元的汽车首付款,而你的储蓄账户每年的利率为5%,你现在需要存多少钱来积累1 000美元? 表10.3的C部分将帮助你找到答案。在左边一栏中找到第5年,再看利率为5%的一栏,给出的值是0.784。用这个值乘以你想在5年内拥有的金额。

$$1 000 \text{美元} \times 0.784 = 784 \text{美元}$$

你现在需要存入784美元,5年后才能获得1 000美元。

一系列存款的现值　你还可以利用现值计算你需要存多少钱,几年后才可以从储蓄账户中取出一定数量的钱。如果你想在9年内每年

表10.3 **未来价值表和现值表**

时间就是金钱 当你计算长期的利息时，未来价值表可以节省时间并减少错误。现值表可以帮助你计算你现在需要存多少钱，以便将来有一定数额的资金。如果你每年存2 000美元，按9%的利率存10年，你会获得多少钱？

A.1美元单一存款的未来价值

年	年利率				
	5%	**6%**	**7%**	**8%**	**9%**
5	1.276	1.338	1.403	1.469	1.539
6	1.340	1.419	1.501	1.587	1.677
7	1.407	1.504	1.606	1.714	1.828
8	1.477	1.594	1.718	1.851	1.993
9	1.551	1.689	1.838	1.999	2.172
10	1.629	1.791	1.967	2.159	2.367

B.一系列年度等额存款的未来价值

年	**5%**	**6%**	**7%**	**8%**	**9%**
5	5.526	5.637	5.751	5.867	5.985
6	6.802	6.975	7.153	7.336	7.523
7	8.142	8.394	8.654	8.923	9.200
8	9.549	9.897	10.260	10.637	11.028
9	11.027	11.491	11.978	12.488	13.021
10	12.578	13.181	13.816	14.487	15.193

C.单一存款的现值

年	**5%**	**6%**	**7%**	**8%**	**9%**
5	0.784	0.747	0.713	0.681	0.650
6	0.746	0.705	0.666	0.630	0.596
7	0.711	0.665	0.623	0.583	0.547
8	0.677	0.627	0.582	0.540	0.502
9	0.645	0.592	0.544	0.500	0.460
10	0.614	0.558	0.508	0.463	0.422

D.一系列年度等额存款的现值

年	**5%**	**6%**	**7%**	**8%**	**9%**
5	4.329	4.212	4.100	3.993	3.890
6	5.076	4.917	4.767	4.623	4.486
7	5.786	5.582	5.389	5.206	5.033
8	6.463	6.210	5.971	5.747	5.535
9	7.108	6.802	6.515	6.247	5.995
10	7.722	7.360	7.024	6.710	6.418

马来西亚

注册财务规划师

　　许多人发现个人财务计划令人生畏。财务规划师这一职业是为了帮助人们设定财务目标，并采取适当的行动来实现目标。人们必须信任他们的财务规划师以共享个人信息。马来西亚作为第一个引入法律要求财务规划师必须持有执照的国家，回答了这一问题。随着该职业越来越受欢迎，一个组织——马来西亚财务规划协会（FPAM）应运而生，目的是帮助人们更好地理解财务规划是什么以及财务规划师的作用。该组织还帮助个人寻找值得信赖的财务规划师。

　　马来西亚财务规划协会网站提供了常见问题清单，包括财务规划的定义和6个步骤、资源（比如有关财务规划的文章和期刊的链接，有关财务规划师的课程和认证的信息），以及专业财务规划师的目录。

批判性思考

1. **扩展**　研究马来西亚财务规划协会和认证要求，在马来西亚，成为一名有执照的理财规划师需要具备哪些条件？

2. **关联**　你认为政府应该对特定职业提出要求吗？如果是，你认为政府应该监管什么职业？如果不是，为什么？

数据库

首都
吉隆坡

人口
30 073 353

语言
马来西亚语、英语、汉语、泰米尔语、泰卢固语、马来亚兰语、旁遮普语、泰语和其他土著语言

货币
马来西亚林吉特

国内生产总值
3 124亿美元

人均国内生产总值
17 500美元

工业
橡胶及棕榈油加工制造、电子器件、锡的熔炼和冶炼、伐木、木材加工、石油生产及精炼

农业
橡胶、棕榈油、可可、大米、木材、胡椒

出口
电子设备、石油和液化天然气、木材和木制品、棕榈油、橡胶、纺织品、化学品

自然资源
锡、石油、木材、铜、铁矿石、天然气、铝土矿

从你的账户中取出 400 美元，并且每年赚取 8% 的利息，你现在需要存多少钱？表 10.3 的 D 部分将帮助你找到答案。在左边一栏中找到第 9 年，然后看一下 8% 的利率，给出的值是 6.247。将这个值乘以你希望每年取出的金额。

$$400\ 美元 \times 6.247 = 2\ 498.80\ 美元$$

你现在需要存入 2 498.80 美元，才能在 9 年内每年取出 400 美元，这个计算可用于退休时期。

阅读进展检查

总结 什么是市场经济？

实现你的财务目标

你可以使用什么策略来实现你的财务目标

在你的一生中，你会有许多不同的财务需求和目标，现在通过学习如何明智地使用金钱，你将能够实现其中的许多目标。

财务规划包括职业选择，然后学习如何保护和管理你赚的钱。通过 8 种策略，你可以避免许多常见的资金问题。

1. **获得** 通过工作、投资或财产来获得财务资源。获得资金是财务规划的基础，因为所有财务活动都需要钱。

2. **计划** 实现财务目标和财务安全的关键是计划如何花钱。

3. **明智地支出** 许多人的花费超出了他们的承受能力。

有些人买他们负担得起但不需要的东西，量入为出是实现财务安全的唯一途径。

4. **储蓄** 长期的财务安全源于储蓄计划。如果你定期储蓄，你就会有钱支付账单、购买大件商品和应付紧急情况。

5. **明智地借钱** 当你使用信用卡或申请其他类型的贷款时，你就在借钱。明智地借钱——只有在必要的时候才借钱——将帮助你实现财务目标，避免资金问题。

6. **投资** 人们投资有两个主要原因：增加当前的收入和实现长期增长。要增加当前的收入，你可以选择定期支付股息或利息的投

实际案例

使用软件

目前市场上有很多软件产品可以帮助你跟踪你的个人财务状况。第一个也是最受欢迎的产品是 Quicken。它的功能是允许你跟踪和支付账单，看看你是否有足够的钱来支付即将到来的账单。你也可以计划账单支付和存款。

机会成本

机会成本是你为了得到别的东西而放弃的东西。例如，政府决定如何使用纳税人的钱。企业主可能必须决定是保留利润还是把它用于做广告。保留利润可以让企业主去度假。然而，做广告将有助于增加新客户，并可能带来更多的销售额。任何行动的成本和收益分析在决策中都起着重要的作用。

个人财务联系　你需要分析成本和收益以做出决定。例如，你应该使用所有积蓄来支付大学学费，还是应该申请学生贷款，并将你的钱存起来用作生活费？

批判性思考　不同的人对机会成本的评估有什么不同？你认为像国会这样的组织在评估机会成本和权衡方面会受到怎样的挑战？

两年制职业学位	 180万美元
学士学位	 250万美元
硕士学位	 280万美元
专业学位或博士学位	 380万美元

资料来源：www.collegeboard.com.

阅读结束后

你认为财务规划可以帮助你实现目标吗？如果可以，怎么实现？如果不可以，为什么？

资。为了实现长期增长，你可以选择股票、共同基金、房地产以及其他未来有潜力增值的投资。

7. 管理风险　你万一严重受伤、生病或死亡，为了获得保障，你需要保险。保险将保护你和那些依靠你的人。

8. 退休计划　当你开始计划退休时，你要考虑停止全职工作的年龄。你还应该考虑你想要居住的地方以及你希望如何度过你的时间：兼职工作、做志愿者，或者享受爱好或运动。

制订和使用财务计划

好的个人财务计划包括评估你当前的财务状况、列出当前的需求，以及规划将来的需求。你可以自己设计一个计划，也可以聘请一位财务规划师，或者使用一个资金管理软件。使财务计划生效需要时间、努力和耐心，而你将会养成习惯，并能使自己终生感到满意和安全。

回顾关键概念

1. **解释**　与个人财务决策相关的机会成本是什么?

2. **定义**　金钱的时间价值是什么?

3. **识别**　在人生的不同阶段实现财务目标的8种策略是什么?

延伸思考

4. **评价**　一个常见的财务建议是:"不要入不敷出。"请解释这句话的意思,你认为这是个好建议吗? 为什么?

语言艺术

5. **衡量选择**　玛雅是一个辅助生活中心的兼职管家,她即将高中毕业,她需要就是否继续深造做出决定。她喜欢医疗保健,并对电视上关于医疗辅助、职业治疗和其他医疗保健计划的速成学位课程很感兴趣。然而,这些课程昂贵,她想要继续工作。如果她追求速成学位课程,她面临的个人和财务的机会成本和收益是什么? 以电子邮件的形式写下你的答案并发送给玛雅。

数学

6. **一系列存款的未来价值**　布列塔尼计划在6年内买房,她希望在购买时支付15%的首付款。她估计这所房子的购买价格是20万美元,布列塔尼计划每年投资3 500美元,每年获得8%的利息。布列塔尼的首付款估计是多少钱? 6年后她能存多少钱(使用未来价值表)? 如果没有存够钱,她还需要多少钱?

数学概念　**计算一系列存款的未来价值**　为了计算一系列存款的未来价值,你可以使用未来价值表,在正确的存款期和利率下找到乘数因子。

提示　从表中找到正确的乘数因子,用该乘数因子乘以年存款来确定未来价值。

个人财务计划

了解风险

当你做财务决策时,你需要知道与你所做的每一个决策相关的潜在风险。

金钱的时间价值

当你了解不同类型的存款如何随着时间的推移获得利息时,你可以做出明智的财务选择。

概念	定义
单一存款的未来价值	你最初存款的未来价值是基于特定时间的特定利率
一系列存款的未来价值	年利率依据一系列相等的定期存款
单一存款的现值	你现在需要存入的金额,是便于将来拥有所需的金额
一系列存款的现值	使用现值计算来确定你需要存入多少资金,以便一定年限后可以从储蓄账户中取出特定数量的资金

试一试

画图说明经济状况的周期,在横线上填写周期中每个阶段的详细信息。

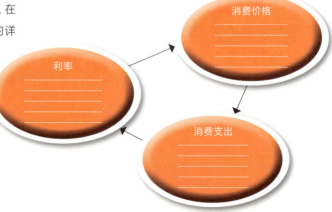

章节评估

章节总结

- 个人财务计划意味着自己管理钱（支出、储蓄和投资），这样你才能实现财务独立和安全。
- 财务规划的6个步骤如下。
  - 确定当前的财务状况。
  - 制定财务目标。
  - 确定可替代的行动方案。
  - 评估替代方案。
  - 制订并使用财务行动计划。
- 回顾并修改计划。
- 影响个人财务规划的最重要因素是：生活状况、个人价值观和外部经济因素。
- 对于你所有的财务决定，你必须做出选择并放弃一些东西。这些机会成本或权衡取舍可能是个人的或财务的。
- 实现财务目标和避免财务问题的8个策略是：获得、计划、明智地支出、储蓄、明智地借钱、投资、管理风险和退休计划。

词汇复习

1. 使用在线或印刷资源查找关于失业、通货膨胀、利率或美元价值的文章。至少用下面的8个术语来写3段文字，其中信息应与个人财务规划相关。

- 个人财务规划
- 目标
- 价值观
- 流动性
- 服务
- 产品
- 消费者
- 利率
- 金钱的时间价值

- 本金
- 未来价值
- 年金
- 现值
- 估计
- 消费
- 衡量
- 积累

延伸思考

2. **讨论** 电子设备的新版本和改进版本不断出现，每次新设备出现时，请详细分析需不需要升级。

3. **调查** 描述一个场景，其中一个人的"需要"也可能是他人的"想要"，解释这如何影响人的财务决策。

4. **预测** 随着年龄的增长，哪些因素可能会影响你财务计划的修订？

5. **评价** 考虑3个财务目标，把它们写下来，然后概述每个目标如何达到目标设定的4个准则。

6. **证明** 假设你正在为自己规划一项投资，你会选择股票、共同基金、房地产还是其他类型的投资？说说你的理由。

7. **关联** 解释"花钱为了赚钱"这种说法，并解释它与个人财务的关系。

8. **提出** 利用货币的时间价值，写一篇关于如何获取有利利率的文章。

9. **分析** 你对目标时间的安排和你想要的产品或服务类型之间的关系如何？

社会研究

10. 全球社区 假设你是一家大型医疗中心的医疗账单和编码专家，该中心已经开始将医疗转录等服务外包给一个员工工资远低于美国的国家。因此，该中心正在精简记录管理系统，并在减少前台和后台工作的员工。工作人员认为，未来两年将会有更多的工作岗位减少。利用印刷或在线资源，研究将医疗服务外包给其他国家的趋势，根据你的调查结果，你会考虑换个工作吗? 解释你的答案。

数学

11. 现值 兰迪想要建立一个账户，希望连续8年每年能取1 000美元，他的账户年利率为7%，要存多少钱才能达到他的目标? 如果他的账户年利率只有5%，他要存多少钱? 如果兰迪决定在5年内每年只取1 000美元，账户的年利率是7%，那么他今天需要存多少钱?

数学概念 **计算现值** 要计算一系列存款的现值，请在表10.3找到乘数。

开始提示 要计算一系列存款的现值，首先从表10.3中确定正确的现值因子，把这个因子乘以要提取的金额。

语言艺术

12. 制定并实现一个目标 回顾财务规划的6个步骤。选择一个特定的短期财务目标或一个典型的青少年可能想要实现的目标，如为买一个新手机而存钱或偿还债务。使用这6个步骤，创建一个详细的大纲，展示青少年如何实现这一目标。

经济学

13. 经济因素 通货膨胀和利率是相互联系的，你的财务规划应该考虑这两个经济因素，特别是制定长期目标。记住，通货膨胀是商品和服务的价格水平随时间上涨。通货膨胀率与利率一样，以年百分比来衡量。低利率为消费者提供了更多的借贷能力，从而使他们受益。当消费者支出更多，经济就会增长，通货膨胀是自然结果。因此，通货膨胀可能是经济健康增长的一个标志。为什么美联储会考虑在经济增长时提高利率?

实际应用

14. 机会成本 当T.J.高中毕业时，他从家庭成员那里收到了近1 600美元的礼物，在他担任少年冰球联赛裁判的两个赛季里，他存了大约600美元。他的父母劝他把这些钱存起来用于上大学，他最好的朋友认为他应该用这笔钱买一套公寓。而T.J.追求独立和自由，他渴望把钱花在新衣服、新的游戏系统和曲棍球设备上，他的车也需要新的刹车。在老师的允许下，以小组形式讨论T.J.应该如何花钱，考虑财务机会成本和金钱的时间价值，并用简短的口头报告向全班同学陈述你们小组的结论。

你的资产组合

获得自己的车

你想买车吗? 奥利维亚·约翰逊, 到目前为止已经存了3 000美元, 她看中了一辆价值9 000美元的二手车, 她认为她每月可以支付不超过200美元的车费。奥利维亚使用下面的利率表, 通过将贷款金额乘以利息因子, 计算出偿还汽车贷款所需的月供。她想在3 年内还清贷款。

奥利维亚的借贷故事	单位: 美元
汽车成本	9 000.00
减去首付款	− 3 000.00
贷款金额	6 000.00

利率8%

月	利息因子
12(1年)	0.08698
24(2年)	0.04522
36(3年)	0.03133
48(4年)	0.02441

将贷款金额乘以36个月的利息因子(0.03133)

$$6\,000 × 0.03133 = 187.98$$

如果奥利维亚决定借6 000美元并在3年还清, 她每月要还187.98美元。

计算

找到你想买的车的广告。它需要多少钱? 假设你可以支付总价的25%作为首付, 你需要借多少钱来买车? 在一张单独的纸上, 计算你每月需要付多少钱。假设利率为8%, 计算你在1年、2年、3年和4年内还清贷款, 你的月供分别是多少。

1. 如果你在1年、2年、3年、4年内还清贷款, 分别要付多少钱?

2. 你要为贷款付多少利息?

3. 哪种贷款计划可以让你为汽车支付的钱的总量最少?

4. 哪种贷款计划的月供最少?

11

财务和职业规划

看图说话

有句著名的话："选择一份你热爱的工作，那么在生活中的每一天你将永远不必工作。"这句话对你来说意味着什么？

探索项目

创建职业计划

关键问题

为什么在做职业生涯规划时，不能仅考虑工资和其他收入是很重要的？

项目目标

玛德琳明年秋天将开始在当地大学的第一年学习。当她还是一个小女孩的时候，她就想象自己会成为一名护士，因为她喜欢照顾别人，而且工资很高。然而，在阅读了更多关于护理学校的相关信息后，她产生了怀疑。虽然她天生喜欢照顾人，擅长沟通并拥有人际交往技巧，但数学和科学对她来说总是很难。她担心自己在护理学校不会取得好成绩，因此她可能不得不重新考虑自己的职业目标。为玛德琳制订一个计划，作为她考虑职业选择的起点。

考虑以下内容

- 玛德琳的优势有哪些？
- 玛德琳的劣势有哪些？
- 除了一份好的薪酬之外，哪些因素是她应该考虑的？
- 玛德琳是否应该追求她梦想的工作？为什么？
- 她如何才能了解与她的目标相适应的相关职业道路？

21世纪技能

指导和领导他人

如果玛德琳决定从事护理工作，你会在教育和培训方面向她推荐什么？她可以探索哪些机会来获得实践经验？

重要见解

每个人都需要收入，但是正确的职业对于个人的满足感和成就感是至关重要的。

请教专家

规划生活

问： 职业规划适合那些不知道自己想要什么的人。我已经知道我想要一份高薪工作，那么我为什么也要考虑职业规划呢？

答： 金钱只是工作的一种动机，你还需要考虑许多其他因素。职业规划涉及你的个人价值观、目标和兴趣——这些是任何职业决策的基础。既然你人生的大部分时间可能都花在工作上，那就应好好想想那句古老的格言："选择你喜欢的事业，钱就会随之而来。"

 ## 写作任务

选择一个你认为自己会喜欢的工作或职业，写一封求职信，说明你拥有能使你成为这类工作或职业的理想人选的能力、兴趣和个人素质。

阅读指导

┌───┐
│ 阅读开始前   │
│   │
│ **基本问题**　你能做些什么来确保你选择的职业使你获得 │
│ 满足感和成就感?   │
└───┘

中心思想

你选择和规划职业可以帮助你找到符合你个人目标和经济目标的职业。

内容词汇

- 工作
- 职业
- 生活水平
- 趋势
- 潜在的赚钱能力
- 能力倾向
- 兴趣清单
- 人口趋势
- 地理趋势
- 服务业
- 实习
- 合作教育
- 人际网络
- 信息面试
- 简历
- 求职信
- 自助餐厅式员工福利
- 养老金计划
- 导师

学术词汇

在阅读和回答问题时,你会看到这些词。

- 灵活
- 资产
- 福利
- 固定

使用图表

在阅读本章之前,请创建如右所示的概念图。在阅读时,注意 6 种你可以用来寻找工作机会的来源。

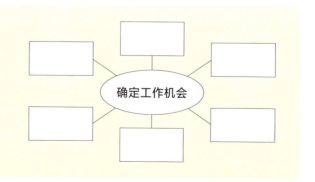

选择一份职业

工作和职业有什么区别

　　有些人在工作中找到了真正的满足感，而有些人只是为了赚钱。和许多人一样，一方面你可能会决定找一份**工作（job）**——主要为了赚钱的工作。另一方面，你可能决定为职业做准备。**职业（career）**是你致力于在你觉得有趣和有成就感的领域工作。为了你的职业能够实现你的个人目标和财务目标，你需要规划。

职业决策权衡

　　你的职业选择将决定你的收入、你遇到的人，以及你有多少空闲时间。有些人工作是为了维持一种**生活水平（standard of living）**，一种以个人可以购买的商品和服务的数量和种类来衡量生活质量的方式。他们工作也是为自己的爱好和活动付费。另一些人追求既能赚钱又能实现个人价值的职业。他们选择的职业反映了他们的兴趣、价值观和目标。

　　选择职业将涉及权衡或机会成本。许多人将大部分时间和精力投入他们的工作中。因此，他们的家庭生活和个人满足感可能会受到影响。近期**趋势（trend）**——标志着特定领域变化的发展——表明有些人正在做职业决定，例如拒绝晋升，这样他们就可以花更多的时间与家人在一起，或者享受他们的爱好和兴趣。

　　一方面，你可能会选择一份有挑战性的职业，它会给你提供成长的机会，即使它不会给你带来很高的薪酬。另一方面，你可能会选择一份不那么令人满意但薪酬很高的工作。你可以找兼职工作或工作时间灵活的工作，这样你就有更多的时间和家人在一起。你也可以决定放弃为别人工作的安全感，尝试自己经营公司。

　　你对自己的兴趣、价值观、需求和目标了解得越多，你就越能更好地选择一份在个人满足感和财务回报之间可以平衡的职业。

本节目标

- 识别选择和规划职业时要考虑的个人问题。
- 解释教育和培训如何影响职业发展。
- 讨论影响就业的因素。

阅读进行时

预测　想象 15 年后你想从事的工作或职业，那份工作或职业将如何实现你的个人目标和经济目标？

平衡工作和生活

　　选择职业会涉及权衡。父母可能会做出哪些权衡？

规划个人财务

职业培训和技能发展

参加尽可能多的正式培训将帮助你实现财务目标。你知道的越多，成功的机会就越大。拥有大学学位并不能保证你能实现你的目标并赚很多钱。然而，接受更多的教育可以增加你的 潜在赚钱能力 （potential earning power），也就是随着时间的推移，你可能赚到更多钱。你的学习领域和就业市场也会影响你的薪酬。有些职业，如律师和医生，比其他职业，如美术老师，薪酬要高。

教育不是你工作或职业成功的唯一因素。养成某些习惯，你可能成为雇主的 财富（asset） 或利益。例如，大多数成功的人能够与他人很好地合作，他们总是努力做到最好。他们不会因为与其他员工的冲突或职责的改变影响他们的工作质量。他们在解决问题时很有创造力，也有良好的沟通能力，他们了解自己和他人。这些基本素质和技能在大多数情况下使得成功更有可能，用这些来衡量你自己，如果你认为自己在某些方面存在弱点，你应该做些什么来改进呢？

个人因素

你可以参加一些特殊的测试来了解自己的能力、兴趣和个人素质。这些测试被称为能力倾向测试和兴趣清单，可能会让你在选择职业时更有优势。你可以从你的学校指导顾问那里或从图书馆、书店和互联网中找到更多关于这类测试的信息。

你最擅长什么 能力倾向（aptitudes）是人拥有的与生俱来的能力。例如，你可能有动听的声音、擅长数学，或者能够轻松地解决难题，这些都是天生的能力。试着参加能力倾向测试，看看你最擅长什么。

你喜欢什么 兴趣清单（interest inventories）是帮助你确定你最喜欢的活动的测试。这一测试将你的兴趣爱好、喜欢和不喜欢的与不同工作相匹配。例如，喜欢自然和户外活动的人可以成为科学教师、自然摄影师或景观设计师。你认为什么样的职业与你的兴趣相匹配？

正适合 能力倾向测试和兴趣清单不一定能引导你找到理想的职业，它们只能给你指出正确的方向。另一个需要考虑的重要问题是你的个性。例如，你喜欢大型聚会吗？你喜欢冒险吗？你在压力下能出色工作，还是需要充分时间才能完成工作？

目标是找到一份能让你在经济回报和个人满足感之间达到平衡的工作或职业。因为你的工作环境永远不会停止变化，所以成功的关键是保持灵活。

职业规划的阶段

在你做出任何有关职业的决定之前，你应该审视一下你的情况。个人生活和社会变化会影响你的工作，反过来也是如此。图 11.1 显示了职业规划、变化和进步的各个阶段。如果你正准备进入劳动力市场，你可能会从第 1 阶段开始，该阶段涉及确定个人的兴趣和职业。

图 11.2 是一个行动计划，你的进度取决于你的机会成本、可用的选择以及你的职业领域。如果你不确定自己的方向，请与你感兴趣的领域中的人交谈，询问他们喜不喜欢自己的工作以及他们是如何进入这个领域的。这些问题的答案可以帮助你进行职业规划。

阅读进展检查

论述 什么是潜在赚钱能力？

图11.1 职业规划、变化及发展的阶段

从头开始 如果你的职业过时或社会不再需要，你将如何做出新的选择？

6. 创建并实施职业发展规划

5. 考虑工作机会，接受一份符合财务和个人要求的工作

4. 面试可能的职位，提高面试技巧

3. 准备一份简历和求职信，申请工作

2. 确定所选领域的工作机会

1. 评估个人目标、能力及兴趣，并研究职业

- 职业进入
- 转行
- 在同一职业领域内换工作
- 职业发展

外部因素和机会

在考虑自己的职业生涯时，为什么要考虑外部影响

在开始求职之前，你应该考虑社会状况、经济因素和趋势等外部因素会如何影响你的职业生涯。这些因素直接影响就业市场和你可以获得的机会。当你考虑自己的职业选择时，你不仅需要关注自己的技能、培训和经验，还需要考虑国家和全球的"大局"。你可能无法控制这些特定因素，但是你可以根据现实世界的影响做出个人决策。

社会影响包括以下内容。

- 人口趋势。
- 地理趋势。

其他影响职业选择的外部因素如下。

- 经济条件，如利率、通货膨胀和消费者需求。
- 行业趋势受外国竞争和技术等因素的影响。

社会影响

人口趋势（demographic trend）是指按年龄、性别、种族、教育程度或收入进行分组的人群随时间而变化的趋势。这种趋势会影响你的就业机会。以下人口趋势影响就业市场。

- 更多有工作的父母，增加了儿童保育和食品服务行业的就业机会。
- 更多的休闲时间增强人们对身体健康和休闲产品的兴趣。
- 老年人越来越多，使得对退休设施、医疗保健和旅游服务行业员工的需求增加。
- 对持续就业培训的需求增加，使教师和培训师的就业机会增加。

地理趋势（geographic trend）是随着金融中心位置的转移，人们从一个地区迁移到另一个地区的趋势。近年来，美国增长最快的就业市场分布在佛罗里达州、内华达州、亚利桑那州、阿肯色州、新泽西州和加利福尼亚州的城市。

地理位置也会影响收入水平。当你决定去哪里找工作时，记住要考虑收入水平的差异。在美国的大城市，如旧金山、纽约和芝加哥，

图11.2　职业行动计划

可转移的技能　即使你从来没有工作过，你也可能拥有可以运用到工作中的技能。你学到了什么可以在工作中帮助你的技能？

1 **职业兴趣**　列出你喜欢做的事情，想想如何把它变成一份职业。

2 **职业技能**　想想你已经拥有的工作经验，你喜欢哪一种？哪些不太顺利？你学到了什么技能？

3 **职业培训和教育**　对于你想从事的职业，你需要什么样的教育或培训？

4 **职业位置**　现在开始聚焦，明确你想要的特定工作环境。

工资通常较高，但这些地区的生活成本也较高。

如果你在生活成本较高的大城市接受一个高薪职位，你的生活水平实际上可能比在收入水平和生活成本都较低的地区要低。你将要为食物、住房和其他项目支付更多，而你更高的工资可能无法覆盖这些费用的增加。例如，近年来，哥伦比亚特区年收入3万美元的单身员工的生活成本比美国城市平均水平高出60%。然而，阿肯色州费耶特维尔的生活成本比美国城市平均水平低10%。

经济因素

高利率、上涨的物价或对某些商品或服务的需求下降会减少就业机会。就业市场随着经济的变化而变化，因此对某些类型的工作的需求也在变化。例如，20世纪90年代，美国许多公司都在寻找从事计算机和技术工作的人。结果，这些行业有很多工作可以选择，而且薪酬很高。然而，随着我们进入21世纪，这些行业对员工的需求减少，薪酬要么保持不变，要么下降。你无法控制经济因素对就业趋势的影响，所以你需要知道目前哪些工作的需求量较大。

此外，经济因素对某些企业的影响可能比其他企业更大。例如，高利率可能会减少建筑业和房地产业等住房相关行业的就业机会，因为当利率高时，人们买房的可能性不大。了解当前的经济趋势将有助于你选择职业，从而实现你的财务目标。

工业和技术趋势

工业和技术的变化也会影响就业市场。近年来，由于一些趋势，制造业对工人的需求有所下降。首先，来自其他国家的竞争加剧使得对美国制造产品的需求降低。其次，自动化流程已经接管了许多过去由工厂工人完成的任务，这降低了工厂对初级员工的需求。

虽然经济领域的机会减少了，但其他领域的机会增加了。**服务业（service industries）**是提供收费服务的行业。服务业有望增长，并继续提供就业潜力。也许你想从事技术行业。你知道你的技能是有价值的，但你也知道持续的技术进步会很快淘汰产品和工作。因此，你必须接受一些财务上的不确定性。在这两种情况下，你的职业成功很可能取决于你的沟通技巧、计算机技能以及使用多种语言进行沟通的能力。

我们的世界

以色列

义务兵役制

对于许多青少年和年轻人来说，职业规划开始于高等教育阶段，比如大学或职业学校。对以色列人来说，职业规划始于服兵役阶段。大多数以色列人被要求在18岁时为以色列国防军（IDF）服役。男性服役3年，然后加入后备部队。女性服役两年。这项义务服役和它所花费的时间必须要考虑在年轻的以色列人的职业规划中。在许多方面，以色列的兵役可以与其他国家大学里的社会和教育流程相比较。事实上，许多以色列人在以色列国防军接受职业培训，这些职业培训包括编程、工程和教学。这种培训促进了以色列经济的增长，实际上也证明以色列政府为以色列国防军支付大笔费用是合理的。以色列国防军志愿者网站上的说法是："出口技术是以色列经济的支柱，在陆军技术部队接受过正式训练的工程师几乎可以在以色列的每个研发部门工作。"

批判性思考

1. **扩展** 研究以色列哪些人不服兵役，储备体系如何帮助以色列经济？
2. **关联** 你认为美国应该强制公民服兵役吗？

数据库

首都
耶路撒冷

人口
7 821 850

语言
希伯来语、阿拉伯语、英语

货币
以色列谢克尔

国内生产总值
2 727亿美元

人均国内生产总值
36 200美元

工业
高科技产品、木材和纸制品、钾盐和磷酸盐、食物、饮料、烧碱、水泥、建筑、金属、化学产品、塑料、钻石切割、纺织品、鞋类

农业
柑橘、蔬菜、棉花、牛肉、家禽、乳制品

出口
机械和工具、软件、农产品、化学品、纺织品、服装

自然资源
木材、钾肥、铜矿石、天然气、磷矿石、溴化镁、黏土、沙子

重要职业

布里尔·坎贝尔　客户服务代表

我在一家大型零售商店担任客户服务代表，这家零售商店销售工厂的清仓产品，如服装、家具和家庭用品。我负责为每一位客户提供优质的服务。工作日，我的职责包括收款、合计账单、找零和开收据。我还负责退货、换货和礼品卡的销售。这些任务大多需要计算机，我在工作中接受了大量培训。我喜欢和各种各样的人打交道，不管是客户还是同事。即使在困难的情况下，我也要尊重他人和有礼貌。这份工作很适合我，因为作为一名学生，我需要灵活的时间安排。我经常能和其他收银员换班。销售、假期和各种各样的工作安排使我的工作内容和强度多样化。

职业探索

在一个具有多样性的社会中，与不同的客户和同事有效和有礼貌地工作是非常重要的。

1. 从工作的角度研究"多样性"的含义。

2. 多样性可以给职场带来哪些好处？

职业细节

技能	教育	职业道路
沟通、组织、计算机和数学	高中或同等学力，在职培训	客户服务代表的技能是高度可转移的，可以转向许多职业领域，如零售管理和运营、酒店和人力服务

不同行业有许多不同职业。

- 信息技术——系统分析师、网站开发人员、维修人员和服务技术人员、网络运营经理。
- 卫生保健——医疗助理、物理治疗师、家庭卫生工作者、实验室技术员、注册护士和卫生保健管理员。
- 商务服务——员工福利经理、外语翻译和培训师。
- 社会服务——托儿工作者和老人看护协调员。
- 酒店服务——旅行社和餐饮服务经理。
- 管理和人力资源——就业服务人员和招聘人员。
- 教育——小学、中学、大学和成人教育教师。
- 金融服务——保险代理人和投资经纪人。

无论你选择什么职业，掌握计算机程序设计和互联网知识都是必不可少的。

文件探索

表格W-4

正确填写表格W-4，你能确保从工资中扣除适当的税款。当提交年度所得税申报表时，少缴纳税款会导致罚款。表格W-4要求你提供以下信息。

- 你的姓名和地址。
- 你的婚姻状况。
- 津贴数量。
- 额外扣除。
- 签名和日期。

关键点 雇主要求每位雇员填写一份表格W-4以确定税金扣除额。你在表格W-4上所填写的家属（即你在经济上负责的人）数量，决定你的薪金中扣缴的税款。税率随你的家属数量而变化。家属越多，你交的税就越少。因为你的税务状况可能会发生变化，所以每年你的预扣除额都要被检查。

个人津贴工作表（自己保存）

A	如果没有人可以称你是受扶养人，请为你自己输入"1"	A____
B	如果 { ·你单身且只有一份工作 / ·你已婚，只有一份工作，且你的配偶没有工作 / ·你第二份工作的薪水或你配偶的薪水（或总计）不超过1 000美元 } 输入"1"	B____
C	为你的配偶输入"1"。但是，如果你已婚且配偶有工作或不止一份工作，你可以选择输入-0-。（输入-0-可以帮助你避免少扣税款。）	C____
D	输入你将在报税表上声明的家属（配偶和你自己除外）数目	D____
E	如果你在报税表上填报"户主"（见上文"户主"项下的条件），请输入"1"	E____
F	如果你有至少1 500美元的儿童或扶养费用，且计划申请信贷，输入"1"（注意：不包括子女抚养费。详情请见第503号条文，儿童和扶养人用料费用）	F____
G	儿童税收抵免（包括附加儿童税收抵免） / ·如果你的总收入低于54 000美元（已婚为79 000美元），请为每个符合条件的孩子输入"2" / ·如果你的总收入在54 000美元至84 000美元之间（已婚为79 000美元至119 000美元），那么为每个符合条件的孩子填入"1"，如果你有4个或更多符合条件的孩子，再加上"1"	G____
H	合计从A行到G行，并在这里输入总和。（注意：这可能与你在报税表上申请的免税次数不同。）	H____

为准确起见，请填写所有适用的工作表。

- 如果你计划逐项扣除或声明收入调整，并希望减少预扣税款，请参阅第2页的扣除和调整工作表。
- 如果你有一份以上的工作或已婚，而你和你的配偶都有工作，并且所有工作的收入总和超过35 000美元（如果已婚，则超过25 000美元），请参阅第2页的双收入人/双工作工作表，以避免少扣税款。
- 如果以上两种情况都不适用，请在此停止，并在下面的表格W-4的第5行H处输入数字。

··········从这里剪下来，把W-4表给你的雇主，上面的部分自己保存。··········

表格W-4 美国财政部 国内收入署	员工预扣税款津贴证明 你是否有权申请一定数量的免税额或免缴税款，须由税局审核。你的雇主可能会被要求将此表格的副本寄往税局。		CMB 编码15 45-0000 2005
1 输入或打印你名字和中间名缩写 姓			2 你的社会保障号码
家庭地址（门牌号和街道或者乡邮投递路线）	3 □ 单身 □ 已婚 □ 已婚，但按较高的单身率扣款 注意：如果已婚，但在法律上分居，或配偶是非居民的外国人，勾选"单身"。		
城市或城镇，州和邮政编码	4 如果你的姓和社保卡上的不一样，勾选这里，你必须拨打1-800-772-1213申请一张新卡。 □		
5 你所申请的津贴总额（由上文第H行或第2页申请表计算）			5
6 额外金额，如果有的话，你想从工资中扣除			6
7 本人申请豁免2005年扣缴税款，并证明本人符合下列两项豁免条件。 ·去年，我有权退还所有被扣缴的联邦所得税，因为我没有纳税义务 ·我希望今年能退还所有被扣缴的联邦所得税，因为我预计自己没有纳税义务 如果你同时满足这两个条件，在这里写上"免税"		7	
本人在此声明，本人已细阅本证明，并尽本人所知及所信，本证明准确无讹。			
雇员签字（无签字表格无效）	日期		
8 雇主姓名及地址（雇主：请填写第8行及第10行，并寄往税务局）		9 办公室编码（选填）	10 雇主身份证识号码
有关《隐私法》和《文书工作缩减法》公告，请参见第2页。	Cat. 编码0220Q		表格W-4（2005）

寻找 解决方案

回顾关键概念

1. 表格W-4的目的是什么？

2. 在上表中，你可以选择从你的工资中扣除额外的钱，为什么有人会选择这样做？

3. 一个人如何才能免于从工资中扣款？

4. 员工为什么需要在表格上签名？

5. 已婚人士能以单身人士的税率扣缴税款吗？

回顾关键概念

1. **考虑**　在选择和规划职业时，你需要考虑哪些个人问题？

2. **解释**　教育和培训如何影响职业发展？

3. **列出**　影响就业的外部因素有哪些？

延伸思考

4. **推理**　从1946年到1964年，美国经历了大约7 900万人口的急剧增长，这被称为"婴儿潮"。如果美国还要经历一次大规模的"婴儿潮"，什么就业机会可能会增加？

21世纪技能

5. **主动性与自我引导**　了解自己的个性可以帮助你选择适合自己的职业，典型的个性特征包括外向、好学、害羞、忠诚、自信、慷慨、雄心勃勃、公平、富有想象力、有耐心、爱运动、有趣、自然、矜持、勇敢、固执、叛逆等。一个执着、外向、自信、精力充沛的人可能会喜欢销售工作。有创造力和想象力、好奇心强、聪明的人可能喜欢写作。写下5个最能描述你个性的特质，记住这些特质，列一份适合你个性的工作或职业清单。

数学

6. **地理趋势**　珍妮丝在芝加哥得到了一份工作，要求将目前3万美元的薪酬增加20%。在接受这个职位之前，珍妮丝想了解她的潜在生活成本。她估计房租每月1 500美元；她得乘火车上下班，每天往返票价为3.5美元，她每周的伙食费是75美元。如果珍妮丝每周工作5天，每年工作52周，除去房租、交通费和伙食费，她的年收入是多少？

数学概念　**计算生活成本**　要计算一个人的生活成本，你必须收集所有适用的成本信息，并确定与收入相关的年度影响。

提示　收集所有适用的费用，包括房租、交通费和伙食费，将这些费用的金额乘以天数和周数，换算成年度费用，确定总数。

找工作策略

你应该采取什么步骤来找工作

梅格填写了几十份求职申请，但从未接到过面试的电话。道格拉斯参加了许多次面试，找到了一份富有挑战性和令人满意的工作。这两个人有什么不同？答案与他们如何传达自己已有经验的价值，以及他们如何使用经过验证的就业策略有关。

获得就业经验

许多刚进入职场的年轻人担心自己没有足够的经验，他们忽视了与工作相关的培训的重要性。

- 兼职工作。
- 志愿者工作。
- 实习和合作教育。
- 课堂项目或课外活动。

兼职工作　暑期的兼职工作可以提供宝贵的经验。如果你在夏天做过夏令营辅导员，你可以确定你是否喜欢在日托中心工作。也许你在课后是药店的收银员，那么你可能想从事药理学方面的工作。

许多公司雇用临时工来担任职务。以一个"临时工"的身份获得经验和了解一个特定行业是一个好方法。出于同样的原因，兼职和临时工作对那些正在转行的人来说也是值得的。

志愿者工作　通过志愿者活动，你可以学习新的技能，养成良好的工作习惯，并在专业上进行交流。许多非营利社区组织和一些政府机构的工作人员是志愿者。你可以为救灾项目筹集资金，或者与仁人家园（Habitat for Humanity）一起建造房屋。志愿者活动可以帮助你发展能够应用到其他工作中的技能。在你的社区里，你可以在哪里做志愿者？

实习和合作教育　实习可以给你提供就业所需的经验。**实习（internship）**是一种通过与具有特定领域经验的人一起工作来接受培训的方式。有时它可以成为长期职业。你可以通过它练习你的申请和面试技巧。大多数学院和大学将合作教育和实习作为学术项目的一部分。

本节目标

- 描述获得工作经验的有效策略。
- 识别6个你可以用来寻找工作机会的资源。
- 解释投简历和求职信的目的。
- 识别收到工作邀请后需要考虑的因素。
- 了解你在雇用过程中的合法权利。
- 列出你实现职业长期成功的步骤。

阅读进行时

关联　列出你在为职业生涯做准备时可能会帮助你的资源和认识的人。

规划个人财务

合作教育（cooperative education） 项目允许学生通过与专业和兴趣相关的兼职工作来促进课堂学习。例如，你早上要上高中课程，下午要在当地的一家公司工作，那你可以将课堂上学到的工作技能运用到工作中去。

课堂项目或课外活动 课堂作业和学校活动可以是工作经验的来源，它们可以帮助你获得宝贵的职业技能。

- 管理、组织和协调人员。
- 公共演讲。
- 目标设定、计划和监督。
- 财务规划和预算。
- 研究。

职业信息来源

你需要最新的信息来做出最优的职业决策。你可以利用的信息来源有很多。

图书馆 大多数学校和公共图书馆都提供职业方面的参考资料，你可以从一些指南开始，如《职业前景手册》、《O*NET 职称词典》和《职业展望季刊》等。

大众媒体 大多数报纸的商业和就业版面都有关于求职和职业趋势的文章。

互联网 通过互联网获取关于工作和就业的信息，你会找到从提交申请到面试的每一个步骤的提示和建议。

学校指导办公室 拜访你学校的指导办公室，获取职业规划方面的资料和建议，充分利用学校可以提供的服务。

社区组织 几乎每个社区都有企业和公民团体可以帮助你寻找工作，参加它们的会议让你有机会结识当地的企业人士。

职业组织 许多职业都有专门的组织通过分享信息来促进职业的发展。百科全书系列可以帮助你找到你感兴趣的职业组织。

联系人 你的家人、朋友、同事、老师和以前的

志愿者

把你的时间花在当地或国家的非营利组织上可以给你提供工作经验。通过帮助建造房屋，你可能获得哪些技能？

雇主，都是你已经认识可以帮助你为职业生涯做准备的人，但即使是你不认识的人也能帮助你找工作，这就是什么时候开始建立人际关系都不会太迟的原因。==人际网络（networking）==是一种建立和使用联系人来获取工作信息和建议的圈子。你所建立的人脉可能不是那些可以雇用你的人，但他们可能认识一些可以雇用你的人。

他们也许可以安排一次==信息面试（informational interview）==，让你与你感兴趣的领域的人会面，他们还可以为你提供有关你正在考虑的职业或公司的实际信息。

确定工作机会

如果你要找一份适合你的工作，你需要知道去哪里寻找工作机会，搜索如招聘广告、招聘会和职业介绍所等信息。

招聘广告　所有报纸都对包含职位列表的广告进行了分类，尽管大多数报纸只刊登本地企业招聘的职位，但一些主要报纸，如《华尔街日报》（*The Wall Street Journal*）也列出了其他区域的职位。

互联网是就业机会的一个宝贵来源。如果你对某家特定公司的工作感兴趣，你可以使用搜索引擎找到它的网站并了解更多关于这家公司的信息，有时你也可以找到该公司目前的职位空缺列表。除了公司网站外，互联网还提供具有招聘广告、简历模板和咨询服务的求职网站。

招聘会　在招聘会上，来自当地和美国其他地方的公司的招聘人员会设置摊位，你可以在那里讨论工作机会并提交简历。要想充分利用招聘会，就要准备好在短时间内给几位招聘人员留下最好的印象，稍后他们可能会打电话给你进行深度交流。

职业介绍所　职业介绍所是为求职者和雇主牵线搭桥的企业。大多数情况下，雇用你的公司会支付职业介绍所费用。在某些情况下，你支付费用或者你和你的新雇主分担费用。不要和那些要求你支付费用却不承诺给你工作的中

充分利用

在招聘会上，你需要在短时间内给招聘人员留下好印象。你能做些什么来确保你能给招聘人员留下专业且难忘的印象呢？

介机构产生任何关系。政府支持就业服务，要了解更多关于它们的信息，请联系你所在州的就业服务部门或劳工部门。

　　其他找工作的方法　你找工作的能力只受你的想象力和精力的限制。其他找工作的方法如下。

- 拜访——拜访你想要工作的公司，询问可能会帮助你的人。
- 打电话——查看当地的电话簿，查找你感兴趣的领域的公司名称，并与公司联系。
- 人际网络——与已经毕业、有类似兴趣和爱好的人聊天，他们可能有助于你缩小搜索范围。
- 搜索——在网上搜索有关工作和企业的信息，寻找与你能力和技能相同的人。

阅读进展检查

描述　职业介绍所的职能是什么？

求职

求职过程包括哪些步骤

　　充分展示你的技能和经验是获得工作的关键。你的简历是你最重要的工具。==简历（résumé）==是一到两页的个人教育、培训、经验和资质的总结，它为你未来的雇主提供了你能为他的公司做出贡献的概述。

　　简历的两种基本类型是按时间顺序排列的简历和技能简历。按时间顺序排列的简历提供关于你的教育、工作经验和相关信息的逐年（或更长时间）概要，这种格式对有连续工作经验的求职者很有用。技能简历会突出你在特定领域的技术和能力，比如沟通、管理或研究能力。如果你是应届毕业生或者正在换工作，一份技能简历可能是更好的选择。按时间顺序排列的简历和技能简历的例子见图11.4。

　　当你通过电子邮件或其他方式向雇主发送简历时，你需要附上一封求职信。求职信是你在简历中附上的私人信件（见图11.3）。虽然简历是对你资质的全面总结，但求职信会告诉未来的雇主你为什么对这份工作感兴趣，以及你为什么认为他面试你是值得的。

面试是与未来的雇主的一次正式会面，你可以借此表达你为什么认为自己是这份工作的最佳人选。对于面试，你应该尽可能多地获取有关公司或行业的信息，相关资源包括图书馆、互联网或熟悉公司的人。以下是一些典型的面试问题。

- 你接受过什么样的教育和培训使你适合这份工作？
- 你为什么有兴趣在这家公司工作？
- 你有什么经验使你能为这份工作做准备？
- 你的主要优点是什么？主要缺点是什么？
- 从现在开始的 5 年或 10 年，你打算做什么？

大多数面试官都会在面试结束时告诉你什么时候给你答复，在这段时间里，你应该给那位面试官发信息，强调你对这份工作的兴趣，并感谢他给你面试的机会。

阅读进展检查

计划 如果你得到了面试的机会，你应该怎么做？

经济学与你

一个国家的资源

一个国家的经济资源包括土地、劳动力、资本和企业家精神。土地是一种自然资源，比如土壤、矿物和石油。劳动力包括在一个国家工作的所有人。资本是金钱、建筑物和一个国家的基础设施(道路、互联网和电力)。资本是一种使产品生产成为可能的经济资源。企业家利用资本和其他经济资源来生产和提供消费者想要和需要的商品和服务。

美国家庭的收入分配

- 100 000美元及以上 20.2%
- 15 000美元以下 13.3%
- 15 000~34 999美元 22.3%
- 75 000~99 999美元 11.9%
- 35 000~74 999美元 32.3%

个人财务联系 自然经济资源与你的自然能力相似，比如你擅长体育或数学。受过更多教育或拥有更多技能的工人通常会获得更高的劳动报酬。消费者的资本来自他们的工资，他们需要钱来购买需要和想要的商品和服务。

批判性思考 解释教育和培训为什么是你和国家经济健康的重要经济资源。

图11.3 **求职信**

引人注目 你的求职信应该格式简单、内容丰富、直接。在这封求职信中，哪些信息可以让这个申请人与众不同？

求职信

杰瑞·霍普金斯
纽约市巴林顿
柯林斯西路5678号，
20XX年5月23日

电话:914-555-4556
电子邮箱:jhopkins@internet.com 邮编14332

汉娜·卡布拉尔女士
人力资源总监
全球翻译服务
卓越大道3400
纽约詹姆斯敦13456

亲爱的卡布拉尔女士:

　　基于我在国际关系方面的背景和学习，我写此信是为了表达我对贵公司所提供的助理翻译职位的兴趣。你们会计部门的布兰达·凯利建议我与您联系。我的学习经历包括全球商业实践课程，以及在一家电子公司的出口部门实习。

　　我的语言能力使我能够处理与国际客户的关系。我在跨文化环境中工作的能力将能使我适应各种商业环境。由于我与其他国家的公司合作，我将能够满足客户的各种需求。

　　随信附上的简历将提供更多有关我资历的资料。

　　我希望能得到与您会面的机会，并讨论我的培训经历和背景能够使我为贵公司的持续成功做出哪些贡献。我将在6月1日给您办公室打电话，确定您是否能安排时间见我。

真诚地，

Jerry Hopkins

敬上

图11.4 · 简历的类型

概述 你的简历应该清楚地概述你的教育经历、培训经历、经验和资格。这两种简历格式哪一种适合想在律师事务所获得初级职位的学校教师? 为什么?

按时间顺序的简历

查德·博斯特威克
2348大学路212号
贾斯珀，密苏里州54321

电话:315-555-7659
电子邮箱:chbos @ internet.com

职业目标　　　　　　　　　　寻求医疗或卫生保健管理方面的初级职位

工作经历
20XX年11月至现在

患者账户职员
大学医院，密苏里州
· 研究逾期账户
· 创建催收方法，加快应收账款周转
· 协助培训记账员

20XX年1月至8月

销售数据员
琼斯医疗用品公司，本顿，堪萨斯州
· 维护库存记录
· 处理客户记录

教育背景　　　　　　　　　　工商管理和医疗保健营销学士，
西密苏里大学，密苏里州，20XX年

校园活动　　　　　　　　　　时事通讯编辑，西密苏里大学
财务管理协会分会，20XX年

获得荣誉　　　　　　　　　　工商管理学院，西密苏里大学服务奖，
5月20日

计算机技能　　　　　　　　　Windows、微软办公软件、
Peachtree Complete、会计

技能简历

电话:203-555-6710
电子邮箱:nanfrank @ internet.com

南希·弗兰克
德芙圈58公寓670室

职业目标　　　寻求一份人力资源的职位，该职位需要能
够运用管理、沟通和研究经验来培训公司
新员工和老员工

成就

管理经历
· 制订并实施培训计划
· 协调会议委员会

交流经历
· 编写培训手册
· 写新闻稿

研究经历
· 调查大型工业组织的培训问题

计算机技能
· 精通Windows、微软办公软件

工作经历　　· 美国缅因州哈珀市阿康公司人力资源总
监助理，20XX年6月至现在
· 文案编辑，缅因州本顿阿什顿营销服务
部，20XX年1月至20XX年5月
· 代表研究助理，缅因州本顿亨利湖，
20XX年6月至20XX年12月

高中文凭(大学预科)，缅因州莱斯顿，鲁姆
斯麦迪逊高中

教育背景

自主性

终身学习者的一个特点是有自主性。自主学习者是自己学习经验的所有者和管理者。他们超越对一个主题的基本理解，探索和扩展知识。自主学习者独立工作，确立目标，区分任务的优先级，并评估表现，能够有效地管理时间和工作量。作为一个有自主性的终身学习者，你能够运用过去的经验和知识来实现目标。

写作任务

想象你表现出自主性的时候，用一个或多个段落来描述场景，并解释如何将你在场景中使用的技能应用于实际情况。

考虑工作机会

当你考虑工作机会时，什么因素对你来说是最重要的

你可能会参加几次面试，然后感到失望。然而，迟早有人会说："我们希望你为我们工作。"但你在签约工作合同之前，必须考虑几个因素，尽可能地了解有关公司、工作、工作环境、薪酬和福利的所有信息。

工作环境

当你参加面试时，你会注意到工作场所的不同，工作节奏和压力的不同。甚至人们在工作时的行为方式也将取决于公司。

你要询问公司的官方政策，如何处理加薪，如何衡量员工的工作量，以及如何提拔员工等问题。

影响薪酬的因素

你的起薪将取决于你的教育程度和经验、公司的规模，以及你所考虑的工作平均工资。为了确保你的起薪是合理的，你可以和其他公司从事类似工作的人谈谈，或者在网上搜索相关信息。

加薪和升职是你工作表现好的直接结果。一旦你接受了一份工作并开始上班，你就要定期和你的上司见面，询问上司对你的表现的反馈和改进建议，让你的上司知道你有意承担更多的责任。达到或超过上司的期望一般会有加薪的奖励，如果没有，你可能需要寻找另一份工作。

衡量员工福利

除了薪酬之外，你还应该评估公司提供的福利类型，特别要关注医疗保健、退休福利以及家庭的特殊需求。

满足员工的需求 社会的变化带来了员工福利的变化。如今，单亲家庭和父母双方都在工作的家庭都很常见，企业已经运用各种方式来应对变化。

自助餐厅式员工福利（cafeteria-style employee benefit） 是允许员工选择最能满足他们个人需求的福利的一项计划。有孩子的员工可能需要人寿和健康保险，而单亲家庭的父母可能对儿童看护服务感兴趣。

规划个人财务

现在人们的寿命更长，所以退休计划比以往任何时候都更重要。除了社会保障福利，一些公司还提供**养老金计划（pension plan）**，这是一种部分资金由雇主提供的退休计划。养老金计划的不同类型特点不同，有些计划在你退休时给一笔固定数额的钱。如果企业采用利润分享计划，则它每年都会向退休基金缴纳一定数额的年金，这笔在基金里的钱会一直累积到你退休。第三种养老金计划是 401（k），你要从每个月的薪酬中拿出一部分存入 401（k）计划，你的雇主会按你缴款的一定比例缴款。

比较利益　你可以用几种方法来比较员工福利的价值，如果你必须自己支付，那么福利的市场价值就是福利的成本。例如，免费医疗保险的市场价值就是你购买同样的保险所需的费用。此外，一周（五天）带薪休假的市场价值是一周的工资。

税收也应该在你的就业福利决策中发挥作用，有两种类型的就业福利：免税和税收递延。免税福利是一种不用纳税的福利。例如，雇主支付的医疗保险是免税的。如果你的雇主为你的医疗保险支付了 2 000 美元，那么税前相当于 2 500 美元（25% 的税率）。免费人寿保险是免税福利的一个例子。

税收递延福利是指在将来某个时候，比如在你退休后，你必须缴纳所得税的一种福利。401（k）计划是税收递延福利的一个例子。在评估福利时，请记住，价值较低的免税福利可能比价值较高的应纳税福利更有价值。

阅读进展检查

区分　税收递延福利与免税福利有什么不同？

员工的权利
你为什么要知道作为员工的合法权利

作为一名员工，你享有一定的合法权利，这可能会影响你的财务状况。在招聘过程中，你也享有一定的合法权利。

- 雇主不能因为女性怀孕而拒绝雇用她或终止雇佣关系。因为怀孕而停止工作的女性员工，必须全额享受她之前得到的服务和所有福利。
- 雇主不得以任何与年龄、种族、肤色、宗教、性别、婚姻状况、国籍、精神或身体残疾有关的理由而歧视员工。
- 雇主必须缴纳失业保险、社会保险，并为因工负伤或患病的员工提供工伤赔偿金。

 阅读进展检查

列出　雇主不能歧视的至少 5 个条件是什么？

长期的职业发展

你可以采取哪些措施来帮助你取得职业成功

　　工作是今天的事，但职业生涯是一生的事。当进入职场时，你要考虑一下：你会永远享受今天所做的工作吗？对于你选择的职业，你会取得成功吗？你无法预测未来，但你可以培养技能和态度，这将增加你在未来几年对工作满意的可能性。下面是职业成功的一些基本准则。

- 注重提高你的书面和口头表达技巧。
- 尽力与你的同事融洽相处。
- 保持灵活性，接受新想法。
- 养成良好的工作习惯。
- 将工作量的提高与工作质量的提高结合起来。
- 学会预见问题。
- 使用列表、记事卡和其他管理时间的方法。

- 当你有一个任务要完成时，尽你所能把它做好。
- 意识到可能会出现问题，便准备好采取行动。
- 创造性地解决自己的问题。
- 乐于学习新技巧和新技术。

培训机会

科技的进步正以飞快的速度改变着职场，今天人们从事的许多职业在几年前并不存在，这种变化肯定会继续下去。你的持续成功关键在于你能跟上技术变化和适应全球经济发展的能力。请记住，你要一直学习新的技能和理论。

你如何确保你的技能是最新的？许多公司提供定期培训项目，鼓励参加专业研讨会，或帮助支付大学课程的费用。你要尽可能多地阅读，利用互联网、报纸、杂志和专业期刊上有关商业、经济和社会趋势的丰富信息，与你所在领域的相关人士交谈。与其他公司的同事进行非正式的会议交流可能是获取新信息的一个有价值的来源。

职业道路及晋升

随着时间的推移，你会经历个人兴趣、价值观和目标的改变。外部因素，如经济条件和社会趋势，也会影响你。这些变化将影响你的职业选择和其他财务决策。你可能会经历一系列的职业阶段，见表11.1，每个阶段有特定任务和关注点。

确保你的职业生涯朝正确的方向发展的一个方法是从有更多经验和知识的人那里获得支持。**导师（mentor）** 是一名经验丰富的员工，是经验不足的人的老师和顾问。导师可以给你提供一对一的培训，并帮助你认识其他知识渊博的人。许多组织都有正式的指导计划。好导师可能是退休人员，因为他们渴望分享一生的知识和经验。

此外，你可能认识一小部分人，他们可以以个人身份提供机会和指导。导师可能是你的榜样，也可能是你职业领域以外对你的职业感兴趣的专业人士。他们可以给你提建议，告诉你机会，把你介绍给重要的人，并帮助指导你的职业生涯。除了导师，其他的人，如朋友或家人，也可能成为你职业道路上的榜样和支持者。

提问

面试也是你提问的时间。在求职面试中，哪些问题是你应该问雇主的？哪些是不应该问的？

改变职业

大多数工作者一生都会换几次工作。每年大约有 1 000 万人换工作。有些人在同一领域寻求更好的职位，一些人则选择新的职业。除非一个人目前的情况造成了过度的压力或疾病，否则大多数人都不愿意用现有职位的安全感换取一个陌生职位的不确定性。以下迹象表明你是时候要继续前进。

- 你在工作中感到无聊或沮丧。
- 你的工作对你的身体或情感有负面影响。
- 你收到一系列糟糕的绩效评估。
- 你几乎没有机会获得加薪或晋升。

在某个时候，你可能会发现自己失业并不是自己的错，这种情况会导致情绪和财务压力。当你在寻找另一份工作时，你还是像往常一样吃、睡和锻炼，参加家庭和社区活动。你可以随时随地找到新的职业联系人，通过个人学习、课程或志愿者工作来提高你的技能，考虑与非营利组织或政府机构合作的机会。无论你是在找一份新工作还是找你的第一份工作，都要考虑职业选择的经济和个人成本以及收益将如何影响你的需求和目标。

阅读结束后

扩展 在未来的 6 到 12 个月里，你会做些什么来增加你毕业后获得职业成功的可能性？

表11.1 **职业发展阶段**

持续发展 职业发展的每个阶段都会带来新的任务和新的关注点。在职业生涯中期调整阶段，你为什么要考虑其他选择呢？

阶段	任务	关注点
入职前和职业探索	• 评估个人利益 • 获得必要的培训 • 找一份入门级的工作	• 将兴趣和能力与工作相匹配 • 处理失望的情况
职业发展	• 获得经验，培养技能 • 专注于专业领域，尊重同事 • 获得同事的尊重	• 发展职业人脉 • 避免职业倦怠
晋升和职业生涯中期调整	• 继续积累经验和知识 • 迎接新挑战并扩大责任范围	• 寻求持续的满足感 • 保持对同事和下属的敏感性
职业生涯晚期和退休前	• 为退休制订财务和个人计划	• 决定退休后可以参与的与职业相关的事项 • 计划参加社区活动

回顾关键概念

1. **列出**　获得就业经验的6种有效策略是什么？

2. **描述**　确定并描述6个你可以用来寻找工作机会的资源。

3. **解释**　写简历和求职信的目的是什么？

4. **考虑**　收到工作邀请后需要考虑哪些因素？

5. **解释**　在被雇用过程中，你有哪些合法权利？

6. **识别**　你可以采取哪些措施来促使你获得长期的职业成功？

延伸思考

7. **比较**　本章所讨论的职业信息来源的优缺点是什么？

语言艺术

8. **转折点**　米切尔快30岁了，他的父亲是一家建筑公司的老板，他从高中就开始为他的父亲工作。米切尔想要从事计算机方面的工作，但一开始他是为他的父亲工作，因为这既方便又容易。然而，在近20年后，米切尔想知道他是否还有其他事情可做。他正在考虑重返学校。然而，他的父亲即将退休，他希望米切尔接管公司。写一篇文章，内容包括米切尔的选择，以及每种选择的优缺点。最后，请对他在人生的这个转折点应该做些什么做出你的判断。

数学

9. **员工福利待遇**　詹姆斯收到XYZ公司的一份工作邀请。该公司给他开出了35 000美元的年薪。除工资外，詹姆斯还将获得3个星期的带薪假期和4天带薪病假。他还将获得市值6 000美元的医疗和牙科保险，以及价值为一年年薪的人寿保险。假设詹姆斯每年工作52周，每周工作5天，他的总薪酬是多少？

数学概念　**计算福利价值**　要计算一套薪酬方案的价值，你必须确定公司为你提供的所有福利的总价值，包括假期、病假、保险、退休计划等。

提示　通过将年薪除以一年的周数（假期）或一年的工作日数（病假），将假期和病假换算成美元价值。

财务和职业规划

职业规划

职业规划的6个步骤可以帮助首次找工作的人、换工作者，以及那些想在同一职业范围内改变工作的人。

6. 确定并实施职业发展规划

5. 考虑工作机会邀请，接受一份符合财务和个人要求的工作

4. 面试可能的职位，提高面试技巧

3. 准备简历和求职信，申请工作

2. 确定所选领域的工作机会

1. 评估个人目标、能力和兴趣，研究职业

关于你的一切

根据你的技能和经验选择合适的简历格式，然后用一封出色的求职信来推销自己。

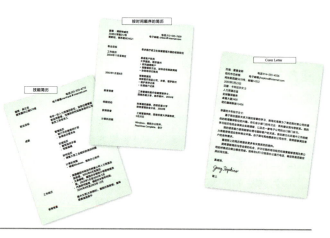

试一试

知道在哪里可以找到关于工作的信息是成功的一半。创建一个如右所示的集群图，用于总结职业信息来源。

职业信息来源

章节评估

章节总结

- 选择职业时需要考虑的个人问题包括能力、兴趣、个性和目前的个人状况。
- 你接受的教育和培训越多, 你的潜在赚钱能力就越大。此外, 你选择的学习领域也会影响你的薪酬。
- 就业机会受社会因素的影响, 如人口趋势、地理趋势、经济因素以及行业和技术趋势等。
- 通过兼职工作、志愿者工作、实习、合作教育和课堂项目获得经验。
- 要评估职业机会, 可以使用互联网、图书馆、报纸、学校指导办公室、社区组织以及你所选择的领域工作的人等资源。
- 寻找工作时需要考虑的财务问题包括起薪、升职加薪的机会、福利和生活成本。
- 需要考虑的法律问题涉及公司的工作环境, 公司在歧视、最低工资、失业保险、社会保障和工人赔偿等方面遵守法律的情况。

词汇复习

1. 为每个词创建一个要填空的句子。如果合适的话, 你可以把两个词组合在一个句子里, 句子中应该包含足够的信息来帮助确定缺失的词。

- 工作
- 职业
- 生活水平
- 趋势
- 潜在的赚钱能力
- 能力趋势
- 兴趣清单
- 人口趋势
- 地理趋势
- 服务业
- 实习
- 合作教育

- 人际网络
- 信息面试
- 简历
- 求职信
- 自助餐厅式员工福利
- 养老金计划
- 导师
- 灵活
- 资产
- 福利
- 固定

延伸思考

2. **关联** 你妹妹有跳舞的天赋, 你也喜欢跳舞, 这是一样的吗? 解释一下。

3. **评价** 考虑人口趋势和地理趋势, 评估它们在职业计划方面的重要性。

4. **辩论** 了解经济因素 (例如利率和物价上涨) 是否重要, 即使它们超出了你的控制范围。

5. **评估** 解释美国劳工统计局为什么预计医疗保健领域的就业岗位在未来10年将继续增加。

6. **检查** 求职信是让人更好地了解你, 那么为什么写求职信会有挑战性呢? 对于写求职信有困难的人, 你有什么建议吗?

7. **比较** 开始职业生涯所需要的技能与简单地找份工作所需的技能有什么相同点和不同点?

8. **综合** 考虑工作环境与职业道路和晋升的关系。

9. **判断** 如果你所在州正在考虑提高最低工资标准, 你是赞成还是反对? 解释你的答案。

大学和职业准备

科学

10. 职业领域 科学领域是一个不断发展的职业领域。科学领域有许多职业，如癌症研究、环境科学、药物研究和基因工程等方面的工作。

程序 选择3个你感兴趣的职业，包括科学领域的一个职业。利用印刷品或在线资源，了解每个职业的教育要求和薪酬。

分析 用简短的口头报告向全班同学陈述你的发现，包括以下问题的答案：哪个职业的薪酬最高？薪酬差异的原因是什么？工资在多大程度上会影响你的选择？

数学

11. 退休福利 你决定参加公司的401(k)退休计划，这个计划允许你缴纳最多50%的年薪。在你工资额度的前6%中，你每缴纳1美元，公司将会匹配缴款0.75美元。你目前每年的收入为40 000美元，你选择缴纳你年薪的15%。你的总缴款（包括你雇主的匹配缴款）在年底将达到多少？

数学概念 计算401(k)的贡献 要计算总缴款，你必须确定你的公司将缴纳多少，并将其添加到你的贡献中。

提示 将你的年薪乘以6%，计算出符合公司要求的金额，将这个金额乘以0.75美元，以确定公司的匹配总额。

语言艺术

12. 员工福利 劳拉的收入是养育两个年幼孩子的唯一经济来源。她做全职工作，把孩子送到日托中心。她最近搬到了另一个州，找到了一份新工作。这家公司提供各种各样的员工福利计划。劳拉需要确定哪些福利对她的家庭最有利。根据员工福利这一节的信息，劳拉可能的选择有哪些？她在做决定时必须考虑什么？准备一页报告，以帮助劳拉做出决定。

道德

13. 职场人际关系 与其他方面一样，大多数工作场所要求我们共存和合作，以便完成工作。与他人密切合作的一个必然结果是友谊的发展。假设你有一些个人问题困扰着你，在工作的时候和朋友谈论这些问题可以吗？在何种程度上（或何种情况下），在上班时间处理个人问题是可以接受的？

实际应用

14. 申请工作 当你上中学的时候，你为邻居提供了保姆服务。过去几个夏季，你每隔一个周末就去动物收容所做志愿者。在工作日，你在礼品店做收银员。在高中期间，你作为一名演员和后台工作人员参加过才艺展示和戏剧演出。高一时，你在高级西班牙语课程中取得了高分，高二时，你加入了学生会。根据所提供的信息，列出一份可以在求职申请或简历中使用的技能和资质清单。

你的资产组合

求职

马克·科尔特斯对在附近的杂货店当店员很感兴趣。他想在放学后和周末做兼职赚钱，以供个人开支。他在商店里填写了申请表，然后被叫去面试。马克通过了商店经理的面试，得到了这份工作。

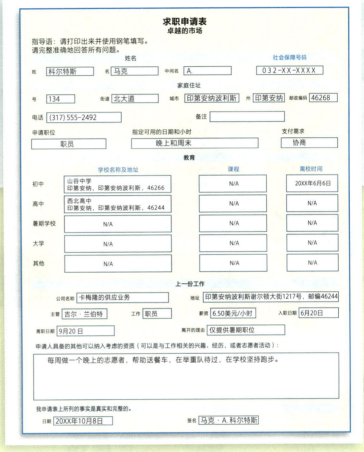

求职申请表
卓越的市场

指导语：请打印出来并使用钢笔填写。
请完整准确地回答所有问题。

姓名　　　　　　　　　　　　　　　　　社会保障号码

| 姓 | 科尔特斯 | 名 | 马克 | 中间名 | A. | | 032-XX-XXXX |

家庭住址

| 号 | 134 | 街道 | 北大道 | 城市 | 印第安纳波利斯 | 州 | 印第安纳 | 邮政编码 | 46268 |

电话 (317) 555-2492　　　　　备注

| 申请职位 | 指定可用的日期和小时 | 支付需求 |
| 职员 | 晚上和周末 | 协商 |

教育

	学校名称及地址	课程	离校时间
初中	山谷中学 印第安纳, 印第安纳波利斯, 46266	N/A	20XX年6月6日
高中	西北高中 印第安纳, 印第安纳波利斯, 46244	N/A	N/A
暑期学校	N/A	N/A	N/A
大学	N/A	N/A	N/A
其他	N/A	N/A	N/A

上一份工作

公司名称	卡梅隆的供应业务	地址	印第安纳波利斯谢尔顿大街1217号, 邮编46244
主管	吉尔·兰伯特	工作	职员	薪资	6.50美元/小时	入职日期	6月20日
离职日期	9月20日	离开的理由	仅提供暑期职位

申请人具备的其他可以纳入考虑的资质（可以是与工作相关的兴趣、经历，或者志愿者活动）：

每周做一个晚上的志愿者，帮助送餐车，在举重队待过，在学校坚持跑步。

我申请表上所列的事实是真实和完整的。

| 日期 | 20XX年10月8日 | 签名 | 马克·A.科尔特斯 |

完成申请表

在你面试之前，你需要填写一份申请表。尽管电子申请表越来越多，但许多企业，尤其是那些雇用年轻员工的企业，仍然接受纸质申请表，花点时间去练习填写申请表的"技能"，一定要尽可能整齐准确地填写求职申请表。在任何不需要答案的空白处写上"N/A"。　N/A的意思是"不适用"，告诉雇主你看到了这个问题，但并不适用于你。在一张单独的纸上填写申请表，或者复印一份申请表，确保填写完整。在你用墨水笔填写完申请表之前使用铅笔，或者先打草稿。有什么问题是你无法回答的吗？如果有，把这些问题列出来，看看你是否能找到答案。

第12章

12

经济学基础

看图说话

　　学校的筹款活动是一个组织创收的好方法。一个学校组织还可以通过哪些方式赚钱或获得产品？

探索项目

创建预算

关键问题

为什么创建个人资产负债表和预算是重要的？

项目目标

你们学校有一个学生组织难以实现财务目标。组织领导要求你管理团体的财务。他们目前有100美元的储蓄，每年支出1 000美元。他们每月举办一次活动，可以获得50美元的收入。

- 为组织创建一份现金流量表。
- 确定组织未来可能的需求及其成本。调查你所在社区的学生组织，以了解它们的需求和财务状况。
- 组织一个筹款活动。
- 为资金筹集者制定预算和现金流量表，以确保赢利。

考虑以下内容

- 团队的收入是多少？
- 团队的开支是多少？
- 筹款活动将花费多少钱？它将如何赚钱？
- 你如何帮助该组织未来明智地使用资金？

系统思维

如何使用预算和现金流量表帮助一个组织实现财务目标？这如何应用到你的个人财务上？

重要见解

良好的资金管理将帮助你实现财务目标。

请教专家

政府政策和经济学

问： 我以前从未使用过预算。什么是预算？我现在为什么要开始使用预算？

答： 预算是一个用钱来支付生活所需品的计划。当你做预算时，你要设定你的财务目标，估计你的收入，列出你计划的支出，并为储蓄设定目标。预算可以帮你区分"想要"（你想要的东西）和"需要"（你需要的东西），明白自己赚了多少钱，花了多少钱，让你回顾自己的财务情况并做出调整。

 写作任务

写一段话，描述"想要"和"需要"之间的区别，以及两者的区别如何影响你的财务状况，其中应包括"想要"和"需要"的例子。

阅读开始前

基本问题　你可以使用什么资金管理技巧实现你未来的财务目标?

中心思想

制订和执行个人财务计划是为未来的财务目标做预算的关键。

内容词汇

- 资金管理
- 保险箱
- 个人财务报表
- 个人资产负债表
- 资产净值
- 资产
- 财富
- 流动资产
- 房产
- 市场价值
- 负债
- 破产
- 现金流
- 收入
- 实得工资
- 可支配收入
- 盈余
- 赤字
- 预算
- 预算差异

学术词汇

在阅读和回答问题时，你会看到这些词。

- 解决
- 安全
- 评估
- 基础
- 遇到
- 培养

使用图表

在阅读本章之前，创建如下所示的图。当阅读时，你可以使用该图来描绘资金管理实践。

机会成本和资金管理

你如何决定什么时候花钱

你的日常支出和储蓄决策是财务规划的核心。你所做的每一个决定都涉及选择或权衡，你选择了一件事就拒绝了另一件事。如果你决定去看电影而不是做科学展览项目，你就做了一个选择。你在两种或两种以上的选项之间做出的决定就有机会成本，关于资金管理的决策需要做出权衡。

资金管理（money management） 是为了使资金效用最大化而进行的日常财务活动。为了明智地管理你的钱，你必须进行财务权衡。良好的资金管理可以帮助你跟踪资金流向，使你可以更好地使用钱。你需要考虑是把工资花在娱乐活动上，还是把一部分存起来，以保证长期的财务安全。如果你现在花钱，你就没有机会用资金赚取利息。

购买手机时，你应该以更优惠的价格购入还是浪费时间呢？你可以通过查看其他商店的价格来节省一些钱，但你也会使用永远无法替代的东西——你的时间。权衡很难，因为两个选项你可能都喜欢。

当你面临高的机会成本时，你如何确保做出正确的决定？你可能永远都不确定，但你可以更好地判断，考虑选项是否符合你的价值观、目前的财务状况以及有效的资金管理目标。

通过考虑你的价值观、目标和银行账户状况，你可以做出更好的消费决策。如果你的目标是为上大学存尽可能多的钱，那么你可以从图书馆借书，而不是从书店买书。另外，如果你的目标是每个月只存一定数额的工资，你就可以用剩下的钱买这本书。

本节目标
- 讨论机会成本与资金管理之间的关系。
- 解释保留财务记录和文件的好处。
- 描述一个维护个人财务文件的系统。

阅读进行时

关联　你是否问过自己："我的钱都花到哪里去了？"

阅读进展检查

关联　怎样管理机会成本？如何权衡？有效的资金管理重要吗？

贸易差额

　　贸易差额也称为净出口，是指出口总值（一国生产并在其他国家销售的商品）与进口总值（一国从其他国家进口的货物）之间的差额。简单地说，贸易差额由一段时间（通常是一个月或一年）内总出口减去总进口来决定的。盈余可能意味着坚实的制造业基础、高关税或海外对美国产品的需求，但也可能意味着消费者可支配收入减少。

个人财务联系　在个人财务中，你的净现金流是正值时，你就会有盈余；你花的比赚的多时，你就会有赤字。在贸易中，当出口超过进口时就会出现盈余，当进口超过出口时就会出现赤字。

批判性思考　比较赤字和盈余，它们如何影响个人财务和国际贸易？

产品与服务的进口和出口

(10亿美元)	进口产品	进口服务	总进口	出口产品	出口服务	出口总	贸易差额
	1 575	381	1956	1 038	525	1 563	393

整理财务文件

整理财务文件将如何帮助你

　　今天，电脑似乎比以前做了更多的文书工作，这些文书工作大多与财务有关。个人财务文件，如工资单、银行对账单、经纪人报告和信用卡对账单，是财务记录和个人财务的基础，这些文件告诉你有多少钱和欠了多少钱。个人财务文件还包括汽车执照、出生证明、结婚证和税务表格。

　　有效资金管理的第一步是整理个人财务文件。用好的方式整理个人财务文件有很多好处。

　　好的整理方法会从以下几个方面帮助你。

- 确定你目前的财务状况。
- 按时支付账单。
- 完成所需的税务报告。
- 规划未来。
- 做出与投资相关的合理财务决策。

存储财务文件

你可以把财务文件放在家里的文件柜（最好是防火型的）、银行的保险箱或者电脑里。

为了保证文件的安全，并方便查阅，你可以同时使用以下 3 个方法。每个方法都有优缺点，你可以根据文件的类型进行选择。

家庭文件夹　家庭文件夹是用来保存财务文件的。档案系统有序安排，你可以轻松地存档和查找各种文档。虽然防火文件柜是首选，但也可以使用简单的金属文件柜。带文件夹的硬纸盒比鞋盒好。文件归档系统设置简单，占用空间不大。你可以使用文件夹和标签，具体步骤如下。

1. 找到你的文件并分类，如工资存根、储蓄账户记录、支票账户对账单、水电费账单、收费卡对账单、收银机收据、出生证明、汽车牌照、保险单、与付讫支票有关的记录、税务记录以及所有付款收据的副本。

2. 把文件放在文件夹里，并给每个文件夹贴上标签。你可以准备一个标有"保险"的"悬挂式文件夹"，以及标有"家庭"、"汽车"和"生活"的马尼拉文件夹。

3. 培养及时把财务文件放入文件夹的习惯，因为保存财务记录需要自律。

储蓄还是支出？
　　储蓄和投资会减少你现在支出的钱。储蓄是否值得付出机会成本？为什么？

将财务记录和其他个人数据复制到外部存储器上是一个好主意，以防电脑受损或被盗。存储器可以是大容量硬盘驱动器或较小的闪存驱动器。你也可以选择收费的在线备份服务，通过它，你可以很容易地把文件下载到新电脑上。

大多数财务文件都可以放在家里的文件柜里，以便于查阅。可以保存在主文件中的项目如下。

- 个人和就业记录，如员工福利信息和简历。
- 资金管理记录，如当前预算表、财务目标列表和资产负债表。
- 金融服务记录，如支票簿、银行对账单和付讫支票。
- 税务记录，如表格 W-2 和纳税申报单副本。
- 消费者记录，如收据和保修单。
- 房屋记录，如房屋装修收据。
- 保险记录，如保险单和保费金额清单。
- 投资记录，如经纪报表。
- 遗产规划和退休记录，如遗嘱副本。

你不要在家里储存难以替代的文件，比如抵押贷款文件、汽车照片和保险单。

保险箱 你应该把重要的文件（如汽车牌照和抵押贷款文件）存放在 **保险箱（safe-deposit box）** 里——一个小型安全的储物箱，你可以在银行租用，通常不超过 100 美元。它们被保存在银行的一个特殊保险库里。每个箱子都有两把锁，当你租一个箱子时，你会收到一把钥匙，而银行有另一把钥匙。这两把钥匙必须同时使用才能打开箱子。

最好把你保险箱里的东西和里面的文件列一份清单。在保险箱内，你可以存放重要文件，如下。

- 出生证明和结婚证
- 抵押贷款文件
- 租赁
- 股票证书
- 债券
- 存单
- 合同
- 收养文件
- 有价值的收藏品
- 珠宝首饰
- 家中物品的照片

家庭电脑 家庭电脑有密码保护，使用适当的软件是跟踪你的财务信息的好方法。你可以使用专门设计的软件来记录你的消费和存款。许多程序甚至具有电子银行功能，允许你使用互联网进行支付。当你跟踪电脑上你的每月支出时，你可以清楚地看到你花了多少钱，并且很容易比较两个月的花费。你还可以使用财务软件将你整理的信息生成个人财务报表。

回顾关键概念

1. **关联**　机会成本和资金管理有什么相关性?

2. **解释**　为什么保存和维护财务记录和文件是很重要的?

3. **描述**　维护个人财务文件的有效方法是什么?

延伸思考

4. **比较**　在一个健全的财务计划中,维护财务记录和管理机会成本的作用有哪些相同之处和不同之处?

21世纪技能

5. **清楚地表达**　你的财务记录在你的桌子、抽屉和梳妆台抽屉里,包括支票对账单,已付账单,未付账单,信用卡对账单,工资单,使用现金和信用卡购买的收据,以及储蓄账户对账单。制订一个计划来整理你的记录,列出步骤并说明原因。

数学

6. **确定机会成本**　曼尼和他的家人正计划买一台新的立体音响。曼尼找了两个地方买音响。曼尼先在他家附近的一家商店里找到了一台音响,售价250美元,销售税6.75%。曼尼还在网上找到了售价235美元的立体音响。该网站收取9.95美元的运费和6.0%的销售税,计算哪个选择更便宜,然后考虑机会成本,帮助曼尼决定应该在哪里购买立体音响。

数学概念　**计算实际成本**　为了计算立体音响的成本,将立体音响的价格乘以销售税的百分比,然后把结果加到立体音响的价格上。

提示　将销售税百分比乘以立体音响的价格(250美元×0.0675和235美元×0.06),将结果加到相应立体音响的价格上,以确定该项目的成本,再加上商店收取的其他费用,比如运费。

本节目标
- 描述个人资产负债表和现金流量表。
- 制作个人资产负债表和现金流量表。

阅读进行时

调查 你的资产是什么？它们的价值是如何确定的？

个人资产负债表

你的财务目标是什么

　　银行、企业、联邦、州和地方政府的文件只展示了你财务状况的一部分。个人财务报表，如个人资产负债表和现金流量表可以让你全面了解自己的财务状况。**个人财务报表（personal financial statement）**给出了你当前财务状况的信息，包括收入和支出的概况。

　　个人财务报表可以在以下几个方面帮助你。

- 确定你拥有的和所欠的钱款。
- 记录你在实现财务目标方面的进展。
- 跟踪你的财务活动。
- 整理报税表或申请信贷所需的信息

　　为了评估或确定你的财务状况，你首先需要创建资产负债表。**个人资产负债表（personal balance sheet）**也被称为净资产表，是一份显示你拥有的和所欠的钱款的财务报表。你的净资产就是你所拥有的和所欠的钱款之间的差额。**净资产（net worth）**是衡量你当前财务状况的一个指标。创建个人资产负债表，请遵循以下步骤。表 12.1 是个人资产负债表的例子。

步骤1　确定资产

　　可用现金、银行账户中的资金及其他有价值的物品是你当前财务状况的基础。**资产（assets）**是你所拥有的所有有价值的物品，如现金、房产、个人财产和投资。**财富（wealth）**是具有货币价值或交换价值的财产。你的资产是你财富的象征。

　　流动资产　第一类财富是流动资产。**流动资产 (liquid assets)** 是现金和可以迅速转换成现金的资产。你的储蓄和支票账户里的资金是流动资产。而可以出借的具有现金价值的人寿保险单也是流动资产。

　　如果你的储蓄账户有 800 美元，现金有 72 美元，那么你的流动资产就是 872 美元（800 美元 +72 美元 = 872 美元）。

　　这笔钱你随时可以花，而大多数其他资产不能像开支票那样迅速转换成现金。

表12.1　个人资产负债表

平衡　以下是邓肯一家的个人资产负债表，他们的净资产为59 950美元。这个数字代表什么？解释你的答案。

梅兰妮和以赛亚·邓肯		
个人资产负债表（截至10月31日）		单位：美元
资产		
流动资产		
支票账户余额	1 800	
储蓄账户余额	5 500	
流动资产总额		7 300
房产		
房屋市值		128 000
个人财产		
汽车	8 500	
家具和电器	5 000	
音响/电视	4 000	
家用电脑	1 500	
收藏品	750	
个人财产总额		19 750
投资资产		
退休账户	22 000	
股票投资	3 500	
总投资资产		25 500
总资产		180 550
负债		
流动负债		
医疗费用	1 750	
信用卡余额	4 600	
流动负债总额		6 350
长期负债		
抵押贷款	96 000	
学生贷款	7 000	
房屋净值贷款	8 500	
汽车贷款	2 750	
长期负债总额		114 250
总负债		120 600
净资产（资产减去负债）		59 950

重要职业

萨米尔·帕里克 财务会计

我是一家保险经纪公司的财务会计。我需要准备、分析并向会计经理和公司总裁提交财务报表、支持计划和预算表。从工作日的前一天晚上开始，我就要查看日程表上所有需要及时处理的紧急事项。第二天早上，这些任务完成后，我就开始进行日常活动，比如监控每日现金流量，评估员工费用报销情况，并将现金存款与总账进行核对。拥有熟练的计算机技能对我的工作有很大帮助，能够有效地与员工沟通是另一项重要的技能。你可以在会计公司或会计部门得到一份实习或兼职的工作，以帮助你判断是否喜欢这类工作及其文化。

职业探索

访问美国劳工部劳工统计局的网站，以获得有关会计职业的信息。

1. 会计人员需要获得什么特殊的证书？

2. 这个认证的要求是什么？

职业细节

技能	教育	职业道路
财务、数学、解决问题的技能，熟练掌握会计和审计软件的使用方法	会计专业本科以上学历	会计师可以成为注册会计师，开办自己的企业或为联邦政府工作

房产 第二类财富是**房产 (real estate)**，即土地和土地上的建筑物，如房子和其他建筑物。资产负债表中房产部分的金额是该房产的**市场价值（market value）**或售价。如果你拥有一套市场价值 23.5 万美元的公寓和一块价值 7.2 万美元的土地，你可以在资产负债表上"房产"一栏填入总价值：23.5 万美元 + 7.2 万美元或 30.7 万美元。

个人财产 第三类财富是个人财产，任何不属于房产的贵重物品都被视为个人财产。汽车、笔记本电脑、赛车、稀有硬币和珠宝都是贵重物品的例子。重点是"有价值"，旧衣服和过时的手机通常没有价值。

资产负债表上的个人财产清单可能是按原价列出的，但是通过记录它们当前的市场价值，你会对自己的财务状况有更好的了解。如果你 5 年前花费 800 美元买了一台笔记本电脑，现在它的价值就会比较低。相反，收藏品，比如旧棒球卡和漫画书，可能会随着时间的推移而增值。确定某些物品的当前价值可能并不容易。你可以通过搜索人们交易此类商品的网站来确定商品的当前价值。你还可以在报纸分类广告中查找相似的商品，或者去旧货店看看。

投资　第四类财富是投资，它包括退休账户和证券，如股票、债券等。这些通常是为了满足长期的财务需要，如支付大学学费、买房或为退休生活做准备。

步骤2　确定负债

负债（liabilities） 是你所欠的债务。如果你借 300 美元买了一个新的冲浪板，你把冲浪板记为资产，但你也要将这 300 美元记为个人资产负债表上的负债。

流动负债　流动负债是必须在一年内偿还的短期债务。记账账户上的余额、保险费、当期税款、水电费和医药费都属于流动负债。

长期负债　长期负债是至少在一年内不必全部偿还的债务。房屋修缮贷款、汽车贷款、大学学费和抵押贷款都属于长期负债。

步骤3　计算净资产

确定净资产，需要用你的资产总值减去你的负债总值。净资产是指，所有资产都按列出的价值出售，所有债务都全额偿还之后，你所拥有的资产总额。如果你的净资产是 92 700 美元，这并不意味着你可以花费 92 700 美元。你的大部分净资产可能是投资和房产，不能很快转化为现金。净资产是总体财务状况的一个指标。

你可能拥有很高的净资产，但仍然难以支付账单。特别是当你的大部分资产不是流动资产时，你就没有足够的现金来支付你的花销。

贵重物品
　　收藏品等个人财产只是一种资产。你的资产是什么？

净资产

你的净资产是由你的资产和负债决定的。计算你的净资产将帮助你准确地衡量当前的财务状况。

示例　如果你有4 000美元的资产和1 250美元的债务，你的净资产是多少？

公式	资产－负债＝净资产
解答	4 000美元－1 250美元＝2 750美元

你的净资产是2 750美元。

轮到你了

你拥有一个价值250美元的游戏系统、一个价值160美元的紫水晶戒指和一辆价值1 400美元的摩托车。你姐姐给你买了几件衣服，你欠她80美元，你的信用卡欠款275美元。你的净资产是多少？

如果你买了一辆价格超出你承受能力的汽车，或者你把所有的积蓄都花在买房子上，这种情况就会发生。

资不抵债（insolvency）是指到期无法偿还债务。如果不能偿还所有的债务，你就被认为是资不抵债。假设你欠了 5 000 美元，而你的资产包括一辆 10 年前的汽车和一台旧电脑，两者总共价值 1 800 美元。如果你卖掉所有的资产，并把你的全部薪水 1 100 美元用来还债，你还是会资不抵债。

步骤4　评估你的财务状况

你可以使用资产负债表来记录你的财务状况，并使用月度资产负债表来跟踪每月的财务状况变化。净资产的增加表明你做出了良好的财务决策。如果你的净资产下降或保持稳定，你可能需要做一些改变。记住，你的净资产不是可用的资金，而是指定日期的财务状况的一个指标。

你可以通过以下方式增加你的净资产。

- 减少开支。
- 减少债务。
- 增加储蓄。
- 增加投资。

 阅读进展检查

编写　请列举资产的 3 个例子和负债的 3 个例子。

现金流量表：收入与支出

你的收入和支出是多少

现金流（cash flow）是指进出你的钱包和银行账户的流动资金（现金）。现金流分为两个部分：第一，收入（income）是现金流入，包括你工作的薪水、父母给你的补助，以及从储蓄账户、支票账户和投资中获得的利息；第二，花钱是现金流出。

现金流量表是你在一个特定时期（通常是一个月或一年）的现金流入和流出的概况。现金流量表提供了具体重要的信息和反馈，比如你的收入来自哪里和花在哪里。现金流量表见表12.2，创建时请遵循以下步骤。

1. 记录你所有的收入。

2. 记录你所有的花费。

3. 计算你的净现金流。

表12.2　现金流量表

资金供给　艾米的现金流量表显示她总共花了425美元。她怎样才能减少可变开支呢？

艾米·格罗斯曼 现金流量表(7月20日—31日)	
收入（现金流入）	
实得工资	390美元
礼物	75美元
投资收益	<u>45美元</u>
总收入	510美元
花费（资金流出）	
固定费用	
学生贷款	80美元
交通费	15美元
可变开支	
娱乐支出	100美元
服装支出	105美元
外出就餐支出	75美元
礼物	<u>50美元</u>
总支出	425美元
净现金流	**85美元**

净资产

计算净现金流可以帮助你确定当前的财务状况，这是对你的收入和支出的快速评估。

示例　如果你一个月的总收入是1 675美元，而你的支出是1 425美元，计算你的净现金流。

公式	收入 − 支出 ＝ 净现金流
解答	1 675美元 − 1 425美元 ＝ 250美元
答案	你的正净现金流为250美元。

轮到你了

你一周工作12小时，一个月工作4周，放学后在杂货店做兼职。你每小时赚8美元，你每月付60美元的汽油费、80美元的汽车费、52美元的手机费。你的净现金流是多少？

步骤1　记录收入

如果记录收入来源——现金流入，你需要记录准确的金额。你的工资将显示联邦税、州税等各种扣除额以及其他扣除额，如工会会费。总扣除额是从你的工资总额中扣除的。你的==实得工资（take-home pay）==是将你的工资总额减去税收和其他扣除额后剩下的收入。

如果你每月收入 1 000 美元，扣除 300 美元，你的实得工资是 700 美元。你的现金流入是你的实得工资加上储蓄账户、支票账户和投资的利息收入。

步骤2　记录开支

所有支出不是固定支出就是可变支出。固定支出每月不会变动，例如租金、有线电视费、互联网费以及上下班或上学的交通费。可变支出每月可能会发生变动，例如食品支出、各种公用设施费用、服装费、医疗费和娱乐活动支出。你的现金流出是你的固定支出和可变支出的总和。

==可自由支配的收入（discretionary income）==是你在支付基本生活费用，如房租、水电费、交通费和药费等之后剩下的钱。

步骤3　计算你的净现金流

计算净现金流，是要用你的总收入减去你的总支出。如果你的净现金流是正的，你就有==盈余（surplus）==或额外的钱可以花费或储蓄，这取决于你的财务目标和价值观。你可以把盈余存入储蓄账户和投资账户，或者把它作为应急基金，以备不时之需。

如果你的净现金流为负，你的经济状况就出现**赤字（deficit）**，这意味着你的支出超过了收入。现金流量表是你实现财务目标的基础或根据。

你的财务状况

你的净资产是多少

你的净现金流和净资产每月都会发生变化。如果你的净现金流为负，你花的钱比你赚的多，就会产生赤字，赤字会降低你的净资产。弥补赤字的一种方法是贷款，但是这会增加你的负债。你还可以从你的储蓄中提取资金，这也会减少你的资产。无论哪种情况，你的净资产都会下降。

如果你的现金流为正，你花的钱少于你赚的钱，就会产生盈余，月底的盈余会带来净资产的增加。你可以将盈余用于投资并增加资产，也可以用它来偿还债务，减少负债。无论哪种情况，你的净资产都会增加。一般来说，正现金流会使净资产增加，负现金流会使净资产减少，见表 12.3。

表12.3　**评估你的财务进展**

专家建议　你的流动资产为18 000美元，每月支出为5 600美元，你的流动比率是多少？它代表什么？你怎么提高这一比率？

比率	计算	示例
低负债率是理想的。	$\dfrac{负债}{净资产}$	$\dfrac{30\ 000}{60\ 000}$美元=0.5=50%
流动比率表示在财务紧急情况下，你可以支付生活费用的月数。	$\dfrac{流动资产}{每月支出}$	$\dfrac{12\ 000}{3\ 000}$美元=2.4=240%
债务支付比率表示一个人的收入有多少可以用于偿还债务（不包括住房抵押贷款）。财务专家建议这一比率应低于20%。	$\dfrac{每月信用支付额}{实得工资}$	$\dfrac{648}{3\ 600}$美元=0.18=18%
金融专家建议**储蓄率**至少为10%。	$\dfrac{每月储蓄额}{每月总收入}$	$\dfrac{700}{5\ 000}$美元=0.14=14%

回顾关键概念

1. **描述**　什么是个人资产负债表?

2. **解释**　什么是现金流量表?

3. **总结**　如何创建现金流量表? 如何创建个人资产负债表? 每个表有哪些组成部分?

延伸思考

4. **比较**　个人资产负债表和现金流量表有哪些相似之处? 有哪些不同之处? 每张表在制订个人财务计划的过程中起什么作用?

英语语言艺术

5. **消费习惯**　拉里的个人资产负债表显示他有债务1 200美元, 储蓄账户余额为550美元, 拥有的稀有硬币为3 700美元。最近, 拉里晋升, 获得了加薪, 他上个月的正现金流为600美元。你认为拉里应该如何处理盈余? 写一篇简短的文章, 比较拉里的选择。

数学

6. **净资产**　大学毕业10年后, 尼特什想创建个人资产负债表。他有一个储蓄账户、一个支票账户, 33 521.07美元的现金、价值488 600美元的房产、价值112 330.50美元的个人财产, 以及有198 658.88美元的个人退休账户。他的支出总计22 564.70美元, 他还有30 562美元的学生贷款和456 253.65美元的抵押贷款。为尼特什创建个人资产负债表, 将他的资产和负债分类, 然后计算他的净资产。

数学概念　**计算净资产**　要计算净资产, 你需要从资产总额中减去负债总额。

提示　先确定尼特什的负债总额, 再确定他的资产总额。

编制预算

预算能够告诉你财务状况的什么信息

本节目标
- 确定创建个人预算的步骤。
- 讨论增加储蓄的好处。

预算（budget）是关于支出和投资如何满足你的需要的计划。如果你想在财务规划方面取得成功，你就必须有预算。预算能够帮助你了解如何在收入范围内生活，并明智地花钱。除非你拥有良好的资金管理技能，否则你将无法实现财务目标。以下步骤将帮助你制定预算。

第1步　设定你的财务目标

你的财务目标取决于你希望用你的钱实现什么目标，你今天花费和投资的钱将影响你实现财务目标的能力。 为了实现你的财务目标，你需要计划储蓄、支出和投资的金额。

如何设定你的财务目标取决于你的生活方式、价值观以及未来的计划。你的职业将显著影响你的收入以及你为实现财务目标而进行储蓄和投资的能力。

制定尽可能具体的财务目标非常重要。明确实现目标的时间也将帮助你实现目标。

阅读进行时

预测　你认为预算如何为你的财务带来好处？

第2步　估计你的收入

写下你下个月的预估收入，包括所有收入来源，例如你的实得工资、投资收入和储蓄利息，不包括预估的奖金和可能获得的礼品。

某些情况下的收入估算会很容易。如果你每周工作 12 小时，每周有 90 美元的净工资，你的月收入是 390 美元（$4\frac{1}{3}$ 周 × 90 美元）。相反，如果你有两份不定时的兼职工作，有几周你可以赚 50 美元，有几周你能赚 150 美元。在这种情况下，你需要估算一个月的平均收入。在表 12.4 中，汤普森一家估计他们下个月的收入为 4 300 美元。你可以使用类似于表 12.4 的预算表格，写下你的预估净收入。预算应该使用书面形式或可以编辑的电子表格的形式。

表12.4　每月预算

持续追踪　汤普森一家本月现金流为负，他们可以做些什么来获得正现金流？

	预算金额（美元）	实际金额（美元）	差额（美元）	
财务目标　偿还学生贷款和汽车贷款，为度假储蓄，增加投资。				第1步 设定财务目标
收入				
麦克的工资	3 200.00	3 200.00	—	第2步 估计收入
吉娜的工资	1 100.00	1 100.00	—	
总收入	4 300.00	4 300.00	—	
流出				
意外支出和储蓄				第3步 对意外支出和 储蓄的预算
紧急储蓄	200.00	200.00	—	
度假储蓄	100.00	100.00	—	
大学储蓄	70.00	70.00	—	
投资储蓄	100.00	100.00	—	
总储蓄	470.00	470.00	—	
固定支出				第4步 对固定支出的预算
抵押贷款	900.00	900.00	—	
房产税	200.00	200.00	—	
汽车贷款	200.00	200.00	—	
学生贷款	150.00	150.00	—	
健康保险	250.00	250.00	—	
汽车保险	170.00	170.00	—	
总固定支出	1 870.00	1 870.00	—	
可变支出				第5步 对可变支出的预算
话费	85.00	92.00	− 7.00	
日常杂货支出	600.00	700.00	− 100.00	
汽油费	450.00	478.00	− 28.00	
水电费	300.00	350.00	− 50.00	
服装费	175.00	150.00	25.00	
共同支付保险费	50.00	20.00	30.00	第6步 记录支出
礼品、杂项	100.00	75.00	25.00	
娱乐费用	200.00	225.00	− 25.00	
总可变支出	1 960.00	2 090.00	− 130.00	
总流出	**4 300.00**	**4 430.00**	(130)	第7步 审查支出和储蓄

第3步　对意外支出的预算

请注意，汤普森一家的预算表中有一个名为"意外支出和储蓄"的部分。他们的财务目标之一是储蓄 3 到 6 个月的生活费用，以防家庭成员失业、生病需要治疗或其他财务问题。他们决定每月在紧急储蓄账户中储蓄 200 美元，这个账户会赚取利息。

汤普森一家也在努力实现一个短期财务目标和两个长期财务目标。他们的短期目标是到阿拉斯加旅行，所以他们设立了度假基金，每个月都会存 100 美元到度假基金中。他们的长期目标是为孩子们准备大学基金，以及为购买股票准备投资基金。他们每月将 170 美元存入其他特殊储蓄账户，这使得他们每月的储蓄总额达到 470 美元。

第4步　对固定支出的预算

固定支出是指每月不变的支出。汤普森一家的每月固定支出包括抵押贷款、房产税、汽车贷款、学生贷款和保险费，他们的固定支出的预算总额为 1 870 美元。

第5步　对可变支出的预算

可变支出是指每月不同的支出。对可变支出的预算并不像对固定支出的预算那么容易，食品支出、医疗费用、交通成本和水电费等预算项目每月都在变化。汤普森一家对这些可变支出的预算为 1 960 美元。

表 12.5 中的数据每年由美国劳工统计局发布，它是消费者的年平均预算金额和百分比。你将你的实际年度预算与全美数据进行比较，可以看出你的支出高于还是低于平均水平。随着消费者价格因通货膨胀而上涨，人们必须花更多钱来购买相同数量的产品。生活成本的变化取决于你居住的地方和购买的物品。

第6步　记录你的支出

既然你的预算已经准备就绪，就可以跟踪你的实际收入和支出。你的可变支出每月不同，需要将变化记录下来。如果你的车坏了，你需要支付 800 美元的维修费用，那么你当月的交通成本一定会有所增加。

预算差额（budget variance）是预算金额与实际支出金额之间的差异。这种差异可能是盈余，意味着你的支出少于预算。

表12.5　年度平均支出

什么是平均值　将你的支出与全国平均水平进行比较会很有用。为什么你的房租或其他支出与全国平均水平不同？

支出	金额（美元）	百分比（%）
食物	6 133	
家中	3 465	7
在外	2 668	5
房租	16 920	34
服装费	1 881	4
交通费	8 758	18
健康费用	2 853	6
娱乐费用	2 698	5
个人保险和养老金	5 336	11
其他支出	5 060	10
总计	49 639	100

差额也可能是赤字或者负值，这意味着你花的钱超过了你的预算。即你的收入高于或低于预期，就会出现预算差额。你的收入和支出并不总是与你的计划相符。

在表 12.4 中，汤普森一家的预算表的第二列是"实际金额"，他们在这一栏中准确记录了他们的收入和支出金额，有些实际支出与预算金额相同，有些则不同。

汤普森一家在收入方面没有预算差额，但是他们在其他几个类别上的支出超过了预算。他们在这些类别上有赤字，每月赤字总额为130 美元。

第7步　审查支出和储蓄

预算是每个月都要审查的，以下是一些应遵循的预算指南。

- 如实记录所有交易以保持记录的更新。
- 每月至少审查一次预算。
- 根据你的收入和支出进行更改。

如果你在月底未能偿还债务或者有多余的资金，请修改你的预算。如果你的预算总是符合目标，你仍然需要准备预算摘要，以展示你几个月或一年内的交易。

修改目标和调整预算　如果你的预算一直显示有赤字，你需要减少开支或增加收入。修改预算时，你需要确定过度支出的项目，然后决定削减哪些支出。

个人资产负债表

个人资产负债表显示你在特定时间点的财务状况。它包含资产和负债，以及每项资产和负债的值，也显示你的净资产。不时地更新你的资产负债表能够帮助你跟踪你的财务状况。

塞琳娜·鲁比奥的个人资产负债表			
资产	价值（美元）	负债（美元）	价值（美元）
现金	500.00	抵押贷款	180 000.00
支票账户	1 500.00	信用卡债务	6 500.00
储蓄账户	12 500.00	本月账单	2 800.00
房产	225 000.00	汽车贷款	4 500.00
汽车	12 000.00	房屋净值贷款	7 200.00
保险（退保金价值）	8 000.00	医疗费用	600.00
401（k）和个人退休账户	12 000.00		
股票和债券	4 000.00		
艺术收藏品	5 000.00		
总资产	280 500.00	总负债	201 600.00
		净资产	78 900.00

关键点 资产负债表列出了你拥有的有价值的物品、你欠下的债务以及你的净资产。个人资产负债表可以帮助你确定实现财务目标的进度，跟踪你的财务活动，并整理税务和信贷申请的信息。

寻找 解决方案

回顾关键概念

1. 个人资产负债表包含哪些信息？

2. 赛琳娜的总资产是多少？

3. 赛琳娜的总负债是多少？

4. 赛琳娜的净资产是多少？如何计算净资产？

5. 谁有兴趣了解一个人的净资产？

6. 分析赛琳娜的负债，并解释哪些负债可以减少。

7. 总结坚持创建个人资产负债表的好处。

　　问问自己：加入网飞（全球十大视频网站中唯一的收费网站）比去电影院要便宜吗？你能否拼车或乘坐公共交通工具上班？你是否在"需要"或"想要"方面超支了？不购买可能带来不便，但也不会增加你的债务。如果你每月的交通费始终比计划多出 50 美元，并且无法找到减少这一支出的方法，那么下个月的预算中应增加 50 美元的交通费预算，并相应地减少其他项目 50 美元的预算。

　　另一种确定削减开支的方法是重新评估你的财务目标。你的所有支出是否都符合你对未来的整体计划？这个问题的答案可以帮助你决定在哪些方面少花钱。你在向着目标前进吗？你的目标是否在变化？为了满足需求，你可能有必要修改你的目标。

阅读进展检查

总结　实际预算有哪些组成部分？

成功的预算

什么决定预算的好坏

　　你可以编制一份详尽的预算，但仅凭这一点无法解决你的财务问题，你需要一个实际的支出计划。

- **仔细地计划并与你的目标相适应**　你使用的资金必须基于过去的支出和你的期望。支出类别必须涵盖你的所有支出。
- **可行的**　如果你每个月的净收入为 2 000 美元，那么每月预计使用 1 000 美元支付租金和水电费，并且同时期望为其他需求付费，是不切实际的。
- **灵活的**　你的收入、婚姻状况和消费习惯的变化意味着你的预算需要修改。你可能会有意外开支、收入增长以及意外医疗费用，当这些发生时，你应该修改预算。
- **便于查阅**　使用笔记本、文件夹或计算机保存你的预算。将所有预算信息都记在头脑中或写在纸上是不可能的，因为你可能会忘记或丢失。

阅读进展检查

识别　成功的预算有哪些特点？

肯尼亚
手机转账

随着个人技术、手持技术的不断发展，消费者认识到大变革即将发生。西方国家已经从曾经具有革命性的手机转向其他手持设备，网络连接范围也在不断扩大。然而，在肯尼亚这样的发展中国家，手机代表着技术的新趋势。

创新在于产品的使用。在美国，使用塑料制成的信用卡是首选的支付方式。但在肯尼亚，手机是个人财务的中心。像M-Pesa这样的项目改变了资金交易的方式，消费者通过这一项目将现金转换为手机里的数字资金，这笔钱可以汇给任何有手机的人。在像肯尼亚这样的发展中国家，建造手机信号塔比提供有线网络和基础设施来连接公民的成本低。消费者只用手机就可以找工作、领工资、向别人借钱和借钱给别人。2009年，全球手机用户达到46亿，这要归功于发展中国家手机的兴起。

批判性思考

1. **扩展**　哪些产品已经失去了技术优势？哪些产品在技术变革中幸存下来，为什么？
2. **关联**　以上描述的过程如何在美国等发达国家实行的？

数据库

首都
内罗比

人口
45 010 056

语言
英语、斯瓦希里语和土著语

货币
肯尼亚先令

国内生产总值
453.1亿美元

人均国内生产总值
1 800美元

工业
小型消费品、炼油、铝、钢、铅、水泥、商船修理

农业
茶、咖啡、玉米、小麦、甘蔗、水果、蔬菜、乳制品、牛肉、猪肉、家禽、鸡蛋

出口
石灰石、苏打粉、盐、宝石、萤石、锌、硅藻土、石膏、水电

自然资源
石灰石、苏打粉、盐、宝石、萤石、锌、硅藻土、石膏、水电

增加你的储蓄
为什么要在每次发工资时存一部分钱

健全的财务计划的一个重要组成部分是开设储蓄账户。即使是小额储蓄账户，也能帮你处理意外的紧急情况。你可能希望攒钱来支付高昂的意外维修费、购买电视或电脑等特殊物品，或者应对大学学费等长期支出。

储蓄账户将帮助你实现财务目标。如果你存够了钱，你可以舒服地退休。储蓄的钱可以赚取利息，利息可能不是很多，但你需要养成储蓄的习惯。无论何时你想买什么东西，你都必须抵制诱惑。你可以使用多种储蓄策略来增加储蓄的金额。

先付钱给自己

请将每月储蓄视为每月的固定支出。当你支付账单时，请先为储蓄账户写一张支票，然后支付你的其他账单。还有一种替代方案，即让银行自动从你的支票账户中扣除一定金额存入储蓄账户。

工资储蓄

许多雇主提供工资储蓄扣除。即你的部分收入会被自动扣除，并存入你的储蓄账户或退休账户。这种储蓄方法的一个优点是，你的实得工资已经被减去储蓄的数额，你不会看到这笔钱。如果你获得加薪，你可以让增加的部分也被自动扣除。这样做的好处是，你不会错过储蓄额的增加，因为扣除额不是你可支配收入的一部分。

减少支出来储蓄

还有一种储蓄方法是从小处入手，每天少花费一些。如果你购买特价商品，请至少将一部分省下来的钱存入"存钱罐"。如果你收到回扣支票，请将等量资金放入"存钱罐"。金额可能很小，但你之前已经支付了。如果你在每天上班途中都要买咖啡，要改变一下了，在家里自己做一杯带上，并把省下的钱放入"存钱罐"。最后，你可能会因每个月节省的金额感到惊喜，并请把罐子里的钱存入你的储蓄账户。

学习如何储蓄，立即行动更重要。你需要在年轻时培养储蓄习惯。记住，即使是很小的数额也会增加价值，并帮助你实现财务目标。

阅读进行时

反应 根据本章提供的信息，你是否可以制定预算并坚持下去？为什么可以或为什么不能？

储蓄
乘坐公共交通工具、拼车、步行或骑自行车是削减开支的一些方法。还有什么其他方法可以削减开支？

第3节   评估

回顾关键概念

1. **列出**   制定个人预算的步骤是什么?

2. **描述**   个人预算包含哪些项目?

3. **解释**   增加储蓄有什么好处?

延伸思考

4. **评估**   解释为什么人们有时难以增加储蓄,增加储蓄金额会如何影响预算。

英语语言艺术

5. **想要与需要**   塔拉抱怨她无法解决财务问题。她认为所有支出,例如她的话费、汽车贷款、健身房会员费以及几本杂志的订阅费,都是必要的。写一段话来说服塔拉改变她的财务策略并解释应如何做。这段话应突出健全的财务目标、预算、固定支出和可变支出的重要性。

数学

6. **预算差额**   妮娜正在制定全家的每月预算。他们对每月可变支出的预算包括600美元的食品费、300美元的交通费和200美元的个人津贴。本月他们实际上支付了360美元的交通费、210美元的个人津贴和590美元的食品费,计算他们家可变支出的预算差额。

数学概念 **计算预算差额**   可变支出总额与实际可变支出总额之间的差值就是预算差额。

提示   将家庭预算可变支出加总,以确定该月的可变支出总额,然后将实际支出加总,以确定实际可变支出总额。

资金管理策略

你的净资产

个人资产负债表将帮助你计算净资产。

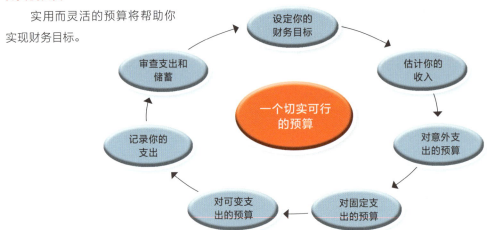

成功预算

实用而灵活的预算将帮助你实现财务目标。

试一试

绘制一个如右所示的图，总结制定一个良好的、成功的预算需要的条件。

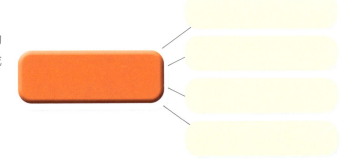

章节复习与评估

章节总结

- 所有决策都有机会成本，也会有所取舍。当你决定用一种方式管理资金时，就意味着你放弃了其他方式。
- 通过整理财务文件，可以轻松地规划和衡量进度并做出有效决策。你可以通过家庭文件夹、保险箱和计算机等方式整理财务文件。
- 个人资产负债表有助于你确定自己的净资产，因此你可以管理你的资金，以实现财务目标。
- 个人现金流量表可以帮助你确定现金额以及如何使用现金。
- 制定预算包括以下内容。
  - 设置财务目标。
  - 估算收入。
  - 对意外支出与储蓄预算。
  - 对固定支出预算。
  - 对可变支出预算。
  - 记录支出并查看你的支出和储蓄方式。
- 储蓄是未来良好财务状况的关键，储蓄使你可以从容处理意外的紧急情况。

词汇复习

1. 将下面的术语按相关性分组，解释为什么要将它们放在一起。

- 资金管理
- 保险箱
- 个人财务报表
- 个人资产负债表
- 净资产
- 资产
- 财富
- 流动资产
- 房产
- 解决
- 安全
- 评估
- 基础
- 遭遇
- 培养
- 市场价值
- 负债
- 资不抵债
- 现金流量
- 收入
- 实得工资
- 可自由支配的收入
- 盈余
- 赤字
- 预算
- 预算差额

延伸思考

2. **联系** 如何将机会成本或权衡与资金管理相联系？

3. **证明** 某位朋友或亲戚认为整理和妥善存储财务文件并不重要，请你向他证明整理和存储财务文件的重要性。

4. **评估** 想一想存储在家庭文件夹、保险箱和计算机中的文件或物品，解释选择不同存储地点的原因，并解释它们为什么不应该被存在其他地点。

5. **评价** 思考从资产负债表和个人现金流量表中学到的内容，并评估每项内容的重要性。

6. **比较** 列举固定支出和可变支出的相同与不同之处，并举例说明。它们是如何影响财务状况的？

7. **联系** 你如何利用预算来找到增加储蓄的方法？

8. **分析** 为什么增加储蓄对某些人来说很有挑战性？

科学

9. **管理压力** 良好的资金管理不仅有利于你的财务健康，也有利于你的身心健康。

   步骤 英国的一项研究发现，"财务无能"的人更容易遭受精神压力，生活满意度也更低，并出现与压力相关的健康问题。该报告还指出："管理财务的能力会改善心理健康状况。"

   分析 写一段简短的文字，描述糟糕的金钱管理对一个人健康产生的负面影响。

数学

10. **增加储蓄** 你的学校每年都会为毕业班组织班级旅行，旅行的费用是每名学生925美元。你的家人同意出250美元，但其余的需要你自己攒钱凑齐。你每周做兼职保姆8小时，每小时10美元。你每周的固定支出为15美元，还有平均每周30美元的可变支出，这次旅行将在12周后开始。你需要每周额外攒多少钱才能支付旅行费用？

    数学概念 **计算储蓄**
    要计算额外积攒多少钱，你需要从旅行的最终成本中减去你当前的盈余，再除以周数。
    提示 将每周工作小时数乘以小时工资以确定你的收入，然后减去总支出以得到预算盈余。

英语语言艺术

11. **存钱** 想一想你希望存更多钱的原因。你的短期储蓄目标是什么？你是否还有长期储蓄目标？编制一份将储蓄纳入财务计划的理由清单。写一段简短的文字，说明你的短期和长期目标，以及增加储蓄如何帮助你达成这些目标。

经济学

12. **供给与需求** 供需经济模型表明，物品的价格能够平衡消费者的需求和生产者的供给。需求也可能受到其他因素的影响，例如替代品的可用性。某个物品的替代品越多，对该物品的需求受到的影响就越大。一个人可能会为了几种类型的汽车货比三家，但不会花时间去寻找各种铅笔。如果价格高于竞争对手的价格，对特定卡车车型来说，其需求会受到怎样的影响？对铅笔的需求会受到怎样的影响？试说明。

实际应用

13. **财务顾问** 扎卡里在咖啡店做兼职，他现在可以走路去上班。毕业之后，他被聘为一家小公司的办公室经理。虽然他会赚更多的钱，但也会有额外的支出。他的新工作需要他每天往返约32千米。假设你是他的财务顾问，请你列出他的财务问题和事项，和他讨论一下，当他进入职场以后，他的生活会如何变化？他会有多少额外支出？给扎卡里写一封商业信，详细地解释你的建议。

你的资产组合

你的净资产是多少

贾斯敏从记事起就热衷于速降滑雪。在下次的重大比赛之前,她想购买一对新的滑雪板。她可能会通过暑假的兼职工作来积攒足够的钱,但是她也可能要出售她的一些资产。于是,她列出了自己的资产和负债清单,以确定自己的净资产。

贾斯敏的资产负债表(截至4月1日)	
流动资产	
支票账户余额	500.00
储蓄账户余额	1 635.00
总流动资产	2 135.00
个人财产	
汽车	4 000.00
电视和笔记本电脑	1 600.00
数码相机	650.00
滑雪装备	1 050.00
个人总财产	7 300.00
投资资产	
存款证明	500.00
总投资资产	500.00
总资产	**9 935.00**
负债	
信用卡余额	2 250.00
总负债	2 250.00
净资产	**7 685.00**

计算

在一张单独的纸上,创建一个与贾斯敏类似的表格,列出你的流动资产、个人财产、投资资产和负债,然后确定你的净资产。你的净资产是否符合你的预期?你准备好进行大额消费了吗?你可以做些什么来改变你的净资产,从而为将来的消费做好准备呢?

看图说话

　　购买一件东西，比如一部手机或音乐播放
器，可能会让人兴奋，也可能会让人有点儿畏
惧。你能提前做些什么让你走进商店时更自信呢？

探索项目

精明地购物

关键问题

为什么在购物之前计划是重要的？

项目目标

精明地购物意味着你用自己的钱买到最好的东西。不同的人想买的东西不同，对一些人来说，这可能意味着不付全价，总是在寻找便宜的东西。而对另一些人来说，这意味着寻找最好的质量和最优的价格。例如，在购买衣服时，一个聪明的想法是，如果打算在某件衣服上花一大笔钱，它应该是高质量的，而且设计经典。例如，一件冬季大衣或者一件百搭的外套通常都物有所值。为下次购物制定一个策略，将帮助你省钱、省时，并确保你能得到好的价值和质量的东西。

考虑以下内容

- 你选择什么商店？
- 你有多少预算？
- 在开始购物前你可以做些什么？
- 在购物中你可以做些什么？
- 在购物后，你可以做些什么来确保你买到了最好的东西？

21世纪技能

系统思考

如何确定每件衣服或配饰的价格？这些信息将影响你的购买决策？

重要见解

明智的消费者知道如何使他们的钱价值最大化。

请教专家

比较购物

问： 我想要买一个新的立体声音响。对我来说，货比三家真的那么重要吗？

答： 不同商店里商品的价格和质量可能会不同。特别是价格昂贵的商品，比较相似商品的价格是值得的，看看是否有一家商店里的商品价格比其他商店里的低。如果你能记下制造商的名字和型号信息，你还可以通过电话、商店广告或互联网做研究来替代大量的"跑腿"工作。

写作任务

研究一个你想购买的物品，比如一套娱乐或游戏系统、一件特殊场合的装备，或运动器材。哪里可以买到最便宜的？每种选择的优缺点是什么？如果产品有缺陷怎么办？写一份调查总结。

第13章　阅读指导

基本问题　了解消费者的购买行为和对消费者的保护对你的现在和将来有什么好处?

中心思想

了解影响你购买决定的因素有助于使你的钱价值最大化。有几种方法可以解决消费者的问题,包括法律行动。

内容词汇

- 首付款
- 冲动购买
- 注明日期
- 单位定价
- 回扣
- 保修单
- 服务合同
- 欺诈
- 调解
- 仲裁
- 小额索赔法庭
- 集体诉讼
- 法律援助协会

学术词汇

在阅读和回答问题时,你会看到这些词。

- 方式
- 交易
- 文档
- 有资格

使用图表

在阅读本章之前,请创建一个如右所示的项目清单。在阅读时,列出你可以用于做明智的购买决策的6种策略。

明智的购买策略
✓
✓
✓
✓
✓

影响购买决策的因素

什么影响了你的购买行为

你可能喜欢购物、经常购物，或者只在你需要买东西的时候才去购物中心，无论哪种情况，明智的购买决策将帮助你购买时获得更多，并使你能够实现财务目标。表 13.1 展示了影响购买行为的经济、社会和个人等因素。

边际成本和边际收益

在做出购买决策时，你应该考虑边际成本和边际收益。记住，边际成本是特定行为成本的增加或减少，边际收益也是特定行为成本的增加或减少。如果两件相同的商品定价不同，当选择较低价格的商品时，边际收益增加。如果商品相似但不相同，你将不得不评估购买其中一件商品的成本和收益。当边际成本超过边际收益时，你不应该购买该商品或者应该考虑其他选择。

权衡和购买决策

为了最大限度地利用你的购买力，你要权衡。假设你使用信用卡购买了一个音响系统，而不是等到存够钱再用现金购买，那你现在就可以享受拥有音响系统的乐趣。然而，从长远来看，由于信用卡公司会对用户使用信用卡收取费用和利息，所以你可能会支付更高的价格。

你选择一件夹克也许是因为它是最便宜的。几天之后，你可能会发现它的质量很差或者很难护理。你可以从网上订购一件毛衣来节省时间。如果你决定不要它，你可能要付邮费才能退货。这样，你可能无法收回最初的运费。记住，购买决定是需要权衡的，这样你才能为做出明智的选择做好准备。

本节目标

- 总结影响购买决策的因素。
- 描述边际成本和边际收益。
- 解释研究购买商品和服务的方法的各个阶段，包括边际成本和边际收益的作用。
- 列出保证的类型及其影响。
- 识别能做出明智购买决策的策略。

阅读进行时

调查 影响你买车的经济、社会和个人因素有哪些？

阅读进展检查

识别 影响你购买决策的 3 个因素是什么？

经济学与你

消费者动机

　　企业提供激励措施鼓励消费者购买它们的商品和服务。当这种激励"好得令人难以置信"时，你就要考虑"顾客自慎"（一经出售概不退换），这意味着"让买家当心"。你必须仔细阅读细则，才能看到激励条件的限制、要求或需要采取的行动。例如，100美元的折扣可能是一种激励，但它只适用于特定品牌且售价在1 000美元或以上的商品。当一件商品的定价很低，而商店以这一很低的价格出售该

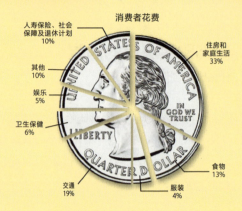

消费者花费

人寿保险、社会保障及退休计划 10%

其他 10%

娱乐 5%

卫生保健 6%

住房和家庭生活 33%

食物 13%

服装 4%

交通 19%

商品时，就被认为亏本销售。在美国大多数州，亏本销售是合法的。但是，如果你去买广告上的亏本销售的商品，而售货员告诉你广告上的商品已经卖完了，你应该买那个产品的更好版本，这就是所谓的"诱饵推销法"，这是违法的。

个人财务联系　每当有人鼓励你买东西时，明智的做法是先调查一下。做调查，以确保这个提议是合法的。

批判性思考　如果一个企业不能通过销售某一产品获利，它为什么要亏本销售呢？

研究消费者的购买行为
你如何研究你想要购买的商品

　　花时间研究和评估你想买的商品，可以使你的钱实现更大的价值。遵循一种基于研究的方式或方法来购买商品和服务，你将获得有用的日常低成本商品购买决策的实践经验，比如牙膏。有效购买步骤也可以用于明智地购买大件商品，如汽车。

　　基于研究的购买方法分 4 个阶段。

1. 购买前——包括购买前的活动，如设定目标和从其他来源收集信息。

2. 衡量备选方案——包括比较产品特性、分析价格和评估购物地点。

3. 进行购买——包括协商价格、分析支付选项，以及决定如何获得商品。

4. 购买后——包括正确地操作和维护商品、评估购后选项，以

及解决任何购买问题。

第1阶段　购买前

在你开始砌墙之前，你需要先打好地基。同样，在你开始购物之前，你需要做一些背景工作。成功购物的良好开端包括 3 个步骤：明确你的需求，收集信息，了解市场。完成这些步骤会使你得到你真正想要的。

明确你的需求　有效的决策应该从开放的心态开始。有些人总是买同样的品牌，即使另一个品牌可以以更低的价格满足他们的需求，或以同样的价格提供更好的质量。如果你清楚地定义了你的需求，你就更有可能做出最好的购买决策。在评估需求时，你要记住评估边际成本和边际收益。

收集信息　你了解得越多，你就会做出更好的购买决策。例如，萨拉在一次激流漂流中丢失了手表。她也许可以向朋友借用一两天手表，但最终她需要买一块新手表。为了研究，她应该收集不同型号手表和价格的信息。

购买决策需要的信息通常分为 3 类：成本、选项和后果。萨拉可能会问一些有关价格的问题，比如"不同商店的手表都是什么价格？"她的选项将取决于制造商生产的品牌以及这些品牌在哪里可以买到。萨拉还必须考虑后果——购买将如何影响她的预算。

表13.1　购买决策的影响因素

一生的财务调整　在人的一生中，经济、社会和个人因素不断变化，但它们总是对财务决策产生影响。对于刚刚有了第一个孩子的夫妇来说，哪些因素是最重要的？

经济因素	社会因素	个人因素
• 价格	• 生活方式	• 性别
• 利率	• 兴趣	• 年龄
• 产品质量	• 爱好	• 职业
• 供给与需求	• 朋友	• 收入
• 便利	• 文化	• 教育
• 产品安全	• 广告	• 家庭规模
• 品牌名称	• 媒体（杂志、广播、电视、报纸）	• 地理区域
• 维护成本		• 种族背景
• 保修		• 宗教信仰

有些人没有花足够的时间收集和评估信息，有些人则因做了太多的研究而变得困惑和沮丧。简单的日常采购可能不需要自身经验外的更多研究，其他信息来源包括产品广告和标签、媒体、消费者出版物［如《消费者报告》（*Consumer Reports*）］、政府机构或互联网。图13.1举例说明了一些来源。当你收集和研究信息时，记下你所了解到的一切。对收集到的信息进行记录，有助于以后进行比较。

了解市场 知识就是力量。研究为你想买的东西提供了信息来源。此外，你能够确定你可以选择的商品的制造商、品牌和特性、平均价格，以及你可以获得的关于类似产品的可靠信息。熟悉图13.2中关于销售、退货和信用的常见误区。

第2阶段 衡量备选方案

每个消费决策都可以用几种有效的方式来处理。例如，你可以不购买东西，而是决定租、借。你也会有其他的选择来代替使用现金。

你可以参加一些允许你延迟付款的特殊优惠活动，也可以选择用信用卡支付。

图13.1 **消费者的信息来源**

信息就是力量 你可以从各种来源收集信息，从而帮助你做出购买决策。在接受这些来源的信息之前，你应该验证什么？

你认识的人也许能够提供有关产品的性能、质量和平均价格的信息。

广告和包装可以告诉你很多关于产品的信息，所以一定要阅读。

识别价值　在评估替代方案时，要确定哪些特质（比如商品的特点、性能或设计）对你来说是重要的。当你进行研究时，你会发现最符合你需求的商品特质，然后评估每个选项的边际成本和边际收益。你可以通过以下因素来判断潜在的购买行为。

- 你的个人价值观。
- 可用于研究的时间。
- 你必须花费的金额。
- 购买该产品的便利性。
- 特定制造商的优缺点。

在购买汽车等大件商品时，你必须考虑会影响汽车价格的各种选项。汽车的可选设备可分为三大类。

- 提高性能的机械装置，如更大的发动机、防锁刹车装置和车速控制器。
- 便利性选择，包括立体声系统和有色玻璃。
- 视觉选项，如增加车辆视觉吸引力。

比较价格　商品的价格是一个重要的考虑因素。不同类型的商品的价格一般有所不同。例如，一块手表的价格可能低至 15 美元，也

由媒体和独立的测试组织发布的关于商品和服务质量的**报告**通常是有价值、容易获得且方便的。

公司、杂志、报纸和政府机构的**网站**上有商品信息和购物建议。

冲动购买

太多的冲动购买行为会破坏预算。当你想买衣服、运动鞋、CD或其他你不需要的东西时，请给自己两天的冷静时间。如果决定真的要买它，你可以去商店买。然而，可能的是，几天之后，大多数东西似乎都没有必要购买了。

概念应用

你如何计划预算，以允许一些冲动购买行为？

可能高达 500 美元。价格上的差异可能与质量有关，但价格并不总是体现质量。如阿司匹林、糖或盐等商品的质量和数量相同时，价格最低的商品可能是你明智的选择。

当价格和质量都不同时，你有两种选择。如果你能负担得起所有的选择，你可以买质量最好的商品。如果你负担不起，你应该考虑购买价值最优的商品。

比较购物 比较购物是指比较不同商店里相似商品的价格和特点。许多人认为比较购物是浪费时间。然而，它可能非常有用，尤其是在购买大件商品时。

例如，在购买汽车时，价格和功能是重要的考虑因素。二手车的平均价格比新车的平均价格低 1 万美元左右。常见来源如下。

- 新车经销商提供最新型号的汽车，并且可能会向你提供保修期，但价格通常高于其他来源。
- 二手车经销商通常有旧车，保修可能是有限的或不可用的，但价格通常较低。
- 如果汽车保养得好的话，个人出售的汽车是一个不错的选择。很少有消费者保护法适用于这类**交易**，所以要小心。
- 拍卖公司和经销商出售曾经由企业、汽车租赁公司和政府机构拥有的汽车。
- 二手车超级市场提供大量二手汽车。

二手车的外观可能具有欺骗性或误导性。例如，干净光亮的外观可能隐藏了严重的驾驶问题，你一定要让受过训练的机械师对二手车进行检查。

第3阶段 进行购买

在你完成研究和评估之后，其他行为和决策可能是适用的，包括协商价格 (如果可能的话)，决定使用信用卡还是现金，以及确定商品的真实价格。

协商价格 某些购买行为，如购买房地产或汽车，可能涉及价格协商。为了协商，你要研究有关商品和购买情况的信息，确保你在和一个有权给你更低价格或额外功能的人打交道，比如店主或商店经理。

当协商二手车的价格时，你首先可以通过查看报纸上可比汽车的广告来确定一个公平的价格。目前，可用的二手车价格来源是《埃德蒙的二

图13.2 **常见的消费者误区**

事实还是虚构　当事情被一遍又一遍地讲述时，比如常见的消费者信仰，人们往往会把它们当作事实来接受。如果这样的误解持续下去，在消费者身上会发生什么？

以下是一些常见的消费者误区。

"我可以在买车后3天内退货。"虽然很多人会说这种说法是正确的，但大多数经销商都没有设置这样的时间。

"这里写着我获奖了，一定是真的。"虚假的获奖通知越来越有说服力，有些消费者的确会去公司的办公室领取奖品。

"如果我丢失了信用卡，我要对购买行为负责。"美国联邦法律将信用卡丢失或被盗的费用限制在50美元以内。大多数信用卡公司甚至不会向你收取50美元，如果你做出了相应的努力，快速通知公司信用卡已丢失或被盗。

"汽车租赁就像其他租赁一样：如果我有用车问题或支付问题，我可以把它还回去。"大多数汽车租赁需要在合同期内付款，提前终止合同往往会导致各种额外费用。

"你不能收回我的车，它属于私人财产。"虽然美国各州法律不同，但一般的规则是，如果涉及武力或进入住宅，是不能收回属于私人财产的汽车的。然而，收回位于车道上和未上锁的车库中的车通常是合法的。

资料来源：《十大消费法的"都市神话"》，美国消费者机构管理者协会。

手车价格》（*Edmund's Used Car Prices*）和《凯利蓝皮书》（*Kelley Blue Book*）。

影响二手车基本价格的因素有很多。汽车行驶的里程数、功能和需求都会影响价格。一辆低里程汽车的价格将比一辆高里程汽车的价格要高。汽车的状况和市场对这一型号汽车的需求也会影响价格。

当你在协商一辆新车的价格时，汽车上的标签价格就是你的价格信息来源。这个标签显示了汽车的基本价格和附加功能的成本。经销商的成本比标价要低。标价与经销商成本的差额是可以协商的范围。有关经销商成本的信息可从《埃德蒙的新车价格》（*Edmund's New Car Prices*）和《消费者报告》（*Consumer Reports*）中获得。

比较财务选项 购物时，你通常有两种选择——用信贷和现金，你需要考虑每项选择的成本和收益。

信贷是指现在买东西，以后再付款的一种方式，这是一种贷款。为了偿还贷款，你需要按月还款，通常包括额外费用或利息。现金支付的好处是你不必支付额外费用或持续还款。然而，由于现金已不存在你的银行账户中，你就失去了赚取利息的机会。此外，这些钱也不能再用于紧急情况。

你在决定使用信贷之前，要评估它的成本，比如利率和费用。这些将因各种因素而有所不同。

- 贷款来源（例如父母、银行或信用卡公司）。
- 信用账户类型。
- 付款期限。
- **首期付款（down payment）**金额——购买时必须支付的商品总成本的一部分。

你可以付现金，然而大多数人使用信贷买车。汽车贷款可以从银行、信贷联盟、消费金融公司和其他金融机构获得。许多贷款人会预先批准你一定的贷款额度，使得价格协商与融资无关。

最低的利率或最低的付款额并不一定意味着最好的信贷计划，你还要考虑贷款期限。否则，两三年后，你汽车的价值可能比你还的钱还少，这就是所谓的负资产。

租车是另一种财务选择。租赁是一种合同协议，每月支付一定的费用来换取一定时间的汽车使用权。租赁期满，你可以将汽车还给租赁公司、购买汽车，或者出售汽车，见表13.2。

保修单

在购买之前，你应该阅读商品的保修条款，确切地了解制造商为你提供了哪些服务。保修单是卖方向买方保证商品将按照承诺工作，以及在什么情况下，商品将被更换或修理。商品保修单包含以下信息。

- 销售商或制造商的名称。
- 产品名称。
- 保修条款。
- 有关如何得到服务的介绍。

自由流动®的一年期保修

　　自由流动®的管道固定装置、水龙头和配件应保证在安装之日起一年内无材料和工艺缺陷。

　　在安装后一年内正常使用情况下发生的任何缺陷，自由流动将在检查后进行相应修复，更换或进行适当调整。自由流动不负责拆除或安装费用。

　　要获得保修服务，请通过您的经销商、管道承包商、家庭中心或电子零售商联系自由流动，或写信给自由流动，联系方式：客户服务部，高地大道2525号，格伦维尤，WI 53044,美国。

　　默认保证，包括适销性和适用于特定用途的保证，并明确限于本保证的期限。自由流动不承担任何特殊、附带或后续损害的责任。 一些州/省不允许限制默认保证的时间，或排除或限制特殊、附带或后续损害，而这些限制和排除可能不适用于您。本保证赋予您特定的法律权利，您还可能拥有其他权利，这些权利因州/省而异。

　　这是我们的独家书面保证。

注意：
1. 目录上的图和实际管道固定装置之间的颜色真实度可能存在差异。
2. 自由流动保留随时更改产品特性、包装或可用性而不另行通知的权利。
版权©2010。

关键点 保修通常针对材料和工艺上的缺陷，并保证商品在正常情况下正常使用。它通常不解决由于用户疏忽或不适当使用而产生的问题，但会解释买方可以如何解决问题。

寻找 解决方案

回顾关键概念

1. 这个自由流动的装置的保修期是多长时间？

2. 如果你在2010年11月购买了一个自由流动的水龙头，并在2011年8月安装了，那么保修服务什么时候到期？

3. 如果商品有缺陷,自由流动会做什么？

4. 谁负责拆除和更换有缺陷的水龙头的费用？

5. 如果在保修期内更换一个水龙头，它是同一型号的吗？

创新

创新是创造新事物，也可以是新概念、新方法或发明。创新可以小幅增长或大幅改进。对于企业而言，创新可以创造商机。公司可以创造新产品和服务或者改变竞争格局。考虑苹果电脑如何通过iPod、iTunes、iPhone和iPad等产品创新来改变竞争环境。

写一写

设想一个场景，在这个场景中，拥有一种创新的思维将有助于你学习。写一个或多个段落来描述场景，并解释采用创新的方法将如何对场景产生积极的影响。

租赁的几个优点如下。

- 可能只需要少量现金用作押金。
- 每月的租金通常低于每月的融资费用。
- 通常能使用价格更贵的车。

租赁的几个缺点如下。

- 你对这辆车没有所有权。
- 你必须符合类似于信贷资格的要求。
- 会有额外的里程、可能需要修理、要提前归还汽车，甚至到另一个州会产生额外的费用。

了解实际价格 有时你可能会发现，在额外成本加到价格上之后，看起来很便宜的东西并不那么划算。商店可能会向你收取安装或送货的费用。明确找出购买的价格包括什么，并写出所有的成本和条件。

第4阶段　购买后

购买之后，你可能会有其他的花费或事项。例如，一辆汽车将需要额外的维护成本和所有权成本。如果你的汽车需要维修服务，你应该遵循类似于你购买汽车的过程——调查、评估和协商各种服务选项。

在你的一生中，你在与汽车相关的开支上的花费可能超过20万美元。你的驾驶成本将根据两个主要因素而变化：你的汽车大小和你的行驶里程。成本可分为两类：固定所有权成本和可变驾驶费用。固定所有权成本包括折旧费、贷款利息、保险费及其他费用，如许可证费和登记费。可变驾驶费用包括天然气费和汽油费、轮胎费、维护和维修费，以及停车费和过路费。

以销售、修理或驾驶汽车为生的人强调了汽车定期保养的重要性。虽然车主手册建议了某些服务的里程或时间间隔，但频繁的更换机油或调试可以最大限度地延长汽车寿命。需要考虑的维护如下。

- 每近5 000千米更换一次机油。
- 检查所有液体。
- 检查软管和皮带是否磨损。
- 每近25 000千米调试一次。
- 检查和清洁电池端和电缆。
- 80 000千米后检查火花塞导线。

- 每 40 000 千米冲洗散热器和维修变速器。
- 保持前灯、转向灯和喇叭处于良好的工作状态。
- 检查消声器和排气管。
- 检查轮胎的磨损情况，每 12 000 千米更换一次轮胎。
- 检查刹车状况。

记住要选择信誉良好的汽车服务公司，确保提前获得一份书面的详细估算以及已完成服务的详细付费收据。对消费者问题的研究一直将汽车维修列为最重要的消费者敲诈行为之一，所以知道如何有效地处理投诉是很重要的。下一节将解释如何解决消费者投诉。

请记住，购买行为是一个持续的动态过程，你应该反复考虑和评估你的决定。你在购买前收集的信息，以及你以前的购物经验，将帮助你在未来做出决定。此外，你一定要考虑你的需求、生活方式、价值观、目标和财务资源的变化。

 阅读进展检查

比较 租赁汽车的优点和缺点有哪些？

表13.2 **买还是租**

做作业 想比较购买和租赁车辆的成本，请使用下表。为什么自己开车上班的人会选择买车而不是租车呢？

车辆总成本，包括销售税（20 000）		租赁押金（300）	
购买成本	举例	租赁成本	举例
首付（如付现金，可全数缴付）	2 000	每月租赁支付：385美元 × 36个月的租赁期	13 860
每月贷款支付：385美元 × 48个月的融资期限（若没有融资，则该项为零）	18 480	租赁保证金的机会成本：300美元租赁保证金 × 3年 × 3%	27
首付的机会成本（或者是现金购买汽车的全部成本）：2000美元 × 4年融资/所有权 × 3%	240	租期期满费用①(如适用)	800
减：租赁限/拥有期结束时的车辆估值	−6 000	租赁总成本	14 687
购买总成本	14 720		

①如额外里程费用。

聪明的购买策略
如何明智地做出购买决策

记住，日常的购买决策涉及对当前支出和未来储蓄进行权衡。各种经济、社会和个人因素会影响人们的日常购买习惯。这些因素是实现个人财务目标的基础。例如，戈登会想办法为他经常购买的品牌攒钱，安妮塔和罗杰会买价格最低的品牌，或者寻找便宜的商品。

无论你是哪种风格，有几种策略可以使你花费的钱价值最大化，包括购买时机、商店选择、品牌比较、信息研究、价格比较和保修评估。

购买时机

一年中的某些时候，你更有可能买到便宜的商品。一般而言，商店会在某个特殊季节的中期降低一些季节性服装的价格，如泳衣和大衣。你也可以在返校特价表和其他特价表中找到打折的商品。选择购买的时机可以节省很多钱。

供求规律也会影响购买的时机。例如，你等了几个月才买到一张流行的 CD 或 DVD，价格可能会比刚推出时低，因为市场对该产品的需求已经减少了。当企业想要减少一种商品的供给时，它们会进行清仓销售。

商店选择

商店里商品的质量、种类以及价格都可能影响你在那里购物的决定。商店的选择可能会影响你所购买商品的价格。你也可以根据零售店的营业时间、位置、声誉、规定以及停车和送货等服务来进行选择。表 13.3 是零售商即直接销售产品给消费者的企业的主要类型。

这些年出现了商店的几种替代物。一种替代物是合作社，这是一种由成员拥有和经营的非营利组织，其目的是节省购买商品和服务的费用。因为合作社购买了大量的商品，可以为其成员降低价格。合作社的主要缺点是几乎不提供顾客服务。

商店购物的另一种替代选择是直销，包括邮购、电视购物和网上购物。这类购物的优点是便利，不需要离开家即可购物。网上购物有时会买到较低价格的商品，你可以在网上找到优质商品的信息。直销可能存在的缺点是有运费、手续费和退货困难。

加拿大

加拿大金融消费者保护局

　　要成为聪明的消费者，你首先必须是一个受过教育的消费者。加拿大政府设立了加拿大金融消费者保护局（FCAC），以便在金融服务领域保护和指导消费者。多年来，该机构已经扩展了服务范围，包括金钱工具（MoneyTools）网站，该网站向消费者提供信息，帮助他们购买金融产品和服务。

　　2008年，该机构建立了一个名为金钱带（The Money Belt）的金融教育网站，专门服务加拿大15岁至29岁的年轻人。这个网站为老师和学生提供广泛的资源，包括金融教育项目的链接。金钱带网站帮助年轻消费者理解金融和个人理财方面的基础知识，主要关于信用卡、银行账户、信用记录和储蓄。除了提供实用的信息和提示，该网站还提供互动工具，帮助年轻人成为理财高手。

批判性思考

1. **扩展**　研究金钱带网站，它提供哪4种金融教育资源链接？

2. **关联**　查看金钱带网站提供的建议，你觉得这些建议在美国和加拿大一样重要吗？你认为美国应该为年轻人提供一个类似的金融教育网站吗？

数据库

首都
渥太华

人口
34 834 841

语言
英语、法语

货币
加拿大元

国内生产总值
1.825万亿美元

人均国内生产总值
43 100美元

工业
运输设备、化学制品、加工和未加工的矿物、食品、木材和纸张、鱼产品、石油和天然气

农业
小麦、大麦、油籽、水果、蔬菜、乳制品、林业产品、鱼

出口
机动车辆及零件、工业机械、飞机、电信设备、化学制品、塑料、肥料、木浆、木材、原油、天然气、电力、铝

自然资源
铁矿石、镍、锌、铜、金、铅、钼、钾肥、钻石、银、鱼类、木材、野生动物、煤炭、石油、天然气

品牌比较

大多数商品都通过品牌销售，品牌可以表示商品及其制造商。美国知名品牌的商品宣传广泛，且在许多商店都可以买到。虽然它们通常比非品牌价格贵，但它们的商品质量更好或性价比往往更高。

零售商品牌商品或通用商品通常由一家连锁店销售，且其标签上印有该连锁店的名称。因为零售商品牌商品通常是由生产美国知名品牌商品的同一家公司生产，所以质量很好。然而，因为零售商品牌商品没有品牌标签，所以价格更便宜。

当你比较品牌时，记住要考虑价格和质量。购买前计划好要买什么，并把你需要的东西列出来。商品展示可能会吸引你的注意力，甚至使你**冲动购买（impulse buying）**，即一时冲动地购买商品。冲动购买可能很有趣，但它会让你花费更多。此外，你可能会购买你并不真正需要的商品。

信息研究

商品包装上的标签通常包括大量的广告信息。美国联邦法律要求标签上提供真实的信息。例如，食品标签必须标明产品的通用名称、制造商或分销商的名称和地址、产品的净重以及按含量递减顺序排列的成分列表。

此外，几乎所有加工食品的标签上都必须有营养成分和具体含量的信息。一些食品的广告上写着"低脂肪"或"高纤维"，食品必须符合相关标准才能贴上这样的标签。制造商只有在有科学依据的情况下才可以在产品包装上加上"健康声明"。

利用优势

消费者网站为消费者提供了包括产品评论在内的大量信息。你将如何为购买行为展开研究？

表13.3　　零售商的类型

货比三家　有很多不同类型的商店可供消费者选择，每种类型的商店都有优缺点。商店之间的竞争如何使消费者受益？

传统的商店	优势	限制
百货商店	按部门分类的产品种类繁多	销售人员可能缺乏经验或知识有限
专卖店	特定产品线有广泛选择，有专业知识的销售人员	价格通常较高，购物地点和时间可能不方便
折扣店	方便停车，低价格	自助服务模式，销售人员的协助很少
现在的零售商		
便利店	方便的地点，营业时间长，快速的服务	价格普遍高于其他类型的零售店
工厂直销店	名牌产品，低价格	可能只提供"次级品"或"不合规格的产品"，服务很少，可能不允许退货
大型超市	超市与一般折扣店的结合	销售人员不太可能提供专业的服务或产品信息
仓库、超市	大量商品打折	可能需要缴纳会费，有限的服务，库存商品可能有所不同

为了帮助消费者确定某些食品的新鲜度，制造商在标签上会印上日期。注明日期（open dating）是一种对易腐产品（如牛奶或面包）新鲜度或保质期的标记方法。

冰箱和洗衣机等家用电器的产品标签包括运营成本的信息，这些信息可以确定最节能的型号。

价格比较

单位定价（unit pricing）是使用标准计量单位来表示不同尺寸商品的价格。例如，克劳迪娅想去药店买一瓶漱口水，她发现最喜欢的品牌有两种尺寸，价格也不一样。对她来说，确定哪一种更划算的最好方法是使用单价。大多数杂货店和药店都会显示销售的商品的单价信息。如果商店没有提供这个信息，你可以用商品的价格除以计量单位，例如盎司、磅、加仑或张（薄纸和纸巾）来计算单价。

例如，一罐 8 盎司售价 1.60 美元的冰冻橙汁，单位定价为每盎司 20 美分。

当你知道如何计算单价时，你可以比较不同尺寸、不同品牌和不

同商店的商品单价。请注意，单价最低的套餐可能并不是你的最佳选择。例如，一袋 10 磅重土豆的单价可能是最低的，但它可能在你吃之前就变质了。

两种常见的省钱方法是用折扣券和制造商的回扣。使用折扣券，你可以在购买商品时节省开支。网上有很多可以寻找折扣券的资源。**回扣（rebate）**是对已购产品的部分退款。为了获得回扣，你必须提交一份表格、原始收据，以及包裹上的 UPC 符号或者条形码。在比较价格时，以下的方法非常有用。

- 更多的便利通常意味着更高的价格。
- 即用型产品通常价格较高。
- 大包装通常是最划算的，使用单位定价来比较品牌、尺寸和商店。
- 购买"打折商品"并不总是意味着你可以省钱，一家商店的促销价可能高于另一家商店的正常价。

保修评估

许多产品制造商都提供质量保证，即保修。**保修单（warranty）**是制造商或经销商出具的书面保证，上面说明了产品可以退回、更换或修理的条件。美国联邦法律要求售价超过 15 美元 (且有保修) 的产品要向顾客提供保修单。保修单通常直接印在包装上。

保修的类型　保修分为两种基本类型：默示保修和明示保修。默示保修是对产品或其使用的某些方面的不成文保证。对适销性的默示保修保证了产品的可用性。例如，烤面包机要能烤面包、CD 播放器

单位定价

了解一件商品的单价可以帮助你确定最划算的购买方法。

示例　克劳迪娅喜欢的薄荷漱口水有两种尺寸，12盎司的2.89美元，16盎司的3.39美元，买哪个更划算?

公式　总价/计量单位 = 单价

解答　2.89 美元/12 盎司 = 0.24 美元/盎司

3.39 美元/16 盎司 = 0.21 美元/盎司

以每盎司21美分的价格购买16盎司的是更好的选择。

轮到你了

你正在考虑为你姐姐的生日聚会买几瓶柠檬水。目前市场上有6瓶 × 12盎司的组合装，售价2.99美元；1升容量的每瓶售价1.29美元。买哪种更划算?（提示:一升等于33.8盎司。）

要能播放 CD。

明示保修，通常是书面的，有两种形式。一份完整的保修单表明，在一段合理的时间内，制造商将免费修理或更换符合条件的产品。有限的保修只针对产品的某些方面，如零部件。这种类型的保修也可能要求买方支付一部分运费或维修费。

当你购买一个产品时，你可能会得到一份**服务合同（service contract）**，这是一个由制造商或经销商单独出具的协议，用于说明修理该产品的费用。服务合同有时被称为延长保修，但它并不是真正的保修。你必须支付费用才能获得服务合同。这类合同可以保证买方免受不在制造商保修范围内或在保修期满之后发生的损失。服务合同的价格从 400 美元到超过 1 000 美元不等。然而，它并不总包含你期望的所有内容。所以在购买服务合同之前，请务必阅读合同内容。此类合同通常适用于大型、昂贵的商品，如汽车和家用电器。

由于费用和排除项的存在，服务合同并不总是物有所值。你可以留出一笔钱来支付维修费，从而把你对高昂的维修费的担忧降到最低。之后，如果你需要维修服务，用于支付的钱也会马上到位。这种行为可以被认为是"自我保险"。

聪明的购物者知道什么时候购买，在哪里购买，购买什么，以及付多少钱。在下一节，你将学习到精明购物者的消费规则：如何解决消费者投诉，以及如何运用法律来确保你作为消费者的权利得到保护。

回顾关键概念

1. **总结**　影响购买决策的因素有哪些？它们的影响是什么？

2. **解释**　研究购买商品和服务的方法有哪些阶段？边际成本和边际收益在这种方法中的作用是什么？

3. **识别**　能用于做出明智购买决策的策略是什么？边际成本和边际收益如何影响决策？

4. **描述**　保修和合同的类型有哪些？它们如何影响购买决策？

延伸思考

5. **确定**　许多消费者被设计师的产品、品牌和广泛认可的商标所吸引，而不考虑成本，原因是什么？有什么替代方案吗？

21世纪技能

6. **获取和评价信息**　网上购物提供了便利，有更多产品供选择，不受地理位置的限制，且易于使用。然而，许多人把网上购物限制在购买书籍、下载音乐和购买机票上。解释你为什么会或不会在网上购买以下物品。

- 昂贵的网球鞋。
- 手机。
- 舞会上穿的裙子或套装。
- 送给妈妈的花。
- 你最喜欢的乐队的演唱会门票。
- 电脑。
- 食品杂货。
- 网球拍。

数学

7. **单位定价**　泰勒的班级准备进行班级野餐。他已经报名带水和杯子。泰勒去杂货店买水，他发现有几个选择。这家商店有5加仑装的大桶水，售价11.95美元。它也有1/2升的瓶装水，每箱售价8.99美元。泰勒应该选择哪种容量的水才最优惠？(注:每箱有24瓶。1/2升相当于16.9盎司，1加仑相当于128盎司。)

数学概念　**计算单位价格**　要计算水的单价，你必须首先确定一个通用的计量单位，然后将给定的选项转换为这个通用的计量单位，以便进行比较。

提示　用加仑数乘以每加仑的盎司数来确定大桶水的盎司数，将大桶水的价格除以总盎司数就可以得到单价。

消费者投诉的来源

消费者投诉的例子有哪些

当你购买一件商品时，你肯定不希望它有任何问题，尤其是当你做了研究并考虑了其他选择的时候。不幸的是，每次购物都会有一定程度的风险。

大多数消费者不满意的一个原因是产品有问题或质量差。消费者还抱怨意想不到的成本、欺骗性的定价和令人不满意的维修服务。消费者投诉的另一个原因是**欺诈（fraud）**——不诚实的商业行为，是误导、欺骗消费者或获得不公平的优势。

常见的欺诈类型

每年数百万位消费者成为受害者，不道德的人利用不诚实的商业行为欺骗消费者。专家估计，欺诈行为每年给消费者造成数百亿美元的损失。

作为消费者，你必须意识到有各种各样的欺诈行为。电话和邮件诈骗可能会给你提供虚假的免费奖品、旅游套餐、在家的工作计划和投资机会。欺诈性减肥产品和其他补救措施施用"科学突破"或"奇迹般的治疗"等字眼吸引消费者。"保护自己免受欺诈的最好办法是，在成为受害者之前就意识到这一点——如果发现欺诈事件，就马上报告。"

本节目标

- 解释导致消费者投诉的常见原因。
- 识别解决消费者问题的方法。
- 描述消费者的合法选择。

阅读进行时

回顾　你有过对购买的商品或服务不满意的经历吗？你做了什么？

✓ **阅读进展检查**

识别　有哪些欺诈的例子？

买家注意

许多产品迎合了消费者渴望"快速解决问题"的心态。在评估某种健康产品的广告时，你应该问自己什么?

跟踪
　　如果你发现产品有问题，你必须记录下解决问题的步骤。**你应该保存什么类型的记录？**

解决买家和卖家之间的差异
解决商品或服务纠纷的最佳方法是什么

　　如果你对某种商品或服务不满意，决定投诉，记住要**存档**或记录整个过程。把收据、与你交谈的人的姓名、修理的日期、你写的信件副本以及你必须支付的账单都存档。解决投诉有 5 种方法。

返回购买地点

　　大多数消费者可以在原来购物的地方解决纠纷。大多数企业都在意诚实和公平的声誉，通常会采取必要的措施来解决消费者的合理投诉。你要记得带上销售收据和其他相关资料。此外，你要保持冷静，避免对销售人员或经理大喊大叫或威胁，尽可能清楚地解释问题，并请他们帮助你解决问题。

联系公司总部

　　如果你无法在当地的商店或公司解决问题，请联系公司总部，发送一封图 13.3 所示的投诉信可能是有效的。想找一家公司的地址，你要查一下《消费者资源手册》。你的资料库可能还有其他有用的参考资料。公司网站也是很好的资源。如果你更愿意和公司客服部门的人交流，但不知道电话号码，请拨打 1-800-555-1212，这是信息号码。你的资料库还可能会有一个免费电话号码簿。有些公司在包裹上会印它们的客户服务号码。

使用消费者保护机构的协助

如果公司没有提供你要的答案，可以从消费者、企业或政府组织获得帮助。这些组织包括处理食品和汽车安全等问题的国家组织以及地方组织。

美国最著名的消费者代理机构之一是商业改善局（Better Business Bureau），它有由当地商业组织赞助的遍布全美的办公室网络。这些办公室处理消费者对当地商家的投诉。然而，商家没有义务回应这些投诉。因此，在消费者购买商品之前，该局是最有用的，因为它可以告诉你其他消费者在某家商店或公司的体验。

图13.3 投诉信样本

写下来 当你想要投诉时，你给公司总部寄一封信就能产生效果。什么时候应该采取这一步呢？

你的名字
你的地址
你的城市，州，邮政编码

注意:保留信件及所有相关文件和资料的副本。

日期

适当的人
公司名称
街道地址
城市，州，邮政编码

描述你的购买行为

亲爱的 ========== (适当的名称):

陈述问题

上周我购买(或修理)了一个(某型号的产品或服务的名称)。我是在(交易地点和其他重要细节)购买的。

给出解决问题的历史记录

遗憾的是，由于_____，你方产品(或服务)并不尽如人意。如果解决了这个问题，我将非常感谢您(陈述你的具体需求)。随函附上我的资料(收据、担保书、保证书、已注销的支票、合同，以及其他文件)的复印件(不是原件)。

说明采取行动的合理时间

我期待您的回复以及对问题的解决，我将等待3周再寻求第三方的帮助。请通过上述地址和电话(家庭或办公室号码)与我联络。

你真挚的，

你的名字

附件

资料来源：《消费者资源手册》，经宾夕法尼亚州科林戴尔市戴安娜出版公司许可再版。

政府机构　还有一个由地方、州和联邦政府机构组成的庞大网络。这些机构能处理各种类型的问题, 从虚假广告到非法商业活动。食品和药品管理局这个联邦机构, 为食品、药品、化学品、化妆品、家用和医疗设备制定了安全标准。另一个联邦机构——消费品安全委员会, 帮助保护消费者免受不安全产品的侵害。如果你不知道该选择哪个消费者保护机构, 请联系当地或华盛顿特区的代表。

使用争议解决程序

争议解决程序提供了解决关于产品的分歧的其他方法。解决投诉可能涉及==调解(mediation)==——由中立的第三方通过讨论和谈判解决客户与企业之间的冲突。但是, 调解做出的决定不具有法律约束力。有时, 制造商和行业组织使用仲裁程序来解决消费者投诉。==仲裁(arbitration)== 是一种由公正的第三方解决客户和企业之间冲突的过程, 该第三方的决定具有法律约束力。通过其中一种方法解决争议可能比上法庭更快、更便宜、压力更小。

你所在地区的争议解决途径可能包括以下几种。

- 地方或州消费者保护机构。
- 州检察长办公室。
- 小额索赔法庭。
- 商业改善局。
- 商业协会。
- 当地律师协会。

如果争议解决程序无法达到你想要的结果, 你可以采取法律途径。

阅读进展检查

比较　调解和仲裁有什么相似之处? 它们又有什么不同之处?

消费者的法律途径

你的合法权利是什么

首先, 你可以尝试去营业点, 从公司总部或消费者机构获得帮助, 以解决争议。但是, 如果你之前解决问题的方法不可行, 那么通过小

重要职业

格洛丽亚·马尔多纳多　零售销售专员

许多零售店专门经营某些产品，例如户外服装和徒步旅行装备。我是这种商店的客户，我知道总有一天我会在那里工作。我一开始是一名收银员，后来逐步晋升为零售专员。我个人对商品和公司理念很感兴趣。我喜欢被我实际使用的产品所包围，帮助有相似兴趣的客户是令人满意的事。我的工作是帮助户外爱好者选择合适的装备，并针对他们可能需要或想要的其他产品提供建议。公司有一点我特别喜欢，那就是它对保护环境的热情。作为员工，我们希望接受环保宣传教育，并通过回收纸张、玻璃和塑料制品为他人树立榜样。

职业探索

上网找一家环保零售公司。

1. 公司采取过哪些措施对环境负责？

2. 你认为零售公司该如何培训员工为客户提供服务并解决投诉？

职业细节 ▶

技能	教育	职业道路
销售、人际交往、沟通、客户服务、计算机等技能，产品专业知识	高中文凭或同等学力，有销售经验	零售销售专员拥有可迁移的技能，可以从事市场营销、管理等工作或者创业

额索赔法庭、集体诉讼或其他合法方案等法律途径可能是可行的。

小额索赔法庭

美国每一个州都有解决细微分歧的法院系统。**小额索赔法庭（small claims court）**是处理金额低于某一限额的法律纠纷的法庭。每个州的金额各不相同，从 500 美元到 10 000 美元不等。案件通常不涉及陪审团或律师，因此成本相对较低。法官的裁决是最终决定。为了有效使用小额索赔法庭，专家建议如下。

- 熟悉法院程序和申请费数额。
- 查看其他案例以了解流程。
- 礼貌、冷静和简洁地陈述你的案例。
- 提交证据，如照片、收据、合同和其他资料。
- 使用可以代表你利益的证人。

集体诉讼

有时许多人一起投诉。例如，几个人被一个有问题的产品伤害了。

阅读结束后

联系 如何针对有问题或质量差的产品采取行动为买卖双方带来积极结果？

这样一个群体有资格提起集体诉讼。**集体诉讼（class-action suit）**是遭受同样不公正待遇的人提起的法律诉讼。

如果情况符合集体诉讼的条件，则法院必须通知所有当事人，个人可以决定另行起诉。如果法院裁定支持集体诉讼，裁决的款项将分配给索赔人或放入公共资金。

其他法律途径

如果你不想去小额索赔法庭或提起集体诉讼，你可以寻求律师的帮助。你可以从认识的人那里得到律师推荐，也可以在报纸、电话簿上找到律师的名字，或者打电话给美国律师协会（ABA）的分支机构，这是一个专业的律师组织。确保你选择的律师具有处理你这类案件的经验是很重要的。你还应该询问费用和付款规定。请律师的费用可能很高，你可能认为你的问题不值得花那么多时间和费用。

如果法律服务的成本过高，你可以向**法律援助协会（Legal Aid Society）**寻求帮助，该协会是提供免费或低成本法律援助的社区法律办公室。在公共基金的支持下，该办公室提供各种法律服务。并非每个人都**有资格**获得法律援助协会帮助。收入低于一定金额的人才有资格。

如果你不具备获得法律援助的资格，雇用私人律师又超出了你的预算，你可以去法律诊所。在许多情况下，它可以提供基本的帮助，如提供建议和文书工作。此外，一些私人律师以较低的费率提供服务，并在法律诊所做兼职工作。

有许多工具可以用于保护你的权利。但是，除非你使用，否则它们是没有价值的。如果你只与信誉好的公司开展业务，你的消费问题会少一些。你应该避免签署你不理解的文件，并小心看起来好得令人难以置信的事情。

回顾关键概念

1. **解释**　导致消费者投诉的常见问题是什么?

2. **识别**　解决消费者问题的方法有哪些?

3. **描述**　消费者权利和消费者可以寻求的法律途径有哪些? 它们是如何起作用的?

延伸思考

4. **评价**　在小额索赔法庭上解决的案件经常在白天的电视节目中播出。你认为这样的节目是对美国小额索赔法庭制度的真实写照吗? 这样的节目有益吗? 说说你的看法。

英语语言艺术

5. **做出明智的决定**　大约8周前,你在一个拍卖网站上发现了一张非常罕见的绝版CD。你以45美元的价格拍到了这件商品。美国境外的卖家向你发送了一封电子邮件,要求你支付45美元,外加20美元的运费,还要求你提供社会保障号码,并承诺商品将在4周内到达。多次向卖家发送电子邮件后,你没有收到回复。卖家的广告已经不在网站上,你意识到你被欺骗了。请你制作一本小册子,帮助人们在拍卖网站上购物时做出明智的决定。

数学

6. **消费者投诉**　杰拉尔德在3个月前花450美元买了一套洗衣机/烘干机。但是在那以后,他不得不打电话要求两次修理。每一次修理,修理公司都要收50美元的费用才会派人去他家。它还收取每小时15美元的维修费用。维修工人第一次维修花了2.5个小时,第二次维修花了1.5个小时。杰拉尔德想给制造商寄一封投诉信,内容会包括洗衣机/烘干机的总费用。他在信中应该写多少钱? 说说你的答案。

数学概念　**计算总费用**　计算洗衣机/烘干机的总费用,要确定维修公司每次上门维修的费用,把这些费用加到购买价格上。

提示　计算第一次维修的成本,方法是将每小时的费用乘以所用的小时数,将这笔金额加到公司收取的上门费用上。

消费者购物和保护

你是如何决定的

在你的一生中，有很多经济、社会和个人因素在不断变化，并对你的购买决策产生影响。

经济因素	社会因素	个人因素
价格	生活方式	性别
利率	兴趣	年龄
产品质量	业余爱好	职业
供求关系	朋友	收入
便利性	文化	教育
产品安全	广告	家庭规模
品牌名称	媒体（杂志、广播、电视、报纸）	地理区域
维修费用		伦理背景
保修		宗教

投入时间

当你花时间研究和评估你想要购买的产品和服务时，你的钱会实现更大的价值。

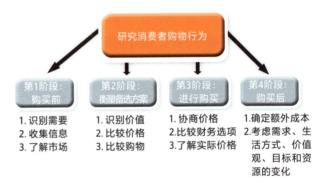

研究消费者购物行为

第1阶段：购买前	第2阶段：侦查备选方案	第3阶段：进行购买	第4阶段：购买后
1. 识别需要	1. 识别价值	1. 协商价格	1. 确定额外成本
2. 收集信息	2. 比较价格	2. 比较财务选项	2. 考虑需求、生活方式、价值观、目标和资源的变化
3. 了解市场	3. 比较购物	3. 了解实际价格	

试一试

创建一个如右所示的图，以明确消费者解决投诉的可选项。

解决消费者投诉

章节总结

- 购买决策受以下几个因素的影响：经济因素，如价格、品牌、质量和维护成本等；社会因素，如生活方式和文化等；个人因素，如年龄、职业和家庭规模等。
- 基于研究的购物方法包括识别需求、收集信息、了解市场、权衡备选方案和进行购买。
- 购物可能涉及谈判，而且你需要确定支付现金还是使用信用卡。

- 使用以下策略做出购买决策：确定购买时间、选择商店、比较品牌、检查标签、比较价格和评估保修。
- 要解决消费者问题，请返回购买地点，联系生产有争议产品的公司，获得消费者代理机构或争议解决项目的帮助，或运用法律途径。
- 可供消费者选择的法律途径包括小额索赔法庭、集体诉讼、律师以及法律援助协会。

词汇复习

1. 写一篇关于退回有问题产品的短文，至少要使用以下词语中的8个。

- 首期付款
- 冲动购买
- 注明日期
- 单位定价
- 回扣
- 保修单
- 服务合同
- 欺诈
- 中介

- 仲裁
- 小额索赔法庭
- 集体诉讼
- 法律援助协会
- 方式
- 交易
- 文件
- 有资格

延伸思考

2. **确定** 影响计算机实际价格的因素有哪些？
3. **推理** 即使拥有所有可用的信息，人们仍然可能成为欺诈的受害者。你认为人们为什么会这样？
4. **综合** 年龄、教育和职业是如何影响一个人的消费决策的？
5. **比较** 区分边际成本和边际收益，边际成本和边际收益如何影响购买决策？举例说明。
6. **证明** 你的朋友认为比较购物是浪费时间，向你的朋友解释比较购物并证明它是值得的。
7. **评价** 考虑促使你去购物的动机，评价它是否会引导你做出明智的决定。
8. **判断** 消费者常见的合同类型及其影响是什么？签订服务合同是否值得？解释你的立场。
9. **评估** 有许多工具可以保护你作为消费者的权利。为什么有些人选择不利用这些工具？为什么说这样做很危险？

科学

10. 产品安全　消费者科学是一门研究为个人和家庭提供经济和个人福祉的科学。消费者科学涉及经济学、社会学、自然科学、心理学、法学和商学等领域的知识。消费者保护是消费者科学的一个领域，在制造安全产品时，消费者保护知识是必不可少的。

程序　研究出于安全考虑而被召回的产品。

分析　什么是产品？为什么要召回？制造商是如何解决安全问题的？安全问题对消费者和制造商有什么影响？用一页纸的报告总结你的发现。

数学

11. 信用卡费用　维多利亚一时冲动，用信用卡支付了750美元买了一台新电视机。她确定她的预算允许她每月还款200美元。该卡的年利率为15%，适用于任何超过一个月的未偿余额。假设没有其他购买行为，维多利亚需要几个月的时间才能还清信用卡？计算电视机的总成本，包括财务费用。

数学概念　**计算信用卡费用**　要计算信用卡购物的总成本，先确定每个月的月末余额，以计算每月的财务费用。

提示　用年利率除以一年的月数来确定月利率，用月利率乘以第一个月后的月末余额，以确定财务费用。

英语语言艺术

12. 消费者投诉　2009年，美国商业改善局收到了近100万起消费者投诉。投诉数量最多的是手机行业、卫星和有线电视行业。从积极的方面来看，这两个行业的问题解决比例也最高。如果你要投诉，你应该首先与公司联系。与合作伙伴一起，准备一份你可以用来向公司投诉的脚本。按照脚本排练，然后把它呈现出来。

经济学

13. 定价　一些消费者愿意支付几乎任何价格来购买他们所看重的东西，但其他消费者则不会。例如，一家数字音乐公司最近将每首歌的价格从1美元调整为1.39美元。尽管该公司的收入继续增长，但仅为8%，而前一年为20%。你认为收入增长放缓是否反映了消费者对价格上涨的不满？你认为公司会降价吗？公司还有哪些其他的选择可以增加收入？还有其他什么因素可能导致收入增长放缓？

实际应用

14. 慈善捐款　捐款给慈善机构是对社区、国家和世界的一种投资。美国消费者保护机构联邦贸易委员会表示，在做出捐款决定时要谨慎，以避免骗子利用你的慷慨来赚钱，这才是明智的。请访问美国消费者保护机构联邦贸易委员会的网站，了解如何确保你的慈善捐款最终会到合适的人手中。记下这些信息，然后使用演示软件为你的班级创建演示文稿，用讲义、图表或其他视觉辅助工具使你的演讲更具有吸引力。

你的资产组合

你的预算

大卫想要一台2 500美元的笔记本电脑。他在计算机仓库做兼职，每小时的收入为7美元，平均每周工作16个小时。在暑假的10个星期里，他每个星期工作40个小时。他还通过安装系统和排除电脑故障来赚钱。通过记录开支，他算出了自己每月的预算。

平均月收入	
收入	
计算机仓库的每月实发工资	502.50
安装系统和排除电脑故障的收入	50.00
其他收入	20.00
总收入	**572.50**
月平均支出	
费用	
固定支出	
在线服务	20.00
汽车贷款和保险	135.00
可变支出	
娱乐和个人支出	90.00
礼物和捐款	25.00
总支出	**270.00**

如果大卫坚持预算，一年的时间里他可以节省3 630美元(302.50美元×12 = 3 630美元)，这足以购买他想要的电脑。

计算

你的预算是多少？预算可以帮助你了解你把钱花在了哪里，并帮助你确定为了购买某项特定的商品，你需要多长时间攒钱。在一张单独的纸上，计算你一个月的收入和支出。你一个月能攒多少钱？你想买的东西要花多少钱？为你想买的东西攒钱要多长时间？

回顾与评估
规划财务和职业成功

问自己

你有没有想过将来买自行车、汽车，甚至房子? 你有没有想过拥有一份既有趣又高薪的工作? 你对职业的选择会如何影响你的财务目标?

对这些问题的回答可以帮助你实现具体的财务目标和职业目标。

你的目标

本项目的目标是制定财务目标和职业目标，研究感兴趣的职业，并在你班上做一个你设想的职业生涯的简短报告。

你将使用的技能

成功地确定目标并为目标做好财务准备取决于你的技能。你可能会用到以下技能。

学术技能——阅读、写作和数学。

21世纪技能——口语能力、听力能力、思考、解决问题、做决策和人际交往能力。

技术技能——文字处理、键盘输入、演示软件和互联网研究。

步骤1　设定目标

目标就像提供指导和方向的路线图。回答以下问题。

- 在接下来的几个月里你想买什么?　在接下来的几年里，你有什么产品想要投资吗?
- 10年或20年后，你想拥有什么物品?　你希望那时的财务状况如何?
- 这个夏天你想去尝试某种工作吗?
- 你认为高中毕业后你会对哪个工作领域感兴趣?
- 你能想象10年或20年后在哪个职业领域工作吗?
- 你的回答将指导你的财务目标和职业目标的制定。
- 既然你已经制定了财务目标和职业目标，那就把它们列在时间计划表上。

步骤2　探索职业

你的兴趣是什么? 你擅长什么? 你的答案如何适用于特定的职业领域?　现在尝试你感兴趣的职业。

- 列出你的能力或兴趣清单，完成一个能力或兴趣测试。
- 搜索你感兴趣的职业的信息，了解教育要求、所需技能、薪酬范围、职责和未来趋势。
- 你在哪里可以学到你的职业所需的技能和知识?寻找针对你感兴趣的领域提供培训课程的研究型大学或其他高等教育机构。
- 为你的研究发现写一个简短的总结，并注明所有引用资料的来源。

项目清单

步骤3　建立关系

　　你可以从具有经验的人那里获得哪些信息?与你社区中在你感兴趣的领域工作的人会面，收集信息。你可以采访他们或和他们相处一天，以便更加了解他们的职业领域。

- 根据你的研究准备采访问题。
- 做笔记并记录采访的反应。
- 专注地倾听。
- 进行眼神交流，并对有兴趣的内容进行适当回应。
- 如果你不理解某些问题，请进行提问。
- 鼓励发言者使用积极的肢体语言和开放式问题进行分享。
- 总结受访者的回答。

步骤4　准备你的展示

　　使用项目清单来计划和创建你的演示文稿。

步骤5　评价你的展示

　　你的展示将根据以下标准被评价。

- 评价量规。
- 信息的内容和组织性。
- 操作技术——表达和整洁性。
- 听说技巧。

计划

✓ 制定短期、中期和长期的财务目标。
✓ 研究你感兴趣的职业领域，包括教育要求、所需技能、薪酬范围、职责和未来趋势。
✓ 与你所在社区中正在你感兴趣的领域工作的人会面。

编写

✓ 列出你的财务目标和职业目标。
✓ 创建一个财务目标和职业目标的时间轴。
✓ 总结你选择的职业领域的研究发现。
✓ 列出你的采访问题。
✓ 总结受访者的回答。

展示

✓ 为你的演示文稿创建一个大纲。
✓ 增强视觉效果并使用技术来改进你的演示。
✓ 清晰而简明地表述。
✓ 展示你的短期、中期和长期的财务目标和职业目标。
✓ 介绍你的职业研究结果。
✓ 展示你的时间轴和采访的总结。
✓ 回答班里同学提出的问题。

[美] 杰克·卡普尔（Jack Kapoor）

[美] 莱斯·德拉贝（Les Dlabay）　　　　著

[美] 罗伯特·休斯（Robert Hughes）

苏凇　　译

认识 下册 个人理财

BUSINESS AND
PERSONAL
FINANCE

中信出版集团 | 北京

图书在版编目（CIP）数据

认识个人理财：全两册 /（美）杰克·卡普尔，
（美）莱斯·德拉贝，（美）罗伯特·休斯著；苏凇译
. -- 北京：中信出版社，2021.5
　书名原文：Business and Personal Finance
　ISBN 978-7-5217-2415-8

　Ⅰ.①认… Ⅱ.①杰…②莱…③罗…④苏… Ⅲ.
①私人投资—青少年读物 Ⅳ.① F830.59-49

中国版本图书馆 CIP 数据核字 (2021) 第 038977 号

认识个人理财：全两册

著　者：[美] 杰克·卡普尔　[美] 莱斯·德拉贝　[美] 罗伯特·休斯
译　者：苏凇
出版发行：中信出版集团股份有限公司
　　　　（北京市朝阳区惠新东街甲 4 号富盛大厦 2 座　邮编　100029）
承 印 者：北京启航东方印刷有限公司

开　　本：787mm×1092mm　1/16　　印　张：28.25　　字　数：670 千字
版　　次：2021 年 5 月第 1 版　　印　次：2021 年 5 月第 1 次印刷
京权图字：01-2020-5537
书　　号：ISBN 978-7-5217-2415-8
定　　价：268.00 元（全两册）

版权所有·侵权必究
如有印刷、装订问题，本公司负责调换。
服务热线：400-600-8099
投稿邮箱：author@citicpub.com

目录

5 银行业和信用

看图说话

有很多选择可以帮助你存钱来购买你的第一套住房或实现其他长期目标。你可以使用哪些银行服务来实现短期和长期的财务目标?

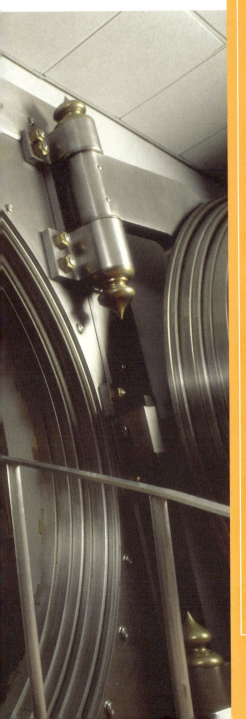

你所在的世界

为自己建立良好的信用

你的信用评分和信用报告将伴随你终生。现在建立良好的信誉，以便你将来获得更好的购买力。你想买车或者房子吗？那你就必须对你的信用负责。一些关于信用的知识可以在规划和享受未来财务的过程中给你很大帮助。你可以采取哪些步骤来建立和维护良好的信用记录？是否存在你目前没有使用，但可以轻松实施的步骤？

大学和职业
准备

信用规则 规则很简单，但你必须遵守。坚持切合实际的预算，如果你无法在3个月内还清使用信用卡购买某商品的钱，那么你可能不应该购买这个商品。为什么仅偿还使用信用卡消费的每月最低还款额是危险的？举例说明。

经济学与你

政府监管

美国政府通过法律来保护投资者、消费者、工人和环境。消费者受到保护，可以免受不安全的食品、药品和其他产品的侵害。如果产品不安全，美国相关的监管机构将要求公司召回该产品。但有时候，美国政府监管可能会限制企业和消费者的自由。例如，2009年美国的《信用卡法》（Credit Card Act）禁止信用卡公司在大学校园宣传，使学生成为新的信用卡所有者。该法律还限制21岁以下的年轻人申请信贷，除非他们有共同签署人。这些限制对企业是否公平？对年轻消费者是否公平？你认为为什么要对年轻人进行使用信用卡的监管？

14

银行业

看图说话

银行不仅仅能提供支票和储蓄账户，还提供什么服务来帮助你管理资金？

探索项目

比较选择

关键问题

除了储蓄账户之外，银行还可以用哪些选择帮助一个人实现储蓄目标？

项目目标

在设定你的财务目标和管理你的资金时，知道并理解所有可用的金融服务是非常重要的。在决定在哪里存钱或如何存钱之前，你需要研究你的选择。

- 访问你所在社区的几家金融机构，如银行或信用社。
- 获取它们为帮助你存钱而提供的不同账户和服务的信息，你也可以访问这些机构的网站来获取这些信息。
- 创建电子表格来帮助你比较每个选择的要求、费用和收益。
- 确定现在哪些选择是适合你的。
- 解释为什么有些选择不适合你。

考虑以下内容

- 你有多少储蓄？
- 你每个月可以增加多少储蓄？
- 你获得的利息足以抵销设立账户的费用吗？
- 你需要立即用钱还是可以等几个月再用？

21世纪技能

做出判断和决策

在什么情况下，大额存单比储蓄账户更好？

重要见解

理解不同机构提供的金融服务可以帮助你的资金获得收益。

请教专家

储蓄账户

问： 我的兼职工作每周只能赚75美元，大部分都用于看电影、购买食品和听音乐。我的收入很少，我真的需要把钱存入银行吗？

答： 因为你需要管理的资金数量较少，你可能不需要通过银行。然而，每周75美元用于娱乐是一大笔钱。你应该开设一个储蓄账户，并试着每周至少储蓄10美元，一年之后你会有超过500美元。

 写作任务

设想一个场景向你的朋友解释，为什么将一部分钱存起来而不是全部花在眼前的需要上，是很重要的。

第14章　阅读指导

基本问题　什么类型的金融服务可以帮助你更好地管理现金流?

中心思想

理解金融机构提供的服务能帮助你选择最优选项来明智地管理你的资金。

内容词汇

- 直接存款
- 自动柜员机
- 借记卡
- 商业银行
- 储蓄和贷款协会
- 信用社
- 大额存单
- 货币市场账户
- 收益率
- 复利
- 收益率
- 透支保护
- 止付令
- 背书
- 银行对账单

学术词汇

在阅读和测试时,你会看到这些词。

- 授权
- 发行人
- 季度
- 选择

使用图表

在阅读本章之前,请创建一个如右所示的网络图。在阅读时,记下你应该询问的 8 个问题,以帮助自己选择一个金融机构。

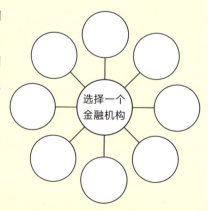

如何管理你的现金

你的现金需求是什么

美国银行业始于1791年，即美国宣布独立之后不久。美国国会建立了全美第一家中央银行，它有8个分行。如今，美国有11 000多家银行、2 000多家储蓄和贷款协会，以及12 000多家信用社，你可以从中选择不同的金融服务。办理银行业务可以通过商场中的自动柜员机，也可以在网上快速查看你的储蓄账户余额。你对金融服务的选择取决于你的日常现金需求和储蓄目标，见表14.1。

日常现金需求

你的日常现金需求可能包括购买午餐、和朋友一起去看电影、给汽车加油或支付其他日常活动的费用。当然，你可以携带现金——包括纸币和硬币——来支付，你也可以使用信用卡或自动柜员机，它也被称为自助取款机。

当你决定使用哪种方法来满足日常现金需求时，请考虑不同方法的优缺点。例如，自动柜员机可能会在每次使用时收取服务费。如果你每次取钱时支付1美元服务费，每周使用两次，那么你每年将支付104美元的服务费。

除了短期现金需求外，你还需要考虑长期的财务目标。你需要抵制过度消费的诱惑，避免冲动购买或过度使用信用卡；尽量不要动用你的储蓄来支付当前的账单；让你拥有的闲置资金为你所用——存入储蓄账户或放入投资计划中。

快钱的来源

无论你的计划有多好，有时候你需要的现金可能比现有的更多。这时，你有两种选择：使用你的储蓄和借钱。请记住，任何一种选择都需要你权衡。虽然你可以立即获得所需资金，但你的长期财务目

阅读进行时

预测　为什么你会选择开设储蓄账户和支票账户？

阅读进展检查

回顾　如果你需要的现金比现有的更多，你有哪两种选择？

重要职业

凯尔·比莱克 出纳员

作为国家银行的一名出纳员，处理资金只是我工作的一部分。我负责按照既定的政策和程序及时、准确地处理客户交易。我的日常工作包括管理支票账户和储蓄账户、自动柜员机/借记卡、电话银行和网上银行、账单支付业务、大额存单、个人退休账户、保险箱、折扣经纪、信用卡和商户业务。除了这些工作外，我还要以负责任、专业的方式提供优质的客户服务，来维护银行的形象。如果你想获得银行业的入门级工作，你通常可以凭借高中毕业证书、良好的沟通技能和数学技能成为出纳员。但是，如果你追求更高的责任感和更高的薪酬，你应该修读大学学位，并参加金融教育学院和美国银行学院提供的课程。

职业探索

出纳员需要优秀的客户服务技能。许多银行的定向培训包括销售培训。

1. 在线研究银行出纳员的工作。公司对这项工作有什么资格要求？

2. 解释为什么经过销售培训的出纳员会成为银行的资产。

职业细节

技能	教育	职业道路
沟通、数学、解决问题、决策和现金处理等技能，以及高效使用办公设备的能力	高中文凭或同等学力，背景调查，在职培训	出纳员可以成为贷款员、信用授权人、金融服务销售代表和债务顾问

标，例如支付大学费用、购买汽车或创立企业，可能会延迟实现。

金融服务的类型

哪种金融服务对你有益

为了在市场中保持竞争力，银行和其他金融机构扩大了服务范围。这些服务可分为四大类。

- 储蓄。
- 支付服务。
- 借款。
- 其他金融服务。

储蓄

安全存储资金以供将来使用是每个人的基本需求。在金融机构

表14.1　金融服务

提前规划　在评估你的金融服务需求时，同时考虑短期目标和长期目标非常重要。考虑长期需求对当前有什么帮助？

满足短期需求的金融服务			
• 日常购买 • 生活支出 • 应急基金			
日常现金需求	**储蓄**	**支票**	**信用卡**
• 支票兑现 • 自动柜员机 • 预付费卡	• 普通储蓄账户 • 货币市场账户	• 定期支票账户 • 在线支付 • 自动预授权支付 • 手机支付 • 银行本票 • 汇票	
满足长期需求的金融服务			
• 重要采购 • 长期财务安全			
储蓄	**信用服务**	**投资服务**	**其他服务**
• 大额存单 • 美国储蓄债券	• 汽车、教育贷款 • 房屋贷款	• 共同基金 • 财务建议	• 税收筹划 • 保险 • 预算编制

中存储数月或数年的资金被称为定期存款。定期存款的例子包括你存入储蓄账户、大额存单的资金。拥有储蓄账户对个人财务计划至关重要。储蓄计划的选择通常基于利率、流动性、安全性和便利性。

支付服务

将钱从个人账户转给企业或个人进行支付，是银行日常金融活动的基本功能。最常用的支付服务是支票账户。你存在支票账户中的资金是活期存款，因为你可以随时取款或按需取款。

借款

大多数人会在某个时间点使用信贷。如果你需要借钱，金融机构会提供很多选项。你可以使用信用卡或个人现金贷款来短期借贷；如果你需要长期借贷，比如购买房产或汽车，你可以申请抵押贷款或汽车贷款。

其他金融服务

金融机构也可能提供以下服务，例如购买保险、交易股票与债券、开立共同基金投资账户、所得税援助和财务规划服务。

阅读进展检查

总结 列出可能由金融机构提供的金融服务。

电子银行服务

如何使用电子银行服务

杰夫的哥哥上高中时，必须在周五下午 3 点之前赶到银行，不然他就只能等到周一上午 9 点才能兑现工资支票。如今，杰夫选择的银行在工作日和星期六营业时间较长。为了更加方便，杰夫可以使用 24 小时电子银行服务。他可以通过自动柜员机、电话或网络查看账户状态或进行交易。其他在线服务允许客户通过个人财务管理软件获取最新的账户信息，以查看有关房屋贷款或信贷额度的详细信息，并确认支付的利息金额。

对在线客户来说，安全性是首要问题。确保在线安全性的方法是使用安全代码或密码，以及客户标识名称或编号。

网上银行服务和通过电子系统提供银行服务的范围在持续扩大。

表14.2 电子银行业务

好处和问题 网上银行服务有许多好处和便利，但它们也会带来一些问题。网上银行服务有哪些好处？个人使用这些服务可能会产生哪些问题？

电子银行服务
• 获得现金，检查账户余额
• 转移资金：从储蓄到支票、从储蓄到贷款、从支票到贷款、从支票到储蓄
• 直接存入工资支票，政府支付
• 保险费、抵押贷款、水电费和其他账单的预授权支付
• 提供全方位金融服务的电子银行
• 借记卡零售购物

在大多数传统金融机构开始提供网上银行服务的同时，网络银行也成为强有力的竞争对手。例如，电子贸易银行（E ＊ Trade Bank）在线运营，同时还为客户提供自动柜员机访问服务。这些"电子银行"和"电子分行"几乎提供客户所需的全部金融服务，见表14.2。

直接存款

许多企业向员工提供**直接存款（direct deposit）**服务，将员工的净工资自动存入员工指定的银行账户。员工不会收到纸质的工资支票，而会收到一份列出了扣除额和收入等相关信息的对账单。直接存款可以节省时间、资金和精力，是一种安全转移资金的方式。

自动支付

水电公司、贷方和其他企业允许客户使用自动支付系统。经过你的**授权**或许可，银行将从你的银行账户扣除每月的账单金额。

使用自动支付时，你要确保你的账户中有足够的资金用于付款，这是很重要的。你要根据收到工资的时间安排付款，并每月检查你的银行对账单，以确保付款正确无误。

自动柜员机

自动提款机，或称**自动柜员机（Automated Teller Machine）**，是允许用户从账户中提取现金的计算机终端。你还可以用自动柜员机存款，并将资金从一个账户转到另一个账户。自动柜员机在银行、商场、超市甚至体育场馆中都会有。

自动柜员机的安全性
记住你的个人识别码并且不能告诉其他人，这一点非常重要。为什么你不应写下个人识别码？

要使用自动柜员机办理银行业务，你必须向金融机构申请一张卡。这张卡被称为借记卡（debit card），是一张能够帮你从支票账户或储蓄账户取钱或支付购物费用的现金卡。这张卡还可以帮助你使用自动柜员机使用其他服务。一些金融机构可能会收取少量卡片使用费。借记卡与信用卡不同，因为使用借记卡时，你花的是自己的钱，而不是借来的资金。

当你使用借记卡时，自动柜员机将要求你输入个人识别码。切勿将此号码提供给任何企业和个人，或用于进行在线交易。牢记这个号码，并将其写下来保存在安全的地方。切勿将个人识别码写在借记卡上，如果你的卡丢失或被盗，其他人就可以从你的账户中提取资金。

此外，在使用这种银行便利设施时，也请遵守使用自动柜员机的简单操作规则。当你在排队时，请与正在使用机器的人保持至少几英尺①的距离；当你使用机器时，请在输入个人识别码和其他信息时遮挡屏幕，以防被人看到。

自动柜员机费用　一些金融机构会对客户使用自动柜员机获得的便利收取手续费。这一费用会随着时间的推移而增加。你可能觉得为了得到便利，花一些钱是值得的，但是，你也可以考虑以下建议。

- 在开设账户之前比较自动柜员机的手续费，以书面形式列出费用清单。
- 使用所属银行的自动柜员机，以避免使用其他银行的机器时产生的额外费用。
- 当你不在家时，可以考虑使用旅行支票、信用卡、个人支票或预付现金卡。

借记卡丢失　如果你的借记卡丢失或者被盗，请立即告知银行。大多数卡片发行机构或供应商都不会让你对被盗资金负责，请咨询你的卡片发行机构。但是，有些机构会要求你在丢卡后的两天之内告知。如果超过两天，你可能要为其中未经授权的使用承担责任，上限为500美元，期限为60天。若超过60天，你的责任可能是无限的。

塑料卡片支付

虽然使用现金和支票是支付商品和服务的费用的常用方法，但也可以使用各种卡片进行支付。

---

① 1英尺 = 0.304 8 米。

文件探索

银行对账单

当你填写支票和存款时，你需要在支票登记本上寻找扣款和存款。对账单是银行对账户活动的记录，你的记录与银行记录保持一致是很重要的，这样你的账户就不会透支。

史密斯威尔银行	汤姆·琼斯 第一大街21号 史密斯威尔，佛罗里 55523
账户汇总	**对账单日期：2010.02.24**
2010.01.23结转的余额	41 452.80
支票	6 310.00
增加的利息	50.59
期末余额	35 193.39

电子信用

日期	描述
2010.02.24	支付利息 50.59

支票和其他债务			每日余额汇总	
日期	支票号	数额	日期	余额
2010.01.27	1043	70.00	2010.01.27	41 382.80
2010.02.18	1044	100.00	2010.02.10	38 942.80
2010.02.12	1045	3 600.00	2010.02.12	35 342.80
2010.02.10	1046	2 440.00	2010.02.18	35 242.80
2010.02.19	1047	100.00	2010.02.19	35 142.80
			2010.02.24	35 193.39

关键点　如果你的记录与银行记录存在差异，你需要和银行一起解决问题。如果银行认为你实际拥有的钱少于你认为的，那么你的支票可能会被"退回"，或被拒绝支付，且银行会对你罚款。

寻找　解决方案

回顾关键概念

1. 该对账单涵盖的时间段是?
2. 在这个对账单中，你认为"信用"一词的含义是什么?
3. 在这个对账单中，你认为"债务"一词的含义是什么?
4. 2010年2月10日，此账户中的余额发生了变

   化? 为什么?
5. 该对账单中有一行写着"支票　6 310.00"，这是什么意思?
6. 支票"退回"意味着什么?

电子支付 不涉及现金、支票或信用卡的交易，随着技术、安全性和消费者接受度的提高而不断发展。

在线支付 银行和互联网公司作为第三方提供服务，使得在线账单支付成为可能。使用这些服务时，你应该考虑每月费用、在线安全性和客户服务可用性。网络上也有"网络现金"服务，它有自己的电子货币，为在线交易提供资金。

储值卡 即预付卡，如交通卡和学校午餐卡等。这些储值卡，有些是一次性的，有些则可以重复充值。

智能卡 这些"电子钱包"与自动柜员机卡类似。这些卡片中有存储信息的微型芯片，微型芯片能存储预付金额以及账户余额信息、保险信息和病史信息。

评估金融服务

选择金融服务时要做哪些权衡

当你做出关于储蓄和支出的决策时，请尝试在短期需求和未来财务安全之间找到平衡。同时，在选择金融服务时，你也要考虑做出每个选择的机会成本。你要问自己几个问题。

阅读进展检查

定义 什么是直接存款？

- 大额存单的较高利率是否值得你放弃资金的流动性，或者在没有成本的情况下轻松将其转换为现金？
- 你愿意放弃在办公室附近的自动柜员机取现的便利，来节省手续费吗？
- 在最低余额要求为 500 美元时，开设一个没有任何费用但也没有利息的支票账户是否值得？

除了省钱之外，请记住还要考虑你的时间价值。偶尔重新评估你

阅读进展检查

选择 选择金融服务时要考虑哪些机会成本？

的选择，你可能会发现一个能提供更多服务的新金融机构，或者一个服务费用更低的新金融机构。

金融机构的类型

金融机构之间有什么区别

在你确定想要的服务之后，你可以从众多类型的金融机构中进行选择。你可以选择提供多种服务的机构或提供某种特定服务的机构。**图14.1**提供了选择金融机构的一些技巧。几乎所有金融机构都提供电子银行服务，或通过互联网提供银行服务，还有一些银行只在互联网上运营。

安全

当你考虑一家金融机构时，要考虑它的安全记录。银行、储蓄和贷款协会以及信用社的大多数储蓄计划都由联邦政府的下属机构提供保险。这种保护措施可以防止因保险机构的破产而造成的资金损失，虽然近年来一些金融机构破产了，但是存款受联邦保险保护的储户并没有损失任何资金。破产机构的储户要么拿回了账户中的金额，要么账户被财务稳定的机构接管。

在20世纪30年代的大萧条时期，美国许多银行都倒闭了，在这些机构存款的个人和企业损失了自己的钱。1933年，联邦政府成立了联邦储蓄保险公司（FDIC），保护银行存款。联邦储蓄保险公司为联邦特许银行的每个账户提供上限为100 000美元的保险（最近暂时提高到250 000美元），还为储蓄和贷款协会管理储蓄协会保险基金（SAIF）。与联邦储蓄保险公司一样，储蓄协会保险基金对存款的保险额度上限为100 000美元。所有联邦特许银行都必须参与联邦储蓄保险公司计划，非联邦特许银行也可以选择加入该计划。

存款机构

大多数人使用存款（或储蓄）机构来处理自己的银行业务，这些机构包括商业银行、储蓄和贷款协会、共同储蓄银行和信用社。

商业银行　**商业银行（commercial bank）**是一个营利性机构，它提供全方位的金融服务，包括支票、储蓄和贷款，这类银行为个人和企业服务。商业银行是由个人投资者或股东组成的公司，它们为银行提供经营所需的资本。全国性银行可以凭联邦政府授予的特许证或牌照开展业务，各州银行可以凭州政府授予的特许证或牌照开展业务。州特许银行通常比联邦特许银行受到的限制少。

储蓄和贷款协会 储蓄和贷款协会（Savings and Loan Association）是一家传统的专门管理储蓄账户和抵押贷款的金融机构，但现在也提供很多与商业银行相同的服务。其服务包括支票账户、商业贷款和投资服务。储蓄和贷款协会为联邦特许或州特许机构。

共同储蓄银行 共同储蓄银行为存款人所有，专门从事储蓄和抵押贷款服务，有些共同储蓄银行也提供个人贷款和汽车贷款。共同储蓄银行收取的贷款利率可能低于商业银行收取的贷款利率。此外，共同储蓄银行有时会对储蓄账户支付更高的利息。

信用社 信用社（credit union）是一个非营利性金融机构，由成员拥有并为成员利益而组织成立。传统上，信用社的成员有一些联系，例如同为工会成员、大学校友或在同一家公司工作。如今，美国有超过 8 000 万人加入了超过 9 000 个信用社。

大多数信用社提供全方位的服务，包括支票账户、贷款、信用卡、自动柜员机、保险箱和投资服务。消费者组织和其他组织进行的

图14.1 选择一个金融机构

当你准备选择一个金融机构时，请做好规划以获得你需要的服务，同时避免为你不会使用的服务付费。做好银行业务调查准备工作。

1 **走进银行** 拿起介绍银行服务的小册子，并与客户服务代表谈谈银行的服务。

2 把小册子带回家　研究后与父母讨论金融机构的特点。

调查显示，与商业银行相比，信用社的手续费和贷款利率都更低。

非存款机构

人寿保险公司、投资公司、金融公司和抵押贷款公司等机构也提供金融服务。

人寿保险公司　虽然人寿保险公司主要是为投保人家属提供财务保障，但是许多保险单还具有储蓄和投资的特点。此外，一些保险公司还提供退休计划。

投资公司　这类公司将你的资金与其他投资者的资金结合起来，以购买股票、债券和其他证券。然后，投资公司会管理这些被称作共同基金的联合投资。投资公司账户不在联邦存款保险的范围内。

金融公司　金融公司向消费者和小企业提供高息贷款，它们因为信用评级低于平均水平而无法在其他地方借款。

阅读进展检查

确定　列举 4 种存款机构。

3 **上网**　获取有关该机构的收益、服务费和手续费的完整信息。

4 **开设你的账户**　使用支票账户和储蓄账户管理你的资金。

客户服务

在考虑金融机构的服务时，与客户服务代表交流通常很有帮助。为什么与工作人员交谈比阅读小册子或浏览网站更有帮助？

有问题的金融企业

什么是有问题的金融企业

你会为了借用 100 美元两个星期而支付 20 美元吗？许多无法获得金融服务的人会去典当行、支票兑现网点、贷款商店和"租赁到拥有"中心。

典当行

典当行根据珠宝或其他贵重物品等有形财产的价值提供贷款。许多低收入和中等收入家庭通过这种机构来快速获得现金贷款，而典当行收取的费用比其他金融机构的高。成千上万的消费者越来越需要小额贷款——通常大约 75 美元，需要在 30 至 45 天内偿还。典当行已成为"街区银行"和"本地购物中心"，因为它们同时提供贷款和零售服务，出售物品所有者无法赎回的物品。虽然各州对利率进行监管，但每月 3% 甚至更高的利率是很常见的。

支票兑现网点

除非你有账户，否则大多数金融机构都不会进行支票兑现。超过 6 000 个支票兑现网点收取支票面值 1%~20% 的费用，平均成本是 2%～3%。对于低收入家庭来说，这一比例也可能是家庭总预算的重要部分。支票兑现网点也提供以下服务，包括电子纳税、水电费账单支付以及交通代用币的销售。

发薪日贷款

许多消费者组织提示不要使用发薪日贷款，其也被称为现金垫

我们的世界

印度

用于电力的小额贷款

美国人经常将银行贷款与重要购物行为（例如购买新车或房屋）或大型活动（例如改造房屋或创立企业）联系起来。然而在印度，贷款可能仅仅是为了简单的事情，如照明。

印度许多农村地区无法获得电力。专家认为，电力的匮乏导致经济发展缓慢、识字率低和健康状况不佳。为了解决这个问题，许多银行推出了被称为"微型贷款"的小额贷款，以提供太阳能设备，为这些农村社区带来光明。这一措施提高了印度农村地区的生产力，改善了农村人民的健康状况和社会经济地位。由于太阳能设备成为易燃和有污染性的煤油灯的替代品，小额贷款同时推广了"绿色"社区概念。"清洁"光源对企业和家庭都有好处，它使得企业可以在晚上继续营业。一位蔬菜销售商指出，除了比煤油灯便宜之外，在太阳能灯下，她的蔬菜的外观和气味也比在煤油灯下更好。一盏灯的花费为66美元~112美元——相当于蔬菜销售商一周的工资。

批判性思考

1. **扩展** 由小额贷款提供的太阳能灯是如何帮助改善印度人的健康状况的？

2. **关联** 你认为美国人会使用小额贷款吗？美国有哪些印度农村人民可能没有的选择？

数据库

首都
新德里

人口
1 236 344 631

语言
印度教语、孟加拉语、泰卢固语、马拉地语、泰米尔语、乌尔都语、古吉拉特语、卡纳达语、马拉雅拉姆语、奥里亚语、旁遮普语、阿萨姆语、迈提利语

货币
印度卢比

国内生产总值
1.67万亿美元

人均国内生产总值
4 000美元

工业
纺织、化学、食品加工、钢铁、运输设备、水泥、采矿、石油、机械、软件、药品

农业
大米、小麦、油籽、棉花、黄麻、茶叶、甘蔗、扁豆、洋葱、土豆、乳制品、绵羊、山羊、家禽、鱼

出口
石油产品、宝石、机械、钢铁、化学品、车辆、服装

自然资源
煤、铁矿、锰、云母、铝土矿、钛矿、铬铁矿、天然气、钻石、石油、石灰石、耕地

款、支票预付贷款和延迟存款贷款。为了从发薪日贷款公司获取所需的现金，不惜冒险的借款人要支付高达780%甚至更高的年利率。这类企业近年来有所增加。这类贷款最常见的使用者是那些陷入债务困境或因不幸而背负债务的工人。对于典型的发薪日贷款，消费者会填写一张115美元的个人支票，借款100美元，期限14天。发薪日贷款的出借人同意持有该支票至下一个发薪日。14天15美元的利息，折合到全年，相当于391%的年利率。一些消费者会"滚存"贷款，为这100美元的贷款在第二个14天的周期再支付15美元。在几轮滚动之后，贷款的利息可能会超过借来的金额。芝加哥消费者服务部报告称，一些发薪日贷款的年利率为659%至1 300%。

"租赁到拥有"中心

多年前，租用家具和电器的人几乎找不到高端产品。如今，租赁企业出借大屏幕电视、七件套樱桃木卧室套装和个人电脑。租购行业被定义为：商店将产品租赁给有能力拥有的消费者，如果消费者能够完成一定数量的每月或每周付款，就可以拥有该产品。

 阅读进展检查

改述 什么是发薪日贷款？

比较金融机构

为了选择金融机构，你应该了解什么

当你比较银行和其他金融机构时，你应该询问以下问题。

- 你在哪里可以获得最高的储蓄利率？
- 你在哪里可以获得低（或没有）费用的支票账户？
- 你是否可以在需要时使用信用卡或从某个机构借钱？
- 你是否需要提供免费财务建议的机构？
- 该机构是否有联邦储蓄保险公司或储蓄协会保险基金的保险？
- 该机构的位置是否便利？
- 该机构有网上银行服务吗？
- 该机构是否有你可能需要的特殊银行服务？

回顾关键概念

1. **总结** 有哪些类型的金融服务可满足短期需求和长期需求?

2. **描述** 列出4种类型的非存款性金融机构并对其进行描述。

3. **解释** 什么是有问题的金融企业? 为什么它们会被认为有问题?

4. **联系** 20世纪30年代的大萧条对银行业有何影响?

延伸思考

5. **评估** 分析一下,人们为什么认为花费时间在银行开设支票账户或储蓄账户是值得的,而不使用支票兑现网点。

21世纪技能

6. **获取和评估信息** 假设你的朋友刚刚找到一份新工作,想要开设一个支票账户来存储工资,她请求你帮助她决定应该去哪家银行。请运用各种资源,收集3家本地银行及其提供的服务的信息,使用图表来组织和分析你收集到的信息。最后,给你的朋友写一封电子邮件,给出你的建议并说明理由。

数学

7. **支票账户** 你想要开设一个支票账户,已经去了两家银行并进行了比较。A银行会为你提供免费的账户,但需要你保留300美元的最低余额,这个账户提供1%的年存款利率。B银行的账户没有最低余额要求,但每月收费0.75美元,年存款利率为2.75%。如果你计划在账户中保持500美元的平均余额,对你来说哪个账户更好?

数学概念 **计算回报** 要计算一个支票账户的年回报,先确定账户余额的利息回报总额,并减去账户产生的所有费用。

提示 通过确定账户中的余额来确定年回报。如果账户没有每月余额,则可以使用平均余额,将这一余额乘以年利率。

- 定义比较不同储蓄计划的成本和收益。
- 解释不同储蓄计划的特点。
- 比较不同类型支票账户的成本和收益。
- 有效地使用支票账户。

阅读进行时

关联　你现在有储蓄账户吗？你的复利是按日、月还是年计算的？为什么这个问题很重要？

储蓄计划的种类

有哪些储蓄方案可供选择

为了实现财务目标，你需要一个储蓄计划。储蓄计划可能包括普通储蓄账户、大额存单、货币市场账户和储蓄债券，见表14.3。

当你申请储蓄账户或支票账户时，你需要提供相关信息，如驾照号码、社会保障号码、家庭住址、电话号码、母亲姓氏和就业信息等。此外，一些银行对某些账户有年龄要求。在大多数银行，客户的申请流程可以在当地分行或线上完成。

普通储蓄账户

如果你计划频繁地存款和取款，普通储蓄账户（即传统的存折账户）是理想的选择。它们要求的最低余额很少，甚至没有，并允许你随时取款。这种便利的代价是，与其他储蓄计划相比，你赚取的利息将会很低。

你可能会收到一本记录存取款信息的存折，但通常情况下，你会在邮件中收到月度或季度对账单。一个季度包括3个月。商业银行、储蓄和贷款协会和其他金融机构提供普通储蓄账户。在信用社，它们可能被称为股票账户。

大额存单

大额存单（certificate of deposit） 是一种储蓄选择，即把钱存储一段时间赚取一定的回报。这段时间被称为期限。资金可使用的日期叫到期日。这种储蓄计划是一种相对低风险的投资方式。它的利率比普通储蓄账户要高，但你必须接受一些限制。要获得更高的大额存单利率，你必须接受以下3个关键限制。

- 你可能需要把钱存储一个月到5年，甚至更长时间。
- 如果你在到期日之前取款，你可能要支付罚金。
- 金融机构要求你存入最低金额以购买大额存单，这个金额通常比普通储蓄账户要求的余额要高。

大额存单投资策略 以下是投资大额存单的一些技巧。

• 找出你在哪里可以获得最佳利率。你可以将储蓄存入美国的任何一家银行,可以使用互联网查看全美各地银行的利率。

• 当你决定选择到期日时,考虑一下自己的经济状况。如果利率较高,你可能想买长期大额存单。如果利率由于经济的变化而下降,你的资金将会继续获得更高的利率。

• 永远不要让金融机构"转存"大额存单。例如,你的一年期大额存单到期了,而你什么也不做,银行会把钱重新存入另一个一年期的大额存单。但如果你知道你可以得到更好的利率,你会决定转存。

• 考虑什么时候需要钱。如果你计划在两年内用这笔钱支付大学学费,那么买期限不超过两年的大额存单。

• 如果你有足够的资金开设多个账户,你可以考虑创建一个大额存单组合,包括不同时间到期的大额存单。例如,你可以购买 1 000 美元的 3 月期大额存单、1 000 美元的 6 月期大额存单,1 000 美元的一年期大额存单。这样,你就可以在不同时间取款,而且利率仍然比储蓄账户的高。

评论

申请账户

开立支票或储蓄账户的程序因银行而异。然而,所需的信息往往是相似的。现在许多银行允许你线上开立账户。

概念应用

在网上搜索申请支票和储蓄账户的信息,需要什么资料和表格?你可以在线申请还是在当地分行申请?

表14.3 **储蓄选择**

很多选择 你应该考虑每种储蓄计划的利弊。哪种类型的账户最适合频繁储蓄少量资金的人?

账户类型	优点	缺点
普通储蓄账户	• 较低的最低余额要求 • 取款容易 • 有存款保险	• 低收益率
大额存单	• 收益率有保证 • 有存款保险	• 提前取款可能会被罚款 • 最低存款要求
货币市场账户	• 高收益率 • 会开一些支票 • 有存款保险	• 最低余额要求 • 低于一定余额没有利息或缴纳服务费
美国储蓄债券	• 较低的最低存款 • 政府保证 • 免除州和地方税	• 债券到期日前兑现,收益率较低

货币市场账户

货币市场账户（money market account）是一种储蓄账户，它要求最低余额，并且每月获得的利息不同。利率随市场利率的变化而浮动。虽然货币市场账户的利率通常高于普通储蓄账户的，但货币市场账户要求更高的最低余额，通常为 1 000 美元。如果你的余额低于最低余额，你可能要付罚金。货币市场账户由联邦储蓄保险公司承保。联邦储蓄保险公司为货币市场账户提供上限为 25 万美元的保险。

美国储蓄债券

另一个储蓄选择是购买美国储蓄债券（也被称为爱国者债券）。例如，当梅根在 2005 年高中毕业时，她的阿姨送给她一份美国储蓄债券作为礼物。她的阿姨花了 250 美元买了这份债券，它的面值是 500 美元。这意味着，如果梅根持有债券直到指定的到期日，它最终将获得足够的利息，债券价值 500 美元甚至更多。

你可以从联邦政府购买 EE 系列储蓄债券，金额从 25 美元到 5 000 美元不等（面值分别为 50 美元到 10 000 美元）。政府将每年的总购买量限制为每人 15 000 美元（面值 30 000 美元）。你可以从银行或政府的网站上购买储蓄债券。

到期日或债券实现面值的日期，取决于购买日期和债券的利率。对于一些债券，利率每 6 个月变化一次。由于利率不同，系列储蓄债券没有正式的到期日。1997 年 4 月以后购买的债券，如果在 5 年内兑现，将面临 3 个月的罚款，也就是说，在兑现前的最后 3 个月，你将得不到任何利息。

长期目标

一些储蓄选择，比如储蓄债券，更适合长期的财务目标，比如支付大学学费。为什么储蓄债券或大额存单比储蓄账户更适合长期的财务目标呢？

经济学与你

联邦储备系统

联邦储备系统是美国的中央银行。有12家联邦储备银行协助美联储服务和监管存款机构。美联储也有责任监控国家经济。如果经济增长过快，人们担心通货膨胀，美联储可能会提高借款给成员银行的利率，以抑制借贷。这使得其他银行借钱的成本更加高，因此它们把利率的提高传递给储蓄者和

借款者。因为更少的人想要支付更高的利率来借款，所以，房屋抵押贷款以及个人和企业贷款都会减少，从而减缓了经济增长。

个人财务联系　如果你把钱存在当地银行的储蓄账户里，而且美联储提高了利率，你会随着银行提高储蓄利率，赚更多的钱。然而，如果你在美联储提高利率时贷款，你需要偿还的钱会更多。

批判性思考　当经济放缓，陷入衰退时，你认为美联储会怎么做？为什么？

如果你不兑换现金，你可以通过 EE 系列储蓄债券持续获得 30 年的利息。你持有的时间越长，它就越有价值。如果持有的时间超过到期日，其价值可能超过面值。

梅根持有债券 10 年。她决定将这笔钱兑现，以帮助自己支付一套公寓的首付款。她发现它的价值略高于 450 美元。你的债券价值将取决于当前的利率和债券发行的月份和年份。

储蓄债券的税收　系列债券的利息是免除州和地方税的。在你兑现债券之前，你不必为利息收入缴纳联邦税。一旦 EE 系列债券到期，你可以选择用它来换取 HH 系列债券，从而进一步推迟联邦税。低收入和中等收入家庭使用 EE 系列债券兑现的资金来支付更高的教育费用，不需要支付利息税。

阅读进展检查

回顾　什么是大额存单组合？

评估储蓄计划

你应该如何评估一个储蓄计划

你对储蓄计划的选择将受到几个因素的影响。你应该考虑收益率、通货膨胀、税收、流动性、安全性、限制和费用。

收益率

储蓄的收益可以用收益率来衡量。**收益率（rate of return）**是你获得的利息占储蓄的百分比。例如，去年，艾米莎把除夕那天照看孩子赚的 75 美元存入普通储蓄账户，她赚了 3 美元的利息。因此，她的收益率是 4%，为了计算收益率，她把利息总额除以存款总额（3 美元 ÷ 75 美元 = 0.04 = 4%）。

复利 你储蓄的收益通常会高于规定的利率。**复利（compounding）**是一个过程，其中利息是基于本金（你存入的原始金额）和之前获得的利息。计算利息是一个多步骤的过程。首先，计算本金的利息。其次，把利息加上本金。下次计算利息时，你要使用新的较大的余额。每年、每个季度、每个月，甚至每天，复利都有可能产生。

如果按月计算复利，你的账户一年可以获得多少利息？要计算这个，首先要用本金乘以年利率，将这个数据除以 12，即一年的月数，这是你第一个月后获得的利息。要计算第二个月的利息，将第一个月的利息加上本金，然后用这个数据乘以年利率，再除以 12，这是你第二个月后获得的利息。把 12 个月的利息算出后，再将每个月的利息加总，就是你账户一年内获得的利息。

你的余额复利越频繁，你的收益率就越高。例如，你把 100 美元存入一个年利率为 4%，按年计算复利（每年一次）的账户中，一年后你将获得 4 美元（100 美元 × 4% = 4 美元）。你的收益率是 4%。如果你把同样的 100 美元存入一个年利率为 4%，按月计算复利的账户中，你的收益率会更高。

记住，你的收益率是你获得的利息总额除以你原来的存款金额的所得。两者之间的差别可能看起来并不大，但复利会对储蓄账户中长期存在的大额资金产生巨大影响。

月复利

　　每月支付利息的储蓄账户最终可能比每年支付利息的账户获得更多的利息。

示例　你在储蓄账户中存了100美元。银行支付的年利率是4%，按月计算复利。你一年能获得多少利息？

公式　计算第一个月的利息

A：（本金 × 年利率）/12 = 第一个月的利息

B：（本金+之前获得的利息）× 年利率 /12 = 当月的利息

解答

按月计算

1. （100.00美元 × 4%）÷ 12 = 0.33美元

2. （100.33美元 × 4%）÷ 12 = 0.33美元

3. （100.66美元 × 4%）÷ 12 = 0.34美元

4. （101.00美元 × 4%）÷ 12 = 0.34美元

5. （101.34美元 × 4%）÷ 12 = 0.34美元

6. （101.68美元 × 4%）÷ 12 = 0.34美元

7. （102.02美元 × 4%）÷ 12 = 0.34美元

8. （102.36美元 × 4%）÷ 12 = 0.34美元

9. （102.70美元 × 4%）÷ 12 = 0.34美元

10. （103.04美元 × 4%）÷ 12 = 0.34美元

11. （103.38美元 × 4%）÷ 12 = 0.34美元

12. （103.72美元 × 4%）÷ 12 = 0.35美元

年末，你将拥有104.07美元(100美元+4.07美元= 104.07美元)，获得了4.07美元的复利。

轮到你了

　　如果一年付一次利息，这个账户能获得多少利息？

　　真实储蓄　根据美国的《真实储蓄法》（Truth in Savings Law，也称联邦储备法 DD），金融机构必须告知你以下信息。

- 存款账户费用。
- 利率。
- 年收益率。
- 储蓄计划的条款和条件。

　　年收益率（APY）是指 100 美元存款一年的复利。利息是根据年利率和一年的复利频率计算的。在计算示例中，年收益率是 **4.07%**。年收益率越高，收益越好。因为年收益率是以百分比表示的，所以你可以比较不同利率和复利频率的储蓄计划。

收益率

复利收益率大于规定的年收益率。

示例　你在储蓄账户中存了100美元，银行每年支付4%的利息，按每月计算复利。一年后，该账户的利息为4.07美元。你一年的收益率是多少？

公式	总利息/原始存款 = 收益率
解答	4.07美元/100美元 = 0.0407 = 4.07%

你的收益率是4.07%。

通货膨胀

你应该比较一下储蓄的利率和通货膨胀率。如果你开立一个利率为3%的储蓄账户，而通货膨胀率上升到6%，你的钱就会失去价值和购买力。然而，通常情况下，如果通货膨胀率上升，储蓄账户的利率就会上升。如果你长期面临较低的利率水平，通货膨胀就会成为最大的问题。

税收

与通货膨胀一样，税收会减少储蓄的利息。例如，卡里姆很高兴能找到一个利率为5%的储蓄账户。然而，当他填写纳税申报单并且为该利息纳税时，他很不高兴。他决定寻找免税或税收递延的储蓄计划。

流动性

检查你正在考虑的储蓄计划，以确定如果提前取款，它是收取罚金还是支付较低的利息。如果你需要取钱方便，那就把钱存入流动账户，即使利息较低。如果你是为了长期目标而储蓄，高利率比流动性更重要。

安全性

银行、储蓄和贷款协会、信用社的大多数储蓄计划都由隶属于联邦政府的机构提供保险。这种保护可以防止因被保险机构的破产而造成的资金损失。尽管近年来有几家金融机构倒闭，但存款受联邦保险保护的储户并没有损失资金。破产机构的存款人要么已经获得账户内的余额，要么其账户已经被财务稳定的机构接管。

联邦储蓄保险公司管理单独的保险基金：银行保险基金和储蓄协会保险基金。信用社可以通过全美信用社协会 (NCUA) 办理存款保险。一些州特许的信用社选择私人保险计划。

限制和费用

注意对储蓄计划的所有限制，比如获得利息的时间和实际存入账户的时间之间的间隔，还要检查存款和取款的费用。如果你的余额低于一定的数额，或者你在一定时间内没有使用你的账户，你要知道需要支付的所有服务费用，并把这些费用和服务费加在一起。

阅读进展检查

定义 什么是本金？

支票账户的种类

不同种类的支票账户有什么优点

支票账户可分为三大类：普通账户、活动账户和计息账户。

普通账户

普通支票账户通常不要求最低余额。但是，如果该账户确实要求一个最低余额，而你的账户金额低于该数额，你将必须支付每月的服务费。每月 10 美元的费用会使你的资金减少。如果你在储蓄账户中保持一定的余额，一些机构会免除服务费。

活动账户

如果你每月只开几张支票，并且不能维持最低余额，这种支票账户可能适合你。金融机构会对你开的每张支票收取费用，有时还会对你的每笔存款收取费用。此外，它每月将收取服务费，但你不需要保持最低余额。

计息账户

计息支票账户是支票账户和储蓄账户的组合。如果你保持最低余额，这些账户就会支付利息。如果你的账户余额低于限额，你可能得不到任何利息，而且可能还要支付一笔服务费。

 阅读进展检查

识别 支票账户有哪三大类别？

评估支票账户

选择支票账户时，你应该考虑哪些因素

你想要一个支付利息并要求 1 000 美元最低余额的支票账户，还是一个不支付利息且没有最低余额的支票账户？你如何确定哪个账户可以满足需求？你需要考虑几个因素，例如限制、付费、利息和特殊服务。

限制

最常见的限制是要求你保持最低余额。其他限制可能包括允许的交易次数和你在一个月内可以开的支票数量。

付费

你可以按月支付服务费以及打印支票、透支和停止支付订单。

利息

利率、复利频率以及计算利息的方式都会影响计息支票账户。

特殊服务

支票账户服务包括自动柜员机、电话和网上银行。作为支票账户的客户，你可能还会收到**透支保护（overdraft protection）**信息——如果余额不足以支付支票，则自动贷款到账户。银行会向该贷款收取利息，但金额可能会低于透支账户的费用。银行也可能提供另一种透支保护服务，即把你的储蓄资金转入你的支票账户。

《21 世纪支票清算法》（The Check Clearing for the 21st Century Act）或《21 世纪支票法》（Check 21）于 2004 年生效。该法允许银行不用纸质支票。银行现在可以通过支票清算流程传送支票的电子版。如果你想收到你被注销的纸质支票，银行会收费为你提供一张。

 阅读进展检查

回顾 支票账户可能包括的 3 种常见费用是什么？

使用支票账户
你如何开立和使用支票账户

当你选择了满足你需求的支票账户类型之后，你需要知道如何有效地使用它。获取和使用支票账户涉及几个步骤。

开立一个支票账户

在开一个支票账户之前，你要先决定开个人账户还是共同账户。个人账户只有一个持有人，共同账户有两个或两个以上持有人。个人共同账户通常是一个持有者的账户，这意味着只有一个持有者需要签署支票。你要在银行签一张签名卡，这样你的签名就能得到验证。

表14.4 **支票登记簿**

跟踪信息 这个支票登记簿样本显示如何在开支票时跟踪信息。你还应该在支票登记簿上记录哪些金额？

序号	日期	交易描述	付款/借记 (−)		√ T	费用 (−)	存款/信用 (+)	余额	
								418	00
106	7/15	在鲍勃的服务站换油	25	00				−25	00
								393	00
107	7/15	在卡特勒订阅杂志	14	00				−14	00
								379	00
108	7/16	更换车辆管理部门	160	00				−160	00
								219	00
109	7/18	杰克的音乐礼物	34	00				−34	00
								185	00

表14.5 个人支票样本

个人支票 永远不要用铅笔开支票，而且要写清楚。为什么必须同时使用文字和数字表示金额呢？

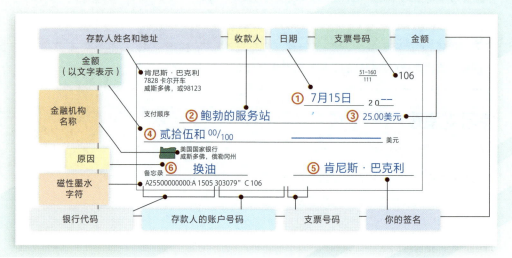

和储蓄账户一样，当你申请支票账户时，你需要提供相关信息，如驾照号码、社会保障号码、家庭住址、电话号码、母亲姓氏和就业信息等。你可以向银行查询开立支票账户的其他要求，例如年龄要求。你还可以在当地分行填写申请表，很多时候可以在线上填写。

开支票

在你开支票之前，你要在支票登记簿上写上日期、支票号码、收款方的姓名和准确的金额。支票登记簿是一个小册子，用于记录你的账户活动。你会和空白支票一起收到。它会记录你的所有支票、存款、自动柜员机取款、借记卡收费、利息（如果有）和其他交易等信息。你要确保从余额中扣除或增加支票交易金额来保持当前余额。表14.4 显示了一个支票登记簿样本。

表 14.5 展示了开支票的正确方法，包括以下步骤。

• 写当前日期。

• 写将收到支票的一方（收款人）的姓名。

• 用数字记录付款金额。

- 用文字记录金额。
- 用你在银行签名卡上签名的相同方式在支票上签名。
- 写下付款的原因，如果为信用卡或服务（如电力或有线电视）付款，这是一个记录账户号码的好时候。

如果你在开支票时写错了，不要涂改，写一张新支票，把旧支票撕掉，在你的支票登记簿上写上"无效的"3个字。如果错误很小，你可以在支票上改过来，把你名字的首字母写在改正的旁边。

如果支票丢失或被盗，或者你想停止商业交易中的付款，你可以要求银行签发止付令。**止付令（stop-payment order）** 是要求银行或其他金融机构不兑现特定支票的一种请求。这项服务的费用从 10 美元到 20 美元，甚至更多。

存款

想把钱存入你的支票账户，你要填写一张存款单。单子通常有空白用以列出 4 张或 5 张支票和你存入的资金数额。你要存入的每张支票都有背书。**背书（endorsement）** 是收款人的签字，收款人是支票开给的一方。

支票背书也有不同的方式，空白背书是最简单的。支票持有人在支票背面签名，这应该只在实际存入支票时才会使用，因为支票一旦被签名，任何人都可以兑现。

限制性背书要求支票持有人签名，并对银行使用票据的方式加以限制。最常用的表述是"仅用于存款"，这是一种指令，限制银行只将支票金额用于持有人的账户。

特别背书允许你将支票转让给一个组织或另一个人。当你为支票背书时，你要写下"付款指令"这个词，然后写上组织或另一个人的名字，再签上你的名字。

当你给支票背书时，以下是一些提示。

- 不要为支票背书，除非你准备兑现或存入支票。
- 在支票的左上方签上你的名字。
- 完全按照支票正面显示的名称签名。
- 使用钢笔，这样你的签名就不会被擦掉。
- 如果通过邮寄的方式存入支票，请在签名上方写上"仅用于存款"几个字。

支票清算

　　支票清算是一个确保你存入账户的资金可以提取的系统。例如，你把一张 50 美元的支票存入账户，银行通常会持有这 50 美元，直到它被开具支票的银行结清为止。在此期间，你无法提取这笔钱。根据法律，机构持有本地银行开具支票的资金不得超过两个工作日，非本地银行不得超过五个工作日。不用银行的支票清算规则并不同，所以你应问问你的账户所属银行。

记录支票账户

　　每个月银行都会给你发送一份显示你当月支票账户活动的对账单。银行对账单将列出以下项目。

- 存款。
- 你开出的支票（从你的账户中扣除）。
- 自动柜员机取款信息。
- 借记卡费用。
- 利息和费用。

　　对账　银行对账单上的余额可能与你支票登记簿上的余额不同。比如，你开的一些支票尚未兑换，或者银行准备好你的对账单之后，你存的钱才进入你的账户。

　　要确定你的真实余额，你可以填写银行对账表。**银行对账（bank reconciliation）**是一份报告，用于说明银行对账单和支票登记簿余额之间的差异。这个过程叫平衡支票簿。要平衡或核对账户，应遵循以下几个步骤，见表 14.6。

- 比较你在当月开出的支票和银行对账单上列出的已支付或已兑换的支票。列出所有未支付的支票——你开的尚未兑现的支票，从银行对账单的余额中减去未支付支票的总额。
- 确定最近的存款是否在银行对账单上。如果没有，将这些存款的金额加到银行对账单余额中。
- 从支票登记簿余额中减去对账单上列出的费用。
- 将利息加到支票登记簿余额中。

　　支票登记簿上的余额与对账单调整后的银行余额，应该是一样的。如果余额不匹配，检查你的计算，并确保所有的支票和存款信息都记入了你的支票登记簿和对账单上。如果银行有错误，向银行反映。

表14.6　银行账户对账

平衡支票登记簿 每月核对支票登记簿和银行对账单是很重要的。为什么调整后的银行余额与你的登记簿上的相符很重要呢？

❖美国国家银行

威斯多佛 · 俄勒冈州
肯尼斯 · 巴克利
7828 卡尔开车
威斯多佛，或98123
联邦储蓄保险公司

账户号码：303079
报告日期：7/15/20—

余额	存款和其他贷记		支票和其他借记		余额
上一个报告	数字	金额	数字	金额	这个报告
00.00	2	700.00	5	482.00	218.00

描述	支票和其他借记	存款和其他贷记	日期	余额
结转余额				00.00
存款		500.00	7/01	500.00
支票101	273.00		7/04	227.00
支票102	27.00		7/07	200.00
支票103	50.00		7/08	150.00
存款		200.00	7/10	350.00
支票104	100.00		7/14	250.00
支票105	32.00		7/14	218.00

请立即检查你的报告，如果10天内没有反馈错误，则默认账户正确和凭证真实。所有项目都是最终付款的贷方项目。

银行对账表

请立即检查你的报告，有任何不符请立即向银行反馈。

1. 在你的支票簿中，记录此报告中出现但尚未列出的所有交易信息。
2. 在右侧所提供的空白处列出仍未兑现的支票信息。
3. 请输入此报告中显示的余额。
4. 请输入在你的支票簿中记录但没有显示在报告中的存款。
5. 输入第3行和第4行的总额。
6. 输入未付支票总额。
7. 用第5行减去第6行，这个余额应该与你的支票簿余额相等。

			未付支票		
			序号	金额	
			106	25	00
			107	14	00
			108	30	00
218	00				
—	—				
218	00				
69	00				
149	00		总额	69	00

其他付款方法

除了使用个人支票外，你还可以使用其他方式付款。保付支票是一种具有付款保证的个人支票。金融机构核实支票时，会从你的账户中扣除金额。你也可以从金融机构购买本票或汇款单。你需要支付支票或汇款单上的金额加上费用。旅行支票允许你出国时获得当地的现金货币。

当你购买支票时，你要在每张支票上签名，当你兑现支票时，再签一次名。如果你丢了一张支票或支票被盗，可以用购买凭证代替。预付旅行卡允许旅客从世界各地的自动柜员机取当地货币。

阅读进展检查
列出　银行对账单每月都列出哪些信息？

金融机构和你的资金

银行如何赚钱

阅读结束后

反映　什么是银行对账？它为什么很重要？

银行持有的存款数额影响其贷款能力。银行通过贷款赚钱。银行能借出的钱的数额受美联储设定的存款准备金率的影响。存款准备金率是银行存款总额的 3% 到 10%，包括你的存款。例如，银行获得 100 美元的存款时，就可以借出 90 美元。这 90 美元又回到市场中，用于购买商品或服务，最后可能存入另一家银行。这家银行可以从这 90 美元的存款中借出 81 美元，这 81 美元进入市场，用于支付商品或服务，又可能存入另一家银行。这家银行再借出一定比例的钱。因此，把钱存入银行可以使你和市场中的其他人都受益。

资金选择

在其他国家旅行时，许多人觉得携带旅行支票比携带现金更安全。为什么旅行支票比现金更安全呢？

回顾关键概念

1. **解释**　不同类型的储蓄账户有哪些成本和收益?

2. **描述**　你可以使用哪些因素来评估一个储蓄计划?

3. **列出**　确定选择支票账户时要评估的4个因素。

4. **识别**　在你的银行对账单上哪6项可以帮助你追踪支票账户信息?

5. **确定**　如何监测和维护你的储蓄账户?你应该使用什么文件?

延伸思考

6. **评价**　你是想要一个单独的支票储蓄账户,还是一个生息的支票账户?解释你的决定。

21世纪技能

7. **储蓄选择**　假设你收到1 000美元,你想把它存起来作为购买汽车的首付。用书面资源或在线资源进行研究,了解更多关于大额存单和货币市场账户的信息。每种方法的优缺点是什么?创建一个图表来比较这两个储蓄选择。根据你的发现,写一个简短的说明,陈述你会选择哪种方法及原因。

数学

8. **年收益率**　托丽收到祖母给她作为生日礼物的300美元。她想花掉,但她祖母说服她把钱存入储蓄账户。托丽把钱存入她的储蓄账户,该账户提供3.5%的年利率,按月计算复利。6个月后,托丽将从银行获得多少利息?一年后,托丽的账户将会有310.67美元,计算该账户的年收益率。

数学概念　**计算年收益率**　要计算按月计算复利的储蓄账户的年收益率,你必须确定该年度的总利息,用这个数字除以原始存款。

提示　将存款金额乘以年利率,再除以12,就能计算第一个月的利息。

银行业

了解你的选择

当你管理资金时，为你所有的金融服务需求考虑最佳的选择是很重要的。

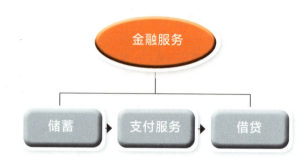

选择一个金融机构

一定要做调查，准确地比较相关机构，选择一个最适合你的。

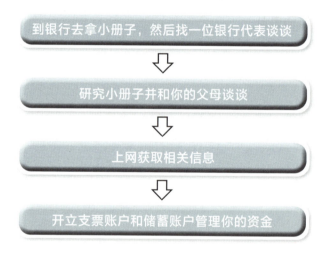

试一试

绘制一个如右所示的图，在圆圈中填入选择支票账户时应该考虑的因素。

章节评估

章节总结

- 金融服务的3种主要类型是：储蓄、支付服务、借贷。
- 商业银行、储蓄和贷款协会、共同储蓄银行和信用社是接受存款、提供转账和贷款服务的金融机构。
- 人寿保险公司和投资公司接受客户资金，为家属提供财务保障、投资和管理资金等服务。
- 金融公司和抵押贷款公司提供贷款。
- 银行储蓄计划提供的利率最低，流动性最强。
- 大额存单利率更高，但资金必须存入一定时间。
- 货币市场账户和美国储蓄债券的流动性不如银行储蓄账户，但是可能会带来更多的收益。评估储蓄计划，要查看它的特性，例如与通货膨胀相比的收益率、税收、流动性、限制和费用。
- 普通支票、活动支票和生息支票是支票账户的3种类型。它们要求最低余额、收取交易费用、支付存款利息。
- 使用支票账户时要谨慎，为存款支票背书，并将支票登记簿与银行对账单进行核对。

词汇复习

1. 在一些索引卡写下面的术语，在另一些索引卡上写定义，两人一组，将每个术语与其定义相匹配。

- 直接存款
- 自动柜员机
- 借记卡
- 商业银行
- 储蓄和贷款协会
- 信用社
- 大额存单
- 货币市场账户
- 收益率
- 复利
- 年收益率
- 透支保护
- 止付令
- 背书
- 银行对账单
- 授权
- 发行人
- 季度
- 选择

延伸思考

2. **关联** 维护支票账户和储蓄账户的流程是什么？它们有什么相似之处？
3. **选择** 珍妮有5 000美元，她想要存6个月，然后用它来支付大学学费。评估哪种储蓄计划能使她获得最高收益率。
4. **总结** 解释为什么金融机构由联邦储蓄保险公司承保很重要。
5. **假设** 你认为《真实储蓄法》为什么会颁布？
6. **对比** 研究申请支票账户和储蓄账户所需的表格和程序，它们有什么相似之处？它们有何不同？
7. **评价** 为什么信用社比商业银行提供更低的费用和贷款利率？
8. **评估** 你在选择金融机构时应该知道什么？它为什么很重要？
9. **辩论** 你认为电子服务，比如《21世纪支票法》为什么是有益的？

大学和职业准备

社会研究

10. **预付卡** 年轻人经常发现自己在资金管理方面有困惑。越来越多的青少年开始使用预付借记卡进行资金管理。预付借记卡通常与父母的支票或储蓄账户相关联，青少年通过它可以花费预设金额并允许父母跟踪钱花在哪里。这可能会使父母和青少年关于资金管理进行讨论。根据需要进行研究，并撰写一份报告，说明使用预付借记卡是否能帮助青少年学习资金管理的好方法。

数学

11. **获得的利息** 山姆在暑假实习期赚了1 300美元。他想把钱存入储蓄账户，但不确定要开哪个储蓄账户。他的首选是年利率为2.5%，按季度计算复利；第二个选择是年利率为2.75%，按月计算复利。一年后，哪个账户获得的利息更多？每个账户的年收益率是多少？

数学概念 计算获得的利息

要计算按月计算复利的账户的年收益率，你必须确定该年度的总利息，并用该金额除以原始存款。

提示 要计算按双月计算复利的账户的每期利息，用存款乘以年利率并除以6。

英语语言艺术

12. **银行服务** 许多银行和信用社都提供理财规划服务。选择当地银行并进行研究，确定该银行提供的财务规划服务。这些服务可能包括一对一的咨询，以帮助你制定预算策略、保险服务或针对个人业务的建议。创建一个清单，列出并简要描述每项服务。你认为现在可以利用哪些服务？你将来可能会使用哪些？你认为哪些会对你无益？为什么？用一段话来总结。

经济学

13. **主观价值** 所有商品和服务都有价值。任何商品或服务的价值将根据地理位置、一年中的不同时间和消费者的内在价值等因素而有所不同。例如，水果成本取决于是否为当季水果。漫画书的价值在很大程度上取决于其对收藏家来说有多重要。进行研究以找到最近高价出售的收藏品。你认为它为什么卖得这么贵？如果你有这么多钱，你愿意花在这个商品上吗？

实际应用

14. **管理资金** 许多金融机构正在提供更多基于技术的服务，以帮助消费者管理资金。假设你的朋友爱德华刚刚找到一份新工作，他希望开立一个支票账户和一个储蓄账户，以便他有现金花，并为上大学进行储蓄。请你为爱德华推荐在线工具，建议他用在线工具设定和实现他的短期、中期和长期目标。

你的资产组合

银行服务的比较

肖恩准备开银行账户，正在寻找最适合他的银行。他要在当地银行和他所工作的信贷工会之间做选择。

肖恩的储蓄研究

机构名称	肯辛顿银行	Acme信用合作社
储蓄		
年利率	1.8%	2.5%
最低余额	100美元	无
6个月大额存单利率	5.20%	5.40%
活期存款		
每月服务费	8.50美元	6.00美元
"免费"支票的最低余额	3 000美元	1 000美元
自动柜员机费用	免费	无自动柜员机服务
支票费用	10.00美元	8.75美元
透支保护	有	无
银行营业时间	周一至周六的上午9点到下午6点	周一至周五的上午9点到下午6点

肖恩决定在银行开一个支票账户，因为他需要使用自动柜员机。他在信用合作社开了一个储蓄账户，因为它支付更高的利息。有足够的钱之后，他还将在信用社购买大额存单。

计算

在一张纸上列出对你重要的银行服务，然后致电或访问你所在地区的几家银行，比较服务、成本和利率。哪些服务对你重要？你会选择哪家银行？解释原因。

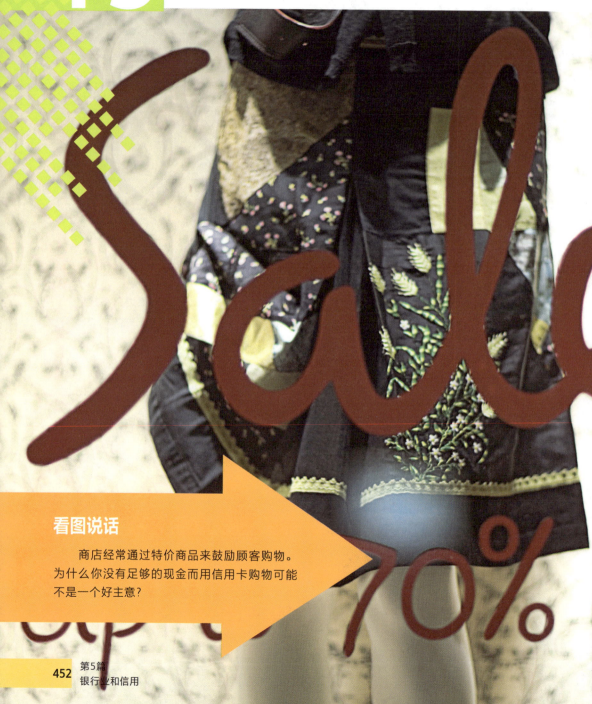

看图说话

　　商店经常通过特价商品来鼓励顾客购物。为什么你没有足够的现金而用信用卡购物可能不是一个好主意？

探索项目

建立良好信用

关键问题

为什么监测和保护你的信用评级很重要？

项目目标

假设你要搬进你的第一套公寓。你的薪水能够支付房租和水电费，但你将第一次为自己支付许多其他东西，比如家具、日用品和汽油。你决定使用信用卡购买一些东西，并建立你的信用评级。

- 研究对你有用的信用卡类型。购买一张百货公司卡或加油卡值得吗？智能卡或旅游和娱乐卡会是更好的选择吗？
- 建立一个电子表格，比较你研究的每张信用卡的详细信息，包括年利率、月费、最低每月还款额、滞纳金和相关奖励计划。
- 评估你的信息，以确定哪张信用卡最符合你的需求。

考虑以下内容

- 你将如何使用你的信用卡？
- 你将得到哪种类型的信用卡？
- 你如何确定最划算的卡？
- 除了能购买你需要的物品，信用卡还有哪些好处？
- 拥有信用卡有哪些坏处？

21世纪技能

判断与决策

你怎样才能避免过度使用信用卡？

重要见解

获得和维持良好的信用评级有助于实现财务安全。

请教专家

信用支付

问： 我弟弟要上大学了，他有3张信用卡，贷款余额总计5 000美元。他难以支付最低每月还款额。我应该告诉他什么？

答： 他需要一个偿还债务的计划。让他联系信用卡公司，告诉它他想还清债务并保持良好的信用。信用卡公司可能会允许他在几个月内只支付利息，在此期间，他需要想办法增加收入或削减开支。

写作任务

写一写上面提到的人可能采取的具体行动，以帮助他增加收入和削减开支。你的描述应该包括他可能采取的行动，对结果的估计，或者他可以获得或存多少钱。

基本问题　你现在可以采取什么措施来获得和维持良好的信用评级?

中心思想

正确使用消费信贷有很多好处。你必须保护你的信用，并注意债务问题的警告信号。

内容词汇

- 信贷
- 消费信贷
- 债权人
- 封闭式信贷
- 开放式信贷
- 信用额度
- 宽限期
- 融资费用
- 净收入
- 年利率
- 抵押品

- 单利
- 最低每月还款额
- 信用评级
- 担保
- 破产

学术词汇

在阅读和测试时，你会看到这些词。

- 融资

- 所有权
- 部分
- 抵押
- 及时
- 冒名顶替者
- 收回
- 机密

使用图表

在阅读本章之前，请创建一个如下所示的有编号的列表。在阅读的过程中，你要记下使用信贷前应问自己的 6 个问题。

问题

1. _____　　2. _____

3. _____　　4. _____

5. _____　　6. _____

明智地使用消费信贷

为什么良好的信用很重要

当你借钱或用信用卡进行消费时，你就在使用信贷。**信贷（credit）**指现在得到现金、商品或服务，将来再付款。**消费信贷（consumer credit）**是个人由于需要而使用的信贷。它也是消费者支出和需求的一个指标。消费信贷的一种常见形式是由金融机构发放的信用卡账户。商家可以为销售的产品提供融资。银行可以直接通过贷款和抵押贷款为购买行为提供资金。金融机构、商家或个人都可以是**债权人（creditor）**，也就是出借资金的主体。良好的信用是有价值的。有了借钱的能力，我们就可以买一些原本得存钱很多年才能买得起的东西。信贷是一种重要的金融工具，但它也可能是危险的，会导致人们背负无法偿还的债务。这就是明智地使用信贷是一项宝贵的金融技能的原因。

如今，消费信贷是美国经济的主要力量。对经济的预测或评估都把消费支出趋势和消费信贷作为一种持续性力量。信贷的使用是个人和家庭财务规划的一个基本因素（见图15.1）。消费者通过信贷付款涉及责任和风险。

信贷的使用和误用

你可能会想到许多使用信贷的好理由。例如，你现在用信贷买东西也许比以后用现金支付更便宜。如果你住的地方没有好的公共交通，你可能需要一辆汽车用于出行。但是什么时候使用信贷是合适的呢？如果你不能支付高额的每月还款额，当你需要的只是简单可靠的交通工具时，借钱买一辆昂贵的跑车可能不是一个好主意。

使用信贷可能会增加你现在能花的钱，但是会减少你未来拥有的钱。这是因为你将偿还你借的钱，并支付因借钱而产生的费用。误用信贷会导致违约、破产和信誉损失。

本节目标
- 解释消费信贷的含义。
- 区分封闭式信贷和开放式信贷。

阅读进行时

关联　你曾经用信贷购买过你当时买不起的东西吗？结果怎么样？

阅读进展检查

识别　什么时候使用信贷是不合适的？

图15.1 消费者分期付款信贷

上升的信贷　自20世纪90年代中期以来，分期付款信贷的总额一直在稳步上升。使用信贷的缺点是什么？

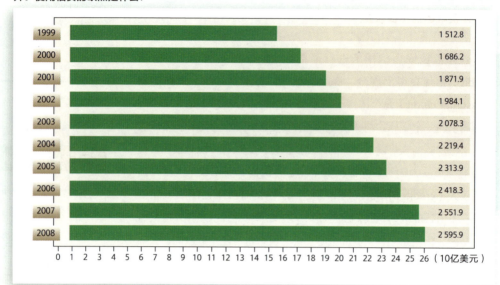

年份	金额
1999	1 512.8
2000	1 686.2
2001	1 871.9
2002	1 984.1
2003	2 078.3
2004	2 219.4
2005	2 313.9
2006	2 418.3
2007	2 551.9
2008	2 595.9

0　1　2　3　4　5　6　7　8　9　10　11　12　13　14　15　16　17　18　19　20　21　22　23　24　25　26　（10亿美元）

使用信贷前考虑的因素

在使用信贷前你应该知道什么

想象一下，你想要通过融资，为一辆二手车付钱。在决定用信贷购买大件商品之前，你要考虑几个问题。

- 你有付首付所需的现金吗？
- 你想用你的储蓄来代替信贷吗？
- 你买得起这件商品吗？
- 你能以更好的方式使用这笔贷款吗？
- 你能推迟一段时间再买这件商品吗？
- 推迟购买的机会成本是什么？
- 使用信贷的成本是什么？

当你使用信贷买东西的时候，你也就同意了支付债权人加在购买价格上的费用。如果你没有每月全额支付信用卡账单，你将要为未偿还的金额支付利息。利息可以看作使用信贷的定期费用。使用信贷前，你应确保现在购买的好处超过了信贷的成本。

信贷的好处

使用信贷的主要好处是，它可以让你现在享受商品和服务，之后再付款。信用卡允许你把几笔消费攒起来，每月只需支付一次。

如果你要预订酒店、租车、电话购物或网上购物，你可能需要一张信用卡。使用信用卡可以记录你的花费。而购物和旅行时少带现金也更安全。最后，如果你明智地使用信贷，贷款人会认为你是一个负责任的人。

信贷的坏处

请记住，使用信贷是要花钱的。使用信贷最大的坏处也许是诱惑你购买你买不起的东西。使用信贷购买你买不起的商品或服务会产生严重的麻烦。如果你不能偿还贷款或信用卡，你可能会失去良好的信誉。你也可能失去一些收入和财产，它们会被拿走以偿还你的债务。

使用信贷并不会增加你的总购买力，也不意味着你有更多的钱。它只是允许你可以现在买东西，以后付钱。如果你的收入没有增加，你可能难以支付账单。因此，你应该始终谨慎对待信贷，避免信贷使用超过你预算允许的范围。

阅读进展检查

总结 使用消费信贷有哪些好处？

信贷的类型

为什么你需要不止一种信贷

消费信贷有两种基本类型：封闭式信贷和开放式信贷。你可以同时使用这两种类型的信贷，因为每种类型都有优点和缺点。

提前规划

　　为你需要或想要的东西提前做规划和预算是很重要的。为什么不能把信贷看作购物的"免费资金"？

经济学与你

利率

利率随着经济的波动而变化。当经济处于衰退期时，利率通常较低，以刺激经济增长。低利率对借款人有利，但对储蓄人不利。如何向储蓄人和借款人宣传利率受法律管制？年利率和储蓄年收益率之间存在差异。储蓄年收益率高于年利率，因为它包含了储蓄的复利。借款人的利率是年利率。借款人必须确定利率是基于贷款余额递减，还是基于贷款总额递减。如果利率是基于贷款余额递减的，那么你在贷款期间支付的利息会比较少。

个人财务联系　当你决定借钱或用储蓄去购买一件昂贵的东西时，你为这件商品付多少钱将取决于这次购买的资金来源。

批判性思考　你有 25 000 美元的储蓄，储蓄年收益率大约是 1%。你想用 15 000 美元的首付买一辆 30 000 美元的汽车。贷款 4 年，年利率为 10%，每月还款额为 380.44 美元。你的新车 4 年后价值多少钱？如果你必须用储蓄来支付每月还款额，你会在什么时候花光你的钱？如果需要买车，你还有什么其他选项？

联邦基金利率

5.25% ── 5.75%

如果联邦基金利率下降，银行将会借入和借出更多钱

如果联邦基金利率上升，银行将会借入更少钱并且会提高借出资金的利率

5% ── 5.5%

封闭式信贷

封闭式信贷（closed-end credit）是一种一次性贷款，你将在一段特定的时间内偿还相同金额的资金。协议或合同列出的还款条件包括付款次数、付款金额和信贷总成本。抵押贷款是封闭式信贷的一种常见形式。其他形式还包括汽车贷款和购置家具、大型电器的分期付款贷款等。贷款人将持有该商品的**所有权**及表明所有权的文件，直到所有款项支付完毕。

封闭式信贷最常见的 3 种类型是分期付款销售信贷、分期支付现金信贷和一次性信贷。分期付款销售信贷是一种允许你获得商品，通常是高价商品的贷款。你需要先付首付，然后在规定的时间内付款。分期支付现金信贷是一种直接拿到钱的贷款，用于个人消费、房屋修缮或度假开支。你可以不付首付，而是在一段时间内还款。一次性信贷是一种必须在一个特定的时间，通常是 30 天到 90 天内一次全部偿还本息的贷款。

开放式信贷

开放式信贷意味着什么？**开放式信贷（open-end credit）**是一种对你为各种商品和服务借到的金额有一定限制的贷款。**信用额度（line of credit）**是债权人允许信贷用户借款的最高金额。百货公司和银行的信用卡，如维萨信用卡或万事达信用卡，就是开放式信贷的例子。在公司批准了你的信用卡申请并且你收到了信用卡后，你可以用它来购物，只要消费金额不超过你的信用额度即可。接下来，你会定期收到账单，每次你至少要支付你所欠金额的一部分。你可能还要支付利息或其他融资费用。

许多银行也提供另一种开放式信贷，叫作循环信贷，也被称为银行信贷额度。这是一种预先设置好额度的贷款，你可以通过开一张特别的支票来使用，并在一段时间内分期偿还。融资费用是根据当月使用的信贷金额和偿还余额计算的。

阅读进展检查

回顾　什么是封闭式信贷？

消费信贷的来源

消费信贷的来源有哪些

消费信贷有许多来源，包括商业银行和信用社。表 15.1 总结了消费信贷的主要来源。

贷款

贷款是指约定在一定期限内连本带利偿还的借款。如果你正在考虑贷款，你的第一反应可能是去当地的银行。不过，你也可以先试试其他选项。

便宜的贷款　父母或其他家庭成员往往是最便宜的贷款来源——低息贷款来源。如果他们之前把钱存入了储蓄账户，他们可能只会向你收取本可以通过储蓄获得的利息。他们甚至可能无息贷款给你。然而，贷款会使家庭关系复杂化。

中等价位的贷款　通常，你可以从商业银行、储蓄和贷款协会和

责任

　　成功人士最重要的特征之一是他们有责任心。责任是诚信的一种形式。有责任感的人对自己的行为负责。以一种负责任的态度面对你在家、学校、工作、社区中遇到的所有问题，会使你受益。

写一写

　　设想一个情景，在这个情景中，拥有负责任的心态将有助于你学习。描述该情景，并解释负责任的态度如何对你产生积极的影响。写一段或几段话来描述负责任的人的积极特点，并解释这些特点是如何以积极的方式影响他人的。

信用社获得中等价位的贷款，也就是中等利率的贷款。从信用社借款有几个好处。信用社提供个性化服务，有时对那些拖欠钱款或错过还款但理由充分的借款人很有耐心。只有信用社的会员才能从信用社获得贷款。

　　昂贵的贷款　最容易获得的贷款也是最贵的。向消费者提供贷款的金融公司和零售商往往会收取从 12% 到 25% 不等的高利率。银行通过提取现金的方式向信用卡持有人放贷。提取现金是一种将账单记入客户信用卡账户的贷款，大多数信用卡对提取现金收取更高的利息，并从提取现金的当天起收取利息。

　　房屋净值贷款　房屋净值贷款是一种基于房屋净值，即房屋当前市场价值与抵押贷款金额之间的差额的贷款。与大多数其他类型的信贷利息不同，你为房屋净值贷款支付的利息是可以进行税收扣除的。这类贷款只用于重要的项目，如教育、房屋改善，或支付医疗账单。如果你没有偿还房屋净值贷款，贷款人可以收回你的房屋。

信用卡

　　信用卡非常受欢迎。持卡人平均拥有 9 张以上的信用卡。每月全额还款的持卡人通常被称为"方便用户"。不按月全额还款的持卡人被称为拖欠者。

　　大多数信用卡公司都有**宽限期（grace period）**，在这段时间内，你的账户不会产生任何信贷费用。**信贷费用（finance charge）**是你为使用信用卡支付的总金额。一般来说，如果你在每月账单上注明的到期日之前付清余额，你就不需要支付信贷费用。超过宽限期还未还清余额的借款人需要支付信贷费用。信用卡的成本取决于你拥有的信用卡类型和贷款人的条款。有些信用卡公司向持卡人收取年费。然而，许多公司已经取消了年费。表 15.2 给出了选择信用卡的一些技巧。

　　借记卡　不要混淆信用卡和借记卡。借记卡允许你用电子方式从你的储蓄或支票账户中扣除用于购买商品或服务的钱。信用卡延长了信贷的使用期限并延迟了付款时间。借记卡常使用于自动柜员机。借记卡也被用来在商店购买商品和支付其他类型的账款。

　　联名卡　信用卡与商业企业联合，给产品和服务的购买者提供"点数"或"溢价"服务，被称为联名。联名越来越受欢迎。使用联名信用卡在购买商品和服务时可以获得折扣，如健身、使用税务筹划

表15.1　消费信贷的来源

获得信贷　人们在考虑贷款时往往会想到银行，但也存在其他信贷来源。人寿保险公司如何决定贷款金额？

信贷来源	贷款类型	贷款政策
商业银行	一次性还款贷款 个人分期贷款 存折贷款 支票信用贷款 信用卡贷款 二次抵押贷款	• 寻找有信用记录的客户 • 通常需要抵押品或担保 • 优先处理大额贷款，如汽车、房屋改善等，信用卡和支票信用计划除外 • 根据贷款的目的确定还款计划 • 根据信用卡类型、时间期限、客户信用记录和担保来调整信贷利率 • 可能需要几天时间来处理新的信贷申请
消费金融公司	个人分期贷款 二次抵押贷款	• 通常贷款给没有信用记录的消费者 • 通常发放无担保贷款 • 通常根据贷款余额的多少调整利率 • 提供多种还款计划 • 小额贷款的比例高于其他贷款人 • 最大贷款规模受法律限制 • 快速处理申请，通常在申请的同一天处理
信用社	个人分期贷款 股金提款单信用计划 信用卡贷款 二次抵押贷款	• 仅限会员借款 • 无抵押贷款 • 可能需要抵押品或担保人才能获得超过特定金额的贷款 • 可能要求通过工资扣除来偿还贷款 • 可能要向成员委员会提交大额贷款申请 • 提供多种还款计划
人寿保险公司	一次性或部分还款贷款	• 借出人寿保险单的现金价值 • 没有偿还日期或延期支付罚息 • 如果在还款前死亡或其他保单生效，则从保单保险金中扣除相应的金额
联邦储蓄银行 （储蓄和贷款协会）	个人分期贷款（一般由国家特许储蓄协会批准） 房屋改善贷款 教育贷款 储蓄账户贷款 二次抵押贷款	• 贷款给信誉良好的个人 • 通常要求抵押品 • 贷款利率取决于贷款规模、还款期限担保

表15.2　选择和使用信用卡

明智地选择　在选择信用卡之前，仔细考虑如何使用信用卡是很重要的。为什么每月全额支付信用卡账单是重要的？

当你选择信用卡时，货比三家是值得的。按照以下建议，找到最满足你需求的信用卡，并明智地使用它。

1. 百货公司和汽油公司是你获得第一张信用卡的好地方。
2. 银行信用卡是通过银行及储蓄和贷款协会提供的，年费和信贷费用差别很大，所以要货比三家。
3. 如果你计划每月还清当月贷款，找一张有宽限期且不收取年费或年费较低的信用卡。这样的信用卡利率更高，但按照计划，你需要支付的利息很少，甚至没有利息。
4. 要小心那些年费很低或不收年费，但每次使用信用卡时都要收取交易费的债权人。
5. 如果你打算持有余额，寻找一张每月信贷费用较低的信用卡。确保你了解信贷费用是如何计算的。
6. 为了避免导致信贷费用的延迟支付，遵循发卡机构有关在何处、如何和何时支付账单的指导。
7. 当心宽松信贷。没有人能保证你一定能得到信贷。
8. 如果你的信用卡有宽限期，那就好好利用它，每个月还清你的余额。每次都在25天的宽限期内付清账单，你实际上获得了一笔免费贷款。
9. 如果你有不良的信用记录，你将很难得到信用卡。这时，你可以找一个可以给你担保信用卡的储蓄机构。使用这种类型的信用卡，你的信用额度取决于你在储蓄账户上存了多少钱。
10. 旅行和娱乐卡通常会收取比大多数信用卡更高的年费。通常情况下，你必须在收到账单后30天内还清所有款项，否则你将不能再使用你的账户购买任何商品。
11. 请注意，借记卡不是信用卡，只是支票或现金的替代品，消费金额会从你的支票账户中扣除。
12. 拨打900申请信用卡时，要三思而后行。你将支付从2美元到50美元的电话费用，并且可能永远不会收到信用卡。

资料来源：美国注册会计师协会，美国消费者事务办公室，联邦贸易委员会。

服务以及购买汽油。

　　智能卡　有些贷款人提供一种叫智能卡的信用卡。智能卡是一种带有电脑芯片的塑料卡，它能存储的数据量是普通信用卡的500倍。智能卡可以存储各种信息。例如，一张智能卡可以用来购买机票，将其数字化存储，并记录飞行里程。

　　储值卡　储值卡、礼品卡或预付卡类似于典型的借记卡，它们通过技术来存储信息和追踪资金。然而，与传统的借记卡不同的是，储值卡也是预付卡，会为你提供即时的资金。

　　旅行和娱乐卡　旅行和娱乐卡实际上不是信用卡，因为余额每个月都要全额支付。然而，大多数人认为旅行和娱乐卡就像信用卡，因为用户在购买商品时不支付费用。

回顾关键概念

1. **定义**　什么是消费信贷? 请举一个例子。

2. **解释**　封闭式信贷和开放式信贷的区别是什么?

3. **描述**　信用卡有哪3种类型? 它们各自的特点是什么?

延伸思考

4. **评价**　请看表15.2中的建议, 你认为在选择信用卡时, 哪些因素最重要?

英语语言艺术

5. **炫耀性消费**　使用信用卡最大的缺点之一是诱惑你购买超出你购买能力范围的东西。然而, 许多人认为这实际上是信贷的好处, 因为你可以得到更好的东西, 并随着时间的推移完成支付。假设你需要一辆新车并且你必须贷款购买。你会借足够的钱买一辆简单、可靠的车, 还是借更多的钱买时尚、豪华的车? 写一份简短的报告, 说明你的答案和理由。

数学

6. **贷款成本**　弗拉迪米尔最近搬进了一所公寓。由于这是他第一次独自生活, 他需要为他的新家购买家具。弗拉迪米尔没有足够的现金来购买家具, 而且由于信用额度低, 他无法使用信用卡。他决定向银行贷款5 000美元。银行以6.5%的年利率收取利息, 按月计算复利。弗拉迪米尔将每月支付300美元。3个月后贷款余额是多少?

   数学概念　**计算贷款余额**　计算贷款余额, 要在原始贷款金额上加上第一期的利息费用, 然后减去每月的还款额, 其他时期同理。

   提示　确定第一个月后的贷款余额, 先用年利率乘以贷款金额, 再除以12。将结果加到原始贷款金额中, 并减去每月还款额。

你能够负担贷款吗

什么是贷款

阅读进行时

关联　为什么你的还款要超过信用卡的每月最低还款额?

贷款是你借入且必须偿还的钱。贷款成本以利息的形式向贷款人支付。贷款可能成为一个沉重的财务负担。在你贷款之前,你需要确保你可以负担。你能否负担所有常规费用及每月还款额?你可以通过几种方法回答这个问题。

第一种方法是把你每月的基本开支加起来,然后用你的实得工资减去总开支。如果剩下的金额不足以支付每月还款额,你就不能负担贷款。

第二种方法是考虑你愿意放弃什么来支付每月还款额。例如,你可能会把每月的收入存入储蓄账户。你愿意用这笔钱来偿还贷款吗?如果不愿意,你会考虑减少不必要但有趣的活动,比如看电影或外出就餐吗?你准备好做出权衡取舍了吗?

虽然你不能准确地衡量你的信贷能力,但是你可以使用债务收入比公式来判断你是否可以安全地承担信贷责任。

债务收入比

债务收入比是指你的债务与净收入之比。**净收入**是你得到的收入(实得工资、津贴、礼物和利息)。专家建议用于偿还债务的金额不要超过净收入的 20%。例如,你的净收入是每月 1 000 美元,你每月的债务总额应该不超过 200 美元。每月的债务偿还包括对信用卡和贷款的偿还。你可以用你每月的总债务(不包括房屋贷款)除以你每月的净收入来计算你的债务收入比。

净收入的 20% 是你用于偿还债务的最大值,但是 15% 更合适。比例高一些,就顾及不到紧急情况下的开支,只考虑了一般家庭的平均开支。如果你是一个刚刚开始尝试使用信用卡的年轻人,你最好谨慎行事,不要超过 20% 的限额。

阅读进展检查

识别　什么是债务收入比?

债务收入比

计算你每月的净收入将帮助你计算你要花多少钱来偿还债务。你的债务收入比也将决定你每月的预算。

示例 假设你的月净收入是1 200美元。你每月的债务包括助学贷款和一张汽油信用卡的消费，总共180美元。你的债务收入比是多少？

公式	月债务/月净收入 = 债务收入比
解答	180美元/1 200美元 = 15%

轮到你了

如果你的债务总额是342美元，而你每月的净收入是1 000美元，你的债务收入比是多少？

信贷的成本

申请信贷有什么成本

如果你正在考虑贷款或申请信用卡，你首先应该弄清楚贷款的成本是多少，以及你是否负担得起。你应该使用最优惠的信贷产品。这里涉及的两个关键因素是融资费用和年利率。

融资费用和年利率

融资费用是你为使用信用卡而支付的总金额。在大多数情况下，你必须为所有未付余额向债权人支付融资费用。

融资费用根据年利率计算。年利率（APR）是指按年计算的信贷成本，以百分比表示。例如，年利率为18%意味着你每年要为每100美元的债务支付18美元。每一家提供信贷产品的机构都必须声明其向客户收取的真实年利率。这使得比较不同企业或不同信用卡之间的信贷成本变得很容易。

要确定你将为100美元债务支付的融资费用总额，请参考表15.3。在表的顶部找到年利率，在表的左侧找到还款的次数。它们相交的点就是你要为每100美元的债务支付的融资费用总额。

例如，找到显示年利率为8.0%的列，再找到它与还款24次的行相交的地方。你将看到，如果你以8.0%的年利率贷款100美元两年（24个月），你将支付8.55美元的融资费用。

表15.3 按月还款的年利率表

信贷成本 大多数债权人会对贷款收取融资费用或利息。如果你以9%的年利率借100美元6个月，你要支付多少利息？

还款次数	年利率（每借款100美元的融资费用）				
	7.0%	7.5%	8.0%	8.5%	9.0%
6	2.05	2.20	2.35	2.49	2.64
12	3.83	4.11	4.39	4.66	4.94
18	5.63	6.04	6.45	6.86	7.28
24	7.45	8.00	8.55	9.09	9.64
30	9.30	9.98	10.66	11.35	12.04

根据《诚实借贷法》（Truth in Lending Act），债权人必须在你签署协议之前以书面形式告知你融资费用和年利率。

应对权衡

当你选择融资时，你将不得不做出权衡。你必须在各种因素中进行选择，包括贷款的期限、可变利率、固定利率、每月还款额和利率。下面是你应该考虑的主要因素。

期限与利息成本 许多人选择长期融资，因为他们希望每月还款额更低。然而，贷款的期限（时间）越长，在给定的利率下，你将支付更高的利息。比较以下 6 000 元贷款的信贷安排。

	年利率	贷款期限	月还款额	总融资费用	总成本
债权人A	14%	3年	205.07	1 382.52	7 382.52
债权人B	14%	4年	163.96	1 870.08	7 870.08

如何对选择进行比较？答案取决于你需要什么。从债权人 A 那里获得贷款的成本较低。如果你想降低每月还款额，那么你可以用更长的时间偿还贷款。然而，你将不得不支付更高的总成本。债权人 B 提供的贷款每月还款额较低，但会使你的总融资费用增加约 488 美元。

贷款的单利

单利、每年的复利，都是借款金额的一个百分比。借款的数额叫本金。复利可按日、月或年计算。

示例　詹妮尔的表妹同意借给她1 000美元买一台二手笔记本电脑，只收取5%的单利。詹妮尔同意在一年内偿还贷款。她一年要付多少利息？使用下面的公式来帮助詹妮尔计算她的贷款利息。

公式	本金 × 利率 × 时间=单利
解答	1 000美元 × 5% × 1年 = 50美元

轮到你了

你刚刚花3 500美元从你阿姨那里买了一辆二手车。她同意你以6%的单利支付3年。你要付多少利息？

贷方风险与利率　你可能喜欢更低的首付款的融资方式，即购买时需要支付商品总成本的一部分。另一种可选择的贷款的特点是较低的固定付款额和最终的大额付款。记住，贷款人的目标是将风险降到最低，或者确保你全额偿还贷款。这两种融资方式都会增加你的借贷成本，因为它们会给贷款人带来更高的风险。想利用这些优势的消费者必须权衡和接受更高的贷款成本。

为了降低贷款风险，增加以较低利率获得贷款的机会，你可以考虑以下选择。

- **可变利率**　可变利率是基于银行系统不断变化的利率。这意味着你依据的贷款利率会随着时间而变化。如果你有一笔可变利率的贷款，并且利率整体上升，那么你的贷款利率就会相应调整。因此，贷款人可能会提供比固定利率更低的初始利率。

- **担保贷款**　如果你质押抵押品，那么你的贷款利率可能会较低。**抵押品（collateral）** 是一种保证债权人得到还款的担保形式。它表明，如果你失去了收入来源，你可以用抵押品来偿还贷款，比如你的储蓄或部分房产。如果你不偿还贷款，贷款人有合法的权利拿走你抵押或承诺作为抵押品的东西。

- **提取现金**　许多贷款人认为，如果你付了一大笔首付，你偿还贷款的动力就会更强。因此，你可能有更好的机会获得你想要的其他贷款。

日本

现金驱动型经济

随着信用卡和借记卡支付正在成为许多国家的标准支付方式，日本仍然主要依靠现金支付。这很令人吃惊，因为日本是一个以其科技而闻名的国家。一种看法是，在日本用现金支付意味着富有，而那些有财务限制的人才使用信用卡。

到日本旅游的人被提醒，在主要城市以外，现金支付通常是唯一被接受的商品和服务支付方式。由于许多企业只接受现金支付，日本公民习惯了携带更多的现金，觉得有现金在手边更让人舒适。对于普通的日本人来说，钱包里装数万日元（相当于数百美元）是很常见的。除了购物以外，许多交易费用，比如租赁公寓的押金，也只能用现金支付。令人惊讶的是，这种对现金的依赖并没有导致更高的犯罪率。相反，日本社会以诚实著称。手提包或钱包被发现并完好地归还给失主，这样的事很常见。

批判性思考

1. **扩展**　在日本，许多提取现金的设备是允许你申请个人贷款的。这些贷款通常从你的工资中自动扣款来偿还，研究确定这些贷款的限额和工资扣除额有多少。

2. **关联**　你认为人们应该容易地获得个人贷款吗？为什么应该？为什么不应该？

数据库

首都
东京

人口
127 103 388

语言
日语

货币
日元

国内生产总值
5.007万亿美元

人均国内生产总值
37 100美元

工业
汽车、电子设备、机床、钢铁和有色金属、船舶、化学品、纺织品、加工食品

农业
大米、蔬菜、水果、猪肉、家禽、乳制品、鸡蛋、鱼

出口
运输设备、汽车、半导体、电机、化学品

自然资源
匮乏的矿产资源、鱼类

- **短期** 你借款的时间（或期限）越短，你无法偿还贷款的可能性就越小。这降低了贷款人的风险。因此，如果你接受短期贷款，你可以以较低的利率借款，但你的每月还款额会更高。

计算信贷成本

为了评估，你也可以通过计算利息确定信贷成本，来比较贷款和信用卡。计算利息最常用的方法是单利公式。其他方法，如计算余额递减单利和附加利息，都是由这个公式变化而来的。

单利 单利（simple interest）是指只基于本金，也就是你借的钱计算得出的利息。单利的计算需要考虑 3 个因素：本金、利率和本金的借款期限。计算贷款的单利，要用本金乘以利率，再乘以贷款的时间（以年为单位）。（参见 P467 的"计算"。）

余额递减单利 当一笔单利贷款以一次以上的次数进行偿还时，计算利息的方法叫余额递减法。你只对尚未偿还的本金支付利息。还款次数越多，你支付的利息就越少。大多数信用联盟使用这种方法。

附加利息 使用附加利息法，不管你还款多少次，利息都是根据原始本金的金额计算的。当你一次付清贷款时，这种方法的年利率与单利法的相同。然而，如果你分期付款，你的实际利率将高于名义上的利率。这类贷款的利息不会随着贷款的偿还而减少。你还贷款的时间越长，你付的总利息就越多。

开放式信贷成本 《诚实借贷法》要求，开放式信贷的债权人应告知消费者，融资费用和年利率将如何影响他们的成本。例如，债权人必须解释如何计算融资费用。当你的信用账户开始收取融资费用时，债权人也必须通知你，这样你就知道在融资费用增加之前你有多少时间来支付账单。

信贷成本和预期通胀 通货膨胀降低了金钱的购买力。通货膨胀率每上升一个百分点，就意味着你能用同样金额的钱购买的商品和服务减少大约 1%。因此，贷款人在决定收取多少利息时，会考虑预期的通货膨胀率。

实际案例

网络钓鱼

网络诈骗的一种类型是"网络钓鱼"。在这种类型的骗局中，你会收到显示来自你的金融机构的欺诈性电子邮件。这些电子邮件通常看起来是真实的，甚至可能包含该机构的标志。它们通常会描述一个需要立即处理的情况，并包含一个网络链接。该链接将引导你填写个人信息。诈骗者会利用你填写在这里的信息访问你的账户或窃取你的身份信息。

为了避免"网络钓鱼"诈骗，你要注意以下几点。

- 如果你不确定电子邮件是否合法，输入公司的网址来访问它的网站，不要点击可疑电子邮件中嵌入的链接。

- 如果你是"网络钓鱼"诈骗的受害者，请立即通知你的金融机构，并为你的所有信用账户设置欺诈警报，一定要密切监测你的账户对账单。

- 你可以使用联邦贸易委员会的网站或电话向其报告来自第三方的可疑电子邮件或电话。

例如，戴蒙以 5% 的低利率从他姨妈那里借了 1 000 美元，期限为一年。如果当年的通货膨胀率是 4%，他姨妈的实际贷款回报率将只有 1%（5% 的名义利率减去 4% 的通货膨胀率）。一个想从戴蒙的贷款中获得 5% 的利息的专业贷款人，可能会向戴蒙收取 9% 的利息（5% 的利率加上 4% 的预期通货膨胀率）。

最低每月还款额陷阱　对于信用卡账单和其他形式的信贷，==最低每月还款额（minimum monthly payment）== 是指你能够支付，且使你仍然是信誉良好的借款人的最小金额。贷款人经常鼓励你按最低每月还款额还款，因为这样你将需要更长的时间来还清贷款。然而，如果你每月只支付最低金额，你需要更仔细地做预算。你还清账单需要的时间越长，你支付的利息就越多。你为一件商品支付的融资费用最终可能会超过该商品的价值。

例如，娜塔莎正在为上大学买新书。她花 500 美元买课本，使用的信用卡每年收取 19.8% 的利息，而且她每月只支付 21.67 美元的最低还款额。根据还款金额，娜塔莎大约需要两年半的时间才能还清贷款。她的利息是 150 美元。

阅读进展检查

总结　最常用的利息计算方式是什么？

申请信贷

为什么贷款人需要了解你的信用历史才发放信贷

在你贷款之前，你要问自己是否能支付所有的基本开支，并且是否能支付每月还款额。当你准备申请贷款或信用卡时，你应该了解贷款人决定发起贷款的因素。

信用的"5C"

贷款人向消费者提供信贷时，会理所当然地认为有些人将无法或不愿偿还债务。因此，贷款人将制定政策来决定谁将获得贷款。大多数贷款机构都是围绕"信用的 5C"（品质、能力、资金、抵押品和条件）来制定此类政策的。

了解你的能力

在向债权人提出贷款要求之前，你应该充分了解自己的财务状况，以确保能够偿还贷款。除了能力，债权人还会考虑什么？

品质：你会偿还贷款吗　债权人想知道正在向他们借钱的是哪类人。他们想知道你是否值得信赖和财务状况稳定。他们可能会要求你提供个人或专业的推荐信，可能会检查你是否有触犯法律的记录。债权人可能会问以下问题来确定你的品质。

- 你之前使用过信贷吗？
- 你在现在的居住地住了多久？
- 你目前的工作做了多久？

能力：你能够偿还贷款吗　你的收入和你已有的债务会影响你偿还新债务的能力。如果你已有的债务占收入的比例高，债权人可能不会给你提供更多的贷款。债权人可能会问你几个有关收入和支出的问题。

- 你的工作是什么？薪水是多少？
- 你有其他收入来源吗？
- 你目前的债务是多少？

资金：你有多少资产和净资产　你可能还记得，资产是你拥有的所有有价值的东西，包括现金、个人资产和投资。你的资金是你的资产超过你负债的金额，或别人欠你的债务。债权人希望确保你有足够的资金来偿还贷款。那样，如果你失去了你的收入来源，你也可以用你的储蓄偿还贷款，或者卖掉一些资产。债权人可能会问你以下问题。

- 你有多少资产？
- 你有多少负债？

抵押品：如果你不偿还贷款怎么办　债权人会关注你已经拥有的财产或储蓄的种类，因为它们可以作为担保贷款的抵押品。如果你不能偿还贷款，债权人可以把你抵押的任何东西作为抵押品。债权人可能会问你以下问题。

- 你有什么资产（汽车、房子或家具）可以用来担保贷款？
- 你有其他资产（债券或储蓄）吗？

条件：如果你的工作不稳定怎么办 一般状况，如失业和经济衰退，会影响你偿还贷款的能力。这个基本问题关注的是你的工作和雇用你的公司的安全。

你的信用评级是根据你的申请和信用局收集的信息建立的。**信用评级（credit rating）**是对一个人按时还款的能力和意愿的衡量。决定一个人信用评级的因素包括收入、当前债务、品质以及过去如何偿还债务。如果你总是按时还款，债务也少，你的信用评级就会很高。如果不是这样，你的信用评级将会很低，贷款人可能不会给你提供信贷。良好的信用评级是你应该保护的宝贵资产。个人信用评分见图 15.2。

债权人根据"5C"的不同组合来做出决定。一些债权人设定了异常高的标准，而另一些债权人干脆不提供某些类型的贷款。债权人会使用各种评级系统。有些人严格依靠自己的直觉和经验。有些人则使用信用评分或统计系统来评测申请人的信用风险性。当你申请贷款时，债权人可能会通过询问图 15.3 中的问题来评估你的申请。

图15.2 **个人信用评分**

平均信用评分 根据益百利的数据，美国人的平均信用评分是692分（满分850分），这个数字每年都会波动。如何提高你的信用评分？

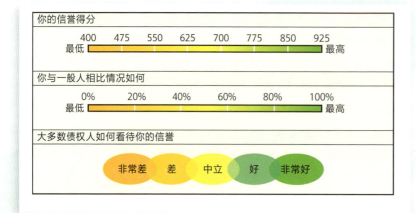

费埃哲评分和优势评分

图 15.3 展示了信贷申请需要提供的信息。你的信用报告中的信息会被用来计算你的费埃哲评分——一个通常在 350 到 850 之间的数字，以评估借款人的风险性。分数越高，你给债权人带来的风险就越小。图 15.2 显示了信誉的数值和解释。

优势评分是一种相对较新的评分技术，是第一个由 3 家信用报告公司合作开发的指标。该模型为消费者提供了一个更具有预测性的评分，甚至对那些信用历史有限的消费者也是如此，从而减少了债权人手动审查信用信息的麻烦。优势评分的评分范围通常为 501~990 分（较高的分数代表较低的风险性）。优势评分的一个重要好处是，只要这 3 个主要的信用报告公司对你的信用记录中有相同的信息，你就会从它们那里得到相同的分数。不同的分数则会提醒你，不同公司向你出具的报告存在差异。

如何能提高我的信用评分 信用评分是你的信用报告内容的快照。提高分数的第一步是检查你的信用报告，以确保它是准确的。长期、负责任的信用行为是提高分数的最有效途径。按时支付账单、降低余额、明智地使用信用卡都可以提高你的分数。

图15.3 信贷申请信息

关于你 申请信贷时你必须提供大量的个人信息。债权人需要关于你家庭的什么信息？

- 申请贷款额
- 贷款的使用目的
- 你的姓名和出生日期
- 社保和驾照号码
- 现在和之前的住址
- 现在和之前的雇主和他们的地址

- 当前的薪水
- 家属的个数和年龄
- 其他收入和其他收入来源
- 是否曾经从该债权人处得到过信贷
- 支票账户账号、机构、分支机构

- 储蓄账户账号、机构、分支机构
- 不和你生活在一起的近亲属的姓名
- 亲属的住址和电话号码
- 你的婚姻状况

信贷与机会均等

你还应该知道根据法律规定，债权人不能考虑哪些因素。《平等信贷机会法》（ECOA）赋予所有信贷申请人相同的基本权利。它规定贷款人不得利用种族、国籍、年龄、性别、婚姻状况和某些其他因素歧视你。

图15.4 **如果你的信贷申请被拒绝了怎么办**

了解拒绝 《平等信贷机会法》能够确保债权人为你提供被拒绝的具体原因。如果你认为其拒绝的理由是无效的，你有什么选择？

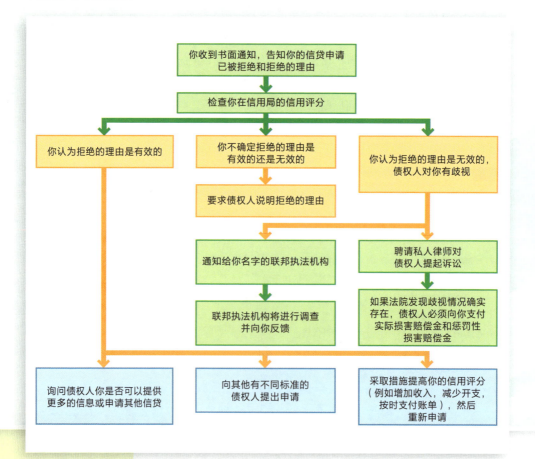

年龄 《平等信贷机会法》非常具体地规定了一个人的年龄应如何被当作信贷决策的一个因素。债权人可以要求你在申请表上写明自己的年龄，如果你的年龄已经可以签署法律合同（通常是 18 岁或 21 岁，视州法律而定），债权人则不能做以下几点。

- 因为你的年龄而拒绝或减少你的信贷。
- 在评估你的申请时忽略你的退休收入。
- 因为你已经退休而关闭你的信用账户。
- 因为你到了一定的年龄而关闭你的信用账户。

公共援助 你可能不会因为得到社会保障或公共援助而被拒绝贷款。然而，在确定你的信用评分时，这些与收入来源有关的信息可能会被考虑。

住房贷款 《平等信贷机会法》还涵盖对抵押贷款或房屋改善贷款的申请的规定。它禁止债权人基于你居住的社区或想购买房子的社区的居民的种族或国籍歧视你，这是"红线"。

如果申请被拒绝怎么办

如果你的信贷申请被拒绝，《平等信贷机会法》将给予你了解原因的权利。如果拒绝是基于信用局的信用报告，你有权知道报告中的哪些具体信息导致你被拒绝。收到此信息后，你可以与信用局联系，索要你的信用报告副本。只要你在被告知信贷申请被拒绝后的 60 天内要求查看你的信用报告，信用局就不能对这项服务收费。你有权要求信用局调查任何不准确或不完整的资料，并改正记录，见图 15.4。

阅读进展检查

回顾 费埃哲评分和优势评分是什么？

你的信用报告
为什么你的信用报告很重要

当你申请贷款时，贷款人会仔细检查你的信用记录。你完整的信用记录历史被称为你的信用报告或信用档案。你的信用记录由信用局收集和维护。大多数贷款机构在考虑贷款申请时非常依赖信用报告。图 15.5 提供了关于建立和保护信用记录的信息。

信用局

信用局是一个收集个人和企业是否及时支付账单的信息的机构。三大信用局分别是益百利、环联公司和意可发公司。这些机构根据贷款人所有的信息，分别保存着超过2亿份个人信用档案。数千个较小的信用机构也收集消费者的信用信息。这些公司通过向考虑贷款申请的债权人出售它们收集的信息来赚钱。

信用局从银行、金融公司、商店、信用卡公司和其他贷方那里获得信息。这些信息源定期向信用局传递它们向客户提供的信贷类型、贷款金额和贷款期限，以及客户支付习惯等信息。信用局还会从其他来源收集一些信息，比如法庭记录。

你的信用报告

一份典型的信用报告包括你的姓名、地址、社会保障号码、出生日期以及其他信息。

- 你的雇主、职位和收入。
- 你以前的地址。
- 你以前的雇主。

图15.5 建立和保护你的信用记录的方法

建立良好的信用记录 建立良好的信用记录能证明你是可以信任的。谁可以成为你贷款的联名签署人？

☑ 开一个支票账户或储蓄账户，或者两者都开。
☑ 申请当地百货公司的信用卡。
☑ 从银行申请一笔小额贷款。
☑ 按时还款。

请注意，债权人必须：

1. 在相同的基础上评估所有申请人。
2. 考虑兼职工作的收入。
3. 考虑所有联合账户的还款历史记录，如果它准确地反映了你的信用。
4. 如果你能证明账户上的信息不影响你的还款能力或意愿，那就忽略这些信息。

请注意，债权人不能：

1. 在你信用良好的情况下，拒绝以你的名义申请个人贷款。
2. 要求你的配偶担保贷款。如果需要的话，任何有信誉的人都可以成为你的担保人。
3. 询问你的家庭计划，或者假设你的收入会因为生孩子而中断。
4. 想以你的名义申请电话号码清单。

资料来源：明尼阿波利斯联邦储备银行。

- 你的配偶的姓名、社会保障号码、雇主和收入。

- 房主或租房者的身份信息。

- 因资金不足而退回的支票。

你的信用报告还包含很多详细信息。当你使用信用卡进行消费或贷款时，信用局会被告知你消费或贷款的账号、日期、金额、相关条款和信用类型。

你的信用报告会定期更新，以显示你已经偿还了多少款项，有多少款项延迟或错过支付，以及你欠了多少款项。其中针对你的诉讼或判决也可能有。如果信息不正确，联邦法律会保护你的权利。

公平信用报告

公平准确的信用报告对债权人和消费者都至关重要。1971 年，美国国会颁布了《公平信用报告法》（FCRA），该法律对信用报告的使用做了一系列的规定。这项法律要求删除过时的信息，并赋予消费者查看他们的信用报告以及纠正差错的权利。该法律还限制了可以获得你的信用报告的人员。

谁可以获得信用报告

你的信用报告只允许给合适人士用于被批准的用途。它根据法院的命令或你自己的书面要求被提供，用于信用交易、保险承保或其他合法业务。其他个人，如邻居或朋友，不能获得你的信用信息。事实上，如果他们要求信用局提供这样的信息，可能会被罚款、监禁或同时受到这两种惩罚。而许多消费者组织认为信用局的报告非常容易获取。

平等的机会

有一个良好的信用评级是很重要的，这样当你决定买房时，你就可以获得抵押贷款。什么法律能确保申请抵押贷款的人得到平等对待？

信用局声明，现行法律保护消费者的隐私，但许多消费者组织认为，任何拥有个人电脑的人都可以轻松查看信用局的报告。

如果你的贷款申请被拒绝，你可以免费获得你的信用报告副本。现行法律允许使用信贷的人每年获得一份免费的信用报告。

不良数据的时间限制

你的信用报告中的大部分信息可能只会保留 7 年。但是，如果你宣布个人破产，这一事实可能会被保留 10 年。信用报告机构不能在你的信用报告中披露超过 7 年的信息，除非你正在接受 75 000 美元或以上的信贷申请审查，或者正在申请购买 150 000 美元及以上的人寿保险。

不正确的信息

信用局的工作必须遵循合理的程序，以确保其报告中的信息是正确的。然而，错误仍然会发生。如果你认为信用局可能在你的报告中呈现了不正确的数据，请联系信用局，对该信息提出异议。信用局必须检查其记录，并更改或删除不正确的项目。如果你对信用报告中项目的准确性质疑，除非贷款人能够证明信息的准确性，否则信用局必须删除该项目。

如果根据信用报告中的信息，你无法使用信贷、购买保险，甚至无法就业或租房，你可以免费获得报告副本。你可以在被拒绝后的 60 天内发出请求。即使你不打算申请大额贷款，你也应该每年审查你的信用报告。个人应确保信用报告中列出了自己的所有账户，包括担保账户。

法律诉讼

你有权起诉因不遵守《公平信用报告法》规定而给你造成损害的信用局或债权人。如果机构或债权人被判有罪，消费者可能会获得实际损害赔偿金、诉讼费和律师费。如果机构或债权人故意不履行，法院也可以裁定以金钱形式的惩罚性赔偿。诉讼必须在事件发生后的两年内或在发现材料和信息被故意修改后的两年内提起。

未经授权的人以虚假名义获得信用报告的，可被处以 5 000 美元以下的罚款、一年的监禁，或两种处罚并行。同样的处罚也适用于故意向未经授权的人提供信用信息的人。

回顾关键概念

1. **列出**　信用的 "5C" 是什么?

2. **解释**　你如何确定你能否负担得起贷款?

3. **识别**　你可以采取哪些措施来帮助自己建立良好的信用评级?

延伸思考

4. **联系**　假设你申请了40 000美元的汽车贷款, 因正当理由被拒绝了。你将打算如何获得汽车贷款?

21世纪技能

5. **分析媒体**　联邦法律规定, 任何正在使用信贷的人每年都有权获得一份免费的信用报告。许多公司现在都在做广告, 想让消费者使用这一服务。请访问一个或多个提供你信用报告的网站, 评估网站并写一个简短的总结, 说明人们为什么会使用这一服务, 而不是直接向信用机构要求获取他们的报告。

数学

6. **债务收入比**　赛斯的月收入为1 200美元。他现在信用卡上有余额, 每月要还200美元。他想去度假, 但必须用信用卡支付旅行费用。如果赛斯支付旅行费用, 他将不得不每月额外偿还120美元的信用卡债务。赛斯在休假前后的债务收入比分别是多少? 他应该根据20%的规定比率来决定是否度假吗?

   数学概念　**计算债务收入比**　要计算债务收入比, 你必须首先确定每月的债务总额, 然后除以每月的总收入。

本节目标
- 保护自己不被欺诈和身份信息不被盗用。
- 识别消费者保护法。

阅读进行时

联系　你在网上买过东西吗？你如何确保你的在线交易是安全的？

账单错误及争议

你可以做些什么来纠正账单错误

你有没有收到过你没有买的东西的账单？你是否支付了款项，却没有相应的消费记录？如果是这样，你并不孤单。你可能是一个负责任的消费者，你会**及时**或按时支付账单，并仔细管理个人财务。即便如此，错误还是会发生。如果你想保护你的信用评级、你的时间和金钱，你需要知道如何纠正你的信用交易中可能出现的错误。

你可以采取哪些措施来处理账单错误？如果你认为一份账单是错误的，或者想了解更多相关信息，请遵循以下步骤。首先，以书面形式通知你的债权人，要包括任何可能支持你的信息。其次，支付账单中没有问题的那部分。

你的债权人必须在 30 天内确认你的来信，然后在两个账单周期（但不超过 90 天）内，要么调整你的账户，要么告诉你为什么账单是正确的。如果债权人犯了错误，你不必为有争议的金额支付任何费用。如果没有发现错误，债权人必须立即向你解释情况，并提供你所欠的债务的对账单，包括你在质疑账单期间的任何费用以及你遗漏的最低还款额。

保护你的信用评级

根据法律规定，债权人不得在与你就账单纠纷进行谈判时威胁你的信用评级或做任何损害你信誉的事情。此外，在你的投诉得到答复之前，债权人不得采取任何行动收取有关款项。

有缺陷的商品和服务

根据《公平信用账单法》（FCBA），如果你购买了一件有缺陷的商品，而商店不接受退货，你可以告诉你的信用卡公司停止还款，因为你真的想解决或处理这个问题。

阅读进展检查

认识　打电话告诉债权人问题所在是否合适？

收费

　　信用卡很方便，但即使最谨慎的用户也可能遇到账单中的问题。对账单上有问题的费用，你会怎么处理？

信用卡和身份信息盗窃

他人如何盗取你的身份信息

　　想象一下这样的情况："我不记得我为这些商品和服务支付过费用。我从来没有去过那家商店。"也许你从来没有为这些商品和服务支付过费用，但其他人这么做了——有人用你的名字和个人信息进行诈骗。当冒名顶替者或以不同身份欺骗他人的人，利用你的姓名、社会保障号码、信用卡账号或其他个人信息达到自己的目的时，他们就犯了罪，有时他们被称为"身份窃贼"。身份信息盗窃是数量增长最快的金融犯罪。

　　你甚至可能不知道你的身份信息被盗取了，直到你注意到有什么不对劲：你可能会收到你从未开过的信用卡账户的账单，或者你可能会看到你的账单上有你没有购买的东西的费用。此外，窃贼可能使用你的账户信息提取你的钱。

　　如果你认为自己的身份信息被盗，并且有人正在使用它支付购物费用或以其他方式获得信用信息，你可以采取行动。更多相关详细信息，请见图 15.6。联邦贸易委员会对你有如下建议。

- 与三大信用局的相关部门联系。
- 与债权人联系。
- 向警方提交报告。

 阅读进展检查

描述　身份信息盗窃会有什么迹象？

保护你的信用信息免遭盗窃

如果你的信用信息被盗，你该怎么办

有些窃贼会在你的垃圾桶里翻找你的个人信息。你可以在扔掉垃圾之前粉碎任何含有个人信息的文件来防止这种情况的发生。信用卡丢失是引发信用卡诈骗发生的一个关键因素。为了保护你的信用卡，你应该采取以下行动。

- 确保你的信用卡在你购物后已经归还给你，因为未归还的信用卡有可能落入坏人之手。
- 把你的信用卡账号记下来，你应该将此和你的卡分开保管。

如果你的信用卡丢失或被盗，请立即通知信用卡公司。根据《消费者信用保护法》，如果有人非法使用你的信用卡，你必须支付的最高金额是 50 美元。如果你设法在信用卡被非法使用前通知了公司，你就没有义务支付任何费用。

追踪你的信用记录

信用或身份信息被盗的一个大问题是，你可能不知道你的信息被盗，直到你发现有什么不对劲。你可能会收到你从未开过的信用卡账户的账单。你的信用报告可能包括你并不知晓的债务。

保护账户的步骤　如果你认为有身份信息窃贼侵入了你的银行账户、支票账户或储蓄账户，请立即关闭这些账户。当你建立新账户时，坚持仅使用密码进入。如果你的支票被盗或被滥用，你要停止还款。如果你的储蓄卡丢失、被盗，或者因其他方式受到损害，请注销这张卡，并使用一个新密码办一张卡。你应对新的身份信息盗用方式保持警惕，如果发现问题，你要立即通知信用卡公司或债权人，并以书面形式跟进。

政府机构的保护　如果你采取这些措施后仍面临身份信息被盗的问题，请联系美国联邦贸易委员会的隐私权信息中心，该机构会提供与其他受害者建立联系的信息。

美国特勤局负责对金融欺诈案件进行处理。虽然该服务通常是针对涉及大量金钱损失的案件，但你的信息可能会为其关注的更大欺诈案件提供证据。

如果你在解决身份信息盗窃问题方面仍然有困难，社会保障管理

图15.6　处理身份信息被盗的情况

如果有人盗用了你的身份信息，美国联邦贸易委员会建议你立即采取3项行动。

1. **与三大信用局的相关部门联系**　让它们给你的信用报告打上欺诈或安全警告的标签，其中包括一份声明，要求债权人在以你的名义开立新账户之前，先征得你的同意。

2. **与债权人联系**　将任何被篡改或以欺诈手段开立的账户告知债权人，并以书面形式跟进。

3. **向警方提交报告**　保留一份警方报告的副本，以在你的债权人需要犯罪证据时提交给他。这之后，如果你仍然存在身份问题，请对新的身份信息盗窃情况保持警惕。你也可以联系隐私权信息中心。

局可能会给你发放一个新的社会保障号码。遗憾的是，我们不能保证新的号码就能解决这个问题。

　　美国联邦贸易委员会无法为消费者解决个人问题，但如果一家公司出现了违法行为，它可以对其采取行动。你可以通过免费的消费者帮助热线向联邦贸易委员会投诉，也可以通过邮件或其网站向其反映。

　　互联网上的信用信息　互联网对于日常生活来说几乎与电话和电视一样重要。越来越多的消费者使用互联网进行金融活动，例如投资、办理银行业务和购物。

　　当你在网上购物时，请确保你的交易是安全的，你的个人信息是受保护的，并且你的"欺诈传感器"是敏感的。虽然你无法控制互联网上的欺诈行为，但你可以采取措施来识别并避免，以及报告。方法如下。

- 使用安全的浏览器。
- 保留在线交易记录。
- 检查你每月的银行和信用卡对账单。
- 阅读你访问的网站的隐私和安全政策。
- 保持个人信息的私密性。
- 在网上不要把你的密码告诉任何人。
- 不要下载陌生人发送给你的文件。

阅读进展检查

回顾　如果有人非法使用你的信用卡，你可能需要支付的最高金额是多少？

担保贷款

为什么有人会要求朋友或亲戚担保贷款

如果你的朋友或亲戚曾要求你为他们的贷款做担保，请三思而后行。为贷款做**担保（cosign）**意味着，如果他人未能偿还贷款，你同意为此贷款承担责任。当你担保时，你在冒一个专业贷款人不会冒的风险。如果借款人被评估为具有较低的风险，贷款人将不需要贷款担保人。

如果你担保了一笔贷款，而借款人不偿还债务，你可能不得不偿还全部债务以及所有滞纳金或托收费用。债权人甚至可能直接要求你偿还贷款，而不用先要求借款人偿还贷款。债权人可以对你采用与对贷款人相同的方法。如果债务没有被偿还，那么这一事实就会出现在你的信用记录中。

如果你知道有风险，还是决定担保一笔贷款，那么有一些事情你需要考虑：

1. 确保你能偿还得起这笔贷款。

2. 考虑一下，即使你没有被要求偿还这笔债务，你对这笔贷款的责任也可能会阻止你获得其他信贷。

3. 在你抵押财产为贷款担保前，要明白，如果借款人违约，你可能会失去你抵押的财产。

4. 查阅你所在州的法律。有些州的法律会赋予你作为担保人的额外权利。

5. 要求给你发送一份逾期还款通知的副本，以便你采取措施保护自己的信用记录。

 阅读进展检查

总结 你为什么要在为朋友的贷款做担保时三思而后行呢？

消费信贷投诉

你什么时候应该投诉贷款人

如果你认为贷款人没有遵守消费者信用保护法律，请首先设法与贷款人一起直接解决问题。如果失败了，你应该使用正式的投诉程序。本节介绍了如何向管理消费者信用保护法律的联邦机构提出投诉。

重要职业

桑德拉·村上　信用分析师

在我获得会计学士学位后，我获得了一家全球性机构的信用分析师的工作。作为一名信用分析师，我的工作是通过评估财务报表、公司统计数据和管理人员来判断一家公司的信用状况。在计算机程序的帮助下，我评估公司记录，并根据收入、储蓄数据、还款历史和购买行为推荐还款计划。我帮助确定企业客户的价值和信用风险，然后设定信用额度。我还负责建议是否向一家公司提供信贷。我的工作包括大量的批判性思考、判断和决策——我必须考虑潜在行为的相对成本和收益，以确保我选择了最合适的行为。尽管许多雇主更喜欢拥有学士学位或上过信用和贷款方面的课程的求职者，但有的信用分析师可以拿着高中文凭开始职业生涯，一边工作一边学习。

职业细节 ▶

技能	教育	职业道路
时间管理、会计、判断、调查、分析、沟通、外语、人际交往	在某些情况下高中毕业即可，但会计、金融或相关领域的学士学位是首选	信用分析师，有时被称为风险分析师或承销商，可以成为证券承销商、股票经纪人、金融分析师或投资顾问

职业探索

访问美国劳工部劳工统计局的网站，获取有关信用分析师职业的信息。

1. 为什么对从事这个职业的人来说，口头和书面的沟通技巧如此重要？

2. 什么样的工作经验会让有兴趣成为信用分析师的人受益？

消费者信用保护法律

如果你和银行之间存在与消费者信用保护法律相关的特殊问题，你可以从联邦储备系统获得建议和帮助。你不需要在银行开户就可以提出投诉。你也可以对债权人采取法律行动。如果你决定提起诉讼，你应该了解下面有关消费者信用保护的各种法律。

《信用卡相关责任和信息披露法》 2009 年，美国国会通过了《信用卡相关责任和信息披露法》，该法案确立了向消费者提供信贷的公平和明确做法。草案的主要部分如下。

- 防止不公平的利率增长和条款变化。信用卡发卡机构还必须给予消费者在条款增加或变更生效之前取消信用卡的权利。

- 禁止过高和不必要的费用。违约金必须合理，并与违法行为相当。

21岁后，你可能会开始收到申请信用卡的邀请。做一个聪明的消费者，比较利率、年费和其他费用。判断哪张信用卡最符合你的需要，然后申请。

粉碎其他申请表，不要简单地将它们扔进垃圾桶。

概念应用

为什么你需要获得最好（或最低）利率的信用卡？

- 要求信用卡还款时间具有公平性。超过最低还款额的多还部分，必须先放到利率较高的账户中。

- 加强信用卡条款和条件的披露。信用卡发放机构必须在你的对账单上注明还款的期限，以及如果你每月只支付最低还款额，你需要支付的利息总额。此外，你的账单上必须包括 3 年内还清信用卡的情况下，每月需要支付的还款金额。

- 确保为年轻人提供足够的保障。法案限制对筛选后的年轻消费者的邀请，并要求 21 岁以下的信用卡申请人要有担保人。

《诚实借贷法》和《消费者租赁法》 若债权人未按《诚实借贷法》或《消费者租赁法》的要求披露信息，或提供不准确信息，你可以为你遭受的损失提起诉讼。你也可以起诉不遵守信用卡规则的债权人。此外，《诚实借贷法》和《消费者租赁法》允许集体诉讼。集体诉讼指代表所有遭受同样不公正待遇的人提起的法律诉讼。

《平等信用机会法》 如果你认为你可以证明债权人因《平等信用机会法》禁止的做法歧视你，你可以提起诉讼，要求实际损害赔偿金和惩罚性损害赔偿金——用来惩罚违反该法的债权人的款项，赔偿金最高可达 10 000 美元。

《公平信贷机会法》 如果债权人未能遵守更正账单错误的规则，将被视为自动放弃有关项目的被欠款和财务费用，后者总额最高可达 50 美元。即使账单是正确的，情况也是如此。你也可以要求实际损害赔偿金加上两倍的财务费用。

《公平信用报告法》 你可以起诉违反查看你的信用记录的规则，或未能纠正你信用报告中的错误的信用局或债权人。如果这种违反行为被证明是故意的，你有权获得实际损害赔偿金和法院规定的惩罚性损害赔偿金。

《消费者信用报告改革法》 1997 年颁布的《消费者信用报告改革法》规定了信用局提供准确信用信息的举证责任。根据这部法律，债权人必须证明有争议的信息是准确的。如果债权人或信用局的数据不正确，你可以提起诉讼以要求赔偿。

美国联邦储备系统在华盛顿特区设立了一个独立的办公室，即消费者和社区事务局，负责处理消费者投诉。该部门还负责制定执行消费者信用法律的规定，以助于遵守这些法律，并帮助银行遵守这些法律。

表15.4 联邦机构

消费者权益 根据法律，你作为信用消费者受到保护。

什么可能导致你向政府机构举报债权人？

如果你认为自己受到以下机构歧视	你可以向以下机构投诉
零售商、非银行信用卡发行机构、消费金融公司、国家特许信用社或银行，以及没有被保险的储蓄和贷款机构	美国联邦贸易委员会 消费者响应中心 华盛顿特区20580
全国性银行	美国货币监理署 合规管理邮件点7-5 华盛顿特区20219
联邦储备银行的成员银行	美国联邦储备系统理事会 消费者和社区事务局 华盛顿特区20551
其他被保险的银行	美国联邦存款保险公司 消费者事务部门 华盛顿特区20429
被保险的储蓄和贷款机构以及联邦特许的全国性银行	美国储蓄管理局 消费者事务项目组 华盛顿特区20552
联邦住房管理局	美国住房及城市发展部 美国原卫生、教育和福利部 华盛顿特区20410
联邦信用社	美国国家信用社管理局 消费者事务部门 华盛顿特区20456

消费者信用法律保障的权利

如果你认为自己因为受到歧视而被拒绝贷款，你可以采取以下一个或多个步骤。

1. 向债权人投诉。让债权人知道你了解法律。

2. 向政府提出投诉。你可以向相应的政府执法机构报告违规行为，见表15.4。尽管这些机构无法处理私人案件，但可以根据投诉来决定调查哪些公司。

3. 如果其他方法都失败了，你可以起诉债权人。你有权在联邦地方法院提起诉讼。如果你赢了，你可以得到高达10 000美元的实际损害赔偿金和惩罚性损害赔偿金。你还可以收回合理的律师费和诉讼费。

回顾关键概念

1. **解释**　你可以采取哪两种措施来使你的信用卡免遭盗窃?

2. **描述**　如果你认为自己是身份信息盗窃的受害者,确定你应该立即采取的3项行动。

3. **列出**　列举你应该知道的5部消费者信用保护法。

延伸思考

4. **解释**　《消费者信用报告改革法》规定,提供准确信息的举证责任在信用局,而不在你。如果你发现你的信用报告中有错误的信息,这对你有什么好处?

英语语言艺术

5. **写一封信**　当对信用卡对账单或信用报告的信息有异议时,以书面形式提出是很重要的。出于这个原因,你应该写信而不是打电话给你的债权人。假设你收到信用卡对账单,上面显示了你没有购买的商品信息,你要给债权人写封信,对费用提出异议。你一定要清楚地说明费用是什么,为什么你觉得它是错误的,以及你想要什么解决方案。

数学

6. **信用卡账单**　卡洛斯有一张信用卡,上个月对账单上的欠款是120美元。这个月他没有还款。卡洛斯保留了他所有的信用卡购物收据,以便确认他每月的对账单。收据显示,他本月在食物上花了45美元,在衣服上花了25美元,在其他物品上花了20美元。目前他的对账单上显示的欠款是225.35美元,其中包括利息(19%的年利率,按月计算复利),判断对账单上的欠款是否正确。

数学概念　**计算信用卡欠款**　要计算信用卡上的欠款,首先要确定先前欠款的利息。用之前的欠款加上利息和本月的消费金额,再减去已还金额。

提示　首先用年利率除以12,得到每月的利率,将结果乘以对账单上上个月的欠款余额。

债务问题

你怎么知道你陷入了财务困境

　　卡尔·雷诺兹刚刚大学毕业，有一份稳定的工作，年薪 40 000 美元。卡尔的最新款跑车停在新家附近的车道上，他似乎过着理想的生活。然而，卡尔其实负债累累，几乎所有的收入都被用来还债。银行已经对他的房子启动取消抵押品赎回权的程序，并且有几家商店已经获得法院允许，要求收回他的所有新家具和电子产品。

　　卡尔的情况属于炫耀性消费。卡尔缺乏自律，他判断失误，未能负起管理自己的钱的责任。卡尔和其他像他一样的人不一定是坏人，只是没有考虑过他们的长期财务目标。有表明你陷入财务困境的警告信号，如果你发现了两种及以上的警告信号，是时候重新考虑你的优先事项了。

- 你仅能偿还信用卡的每月最低还款额。
- 你艰难地支付每月的信用卡账单。
- 你信用卡上的待还款金额每个月都在增加。
- 你没有按时还款，或者经常逾期还款。
- 你用储蓄来购买必需品，比如食物。
- 你第二次或第三次收到来自债权人的还款到期通知。
- 你借钱来偿还旧债。
- 你的信用卡被透支了。
- 由于信用报告不佳，你的贷款申请被拒绝了。

阅读进展检查

推断　只能偿还信用卡的每月最低还款额是陷入财务困境的信号吗？

债务催收行为

债务催收行为是否受法律管制

　　当人们负债并延迟还款时，他们可能会害怕债务催收机构。债权人通常会把他们的坏账转给这些公司。然而，联邦机构会保护债务人

本节目标
- 描述管理债务问题的选择。
- 识别债务问题的信号。

阅读进行时

预测　申请破产会对一个人的未来产生怎样的负面影响？

在与这类机构打交道时的某些法律权利。

美国联邦贸易委员会负责执行《公平债务催收作业法》。这项法案禁止收债人的某些做法。该法案不是消除消费者所欠的债务，但它监管债务催收机构的业务和对待负债消费者的方式。

检查阅读

回顾 《公平债务催收作业法》会消除一个人的债务？

金融咨询服务

金融咨询的途径有哪些

如果你付不起账单，需要帮助，你有几个选择。你可以联系你的债权人，试着调整你的还款计划。此外，你可以联系一个非营利性的金融咨询组织，比如在全美范围内运作的消费者信贷咨询服务组织。

消费者信贷咨询服务组织

消费者信贷咨询服务组织是一个与美国国家消费者信贷基金会（National Foundation for Consumer Credit）合作的非营利性组织。消费者信贷咨询服务组织的地方分支机构为有严重财务问题的家庭和个人提供债务咨询服务。消费者信贷咨询服务组织不是慈善机构、贷款机构或政府机构。它提供的消费者信贷咨询服务通常是免费的。然而，当制订、监督债务偿还计划时，它有时会收取少量费用来支付管理成本。

据美国国家消费者信贷基金会称，每年有数百万消费者联系消费者信贷咨询服务办公室，寻求解决他们个人财务问题的帮助。要找办

炫耀性消费
豪车和大房子并不一定反映了财务健康。为炫耀性消费使用信贷是怎么危及你未来的财务状况的？

文件探索

信用卡对账单

　　了解如何阅读你的信用卡对账单是非常重要的，这样你就可以知道你每个月把钱花在哪里了。你还可以验证对账单上的交易是否准确。信用卡对账单上列出了以下内容。

- 当月已还款额。
- 新的待还款余额。
- 可用信用额度。

- 本月交易记录。
- 到期的最低还款额。

信用卡对账单　　报表日期 --/2/3

账户活动摘要　　还款日期 --/2/28

以前的余额	还款	购物	余额结转	现金预付款	逾期金额	收取费用	欠款利息	新余额	信贷限额	可用信用额度	账单截止日期	计费周期的天数
535.07美元	450.00美元	246.60美元	0.00美元	0.00美元	0.00美元	0.00美元	1.13美元	332.80美元	1 000.00美元	667.20美元	20--/2/28	30天

有问题？
电话　客户服务1-×××-×××-××××
　　　信用卡丢失或被盗1-×××-×××-××××

还款信息

新余额	最低还款额	还款到期日
332.80美元	15美元	20--/2/20

如果您不使用此卡支付额外费用，则每个月需要支付……	你将用大约……的时间付清这张账单上的余额	预计最终你将支付的总额为……
只付最低还款额	3个月	89.04美元
40美元	6个月	86.91美元

逾期还款警告　如果在上述日期之前我们没有收到您的最低还款额，您可能需要支付35美元的滞纳金，并且您的年利率可能会提高到28.99%的惩罚性年利率。
最低还款警告　如果你只能支付每笔欠款的最低还款额，你将支付更多利息，还清余款的时间更长。

还款发送至金边银行中心　邮政信息6575，内华达州　88777号

消费日期	邮寄日期	参考号	消费地点	位置	数量
01/05	01/07	24036215006661	雏菊市场	三叶草，伊利诺伊州	104.30
01/08	01/10	24692165008000	克洛伊咖啡	菲尔丁，康涅狄格州	8.30
01/13	01/13	74046585013013	收到的还款——谢谢		450.00
01/18	01/20	24036215019664	真正的音乐	三叶草，伊利诺伊州	115.50
02/02	02/03	242753050337531	图书新闻	蒙特克莱尔，密苏里州	13.90
02/01	02/03	242753950329000	尼克糖果店	蒙特克莱尔，密苏里州	4.60
计费期天数：25天			购物	预付现金	2012年至今总计	
利息支出余额	>		85.07美元	00美元	20××年支出总额	0.00美元
年百分率			16%	27%	20××年收取的利息总额	1.13美元

关键点　每个月都有一份信用卡对账单会寄给你。它列出了你用信用卡购买的所有物品，以及每次购买的金额。它还列出了你这个月的还款情况。此外，它还表明你还可以从信用卡上借多少钱。

寻找　解决方案

回顾关键概念

1. 这张对账单上有多少已付的费用？
2. 你还能用信用卡支付多少钱？
3. 对账单上的新余额是多少？
4. 最低还款额是多少？
5. 下次还款的到期日是什么时候？

公室，请查看消费者信贷咨询服务组织的本地地址。所有信息均保密。

信贷顾问知道，大多数负债累累的人基本上是诚实的人，他们希望清理自己无法管理的债务。消费者信贷咨询服务组织致力于预防和解决债务问题。其活动分为两部分。

- 帮助有严重债务问题的家庭更好地管理它们的资金并制定切实可行的预算。
- 通过告知人们预算的重要性，使他们了解不明智的使用信贷的问题，并鼓励信贷机构拒绝向无力承担债务的人提供信贷，帮助他们避免陷入债务困境。

其他咨询服务

此外，大学、信用社、军事基地以及州和联邦住房管理部门可以提供非营利性的信用咨询服务。这些机构和组织通常只收取很少的费用，甚至不收取费用。你也可以与银行或消费者保护局联系，获取良好的金融咨询服务的列表。

阅读进展检查

理解　消费者信贷咨询服务组织帮助消费者预防债务问题的方法有哪些？

宣告个人破产

为什么人们会宣告破产

如果一个人遭遇极端的债务问题该怎么办？有什么办法可以缓解吗？作为最后的手段，个人可以宣告破产。**破产（bankruptcy）**是由于无力偿还债务，债务人的部分或全部资产被分配给债权人的一种法律程序。破产也可能包括债务人分期偿还债权人的计划。宣告破产会严重损害你的信用评级。

例如，普拉克利特·辛格说明了破产的新情况。43 岁的她是加利福尼亚州的一名自由摄影师，在开始承担巨额的医疗费用之前，她从未遇到过严重的经济问题。她只能用信用卡支付账单。因为普拉克利特没有医疗保险，她的债务迅速增加，很快就高达 17 000 美元。她的解决办法是宣告破产，并立即从债权人的还款要求中解脱出来。

1994 年，美国参议院通过了一项法案，节约了破产程序的时间和成本。该法案加强了对债权人权利的保护，使更多的人能够在不出售资产的情况下走破产程序。不幸的是，对于一些债务人来说，破产成了一种可接受的债务管理工具。

1978年的美国《破产法》

图 15.7 显示了美国的个人破产案件数量。美国绝大多数破产都是根据美国《破产法》第 7 章的规定宣告的。在宣告破产时，你有两个选择。

- 第 7 章中的"直接破产"。
- 第 13 章中的"工薪阶层计划破产"。

这两种选择都是不可取的，而且都不应被认为是摆脱债务的简单方法。

《破产法》第 7 章 《破产法》第 7 章规定，个人必须起草一份请愿书，列出全部资产和负债。根据《破产法》申请救济的人是债务人。债务人要向美国地方法院提交申请书，并支付申请费。

第 7 章介绍的是直接破产，其中许多（但不是全部）债务可以免除。债务人的大部分资产会被出售，以偿还债权人。但是，某些资产会受到保护。

图15.7 美国破产案件数量

破产案件数量增加 自20世纪80年代中期以来，个人破产的数量急剧增加。在2005年通过《防止破产滥用和消费者保护法》后，破产案件数量有所减少。哪些因素可能导致破产案例数量的增加？

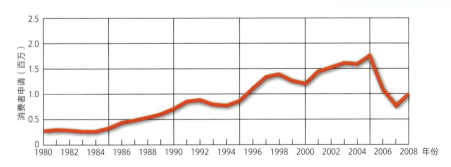

资料来源：美国法院行政办公室，www.uscourts.gov/press-releases/bankruptcyfilingsDec2008.cfm。

通常，受保护的资产包括社会保障金、失业补偿金，以及你的房屋、汽车、家庭用品和家用电器。

免除债务并不包括免除赡养费、子女抚养费、某些税收、罚款、教育贷款产生的债务，以及你未能向破产法院披露的债务。此外，因欺诈、酒后驾车及其他某些行为而产生的债务也被排除在外。

《破产法》第13章 《破产法》第13章规定，有固定收入的债务人可以向法院提出一项计划，用未来的收入或资产在特定时间内清偿债务。选择这类破产，债务人通常能保留他的全部或大部分财产。

在计划有效期（最长可达5年）内，债务人定期向第13章规定的受托人或代表支付款项，然后由受托人或代表将款项分配给债权人。在某些情况下，破产法院可以批准一项计划，允许债务人保留所有财产，即使他偿还的债务少于全部债务。

《防止破产滥用和消费者保护法》 2005年，美国总统乔治·布什签署了《防止破产滥用和消费者保护法》。这可能是自1978年以来对破产规则最大的一次改革。法律规定如下。

- 美国受托人执行办公室主持开发一套个人财务管理培训课程，教育债务人如何更好地管理自己的财务；测试、评估并向美国国会报告课程的有效性。
- 债务人完成指定的个人财务管理培训课程。
- 每个破产区的办事员都有一份信用咨询机构和财务管理培训课程的清单。

该法案使消费者更难根据《破产法》第7章的规定申请破产保护，并迫使他们接受第13章规定的还款计划。

破产的影响

人们在申请破产后获得信贷的情况各不相同。有些人觉得这个过程比较困难，另一些人则觉得比较容易，因为他们已经免除了先前债务的负担，或者债权人知道他们在一段时间内不能再申请破产。对于根据《破产法》第13章规定申请破产保护并偿还部分债务的人来说，获得信贷可能比根据《破产法》第7章规定申请破产保护而不努力偿还债务的人更容易。破产报告会在信用机构的档案中保存10年，这很可能使在此期间获得信贷变得更加困难。因此，只有在别无选择的情况下，你才应该采取极端的措施，即宣告破产。

阅读结束后

回答 避免信贷问题和破产的最好办法是什么？

回顾关键概念

1. **列出**　表明你陷入财务困境的5个警告信号是什么?

2. **解释**　消费者信贷咨询服务组织的两项主要活动是什么?

3. **描述**　宣告破产时有哪两种选择?

延伸思考

4. **关联**　假设一个人被迫申请破产。为什么依据《破产法》第13章规定申请破产保护的人比依据第7章规定申请破产保护的人更容易获得贷款?

21世纪技能

5. **获取和评价信息**　假设一个朋友来找你,向你倾诉她的债务超出了她的承受范围,她不确定该去哪里寻求帮助。进行研究,以找到你的朋友可以使用的当地的非营利性信用咨询服务组织。消费者信贷咨询服务组织可能是一种资源,但一定要寻找其他本地替代性资源。创建一个两栏表,在第一栏中列出服务组织的名称和联系信息,在第二栏中列出它们提供的服务,这样你的朋友就可以判断哪种服务最适合她。

数学

6. **管理债务**　杰米尔的年收入为26 000美元。目前,他每月要付600美元房租、175美元的汽车费用,还有80美元的信用卡债务。杰米尔一直想买一辆新车。如果他买了新车,他将不用承担他现在的汽车贷款,但他要为新车承担每月375美元的贷款。杰米尔在购车前后的月净收入是多少? 杰米尔应该买新车吗? 使用你在前几节中学到的工具。

数学概念　**计算净收入**　要计算每月净收入,你必须先把年薪换算成月收入。从月收入中减去每月还款额,即可获得每月净收入。

提示　将年薪除以12以确定月收入,把所有费用加起来计算每月的总还款额。

消费信贷

获得信贷

　　了解 "5C" 可以帮助你确定是否有贷款人会给你贷款。

建立信用

　　现在就采取措施, 开始建立和保护你的信用记录。

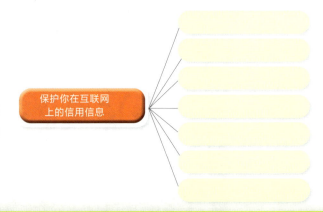

试一试

　　画一个如右所示的图, 列出你可以采取的步骤, 以保护你在互联网上的信用信息。

章节评估

章节总结

- 消费者信贷是指用于满足个人需求的信贷。信贷指现在购买商品或服务,以后再付款。
- 封闭式信贷是一种一次性贷款,你需要在一段特定的时间内偿还相同金额的资金。
- 开放式信贷是一种对你能为购买商品或服务而借到的金额有限制的贷款。
- 信用的 "5C" 包括品质、能力、资金、抵押品和条件。债权人用 "5C" 来决定谁将获得贷款。
- 选择贷款或信用卡时,要考虑贷款期限、每月还款额和利率等因素。
- 建立和保护良好的信用记录,及时支付账单

和贷款,谨慎管理你的个人财务。同时,纠正与你的信用卡账单和信用报告有关的错误。
- 以书面形式解决账单错误,支付没有问题的金额。
- 如果你的信用卡或身份信息被盗,请联系你的信用卡公司;关闭旧的银行账户并开设新的银行账户;更改个人识别码;通知执法机构和信用局。
- 如果你在网上购物,不要分享你的个人识别码、社会安全号码和密码。联系债权人、债务咨询服务机构来处理债务问题。
- 破产是最后的手段。

词汇复习

1. 在关于购买新车的短文中使用这些词。

- 信贷
- 消费信贷
- 债权人
- 封闭式信贷
- 开放式信贷
- 信用额度
- 宽限期
- 融资费用
- 净收入
- 年利率
- 抵押品
- 单利

- 每月最低还款额
- 信用评级
- 担保
- 破产
- 融资
- 所有权
- 部分
- 质押
- 及时
- 冒名顶替者
- 收回
- 机密

延伸思考

2. **分析** 为什么说每月只能付信用卡最低还款额是财务问题的警告信号?
3. **预测** 如果你不按照建议保护你在互联网上的信用资料,你可能会遇到什么问题?
4. **推断** 为什么说把你的信用记录和信用卡分开保存是很重要的? 这如何有助于防止身份信息被盗?
5. **推论** 为什么有必要区分消费信贷和信贷?
6. **区分** 资本和抵押品之间有什么区别?
7. **证明** 解释使用信用卡的好处,即使你能付现金。
8. **评价** 从3家信用社获得相同的优势评分分数是否比分数不一致的费埃哲评分更好?
9. **判断** 使用信用咨询服务或根据《破产法》第13章的规定申请破产保护,每月定期支付一笔款项给债权人,以偿还债务,这种做法更好吗?

大学和职业准备

科学

10. 购物成瘾　有些人使用信用卡满足购物瘾，这可能会导致财务和情感问题。

步骤　研究以了解更多购物成瘾的原因和信号，以解除这个瘾。

分析　写一个简短的报告来分享你的发现，详细解释购物成瘾的状况和可以解决的方法。

数学

11. 债务收入比　你的朋友萨拉想买一家冰激凌店。她目前工作的月收入为1 500美元，在买下这家冰激凌店后，她还会继续做这份工作。萨拉每月要支付350美元的信用卡债务，没有其他贷款。她需要借30 000美元才能买下冰激凌店。萨拉想让你担保贷款，以便购买这家冰激凌店。假设萨拉每月要偿还468美元的商业贷款，计算她在购买前和购买后的债务收入比。你应该为其贷款做担保吗？解释为什么能或为什么不能。

数学概念　计算债务收入比　要计算债务收入比，你必须首先确定每月的债务偿还总额和每月的总收入，用每月的债务偿还总额除以每月的总收入。

提示　计算购买冰激凌店之前的债务收入比，以了解萨拉目前的状况。确定担保贷款的法律含义，并确定如果你决定为贷款做担保，将承担的所有风险。

英语语言艺术

12. 管理债务　消费者信贷咨询服务组织提供的服务之一是帮助人们做出更好的选择和负责任地管理债务。访问消费者信贷咨询服务组织网站，了解消费者的十大购买错误。利用这些信息制作一张海报，展示前十大购买错误，并提供如何避免这些错误的建议，使用杂志上的图片来制作海报。

道德

13. 贷款申请　假设你和你的业务伙伴决定扩展业务。你需要一笔贷款为你需要的新设备提供资金。你的朋友主动提出帮你申请贷款。他研究了当地的金融机构，然后填写了一份贷款申请表。当你查看申请表时，你注意到他使用了"创造性"的记账方法，使你的业务看起来比实际更有钱可赚。你觉得你的伙伴做了什么？你觉得这合乎道德吗？用一页纸写你和你朋友的对话，在对话中分享你对误导性信息的看法。

实际应用

14. 担保贷款　假设一位亲密的朋友要求你为她购买新车所需的贷款进行担保。她最近花了很多钱修理她的汽车，她觉得应该买辆新车，而不是再修车。如果可以的话，你愿意帮忙。然而，你的朋友目前失业了，你担心她无法偿还贷款。她向你保证，一旦她有了这辆车，就能找到一份新工作，并有能力偿还贷款。你会怎么做？给你的朋友写封邮件说明你的决定。

你的资产组合

信用卡：实现最佳交易

梅兰妮的父母想给她一张信用卡，她可以用它来应付紧急情况。他们明确表示，如果她吃得饱、穿得暖、听得见，就不会面临紧急情况。他们让梅兰妮多了解信息，以便找到最划算的交易。她打电话给她的储蓄账户的开户行和一家社区银行，询问信用卡的相关信息。

梅兰妮的信用卡比较		
信用卡公司	皮博迪银行	帝国银行
电话号码	800/555-1274	800/555-9201
年利率	19.9%	10.9%
先期利率	结算余额的2.9%	前6个月为5%
年费	50美元	无
宽限期	18 天	25 天
提取现金费用	19.8%	19.9%
延迟还款费用	25美元	29 美元
新客户信用额度	基于收入	基于收入
旅行意外保险	150 000美元	10 000美元
其他旅行相关服务	航空里程、行李丢失保险、紧急旅行服务	行李丢失保险、紧急旅行服务
信用卡丢失或被盗时是否提供保护	是	是

梅兰妮选择帝国银行的信用卡是因为没有年费，而且年利率比较低。她认为自己不会花那么多的钱，所以皮博迪银行提供的航空里程几乎没用。梅兰妮对逾期还款的高额罚款感到惊讶，所以她一定会按时还款。

如果你想办一张信用卡，你会选择哪家银行？解释你的选择。你会受到提供航空里程的影响吗？

研究

研究两家银行，在一张纸上用类似的表格列出它们的信用卡费用和优势。

看图说话

　　许多人梦想拥有自己的房屋，而不是租房。人们选择租房而不是拥有自己的房屋的原因可能是什么？

探索项目

你的第一套公寓

关键问题

为什么租房时考虑多种选择是重要的？

项目目标

假设毕业后你决定租一套公寓。在做决定之前，你需要研究租房的地点。你想住在什么类型的社区？你每个月要花多少钱付房租和水电费？押金是多少？

- 列出你希望你的公寓拥有的功能和设施。
- 确保优先考虑的因素包括位置、安全功能和价格等。
- 搜索可租房的地点，在报纸上或网上查找，或参观一些公寓楼，列出清单。
- 使用你的清单和研究成果建立电子表格，并比较你的前3个选择。

考虑以下内容

- 你每月承担得起多少房租？
- 你的首选位置是哪里？是否需要靠近工作地点或公共交通设施？
- 你需要几个卧室和浴室？你希望有室友吗？
- 你是否希望你的住所具备某种特殊的安全性能，比如封闭式社区或报警系统？
- 你是否需要或想要额外的设施，比如健身房？
- 你需要或更喜欢哪些额外功能？

21世纪技能

使用和管理信息

如果没有符合你预算和需求的公寓，你会怎么做？

重要见解

在租房或买房之前，有很多因素需要考虑。

请教专家

住房选择

问： 我的姐姐很喜欢她的新工作，她决定至少为自己的公司工作5年。现在她应该买房，还是应该继续租房？

答： 房子是一项很好的投资，但是你姐姐在做这个决定之前需要考虑一些事情。例如，她需要评估自己的财务状况，以确定自己是否买得起房子。她还必须考虑自己是否想花时间来保养房子，如果答案是否定的，她最好还是继续租房。

 写作任务

制作电子表格来分析买房的利弊，一定要包括财务、时间和生活方式等因素。

第16章　阅读指导

基本问题　在决定买房还是租房时，应该考虑哪些因素?

中心思想

重要的是，当你对住房做决定时，要了解你所有的选择并考虑每种选择的优点、缺点和成本。在买房或卖房之前，你应该了解买卖房的整个过程。

内容词汇

- 流动性
- 租户
- 房东
- 租约
- 押金
- 租户保险
- 净值
- 托管账户
- 私人抵押贷款保险
- 抵押贷款

- 点数
- 分期还款
- 固定利率抵押贷款
- 可调利率抵押贷款
- 房屋净值贷款
- 再融资
- 成交
- 产权保险
- 契约
- 鉴定费

学术词汇

在阅读和测试时，你会看到这些词。

- 生活方式
- 考虑
- 复杂的
- 转租
- 住所
- 取消赎回权

使用图表

在阅读本章之前，构建一个如右所示的图。你阅读时，寻找研究住房选择时使用的 6 个信息来源。

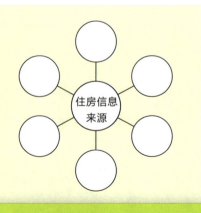

你的生活方式和住房选择

评估住房选择时需要考虑哪些机会成本

财务在住房选择中起着重要作用。无论你是租房还是买房，你都必须考虑你的财务状况。使用你的预算和个人财务报表来决定你应该花多少钱在住房上。

在做住房决定时，你需要考虑的一个主要因素是你的生活方式，也就是你花费时间和金钱的方式，见表 16.1。你的生活方式将决定你想要住得离工作地点多近，你打算在一个地方待多久。

选择住房的机会成本

一个住房选择意味着权衡和机会成本。例如，买一套"杂工专用房"—— 一套因为需要维修而价格较低的房子，你可以以更少的钱买到一个更大的房子，但你必须装修房子。租一套公寓可以使你有更高的**流动性（mobility）**，你可以很容易地从一个地方搬到另一个地方。然而，你将放弃房主享有的税收优惠。当你选择住房时，你不能只考虑好处，还必须考虑你将要放弃什么。一些常见的权衡如下。

- 房屋首付或公寓押金造成的利息损失。
- 当你居住的地区有更便宜或居住空间更大的住房可供选择时，考虑上下班的时间和交通成本。
- 当你租住离工作地点较近的城市公寓时，你将失去税收优惠。
- 是否要花费时间和金钱来维修一套价格较低的房子，和其他的财务选择一样，需要考虑时间、精力和成本。

阅读进展检查

回顾　为什么"杂工专用房"比其他房子的价格低？

阅读进行时

预测　你打算买房还是租房？解释你的选择。

表16.1　不同生活状况下的住房

租房还是买房　你的生活方式和生活状况会影响你的住房决定。一对没有孩子的年轻夫妇为什么会决定租房？

生活状况	住房的类型
年轻的单身人士	• 租一套公寓或房子，因为流动性很重要，而且经济状况不佳 • 买一套小房子，因为可以获得税收优惠，且房子可能增值
单亲家庭	• 租一套公寓或房子，因为维修房屋的时间很宝贵，孩子们的玩伴可能就住在附近，而且经济拮据 • 买房，为了实现长期的财务安全
没有孩子的年轻夫妇	• 租一套公寓或房子，因为流动性很重要，而且经济状况不佳 • 买房，为了实现长期的财务安全
有孩子的夫妇	• 租一套公寓或房子，因为维修房屋的时间很宝贵，孩子们的玩伴可能就住在附近 • 买房，为了实现长期的财务安全，并获得更多的个人空间
退休人员	• 租一套公寓或房子来满足经济、社交等需要 • 买一套几乎不需要维护且提供不同便利、服务的房子

租赁和购买

如果你能买房，为什么还要租呢

关于住房的一个基本考虑是租房还是买房。你的决定将取决于你的生活方式和财务状况。

对于刚刚开始职业生涯的年轻人来说，租房是一个不错的选择。对那些想要或需要流动性而不想花时间或金钱来维护房子的人，租房是有吸引力的。因为租金更便宜，对资金有限的人来说，它很有吸引力。

相比之下，拥有房产也具有优势。对于那些希望生活稳定的人来说，这是一个明智的选择。买房可以保护房主的隐私，拥有一些租房者可能没有的自由（见表 16.2）。

住房信息来源

住房信息丰富且通常是免费的。你可以使用各种资源进行研究。

• 图书馆：公共图书馆可能会有关于这个主题的书籍和其他基本资源。

表16.2　评估住房选择

利与弊　在考虑住房选择时，你必须评估每种选择的所有优缺点。租房和租公寓各有什么利弊？

	利	弊
租一套公寓	• 搬家容易 • 维护责任较轻 • 花钱较少	• 没有税收优势 • 有活动限制 • 拥有更少的个人空间
租一套房子	• 搬家容易 • 维护责任较轻 • 花钱较少 • 空间更大	• 更高的水电费用 • 有一些活动限制 • 没有税收优势
拥有一套房子	• 所有权带来的自豪感 • 足够的空间 • 税收优惠	• 花钱较少 • 较高的生活费用 • 有限的流动性
拥有一套公寓	• 所有权带来的自豪感 • 与房子相比，更少的维护费用和责任 • 税收优惠 • 获得娱乐和消费机会	• 有财务承诺 • 没有那么多个人空间 • 需要与他人和睦相处 • 通常是小而有限的空间 • 可能很难卖出去
拥有一套移动公寓	• 比其他所有权形式便宜	• 可能很难卖出去 • 较差的建筑质量

- 报纸：你可以在报纸的房地产板块找到关于租房、买房和其他住房话题的文章。
- 互联网：互联网可以提供购房建议、最新的抵押贷款利率和可用房屋信息。
- 房地产代理人：你可能需要一位熟悉当地房地产市场的有经验的房地产代理人。
- 政府机构：你可以给政府机构写信，比如美国住房和城市发展部。

无论你是租房还是买房，这些资源都会为你提供做住房决策所需的信息。

回顾关键概念

1. **列出** 根据你的生活方式,你最可能做出哪3个住房决定?

2. **总结** 拥有房产的好处是什么?

3. **识别** 5个住房信息来源分别是什么?

延伸思考

4. **比较** 拥有一套房子和一套公寓的利与弊分别是什么? 谁可能会因拥有公寓而不是房子而获益更多?

英语语言艺术

5. **租房选择** 假设你和一个朋友打算租房一起生活。在报纸或互联网上找到至少3套公寓或房子出租的信息。制作电子表格来比较每个选项的费用、位置和特点。评估电子表格中的信息以确定你的选择。写一段文字来解释你的选择。有哪些特点是你喜欢但必须放弃的? 为什么?

数学

6. **购买房屋的成本** 蒂拉买房的成本是15万美元。她的首付是总价的10%,每月支付724美元,每年的财产税是5 000美元。蒂拉买房后的1~3年内每年支付的抵押贷款利息分别为6 705美元、6 603美元和6 496美元。她每年的税收减免是所支付利息的35%。蒂拉计划3年后以16.5万美元的价格出售这栋房子。她的本金(或贷款的原始金额)共计6 286美元,计算她3年内的自付费用。

数学概念 **计算自付费用** 要计算购买房屋的自付费用,首先要确定出售房子的收益和损失,再考虑税收减免,从结果中减去首付、月付款和财产税。

提示 确定出售房屋的收益,首先要从贷款金额中减去总本金,以计算贷款余额,再从房屋的售价中减去贷款余额。

选择租赁机构

在签订租约之前你应该知道什么

你对 "3-bdrm apt., a/c, w/w carpet, pvt back ent,$800 + utils, ref reqd" 感兴趣吗？这不是密码，而是报纸分类广告中描述出租公寓的一种方式。解码后，上面的信息是："三居室公寓出租，配有空调，铺有地毯，还有一个后门。租金是 800 美元，租户必须支付水电费，必须提供证明材料。"如果你正在寻找房源，阅读和理解这类广告的能力是你需要的技能之一。

租房后，你就成了一个租户—— 一个为获取他人房屋居住权而付钱的人。你的房东是拥有该房产的人。在你人生的某个阶段，你可能会租房居住。你第一次自己生活，或者你不想维护房屋，那么你可以租房。美国大约 35% 的家庭住在出租公寓里。当你做选择时，你应该考虑租赁机构的大小、成本和地点。

大小和成本

大多数租房的人住在公寓里。这些公寓可能位于两层楼的房子、高层建筑，或者公寓大楼内。建筑群是一组有住宅单元的建筑物。公寓大楼包含许多独立的住宅单元，其空间大小从一个房间（一个简易小公寓房或小型公寓）到三个卧室不等，甚至可能更大。

如果一个住宅单元设有一个庭院和一小块草坪，它就可以被称为花园公寓。一些公寓位于大楼内，有便利设施，如游泳池和洗衣设施。

家庭或个人如果需要比公寓更多的空间，可能更愿意租房。更大空间的代价通常是更高的租金。一个经济条件状况不佳的人可能会选择租一套房子内的一个房间。他可能必须和其他人共享公共区域，如厨房和浴室。表 16.3 描述了选择公寓时要考虑的因素。

本节目标
- 评估租房的利弊。
- 识别租赁成本。

阅读进行时

预测　你将如何开始寻找公寓？

　阅读进展检查

识别　当你选择公寓时，你应该考虑哪些类型的公寓？

表16.3 选择公寓

公寓选择 当你选择公寓时，你应该考虑地点、财务状况、建筑物本身、布局和设施。财务状况包括哪些因素？

地点	财务状况	建筑物本身	布局和设施
• 学校或工作地点附近 • 喜欢的地点附近 • 购物场所附近 • 公共交通工具附近 • 娱乐地点附近，如公园和博物馆附近	• 月租金 • 押金 • 水电费 • 租赁时间	• 建筑物和周围的状况 • 停车设施 • 娱乐场所 • 安全系统 • 走廊、楼梯和电梯的状况 • 靠近邮箱	• 住宅单元的大小和状态 • 加热和冷却系统的类型和控制 • 管道和水的压力 • 设备的类型和状态 • 门、锁、窗户、壁橱和地板的情况

租房的好处

租房有什么好处

与买房相比，租房有三大优势。

- 更高的流动性。
- 更轻的责任。
- 较低的初始成本。

更高的流动性

对许多人来说，租房的吸引力在于它提供的流动性。如果你想搬家，你通常可以在计划离开的前 30 天通知房东，这样他就能找到新的房客。如果你在另一个城镇找到了一份工作，你可以快速地搬家。如果房东把房租提高到超出你的预算水平，或者你想住在另一个社区，做出决定将是相当容易的。

更轻的责任

租户不像房东那样有很多责任。对房屋进行修整和维护是房东的事。租户也不必担心财产税和财产保险。当然，他们必须按时交房租和水电费，并保持房屋整洁。

租房的好处

　　租房的好处是比买房更具流动性。租房还有什么其他好处吗?

较低的初始成本

　　买房通常需要数千美元的首付和其他费用。相比之下,你通常只需支付相当于一个或两个月租金的押金就可以搬进出租房。

 阅读进展检查

回顾　哪些责任是房东的而不是租户的?

租赁的缺点

租房有哪些缺点

　　对很多人来说,租房是一个不错的选择,但它也有一些缺点。租房不会给租户带来多少的经济利益,而且租户可能会遇到相关的法律问题。

财务和生活方式限制

　　虽然租房的初始成本较低,但在某些情况下,租房可能比买房更贵。一些经济利益只有房东才能获得,租户则不能。例如,房东有资格享受各种税收减免。多年之后,房东可能不用每月还贷款。然而,只要继续租房,租户就必须每月支付房租。租金也会上涨。

　　租户必须接受在租房期间的活动限制。例如,没有房东的允许,你也许不能粉刷墙壁。房东有改变或改善房产的自由。

虚拟旅游软件

在线虚拟旅游软件使房屋销售比以往任何时候都更容易。虚拟旅游软件允许你使用数码相机拍摄360度的照片，以展现住宅的所有特征。照片可以上传到网上，也可以通过CD发送给潜在的买家。

法律问题

如果你决定租房，你可能必须签订**租约（lease）**，这是一份法律文件，说明了租户和房东之间的租赁协议内容（图16.1 为租赁协议示例）。

千万不要在没有理解并同意租约内容的情况下签订租约。要特别注意月租金的金额、到期日及租期。此外，确认一下，如果你想在租约到期前搬家，你是否有权转租。转租是指由原租户以外的人接管该出租房，并支付剩余租期的租金。如果你不同意租赁的条款，在你签约之前和房东协商。

租约主要用以保护房东和租户的权利。在租期内，租户通常不受租金上涨的影响。租约也赋予了房东对租户采取法律行动的权利，例如驱逐不支付租金的租户。

阅读进展检查

总结 为什么租房可能比买房贵？

租房成本
还有哪些因素影响租金

有几个因素影响并决定租金：位置、生活空间、水电费及其他费用、押金、租户保险。

位置

你每月的租金将取决于位置、街区，以及你选择生活的地区（见表16.4）。你可能会愿意住在成本较低的高速公路附近的房子里，或者愿意付更多的钱，租一套位于公园或工作地点附近的公寓。

生活空间

出租房的价格也取决于生活空间的大小。最便宜的选项可能是一套房子内的一个房间，但你必须愿意共享公共区域。公寓的租金更高，通常有 1~4 个卧室。成本最高的选项可能是租联排别墅或独户住宅。

水电费及其他费用

你可能还需要支付电费、煤气费、水费和垃圾费。在签订租约之前，你务必询问你的房东房租是否包括水电费等费用。

图16.1 一个典型的租赁协议

租赁协议 在签订租约前，全面阅读和理解租约的所有部分是很重要的。租约的哪些部分最有可能是可以协商的？

房产描述，包括地址	**租赁房屋协议** 威斯康星州东部特罗伊莱蒙纳街4744　邮编53120
房东和租户的名字	协议双方为布兰卡·罗梅罗和埃普丽尔·舒尔曼。布兰卡·罗梅罗租用二楼公寓作为私人住宅，只供他（一个人）使用，不作其他用途，租期为6个月。
租约有效日期	本协议期限为6月1日至11月30日，届时将签订另一份为期6个月的协议。
押金金额	租金是每月650美元。押金是一个半月的租金，共计975美元。作为担保的款项将被保留，直到租户希望搬出或被要求搬出为止。届时，押金连同利息将退还给租户，但会扣除用于修理、垃圾清理或清洁的所有款项。
每月的租金、付款日及逾期付款的罚款	租金需于每月1日支付，最迟不能超过5天。如在宽限期满时仍未缴纳，将按月租金的5%收取滞纳金。 租户个人负责支付每月的费用，包括电费、电话费和有线电视服务费。这些费用不包括在月租金中。
关于宠物、改造、相关活动的限制	租户不能在公寓内吸烟。 租户不能在公寓内养宠物。 如果租户决定或房东要求搬出公寓，必须提前30天通知。
租户的租赁住房转租权利	未经房东书面许可，租户不得将该房屋转租（租给他人）。 租户必须为公寓内的物品承担风险，如为家具、珠宝等购买保险。如有损失，租户不应追究房东或房东代理人的责任。
房东进入公寓的条件	房东可以在合理的时间进入房屋进行检查或维修。房东应提前24小时通知租户，并说明到达的时间和理由。 该住房不得由一个以上的人居住。
因损坏、提早搬离或拒绝支付租金而向租户收取的费用	租赁期满时，租户应将房屋交还给房东，房屋状况要和入住时一样好。租户需把房内所有的垃圾清除，否则将被扣除部分押金，以便房东支付垃圾搬运费。租户以任何理由违反租赁协议，房东都可以扣除押金。 这份协议由布兰卡·罗梅罗和埃普丽尔·舒尔曼签订。 租户：*Blanca Romero* 日期：6/1/-- 房东：*Arsone* 日期：6/1/--

表16.4 选择和居住出租房

租赁规则 一旦你签订了租约，你就需要承担责任。租约如何保护租户和房东？

步骤1：调查

- 选择满足你需要的地区和价格
- 比较可租赁住房的成本和特性
- 与住在公寓大楼内或附近的人谈话

步骤2：签订租约之前

- 确保你理解和同意租约的全部内容
- 书面记录出租房的现状，让房东签字确认

步骤3：居住在出租的房产中

- 通知房东任何必要的维修
- 尊重邻居的权利
- 使用租户保险保护个人财产安全

步骤4：租约结束

- 离开时住房状况良好
- 告知房东将退还的押金寄到哪里
- 要求书面解释押金中的扣除项

押金

当你签订租约时，你可能需要支付一笔**押金（security deposit）**，这是一笔由租户支付给房产所有人的资金，以防租户造成任何经济损失或损害。押金通常等于一个月或两个月的房租。

当你搬出去时，你的房东必须退还押金，扣除你造成的经济损失或未支付的费用。大多数州要求房东在一个月内退还押金。然而在加利福尼亚州，房东必须在 3 周内退还。如果房东从你的押金中扣了钱，你有权得到一份详细的费用清单。

租户保险

另一项费用是**租户保险（renters insurance）**，它覆盖了租户因损坏或被盗而遭受的个人财产损失。许多租户忽视了租户保险，错误地认为他们的财产由房东保险承保。大多数购买租户保险的租户发现，它给予的安心是值得的。

回顾关键概念

1. **识别**　租房的三大优势是什么？

2. **解释**　租房的3个缺点是什么？

3. **列出**　租房成本涉及的5个因素是什么？

延伸思考

4. **解释**　假设你和一个朋友决定一起租一套公寓。解释为什么把你们两个的名字都列在租赁协议上很重要。

21世纪技能

5. **解决问题**　在签订租赁协议之前，准确地评估一套住房的优点和缺点是很重要的。仔细考虑表16.3中所示的因素，如地点、财务状况、建筑本身、布局和设施。把你考虑的因素列一个清单，并按优先顺序排列，然后根据这个清单列出一些问题，在查看公寓时询问房东。

数学

6. **成本分摊**　杰罗姆目前一个人住在公寓里，他每月支付815美元的房租，包括水电费。杰罗姆的朋友最近买了一套房子，想让杰罗姆和他一起住。如果杰罗姆同意，他们将平分抵押贷款和水电费。他朋友的月供是1 250美元，水电费是每月275美元。计算杰罗姆搬进去后每月的住房成本。一年后，杰罗姆会省下或者损失多少钱？

数学概念　**计算合租的成本/收益**　要计算合租公寓或房子的成本/收益，先确定每月支付的总金额，并用该金额乘以个人支付份额的百分比。

提示　用个人支付份额的百分比乘以每月的成本，或者用每月的成本除以分担成本的人数。

本节目标

- 确定拥有住房的优点和缺点。
- 解释如何评估房产。
- 讨论买房涉及的财务问题。
- 描述一个出售房子的计划。

阅读进行时

问题　贷款人想知道你欠了多少钱，他们还会寻找其他什么信息？

买房的过程

你怎么买房

许多人梦想拥有一套房子。然而，买房是一项巨大的财务支出，房子可能是你买过的最贵的东西。你需要采取几个步骤来买房。你需要确定你的房屋所有权需求，找到并评估要购买的房产，为房产定价，获得资金，并完成交易。

 阅读进展检查

回顾　买房的 5 个基本步骤是什么？

步骤1: 确定你的房屋所有权需求

拥有一套房子有哪些优点和缺点

为了做出是否买房的决定，你需要考虑拥有房子的利弊。你还需要考虑可供选择的房子类型以及你负担得起多少钱。

拥有住房的优点

租房者可能想拥有更高的流动性，房屋所有者则可能需要稳定。房屋所有权允许个人表达。你有更多的自由来装饰和改变自己的房子并养宠物。许多人觉得这种灵活性非常有吸引力。

作为一个房主，你还会获得经济利益。你可以从每年的联邦所得税中扣除支付贷款的利息。你的财产税也会被扣除。此外，许多房屋的价值稳步上升。因此，房主通常可以出售他们的房屋获得利润，这取决于房屋的**净值（equity）**，也就是房屋的价值与为购买房屋所借钱的差额。此外，一旦借来的钱还清了，除了财产税、房屋保险和维护费用外，房主就不用支付其他费用了。

拥有住房的缺点

当然，买房并不能保证幸福。拥有房产可能会带来财务风险。对许多人来说，攒钱付买房的首付是非常困难的。此外，税收减免可能无法弥补高额贷款。财产价值并不总是上涨，在某些情况下甚至可能下跌。

另外，买房会限制房主的流动性。想要搬家的房主必须卖掉房子，或者把房子租给租户。过程可能是漫长的，并可能导致经济损失。

拥有一套房子可能要花费很多钱。房主必须支付所有的维护和维修费用，比如修补漏水的屋顶，清理被水淹没的地下室，贴新墙纸，更换或修理损坏的电器。即使大部分工作都是房主自己做的，养护房屋的成本也可能相当高。

住房类型

房屋有不同形状和大小，为有不同预算和生活方式的人提供不同的选择。

独户住宅 在美国，最流行的住宅类型是独户住宅。独户住宅通常位于单独的地块上，带草坪和户外生活空间。这类住宅不附属于任何建筑物。由于独户住宅在所有住房类型中最具隐私性，所以它往往是最贵的。

多单元住宅 这类住宅包括叠拼和联排别墅。叠拼别墅是一幢单独的建筑，一般分为两个家庭或两个单元的生活空间，当然也有分为3个单元生活空间的叠拼别墅，它属于三层结构。联排别墅是多个单元水平相连的多单元住宅。对于这类住宅，每个单元都有自己通往外部的出入口。

自我表达
能够改造你的房子只是拥有房子的好处之一。拥有住房还能有哪些好处？

重要职业

哈维尔·萨利纳斯　房地产代理人

　　人们生活中最重要的事情之一是购买或出售房子。我有能使人们在这个复杂的过程中放松的诀窍，我喜欢房地产代理人这份工作。我的主要职责是充当买家和卖家之间的媒介。我就如何让房子对潜在买家更具吸引力给卖家提供建议，就所参观的房子的适宜性和价值给买家提供建议。为了得到这份工作，我在一所社区大学学习并通过了房地产交易和法律的笔试，获得了房地产从业资格证。我的工作可能会受到经济波动和利率的影响，但像我这样的房地产代理人会坚持做下去，因为我们喜欢使客户满意的挑战，以及达成交易的满足感。

职业探索

　　房地产代理人会与房地产经纪人合作。进行调查，了解更多关于房地产代理人和经纪人的工作信息。

1. 经纪人和代理人有什么区别？

2. 经纪人和代理人如何合作？

职业细节 →

技能	教育	职业道路
销售、市场营销、行政、时间管理、沟通、谈判、数学技能，房地产法律知识	高中或同等学力，接受房地产公司或组织的培训，州许可证	房地产代理人可以成为公司的销售经理、经纪人、估价师、估价员、物业经理，也可以进入房地产投资咨询领域工作

　　共管公寓　共管公寓是指人们拥有而不是租赁的一组公寓或联排别墅中的一个。公寓所有者每月需支付一笔费用，用于大楼及其公共空间的维护、维修、改善和购买保险。公寓所有者一般会成立一个共管公寓协会，负责管理住宅区。公共空间，如走廊、草坪和电梯，属于协会而不属于个人所有者。共管公寓不是一种建筑结构，而是房屋所有权的一种合法形式。

　　合作住房　合作住房是另一种公寓式的居住方式，它由非营利性组织拥有，包含若干个单元。股东购买股票以获得在大楼内居住的权利。组织成员实际上并不拥有该财产，但是只要他们拥有公司的股票，他们就有占用一个单元的合法权利。会员每月支付一笔费用，包括租金和组织的经营费用。

　　预制房屋　预制房屋在工厂进行制造和部分组装，然后被运到一个建筑工地，并在那里完成最终的组装。预制房屋通常比独户住宅便宜，因为预制房屋的批量生产和在工厂进行的部分组装有助于降低成本。

移动房屋　大多数移动房屋并不是真的可移动，因为它们很少从原来的位置移开。移动房屋全部在工厂组装。它们包括大型房屋的许多特征，比如设备齐全的厨房、浴室，甚至壁炉。一些移动房屋的所有者会先购买他们房屋所在的土地，或在移动家庭公园内租用土地，这些土地通常包括社区娱乐设施的入口。

与其他住房类型相比，移动住房相对便宜。然而，它们的建造和安全性并不像其他类型的住房那样好，而且它们通常不会像独户住房那样升值。

负担能力和你的需要

选择住宅类型只是确定你的房屋所有权的其中一个需求。你还需要考虑房子的价格、大小和质量。

房价和首付　要确定你能负担多少买房的费用，你需要查看你的收入、储蓄，和你目前的生活开支。当你买房时，你能付得起一大笔首付吗？首付是物品总成本的一部分，要求在购买时支付。你需要每月偿还贷款，缴纳财产税，购买房屋保险。具体数额将取决于利率和当地的经济状况。你的收入足够支付这些费用和其他日常开支吗？

在你寻找梦想的家之前，一个明智的做法是确切地了解你能付得起多少钱。要确定你能付得起多少钱来购买房子，以及你是否会被批准贷款，你可以咨询抵押贷款公司或其他金融机构的信贷员。许多公司和银行会对贷款申请人进行资格预审，以便购房者能提前知道他们能否获得抵押贷款。这项服务通常是免费的。

大小和质量　在理想情况下，你买的房子应该足够大，能够满足你的需求，并且处于良好的状态。不过，如果你是第一次买房，你可能无法得到你想要的所有东西。

考虑选择

对于那些不想承担维护和维修责任，又想获得所有权带来的经济利益的人来说，共管公寓是普遍的选择。谁为共管公寓所有者处理维修和保险事宜呢？

财务顾问建议你在刚进入住房市场时，先购买你支付得起的房子。你的第二套或第三套房子可以包含更多你想要的功能。

趋优消费 大多数财务顾问会建议你购买支付得起的房子，即使不得不牺牲你喜欢的大小和功能。随着你职业的发展和收入的增加，你可以"趋优消费"，购买一套更加舒适的房子。例如，8 年前，凯亚买了一套只有一个小花园和小浴室的共管公寓。上周，她卖掉它，获利后搬进了一套更大的房子，在那里她可以种蔬菜和花，并且拥有两个具有全套设备的浴室。

阅读进展检查

确定 购房时可以选择哪 6 种类型的房子？

步骤2: 寻找并评估想要购买的房产

为什么你房子的位置很重要

当你知道你喜欢并且支付得起什么类型的住宅时，你就可以开始寻找你想要购买的房产了。

选择位置

你的房子的位置非常重要。问你自己，你想住在城市、郊区，还是小镇或乡村。也许你想住在一个有适合骑自行车或跑步的公园或小道的社区里。如果你乘坐公共汽车上下班，你必须确保你的房子靠近公交路线。家和公司的距离、当地学校的教育质量、你的兴趣和生活方式，以及其他因素，都会有助于你决定住在哪里。

当地分区法 一些社区有严格的分区法，这类法律限制了特定区域的财产使用方式。这类法律的存在也可能影响你的住房选择。威廉想要住在一个全住宅区域，所以他在附近购买了一套复式公寓，当地分区法禁止周边有商业建筑和企业建筑。相比之下，艾丽西亚在一个限制比较少的社区购买了一套共管公寓，因为她希望能够步行到附近的餐馆和公司。

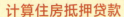
计算住房抵押贷款

你可能没有意识到你每个月的费用。在考虑购房时，你必须仔细计算现金流，以确保你没有高估自己支付费用的能力。计算可负担的住房抵押贷款需要包含以下信息。

- 你的月收入。
- 你月收入和月支出之间的差值。
- 你的月支出。

姓名：勒布朗	
月收入(现金流量)	
工资收入	5 500美元
投资收入	300美元
其他收入	0美元
每月总收入	5 800美元
月支出	
生活用品	300美元
汽车分期付款	350美元
汽车保养	50美元
汽油	75美元
服装	125美元
学生贷款	200美元
保险没有覆盖的医疗费用	55美元
自动存款、储蓄账户	200美元
退休账户	200美元
信用卡	350美元
保险（汽车、人寿、健康保险等）	550美元
所得税，包括社会保险	1 925美元
外出吃饭	50美元
慈善捐款	25美元
度假	150美元
娱乐	75美元
其他开支	0美元
每月总支出	4 680美元
负担得起的按揭贷款 (每月收入-开支)	1 120美元

关键点 房屋的住房抵押贷款通常是你每月的最大单笔费用。重要的是你每个月都有能力偿还它。确定你每个月的收入和支出，你将能够计算出你每个月能够负担多少住房抵押贷款。

寻找 解决方案

回顾关键概念

1. 还有哪些其他费用？

2. 为什么所得税属于月支出？

3. 勒布朗是否有足够的资金来偿还每月的住房抵押贷款和支付其他费用？

4. 勒布朗应该在偿还了住房抵押贷款后花掉所有剩余的钱吗？

5. 如果你的住房抵押贷款是每月1 500美元，你愿意削减多少开支？为什么？

雇用房地产经纪人

房地产经纪人是安排房屋、其他建筑物和土地买卖的人，他们是房屋位置、可获得性、价格和质量等相关信息的良好来源。购房者会雇用房地产经纪人帮助他们找住房。经纪人还可以帮助买方和卖方协商交易价格，帮助买方安排购房的融资，甚至推荐律师、保险经纪人和房屋检查员来为买方服务。

对买方来说，房地产服务通常是免费的。房地产经纪人代表卖方，当房产被售出时，卖方会向他们支付3％至6％的佣金。也有一些房地产经纪人会代表买方，在这种情况下，经纪人的费用可以由买方或卖方支付。

房屋检查

在你做出购买房产的最终决定之前，由具有资质的房屋检查员对房屋和土地进行评估是非常重要的（见图16.2）。乔什·塞缪尔（Josh Samuels）打电话给房屋检查员，请其检查他想买的房子，检查员发现地基有裂缝，电力系统过载，水质也有问题。但乔什仍然想要这套房子，因为他有检查员的报告，他现在能够谈判，争取更低的价格。房屋检查需要花钱，但它可以帮你避免未来的问题，并节省意外支出。

一些州、市和贷款人需要房屋检查文件，抵押贷款公司通常也会进行估价，以确定房产的公允市场价值。估价不是详细的检查，而是对房产价值的估计，通常会与特定区域最近售出的其他类似房产进行比较。

阅读进展检查

总结 房地产经纪人是哪些类型的信息的良好来源？

步骤3: 房产定价
你应该给出什么价格

在你尽可能彻底地检查了房子以后，是时候考虑向当前的房主报价了。这个过程通常是由房地产经纪人完成的，除非房主充当自己的房地产经纪人。

图16.2 房屋检查

保护自己 详细的房屋检查将让买家了解房屋是否有问题。这些信息如何有助于保护买家？

在购买之前采取措施评估房子可能会节省以后的意外支出，并避免失望。

1 外部 买家要步行穿越社区，以检查街道和人行道的状况。检查房屋的外部也很重要。

2 内部 买家要看看房屋的室内设计，以确保其能满足自己的需求。

3 专业的房屋检查 买家可雇用一名房屋检查员检查外部，包括窗户、地基、烟囱和屋顶。房屋检查员还将查看室内情况，包括接线、管道、供暖系统、墙壁和地板。

苹果派房屋检查服务
马尼托瓦克大道21044号
伍德兰希尔斯，加利福尼亚州 91364号

检查号码：	检察员：米歇尔·卡布鲁
099422909	客户：佩吉·汤普森
检查日期：	地址:格雷德大道6301号，
09/29/—	卡尔斯巴德，加利福尼亚州 91335号

这套房子是一套独户住宅，是建在平地上的单层建筑。估计房龄为35~40年，检查时天气晴朗。

100外观

101 车道：混凝土、有裂缝。
102人行道：混凝土和砖，有裂缝，缺少砖块。
103 围栏/门：木材和链条，有独立的木栅栏。
104墙板：水泥和木材，有裂缝。
105装饰：木材。
106 窗框：金属与木材。
107 电气设备：S。
108排水沟/下水道：S。

4 检查报告 买家阅读房屋检查员的报告，以确定这套房子是否适合购买。

决定房屋的价格

每套待售的房子都有挂牌价，但这个价格不一定是你要支付的金额，你可以自由地提出较低的报价。你应该给出什么价格？以下是一些需要考虑的问题。

- 这套房子在市场上出售多久了？如果房子已经待售有一段时间了，房主可能会接受较低的价格。
- 最近附近地区类似房子的售价是多少？如果挂牌价太高了，你应该提出更低的价格。
- 在"卖方市场"中，房屋需求量大，卖家可以获得更高价格；在"买方市场"中，存在大量的待售房屋，买家可以获得更低的价格。
- 现在的房主是否急需出售？如果是，他们可能愿意接受比他们认为的房屋价值更低的价格。
- 这套房子在多大程度上满足了你的需求？如果房子符合你的需求，你可能愿意支付更多。
- 你融资的难易程度如何？

协商购房价格

一旦你提出了一个合理的价格，房地产经纪人将通知卖家，卖家可以接受或拒绝。

有时卖家不接受你的报价。在这种情况下，你将不得不提出第二个更高的报价，或开始寻找另一套房子。卖家也可以对你的报价进行还价。例如，王建对一套挂牌价为186 000美元的共管公寓报价178 900美元，卖家拒绝了他的报价，给出了报价184 500美元。王建认为价格仍然太高，所以他再次报价182 000美元。最终双方成交价格为183 000美元。

当买家和卖家就价格达成一致时，他们必须签署购买协议或购买合同，这说明他们打算完成销售。大多数购买合同都是有条件的，也就是说，只有在特定事件发生时才会生效。例如，只有买家能够获得融资，或者卖家能够在特定时间内出售房产，合同才有效。

在此过程中，买家有时必须向卖家支付购买价格的一部分，即定金。定金表明买家是认真进行交易的。定金会被保存在托管账户中，直到交易完成。托管账户是指在可以交付给指定方之前，资金以信托方式持有的账户。

 阅读进展检查

定义 什么是定金？

我们的世界

意大利

稳定房屋所有权的方法

对于许多人来说，将房子视为投资工具来换取更有价值的东西并不少见。这些人可能在一套房子里只住几年，然后搬到另一套房子里。然而，这种思维方式在意大利很少见，因为意大利人对房屋所有权的观念更为保守。意大利人住在一套房子里的平均时长为20年。此外，68%的意大利人拥有自己的房子，而拥有自己房子的美国人仅占59%。

在意大利，尽管房屋拥有率较高，但抵押贷款往往比其他国家的可用类型更少、数额更小。意大利的抵押贷款通常只有房产价值的60%，更多的房子是以现金支付的，而不是通过抵押贷款支付。与美国相比，意大利抵押贷款的可用类型较少，而较高的税收和费用使得靠买卖房子致富变得更不可能。这种做法使房产价值相对稳定，尽管意大利在过去几十年没有像其他国家的房地产那样繁荣，但意大利人也没有遭受其他国家的抵押贷款债务和过度开发的问题。

批判性思考

1. **扩展**　意大利的房地产政策如何鼓励人们长期拥有房产？
2. **关联**　你认为意大利的房屋买卖模式会在美国流行吗？这一模式的优点和缺点是什么？

数据库

首都
罗马

人口
61 680 122

语言
意大利语（官方语言）、德语（特伦蒂诺–阿尔托阿迪杰的部分地区）、法语（瓦莱达奥斯塔的少数民族使用）、斯洛文尼亚语（里雅斯特–戈里齐亚的少数民族使用）

货币
欧元

国内生产总值
2.068万亿美元

人均国内生产总值
29 600美元

工业
机械、钢铁、化工、食品加工、纺织、汽车、服装、鞋类、陶瓷

农业
葡萄、土豆、甜菜、大豆、谷物、橄榄、牛肉、乳制品、鱼

出口
工程产品、服装、机械、汽车、运输设备、化学品、食品、饮料和烟草、矿物和有色金属

自然资源
煤、汞、锌、钾盐、大理石、重晶石、石棉、浮石、萤石、长石、黄铁矿（硫黄）、天然气和原油、鱼类、耕地

步骤4：获得融资

购买房屋包含哪些成本

　　在你决定购买某套房屋并与卖家在价格上达成一致后，你将不得不考虑如何支付购买费用。首先，你必须拿出首付的钱。接下来，你可能需要获得贷款来帮助支付剩余部分。最后，你还将承担与交易结算相关的费用和其他支出。

确定首付

　　一般来说，你可以提前支付的钱占总购买价格的比重越大，获得贷款就越容易。许多贷款人会建议你将购买价格的20%或更多作为首付。例如，房屋的购买价格是100 000美元，那么首付将是20 000美元。最常见的首付来源是个人储蓄账户、投资、其他资产的出售、亲戚的赠予或贷款。

　　私人抵押贷款保险　如果首付低于购买价格的20%，大多数贷款人将要求你购买私人抵押贷款保险。**私人抵押贷款保险（PMI）**是一项用于保护贷款人的特殊保险，以防止买方无法还款或无法按时还款。当借款人支付购买价格的20%至25%作为首付时，不用购买保险。《房屋所有者保护法》（The Homeowners Protection Act）要求，在抵押时，如果房屋净值达到了房产价值的22%，私人抵押贷款保险将自动终止。如果房主能够证明房屋的净值已经超过了当前房产市场价值的22%，房主可以要求提前终止保险。

抵押贷款资格

　　抵押贷款（mortgage）是向房产的买方提供的长期贷款。买方向银行、信用社、储蓄和贷款协会或抵押贷款公司借钱，这些机构会向卖方支付贷款的全额，买方则将每月向贷方付款。支付期通常为15年、20年或30年。

　　你购买的房屋会作为抵押品，即贷款被偿还的一种担保。如果你未能偿还抵押贷款或没能按期还款，贷款人可以取消赎回权或占有该财产。

　　融资资格　要取得抵押贷款，你需要符合特定的标准，就像为获得其他类型的贷款需要具备特定资格一样。贷款人会查看你的收入、债务和储蓄，来确定借钱给你是否存在风险。这些数字会被放入一个公式中来计算你负担得起多少钱。

利率因素　你能获得的抵押贷款的数额也取决于当前的利率。利率越高，你每月需要支付的利息就越多，这意味着你能用于支付购买房产的钱就越少。当利率上升时，能够支付处于平均价格的房产的人会减少。相反，较低的利率会增加你可以获得的贷款金额。

例如，伯纳黛特获得了每月还款 700 美元的抵押贷款的资格。如果利率为 7%，她将能够获得 105 215 美元的 30 年期贷款。但是，如果利率上升到 12%，她只能获得仅 68 053 美元的 30 年期贷款。这两笔贷款每月的还款额都是 700 美元，差异可能令人非常惊讶。

支付点数

不同的贷款人对抵押贷款收取的利率可能略有不同。此外，当你比较不同的贷款成本时，你将不得不考虑其他因素。如果你想要较低的利率，你可能需要支付更高的首付和**点数（points）**，即买方为了获得更低的利率而必须向贷方支付的额外费用，每个点数代表贷款额的 1%。例如，一家银行向你提供 2 个点的 100 000 美元抵押贷款，因为 100 000 美元的 2% 是 2 000 美元，在你获得购买房屋的贷款时，你将需要额外支付 2 000 美元。

比较点数　无点数的高利率和有点数的低利率有什么差异？较低的利率意味着较低的每月还款额，但你预先支付的钱会更多。

如果你只在短期内持有房屋，那么在利率较低时你可能会有资金

抵押贷款申请
　　银行代表将帮助你确定你是否有资格获得贷款，以及该贷款的偿还金额是多少。贷款人用以确定向你提供贷款是否存在风险的3个因素是什么？

经济学与你

货币和通货膨胀

货币有3个主要职能，包括交换媒介、价值尺度和价值贮藏。美国联邦储备系统（简称美联储）试图维持货币稳定，以确保货币的3种职能正常履行。当出现通货膨胀时，货币的稳定性处于危险之中，因此美联储可能会提高利率以抑制通货膨胀。如果美联储不采取行动，通货膨胀失控，人们手里的钱就会失去价值。如果之前一个面包的价格为2.50美元，通货膨胀发生后，你最终可能会为同样的一个面包支付2.75美元。如果你收入的增幅低于通货膨胀率，那么你能花的钱将会变少。因此，收入固定的人群在通货膨胀期间会出现经济困难。

个人财务联系　如果你想在通货膨胀期间购房，较高的利率将使你的抵押贷款还款额变高。此外，你还将在食物、衣物和其他必需品上花费更多。

批判性思考　解释在经济衰退期，买房时货币的3个主要职能。当经济陷入衰退时，你认为房价和抵押贷款利率会怎样变化？

各类消费者价格指数

	2007年	2008年	2009年
食品	203.3	214.2	218.2
衣服	118.9	119.0	120.1
房子	209.6	216.2	217.1
医疗	351.1	364.1	375.6

损失，因为每月节省的还款额不会超过你必须支付的点数。但是，如果你将房屋保留数年，你每月节省的还款额最终将弥补你支付的点数。一般来说，你持有房屋的时间越长，你为获得较低利率而支付点数就越有利。

贷款申请程序

大多数贷款人会向购房者收取100至300美元的抵押贷款申请费，这笔费用的数额将被纳入贷款金额。为了申请抵押贷款，买方必须填写表格，详细说明收入、工作、债务和其他信息。贷款人将通过获取买方的信用报告来验证这些信息。

在仔细了解买方的财务情况以及房产的大小、位置和状况之后，贷款人会决定批准或拒绝申请。如果申请获得批准，卖方和买方之间的购买合同将具有法律约束力。

 阅读进展检查

解释　为什么买方会为贷款支付点数？

抵押贷款的类型

各种类型的抵押贷款有何不同

对大多数人来说，抵押贷款是他们人生中规模最大的负债。抵押贷款有多种类型，根据贷款情况，房主将持续多年进行每月还款。

抵押贷款的每月还款额是根据允许分期还款的次数确定的。**分期还款（amortization）**是指通过一段时间内的还款来减少贷款余额。因此，每当你进行还款时，贷款余额都会减少。你的还款额首先偿还所欠的利息，然后偿还本金，即你借入的初始金额。在贷款的第一年，每月还款额中只有一小部分用于扣减本金，大部分用于偿还利息。在贷款期快要结束时，几乎每笔还款都用于减少本金。

你也可以提前偿还抵押贷款。每月多还一点钱，并将多出来的部分用于偿还本金，从长远来看，这可以节省利息费用。例如，在 30 年期贷款中每月多还款 25 美元，若该贷款利率为 10%、总额为 75 000美元，那么可以节省超过 34 000 美元的利息费用，并且可以在大约 25 年内还清贷款。有些贷款人会对提前还款收取额外费用。

固定利率抵押贷款

固定利率抵押贷款（fixed-rate mortgage），或称普通抵押贷款，是指有固定利率和固定还款时间的抵押贷款。固定利率是不变的利率，例如，获得贷款时的利率为 8.75%，在贷款期限内，房主将始终支付 8.75% 的利息，即使后续新贷款的利率上升也是如此。普通抵押贷款通常为期 15 年、20 年或 30 年。这种贷款使人安心，因为每月还款总是保持不变。

可调利率抵押贷款

固定利率抵押贷款保证贷款期限内利率不变。**可调利率抵押贷款（adjustable-rate mortgage）**，也称为还款可变抵押贷款，是指在贷款期限内利率会增加或减少的抵押贷款。利率随经济指标变化而变化，如美国国债的利率、联邦住房贷款银行董事会的抵押贷款利率指数、贷款人自身的资金成本指数。因此，你的还款额可能会上升或下降。

你的利率将根据你与贷款人的协议条款而变化。一般来说，如果利率下降并保持较低的水平，可调利率抵押贷款将为你省钱。但是，如果利率增加并保持较高的水平，可调利率抵押贷款可能会让你多花钱，因为你的每月还款额会增加。

评估可调利率抵押贷款　评估可调利率抵押贷款时，请考虑以下几个因素。

1. 利率变化的频率和限制。

2. 每月还款额变化的频率和限制。

3. 贷款人在设置贷款期限内的利率时使用的是什么指数。

利率上限　大多数可调利率抵押贷款都有一个利率上限，用于限制利率上涨或下跌的额度。利率上限通常将利率的增加（或减少）限制在一年 1 或 2 个百分点，或者在贷款期限内不超过 5 个百分点。

有些可调利率抵押贷款还设置了还款上限，用于限制每月还款额。这对买方来说似乎是一种很好的保护，但它也有缺点。当利率上升而每月还款额保持不变时，还款将无法覆盖利息。结果，贷款余额增加，还款时间可能需要延长。

可转换可调利率抵押贷款　有些贷方还提供可转换的可调利率抵押贷款。可转换可调利率抵押贷款允许借款人在特定时间内将可调利率抵押贷款转换或变更为固定利率抵押贷款。如果你决定进行变更，你的利率将比普通 30 年期抵押贷款的当前利率高 0.25 至 0.50 个百分点。除此之外，你还需要支付转换费。

政府融资计划

联邦住房管理局（Federal Housing Administration, 简写为 FHA）和退伍军人管理局（Veterans Administration, 简写为 VA）帮助购房者获得低利率、低首付的贷款。退伍军人管理局的贷款适用于符合条件的武装部队退伍军人。这些机构实际上并不借出钱款，它们会帮助有资格的借款人从贷款人那里获得贷款。

通常情况下，如果借款人违约或无法还款，代理机构将向贷款人偿还贷款。虽然这些贷款会增加保险费，但政府支持的抵押贷款对于那些有资格获得的人来说是很好的福利。

房屋净值贷款

二次抵押贷款也称为**房屋净值贷款（home equity loan）**，这是一种基于房子当前市场价值和借款人所欠抵押贷款金额之间差额的贷款。为确定此类贷款的金额，金融机构将了解房子的当前市场价值以及房产的净值。此类贷款可以为教育、房屋改善或其他目的提供资金。不过，有些州会限制这种贷款的使用方式。

二次抵押贷款是房屋所有者现金的一个来源。但是，增加贷款会使房屋所有者持续处于负债状态。同时，如果借款人无法偿还二次抵押贷款，贷款人可将房子收走。

再融资

许多房屋所有者需要更多的钱，或者希望减少每月还款额。这些在他们**再融资（refinance）**时是有可能实现的，即获得新的贷款以取代现有的贷款。例如，艾斯特·阿圭罗最初以 11% 的利率获得了固定利率抵押贷款，发现利率降至 6%。幸运的是，她能够为她的房子再融资，并以较低的 6% 的利率获得新的抵押贷款。在艾斯特的案例中，她的每月还款额大幅下降。

再融资并不总是一个好的选择。为了进行再融资，房屋所有者通常会支付额外的费用，这可能会减少利率小幅下降而节省的金额。此外，再融资可能会延长贷款期限。一般而言，当新的利率比当前利率下降两个点或更多，并且房屋所有者计划在他现在的家住至少两年或更长时间时，再融资是有好处的。要确定再融资是否具有财务优势，要用再融资的成本除以每月节省的金额，以确定节省的金额覆盖再融资成本的月数。

阅读进展检查

理解　确定在评估可调利率抵押贷款时要考虑的 3 个因素。

步骤5: 交易成交

什么是成交费用

购房过程的最后一步是**成交（closing）**，是卖方、买方、贷款人等各方代表完成交易的会议。成交时，要签署文件，敲定最后的细节，支付钱款。卖方和买方还必须支付一些费用，即成交费用。

大学和职业准备

计划

对高效的领导者和工人来说，计划通常是一种力量。计划也是财务规划的重要组成部分。能够进行有效计划的人，即使在面对问题和压力时，也能够设定并实现目标。有效的计划将帮助你完成多个任务，同时仍能有高质量的结果。无论是从个人角度还是学术角度看，你都可以从有效的计划中受益。

写一写

想象一个计划对你在校生活产生帮助的场景。写一个或多个段落来描述这个场景，并解释有效的计划如何对结果产生积极影响。

表16.5　成交费用

计算成本　成交费用可能会增加房屋的购买价格，在报价时应予以考虑。谁支付了大部分的成交费用？

项目	成本范围 买方		卖方	
产权研究费	50 ~	100美元	300 ~	900美元
产权保险	300 ~	900美元	50 ~ 1 000美元	
律师费	50 ~ 1 000美元		100 ~	500美元
房产调查	—			
评估费	100 ~	350美元	—	
登记费	30 ~	65美元	35 ~	65美元
信用报告	35 ~	75美元		
检查	100 ~	250美元		
贷款初始费用	贷款总额的1%~5%			
房地产经纪人佣金	—		购买价格的5%~7%	
保险、税费和利息	随时变化			

成交费用

大多数成交费用包括与购买房子相关的法律费用。例如，一家产权公司会对房产进行研究，以确保其所有权不存在任何争议，或者没有未支付的**房地产税（title insurance）**。产权公司还提供产权保险，如果以后发现产权问题，这种保险可以保护买方。

另一种典型的成交费用是**契约（deed）**的费用。契约是指将所有权从卖方转移到买方的官方文书。见表 16.5，《房地产成交程序法》（Real Estate Settlement Procedures Act）要求贷款申请人在成交前估算成交费用。

托管账户

在成交后，贷款人可能会要求你在托管账户中存钱。这些钱通常由贷款人持有，被单独保存，用以支付税款和保险费。贷款人不必担心借款人不偿还负债，因为这些钱是可用的。有关购房要素的列表，见表 16.6。

税费和保险　除了偿还抵押贷款外，房屋所有者还必须支付房产税和房屋保险。在大多数州，房产税通常包括公共服务费用，如用于

阅读进展检查

回顾　托管账户中的钱是用来做什么的？

表16.6　购房的要素

仔细考虑　购买房屋时，你不能仅考虑价格和位置。为什么在给出房屋报价之前确定首付和成交费用十分重要？

在购买房屋时考虑以下因素很重要
· **地理位置**　同时考虑社区环境和地理位置。同样的房子，成本可能会有很大差异，这具体取决于它所在的位置：是在堪萨斯州还是在加利福尼亚州，是邻近繁忙的高速公路还是安静的街道，是在风景优美的郊区还是在城市社区。
· **首付**　大额首付可以降低你的抵押贷款成本，但你能支付得起多少钱？
· **抵押贷款利率和点数**　你必须在有点数的低利率抵押贷款和无点数的高利率抵押贷款之间做出选择。你还需要考虑申请什么类型的抵押贷款。当你申请贷款时，请准备好向贷款人提供你的财务记录和其他相关信息的副本。
· **成交费用**　成交费用可能在贷款总额的2%至6%之间，不包含在首付内。
· **每月还款额**　你每月支付的利息、本金、保险费和税费将是你最大最持久的花费之一。谨慎购买成本超出你承受能力的房屋。
· **维护费**　房屋需要维修和保养，确保你为此预留了资金。

消防、学校和街道维修的费用。房屋保险可以保护贷款人，以防房屋因火灾或其他灾害受到损坏。

出售房屋

为了获得最好的售价，房主可以做些什么

随着你需求的变化，你可能会决定出售你的房屋。你必须做好准备，设定价格，并决定是自己出售还是向房地产经纪人寻求专业的帮助。

准备出售房屋

你的房屋看起来越好，就能越快地以你希望的价格出售。房地产销售人员建议，房屋所有者在准备出售房屋时，应进行必要的维修，并粉刷有磨损的内部和外部区域。例如，多拉和丹尼斯·马尔登在将房屋投放市场之前重新粉刷了几个房间，换掉了一些灯具，并更换了客厅的地毯。在购买者上门期间，他们尽可能地让房子保持干净、整洁、明亮、通风。他们还确保草坪得到定期修剪，孩子们不在院子里乱扔玩具。他们的努力得到了回报：他们的房子在进入市场几个月后就被卖掉了。

确定价格

为房子确定价格很困难，价格设定过高，可能会吓走买家；价格设定过低，则将导致利润损失。一些卖家支付**鉴定费（appraisal）**，请专业人士对房产当前价值进行估计，并将其视为挂牌价格的依据。如果你曾经出售过房子，请查看当前市场对买家有利还是对卖家有利，以此决定你需要多快将房子卖出。

你还需要评估你对房子所做的改进。添加特定的功能区，例如阳台或更多的卫生间，可能会，也可能不会增加房子的价值，某些特定的功能区对买家来说没有价值。最吸引人的改进包括改造厨房与浴室，增加房间，改建地下室、壁炉及户外阳台或庭院。

选择房地产经纪人

许多卖家将房屋出售事宜交给某一代理机构的持证房地产经纪人。从小型的本地房地产代理商到全美知名的公司，有许多选择。选择房地产经纪人时，你要选择了解你所在的社区并且渴望售出你房子的人。

房地产经纪人服务　房地产经纪人提供各种服务。他们可以帮助你确定销售价格、吸引买家、展示房子，并处理销售过程中财务方面的问题。他们通过房屋的销售获取佣金或费用——通常是购买价格的5%到7%。

房屋所有者自售

每年约有10%的房屋销售是由房屋所有者直接进行的，而没有求助于房地产经纪人。自行出售房屋可以为你节省数千美元，但这会耗费你的时间和精力，因为出售房子的广告将由你安排，向买家展示房子是你的责任。请务必使用律师或产权公司提供的服务来帮助你完成签订和其他法律事务。

做出选择

你的住房选择将受到许多因素的影响，包括你的生活方式和财务状况。仔细考虑你的选项，做出明智的决策，并遵循适当的流程，你将做出最佳的住房选择，以满足你的需求。

阅读结束后

回答　根据本章提供的信息，你认为自己是否可以明智地决定租房还是买房？为什么可以或为什么不可以？

复习关键概念

1. **总结**　拥有自己的房产有什么好处?

2. **解释**　如何对房产进行估价?

3. **列出**　为购房融资的3个基本步骤是什么?

4. **识别**　你可以为出售房屋做些什么准备?

延伸思考

5. **评估**　假设你正在申请150 000美元的住房贷款,请你决定是选择利率为6.5%的固定利率抵押贷款,还是利率为5.5%的可调利率抵押贷款,并解释你的理由。

英语语言艺术

6. **出售房子**　假设你想卖掉你的房子(如果你住在公寓的一个房间里,请想象你想卖的是共管公寓,以此来进行练习),制作一个可以在网上发布的广告,吸引买家来看房子。请务必提供房子的位置、特征和询价的相关信息,使用文字处理软件制作广告,如有条件,还可添加照片。

数学

7. **贷款分期偿还**　塔拉最近以200 000美元的价格购买了一套房子。她先支付了10%的首付,并申请了剩余金额的抵押贷款。她的贷款年利率为7%,每月抵押贷款还款额为1 198美元,包括利息和本金。请计算塔拉贷款的金额,然后计算3个月后已偿还的本金总额。塔拉第3个月后的贷款余额是多少?

数学概念　**计算贷款的分期偿还额**　要计算贷款的分期偿还额,首先要确定每月的利息。从还款额中减去此金额,得出偿还本金的数额,再从贷款余额中减去偿还本金的数额。

提示　首先将贷款金额乘以月利率,确定第一个月后的期末余额。从还款额中减去这一金额,得出本金额,再从贷款余额中减去本金额。

住房财务

租赁选项

在租赁房屋或公寓之前需要考虑优点和缺点。

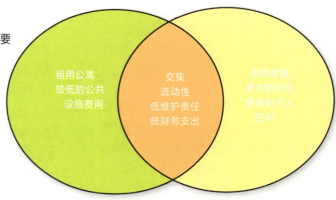

租用公寓
较低的公共
设施费用

交集
流动性
低维护责任
低财务支出

租用房屋
更大的空间
更多的个人
空间

租房成本

租房时，所需费用不仅是租金。

位置

生活空间

水电费等

押金

租户保险

租房成本

试一试

绘制如下所示的图，概述购房过程包含的步骤。

购房过程

步骤1　　步骤2　　步骤3　　步骤4　　步骤5

章节评估

章节总结

- 租房往往比购房便宜,并具有更高的流动性。
- 房屋所有权提供了稳定性、经济效益和随时间增长的价值。
- 租房具有流动性高,维护责任较轻,初始成本相对较低的优点;其缺点包括租金可能上涨,税收优惠少,以及活动受到限制。
- 租房的成本受到位置、生活空间、月租金和水电费、押金以及租户保险的影响。
- 购房的优点包括稳定性、个性化表达、税收优惠和随时间增长的价值;缺点包括财务风险、价值下跌的可能性、受限的流动性以及高昂的费用。
- 在评估房产时,要在整个社区穿行,考察房屋外部和内部情况,并进行房屋检查。
- 购买房屋需要交首付。
- 买方必须获得长期贷款或抵押贷款,来支付剩余的房款,必须支付成交费用。
- 出售房屋时,需要决定是否使用房地产经纪人的服务,做好准备,设定合理的价格,并保持房屋干净整洁。

词汇复习

1. 与同伴进行角色扮演,扮演正在讨论房屋成交相关准备工作的房地产经纪人和客户。写下你们之间可能发生的对话,使用至少下列术语中的10个。

- 流动性
- 租户
- 房东
- 租约
- 押金
- 租户保险
- 净值
- 托管账户
- 私人抵押贷款保险
- 考虑
- 抵押
- 点数
- 分期偿还

- 固定利率抵押贷款
- 可调利率抵押贷款
- 房屋净值贷款
- 再融资
- 成交
- 产权保险
- 契约
- 鉴定费
- 生活方式
- 复杂的
- 转租
- 住所
- 取消赎回权

延伸思考

2. **预测** 你认为你租房时会购买租户保险吗? 为什么会或为什么不会?

3. **权衡** 考虑租房与购房的优点与缺点,你认为在未来5年内哪种方式更适合你?

4. **推断** 租户和房东各自的基本责任是什么?

5. **总结** 回顾选择公寓时要考虑的标准,你认为其中哪些因素对你是最重要的?

6. **构想** 说明你寻找适合自己的房地产经纪人的过程。

7. **推理** 为什么想要孩子的年轻夫妇决定买房而不是继续租房?

8. **评价** 考虑各种房屋信息的来源,你认为哪种信息来源对你最有帮助?

9. **评估** 考虑自行出售房屋和委托房地产经纪人出售房屋的好处,你更喜欢哪种方法?

社会研究

10. 文化差异　在美国, 孩子靠自己生活通常被视作独立和成熟的标志。相反, 成年子女如果与父母住在一起, 有时会被视为异类。然而, 并不是在所有文化中都是这样。许多文化认为成年子女与父母一起生活并照顾父母是一种尊重的表现, 而且往往是一种义务。研究与家人一起生活或邀请家人与你共同生活的优点和缺点。你认为不同的文化为何对此有不同看法? 将你的发现写成一个总结。

数学

11. 贷款再融资　马库斯持有年利率为7.75%的抵押贷款。他当前的贷款余额是150 000美元, 从他最初贷款以来, 利率逐渐下降。马库斯可以选择以6.75%的年利率再融资, 银行将因再融资向马库斯收取5 000美元的成交费用。如果马库斯计划继续持有他的房子5年以上, 那么再融资对他来说是一个好的财务选择吗?

数学概念　**计算盈亏平衡点**　要计算盈亏平衡点, 你必须首先估算每年节省的利息, 然后用再融资的成交成本除以每年节省的利息, 来确定盈亏平衡点。

提示　为了计算盈亏平衡点, 应确定每年节省的利息估值。要实现这一点, 首先要从贷款的当前利率中减去新的利率, 用利率的变化乘以当前的贷款余额。

英语语言艺术

12. 住房选择　爱德华今年毕业, 他计划在一所本地学校上学, 同时做兼职工作。他正在决定是继续与父母住在一起, 还是和他的朋友一起租房子。请你评估两个选择的优缺点, 并向爱德华说明。写两段文字, 包括爱德华对他的决定的解释, 一个是对朋友的解释, 另一个是对父母的解释。一定要考虑爱德华应对不同人使用什么样的理由, 来更好地支持他的决定。

道德

13. 可调利率抵押贷款　假设你正和一些投资者一起开办自己的抵押贷款公司。你从以往的工作经历中了解到, 当利率上升时, 可调利率抵押贷款有时会迫使房主放弃抵押品赎回权。但是, 由于可调利率抵押贷款会为公司赚钱, 你的投资者正催促你向客户提供该选项。请同时考虑你对客户和对投资者的责任, 并想一想在提供可调利率抵押贷款的前提下, 如何帮助你的客户对自己的财务负责。请制订一份企业计划, 解释你将如何营销可调利率抵押贷款。

实际应用

14. 租赁协议　伊莎贝拉正在寻找她的第一套公寓。她知道她必须签署租赁协议, 但她有些担心, 她无法完全理解租约中的术语以及她的权利和责任各是什么。请你在网上找到公寓租赁协议的样本, 仔细阅读并评估租赁协议的每个部分, 然后用更简单的语言解释, 来帮助伊莎贝拉理解她的权利和责任的相关术语的含义。

租房或买房

　　阿图尔和艾琳娜已经存了足够的钱来购买房子，他们也找到了心仪的房子，但他们需要考虑住在那里的实际成本。他们现在的公寓的租金是每月700美元（每年8 400美元），房子的售价是85 000美元。他们还需要考虑其他费用。

阿图尔和艾琳娜的困境	
租房成本	
每年的租金	8 400美元
租房保险	170美元
每年租房总成本	**8 570美元**
购买成本	
首付（10%）	8 500美元
每年抵押贷款还款额	8 060美元
房产税（年成本）	1 275美元
抵押贷款保险（年保费）	536美元
房屋保险（年保费）	400美元
预估维护成本	**850美元**
房屋所有权带来的经济利益	
抵押贷款利息的税收减免	−1 820美元
房产税减免	−357美元
第一年的总购买成本	**17 444美元**
一次性首付	−8 500美元
预估每年增值（4%）[1]	−3 400美元
长期年购买成本	**5 544美元**

①全国平均水平，实际增值因地区和经济条件而异。

　　阿图尔和艾琳娜比较了年租赁成本（8 570美元）和年购买成本（5 544美元），认为购买城市住房是一项不错的投资。

比较

　　在一张纸上，使用上面的表格比较租房与购房的差异。在报纸上查看两居室的租金和售价，通过数据进行比较。

回顾与评估
为房屋所有权做准备

问自己

你有没有想过你将住的房子的类型？有没有考虑过购买房子需要多少贷款？为了拥有自己的房子，你愿意做出什么牺牲？回答这些问题可以帮助你为获得房屋所有权做好准备。

你的目标

你的目标是在购买房子之前完成决策和有计划地练习，以确保你能够获得一个让你满意并且负担得起的房子。

你将使用的技能

是否能成功确定目标并做好财务准备取决于你的技能。你可能会使用的技能包括以下几种。

- **学术技能**：阅读、写作和数学。
- **21世纪技能**：决策、运用金融知识、沟通和人际交往。
- **技术技能**：文字处理、键盘输入、互联网研究，以及计算器、电子表格和演示文稿软件的使用。

步骤1　探索住房选择

与购买其他东西一样，在购买房子之前，你必须决定自己想要什么。回答以下问题来确定你理想的房子是什么样的。

- 你更喜欢什么类型的房子（如共管公寓、独户住宅等）？
- 你想住在哪个地区或社区？
- 你想要或需要多大的空间？
- 你想要一个花园吗？
- 你需要一个车库或非露天的停车场吗？
- 你是否有想要的设施，比如壁炉或地板？

列出你理想的房子具备的所有特点，并按优先级进行排序。地理位置或者车库重要吗？你会拒绝缺少某个特点的房子吗？

步骤2　分析成本

明确了房子里有什么后，你需要计算你实际支付得起多少钱。查找并使用在线计算器来帮助你确定你支付得起多少钱。在本练习中，假设你每年的收入为45 000美元，考虑以下各项，即使其中一些成本项目不包含在在线计算器中。

- 首付
- 成交费用
- 每月抵押贷款还款（包括托管账户和税收）
- 每月水电费
- 维修和维护费

你可能希望与家里的成年人或一位朋友交谈，以便较好地估计水电费、一般维修和维护费。创建一个电子表格，以显示每项成本，你每月需要花多少钱，以及为了购买房子你每月需要存多少钱。

项目清单

步骤3　建立关系

　　一个好的房地产经纪人如何帮助你购买房子？与一位当地房地产经纪人进行会面，弄清楚基于步骤2你计算出来的价格，你在步骤1中的愿望是否现实？如果不现实，请求房地产经纪人帮你修改你的选项。你要问经纪人，他将如何帮助你找到合适的房子，以及一旦你找到了房子，接下来的步骤是什么。

- 与房地产经纪人一起检查你的优先级特点清单和电子表格。
- 在会面之前准备一些访谈问题，并准备纸笔进行记录。
- 练习积极的倾听技能。
- 如对房地产经纪人所说的有不理解的，请要求他说明。
- 尊重房地产经纪人的时间安排，并感谢他与你会面。
- 在问答记录中记录你的问题和答案。

步骤4　准备你的展示

　　使用项目清单来计划和准备你的展示。

步骤5　评价你的展示

　　你的展示将被根据以下内容进行评估。

- 评价量规。
- 优先级清单和成本研究的完整性。
- 技术——文章和展示的拼写和语法。
- 访谈技能。

计划

✓ 明确你希望房子有什么特征，并确定这些特征的优先级。

✓ 分析房屋所有权的成本，并确定你能在房子上花多少钱。

✓ 与你所在社区的房地产经纪人会面，请他说明他在购房过程中扮演的角色。

写一写

✓ 列出你希望房子拥有的所有特征。

✓ 对清单中的因素进行优先级排序。

✓ 创建一个电子表格来整理和计算购买房子时你需要考虑的各种成本，其中应包括用在线计算器确定的每月抵押贷款还款额。

✓ 写一份访谈问题清单。

✓ 用从交谈中获得的信息来完成问答记录。

展示

✓ 创建展示提纲。

✓ 添加图片并使用技术来优化你的展示。

✓ 语言简洁明了。

✓ 介绍你的优先事项和成本评估，并解释它们之间的关系。

✓ 分享你在访谈中的发现，并说明这可能如何改变你的优先事项。

✓ 回答同学的提问。

6 投资金融资源

看图说话

　　道琼斯（Dow Jones）、纳斯达克（NASDAQ）和标准普尔500（S&P 500）等股票市场指数被用来衡量和跟踪选定的共同基金和股票的平均业绩数据。这些信息对投资者和投资组合经理有何帮助？

你所在的世界

共同基金的利润和陷阱

　　一只共同基金是一家专业的管理投资组合的公司。共有8 000多只共同基金采用不同的投资策略。由于涉及专业性强的任务，有8 000多万人认为让专家管理他们的投资组合更加便利。然而，管理你共同基金的专家并不能保证你立即获得收入。你最终要对如何实现个人财务目标负责。考虑一下共同基金相对于个股的优势，你认为你更有可能购买共同基金还是股票？为什么？

大学和职业准备

投资组合经理　在考虑共同基金时，选择一个投资组合经理是一个重要的决定。投资组合经理这一职位需要经验、教育背景、培训和职业认证。投资组合经理应该具备哪些技能？你希望投资组合经理有什么样的个人品质？

经济学与你

经济指标和股票市场

　　那么，投资者如何知道何时进行买卖呢？许多投资者研究经济指标，以了解经济的健康状况。他们关注通货膨胀和失业率的变化，以及其他经济体在国际上的表现。投资者也会通过研究公司的财务报告来做出投资决策。即使有了这些信息，投资仍然存在风险。如果你以每股100美元的价格购买股票，一个月后股价跌至每股40美元，你会怎么做？你认为人们为什么要投资股票？为什么投资股票对我们的经济如此重要？

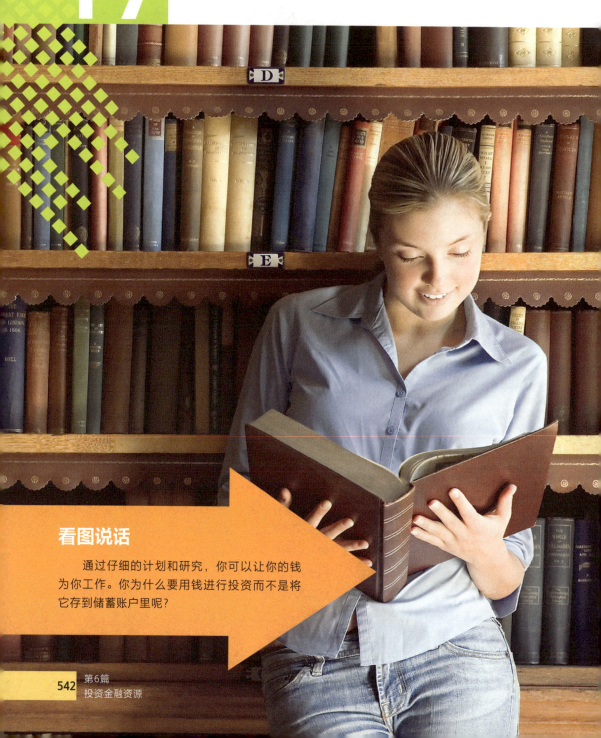

17

储蓄和投资

看图说话

通过仔细的计划和研究，你可以让你的钱为你工作。你为什么要用钱进行投资而不是将它存到储蓄账户里呢？

探索项目

计划未来

关键问题

为什么不可能为每个人制订一个"任何情况都适用"的投资计划？

项目目标

亚历克萨是一名大一新生，在兼职做办公室助理。她有一个定期支出的支票账户和一个用于赚取利息的储蓄账户。她已经开始研究股票、债券和共同基金，她发现投资计划比储蓄账户的利息更高。虽然有点紧张，但她对让自己的钱为自己工作感到兴奋。她希望毕业后投资房地产。

- 把自己放在金融理财规划师的位置。假设亚历克萨的财务状况稳定，针对她的情况制订一个具体的投资计划。
- 利用网络资源了解理财规划师这一工作。
- 如果可能的话，联系一位理财规划师了解更多信息。

考虑以下内容

- 亚历克萨的主要投资目标是什么？
- 在亚历克萨做长期投资决定之前，你会告诉她要考虑哪些因素？
- 根据她的性格和她所处的人生阶段，你会向她推荐哪种类型的投资？
- 你建议亚历克萨如何评估她的计划？

利用和管理信息

在咨询过程中，你会问亚历克萨哪些问题来确定她的财务稳定性？

重要见解

明智的投资者知道如何储蓄和计划，以达成目标和实现财务安全。

请教专家

投资

问： 付完账单后，我剩下的钱不多了。我把额外的钱都存了起来。既然我没有多少钱，为什么还要考虑投资呢？

答： 如果通货膨胀率高于你储蓄账户回报的增长速度，你会失去购买力。为了超过通货膨胀和税收，你为长期目标预留的钱需要比储蓄账户的利息更高，考虑其他可以获得更高回报的投资。

 写作任务

除了投资，你还可以做些什么来帮助自己实现长期的财务目标？假设你要为大学新生写博客，请提出5点建议，帮助新生节省开支。

阅读开始前

基本问题　你现在可以做什么研究和计划，以帮助自己确保未来的财务安全？

中心思想

当你了解了不同的投资机会和财务规划过程后，你就能根据自己的目标选择适合自己的储蓄或投资计划。

内容词汇

- 应急基金
- 投机性投资
- 股息
- 留存收益
- 投资流动性
- 股权资本
- 普通股
- 优先股
- 公司债券
- 政府债券
- 共同基金
- 多样化
- 财务规划师
- 免税收入
- 递延税收收入
- 资本利得
- 资本损失
- 招股说明书

学术词汇

在阅读和测试时，你会看到这些词。

- 手段
- 选择性的
- 到期
- 多样性
- 佣金
- 歧视

使用图表

在阅读本章之前，创建一个如下所示的 K-W-L-H 表。当你阅读的时候，记下关于投资你知道的、你想要知道的、你学到的，以及你如何学习更多的知识。

我知道的（K）	我想要知道的（W）	我学到的（L）	如何学习更多（H）

设立财务目标

为什么财务目标对你的未来很重要

当你展望未来时，你会想象拥有自己的房子，开始自己的小生意还是在 50 岁时退休？你可能想去旅行或成家。无论你想要多少东西，如果你付不起钱，你就无法得到它。

为了筹集资金，你需要仔细计划，并且在这个过程中保持自律。如果你存钱或投资是为了实现能让你快乐或财务安全的目标，那么你所做的牺牲是值得的。

储蓄或投资计划应从一个具体的、可衡量的目标开始。例如，你可能想要攒 15 000 美元，以便在毕业 5 年后支付房子的首付。对于这一目标，储蓄账户具有安全性，但不会使你的资产迅速增值。一项投资可能是安全的，也可能是有风险的；价值的增长可能是缓慢的，也可能是快速的，或者可能是降低的。

你也可以决定把钱存入<mark>应急基金</mark>（emergency fund）—— 一个你可以快速存取的储蓄账户，以应对意外开支或紧急情况。例如，你不得不支付汽车修理费，或者你失去了工作，那么你可以用你放在应急基金中的钱。

你的目标和价值观

你的目标应该与你的价值观相一致。在一种极端情况下，有些人会把每个月的薪水尽可能多地存起来或用于投资。对他们来说，实现长期的财务目标带来的满足感比在当前的事情，比如在周末旅行上花很多钱更重要。在另一种极端情况下，一些人在他们拿到下一份薪水前就把他们挣的每一分钱都花掉了。

记住，有 3 种类型的目标：短期目标、中期目标和长期目标。这种分类在规划你的投资时很有用。

概述目标

采取中庸之道可能是明智的。你可以把钱花在一些你喜欢的事情上，同时为储蓄或投资计划存够钱。你会发现，即使是小金额的定期储蓄或投资，也会随着时间的推移积累成一大笔钱。

本节目标

- 概述你的财务目标并且评估其如何与你的价值观保持一致。
- 总结如何为财务危机做好准备和在财务危机下的生存方式。
- 识别你可以用以投资的钱的来源。
- 描述影响你投资选择的因素。

阅读进行时

思考 你的个性和目标将如何影响你对投资和储蓄计划的选择？

重要职业

朱莉安娜·斯皮尔德 投资分析师

有些人觉得金融界让人畏惧，但我却对它着迷。获得经济学学士学位后，我成了一名投资分析师，帮助公司和个人做买卖证券的决定。每一天，我都要跟踪股票的表现，准备有关股票财务状况的报告，分析财务信息以预测商业、工业和经济状况。我用这些信息来解释有关价格、收益、稳定性和未来投资趋势的数据。我收集和评估财务报表，行业、监管和经济信息，以及金融期刊和报纸。我喜欢发现新闻和经济学之间的联系，我喜欢在不可预测的金融世界中寻找模式。如果你想从事像我这样的职业，那就去攻读金融领域的学士学位，并在毕业前考虑一下暑期实习的机会。

职业探索

上网了解投资分析师的职责和要求。

1. 为什么投资分析师需要了解世界新闻和时事？

2. 什么证书对投资分析师有用？该岗位有哪些认证要求？

职业细节 ▶

技能	教育	职业道路
数学、统计学、经济学以及团队工作技能	金融学、经济学或商学学士学位，工商管理硕士或职业认证	投资分析师可以成为金融咨询师、股票经纪人以及证券销售代理

要想发挥作用，投资目标必须是具体的、可衡量的。它们还必须适合你的特殊财务需求。当你概述你的财务目标时，问自己以下问题。

- 我想怎么花钱？
- 我需要多少钱才能达到我的目标？
- 我怎么才能得到钱？
- 储蓄这笔钱需要多长时间？
- 当我投资时，我愿意承担多大风险？
- 经济或生活中的哪些情况会改变我的投资目标？
- 我的目标是否合理？我是否考虑了我现在或未来的情况？
- 我愿意为储蓄做出牺牲吗？
- 如果我没有达到我的目标会发生什么？

 阅读进展检查

解释 为什么建立一个应急基金是明智的？

财务检查

你如何评估自己的财务状况

在你考虑投资之前，你必须采取措施以确保你的个人财务状况良好，然后准备好处理意外的开支，并准备好推进你的财务计划。有关如何进行财务检查的建议，见图17.1。

度过金融危机

金融和银行业危机凸显了管理个人财务和储蓄投资计划的重要性。由于国家经济问题，许多人措手不及，不得不争先恐后地找钱支付每月的账单。这些人中的许多人不得不借钱或使用信用卡才能从一个发薪日活到下一个发薪日。一些人被迫以低价出售其部分或全部投资，只为购买日常必需品。

要为金融危机做好准备并生存下来，许多专家建议你采取行动，确保你的财务状况良好。以下是你可以采取的一些行动。

1.建立比平时规模更大的应急基金。在正常情况下，应急基金或3个月的生活费是足够的，但你可能希望在预期危机发生时增加你的资金储备。你可以考虑在你的应急基金中存入6个月的生活费。

2.知道你欠了什么。列出你所有的债务和每月需偿还的金额，然后确定必须偿还的债务。这些债务通常包括抵押贷款、租金，以及医药、水电、食物和交通等费用。

3.减少支出。削减基本开支，减少在娱乐、就餐和度假上的开支。虽然这并不令人愉快，但从中节省下来的钱可以用来增加应急基金或支付日常必需品。

4.还清信用卡。养成每月全额支付信用卡账单的习惯。如果你有信用卡余额，先还清利率最高的信用卡。

5.向你的银行、信用社或金融机构申请信用额度。信用额度是预先批准的贷款，将为未来的紧急情况提供现金。

6.如果你无法付款，通知信用卡公司和贷款人。虽然不是所有的贷款人都愿意帮助你，但是很多人会和你合作，降低你的利率，减少你的每月还款，或者延长还款时间。

7.关注你的投资和退休账户的价值。例如，跟踪你的股票、共同基金和退休账户的价值，这将帮助你决定在紧急情况下需要现金时出售哪些投资。持续评估你的投资也可以帮助你重新分配，以减少投资风险。

最重要的是，不要惊慌。虽然金融问题会带来压力，但保持冷静且考虑所有的选择可能有助于减轻压力。记住，破产应该是最后的手段和选择。原因很简单，破产记录将在你的信用报告上保留长达 10 年。

阅读进展检查

列出 确定为度过金融危机你应该采取的步骤。

得到投资计划所需的资金

投资资金的来源有哪些

设定好目标，完成财务检查后，你就可以开始储蓄或投资了，但是首先你要有资金。这里有一些得到资金的方法。

首先付钱给自己

人们常常把付清了所有支出之后剩下的钱存起来或进行投资。正如你猜到的，在许多情况下，没有剩余的钱。这里有一个更好的方法。

1. 把你想要储蓄的钱计入每月的支出，先付那笔钱，把它看作你应向自己支付的账单。

2. 每月支付生活费用，如房租和食物的费用。

3. 把剩下的钱用于个人开销，比如去看电影或买一张新 CD。

雇主赞助的退休计划

如果你的雇主提供退休计划，通常是 401（k）/ 403（b）计划，你可以使用这些计划。储蓄很简单，因为银行会自动从你的工资中扣除你选择储蓄的金额。许多雇主会相应支付你在储蓄中省下来的钱。例如，你每缴纳 1 美元，你的雇主可能会投入 25 美分、50 美分，甚至 1 美元，这将使你的储蓄增加。此外，存入退休计划的钱在你提取（通常是在退休年龄）之前是免税的。

图17.1 你的财务检查

保持有序 保持个人财务有序是实现长期财务目标的重要一步。还有什么其他有助于你的财务状况井然有序？

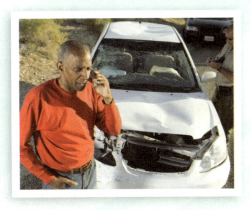

2 有保险 当你独自生活的时候，你应该有足够的保险来弥补如车祸、医疗事故或盗窃等事件造成的损失。

1 平衡预算 花的比赚的少，远离债务，限制你的信用卡使用，最终，你支付账单后剩余的现金会增加。你可以用这笔钱开始一个储蓄计划。

3 建立应急基金 存一些钱，这样你就可以快速为突发状况买单，比如无法工作。你应该有足够的钱支付3~9个月的生活费用。

4 有其他现金来源 金融机构的信用额度或信用卡公司的现金提取功能可以在紧急情况下使用。

开始一项雇主赞助的或私人的退休计划是你年老时获得财务保障的重要一步。随着社会保障制度的完善，大多数人除了需要社会保障外，还需要退休收入。你要关注和核对公司的匹配策略，因为经济危机会导致雇主暂时减少或取消雇员退休计划中的匹配条款，以减少成本。

选择性的储蓄计划

一些雇主提供从你的薪水中自动扣款并存入标准储蓄账户的选项。

你也可以自己安排一个共同基金或经纪公司每月从你的银行账户中提取一定的金额进行投资，这是一种简单的储蓄方式，因为你不需要考虑。如果你从未见过这些钱，你可能就不会那么想去使用它们。可选的储蓄计划是为传统的个人退休账户或罗斯个人退休账户提供资金的绝佳方式。

特殊的储蓄方法

另一种储蓄方法是你每年留出一个特定的时间段，在这个时间段里你要大幅削减开支，把省下来的钱投入投资基金。许多理财规划师建议你每年削减一到两个月的基本开支。

礼物、遗产和意外之财

在你的一生中，你可能会收到作为礼物的金钱，或者继承一些金钱。你还可能获得奖金、退税款和加薪。你会用这些钱做什么？人们通常选择把这些额外的钱花在他们在正常情况下买不起的东西上。其他人可能会选择将这笔钱存入他们的储蓄计划或投资计划。考虑以下纪焕的计划，你是否会做出同样的选择。

当纪焕收到所得税退税时，他的朋友们认为这是他购买大屏幕电视机的最佳时机。但当纪焕决定把钱存入一个能获得 6% 利息的存单时，他的朋友们很失望。纪焕并不介意看父母的小屏幕电视，因为他的存款在增加。没有人让你省钱来进行储蓄或投资计划，你必须自己做选择。

阅读进展检查

描述 首先付钱给自己意味着什么？

文件探索

储蓄目标工作表

为了购买大宗商品或实现财务目标，你需要一个储蓄计划。储蓄计划将帮助你决定你需要多少钱达到什么目标，以及实现目标需要多长时间。储蓄目标工作表包含以下信息。

- 你的储蓄目标。
- 你拥有的资金。
- 达到目标所需的金额。
- 达到目标的预期日期。
- 达到目标的实际日期。

储蓄目标工作表						
姓名：苏珊·沙普						
目标	目标日期	成本（美元）	当前资产（美元）	仍需金额（美元）	达到目标的时长	今年储蓄金额（美元）
购房首付	2015年	30 000	5 000	25 000	5年	5 000
买一辆新车	2013年	22 000	7 000	15 000	3年	5 000
为退休储蓄	2040年	500 000	10 000	490 000	30年	10 000

关键点 储蓄计划应该体现你的野心，但不能不切实际，不要试图设定你无法达到的目标。你每年还应该至少重新评估一次你的储蓄计划，以确保其符合你的目标。

寻找 解决方案

回顾关键概念

1. 苏珊应该存多少钱才能达到她的目标？

2. 苏珊今年应该节省多少钱来实现她的目标？

3. 除了储蓄，苏珊还能用什么资产来买新车？

4. 为什么苏珊每年都需要调整她的计划？

5. 苏珊的退休储蓄计划要求她30年内每年储蓄1万美元，以存够30万美元。然而，她需要49万美元。这一设置遗漏了使苏珊实现她储蓄目标的什么因素？

长期投资计划

你为什么应该投资长期计划

    许多人没有开始投资，是因为他们没有多少钱。其他人则认为，他们太年轻，无法投资。然而，银行账户里只有少量的钱不应该是你拒绝投资的理由。记住，金钱的时间价值使少量的钱可以累积、增加。

    表 17.1 显示了不同期限和不同回报率下 2 000 美元的增长情况。回报率是你的储蓄因赚取的利息而增值的百分比。请记住，你必须持续向你的投资中添加资金，才能看到表 17.1 中的增长。

 阅读进展检查

解释　什么是回报率？

表17.1　长期投资和增长

疯狂增长　假定你每年年底投资 2 000 美元，本表中显示了不同回报率下的增长情况。你愿意长期每年投资 2 000 美元吗？为什么愿意或不愿意？

回报率	年末余额（美元）					
	1	5	10	20	30	40
4%	2 000	10 832	24 012	59 556	112 170	190 052
5%	2 000	11 052	25 156	66 132	132 878	241 600
6%	2 000	11 274	26 362	73 572	158 116	309 520
7%	2 000	11 502	27 632	81 990	188 922	399 280
8%	2 000	11 734	28 974	91 524	226 560	518 120
9%	2 000	11 970	30 386	102 320	272 620	675 780
10%	2 000	12 210	31 874	114 550	328 980	885 180
11%	2 000	12 456	33 444	128 406	398 040	1 163 660
12%	2 000	12 706	35 098	144 104	482 660	1 534 180

图17.2 投资层次

建立一个基金 没有坚实的基础，你就有失去投入的资金的风险。是否每个投资者都应该在这4个层次上进行投资？为什么应该或不应该？

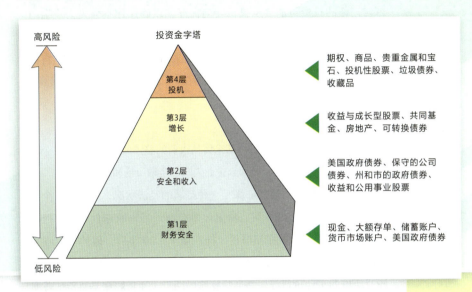

投资金字塔

高风险

低风险

第4层
投机

第3层
增长

第2层
安全和收入

第1层
财务安全

期权、商品、贵重金属和宝石、投机性股票、垃圾债券、收藏品

收益与成长型股票、共同基金、房地产、可转换债券

美国政府债券、保守的公司债券、州和市的政府债券、收益和公用事业股票

现金、大额存单、储蓄账户、货币市场账户、美国政府债券

做出投资决策

在你做投资决策时应该考虑哪些因素

一旦你知道你需要多少钱来实现你的目标，你就必须考虑把钱投到哪里。为了做出这个决定，你需要了解不同的风险因素。此外，你应该考虑每一项投资的收入和增长潜力，以及它的流动性。

安全和风险

在金融界，安全和风险这两个词有特定的含义。安全意味着你在投资中损失金钱的可能性相当小。风险表明你不能确定投资的利润。

一般来说，如果你选择一个安全的投资，你的回报率会很低。而**投机性投资（speculative investment）**被认为是高风险的投资，你可能在短时间内获得巨大的利润。投机性投资的缺点是存在损失投入的大部分或全部资金的可能性，见图 17.2。

一个基本原则总结了安全因素和风险因素之间的关系：任何投资的潜在回报都应该与作为投资者的你承担的风险直接相关。你对待风险的态度会因你所处的环境不同而有所不同。例如，年轻的时候，你可能更愿意冒险，因为你有长期的投资目标；当你年岁渐长，接近退休时，你的投资可能会从投机转向保守，以确保你不会失去毕生的积蓄。

刚开始投资的人可能会害怕投资带来的风险，关键在于确定自己愿意承担多大的风险，然后选择回报更高、风险不是很高的优质投资。

风险的5个组成部分

分析投资中引发风险的因素来评估投资的整体风险。风险的 5 个不同组成部分是通货膨胀、利率、企业失败、金融市场和全球投资。

通货膨胀风险　通货膨胀是一种持续的经济状况，它对每一个人都有影响。比如，1990 年，哈里·梅杰斯开了一家熟食店，他把赚来的第 1 个 1 美元装在相框里，挂在墙上。20 年后，他的一位顾客提醒他，他 1990 年赚到的 1 美元现在还买不到 50 美分的意大利腊肠。哈里的美元价值损失是通货膨胀的结果，通货膨胀是物价的普遍上涨，对每个人都有影响。

投资可以帮助你超越通货膨胀。然而，在快速投资的时期，你的投资回报可能跟不上通货膨胀的速度。当这种情况发生时，你就失去了购买力，你的钱能买到的东西就更少。

你可以计算通货膨胀对你投资的影响。首先，从通货膨胀率中减去你的利率，这是你转换成百分比的购买力损失。然后，用这个百分比乘以你最初的投资额，所得结果是你失去的以美元计算的购买力（见 P556 的"计算"）。

此外，你还可以根据你持有投资期间的通货膨胀率，计算出你投入的资金的当前价格。用你最初的投资额乘以通货膨胀率，接着把这个数字加到你最初的投资额上，这一结果就是你今天进行同样的投资要花费的资金。有些投资可以更好地保护你不受通货膨胀的影响。例如，从 1926 年到 2002 年，经通货膨胀调整后的普通股复合回报率为7%，而美国短期国库券经通胀调整后的复合回报率仅为 0.6%。在这段时间里，普通股比美国短期国库券更能抵御通货膨胀。

埃塞俄比亚

投资祖国

移民可能使个人受益，但也可能削弱一个国家的经济实力。当有才能的公民离开祖国，到另一个国家谋生时，他们就离开了祖国的劳动力市场和社区，这对发展中国家的影响尤为严重。

埃塞俄比亚已经找到了一种阻止这种破坏的方法，即鼓励那些离开埃塞俄比亚的人继续在祖国进行投资。因此，尽管失去了有价值的工人，埃塞俄比亚的经济仍在增长。埃塞俄比亚政府一直致力于鼓励这种投资，税收和投资政策更加明确，政府监管也更加宽松。政府还向移居国外的公民发行散居债券或债务凭证，鼓励他们将资金投资于国内。出售这些债券获得的资金将用于埃塞俄比亚的发展项目。移民也经常把他们学到的知识带回祖国。一位经济学家利用她在美国接受的教育和在世界银行（World Bank）的工作经验创建了埃塞俄比亚商品交易所（Ethiopia Commodity Exchange），该交易所将农民与计算机化的全国性市场联系起来，以衡量粮食产量，进而与国际接轨。投资帮助这个发展中国家培育了非洲最健康的经济体之一。

批判性思考

1. 扩展　研究埃塞俄比亚商品交易所，它是如何帮助该国发展农业的？
2. 关联　埃塞俄比亚政府可以为投资者提供信心和便利，但投资者可能会发现，同样的投资，在其他国家可能会有更好的回报率。为什么移民愿意把钱投资在国内？

数据库

首都
亚的斯亚贝巴

人口
96 633 458

语言
阿马里娜语、奥罗米尼亚语、泰格里亚语、索马里语、瓜拉吉尼亚语、西塔米尼亚语、哈迪尼亚语

货币
埃塞俄比亚比尔

国内生产总值
473.4亿美元

人均国内生产总值
1 300美元

工业
食品加工、饮料、纺织品、皮革、化工、金属加工、水泥

农业
谷类、豆类、咖啡、油籽、棉花、甘蔗、马铃薯、皮革、牛、绵羊、山羊、鱼

出口
咖啡、黄金、皮革制品、活体动物、油籽

自然资源
咖啡、黄金、动物皮、活体动物、油籽

通货膨胀率和投资

在一年内，若价格和生活成本上涨，你的钱可以买到的东西更少，价值也会比前一年更低。例如，今年500美元可以买到的东西将少于去年的。

实例　妮娜存了500美元，存期一年，利率为3%。那一年的通货膨胀率是5%。她损失了多少购买力？在年底，她需要多少钱才能买到她一年前用500美元买的东西？

1. 计算购买力损失百分比

公式　通货膨胀率 − 利率 = 购买力损失百分比

解答　5% − 3% = 2%

2. 计算以美元计算的购买力损失

公式　初始金额 × 购买力损失百分比 = 购买力损失金额

解答　500美元 × 2% = 10美元

妮娜损失了10美元。

3. 计算当前相同投资的成本

公式　初始金额 × 通货膨胀率 + 初始金额 = 投资现价

解答　500美元 × 5% + 500美元 = 525美元

妮娜需要525美元才能买到她一年前用500美元买到的东西。

轮到你了

一年前，你将做兼职所得的1 000美元存入储蓄账户，一年的利率是6%。那一年的通货膨胀率是4%。你需要多少钱来买你一年前用1 000美元能买到的东西？

利率风险　如果你把钱投入一项能给你带来固定回报率（稳定利率）的投资，比如政府债券或公司债券，且利率上升，你的投资价值就会下降。如果你不得不出售债券，你将得到比购买时预计的更少的收益。

如果利率上升，要计算1 000美元债券的市场价格，可以用8%的固定利率所得的利息除以新的更高利率10%（见 P556 的"计算"）。如果你持有该债券直至到期，你将拿回全部1 000美元，但你只能获得8%的年利息。

企业失败的风险　这类风险常出现于普通股、优先股和公司债券。当你购买股票或公司债券时，你是在投资一家特定的公司，你在赌公司会经营成功。然而，它可能会失败，尤其是如果公司管理不善的话。即使公司提供了有价值的产品或服务，也不能保证收到客户的积极反应。较低的利润通常意味着较低的**股息（dividends）**，股息是公司分给股东的钱、股票或其他财产。如果公司宣布破产，你的投资可能会一文不值。你最好的保护措施是仔细研究你投资的公司。另一个好办法是投资多家公司。

金融市场风险 经济增长并不像大多数投资者认为的那样可以预测。有时，股票、债券、共同基金和其他投资的价格会因为金融市场的整体状况而上下波动。即使一家公司的财务状况一直是健康的，其股票的价值也可能下降。影响金融市场的因素包括社会和政治状况。例如，石油库存的价格可能受中东政治局势的影响，因为中东是世界上大部分石油的生产地。

全球投资风险 如今，许多投资者投资其他国家公司发行的股票和债券，以使投资组合多样化。当美国股市下跌时，全球其他市场可能会上涨。由于这类投资可能存在风险，金融分析师建议小投资者投资全球共同基金，而不是一家公司的国际股票。美国公司提供全球共同基金的交易，这些共同基金专注于世界其他国家或地区运营的公司。共同基金包括许多公司的股票或债券，比一家公司的股票或债券更安全。如果你计划投资美国以外的公司，请采取以下步骤。

1. 像评估美国投资一样评估国际投资。要知道，由于其他国家的会计准则不同，你可能很难发现外国公司的真实财务状况。

2. 考虑汇率。汇率可能会给你的投资回报带来有利或不利的影响。例如，你购买一家法国公司的股票，股票红利将以欧元支付给你，然后再兑换成美元。

计算　数学

利率上升时的债券市场价格

如果你在到期日之前卖出债券，且此时债券利率高于购买时的利率，那么债券的利息收益就会减少。

实例 你买了1 000美元的公司债券，固定利率为8%，你每年赚80美元(1000美元 × 8% = 80美元)，直至到期日。如果你在到期日之前卖掉这些债券且债券利率为10%，你将以什么价格卖出？

公式 实际赚取利息/新利率 = 市场价格

解答 80美元/10% = 800美元
你将得到800美元，也就是有200美元的损失（1 000美元 - 800美元 = 200美元）。

轮到你了

你买了1 500美元的公司债券，固定利率为8.5%，你每年赚127.50美元（1 500美元 × 8.5% = 127.50美元），直至到期日。如果你在债券到期日之前卖掉且利率为11%，你将以什么价格卖出？

利率下降时的债券市场价格

当债券利率低于购买时的利率，你可以在到期日之前卖出债券以获利。

实例　你以1 000美元公司债券将获得固定利率8%的利息，即每年80美元利息（1 000美元 × 8% = 80美元）。如果你在到期日前，债券利率为6%时卖出，你将以什么价格卖出？

公式	实际赚取利息/新利率 = 市场价格
解答	80美元/6% = 1 333.33美元

你将得到1 333.33美元，这也就是说你有333.33美元
（1 333.33美元 − 1 000美元 = 333.33美元）的收益。

轮到你了

你的1 200美元的公司债券的固定利率为8.5%，每年有102美元利息（1 200美元 × 8.5% = 102美元）。如果你在到期日之前，债券利率为6%时卖出，价格会是多少？

此外，请记住，一个国家的经济和政治稳定会影响你的投资价值。投资于其他国家的公司发行的股票和债券是有风险的。只有有经验的投资者才应该考虑这个选择。

投资收入

有许多其他类型能产生收益的投资。如果你想要一个可靠的收入来源，你有几个选择。最安全的投资包括储蓄账户、大额存单、美国储蓄债券和美国短期国库券。这些选择也是最可预测的收入来源。有了它们，你就能知道利率以及某个特定日期的利息收入。

其他投资收入来源包括政府债券、公司债券、优先股、公用事业股、某些普通股、年金和稳定的共同基金。如果投资收益是主要目标，这些投资是可行的选择。在投资股票或公司债券之前，你要了解公司的总体利润、股息支付历史和未来前景，在投资前一定要查清楚与年金相关的费用。

房地产的租金也提供收入，但并没有保障。例如，你有空房或昂贵的维修费用，你从出租房屋上获得的利润可能低于预期。此外，房地产投资信托基金（Real Estate Investment Trusts, 简写为 REITs）也不提供收入担保。信托类似于共同基金。

投机性投资，如大宗商品、期权、贵金属、宝石以及收藏品等的投资潜在收益较小，风险较大。这些类型的投资更适合拥有相关市场的专业知识和经验的投资者。

投资增长

对投资者来说，增长意味着他们的投资将增值。最好的增长机会通常来自普通股，特别是成长型股票。成长型股票是公司发行的普通股。与其他公司股票相比，这类股票有获得高于平均水平利润的潜力。

成长型公司通常会将利润进行再投资，而不是派息。<mark>留存收益（retained earnings）</mark>是公司用于再投资的利润，通常用于规模扩张或进行研究和开发。由留存收益提供资金的增长通常有助于提高股票的价值。因此，成长型公司的股票可能不会立即提供现金股利，但你将从中受益，因为你的股票可能会增值。

投资流动性

进行投资选择时要考虑的最后一个因素是<mark>投资流动性（investment liquidity）</mark>，即在不大幅降低投资价值的情况下快速买卖的能力。你也许能够快速卖出一些投资，但一些条件或因素可能会阻止你重新获得最初的投资。

储蓄账户是高流动性投资的一个例子。低流动性的投资需要更多的时间来出售你的投资。房地产投资通常是低流动性的投资，因为找到买家需要时间。

冒险
　　避免某些风险通常是明智的。为什么缺乏经验的投资者应该推迟投资大宗商品？

回顾关键概念

1. **识别**　列出你可以用于投资的资金来源。

2. **解释**　描述影响你投资选择的因素。

3. **总结**　描述你应该采取的准备和应对金融危机的步骤。

4. **关联**　概述你的财务目标，并描述它们如何与你的价值观相一致。

延伸思考

5. **思考**　重读"礼物、遗产和意外之财"那部分内容，如果你收到一笔可观的所得税退税，你会做出和纪焕一样的选择吗？解释你的答案。

英语语言艺术

6. **离岸投资**　人们普遍认为，离岸或国际投资比国内投资更为复杂。然而，进行离岸投资与国内投资的方式基本相同。例如，当你寻找一只外国共同基金时，你应该根据你在国内寻找共同基金的特征来进行寻找，比如随着时间的推移，相对业绩较好，费用也合理。研究离岸投资，并写一份简短的报告，描述其优缺点。

数学

7. **进行储蓄**　妮娜和她的朋友们正在计划年底的旅行。为了去旅行，她需要存5 000美元。妮娜每年的收入为50 000美元，每月的开支为3 500美元。她还想把每月的盈余用于投资。在不增加额外开支的情况下，妮娜能在12个月内存足够的钱去旅行吗？　在这种情况下，她每个月有多少钱可以用于投资？

数学概念　**计算储蓄潜力**　要计算储蓄潜力，你需要从你的净收入中减去你的储蓄需求，以确定可供投资的盈余。净收入是指支付所有费用后的剩余收入。

提示　将年薪和旅行总成本分别除以月数，确定每月收入和每月需要存储的旅行费用。

投资的类型

你会如何投资

当你的个人财务状况良好，有了应急基金，有了投资资金，并且知道自己可以承担多大的风险时，你就可以开始研究其他投资选择了。投资选择包括股票、公司债券、政府债券、共同基金和房地产。

股票

若企业由一个人拥有且仅从这一个所有者那里获得运营资金，那么这个所有者就是独资经营者。在合伙企业中，合伙人提供资金或股权资本。**股权资本（equity capital）**是企业为了经营而从所有者那里获得的资金。公司从股东那里获得股权资本，当股东购买公司的股票时，股东就成为公司的所有者。股票的两种基本类型是普通股和优先股。

普通股 **普通股（common stock）**是公司所有权的单位，它赋予所有者或股东投票权。如果公司支付股息，普通股有时可以成为收入来源。如果股票的价值增加，股票还可以提供增长利润。此外，如果公司"分割"股票，或将股票分割成更多数量的股票，股东就会获益，因为他们将获得更多的股票。大多数大公司通过出售普通股获得需要的资金。

优先股 公司也可以发行**优先股（preferred stock）**。优先股是一种股票，它使所有者享有在普通股股东之前获得现金股利的优势。如果一家公司有财务问题，这一点很重要。如果一家公司倒闭，优先股股东将先于普通股股东获得分配股息和剩余资产的权利。

投资股票可能是一项有吸引力的投资，因为作为所有者，股东可以分享公司的成功。然而，在投资股票之前，你应该考虑几个事实。

1.公司不会偿还你买股票的钱。如果你想卖出你的股票，另一个投资者必须通过股票经纪人购买你的股票。

2.你的股票当前的价值部分取决于其他投资者愿意为你的股票支付多少钱。

3.公司不需要支付股息。如果公司今年业绩不佳或决定将收益再投资，董事会可以投票决定不分配股息。

本节目标

- 描述股票的两种基本类型。
- 比较公司债券和政府债券。
- 识别房地产投资的主要目标。
- 解释多元化的目的。
- 列出制订个人投资计划的步骤。

阅读进行时

决定 当你学习储蓄和投资时，请确定你是愿意投资股票，还是愿意把钱存起来。

公司及政府债券

你也可以考虑投资债券。投资者可以考虑两种类型的债券：公司债券和政府债券。**公司债券（corporate bond）**是公司偿还一定数额的资金和利息的书面凭证。**政府债券（government bond）**是政府或市政当局（如城市）以书面形式承诺连本带利偿还一定数额款项的凭证。当你购买债券时，你是在一段时间内借钱给公司或政府。

债券价值 影响债券价值的两个关键因素为：债券是否会在到期时被偿还；公司或政府实体是否有能力在到期时支付利息，或其到期时的财务状况。到期期限从 1 年到 30 年不等，债券利息通常每 6 个月支付一次。你可以持有债券直到到期，然后赎回，也可以把它卖给其他投资者。无论哪种情况，债券的价值都与公司或政府机构在债券到期时偿还债券的能力密切相关。如果公司或政府机构不能支付债券的利息，那么这些债券的价值就会下降。

基金

投资共同基金是投资者将资金集中起来购买股票、债券和由投资公司的职业经理人挑选的证券。他们的知识对于缺乏经验的投资者来说是一个优势。如果其中一只股票或证券表现不佳，损失可以被共同基金内另一只股票或证券的收益抵销。

房地产

房地产投资的目标是拥有增值的房产，这样你就可以以较高的价格出售，或者获得租金收入。当你投资房地产时，你需要弄清楚该房产的价格是否与同类房产相同。你还需要知道什么融资是可用的，以及财产税的成本。

在决定购买房产之前，请先考虑以下问题：现在的所有者为什么出售此房产？该房产状况是否良好？该地区其他房产的状况如何？该房产有贬值的可能吗？当你出售房产时，请考虑以下问题：你能找到感兴趣的买家吗？买家购买该房产能否获得融资？

阅读进展检查

解释 没有经验的投资者如何从投资共同基金中获益？

评估投资选择

你将如何使你的投资多样化

你已经了解了安全、风险、收入、增长和流动性如何影响投资选择，还研究了不同的投资可能性，你会选择哪一种投资？

当你做出选择时，请记住多样化是明智的。**多样化（diversification）**是将你的资产分散在几种不同类型的投资中以降低风险。你应该避免"将所有的鸡蛋放在一个篮子里"。多样化通常用百分比来表示。例如，我想把多少比例的资产投资于股票和共同基金，我想把多少比例的资产投资于债券或大额存单。一些经纪公司构建了投资组合模型，见表 17.2。无论你的年龄多大、所处的环境或金融知识水平如何，这种策略都能提供财务增长和保护。一些经纪公司允许你以组合投资的形式购买证券。记住这条规则：任何投资的潜在回报都应该与投资者承担的风险直接相关。

表17.2 投资组合

多样化 表中最后一行是非常积极的投资组合。为什么这种资产配置最有可能获得高额回报？

模型名称	资产分配	
保守的投资组合	股票及共同基金 债券和大额存单 现金和现金等价物	15%～20% 70%～75% 5%～15%
积极的投资组合	股票及共同基金 债券和大额存单 现金和现金等价物	65%～70% 20%～25% 5%～15%
非常积极的投资组合	股票及共同基金 债券和大额存单 现金和现金等价物	80%～100% 0～10% 0～10%

提高吸引力

　　房地产经纪人可以就卖方如何提高房子的吸引力提出建议。如果你想卖房子，你觉得值得花钱来改善你的房子吗？

　　查看表 17.2 中所示的每个投资组合，哪种投资组合最适合你？这个问题的答案往往与你对风险的容忍度有关。记住一条基本原则：任何投资的潜在回报都应该与投资者承担的风险直接相关。虽然投资者经常说他们想要更高的回报，但他们必须愿意承担更大的风险，才能获得更高的回报。

 阅读进展检查

决定　　你如何确定哪种投资组合最适合你？

制订个人投资计划

如何制订投资计划

　　要成为一名成功的投资者，需要制订计划并付诸行动。每个人都有不同的想法和目标，首先确定投资目标，然后坚持下去。通常，坚持到底是一个成功的、长期的个人投资计划中最重要的组成部分。按照一系列的步骤，开始投资赚钱吧。

　　思考这个例子：金妮是单身，最近刚开始她毕业后的第一份全职工作。她每月的实得工资（扣除税金和其他项目后）是 1 600 美元。她每月的开销是 1 200 美元。她每月有 400 美元的盈余。她用盈余建立了一个应急基金。她的祖父去世后，她得到了 5 000 美元的遗产。她计划用这笔钱来投资。图 17.3 展示了金妮是如何制订她的个人投资计划的。你的计划可能不同，但制订计划的步骤是一样的。

图17.3 **金妮的个人投资计划**

总体规划 在审核了所有的选择之后，金妮决定购买大额存单和共同基金。你认为她为什么做出这个决定？

你可能会发现这些步骤对入门很有帮助。

1. 确立投资目标。

2. 确定你需要多少钱来达到目标。

3. 确定你需要投资的金额。

4. 列出你想要评估的所有投资。

5. 评估每项投资的风险和潜在回报。

6. 将你潜在投资清单上的选项减少到合理的数量。

7. 选择至少两项投资，使你的投资具有多样性。随着你所持资产价值的增长，你可能想要增加更多投资。

8. 由于你的投资目标可能会随着你的生活而改变，因此请定期检查你的投资计划。请记住，经济的变化会影响你的投资。例如，大额存单的利率很高，你可能会想在大额存单上投资一些钱。

制订你的个人投资计划，确立你的目标，然后贯彻执行。如果你的目标对你很重要，你会努力去实现它。

回顾关键概念

1. **识别**　房地产投资的主要目标是什么?

2. **列出**　制订个人投资计划的步骤是什么?

3. **描述**　股票的两种基本类型是什么?

4. **解释**　多样化的目的是什么?

5. **比较**　公司债券和政府债券有什么相似之处和不同之处?

延伸思考

6. **评估**　体育纪念品、漫画书和古董等收藏品可能是很有价值的,并且可能是很好的投资。你认为投资收藏品的风险是高、中还是低? 解释你的答案。

21世纪技能

7. **分析媒体**　从买什么鞋到吃什么食物,媒体会对你购买的每件东西产生巨大的影响。对于金融领域,媒体效应理论指出,报纸、杂志、电视和网络上的新闻影响或加剧了当前的经济趋势。上网或去图书馆查阅有关经济的最新新闻,以本章中的主题为指导,收集可能影响投资者行动的财经新闻。在课堂上,讨论将媒体作为金融信息来源的利弊。

数学

8. **退休计划**　2010年,皮埃尔40岁,他打算在55岁退休。他的退休账户中目前有500 000美元,他希望退休时能存够1 000 000美元。他还想在3年内以30 000美元的价格购买一艘船,他已经为此储蓄了10 000美元。建立一个储蓄目标工作表,以确定目标日期、成本、当前资产、仍需金额、达到目标的时长,以及他每年为退休和买船需要储蓄的金额。

数学概念　**计算退休储蓄**　要计算实现退休计划和消费目标所需的年度储蓄金额,首先要用退休年龄减去当前年龄,以确定达到目标的时长。将此结果与当前年度相加,以算出退休的"目标日期"。"成本"是指退休时所需的金额。"仍需金额"是成本减去当前资产所得的结果。

提示　将仍需金额除以达到目标的时长,以确定今年要储蓄的金额。对于购买船只的目标,遵循相同的步骤。

财务规划师

财务规划师的角色是什么

当你做投资决策时，你可能需要咨询一位<mark>财务规划师（financial planner）</mark>，一位受过专门培训的提供具体金融帮助和建议的专家。

在决定是否需要财务规划师时，你需要考虑两个主要因素：你的收入水平，你是否愿意自己做财务决策。如果你一年的收入少于45 000 美元，你可能不需要规划师的服务。

财务规划师的类型

财务规划师为保险公司、投资公司、房地产中介和律师事务所工作。有些是个体经营。财务规划师主要有 4 种类型。

1. 仅收费的规划师收取每小时 75 美元到 200 美元的费用，或从500 美元到几千美元不等的固定费用。他们还可能收取年费，年费范围为所管理投资价值的 0.04% 至 1%。

2. 费用抵销规划师按每小时收取费用或收取年费，但他们会用投资赚取的佣金来减少或抵销费用。

3. 费用和佣金规划师为财务计划收取固定的费用，并从他们销售的产品中赚取佣金。

4. 仅收取佣金规划师通过销售保险、共同基金和投资得到的佣金来赚钱。

消费者必须对收取的费用以及如何就费用进行沟通保持谨慎，在雇用财务规划师时，要找出具体服务的确切费用，还要讨论其会如何以及何时收取费用。如果财务规划师提供"仅收费"服务，则不应存在隐藏的佣金。

选择财务规划师

找一个提供以下基本服务的财务规划师。

- 评估你当前的财务状况。
- 提供清晰的书面计划和投资建议。

本节目标

- 解释财务规划师的作用。
- 描述管理投资时应采取的行动。
- 识别投资信息的来源。

阅读进行时

预测 你更愿意单独管理投资，让股票经纪人协助你，还是雇用财务规划师？

- 与你讨论计划并回答你的问题
- 帮助你跟踪进度
- 根据需要向你介绍其他财务专家和服务

你可以通过浏览黄页、联系金融机构以及从朋友、同事或专业联系人那里获取建议来寻找理财规划师。表17.3列出了一些你可以询问财务规划师的问题，以帮助你做出决定。

财务规划师证书

成为财务规划师的要求因州而异。一些州要求财务规划师通过考试，另一些州向规划师个人和规划公司颁发许可证，还有些州根本没有监管。联邦政府要求证券交易委员会监督大型金融规划公司。

财务规划师可以有资格证书，如注册财务规划师（CFP）或特许财务顾问（CHFC）。然而，并非所有的规划师都有执照。你应该研究和调查你正在考虑的财务规划师。

阅读进展检查

列出 财务规划师有哪4种类型？

表17.3 选择财务规划师

调查 担任财务规划师的资格因州而异。你认为为什么花时间和精力为你的财务寻找规划师是值得的？

当评估财务规划师时，请询问以下问题。

- 你的专业领域是什么？
- 你是隶属于一家大型金融服务公司还是独立工作？
- 你有执照或者经过认证了吗？
- 你受到的教育和培训有哪些？
- 你的服务如何收费？我负担得起吗？
- 我可以免费进行初步咨询吗？
- 我可以看一个书面财务计划的样本吗？
- 我可以和你的一些客户联系吗？
- 财务规划是你的主要工作吗？

管理你的投资

你应该如何管理你的投资

大多数人没有专业的财务规划师，需要学习如何管理自己的财务。管理你的储蓄和投资需要你持续关注。你可以通过以下步骤来扮演积极的角色：评估投资，监控投资，保持准确的记录，考虑税收的影响。

评估投资

在投资之前，请务必进行研究和评估，以便做出明智的决定。假设你投资 2 000 美元，第一年的回报率为 5%，你将赚 100 美元。当你的资金在赚钱时，你还需要持续评估你目前的投资和未来投资的机会。

监控投资

许多人忘记或选择不跟踪或监控他们的投资价值。他们不知道投资价值是增加了还是减少了。由于不监控投资，他们不知道是否应该出售或继续持有该投资。通过查看互联网、报纸和财经新闻节目上的报价，随时掌握股票、债券或共同基金的价值。准备一张投资价值表，以检查投资进度，同时跟踪投资价值增加或减少的百分比。

保持准确的记录

保持准确的记录可以帮助你发现增加利润或减少损失的机会。它还可以帮助你决定是将更多的资金投入其他投资，还是出售特定的投资。保存列有你的投资成本和你支付的佣金或费用的购买记录，有了这些记录，当你需要重新评估你拥有的投资时，你就会知道从哪里开始研究。

展望未来

即使你选择让投资公司来处理你的资金，你也有责任定期跟踪和评估你的投资。你应该保存哪些记录？哪些方法可以保持这些记录的有序性？

考虑税收的影响

你有责任决定税收如何影响你的投资。市政府、州政府和联邦政府向个人和企业征收各种所得税。

一般来说，投资收入分为3类：免税收入、递延所得税收入和应纳税收入。**免税收入（tax-exempt income）**是指不征税的收入。例如，你从大多数州和市政债券中获得的利息免除联邦所得税。**递延所得税收入（tax-deferred income）**是指以后纳税的收入。最常见的递延所得税收入是从传统的个人退休账户获得的收入。当你从个人退休账户中提取收入时，你必须缴纳联邦所得税。你的雇主或私人提供的401（k）和403（b）退休计划也是延期缴税的。其他大部分投资的收入都是应纳税收入。

股息、利息收入和租金收入 你必须在纳税申报表上以普通收入的形式报告现金股息。你还必须为从银行、信用合作社以及储蓄和贷款协会获得的利息纳税。此外，你从债券（除非免税）、本票、贷款和其他美国证券中获得的利息必须作为收入进行报告。租赁房产的所得也应纳税。

资本利得和资本损失 **资本利得（capital gain）**是指出售股票、债券或房地产等资产所得的利润。资本利得是根据你拥有资产的时间——短期或长期——来征税的。

根据现行法律，短期资本利得是指当你出售拥有不超过12个月的资产时获得的利润。它作为普通收入被征税。例如，在一般所得税的15%税率范围内，你将支付15%的短期资本利得税。

出售持有超过12个月的投资所得的利润被称为长期资本利得。长期资本利得通常按5%至15%的税率被征税。低税率的投资者只需缴纳5%的税。截至2008年年末，这些投资者对长期资本利得不纳税。一些个人财产，如收藏品，税率较高。收藏资产包括稀有书籍和邮票等。

资本损失（capital loss）是指以低于购买价的价格出售投资造成的损失。你每年可以从普通收入中扣除高达3 000美元的资本损失。如果你的损失超过3 000美元，你可以在以后的纳税年度减去剩余的损失。

阅读进展检查

联系 在税收方面，你需要了解关于资本利得和资本损失的哪些知识？

经济学与你

经济机构

在市场经济中，各种合法形式的企业需要提供商品或服务。个人和团体都可以向经济机构寻求帮助，以实现自己的目标。例如，银行提供金融服务，你可以在银行储蓄你的资金，使用银行的支票账户服务，甚至为你的贵重物品购买一个保险箱。非营利性组织筹集资金帮助他人。例如，苏珊·B.科门基金会（Susan B. Komen Foundation）利用募集到的捐款资助乳腺癌研究。工会就工人团体的工作条件和工资进行谈判。公司提供商品、服务，以及投资的方法。

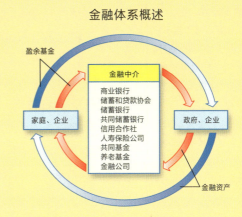

金融体系概述

个人财务联系 有几种金融机构可以帮助你实现个人储蓄和投资目标。例如，上市公司出售股票，这些股票可能提供股息。股票经纪人在交易时代表个人利益并提供建议。个人也可以投资房地产。房地产经纪人的任务是把买卖双方聚集在一起谈判，促成买卖。财务顾问就如何规划个人的财务提供建议。

批判性思考 确定社区中提供储蓄和/或投资服务的3个经济机构，并解释它们为什么在市场经济中是重要的。

投资信息来源

在哪里可以找到有关投资的信息

因为有很多可用的投资信息，有复杂的也有基础的，所以你需要有辨别力或选择性，重要的是要确保你获得的建议和信息的来源是准确和可靠的。

互联网和在线服务

互联网提供了大量关于个人理财和投资选择的信息。例如，你可以获得大额存单的利率，股票、债券和其他证券的价格，以及有关启动和管理投资计划的建议，包括经纪人对投资的建议等信息。你甚至可以通过在线经纪人进行证券交易。你还可以使用个人理财网站上提供的理财规划软件和理财计算器来制订个人理财计划。

获取信息的最好方法之一是使用搜索引擎。搜索引擎，如谷歌，允许你搜索个人理财的相关内容或你想要探索的投资内容。例如，你感兴趣的主题可能包括"财务规划""资产配置""成长型股票"。

美国联邦、州和地方政府，经纪公司，投资公司，金融机构等也有网站，在那里你可以获得有价值的投资信息。

报纸及新闻节目

你所在美国城市的报纸或《华尔街日报》的财经版是另一个容易获取投资信息的来源。此外，许多广播电台和电视台将投资市场摘要和经济信息作为其常规新闻节目的一部分播出。几个电视频道也专门报道财经新闻。

商业及政府刊物

《巴伦周刊》《福布斯》《财富》《哈佛商业评论》，以及类似的商业出版物提供有关经济的一般新闻和有关个别公司的信息。此外，《金钱》（*Money*）、《财智月刊》（*Smart Money*）和《吉卜林个人理财》（*Kiplinger's Personal Finance*）等杂志也提供旨在提高你投资技能的信息和建议。此外，美国全国性的新闻杂志经常刊登有关经济和金融的专题报道。

美国联邦政府也是一个优秀的信息来源，其提供的大部分信息是免费的。美国联邦储备系统发布的《联邦储备公报》（*Federal Reserve Bulletin*）和美国商务部发布的《当前商业调查》（*Survey of Current Business*）就是两个有用的财务信息来源。

表17.4 评估投资的统计平均值

趋势观察者 你可以在报纸和互联网上找到统计平均值。在监控你的投资时，你会如何使用这些信息？

统计平均值	投资的类型
道琼斯工业平均指数	股票
标准普尔500指数	股票
价值线指数	股票
纽约证券交易所指数	纽约证券交易所的股票
美国证券交易所指数	美国证券交易所的股票
纳斯达克综合指数	场外交易的股票
理柏共同基金指数	共同基金
道琼斯债券平均价格指数	公司债券
《华尔街日报》消费者利率指数	利息及融资利率
新住宅销售指数	房地产
道琼斯现货市场指数	大宗商品
苏富比艺术品销售指数	艺术品/油画
林恩的邮票价值趋势	邮票

企业报告

根据美国联邦政府的要求，任何发行新股的公司必须向投资者提供招股说明书。**招股说明书（prospectus）**是披露公司盈利、资产和负债、产品或服务、特定股票及其管理资格的文件。所有上市公司还要向投资者发送包含详细财务数据的季度报告和年度报告。年度报告包括显示资产、负债和所有者权益等公司财务状况的报表，也包括销售额、费用和损益的损益表。

统计平均值

你可以通过跟踪一个或多个公认的统计平均值来把握你的投资价值，比如标准普尔500指数或道琼斯工业平均指数。每天网络和报纸都会报道这些平均值。平均值表现出它所衡量的资产类别的值是增加还是减少。它不会指出特定投资的价值，但会显示股票、债券、共同基金和其他投资的大致方向。表17.4列出了使用广泛的统计平均值。

投资者服务

许多股票经纪人和理财规划师会给他们的客户邮寄免费的时事资讯。此外，投资者服务机构，如穆迪投资者服务公司出售纸质和通过网络订阅的时事资讯。

一些被广泛使用的有用出版物如下。

- 《标准普尔股票和债券指南》。
- 《价值线投资调查》。
- 《普通股手册（公司信息）》。
- 《晨星共同基金》。

除了这些出版物之外，一些证券交易所还提供印刷品和互联网信息。它们是美国证券交易所、芝加哥商品交易所、纽约证券交易所和纳斯达克市场。这些财务信息的来源都是专业人士最常使用的。许多私人投资者在做投资决策时，也会参考这些信息。

 阅读进展检查

总结 即使有外部帮助，你在个人理财规划中扮演什么角色？

回顾关键概念

1. **识别**　投资信息的来源有哪些?
2. **描述**　你在管理投资时应该采取哪些行动?
3. **解释**　财务规划师的角色是什么样的?

延伸思考

4. **判断**　从储蓄账户、投资和租金收入中获得的利息和股息与普通收入一样需要缴税,解释你认为这是否公平。

21世纪技能

5. **信息素养**　你已经确定,现在是开始进行严肃的、长期的理财规划的最佳时机。然而,你被大量可用的信息淹没了。选择一个你想研究的投资主题,比如大额存单的利率或某家公司的股票。至少使用3个你了解的投资信息来源查找关于你的主题的文章。你如何确保信息来源准确可靠?在课堂上展示你的文章和结论。

数学

6. **资本损失**　埃里克以每股54.00美元的价格购买了XYZ公司的500股股票,两年后,他以每股45.00美元的价格出售了该股票。计算埃里克能在年底从他的普通收入中扣除的不用纳税的资本损失。如果适用,第二年能从其普通收入中扣除的损失是多少?

数学概念　**计算资本损失**　要计算出售股票的资本损失,用成本减去出售股票的收入。

提示　用股票的数量乘以购买价格来确定投资的成本,然后用股票的数量乘以卖出的价格来确定卖出股票的收入。

储蓄和投资

风险因素

　　不承担风险，就不可能获得投资增长的回报，关键是要清楚你个人对风险的容忍度。

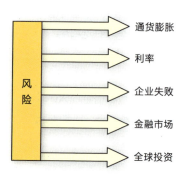

采访你的规划师

　　并不是美国所有州都对理财规划师有要求或监管。准备好问题清单，询问你的规划师。

理财规划师评价问题
√ 你的专业领域是什么？
√ 你是隶属于一家大型金融服务公司还是独立工作？
√ 你有执照或者经过认证吗？
√ 你受到的教育和培训有哪些？
√ 你的服务如何收费？我负担得起吗？
√ 我可以免费进行初步咨询吗？
√ 我可以看一个书面财务计划的样本吗？
√ 我可以和你的一些客户联系吗？
√ 财务规划是你的主要工作吗？

试一试!

　　画一个如右所示的金字塔，记录适合放入投资金字塔中的投资类型。

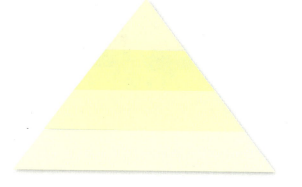

章节评估

章节总结

- 在投资前, 设定与你的价值观相适应的财务目标。
- 可以通过以下方式来获得用于投资的钱: 在购买其他东西之前留出一部分资金, 给雇主资助的退休计划和储蓄计划缴款, 将作为礼物的金钱和意外之财存起来。
- 考虑投资的安全性或风险程度、收入潜力和流动性。
- 分散投资是明智的。

- 储蓄和投资选择包括储蓄账户、大额存单、股票、债券、年金、共同基金和房地产。
- 制订个人投资计划的步骤, 包括确立目标、确定所需和可用的资金、评估投资以及至少选择两项投资。
- 亲自检查你的投资, 跟踪它们, 保持准确的记录, 并考虑相关的税务。
- 互联网、书籍、杂志、报纸、政府出版物以及个人企业和投资公司都提供了大量的投资信息。

词汇复习

1. 假设你是一名理财顾问, 至少使用以下词语中的10个给客户写一封信, 描述投资策略和理财规划的必要性。

- 应急基金
- 投机性投资
- 股息
- 留存收益
- 投资流动性
- 股权资本
- 普通股
- 优先股
- 公司债券
- 政府债券
- 共同基金
- 多样化

- 财务规划师
- 免税收入
- 递延税收收入
- 资本利得
- 资本损失
- 招股说明书
- 手段
- 选择性的
- 成熟
- 多样性
- 佣金
- 歧视

延伸思考

2. **解释** 投资房地产在什么情况下会使你每个月都赔钱, 又在什么情况下会使你每个月都赚钱?

3. **提出** 如果你有债务, 如信用卡欠款或学生贷款, 你如何将资金储蓄起来或进行投资?

4. **比较** 描述一个不喜欢投资风险的群体和一个愿意承受更大风险的群体。

5. **结论** 如果你想在10年内买一套房子, 你应该把钱存入定期大额存单还是投资于成长型股票? 解释你的答案。

6. **评估** 解释一下投资金字塔的哪个层次最适合投资黄金、水力发电公司的股票, 以及租赁海滨房地产。

7. **评价** 在进行投资之前, 关注道琼斯工业平均指数和/或标准普尔500指数是否有用? 解释你的答案。

8. **证明** 评估和说明个人投资监控的重要性。

9. **关联** 汇率如何影响国际投资的回报?

科学

10. **冒险的行为** 肾上腺素是人类和动物在面对压力或危险情况时产生的一种化学物质。有些人故意参加冒险的活动，如跳伞，因为他们喜欢产生肾上腺素的感觉。

    程序 研究那些从事高风险职业的人，比如极限运动员或警察，然后研究那些承担投资风险的人，从每个类别中选择一个人。

    分析 比较你选择的个体的行为，他们的冒险行为有何相似之处? 他们有什么不同之处? 写一份简短的报告，与同学分享你的结论。

数学

11. **储蓄和资本利得税** 蒂玛每月收入5 000美元，她每月将收入的8%存入投资账户。12个月后，她用投资账户中的钱以每股24.00美元的价格购买了股票。6个月后，她以每股26.45美元的价格出售了所有股票。出售股票的税率为15%。蒂玛购买了多少股股票? 她出售股票的资本利得税是多少?

    数学概念 **计算储蓄和税收** 按每月储蓄占收入的百分比计算储蓄金额，即用每月收入乘以储蓄百分比，以确定每月储蓄。

    提示 用销售价格乘以购买的股票数量来计算出售收入，用出售收入减去购买时的总价，确定出售收入的应税金额。

英语语言艺术

12. **拥有房产** 对一些人来说，房地产往往是一种更好的投资，因为他们可能是在听父母谈论"拥有一座房子"的价值中长大的。股票、债券和大宗商品可能不是父母日常讨论的主题。其结果是，他们对购买土地的态度比对许多其他投资的态度更开放。当你投资房地产时，你投资的是有形的东西。这对很多人的安全感很重要。然而，务实是很重要的。制作一张海报、一个小册子、一部连环画或使用其他形式来展示拥有房地产的优点和缺点。

道德

13. **修改记录** 假设你是一个小企业主，你正在考虑扩大业务。你已经向你的理财规划师寻求帮助。准备文件的时候，你的理财规划师建议你改变交易记录的方式，以降低你的税收。她的建议并不是违法的，但是是有争议的。一些企业主会很感谢理财规划师的建议，而有些人会认为这个建议不道德。你会如何回应理财规划师的建议? 你会继续聘用其担任你的理财规划师吗? 给你的理财规划师写一页备忘录，解释你的理由。

实际应用

14. **退休计划** 许多雇主提供401(k)退休储蓄计划。许多公司为员工匹配存款的一定比例。上网查找你将来想就职的公司的网站，搜索至少3家提供401(k)计划、利润分配或其他储蓄计划的公司。了解你的亲戚、邻居或朋友是否参加了这样的计划，并询问他们为什么参加或为什么不参加。这些信息将如何影响你的职业决策?

你的资产组合

避免未来的冲击

麦肯兹3岁的时候就表现出能成为一名伟大学者的迹象。至少她爸爸贾斯帕是这么想的。他希望麦肯兹能够继续接受教育，所以他决定现在就为她设立大学基金。贾斯帕有初始金额2 000美元，他决定之后每月投资175美元。他制订了一项投资计划，以实现他的目标。

贾斯帕估计他有15年的时间可以进行投资，并将投资于一只积极型的股票共同基金。他认为共同基金的多样性会使他的投资更安全并获得更大的回报。贾斯帕有足够的时间去承担相当大的风险，而且他相信，当麦肯兹上大学时，他会有足够的钱。

目标管理				
目标：上大学				
所需资金：50 000美元				
初始投资金额：2 000美元				
可能的投资选择	储蓄账户	大额存单	货币市场账户	共同基金	股票
选择的风险性	低风险	低风险	低风险	中等风险	高风险
选择的预期回报率	1%～3%	4%～5%	4%～6%	6%～10%	6%～12%
排名前三的选择		3		1	2
最终的选择：共同基金				

准备

选择一个你想要达到的短期或长期财务目标，在一张纸上，使用上表所示的指南为自己准备一份投资计划。研究一些可用的投资，并选择自己的投资方式，解释你最终的选择的原因。

看图说话

　　股票市场有复杂的投资机制。报纸是股票信息的来源之一。新投资者如何才能找到信息和工具，使股票市场的信息量和复杂性降低？

探索项目

虚拟股票市场

关键问题

为什么股票市场模拟游戏对初始投资者来说是一种很好的工具？

项目目标

了解股票市场如何运作而不冒任何风险的最佳方法之一是玩股票市场模拟游戏。这类游戏在安全的环境中教授新投资者经济、金融和美国经济体系的相关知识。在模拟游戏中，玩家进行团队合作，并使用虚拟货币创建股票投资组合。根据对市场趋势、经济状况和商业新闻的研究，团队会选择并交易普通股或优先股。投资组合能够"赚取"利息和"支付"佣金，即赚取和损失虚拟货币。

- 上网查找这类游戏，使用"股票市场模拟游戏"或"虚拟证券交易所"等关键词进行搜索。
- 与同伴一起探索游戏，然后共同选择一个游戏进行评估。
- 向全班进行口头汇报，展示你的评估。

考虑以下内容

- 该游戏的目的是什么？
- 该网站是否使用方便，适合初学者？
- 玩游戏是否有相关费用？
- 玩家需要提前具备哪些知识？
- 玩家将学习哪些真实的股票交易技巧？
- 玩家还能提升或学习哪些其他技能？
- 谁能从游戏中获益最多？

21世纪技能

分析媒体

为什么一家以营利为目的的公司会免费提供股票市场模拟游戏？

重要见解

探索股票市场可以帮助你了解投资股票时的风险和收益。

请教专家

股票证书

问： 我的父母将股票证书作为毕业礼物送给了我。我将它放入保险箱并保存至退休是不是一个好主意？

答： 保险箱是存放重要文件的好地方，但对于股票证书更好的选择是放在银行或经纪公司的经纪账户中。这将使你更容易买卖股票。同时，你将收到显示你的股票和股息价值的对账单。

写作任务

选择你感兴趣的领域，如银行、房地产或电子产品，研究这些领域的公司股票，写一份简短的报告，总结有哪些公司发行了股票，并详细说明投资这些股票的风险和好处。

阅读指导

基本问题 在你将辛苦赚来的钱用于投资之前，你需要了解哪些关于股票的信息？

中心思想

当你了解股票市场并知晓如何评估、购买和出售股票时，你可以做出最佳投资。

内容词汇

- 证券
- 私营公司
- 上市公司
- 票面价值
- 蓝筹股
- 收益股
- 成长股
- 周期股
- 防御股
- 大盘股
- 资本总额

- 小盘股
- 仙股
- 牛市
- 熊市
- 当期收益率
- 总收益
- 每股收益
- 市盈率
- 证券交易所
- 场外交易市场
- 投资组合

学术词汇

在阅读和测试时，你会看到这些词。

- 收益
- 增值
- 参与
- 预期
- 场地
- 执行

使用图表

在阅读本章之前，请创建一个如右所示的图，在阅读的过程中填写 7 种股票类型。

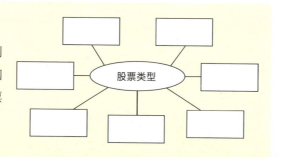

普通股

为什么公司发行普通股

投资者可以选择多种**证券（securities）**，这些证券都是投资的方式，具体包括股票、债券、共同基金、期权和商品，它们都可以在股票市场上进行买卖。

当投资者购买一家公司的股票时，公司会使用这笔钱来生产和销售产品，为其运营提供资金并进行扩张。如果公司赢利，股东（公司股票的所有者）可以获得投资回报，即收益。人们购买和出售股票的原因是：他们希望获得比保守投资更高的回报。

为什么公司发行普通股

公司发行普通股来筹集资金，以顺利创办企业，然后为公司的持续活动支付费用。**私营公司（private corporation）**，或称封闭型公司，是指仅向一小部分人发行股票的公司。私营公司的股票不会在股票市场上公开交易。相反，**上市公司（public corporation）**，或称公众公司，是指在股票市场上公开出售股票，任何人都可以购买其股票的公司。一些大公司，如美国电话电报公司、通用电气和宝洁，都拥有数千甚至数百万的股东。

资产净值的一种形式　由于公司不必返还股东购买股票的钱，它可以用这笔钱为持续活动提供资金。对股东来说，要通过股票赚钱，可以将股票卖给另一位投资者。交易价格会根据买家愿意支付的金额来设定。随着对某公司股票需求的增加或减少，价格会相应上涨或下跌。有关预期销售收入、收益或合并的新闻可能会使对股票的需求增加或减少。

股息不是强制性的　这取决于公司董事会。董事会是被选举出来为公司制定重大决策的群体，他们会决定是否将利润作为股息支付给股东。快速增长的公司可能会支付较低的股息或不支付股息，用利润进行公司扩张。当然，在公司年景不好的时候，董事会可以减少或停止支付股息。

本节目标

- 解释公司为什么发行普通股和优先股。
- 讨论投资普通股的原因。
- 讨论投资优先股的原因。

阅读进行时

发现　你认为拥有一家公司的股票意味着什么？

你能想象在1979年以前，普通人无法使用网络吗？那一年，CompuServe通过电子方式向华尔街提供报价和财务信息，成为向金融业提供服务的领跑者。如今，除了即时下载音乐和发送信息之外，你还可以通过网络在线研究、评估、购买、出售并交易股票和其他证券，你甚至可以使用在线经纪服务。这些被称为电子交易或e交易。在搜索引擎中输入一个术语，你都将找到在互联网普及之前几乎不可能收集到的信息。

股票专栏

精明的投资者会定期关注股票信息。投资者应该了解哪些可能对其投资产生影响的信息？

为什么投资者会购买普通股

大多数投资者购买普通股，并通过 3 种不同的方式赚钱：股息收入、股票升值，以及分股带来的股票升值。

股息收入　公司的董事会成员并非必须支付股息，但他们确实希望取悦股东，因为这些股东会为公司的业务提供资金。因此，董事会成员经常尽可能地投票赞成支付股息，除非他们决定将利润重新投入公司。通过现金股息，每个普通股股东获得相等的每股收益。大多数股息按季度支付，一些收益大幅增加的公司可能会在年底宣布支付特别现金股息，你可能还会收到公司股票或公司产品作为股息。

股票升值　如果股票升值，或者说市场价值上涨，你必须决定是以较高的价格出售股票还是继续持有股票。如果你决定出售，你买入股票的价格与卖出股票的价格之间的差异就是你的收益；反之，在股价下跌时，则是你的损失。表 18.1 给出了追踪股票投资的建议。如果公司董事会决定将利润重新投入公司，那公司可能会通过股票升值而不是发放股息来奖励股东。

分股带来的股票升值　你的收益也可以通过分股来增加。当现有股东拥有的股票被分成更多股票时，就会出现这种情况。

例如，在一分为二的拆分中，公司已发行股票的数量会增长为原来的两倍。假设一家公司拥有 10 000 股股票，每股价值 50 美元。如果公司实行分股，每股的价值减少到 25 美元，但已发行股票的数量会增加到 20 000 股。

	分股前	分股后
股票发行数	10 000	20 000
每股价值	50	25
你持有的股数	200	400
你持有的股值	10 000美元	10 000美元

为什么公司要实行分股？管理层通常认为股票应该在理想的价格范围内进行交易。如果市场价值远高于此范围，实行分股能使市场价值回到范围内。较低的股票价格通常会吸引更多的投资者，因此，股票价格会再次上升。民众愿意购买这类股票，因为他们相信大多数公司只有在对未来财务有良好预期的时候才会分股。请注意，分股之后股票价值不一定上涨。

公司表决权和控制权　除了通过投资获得利润外，作为投资的回报，股东还被赋予了特定的权利。例如，法律要求公司召开年度会议，股东可以在会上对公司业务进行投票。通常情况下，股东持有的一股对应一票。

美国一些州要求公司赋予现有股东优先购买权。优先购买权赋予现有股东在公司发行新股票前优先购买的权利。通过购买更多股票，股东可以保持相同比例的公司所有权。当公司规模小且控制权重要时，这一点非常重要。

阅读进展检查

解释　人们为什么买卖股票？

表18.1　**追踪你的股票投资**

时间和耐心　为什么要花时间追踪你购买的股票的公司的信息？

1. 监测价值
每天或每周绘制股票的美元价值走势图。

2. 监测财务
持续评估和预测公司的销售额和利润，将公司的发展情况与同行业其他公司进行比较，如果比其他公司差，将手中的股票卖出。

3. 追踪产品
生产劣质产品、缺乏新产品或更新产品可能会使公司股票的价值降低。

4. 观察经济
通货膨胀率、整体经济状况以及其他经济因素都会影响公司的股价。

5. 保持耐心
如果你认为你已经买进了一家好公司的股票，那就坚持下去。随着时间的推移，你的投资通常会升值。

优先股

优先股更好吗

除了购买普通股之外，作为普通股的替代品，你还可以购买优先股。如果一家公司陷入财务困境，那么优先股股东可能会获得股息。优先股股东应该了解他们将获得的股息金额，它要么是一个具体的数额，要么是股票票面价值的百分比。**票面价值（par value）** 是印在股票证书上的美元价值。如果票面价值为 30 美元且股息率为 5%，那么股息金额为每股 1.50 美元（30 美元 × 5% = 1.50 美元）。与市场价值不同，票面价值不会改变。

很少有公司使用优先股作为筹集资金的方式。然而，对于一些公司来说，这是另一种融资方式，可能吸引更多不想购买普通股的保守投资者。优先股股东的投票权是有限制的，他们通常只有在公司陷入财务困境时才会投票。

为什么投资者会购买优先股

优先股被视为"中等投资"。优先股的收益率通常低于公司债券的收益率，但高于普通股的收益率；优先股被视作比普通股更安全的投资，但又不如债券安全；优先股缺乏普通股的增长潜力。因此，对大多数人来说，优先股并不是一项好的投资。这些股票通常是需要可预测收入的人购买，而这些收入大于普通股投资带来的收入。为了使优先股更具吸引力，一些公司可能会提供累积优先股、可转换优先股或有参与功能的优先股。

累积优先股 累积优先股是指未支付股息可累积，且股息必须在公司向普通股股东支付现金股息之前得到支付的股票。这意味着即便公司决定暂不支付优先股股东的股息，持有累积优先股的人仍将在以后的支付期中收到这些股息。

可转换优先股 可转换优先股是可以转换为普通股的股票。该功能可以使投资者既享有优先股的安全性，又拥有将优先股转换为普通股获得更高回报的可能性。

有参与功能的优先股 一些公司提供参与功能，允许优先股股东与普通股股东分享公司的收益，在向优先股股东支付约定的股息并向普通股股东支付公告的股息之后，剩余收益将由优先股股东和普通股股东分享。这种类型的优先股比较少见。

股票确认报告

　　当你买卖股票时，你将收到确认购买或出售股票的报告。务必检查交易是否正确完成，检查购买或出售的股票数量是否正确，交易的费用是否合理。股票确认报告包含以下信息。

- 股票所有者的名称和地址
- 账号
- 购买或出售股票的名称
- 股票价格
- 持有股票数
- 佣金及手续费

泰勒金融服务

蒙特罗斯大街175号

辛辛那提，俄亥俄州 52549号

账号：DR 199704

赫克托·冈萨雷斯

梅费尔巷3482号

辛辛那提，俄亥俄州 52546号

交易日期：	20--/04/29
处理日期：	20--/04/29
付款日期：	20--/05/04

卖出：

数量	名称	价格	交易总额	佣金	手续费	合计
160股	模拟设备	43.90美元	7 024.00美元	159.20美元	5.42美元	6 859.38美元

关键点　当你持有股票时，你可能会想要出售或再购买股票，还可能想从其他公司购买股票。当你进行这些交易时，你将收到一份股票确认报告，你可以通过其跟踪你所有的股票交易。

寻找　　**解决方案**

复习关键概念

1. 谁来执行股票交易？

2. 赫克托购买或出售股票了吗？

3. 此次交易涉及多少股股票？

4. 为什么交易总额与赫克托收到的合计金额不同？

5. 赫克托何时能收到钱？

复习关键概念

1. **总结**　解释公司为何提供普通股和优先股。

2. **解释**　讨论投资普通股的原因。

3. **描述**　讨论投资优先股的原因。

延伸思考

4. **证明**　说明公司在股票价格大幅上涨时决定分股的合理性。

英语语言艺术

5. **投资**　索尼娅认为投资股票是只有大人或富人才能做的事情。然而，多亏有了互联网，她发现任何人都可以获取股票信息。她很好奇，但她内心又有些不安和害怕。想一想你曾做过的让你一开始非常紧张的事情。例如，你参加戏剧的试镜，第一天上班，建立一段友谊等。根据自己的经验，写一段话来解释为什么很多人不愿意投资股票，再写一段话提出针对如何做股票投资决策的建议。

数学

6. **优先股股息**　卡尔玛从父母那里获得了95股XYZ公司的优先股股票。她对每年从股票中获得多少股息很有兴趣。股票证书显示，该股票的票面价值为52.00美元，股息率为4.25%。假设票面价值和股息率每年保持不变，卡尔玛每年将获得多少实际股息？

数学概念　**计算优先股股息**　要计算每年通过优先股获得的股息，必须确定股票的票面价值和股息率。

提示　将股票的票面价值乘以股息率来确定每股优先股每年收获的股息。

股票的种类

股票如何分类

　　财务专业人士将大多数股票分为以下几类：蓝筹股、收益股、成长股、周期股、防御股、大盘股、小盘股和仙股。

蓝筹股

　　蓝筹股（blue-chip stock）被视作是一种安全的投资，通常会吸引保守投资者。这些股票由实力最强、最受尊敬的公司，如苹果公司、通用电气和凯洛格食品公司等发行。如果你对蓝筹股感兴趣，可以寻找一家在行业中具有领导地位，有稳定盈利和股息的公司。

收益股

　　与其他股票相比，收益股（income stock）支付的股息高于平均水平。优先股的买家也会被这类普通股吸引，因为其股息是可预测的。百时美施贵宝（Bristol-Myers Squibb）和陶氏化学（Dow Chemical）等公司发行的股票被归类为收益股。一些天然气和电力公司发行的股票也属于这种类型。

本节目标

- 分类并描述不同的股票投资。
- 识别用于评估股票的信息来源。
- 讨论影响股票价格的因素。
- 比较投资理论。

阅读进行时

确定　有哪些方法可以研究股票以做出明智的购买决策？

业界领袖
　　实力强劲、受人尊重、财务状况良好的公司会发行蓝筹股。你能说出哪些可能发行蓝筹股的公司？

周期股

当经济表现好时，人们存更多的钱可以花，这使价格增长更快。为什么周期股与经济状况关系很密切？

成长股

成长股（growth stock）由那些潜在收益高于市场平均预期收益的公司发行，这些公司发行的股票通常不支付股息。你可以寻找从事或参与能产生更高收益和销售收入的活动的公司，如修建新的设施，推出新的高质量产品，或进行研究和开发。21 世纪初的成长型公司包括家得宝建材（Home Depot）和西南航空（Southwest Airlines）。

周期股

周期股（cyclical stock）的市场价值往往能够反映经济状况。当经济好转时，周期股的市场价值通常会上升；在经济衰退期间，周期股的市场价值可能会下降。这是因为这些公司的产品和服务与强劲经济下的活动直接相关。在经济开始好转之前，投资者会尝试在这些股票价格较低时买进，然后试图在经济水平下滑之前卖掉它们。福特和桑达克斯（Centex，一家建筑公司）发行的股票属于周期股。

防御股

防御股（defensive stock）是指在经济下滑期间价格保持稳定的股票。发行此类股票的公司收益稳定，甚至在经济衰退时期也能够继续支付股息。许多蓝筹股和收益股，如由宝洁公司发行的股票，都是防御股。

大盘股和小盘股

大盘股（large-cap stock）是发行大量股票并具有大量资本的公司发行的股票。**资本总额**（capitalization）是公司发行的股票和债券的总额。道琼斯工业平均指数中所列的股票通常是大盘股。这些股票对保守投资者很有吸引力，因为它们被认为是安全的。

小盘股（small-cap stock）是由资本总额为 5 亿美元及以下的公司发行的股票。由于这些股票是由较小的、成立时间较短的公司发行的，因此被认为有更高的投资风险。

仙股

仙股（penny stock）通常每股的售价低于 1 美元，尽管它也能卖到每股 10 美元。这些股票是由新公司或销售非常不稳定的公司发行的，其价格可能会暴涨或暴跌。追踪仙股的股价表现非常困难，因为有关它们的信息很难找到。仙股只适合了解风险的投资者购买。

阅读进展检查

概括 哪种类型的股票一般对保守投资者有吸引力？为什么？

用于评估股票的信息来源

你如何评估股票投资

在做出投资决策之前，你可以从多种渠道获得有关股票的信息。这些信息来源包括报纸、互联网、股票咨询服务和企业的新闻出版物。

今日交易

搜索引擎可用于查找财务信息。互联网怎样改变了股票交易？

表18.2 普通股信息

解读财经新闻 许多主流金融网站和报纸都提供丰富的财经信息。"收盘价变化"一栏中有什么信息？

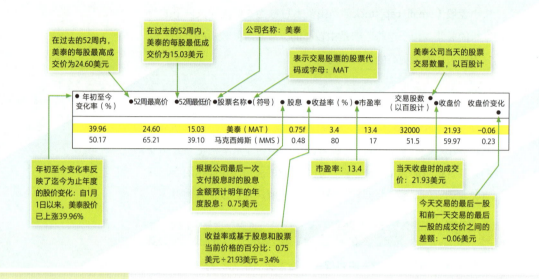

年初至今变化率（%）	52周最高价	52周最低价	股票名称（符号）	股息	收益率（%）	市盈率	交易股数（以百股计）	收盘价	收盘价变化
39.96	24.60	15.03	美泰（MAT）	0.75f	3.4	13.4	32000	21.93	-0.06
50.17	65.21	39.10	马克西姆斯（MMS）	0.48	80	17	51.5	59.97	0.23

标注说明：
- 在过去的52周内，美泰的每股最高成交价为24.60美元
- 在过去的52周内，美泰的每股最低成交价为15.03美元
- 公司名称：美泰
- 表示交易股票的股票代码或字母：MAT
- 美泰公司当天的股票交易数量，以百股计
- 年初至今变化率反映了迄今为止本年度的股价变化：自1月1日以来，美泰股价已上涨39.96%
- 根据公司最后一次支付股息时的股息金额预计明年的年度股息：0.75美元
- 市盈率：13.4
- 当天收盘时的成交价：21.93美元
- 今天交易的最后一股和前一天交易的最后一股的成交价之间的差额：-0.06美元
- 收益率或基于股息和股票当前价格的百分比：0.75美元÷21.93美元=3.4%

报纸

　　大多数主流报纸都有财经版面，其中包含在主要证券交易所，如纽约证券交易所和美国证券交易所上市的股票的信息。报纸也可能涵盖当地人感兴趣的股票。表 18.2 显示了华尔街日报提供的关于普通股的详细信息。

互联网

　　如今，大多数公司都有自己的网站，网站信息可能比公司的出版物更新、更详细。你还可以使用搜索引擎查找有关投资股票的信息，网站会提供有关公司及其股票表现的一般财务新闻和特定信息。

股票咨询服务

　　除了报纸和互联网外，你还可以使用股票咨询服务来评估特定的股票。许多股票咨询服务，例如穆迪投资者服务会对其信息收取费用，从简单的列表到详细的财务报告，收费各不相同。如上所述，3 个被广泛使用的公司股票信息来源是《标准普尔股票和债券指南》（*Standard & Poor's Stock and Bond Guide*），《价值线投资调查》（*Value Line Investment Survey*）和《梅根特普通股手册》（*Mergent's Handbook of Common Stocks*）。

见表 18.3，《梅根特普通股手册》中的基本财务报告包括 6 个部分。第一部分包含有关股票价格、资本总额、收益和股息的信息；第二部分，即背景部分中的"业务简介"提供了对公司主要经营情况的详细说明，例如生产的产品；第三部分是"近期发展"，提供了当前净收入和销售收入的信息；"前景"部分描述了公司未来的前景或展望；"财务数据"部分提供了公司在过去特定时间段内的重要统计数据；最后一部分列出了公司内部重要人员及其总部所在地等信息。

企业的新闻出版物

年度和季度报告会提供公司活动的总结以及详细的财务信息。你无须成为股东便可获得年度报告，只需致电、写信或发送电子邮件，即可从公司总部获取报告副本。《巴伦周刊》、《商业周刊》、《财富》、《吉卜林个人理财》、《金钱》和《财智月刊》等金融出版物也会提供特定公司的相关信息。

 阅读进展检查

识别 基本财务报告包括哪 6 个部分？

总结和细节

年度和季度报告为投资者提供了大量信息。你能在哪里找到这些信息？

表18.3　基本财务报告

上下波动　《梅根特普通股手册》中的这份财务报告提供了有关百事可乐公司的信息。表的下半部分报告了什么？

业务简介： 食品（MIC；SIC；2086 NAIC；312111）

百事可乐公司从事生产、宣传和销售各种咸味、甜味和谷物类零食以及碳酸和非碳酸饮料和食品。公司分为4个部分：菲多利北美、百事可乐饮料北美、百事可乐国际和桂格食品北美。菲多利北美生产乐事薯片、生产多力多滋玉米片和椒盐脆饼干。百事可乐饮料北美生产百事可乐、激浪食品功能饮料、佳得乐、纯果乐果汁和都乐食品。百事可乐国际生产乐事、沃克斯薯片、奇多、多力多滋、拉丝丝、盖莫萨和萨布里达丝。桂格食品北美生产桂格燕麦片、罗尼花式拌饭和近东配菜。

近期发展： 截至2008年3月22日，净收入从2007年同期的11亿美元增长至11.5亿美元，增长4.7%。收入为83.3亿美元，增长前一年的73.5亿美元，增长13.4%。营业收入为15.5亿美元，而2007年同期为14.2亿美元，增长9.4%。直接营业支出从2007年同期的32.9亿美元增长至38.3亿美元，增长16.7%。间接营业支出由2007年同期的26.5亿美元增长至29.5亿美元，增长11.3%。

前景： 2008年全年，公司预计销量增长3.0%至5.0%，实现净收入的高比率增长和最低3.72美元的每股收益。2008年5月6日百事瓶装集团有限公司宣布通过其在俄罗斯的公关饮料有限合资公司，于2008年4月30日完成对位于俄罗斯新西伯利亚的饮料制造公司Sobol aqua JSC的收购。公司还宣布收购英国维生素水品牌V Water。此次收购反映了公司改变其产品组合和扩大其健康饮料范围的战略，这为公司提供了极大的机遇。

财务数据

（千美元）	3 Mos	12/29/2007	12/30/2006	12/31/2005	12/25/2004	12/27/2003	12/28/2002	12/29/2001
每股收益	3.48	3.41	3.34	2.39	2.44	2.05	1.85	1.47
每股现金流量	4.27	4.29	3.70	3.45	2.99	2.53	2.65	2.39
每股账面价值	6.01	6.30	5.50	5.20	4.84	3.82	4.93	2.17
每股股息	1.500	1.425	1.160	1.010	0.850	0.630	0.595	0.575
股息支付率（%）	43.13	41.79	34.73	42.26	34.84	30.72	32.16	39.12
损益表								
总收入	8 333 000	39 474 000	35 137 000	32 562 000	29 261 000	26 971 000	25 112 000	26 935 000
息税折旧摊销前利润	1 926 000	9 092 000	8 399 000	7 732 000	6 848 000	6 269 000	6 077 000	5 189 000
折旧及摊销费	303 000	1 362 000	1 344 000	1 253 000	1 209 000	1 165 000	1 067 000	1 008 000
税前利润	1 566 000	7 631 000	6 989 000	6 382 000	5 546 000	4 992 000	4 868 000	4 029 000
所得税	418 000	1 973 000	1 347 000	2 304 000	1 372 000	1 424 000	1 555 000	1 367 000
净收入	1 148 000	5 658 000	5 642 000	4 078 000	4 212 000	3 568 000	3 313 000	2 662 000
平均股价	1 632 000	1 658 000	1 687 000	1 706 000	1 729 000	1 739 000	1 789 000	1 807 000
资产负债表								
流动资产	11 065 000	10 151 000	9 130 000	10 454 000	8 639 000	6 930 000	6 413 000	5 853 000
总资产	35 699 000	34 628 000	29 930 000	31 727 000	27 987 000	25 327 000	23 474 000	21 695 000
流动负债	8 587 000	7 753 000	6 860 000	9 406 000	6 752 000	6 415 000	6 052 000	4 998 000
长期负债	4 884 000	4 203 000	2 550 000	2 313 000	2 397 000	1 702 000	2 187 000	2 651 000
总负债	18 985 000	17 394 000	14 562 000	17 476 000	14 464 000	13 453 000	14 183 000	13 021 000
股东权益净值	16 806 000	17 325 000	15 447 000	14 320 000	13 572 000	11 896 000	9 298 000	8 648 000
净发股票	1 590 000	1 605 000	1 638 000	1 656 000	1 679 000	1 705 000	1 722 000	1 756 000
统计记录								
资产收益率（%）	17.47	17.58	18.35	13.44	15.84	14.66	14.71	13.34
净资产收益率（%）	35.51	34.62	38.01	28.77	33.17	33.76	37.02	33.58
息税折旧摊销前利润率（%）	23.11	23.03	23.90	23.75	23.40	23.24	24.20	19.26
净利润率（%）	13.78	14.33	16.06	12.52	14.39	13.23	13.19	9.88
资产周转率（%）	1.24	1.23	1.14	1.07	1.10	1.11	1.11	1.35
流动比率（%）	1.29	1.31	1.33	1.11	1.28	1.08	1.06	1.17
债权转股权比率（%）	0.29	0.24	0.17	0.16	0.18	0.14	0.24	0.31
价格幅度	79.57~62.89	78.69~62.16	65.91~56.57	59.90~51.57	55.55~45.39	48.71~37.30	53.12~35.50	50.28~41.26
市盈率	22.85~18.07	23.08~18.23	19.73~17.00	25.06~21.58	22.77~18.60	23.76~18.20	28.71~19.19	34.20~28.07
平均收益率（%）	2.15	2.29	2.01	1.90	1.82	1.66	1.41	1.25

地址： 安德森山路700号，纽约10577-1444
电话： 914-253-2000
传真： 914-253-29070

网址： www.pepsico.com
负责人： 因陀罗·K.努伊主席，首席执行官；迈克尔·D.怀特副主席

审计： 毕马威会计师事务所
联系方式： 914-253-3035
转移代理： 纽约银行

资料来源：《梅根特普通股手册》，2008年夏季。

经济增长

为了经济增长和生活的改善，企业和政府必须投资。企业需要投资新的机器和技术，如将公司与其供应商联系起来的先进计算机系统改善了库存控制并降低了成本。新的医疗技术缩短了住院时间，提高了许多人的生活质量。政府通过捐赠和拨款支持教育计划，组建了一支受过良好教育且技术熟练的劳动者队伍。一个国家如何利用生产要素（土地、劳动力、资本）将决定其未来经济的增长情况如何。

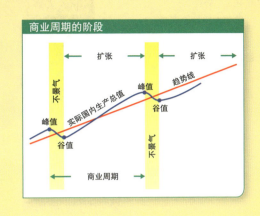

商业周期的阶段

个人财务联系　在购买公司股票时，请考虑其增长潜力，了解它是否正在投资先进技术、进行员工培训和研发。研究其收益潜力，看看其产品和服务是否受到经济的影响，还要注意它在竞争中的表现如何。

批判性思考　分析两只竞争股票，以确定你将投资哪一个。说出你做出决定的理由，其中应包括你对自己风险舒适区的分析。

影响股票价格的因素

你如何确定你的投资价值是在增加还是在减少

当你判断是否到了买卖特定股票的合适时机时，你必须首先考虑股票市场的整体状况。**牛市（bull market）** 是投资者对经济持乐观态度并购买股票时出现的市场状况，由于对股票的需求大量增加，许多股票的价值和股市整体的价值都在增加。**熊市（bear market）** 是投资者对经济持悲观态度并出售股票时出现的市场状况，由于需求下降，许多股票的价值和股市整体的价值都在下降。

接下来，你应该考虑公司的收益、亏损及其财务状况的量化衡量标准。要成为一名成功的投资者，你必须学习"数字游戏"。许多计算可以帮助你衡量特定股票的价值。同样，计算可以帮助你确定出售股票的时机是否合适。有价值的量化衡量指标包括当期收益率、总收益、每股收益和市盈率。

金融中的"野兽"

　　你作为投资者做决策，了解当前市场非常重要。牛市和熊市如何影响股票？

公司的数据测量

　　使用当期收益率、总收益、每股收益和市盈率等量化衡量指标是了解公司健康状况的好方法。

　　当期收益率　　投资者用于追踪投资价值的最常见的指标之一是当期收益率。**当期收益率（current yield）**是投资的年度股息或利息除以当前的市场价值，以百分比表示。一般而言，当期收益率的增加对投资而言是一个健康信号。

　　总收益　　尽管当期收益率十分有用，但你还需要知道你的投资的价值是在增加还是在减少。**总收益（total return）**是一种包括年度股息和与投资的原始购买价格相比，投资价值增减的计算结果。

计算　数学

股票投资的当期收益率

　　计算你的股票的当期收益率将有助于确定你的投资价值。

示例　假设塔尼卡在EatGrapes.com购买股票，EatGrapes.com支付的年度股息为1.20美元，目前股票以每股24美元的价格出售。塔尼卡的当期收益率是多少？

公式	年度股息/当前市值=当期收益率
解答	1.20美元/24.00美元 = 0.05=5%

塔尼卡的当期收益率是5%。

轮到你了

　　如果你购买的股票的年度股息为0.80美元，目前以每股18美元的价格出售，那么你的当期收益率是多少？

总收益

计算你的投资的总收益将使你了解你的投资价值是在增加还是在减少。

举例　两年前，马克以每股70美元的价格购买了弗格森汽车公司的40股股票。该股票的年度股息为1.50美元。马克打算以每股120美元的现价出售他的股票。他的投资的总收益是多少？

公式　当前收益＋资本利得＝总收益

答案　**1.** 计算当前收益

股息 × 股票数 × 持股年数＝当前收益

1.50美元 × 40 × 2 ＝ 120美元

当前收益是120美元。

2. 计算资本利得

（每股售价－每股购价）× 持股数＝资本利得

（120美元 － 70美元）× 40 ＝ 2 000美元

资本利得是2 000美元。

3. 计算总收益

当前收益 ＋ 资本利得 ＝ 总收益

120美元 ＋ 2 000美元 ＝ 2 120美元

马克的投资总收益为2 120美元。

轮到你了

如果你的股票的当前收益是60美元，你的资本利得是1 280美元，那么你的总收益是多少？

要计算总收益，请将你投资的当前收益与资本利得相加。当前收益是根据你拥有的股票数量和持有股票的时间支付给你的股息总额。要确定你的当前收益，请将你的每股股息与股票数量和持有股票的时间相乘。

接下来确定你的资本利得。如你之前所学，资本利得是你从出售资产，或者是从出售价格与购买价格之间的差异中获得的利润。要计算资本利得，请从每股售价中减去每股购价，将该数字乘以你持有的股票的数量。

确定当前收益和资本利得后，将两个数字相加得出总收益。另外请注意，佣金和费用可能会减少你的总收益。

在"计算"的示例中，马克对弗格森汽车公司的投资价值增加，因此总收益高于当前收益。对于价值减少的投资，总收益将低于当前收益。显而易见的是，总收益越高越好。

每股收益　另一个衡量公司业绩的指标是每股收益。每股收益是用公司的净收益或税后收益除以普通股的流通股股数得出的。计算每股收益能衡量分配给每股普通股的公司利润。这个数字能让股东了解公司的盈利能力。一般来说，每股收益的增加对任何公司及其股东来说都是一个好兆头。

市盈率　市盈率是用一股股票的价格除以该公司过去 12 个月的每股收益得出的。这种衡量方法通常用来将公司盈利与公司股票的市场价格进行比较。市盈率是一个关键因素，谨慎的投资者和新手都会根据它来决定是否投资一只股票。较低的市盈率表明该股票可能是一项不错的投资。与股票价格相比，该公司有很高的盈利。较高的市盈率告诉你投资该股票可能是一个糟糕的决定。与股票价格相比，该公司的盈利很低。一般来说，你应该研究公司一段时间内的市盈率，这样你就能看到其浮动范围。尽管不同行业的市盈率不同，但大多数企业的市盈率在 5 至 35 之间。

预期收益　每股收益和市盈率都是基于历史数据，或公司过去的业绩得到的。考虑到这一事实，许多投资者也会关注一家公司的预期收益。对投资者来说，预期收益增长是一个好迹象。当然，你应该记住这些只是预测。例如，经济的变化可能会导致分析师修改他们的预测。

阅读进展检查

列出　哪 4 项量化指标有助于确定公司的经济状况？

计算　数学

每股收益

　　计算每股收益可以帮助你了解一家公司的利润情况。这些信息可以帮助你确定你投资的公司的总体经济状况。

示例　EFG公司去年的净收益为80万美元，发行了10万股普通股。EFG的每股收益是多少？

> **公式**　净收益/已发行普通股＝每股收益
>
> **解答**　800 000美元 / 100 000股＝8美元/股
> 该公司每股收益为8美元。

轮到你了

　　你最近投资了一家有前途的家居装饰公司，你想了解这家公司的经济状况。如果该公司去年的净利润为40万美元，并发行了8万股普通股，那么该公司的每股收益是多少？

市盈率

市盈率是衡量股票价格最常用的指标，确定市盈率可以帮助你决定股票是否值得购买。

示例　EFG的股票以每股96美元的价格出售。EFG的每股收益为8美元。EFG的市盈率是多少？

> **公式**　每股市场价格/每股收益＝市盈率
>
> **解答**　96美元/8美元＝12
>
> 该公司的市盈率为12。

轮到你了

如果一家公司的市场价格是每股67美元，每股收益是6美元，那么这家公司的市盈率是多少？

投资理论

哪种投资理论对你最有意义

多年来，评估投资的理论已经发展起来。三大占主导地位投资理论如下。

- 基本理论。
- 技术理论。
- 有效市场理论。

基本理论

基本理论假设股票的实际价值是通过观察公司的未来收益来确定的。如果预期收益增加，那么股票价格应该上涨。基础理论家关注公司的财务实力、公司所处行业的类型、新产品和经济状况。

技术理论

技术理论基于这样一种观点：股票的价值实际上是由股票市场本身的力量所决定的。技术理论家会观察一些因素，比如某段时间内买卖股票的数量或交易的股票总数。

有效市场理论

有效市场理论有时也被称为随机游走理论，其观点是股票价格的变动完全是随机的。这一理论宣称，所有投资者在做决定时考虑了股票的所有可用信息。因此，根据有效市场理论，投资者的收益率不可能长期偏离股市平均水平。

回顾关键概念

1. **识别**　列出用于评估股票的信息来源。

2. **解释**　讨论影响股票价格的因素。

3. **比较**　有哪些投资理论? 它们有哪些相似之处?

4. **归类**　描述不同类型的股票。

延伸思考

5. **巩固**　回顾有关投资理论的章节,选择一个对你最有意义的理论,写一段短文说明你的选择。

21世纪技能

6. **有效互动**　有时,最好的职业信息来自对现实世界中工作人员的访谈。信息访谈是与专业人士进行有计划的谈话,目的是获取有关其工作、工作所需的技能和教育,以及日常活动的详细信息。这不是工作面试,然而它是建立联系的好工具。与金融服务专业人士进行访谈,如股票经纪人或其他金融服务代理,询问他们在这个行业工作所需的背景、教育、培训和经验。根据访谈,为你的学校或班级写一篇文章。

数学

7. **市盈率**　你正在研究公司以确定购买哪些股票。你正在关注的公司之一是ABC公司。你使用网络工具,发现公司去年的净收益是125万美元,你还发现它有12万股流通股,利用这些信息确定ABC公司的每股收益。你决定使用另一种工具来分析股票。如果当前股价为56.50美元,ABC公司的市盈率是多少?

数学概念　**计算市盈率**　要计算每股收益,用公司净收益除以普通股的流通股数量。计算市盈率,要用公司的每股市场价格除以每股收益。

提示　通过公司的净收益和已发行的普通股数量来确定ABC公司的每股收益。

股票市场

股票市场是什么

你通常必须通过经纪公司购买普通股或优先股，而经纪公司必须在一级或二级市场交易股票。

一级市场

一级市场是投资者通过投资银行或公司的代表购买新发行的证券的市场。投资银行是金融公司，通常通过帮助出售新证券来帮助公司筹集资金。投资者包括商业银行、保险公司、养老基金、共同基金和普通大众。

首次公开募股（IPO）指公司首次向公众出售股票。企业利用IPO为新业务融资，或为企业新的增长和扩张融资。IPO被认为是高风险投资。

公司还可以通过一级市场直接向现有股东出售股票来获得融资。这样，公司就能绕过投资银行，避免可能需要支付的费用，从而以更低的成本获得融资。

二级市场

一旦一家公司的股票在一级市场上卖出，就可以在二级市场上卖出。二级市场是投资者之间就已有金融证券进行交易的市场。

证券交易所　**证券交易所（securities exchange）**是代表投资者的经纪人见面买卖证券的市场。美国全国性公司发行的证券首先要注册，然后在纽约证券交易所或美国证券交易所进行交易。旧金山、波士顿、芝加哥和其他城市也有区域交易所，交易各自所在地区公司的股票。例如，在美国之外有业务的美国公司也可以在东京、伦敦或巴黎交易所进行交易。

纽约证券交易所是全球最大的证券交易所之一，上市公司超过4 000家，总市值约30万亿美元。纽约证券交易所的大多数成员或席位都代表经纪公司，这些公司对其代表客户进行的证券交易收取佣金。

本节目标

- 解释一级和二级市场。
- 描述买卖股票的方法。
- 评价长期和短期投资策略。

阅读进行时

选择　你会聘请经纪公司来处理你的投资组合还是自己管理？

一家公司被批准在纽约证券交易所上市之前，必须满足特定的上市要求。各区域交易所也有上市要求，不过通常没有纽约证券交易所那么严格。一家公司要想在纽约证券交易所上市，就必须有大量资本和许多股票在交易。无法满足纽约证券交易所要求的公司，可以使用美国运通或区域交易所。

场外交易市场　并非所有股票都在有组织的交易所交易，数千家公司在场外交易市场进行股票交易。==**场外交易市场（over-the-counter market）**是一个交易商网络，它们购买和出售未在证券交易所上市的==公司股票。

大多数场外交易的股票都是通过纳斯达克进行交易的，纳斯达克是一个电子交易市场，可以交易超过 4 000 种不同的股票。NASDAQ是全美证券交易商协会自动报价系统的缩写。该协会成立于 1939 年，旨在规范场外交易。当你想购买或出售在纳斯达克交易的股票，如微软股票，你的经纪公司会将你的指令发送到纳斯达克计算机系统。它与想购买或出售微软股票的所有其他人发出的指令一起出现在屏幕上。然后纳斯达克的交易商将把那些想买进和卖出微软股票的人的指令进行匹配，一旦找到匹配项，你的指令就完成了。

通常，纳斯达克为许多具有前景的公司处理交易，其中许多公司规模相当小。不过，微软、英特尔和 MCI 等一些非常大的公司也在纳斯达克交易。

　阅读进展检查

定义　什么是证券交易所？

如何买卖股票
为什么直接参与你的投资计划很重要

在开始买卖股票之前，你需要做很多决定。你必须选择一家经纪公司、一位客户经理，以及你想要用来进行交易的指令类型——市场指令、限价指令或止损指令。

经纪公司

如今，你可以选择提供全方位服务或折扣的经纪公司，也可以在线交易股票。两者最大的不同是你买卖股票需要支付的佣金。佣金是经纪公司为买卖股票而向投资者收取的费用。一般来说，提供全方位服务和折扣的经纪公司收取的佣金要高于在线经纪公司。提供全方位服务的公司通常收取的佣金最高，作为交换，它提供个性化的服务和免费的信息。不同类型的公司可能还有其他差异。

首先，考虑你可以获得的信息和成本。所有这些公司都提供优秀的研究资料，但如果你选择提供折扣的经纪公司或在线公司，你更有可能支付额外的信息费用。虽然大多数提供折扣的经纪公司不会为研究报告收取大量费用，但这些费用会累积。其次，考虑你需要多少帮助才能做出投资决策。提供全方位服务的客户经理可能没有很多时间与每个客户待在一起，但他们可以回答问题并提出建议。

提供折扣的公司和在线公司通常认为，你要独自负责投资计划，因为成功的投资者全程参与自己的计划。他们通常会在网站上提供材料或信息来帮助你成为一个更好的投资者。

评论

仔细听

一个明智的做法是：在允许你试听CD的音乐商店购物，或者在允许你在购买前听歌的在线商店购物。你也可以试听朋友的音乐，看看你是否喜欢。不买CD或不下载你不听的歌曲可以省钱。

概念应用

你还可以将此方法用于购买哪些其他类型的商品？

纳斯达克

纳斯达克是世界上第一个电子股票交易所。它为什么会被创建？

客户经理或股票经纪人是为客户买卖证券或股票的有执照的个人。客户经理通常为经纪公司工作。

无论他被称为客户经理还是股票经纪人，这个人都需要处理所有类型的证券，而不仅仅是股票，并且可以处理投资组合。**投资组合（portfolio）**是投资者持有的所有证券的集合。一些客户经理会冒险，而另一些则比较保守。当你选择客户经理时，确保你能清楚地描述你的短期和长期财务目标，以便获得满足你需求的最佳服务。

请记住，客户经理可能会犯错，所以一定要积极参与有关你投资的决策，没有你的允许，决不让股票经纪人对你的账户采取行动。经纪公司通常不对你的客户经理提出的建议造成的财务损失负责。

注意一种被称为"搅拌"的做法。当一位客户经理通过你的投资组合买卖大量股票以赚取更多佣金时，搅拌就会发生。虽然搅拌是非法的，但很难证明。注意，你的投资组合的价值不会通过搅拌而增加，只会保持不变。

大多数传统经纪公司买卖股票的最低佣金从 25 美元到 55 美元不等。然而，在线经纪公司的佣金可以低至 10 美元。此外，它们也可根据股票数量和股票价值收取费用。在场内或在证券交易的实体区域，股票是整批交易的，即交易股票的数量是 100 股或 100 股的倍数。零星股票指少于 100 股的股票。

指令类型

当你准备交易股票时，你将执行一个买卖指令。许多人仍然喜欢使用电话指令来买卖股票，但是越来越多的人正在使用电脑来完成交易。你也可以亲自去经纪公司下单。

用于股票交易的指令类型包括市场指令、限价指令和止损指令。

市场指令　市场指令是以当前市场价值买卖股票的请求。由于股票市场本质上是拍卖，客户经理尽力获得尽可能好的价格，并尽快完成交易。图 18.1 展示了纽约证券交易所中一个市场指令是如何执行的。

图18.1　股票交易区

每天14.6亿股　纽约证券交易所是世界上最大的证券交易所之一。谁是纽约证券交易所场内的主要参与者？

1　接收指令　你的客户经理收到你出售股票的指令，并以电子方式将指令传递给证券交易所的经纪公司代表。

2　向场内经纪人发出信号　公司职员向证券交易所的场内经纪人发出交易信号。

3　交易　场内经纪人进入该股票交易的交易区，与收到购买指令的场内经纪人（来自另一家公司）进行交易。

4　输入自动收录系统　场内经纪人将交易信号传回公司职员，然后一名场内通讯员，即纽约证券交易所的一名员工会收集信息，并将其输入股票行情自动收录系统。

5　公告　销售信息会显示在价格公告板上。你的客户经理转发收到的确认信息，并通知你交易完成。

请注意，在纽约证券交易所上市的每一只股票都是在交易场内配备电脑的交易站进行交易的。交易站上方的显示器显示了每个交易站所有股票的当前价格信息。

然后，为了记录每笔交易，股票代码系统的通信网络传输必要的信息，如股票代码（用于识别交易股票的字母）、股票数量和价格。纽约证券交易所还使用超级显示簿系统，该系统传输电子指令。

股票支付通常需要在出售后的3个工作日内完成。大约4~6周后，经纪人会向买方发送一份股票证书（所有权证明）。投资者的经纪公司可以持有它，这样出售股票时会很方便。术语"街名持股"（left in the street name）就是用来描述经纪公司代持投资者拥有的股票。

限价指令　限价指令是以特定价格买卖股票的请求。你同意以最优价格购买股票，价格不超过一定金额。当你出售股票时，限价指令确保你将以最好的价格卖出，且不低于某个特定价格。

例如，你下达一个限价指令，以每股最高34美元的价格购买家乐氏公司（Kellogg）的普通股，那么在股价跌至34美元或更低之前，你就不会购买。如果你下达限价指令卖出股票，家乐氏的股票在价格上涨到34美元或更高之前，你就不会出售。

然而，限价指令并不保证在达到预期价格时就能进行购买或出售。限价指令按照收到指令的顺序输入，因此其他投资者可能在你之前输入指令。例如，家乐氏的价格继续上涨，而你之前的购买指令正在输入，那么当轮到你的时候，价格可能会达到36美元，你将错过以34美元的价格购买该股票的机会。

巴西

乙醇交易

今天，许多人都在提倡绿色理念，以帮助拯救环境。环境最大的威胁之一是温室气体，部分是由汽车排放造成的。巴西或许已经找到了一种新方法：通过货币来激励人们"走向绿色"。巴西商品期货交易所是第一个为未来乙醇生产提供交易的金融市场。乙醇是一种汽车替代燃料。在资源丰富的巴西，乙醇等生物燃料的提炼是一个不断发展的行业。

碳信用额度在国家和国际层面都有使用，目的是控制温室气体排放量的增加。一个碳信用额度相当于一吨温室气体。有减排计划的公司和政府可以申请碳信用额度。其中一些公司可以把信用额度卖给污染者。圣保罗市选择通过新的股票体系拍卖80万吨碳排放额度。

批判性思考

1. 扩展　如何购买碳信用额度才能真正减少温室气体的排放？
2. 关联　你同意使用碳信用额度体系吗？那些获得信用额度的公司应该被允许出售吗？

数据库

首都
巴西利亚

人口
202 656 788

语言
葡萄牙语(官方和最广泛的语言)，不常用的语言包括西班牙语、德语、意大利语、日语、英语，美洲印第安人的语言

货币
巴西雷亚尔

国内生产总值
2.19万亿美元

人均国内生产总值
12 100美元

工业
纺织、制鞋、化工、水泥、木材、铁矿石、锡、钢材、飞机、汽车及零部件、其他机械设备

农业
咖啡、大豆、小麦、大米、玉米、甘蔗、可可、柑橘、牛肉

出口
运输设备、铁矿石、大豆、鞋类、咖啡、汽车

自然资源
铝土矿、黄金、铁矿石、锰、镍、磷酸盐、铂、锡、铀、石油、水、木材

重要职业

加里·豪斯曼 股票经纪人

每天，数十亿美元在美国证券交易所转手。这些资金被投资于股票、债券和其他证券，由机构投资者、共同基金、养老金计划和普通大众进行买卖。无论是个人之间几百美元的交易还是大型机构之间数百万美元的交易，大多数交易是由股票经纪人安排的。这就是我的工作。作为一名股票经纪人，我是客户和证券交易所之间的代理人。我通过电话和电子邮件协助客户进行交易、报价和查询账户。简单地说，我帮助人们买卖股票。我需要长时间工作，经常出差，承受着巨大的压力。许多公司会雇用暑期实习生，而最成功的实习生大学毕业后往往会获得全职工作。新员工的流动率可能很高，但如果你努力工作，超越了初级股票经纪人的水平，就有可能获得高收益。

职业探索

经纪公司寻找股票经纪人，申请人必须具备良好的沟通技巧、职业道德和团队合作能力。

1. 解释为什么雇主会寻找信用记录良好的股票经纪人。

2. 股票经纪人需要什么证书？

职业细节

技能	教育	职业道路
沟通、组织、数学、客户服务、数据录入和多任务处理等技能，能够在压力下快速做出决定的能力	金融、商务或相关专业学士学位，工商管理硕士或专业证书，系列7和系列60或系列63许可证	股票经纪人可以成为个人理财顾问、投资顾问和经纪团队经理

止损指令 你也可以下达止损指令，出售股票。止损指令有时也被称为停止指令。它是一种限价指令，当市场价格达到一定数额时，在下一次有机会时卖出特定股票。止损指令不能保证你的股票以你想要的价格卖出，但它能保证你的股票会在下一次机会时卖出。止损指令和限价指令可以持续一天、一周、一个月，直到你取消它们。

计算机交易

越来越多的人开始使用电脑进行证券交易。为了满足这种服务需求，提供折扣的经纪公司和一些提供全方位服务的公司允许投资者在线交易。你可以使用软件包或经纪公司的网站来帮助你评估股票、跟踪你的投资组合并监控价值，以及在线买卖证券。投资者越活跃，网上交易就越有意义。当然，你仍然有责任研究你得到的信息。

虚拟经纪人

互联网经纪公司可以让你即时访问你的账户信息，并能够在线评估、购买和出售证券。这是否意味着可以免除你研究你的投资组合的责任？

 阅读进展检查

关联 解释限价指令和止损指令之间的联系。

投资策略

你会采用长期投资策略还是短期投资策略

购买股票的投资可以分为长期（持有 10 年或更长时间）或短期（持有 1 年或更短时间）。一般来说，如果你投资至少 1 年，你就会被认为是投资者。如果你在短时间内交易，你就是投机者或交易者。

长期投资策略

所有有意避免投资损失的投资者都会使用长期投资策略，如买入持有法、成本平均法、直接投资和股息再投资计划等。

买入持有法 一种典型的长期投资策略是买入股票并持有数年，通常是 10 年或更长时间。在这段时间里，你可能会得到股息，股票的价格可能会上涨，股票也可能被分割，这将增加它的价值以及你拥有的股票数量。

成本平均法 使用这种方法，你可以定期购买相同数量的股票。假设你在 3 年内每年投资 2 000 美元购买强生的普通股。当股票价格上涨时，你的 2 000 美元只能购买更少的股票；当股票价格下跌时，你的 2 000 美元将能购买更多的股票。这一方法能避免投资者受到高价买进和低价卖出的影响。随着时间的推移，你购买股票的价格将趋于平均值。

直接投资和股息再投资计划　许多公司直接向投资者出售股票。该计划允许你不通过经纪公司的客户经理购买股票，也无须支付佣金。另外，该计划会自动用你利用收益购买的股票的股息进行再投资，这也将节省一笔费用。

短期投资策略

投资者有时会使用投机性强的短期投资策略。这些方法风险很大，真正了解风险的投资者更适合使用保证金购买和卖空等技术。

保证金购买　当以保证金购买股票时，投资者向经纪公司借入购买股票所需的部分资金。美联储目前的保证金要求是 50% 的比例或 2 000 美元，这意味着只要你的经纪账户有至少 2 000 美元，你就可以借到最高相当于购买价格一半的资金。投资者以保证金购买股票是为了购买更多的股票。如果股票价格上升，投资者就能赚更多的钱。然而，如果股票价格下降，投资者就会损失更多的钱。

卖空　你通过买卖股票赚钱的能力与你预测股票走势的能力有关。通常情况下，你想买一只会升值的股票，就叫买空。当然，股票的价格也会下降。实际上，当股票的价格看起来可能会下跌时，你可以通过卖空来赚钱。卖空是指出售从经纪公司借来的股票，这些股票以后必须用其他股票替换。今天你卖掉借来的股票，要知道以后你必须再买回来，具体做法如下。

1. 从经纪公司借入一定数量的特定股票。

2. 出售借入的股票，如果它的价格会在相当短的时间内下跌。

3. 以低于出售的价格购买股票。

4. 使用通过步骤 3 购买的股票来替换通过步骤 1 从经纪公司借来的股票。

卖空通常不收取经纪费用，因为经纪公司会在股票买卖时收取佣金。记住，当你借入股票时，这些股票实际上是属于别人的，所以如果应该支付股息，你必须支付。最终，这些股息可能会抵销你在交易中获得的所有利润。为了赚钱，你必须能预测股票的价格会下跌。如果价格上涨，你就会赔钱。

阅读结束后

评估　投资股票的利与弊是什么？

回顾关键概念

1. **解释**　什么是一级市场和二级市场?

2. **总结描述**　在哪些买卖股票的方法?

3. **评价解释**　长期和短期投资策略的优缺点有哪些?

延伸思考

4. **评估**　股票经纪人经过培训,获得了管理投资组合的许可。但即使股票经纪人有这方面的专业知识,为什么他们在没有先咨询你的情况下就代表你行事仍是有风险的?

英语语言艺术

5. **选择你的经纪人**　雇用客户经理或股票经纪人与雇用员工一样,做决定之前,你需要面试几个人。毕竟,你要把你的资金、未来的财务和个人信息托付给这个人或公司。按照老师的指示组建小组,与小组成员一起进行头脑风暴,提出相关问题和主题,以便与客户经理候选人讨论。然后,你的小组选出两名代表,一个人扮演投资者,另一个人扮演经纪人,为全班同学表演一个问答场景。

数学

6. **成本平均法**　4年来,安吉拉每年都把钱存起来用于投资。她每年储蓄3 000美元,并用储蓄的钱购买IBM(国际商用机器公司)的股票。2007年,IBM的股价为97.42美元。2008年,该公司的股价为97.67美元。2009年的价格是84.92美元,2010年是130.85美元。计算安吉拉在过去4年里的股份,以及她在这段时间内购买的IBM股票的平均成本。

数学概念　**计算平均成本**　计算股票在一段时间内的平均成本,要将每年购买的股票数量与其价格之积加总,再除以股票总数。

提示　通过投资金额和购买时的股票价格来确定每年购买的股票数量,具体是用投资金额除以每年的股票价格。

股票

用钱来赚钱

投资者通过多种方式购买股票来赚钱。

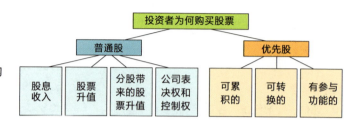

做调查

在做投资决定之前，充分利用各种可用的信息资源。

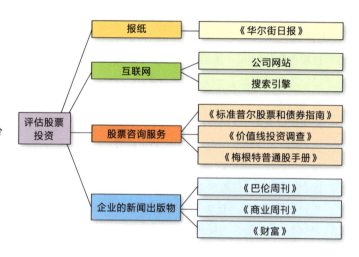

试一试

如图所示，记录在纽约证券交易所交易的步骤。

纽约证券交易所股票交易步骤

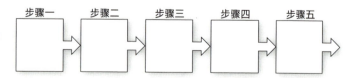

章节评估

章节总结

- 投资者选择普通股是因为股票比银行储蓄账户和政府债券提供的潜在回报更大。
- 投资者选择优先股,是因为它们的风险比普通股小,而且能以股息的形式提供稳定的收益。
- 股票类型包括蓝筹股、收益股、成长股、周期股、防御股、大盘股、小盘股,以及仙股。
- 有关股票风险的信息可以在报纸、股票咨询服务、公司报告和互联网上找到。
- 影响股价的因素包括人们对当前经济状况和公司业绩的普遍态度。
- 股票在一级市场买卖,如首次公开发行,也在二级市场,如在证券交易所和场外交易市场上买卖。
- 长期投资者购买并持有股票,使用成本平均法来使定期购买的股票价格趋于平均,将股息再投资,并直接从他们已经投资的公司购买更多股票,不必支付股票经纪人佣金。
- 短期投机者使用保证金购买和卖空等技术。

词汇复习

1. 寻找或创建可视化示例,至少用到以下术语中的10个。

- 证券
- 私营公司
- 上市公司
- 票面价值
- 蓝筹股
- 收益股
- 成长股
- 周期股
- 防御股
- 大盘股
- 资本总额
- 小盘股
- 仙股
- 牛市
- 熊市
- 当期收益率
- 总收益
- 每股收益
- 市盈率
- 证券交易所
- 场外交易市场
- 投资组合
- 收益
- 增值
- 参与
- 预期
- 场地

延伸思考

2. **比较** 确定股票咨询服务的优点和缺点,以更好地评估股票。

3. **扩展** 解释公司为什么更喜欢通过发行普通股来筹集资金。

4. **构想** 描述股东可能希望行使其投票权的情形。

5. **角色扮演** 描述一种优先购买权使企业主受益的情况。

6. **推理** 互联网使个人能够交易股票,那么人们为什么会继续使用股票经纪人的服务呢?

7. **评估** 解释小盘股为什么更有可能成为成长股。

8. **巩固** 一个人应该使用长期投资策略来获得税收优势吗? 为什么应该? 为什么不应该?

9. **评价** 股票市场是"快速致富"的好地方吗? 为什么是? 为什么不是?

大学和职业准备

社会研究

10. 复苏之路　1929年10月，美国股市崩盘后，公众对资本市场的信心急剧下降。在随后的大萧条中，投资者和银行损失惨重。要使经济复苏，公众需要恢复对资本市场的信心。国会举行听证会寻求解决办法。国会通过了1933年的《证券法》和1934年的《证券交易法》，后者规定设立证券交易委员会。研究这些法律和证券交易委员会，然后撰写一份摘要，解释证券交易委员会的使命以及颁布这些法律的目的。你认为这些措施能阻止大萧条重演吗？解释你的答案。

数学

11. 总收益　3年前阿雅娜以每股32美元的价格购买了75股玩具公司的股票。该股票每年每股产生1.25美元的股息。阿雅娜只有在她能够实现至少1 000美元的总收益时，才愿意出售她的股票。如果玩具公司目前的市场价格是45美元，阿雅娜是否应该卖出她的股票？如果阿雅娜以每股45美元的价格出售股票，她的总收益是多少？

数学概念　**计算总收益**　计算投资的总收益，要确定当前收益和资本利得的总和。

提示　从每股售价中减去每股购买价格，以确定每股收益/亏损。

英语语言艺术

12. 词源学　词源学是研究词语历史的学科。词源学家通过各种语言材料来收集关于词语和短语如何成为语言的一部分的知识。例如，"熊市"的早期含义是在实际拥有股票之前卖出股票。投机者希望在购买之前股价下跌。最终，这个术语被用来表示对股价的悲观情绪。创建一个词源词典，记录与股市相关或受股市启发而使用的词语和短语，如蓝筹股、股票行情、对冲和熔断，添加你找到的其他内容。

经济学

13. 机构投资者　企业、政府和机构与个人投资者要做的决策相似。机构投资者是个人或组织，其交易的股票数量或金额大到有资格获得优惠和支付较低佣金。机构投资者也面临较少的监管。哪些是典型的机构投资者？它们在经济中扮演什么角色？它们必须考虑哪些成本和收益？你能说说它们对风险的承受能力吗？

实际应用

14. 风险承受能力　当你开始赚钱时，你不应该在准备好之前就急于进行复杂的投资。低风险的投资可以保护你的资金，并帮助你了解投资。汉娜是一名高三学生，两年来她一直在向一个储蓄账户存入她做咖啡师挣的钱。她的父母建议她将这笔钱用于投资，以获得比银行存款更高的收益。接下来，汉娜可以怎样进行财务规划？在她等待收益时，你会提供什么建议？

你的资产组合

投资股票

瑞克想投资股票。在投入资金之前，瑞克正在研究一家他认为有潜力的公司。这家公司是eSongz，这是一家在线音乐商店，你可以在网站上租用或购买播放器，并直接购买该公司的歌曲。除了股价，瑞克还关注可能影响股价的公司公告或行业变化。

瑞克研究了该公司的财务报告，并密切关注其财务新闻。他相信，eSongz将继续取得成功，但他计划在做出投资决定之前再多观察一下股票。

瑞克的研究
eSongz

过去52周每股的最高成交价	41.80美元
过去52周每股的最低成交价	19.89美元
目前每股成交价	35.35美元
市盈率	20
每股收益	1.78美元

研究

选择一只你想买的股票并进行研究，用你研究的信息创建一个电子表格。你可以从各大报纸的财经版面、互联网和公司中获得有关该公司的信息。你也可以从《标准普尔股票和债券指南》、《梅根特普通股手册》或《价值线投资调查》中找到信息。你有兴趣购买哪种类型的股票？为什么？根据你研究的财务数据，你认为你研究的公司是一个明智的投资选择吗？解释你的答案。

看图说话

　　债券经常被用于为新项目融资，比如学校的科技项目。你认为还有哪些类型的项目的完成得益于债券？

探索项目

解释募集说明书

关键问题

你为什么要在投资前阅读共同基金的募集说明书？

项目目标

一个好的理财规划师会告诉你，在投资之前一定要查阅共同基金的募集说明书。然而，对于新投资者来说，这份文件可能有点难以理解。共同基金募集说明书提供有关投资目标和策略的资料，以及有关基金过往表现、基金经理和财务状况的详情。选择一家提供共同基金的公司，比如富达投资公司（Fidelity Investments）或美国基金投资公司（American Funds Investment Company），通过写电子邮件、打电话或在公司网站上搜索来获取募集说明书的PDF版本。仔细阅读募集说明书，然后以共同基金募集说明书的项目符号列表为指南，写一份募集说明书的信息摘要，让刚接触投资的人能够理解。

考虑以下内容

- 基金的投资目标及策略是什么？
- 投资基金有什么风险？
- 你应该从基金过去的表现中寻找什么？
- 如何分配投资的金额？
- 你期望的费用是多少？
- 你能从基金经理身上学到什么？

21世纪技能

获取和评估信息

如果在阅读募集说明书后仍需要更多资料，你还可以采取哪些步骤？

重要见解 👤

了解债券和共同基金可以让你在投资时有更多的选择。

请教专家

共同基金

问： 我每月大约有50美元可以投资。对我来说什么是好的投资选择？

答： 许多共同基金提供系统的投资计划，不管股价如何变动，你每月都可以投入相同的金额。你的钱在股价低的时候可以买更多的股票，在股价高的时候只能买更少的股票。随着时间的推移，这种策略可以降低每股平均成本，然而它不能保证获得利润或防止损失。

 写作任务

写一份简短的有说服力的报告，解释为什么每月投资一点钱是个好主意。使用一些例子，说明那些没有很多钱的人仍然可以找到办法留出投资资金。

阅读开始前

基本问题　如何阅读和分析债券和共同基金的信息可以提高你的投资回报率?

中心思想

学习如何区分、评估和计算不同类型的债券和共同基金将帮助你做出明智的投资选择。

内容词汇

- 到期日
- 票面价值
- 信用债券
- 抵押债券
- 可转换债券
- 偿债基金
- 系列债券
- 记名债券
- 息票债券
- 无记名债券
- 零息债券
- 市政债券
- 投资级债券
- 收益率
- 封闭式基金
- 交易所交易基金
- 开放式基金
- 资产净值
- 有佣基金
- 免佣基金
- 分红收入

学术词汇

在阅读和测试时，你会看到这些词。

- 溢价
- 违约
- 大都市
- 投机
- 补偿
- 持有
- 用尽
- 清算

使用图表

在阅读本章之前，请创建如图所示的图。在你阅读的过程中，写下你在确定投资目标时需要考虑的 5 个问题。

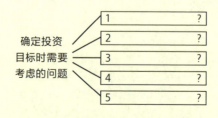

公司债券

什么是公司债券

当你购买公司债券时，你基本上是在借钱给公司。如前所述，公司债券是公司对债券持有人（购买债券的人）偿还包含利息的资金的书面保证。债券的利率、到期日和票面价值都列在债券上。**到期日（maturity date）**是债券被偿还的日期。**票面价值（face value）**是债券持有人在债券到期时将获得的金额。一般来说，公司债券的面值是1 000美元。然而，公司债券的面值也可能高达5万美元。从你购买债券的日期到到期日，公司会按债券上规定的利率向你支付利息。利息通常半年支付一次（一年两次）。用票面价值乘以利率，你可以计算出你每年能赚多少利息。

在到期日，你可以将债券兑现，并收到一张债券面值的支票。债券到期需要1年到30年不等。公司债券的期限分为短期（少于5年）、中期（5年至15年）和长期（超过15年）。

公司为什么出售债券

当发行股票困难或不可能时，公司会发行债券以筹集资金。公司也经常使用债券来为日常商业活动融资。出售债券还可以减少公司必须缴纳的税款，因为支付给债券持有人的利息是可以免税的。

公司可以同时出售债券和股票来为其经营活动提供资金。然而，公司对债券和股票投资者的责任是不同的。债券持有人的投资必须在未来某个日期偿还，而股票持有者的投资不必偿还。公司必须为债券支付利息，但可以选择是否向股票持有者支付股息。如果公司申请破产，债券持有人会先于股票持有者得到偿付。

阅读进展检查

区分 公司对债券和股票投资者的责任有何不同？

本节目标

- 描述不同类型的公司债券。
- 识别公司出售债券的理由。
- 解释投资者为什么要购买公司债券。
- 讨论政府发行债券的原因。
- 归类政府债券的类型。

阅读进行时

思考 投资公司债券是实现财务目标的好方法吗？为什么？

债券的年利息

债券的利息一年支付两次。通过债券的年利率，你就能确定你每年能从债券中赚多少钱。

示例　假设你购买了面值为1 000美元的美孚石油公司的债券，债券的年利率是8.5%，你能从这种债券中得到多少年利息？

公式	面值 × 年利率 = 年利息
解答	1 000美元 × 8.5% = 85美元

你将从美孚石油公司的债券中得到85美元的利息，分两期支付，每期42.50美元。

轮到你了

如果你买了两张面值为2 000美元、年利率为7%的债券，你每年能得到多少利息？

公司债券的类型

各种类型的债券分别有什么优势

公司债券有多种类型，包括信用债券、抵押债券、次级债券和可转换债券。

信用债券

大多数公司债券是信用债券。**信用债券（debenture）** 是一种仅由发行公司的声誉而不是资产作为担保的债券。投资者购买这类债券是因为他们相信发行这类债券的公司有坚实的财务基础。投资者预期该公司会按照债券面值偿还本金，并支付利息，直到债券到期。

次级债券

次级债券（subordinated debenture） 是一种无担保债券，只有在所有其他债券持有人都得到偿付之后，次级债券持有人才有权要求公司支付利息和偿还本金。由于风险水平较高，投资者通常能获得较高的利率。

抵押债券

当公司一次性发行大量债券时才会发行这种债券。为了使债券对保守的投资者更具吸引力，公司也可以发行抵押债券。**抵押债券（mortgage bond）** 有时被称为担保债券，是一种由公司资产担保的债券。抵押债券更安全，因为它是由公司资产支持的。这些资产，如设备，可以在必要时出售，以偿还抵押债券持有人。抵押债券的利息通常比信用债券低，因为风险更低。

我们的世界

俄罗斯
12年来首次发行债券

美国的政府债券对人们通常很有吸引力，因为其违约风险很低。然而，并非所有政府都是如此。事实上，1998年，俄罗斯经历了一场金融危机，所有的国内债务都出现了违约。然而，在之后的10年里，俄罗斯一直奉行储蓄石油利润的政策，已经处于现金充裕的状态。事实上，政府不需要借钱，因为它有足够的黄金和外汇储备来填补财政赤字。但是，2010年，政府决定借款，以实现赤字融资来源的多元化，为商业借款设定了一个较低的基准，并保留了主权财富基金作为未来油价暴跌的减震器。这通过出售欧元债券来实现。欧元债券是一种国际债券，以发行国以外的货币计价，价值55亿美元。这一重大事件标志着俄罗斯重返国际资本市场。

批判性思考

1. **扩展**　你认为俄罗斯发行的债券对外国投资者有吸引力吗？解释你的答案。
2. **关联**　如果你打算购买政府债券，你会考虑购买外国的政府债券以获得更高的收益吗？

数据库
首都
莫斯科
人口
142 470 272
语言
俄语
货币
俄罗斯卢布
国内生产总值
2.113万亿美元
人均国内生产总值
18 100美元
工业
采矿和煤炭生产、石油、天然气、化学品和金属、轧机及高性能飞机和航天飞机的机械制造、雷达及导弹的生产、先进电子元器件、造船、公路和铁路运输设备、通信设备、农业机械、建筑设备、发电和运输设备、医疗和科学仪器、耐用消费品、纺织品、食品、手工艺品
农业
谷物、葵花籽、蔬菜、水果、牛肉、牛奶
出口
石油和石油产品、天然气、谷物、木材和木材产品、金属、化学品
自然资源
石油、天然气、煤炭和多种战略矿产、木材

公司债券
　　大多数公司债券都以电子方式持有，以便更快地进行交易。为什么有人想要实体的公司债券凭证？

可转换债券

　　可转换债券（convertible bond）是一种可以转换成公司普通股的债券。由于可转换债券具有独特的灵活性，它的利率通常比其他公司债券的利率低 1% 到 2%。许多债券持有人选择不把债券转换成股票，即使股票价值很高。随着公司普通股市值的增加，公司可转换债券的市值也会增加。

公司偿还债券的方法

　　如今，大多数公司债券都是"可赎回的"，这意味着它们具有赎回功能，允许公司在到期日之前"赎回"或从现有债券持有人手中回购。公司可以通过出售股票、使用利润或出售新债券来筹集资金。例如，美孚石油公司以 8.5% 的利率发行债券，但后来，类似债券的利率降至 4.5%。美孚石油公司可能会决定赎回这些利率为 8.5% 的债券，这样它就不用以这么高的利率支付债券持有人利息了。

　　溢价　通常，公司不会在债券发行后的前 5 年到 10 年内赎回债券。当赎回债券时，它可能不得不向债券持有人支付溢价，即高于债券面值的额外金额。溢价的数额会在债券契约中说明，它详细说明了与特定债券发行有关的所有条件。

　　偿债基金　公司可以使用两种方法中的一种来确保它有足够的资金来偿还发行的债券。首先，公司可以设立偿债基金。**偿债基金（sinking fund）**是公司为偿还发行的债券而设立的一种基金。如果债券契约规定公司将钱存入偿债基金，公司就有能力偿还债券。

系列债券　其次，公司可以发行系列债券。**系列债券**（serial bonds）是同时发行但在不同时间到期的债券。例如，海滨电影公司（Seaside Productions）发行了为期 20 年的 1 亿美元系列债券。这些债券在发行后的第一个 10 年里都没有到期。因此，在那段时间里，公司除了支付未偿还债券的利息外，不需要支付任何费用。相反，海滨电影公司利用出售债券筹集的资金来发展业务。之后，每年到期 10% 的债券，直到所有债券在 20 年后全部到期。这使海滨电影公司可以一次偿还少数债券，而不是一次性偿还全部的 1 亿美元。

阅读进展检查

回顾　"可赎回"是什么意思？

投资者为何购买债券

为什么债券被认为是安全的投资

许多公司和政府债券被认为是安全的投资。一些投资者利用公司和政府债券来使他们的投资组合（投资者持有的所有证券）多样化。债券还有 3 个其他好处。

- 大多数债券提供利息收入。
- 债券可能会增值，这取决于债券市场、整体利率水平以及发行人的声誉和资产。
- 到期时会根据债券面值偿还本金。

后备计划
　　抵押债券是由公司的所有资产支持的，比如送货卡车。抵押贷款债券的平均收益率往往低于仅由公司声誉作为担保的信用债券。为什么投资者要购买抵押债券？

储蓄思维

获得加薪或还清贷款是令人兴奋的。你知道你会拥有更多可用的钱。成为一个聪明的储蓄者——遵守你当前的预算，并向你的储蓄或投资账户存储新的资金。

概念应用

如果你的净收入每周增加30美元，每月增加4次，那么从2月到11月的10个月，你将获得多少"额外"资金？你会将钱存起来还是投资？为什么？

利息收入

债券持有人通常每6个月收到一次利息。年利息的数额是由利率乘以债券的面值决定的。公司支付利息的方法取决于你购买的公司债券的类型，包括以下几类。

- 记名债券。
- 息票债券。
- 不记名债券。
- 零息债券。

记名债券 记名债券（registered bond）是通过发行该债券的公司，以债券持有人名义登记的债券。这确保了只有债券持有人才能从债券中获得资金。记名债券的利息支票直接邮寄给债券持有人。

息票债券 记名的息票债券（coupon bond）是一种以债券持有人名义，只对面值记名而不对利息记名的债券。这是一种带有可分拆息票的债券。因为债券的面值是记名的，所以只有债券持有人可以收到面值金额的还款。然而，任何持有息票的人都可以收取利息。要收取已登记息票的债券利息，只需向发行公司、银行或经纪机构出示其中一张可分拆息票。

无记名债券 无记名债券（bearer bond）是指未以投资者名义登记的债券。与记名息票债券一样，无记名债券的持有人必须出示息票才能收取利息。任何实际持有债券或其息票的人都可以收取这些债券的利息。一些无记名债券仍在流通，但公司已不再发行这类债券。

零息债券 零息债券（zero-coupon bond）是一种不支付利息的债券。它以远低于面值的价格被出售，但到期时将以面值被赎回。因为是你以低于面值的价格购买零息债券的，所以当你的零息债券得到偿还时，你就会获利。

债券的市场价值

许多新手投资者认为1 000美元的债券总是值1 000美元。事实上，公司债券的市场价值可能会在到期日之前波动。通常，债券价格的变动是由市场整体利率的变化引起的。

例如，凡妮莎有一张利率为7.5%的债券。如果整体利率降至7.5%以下，凡妮莎债券的市场价值将上升，因为它的利息高于以较低利率发行的新债券。如果整体利率上升到7.5%以上，凡妮莎债券的市场价值就会下降，因为它的利息比以更高利率发行的新债券要低。

债券以低于面值的价格出售，被称为折价出售。债券以高于面值的价格出售，被称为溢价出售。你可以用一个公式来计算债券的大致市场价值，该公式将债券的利率与类似的新发行的公司债券进行比较（见 P626 的"计算"），用债券面值乘以年利率，求出债券年利息的金额。然后，用年利息的金额除以可比的新发行公司债券的利率，来计算债券的大致市场价值。

债券的市场价值也可能受到发行公司财务状况的影响。此外，供求关系的变化也会影响债券的价值。

到期还款

在你购买债券之后，你有两种选择。你可以一直持有债券直到到期日，然后兑现。你也可以在任何时候把债券卖给其他投资者。无论哪种情况，债券的价值都与公司的偿债能力密切相关。其他投资者会支付更多的钱来购买高质量、有稳定还款前景的债券。

阅读进展检查

定义　解释面值折价和溢价。

典型的债券交易
哪里可以买到公司债券

大多数债券是通过提供全面服务的经纪公司、提供折扣的经纪公司或网络销售的。如果你使用一家提供全面服务的经纪公司，你的客户经理应该提供有关债券投资的信息和建议。如果你使用提供折扣的经纪公司或在网上购买债券，你必须自己做调查，当然你需要支付的佣金可能较低。如果你通过客户经理或经纪人购买或出售债券，你应该支付佣金。

一级或二级市场购买

购买债券和购买股票的方式是一样的，可以在一级或二级市场购买。在一级市场，你从代表发行公司的投资银行家那里购买金融证

债券的大致市场价值

债券的市场价值在到期日之前会发生多次变化。计算债券的大致市场价值可以帮助你确定债券在到期日时的价值。

示例　肖恩购买了纽约电话公司的债券，面值1 000美元，利率为4.5%。新发行的类似的公司债券的利率为7%。肖恩的债券值多少钱？

公式　年利息/可比的新发行公司债券的利率＝大致市场价值

解答

1. 求出年利息额。

债券面值 × 年利率＝年利息额

1 000美元 × 4.5%＝45美元

年利息额为45美元。

2. 求大致市场价值。

年利息额/可比新公司债券利率＝大致市场价值

45美元/7%＝642.86美元

肖恩持有的纽约电话公司的债券的大致市场价值为642.86美元。

轮到你了

你买了两张1 000美元的债券，年利率都是5.5%。新发行的公司债券的利率为8%。你的债券的大致市场价值是多少？

券。在二级市场，你与其他投资者交易金融证券。大公司发行的公司债券在纽约债券交易所和美国债券交易所交易。

债券交易案例　表19.1 显示了一个债券交易的例子——曼斯菲尔德女士交易波登债券。1995 年 10 月 8 日，曼斯菲尔德女士购买了波登公司发行的年利率为 8.375% 的公司债券。她以 680 美元的价格购买了这只债券，还支付了 10 美元的佣金。2006 年 10 月 8 日，她以当前市价 1 030 美元减去 10 美元佣金（1 030 美元 – 10 美元＝1 020 美元）的价格卖出了这只债券。支付佣金后，曼斯菲尔德女士的资本利得为 330 美元。债券的市场价值提高了，因为在她持有债券期间整体利率下降了。在此期间，波登公司还建立了良好的商业信誉，使债券更安全，因此更有价值。

曼斯菲尔德女士还通过收取利息赚钱。在她持有债券期间，波登公司每年支付给她 83.75 美元。截至她卖出债券时，她已收到了总计921.25 美元的利息。通过波登公司的债券，她总共获得了 1 251.25 美元的回报。

阅读进展检查

列出　购买公司债券有哪 3 个选择？

政府债券及证券

为什么政府发行债券及证券

与私营企业一样，美国联邦、州和地方政府发行债券，以筹集运营所需的资金。

联邦政府出售债券和其他证券，为其日常活动和服务提供资金，并为国债融资。美国政府债券被认为几乎没有风险。美国政府债券由美国政府的全部信誉支持。然而，由于违约或无法偿还债务的风险较低，政府债券利率较低。

短期国库券、票据和债券

美国财政部发行的证券有 5 种基本类型：短期国库券、中期国库券、长期国债、通货膨胀保值债券和美国政府储蓄债券。

你可以通过财政部运营的网站"财政部直达"在线购买短期国库券、中期国库券、长期国债、通货膨胀保值债券和美国政府储蓄债券，从这里购买不需要支付佣金。你也可以通过银行或经纪人购买这些证券，但要支付服务佣金。美国政府储蓄债券可以通过"财政部直达"、商业银行、储蓄和贷款协会或其他金融机构购买。

你可以持有美国政府债券直至到期，也可以在到期前出售。你必须为获得的利息支付联邦所得税。然而，这种利息免征州和地方税。

表19.1 **曼斯菲尔德女士的波登债券交易**

交易费用 曼斯菲尔德女士在购买债券时支付了佣金，在出售债券时又支付了佣金，这些费用如何影响她的投资成本和出售债券赚取的利润？

年利率：8.375%；到期日：2019年；1995年10月8日购买；2006年10月8日售出。

购买成本		交易汇总	
1张债券@ 680美元	680美元	总回报额	1020美元
加上佣金	+10美元	减去总投资额	−690美元
总投资额	690美元	债券销售利润	330美元
销售回报		加上利息（每年83.75美元，共11年）	+921.25美元
1张债券@ 1 030美元	1 030美元	交易总回报额	1251.25美元
减去佣金	−10美元		
总回报额	1 020美元		

美国国债

财政部直达网站提供有关美国国债的信息。为什么美国国债是一个好的投资选择？

短期国库券　短期国库券以 1 000 美元为单位出售，可能在 4 周、13 周、26 周或 52 周内到期。短期国库券是贴现证券。这意味着当你购买国库券时，你实际支付的购买价格低于国库券的面值。在到期日，你将得到国库券面值的资金。国库券到期后可以投资于另一种国库券，也可以结清支付给持有人。要计算短期国库券的回报额，只需从面值中减去国库券的购买价格。

在确定了你的国库券的回报额之后，你可以用回报额除以购买价格来计算回报率（见 P630 的"计算"）。

中期国库券　中期国库券以 1 000 美元为单位发行，期限为 1~10 年。中期国库券的利率略高于短期国库券，因为投资者必须等待更长时间才能收回资金。中期国库券的利息每 6 个月支付一次。

长期国债　长期国债的最低发行单位为 100 美元，期限为 30 年。由于到期时间较长，国库券的利率通常高于短期国库券和中期国库券。和中期国库券的利息一样，长期国债的利息每 6 个月支付一次。

通货膨胀保值债券　通货膨胀保值债券的最低发行单位为 100 美元，出售量以 100 美元为单位递增。目前，通货膨胀保值债券分为 5 年期、10 年期和 20 年期。

根据消费者价格指数，通货膨胀保值债券的本金随通货膨胀而增加，随通货紧缩而减少。在通货膨胀保值债券到期时，你得到的是调整后的本金或原始本金，以较大者为准。

EE 系列储蓄债券　正如你之前了解到的，美国联邦政府也发行储蓄债券，被称为 EE 系列储蓄债券。一张 EE 系列储蓄债券的价格是其面值的一半，也就是说面值为 100 美元的债券需要花 50 美元购买。你可以在购买储蓄债券后的 6 个月至 30 年内随时兑现。你会收到你所付的钱加上利息。EE 系列储蓄债券可累积利息达 30 年。EE 系列储蓄债券的利息不征收州或地方政府税。在你兑现债券之前，你不必为利息支付联邦税。

I 系列储蓄债券　联邦政府也发行其他类型的储蓄债券。最受欢迎的 I 系列储蓄债券是通胀指数化债券。这意味着，I 系列储蓄债券支付的固定利息低于传统储蓄债券的利息，但它们也支付随通货膨胀率增长而增加的可变利息。

通货膨胀率由消费者价格指数来衡量，该指数衡量的是一组产品或服务花费的金额的变化，如汽油、食品和汽车的价格。I 系列储蓄债券每年计算两次通货膨胀率。其利息支付最长可达 30 年。如果你从购买之日起不到 5 年内赎回债券，你将被罚 3 个月的收益。

阅读进展检查

总结　你如何购买短期国库券、中期国库券、长期国债、通货膨胀保值债券和美国政府储蓄债券？

计算　**数学**

短期国库券的回报额

短期国库券的买入价低于其面值。通过计算你在到期日将获得的回报，你能够确定你在投资上赚了多少钱。

示例　假设你用 950 美元买了一张 52 周的国库券。在到期日，你将收到 1 000 美元。该国库券的回报额是多少？

公式　面值 − 购买价格 = 回报额
解答　1 000 美元 − 950 美元 = 50 美元
你的短期国库券的回报额是 50 美元。

轮到你了

你的 13 周国库券的到期日就要到了。如果你花 1 500 美元购买了面值为 2 000 美元的国库券，你的回报额是多少？

短期国库券的回报率

计算你的短期国库券的回报率将帮助你确定短期国库券对你的投资组合而言是否是一个好的补充。

示例　你的短期国库券的回报额是50美元，其回报率是多少？

公式	回报额÷购买价格=回报率
解答	50美元÷950美元=0.0526=5.26%
	你的短期国库券的回报率是5.26%。

轮到你了

如果你的短期国库券的回报额是500美元，而你付了1 500美元来购买它，那么回报率是多少？

联邦机构发行的债券

什么是代理债券

除了美国财政部发行的证券，其他联邦机构也发行证券。联邦国家抵押贷款协会（Federal National Mortgage Association，简称房利美）和政府国家抵押贷款协会（Government National Mortgage Association，简称吉利美）发行的参与证书等机构债券几乎没有风险。不过，它们的利率略高于财政部发行的证券，平均期限约为12年。一般来说，它们的最低面额是25 000美元。联邦机构发行的证券期限从1年到30年不等，平均期限约为12年。

　阅读进展检查

列出　发行债券的两个联邦机构是什么？

美国州政府和地方政府发行的债券

市政债券的两种类别是什么

市政债券（municipal bond）是由美国州或地方（镇、市或县）政府发行的一种证券，用于支付活动费用。这些债券也可以用于大型项目，如机场、学校和高速公路的建设。你可以直接从发行市政债券的政府那里购买市政债券，也可以通过客户经理购买。

州和地方政府债券分为一般债务债券和收益债券。一般债务债券是由发行该债券的政府的全部信用来担保的债券。收益债券是由资金投入的项目产生的收益来偿还的债券。例如，一个市政体育馆产生的利润将被用于偿还为建造体育馆而发行的债券。

尽管这些债券相对安全，但在极少数情况下，政府会违约或无法偿还债券。如果政府违约，投资者可能损失数百万美元。

有保险的市政债券

如果你担心违约风险，你可以考虑购买有保险的市政债券。美国有些州对特定证券的偿付提供担保。此外，有 3 家大型私营保险公司为此类债券提供担保：姆比亚公司（MBIA Inc.）、金融安全担保公司（Financial Security Assurance Corporation），以及美国市政债券担保公司（American Municipal Bond Assurance Corporation）。由于违约风险降低，有保险的市政债券的利率通常比没有保险的债券略低。

市政债券的利息可以免除联邦税。免税状态取决于债券产生的资金被如何使用。在你投资特定的市政债券之前，你要清楚你从中获得的利息是否需要纳税。

与公司债券一样，发行市政债券的政府也可以赎回债券。在大多数情况下，发行债券的市政当局在未来 10 年内不会赎回债券。如果你的市政债券未被赎回，你可以持有该债券直至到期日，或者将其出售给其他投资者。

新的和改进的
美国州和地方政府经常通过发行市政债券为学校、机场和高速公路等重大项目融资。投资市政债券可能存在的缺点是什么？

回顾关键概念

1. **列出**　描述不同类型的公司债券。

2. **识别**　公司为什么出售债券?

3. **解释**　投资者为什么购买公司债券?

4. **描述**　讨论政府发行债券的原因。

5. **归类**　政府债券有哪些类型?

延伸思考

6. **关联**　为什么你认为可赎回债券的收益率会高于不可赎回债券?

21世纪技能

7. **个人目标和社会**　桑德拉居住的县正在出售债券,为建造一个新的体育场融资。桑德拉知道,很多人会喜欢这个体育场,它可以为经济不稳定的社区带来急需的收入。然而,她不确定债券是否是一种好的投资。利用你在前几章学到的关于个人满意度和财务目标的知识来帮助桑德拉决定该做什么。她应该购买这些债券来帮助改善她所在社区和她自己的生活条件还是应该把钱投资到另一种更有可能帮助她实现财务目标的工具上? 解释你的理由。

数学

8. **债券市场价值**　朱利安拥有两张面值为2 000美元的公司债券。这些债券每年支付两次利息,年利率为7.5%。朱利安持有的债券每年产生的利息总额是多少? 如果新发行的债券年利率为6.75%,朱利安的债券是增值还是贬值? 解释你的答案。根据新发行债券的利率,朱利安债券的大致市场价值是多少?

数学概念　**计算年利息和大致市场价值**　计算年利息,要用面值乘以年利率。大致市场价值可以用年利息额除以可比较的新发行债券的利率来计算。

提示　确定年利息,先用债券面值乘以年利率。对持有的每种债券重复该计算过程,并将所有债券的利息之和相加。

确定投资价值

你如何决定债券的投资价值

在决定将债券纳入投资组合之前，你必须了解如何准确地确定债券的投资价值。通过了解债券报价，研究债券的各种信息来源，检查债券评级，计算债券投资收益，你将能够确定债券是否是一种好的投资。

债券报价

在你买卖债券之前，你应该熟悉债券的报价。并不是所有的地方报纸都会刊登债券的报价，但许多大城市的报纸都会刊登关于债券报价的完整信息。债券信息的另外两个有价值的来源是《华尔街日报》和《巴伦周刊》。

在债券报价中，债券的价格以其市场价值或价格占面值的百分比表示。记住，债券的面值通常是 1 000 美元。要计算债券当前的市场价值或价格，你必须用面值（1 000 美元）乘以报纸上的报价。例如，报价为"84"意味着当前市场价值是面值的 84%。因此，该债券的市场价格为 840 美元（1 000 美元 ×84% = 840 美元）。债券买卖情况的示例见表 19.2。

对于政府债券，大多数金融出版物会提供两个报价：买入价和卖出价。买入价是交易商愿意购买政府债券的价格。它代表了卖方可以从政府债券中获得的金额。卖出价是交易商愿意出售政府债券的价格。它表示买方为购买债券支付的金额。报纸上的债券版面还提供有关利率、到期日和收益率的信息。

债券信息来源

作为债券持有人，你应该时刻注意债券发行人的财务稳定性。最重要的问题如下。

- 债券到期时是否会偿还？
- 债务到期前能否收到利息?

年度报告、互联网、商业杂志和政府报告都能帮助你回答这些问题。

本节目标

- 定义债券报价。
- 列出选择债券投资的信息来源。
- 区分并描述债券评级。
- 解释如何确定债券的收益率。

阅读进行时

调查　你认为购买政府债券能让你从关注投资中解脱出来吗?

表19.2 公司债券信息

债券价值 报纸上的债券报价会显示债券的利息、收益率和价格。目标公司债券的最终价格是多少？

公司债券

2005年1月10日，周一

40种最活跃的固定息票公司债券

公司（代码）	票息（%）	到期日	最新价格	最新收益率（%）	预计利差（美元）	美国国债期限（年）	预计成交量（千）
通用汽车承兑（GM）	6.750	2014.11.01	97.856	7.053	278	10	245 352
通用汽车（GM）	8.735	2033.07.15	101.029	8.280	346	30	242 397
通用汽车承兑（GM）	5.625	2009.05.15	98.754	5.953	222	5	111 727
福特汽车信贷（F）	7.000	2013.10.01	103.380	6.484	221	10	104 831
加拿大能源控股金融（ECACN）	5.800	2014.05.01	106.151	4.965	67	10	96 000
目标（TGT）	5.875	2012.03.01	109.037	4.385	10	10	95 148
通用汽车承兑（GM）	6.875	2011.09.15	100.858	6.711	298	5	94 355
通用电气（GE）	5.000	2013.02.01	102.338	4.648	37	10	93 211

表中黄色行显示了该债券的信息，从左到右阅读。

第1列：公司（代码）——发行公司的名称为"目标"。

第2列：票息——这一债券当前的收益率或回报率，基于当前市场价值的5.875%。

第3列：到期日——这一债券到期的日期为2012年3月1日。

第4列：最新价格——这一债券在这一天交易关闭时的市场价格为债券面值的109.037%

第8列：预计成交量——这一天，此次发行的95 148 000张债券进行了交易。

年度报告 年度报告（简称年报）提供关于公司及其产品、服务、活动、目标和未来计划的详细财务信息。你还可以从中了解到该公司在其所在行业的地位和行业的主要趋势。一份典型的年度报告包括以下内容。

- 首席执行官致持有者的信。
- 公司今年的亮点。
- 详细的公司年度回顾。
- 财务报表。

经济学与你

债券

美国政府为需要帮助的人提供服务，如保护、监管和援助。为了提供保护，政府为军队的所有部门和中央情报局等提供特别资金。监管机构制定了工人和消费者安全以及食品消费标准。它们还为竞争激烈的市场提供指导方针，向医疗保险和医疗补助的社会项目提供援助。所有服务都是要花钱的。这些钱通过税收和出售政府债券获得。美国证券交易委员会是监管债券市场的监管机构。

个人财务联系　你可以选择购买由公司或政府发行的债券。由于债券是发放给公司和政府的贷款，你将从中获得利息。联邦政府债券实际上是无风险的，这使它们成为没有投资经验的年轻人的良好投资选择。

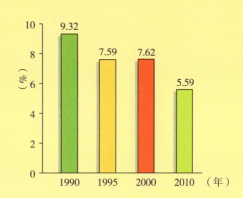

高质量公司债券的收益率

批判性思考　你们镇上的一座桥很旧，所以镇政府想发行债券，为重建提供资金。还有3所小学的屋顶陈旧、漏水，对孩子们的安全构成威胁，所以学校想发行债券来重建校舍。如果你只有足够的钱投资其中一个项目，你会购买哪一种债券？解释你的决定。

- 财务报表的附注。
- 独立审计师的报告。
- 董事及高级人员名单。
- 投资者信息。

你可以通过电话、电子邮件等向公司总部索要年度报告。许多大公司的电话，客户是可以免费拨打的。你也可以在网上或大型图书馆中找到大公司的年度报告。

当阅读年度报告时，你要找出财务状况好或差的迹象，然后问以下问题。

- 这家公司赢利吗？
- 销售是否在增长？
- 长期负债是否在增加？
- 公司目前的活动和未来的计划将如何影响其偿还债券的能力？

互联网　你可以在互联网上获得大量有关债券投资的信息。你会在公司网站上找到许多问题的答案，这些网站通常会提供特定公司财务业绩的信息。有些网站甚至提供公司过去几年的财务信息，让你可以比较不同年份的业绩。

有些网站则专门提供有关债券的一般信息。一些债券网站会就它们的研究和推荐收取费用。

当你投资债券时，你可以利用互联网获取债券价格的信息来追踪投资。如果你住在无法获得提供债券信息的报纸的小镇或农村，互联网可能是你获得当前债券价格的一个很好的来源。你还可以访问标准普尔、穆迪或摩根运营的网站，以获得公司和政府债券的详细信息。你可能需要付费访问这些网站，但大部分的相同信息可以在大学或公共图书馆里打印出来。

仔细研究后，你甚至可以通过互联网购买债券，监控债券的价格，并管理你的投资。如果你在网上交易债券，你支付的佣金可能比你通过提供全面服务的经纪公司交易债券需要支付的佣金低。

商业杂志　研究债券投资的另一种方法是阅读商业杂志。它们提供有关整体经济的信息，并提供发行债券的公司的详细财务数据。

政府报告及研究　你也可以参考政府发布的报告和研究来了解国家经济形势。这些信息可以在出版物及互联网上获得。如果你想购买美国短期国库券、债券，或美国储蓄债券，请查看联邦储备系统或财政部的网站。此外，你还可以通过访问美国证券交易委员会的网站查看相应信息。州和地方政府也会根据你的要求提供市政债券的发行信息。

债券评级

在你投资特定的公司或市政债券之前，你应该检查它的评级。这种评级会让你对债券的质量和风险有一个很好的了解。债券由独立的评级公司进行评级或评估。这些公司根据债券发行者的财务稳定性，对每一只债券进行评级。主要的债券评级来自穆迪发布的《穆迪债券调查》（Moody 's Bond Survey）和标准普尔发布的《标准普尔股票和债券指南》。投资者在做出投资决策时要依靠这些信息。你也可以在互联网、财经杂志和公共图书馆找到债券评级。

见表 19.3，债券评级通常是从 AAA（最高、最优）到 D（最低、

表19.3 债券评级

了解你的AAABC 精明的投资者在做出任何购买决定之前都会检查债券的评级。投资者是否有理由考虑C级或D级债券？为什么？

等级	标准普尔评级	描述
高级	AAA	被认为是最优债券，它们的风险最低，本金和利息最安全
	AA	被认为是高质量的债券，对本金和利息支付的保护程度仅略低于最优债券
中级	A	具有很多有利投资属性和足够安全性的债券
	BBB	不受高度保护，但也不缺乏担保的债券
投机	BB	有风险因素的债券，通常对本金和利息支付的保护适中
	B	缺乏理想投资属性的债券。投资者不能确定将来是否会获得利息和本金
违约	CCC	表现较差的债券，目前不太可能偿还
	CC	高风险的债券
	C	发行人已申请破产的债券
	D	违约或无法付款的债券

最差）。等级排名前4的债券（标准普尔评级的 AAA、AA、A 和 BBB，相当于穆迪评级的 Aaa、Aa、A 和 Baa）属于投资级债券。**投资级债券（investment-grade bond）**是由财务状况稳定的公司或市政当局发行的债券。这些债券适合保守的投资者，因为它们被认为是安全的投资，将提供可预测的收入。

接下来的两类债券（标准普尔评级的 BB 和 B，相当于穆迪评级的 Ba 和 B）本质上被认为是投机性的，或者是更高风险的，通常被称为垃圾债券。C 类和 D 类债券的还款前景较差。C 类和 D 类债券有违约或无法继续向债券持有人支付利息的风险。

美国政府债券通常不接受评级，因为它们基本上是无风险的。长期市政债券的评级与公司债券大致相同。然而，短期市政债券的评级各不

债券投资的当前收益

收益率是投资者获得的回报比率。通过计算债券的当前收益率，你可以确定债券的回报。

示例　假设你持有1 000美元的美国电话电报公司债券，年利息率为7.5%。这意味着每年你将获得75美元的利息(1 000美元 × 7.5% = 75美元)。假设美国电话电报公司债券的当前市场价值为960美元，你的债券投资目前的收益率是多少？

公式　年利息金额/当前市场价值 = 债券的当前收益率
解答　75美元 / 960美元 = 0.078 = 7.8%
当前收益率是7.8%。

轮到你了

你每年能从2 000美元的公司债券获得120美元的利息。该债券的当前收益率是多少？

相同。期限在3年或3年以下的市政债券，按以下规则计算标准普尔等级。

• SP-1：支付面值和利息的能力较强［具有非常安全的特性的债券会得到加号（＋）标记］。

• SP-2：支付面值和利息的能力让人满意。

• SP-3：支付面值和利息的能力让人怀疑。

债券投资的收益率　为了确定债券产生的回报，投资者会计算其收益率。收益率（yield）是投资者持有债券一段时间后获得的回报的比率，通常以百分比表示。

衡量债券收益率最简单的方法是计算其当前收益率。要计算债券的当前收益率，可以用年利息金额除以当前市场价值。

通过这种计算，你可以将债券投资的收益率与其他投资选择，如储蓄账户、大额存单、普通股、优先股和共同基金的收益率进行比较。如果当前债券的市场价值高于面值，当前收益率就会下降。如果当前债券的市场价值低于面值，当前收益率就会上升。当前收益率越高，投资者得到的回报就越多。

投资者也可以考虑债券的到期收益率。这种计算考虑了债券的到期价值、到期时间、当前价格和利息金额之间的关系。与当前收益率一样，到期收益率使你可以比较债券投资与其他投资的回报，这是追踪和评估金融产品投资的另一种策略。

回顾关键概念

1. **识别**　列举选择债券投资的信息来源。
2. **解释**　如何确定债券的收益率?
3. **总结**　定义债券报价。
4. **归类**　分类并描述债券评级。

延伸思考

5. **关联**　解释债券评级的意义及其对投资者决策的影响。

21世纪技能

6. **解决问题**　安德鲁是一位有追求的建筑师,他希望在自己的投资组合中增加新的投资,以赚到学习计算机辅助绘图课程所需的费用。安德鲁每天都会看《华尔街日报》的债券版面,看看他能否以便宜的价格买到债券,然后把它加入自己的投资组合。今天早上,他对一家高科技建筑设计公司给出的98美元的报价很感兴趣。安德鲁应该怎么做才能算出债券的当前市场价值?

数学

7. **债券价值和收益率**　萨米尔想把他的一些钱投资债券,以便更好地多样化其投资组合。他决定把报纸通读一遍,以进行研究。他发现其中一种债券的面值为1 000美元,报纸上的报价是"86"。这种债券的售价是多少? 该债券的年利率为6.75%,根据报纸上的报价,计算这种债券的当前收益率。

数学概念　**计算债券价格和收益率**　计算债券价格,要将面值乘以报价的百分比。收益率可用债券年利息金额除以债券市场价值计算得出。

提示　计算债券的价格,首先要确定债券的报价。报价应该先转换成百分比,然后乘以债券的面值,计算出价格。

本节目标

- 定义共同基金。
- 解释投资者购买共同基金的原因。
- 识别共同基金的类型。
- 区分共同基金的3个主要类别。

阅读进行时

推断 你如何根据名称定义一只共同基金？

定义共同基金

购买共同基金的主要好处是什么

对于许多投资者来说，共同基金是一个很好的选择。共同基金是一种投资选择，投资者根据投资公司的专业基金经理的选择，将资金集中起来购买股票、债券和其他证券。通过购买共同基金，即使资源有限的投资者也可以拥有一部分证券组合。这些资金也可用于退休账户，如401（k）和403（b）计划、个人退休账户和罗斯个人退休账户。

投资者为何购买共同基金

购买共同基金的一个主要原因是专业的管理。投资公司聘请专业的基金经理，为共同基金投资组合选择最好的证券。然而，这可能会导致一些投资者变得粗心。许多共同基金投资者认为他们的投资会增值。他们可能不会在购买前仔细研究和评估基金。他们也可能忽略跟踪他们基金的表现的重要性。即使最好的投资组合经理也会犯错。因此，明智的投资者应该定期监控和审查他们的共同基金。

购买共同基金的另一个关键原因是多样化。共同基金包含多种证券，可以降低持有者的风险。一项投资的偶然损失通常能由同一基金的其他投资收益补偿。研究和跟踪合适的共同基金可以得到很好的结果，其需要的努力比你自己维持如此多样化的投资组合所需的努力要少。

由于这些优势，共同基金已成为极受欢迎的投资。1970年，美国共有361只共同基金。到2003年，美国共有8 300多只共同基金，共同基金的资产总额超过6万亿美元。仅2003年4月，投资者就向共同基金投资了161亿美元。阅读本节的内容，看看共同基金是否适合你。

阅读进展检查

概括 为什么一些投资者会变得大意？

共同基金的类型

不同类型的共同基金有什么区别

投资公司是一家将许多投资者的资金集合起来，投资于各种证券的公司。公司对此项服务收取费用。共同基金分为封闭式基金、交易所交易基金和开放式基金。

封闭式基金

大约 6% 的共同基金是由投资公司提供的封闭式基金。**封闭式基金（closed-end fund）**是基金设立时，发行的股份数量就已经固定的共同基金。在所有最初的份额全部售出后，投资者只能从其他投资者那里购买股票。封闭式基金由专业基金经理积极管理，他们选择的基金中包含股票和证券，并在证券交易所或场外市场进行交易。《华尔街日报》的一个特别栏目就提供了有关封闭式基金的信息。

交易所交易基金

交易所交易基金（exchange-traded fund）越来越受欢迎，它是一种投资于特定股票或证券指数包含的股票或其他证券的基金。交易所交易基金的交易方式与封闭式基金的交易方式相同。交易所交易基金需要跟踪不同指数和股票，如下。

- 道琼斯工业平均指数、标准普尔 500 指数、纳斯达克 100 指数。
- 中小型股。
- 特定行业公司发行的股票。
- 不同国家的公司发行的股票。

了解你的资金

对于许多投资者来说，共同基金是一个很好的选择，有许多类型的共同基金可供选择。你将如何开始你的研究？

资产净值

投资者可以以资产净值买卖开放式共同基金的份额。资产净值是一只共同基金的每股价值。投资者使用资产净值公式来评估投资组合的实际价值，并做出购买决策。

示例　贝丝持有新美国边境共同基金。该基金的投资组合价值为1.24亿美元，负债总额为400万美元。如果这只共同基金有600万股流通股，那么资产净值是多少？

公式　（共同基金的投资组合价值-负债总额）/流通股数量=资产净值

解答　（12 400万美元-400万美元）/600万股 = 20美元/股

贝丝持有的共同基金的资产净值是20美元。

轮到你了

你持有一只投资组合价值为2.2亿美元的开放式共同基金。它的负债总额是600万美元，有800万股流通股，其资产净值是多少？

尽管交易所交易基金与封闭式基金相似，但存在一个显著差异：大多数封闭式基金都由基金经理积极管理，而交易所交易基金不需要专业人士做出投资决策。交易所交易基金投资于特定指数中包含的证券，并且通常反映该指数的表现。因此，交易所交易基金的费用通常较低。交易所交易基金的其他优势包括：没有最低投资限额，所持份额可以在正常的市场时间内随时买卖。

开放式基金

大多数共同基金都是开放式基金。**开放式基金（open-end fund）**是投资公司应投资者要求发行和赎回的一种无限份额的共同基金。开放式基金的份额可以在任何营业日通过管理共同基金的投资公司进行买卖。

服务　如果你购买了开放式基金，你就可以获得各种服务，包括工资扣减计划、自动再投资计划和自动提款计划。

资产净值　投资者可以自由地根据资产净值交易。**资产净值（net asset value）**是一只共同基金的每股价值。要计算共同基金的资产净值，要用基金的投资组合价值减去基金的负债总额，再除以发行在外的流通股数量。已发行份额指所有投资者持有的份额。

有佣基金

在投资共同基金之前，你要先比较各投资选项的成本。共同基金分为有佣基金和免佣基金。

重要职业

艾丽萨·星 注册财务规划师

作为一名注册财务规划师，我帮助人们实现他们的财务目标。我为人们进行有效的资金管理提供建议。我每天都要确定客户的资产、负债、现金流、保险范围、纳税状况和财务目标。然后，我确定并分析他们的收入、支出、投资模式和风险承受能力，以制订一个财务计划，其中可能包括投资和税收战略、养老金计划和教育目标等。我也会花很多时间来推销我的服务。我经常通过研讨会或互联网与客户见面。找到客户和建立客户基础对我的成功至关重要。从事这一职业不是必须接受正规教育，但最好有会计、金融、经济、商业、数学或法律专业的学士学位，并且你可能需要获得执照和/或注册。我还建议你参加投资、税务、房地产规划和风险管理等课程。

职业探索

访问美国劳工部劳工统计局的网站，获取有关注册财务规划师职业的信息。

1. 在什么情况下，你会考虑聘请注册财务规划师？

2. 在选择财务规划师时，你会考虑哪些因素？

职业细节

技能	教育	职业道路
沟通、数学、分析、销售和客户服务技能，建立客户基础的能力	最好有学士学位，拥有注册财务规划师或特许财务顾问的证书	注册财务规划师可以成为证券公司的报税人、投资顾问、房地产规划师和分支机构所有者

有佣基金（load fund）是每次买入或卖出股票时都需要支付佣金的共同基金。其佣金或销售费用可以高达 8.5%。而共同基金的平均佣金在 3% 到 5% 之间。有佣基金的优势在于，财务规划师等代表会提供何时买入或卖出基金中股票的建议和指导。

免佣基金

免佣基金（no-load fund）是一种没有佣金的共同基金。在你购买股票时，它不会收取佣金，因为它没有销售人员。免佣基金提供与有佣基金相同的投资机会。如果你可以在有佣基金和免佣基金之间选择，并且两者提供相同的投资机会，那么请选择免佣基金。

管理费及其他费用 发起共同基金的投资公司也收取管理费。该费用一般占基金资产价值的固定百分比，在 0.5% 到 1.25% 之间。

一些共同基金在投资者购买时不收取费用，而是收取赎回手续费，也就是在基金中提取资金时收取的费用。费用率从 1% 到 5% 不等，取决于你持有该共同基金的时长。赎回手续费的设计是因为这些共同基金不鼓励早赎回。12b-1 费用是投资公司为支付营销和广告费用而收取的费用。其金额每年约占基金资产的 1%。

阅读进展检查

解释　如果你可以在有佣基金和免佣基金之间选择，并且两者提供相同的投资机会，你应该选择哪一个，为什么？

共同基金的类别

共同基金的三大主要类别是什么

共同基金的管理者将他们的投资组合与其客户的投资目标相匹配。通常，基金的目标在其募集说明书中有明确的说明。你可以将共同基金分为三大类：股票、债券和混合共同基金。对于同一共同基金，不同的信息来源可能会将其界定为不同的类别。

股票共同基金

大多数共同基金都是股票共同基金。

股票共同基金由股票组成。股票共同基金可被分为几个类别，每一类都有特定的基金目标和股票类型。

积极成长型基金　积极成长型基金（有时被称为资本增值型基金）通过投资价格在短时间内大幅上涨的股票来寻求快速增长。由于股票往往具有风险，这类基金的股票市值经常在低位和高位之间波动。

股票收益基金　股票收益基金主要包括长期分红的公司发行的股票。这些基金的主要目标是提供稳定的收入。它们往往是保守派或退休投资者的投资选择。

全球股票基金　全球股票基金包括美国在内的世界各地公司的股票。

成长型基金　成长型基金购买预期收入和收益增长高于平均水平的公司的股票。成长型基金倾向于投资规模更大、风险更低的公司，

世界级的机遇

致力于创建国际和全球共同基金的投资公司一直在寻找处于增长期的国家的股票。为什么美国投资者会选择包含印度、中国、巴西及其他新兴市场股票的基金？

这些公司可能会支付一些股息。因此，与积极成长型基金相比，成长型基金的股票市值更稳定。

指数基金　指数基金包括列入了标准普尔 500 指数或罗素 3000 指数等的上市公司的股票。基金经理选择指数中的上市公司发行的股票，因此，指数基金的表现应该与指数基本相同。指数基金的管理费可能更低。

国际基金　国际基金包括在全球证券市场出售的外国股票。这样一来，如果一个国家或地区的经济正在衰退，仍然可以从其他国家或地区赚取利润。这些基金在美国境外投资。

大盘基金　大盘基金投资总额或公司已发行股票总市值超过 100 亿美元。大盘基金是一种长期持有或合法拥有的证券，用于退休储蓄。

中盘基金　中盘基金中的股票是资本总额在 20 亿至 100 亿美元之间的公司发行的。中盘基金比小盘基金更安全，增长潜力更大。

小盘基金　小盘基金中的股票是资本总额不足 20 亿美元的小型创新公司发行的。它们具有高增长潜力，但风险更大。

区域基金　区域基金是指在世界某一特定地区，如欧洲、拉丁美洲或太平洋地区等交易的股票。

行业基金　行业基金投资同一行业的公司。这些行业包括健康和生物技术、科学技术、计算机和自然资源等。

债券共同基金

债券共同基金仅投资债券。债券共同基金的类别是由共同基金购买的债券类型决定的。

高收益（垃圾）债券基金　高收益（垃圾）债券基金投资高收益、高风险的公司债券。

有保险的市政债券基金　有保险的市政债券基金包含提供免税收

入的市政债券。一家外部公司针对违约或不付款的风险提供了保险。

　　中期公司债券基金　中期公司债券基金投资期限在 5 至 10 年之间的投资级公司债券。

　　中期美国政府债券基金　这些基金投资期限在 5 至 10 年之间的美国国债。

　　长期公司债券基金　长期公司债券基金购买期限超过 10 年的投资级公司债券。

　　长期美国政府债券基金　长期美国政府债券基金包含期限超过 10 年的美国国债。

　　市政债券基金　市政债券基金投资为投资者提供免税利息收入的市政债券。

　　短期公司债券基金　短期公司债券基金包含期限在 1 至 5 年之间的投资级公司债券。

　　短期美国政府债券基金　短期美国政府债券基金投资期限少于 5 年的美国国债。

混合共同基金

　　其他的共同基金属于第三类共同基金——混合共同基金。这些基金投资股票、债券或者其他类型的证券组合。这些基金分为 3 类：平衡基金、货币市场基金和股票/债券混合基金。

　　平衡基金　平衡基金包括股票和债券，其目的在于在提供收入的同时避免过度风险。通常，基金的募集说明书会列出股票和债券的百分比。

　　货币市场基金　货币市场基金投资大额存单、政府债券和其他安全投资。投资者从货币市场基金中提取资金相对容易。

　　股票/债券混合基金　股票/债券混合基金既投资股票，也投资债券，使投资者能够通过单一基金实现资产的多样化。

　　基金家族　由一家投资公司管理的各种共同基金被称为基金家族。家族中的每只共同基金都有自己的财务目标。例如，一只基金可以是短期美国债券基金和成长型股票基金的组合。大多数投资公司都能让持有者在基金家族中的共同基金之间轻松切换。这使得投资者可以方便地调整投资。

回顾关键概念

1. **总结** 定义共同基金。

2. **解释** 投资者为什么要购买共同基金?

3. **识别** 列出共同基金的类型。

4. **归类** 确定共同基金的3个主要类别,并提供每个类别的示例。

延伸思考

5. **角色扮演** 考虑持有共同基金需要支付的费用,并从投资者和基金经理的角度来看待这些费用。写一篇简短的文章来讨论为什么要收取这些费用,这些费用是否合理,以及投资者不希望支付这些费用是否有依据。

英语语言艺术

6. **基金目标** 凯莉想用她的储蓄投资共同基金,但她担心投资风险大,想持有一只稳定而安全的基金。她的朋友安娜建议她考虑股票收益基金和货币市场基金。她的朋友杰克说,她应该尝试积极成长型基金和高收益(垃圾)债券基金。回顾股票收益基金、货币市场基金、积极成长型基金和高收益(垃圾)债券基金的特点,将这些基金的目标列成清单,然后解释谁提供的建议更好。

数学

7. **有佣基金** 加布里埃尔已经攒了2 250美元,他想投资。他正在考虑把这笔资金投入一个全球股票基金。这只基金要收取5.5%的首次认购费(注: 首次认购费从总投资额中扣除,剩余部分投入基金)。加布里埃尔要为这笔投资支付多少认购费? 如果共同基金的资产净值是23.00美元,他最终能够购买多少份额?

数学概念 **计算首次认购费** 计算共同基金的首次认购费,先要确定首次认购费的百分比,然后将其乘以投资总额。

提示 将首次认购费所占的百分比乘以投资总额,确定共同基金首次认购费的金额。从投资总额中减去该金额,以确定用于购买基金的实际金额。

本节目标

- 识别共同基金的信息来源。
- 区分资本利得和资本利得分配。
- 总结共同基金收益的纳税方式。
- 讨论买卖共同基金的方法。

阅读进行时

预测 阅读"考虑你的财务目标"部分的问题，在阅读本章的其余部分时，思考一下你对这些问题的回答将如何影响你现在和未来的投资决策。

做出明智的决定

你可以采取哪些步骤来投资共同基金

哪些共同基金最适合你？你应该在什么时候买卖共同基金？通过考虑你的财务目标和探索各种信息来源，你将能够确定投资共同基金的最佳方法。

考虑你的财务目标

在你确定投资目标时，你可以考虑以下几个问题。

- 你多大了？
- 你的家庭情况如何？
- 你打算承担多大的风险？
- 你现在赚了多少钱，将来能赚多少钱？

在你回答了这些问题之后，你就可以设定你的投资目标。一旦了解了自己的目标，你就可以找一个与你的投资目标相匹配的共同基金。

共同基金的信息

你会发现有大量的信息可以指导你购买或出售共同基金。有关共同基金的主要信息来源如下。

- 报纸。
- 报价单。
- 募集说明书。
- 年度报告。
- 财经刊物。
- 专业建议。
- 互联网。

报纸 都市报纸和金融报纸，如《华尔街日报》提供了大量的信息。

报价单 见图 19.1，共同基金报价单包含有关基金资产净价、目标、业绩和成本的信息。当你阅读共同基金报价单时，请记住在特定基金的名称旁边标准的字母，然后在报价单的脚注中查找它们的含义。

图19.1 《华尔街日报》上有关共同基金的信息

解读报价单 当你阅读报纸上的报价单时，注意特定基金名称旁边的字母，并参考报价单的脚注。基金旁的字母"P"是什么含义？

如何阅读月度报价单

报价单由理柏提供。

表格中包含在纳斯达克上市的所有主要基金。这些是初步的债券业绩数据，虽然经过了验证，但理柏及其数据来源无法做出保证。投资前请仔细核对。业绩计算是用所有分配的再投资额减去年度费用。但数字并不反映销售费用（佣金）或赎回费用。

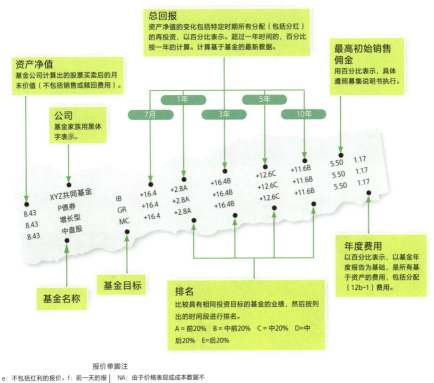

总回报
资产净值的变化包括特定时期所有分配（包括分红）的再投资，以百分比表示。超过一年时间的，百分比按一年的计算。计算基于基金的最新数据。

最高初始销售佣金
用百分比表示，具体遵照募集说明书执行。

资产净值
基金公司计算出的股票买卖后的月末价值（不包括销售或赎回费用）。

公司
基金家族用黑体字表示。

基金名称

基金目标

排名
比较具有相同投资目标的基金的业绩，然后按列出的时间段进行排名。
A＝前20% B＝中前20% C＝中20% D＝中后20% E＝后20%

年度费用
以百分比表示，以基金年度报告为基础，是所有基于资产的费用，包括分配（12b-1）费用。

报价单脚注
e: 不包括红利的报价。f: 前一天的报价。g: 脚注x和s适用。j: 脚注e和s适用。p: 分配成本适用，12b-1。r: 赎回费用可能适用。s: 股票分拆或股息。t: 脚注p和r适用。v: 脚注x和e适用。x: 除息。z: 脚注x、e和s适用。

NA: 由于价格表现或成本数据不完整而不可用。NE: 不由理柏发布，数据正在审查中。NN: 未跟踪基金。NS: 期初不存在基金。

募集说明书　缩小搜索范围后，查看你最感兴趣的共同基金的募集说明书。要获得募集说明书的副本，请致电或发电子邮件给管理共同基金的投资公司。许多投资公司都有免费电话号码，你可以通过拨打免费信息查询号码（1-800-555-1212）找到。发起共同基金的投资公司在被要求时必须向投资者提供募集说明书。在投资之前，请仔细阅读募集说明书。募集说明书概述了基金的情况，并列出了你必须支付的所有费用。募集说明书通常提供以下信息。

- 对基金目标的说明。
- 与基金相关的风险因素。
- 费用表。
- 对基金过去业绩的描述。
- 基金投资组合中包含的投资类型。
- 有关分红和税收的信息。
- 基金管理信息。
- 投资该基金的限制或要求。
- 投资者购买或出售共同基金股份的过程。
- 向投资者提供的服务说明。
- 服务费用。
- 关于基金投资组合变动频率的信息（有时被称为周转率）。
- 关于如何建立共同基金账户的信息。

了解共同基金

　　在投资之前研究共同基金是很重要的。为什么与财务顾问讨论共同基金募集说明书会有帮助？

共同基金账户对账单

当你投资共同基金时，你需要监控你的投资增长效率。每隔一段时间，你可能就会发现有必要出售一只共同基金，并把你的资金投入另一只可能增长得更快的共同基金。共同基金账户对账单包含以下信息。

- 基金名称。
- 账号。
- 期初和期末的份额。
- 自上次对账单以来的活动。

总统集团
邮政信箱605，纽约州斯普林菲尔德12345

坦尼亚索耶
5744先锋之路，哈里森，UT 54321

账号：6875430001　　对账单：2010年12月31日

杰斐逊共同投资者基金

交易日期	描述	金额	股票价格	本期交易量	期末份额
2010/10/1	期初份额		34.20美元		721.273
2010/10/19	分红	104.58美元	34.20美元	3.058	724.331
2010/11/11	分红	105.03美元	33.45美元	3.140	727.471
2010/11/28	直接投资	1 000.00美元	34.70美元	28.818	756.289
2010/12/5	直接投资	700.00美元	32.26美元	21.699	777.988
期末份额					777.988

注：截至2010年12月31日，期末价值为25 097.8美元。

关键点　共同基金的账户对账单将列出你的投入和你的账户获得的所有分红。它还会显示你拥有多少共同基金，以及共同基金在特定日期的每股价值。

寻找　解决方案

回顾关键概念

1. 谭雅期初持有多少份额？
2. 如何计算本期交易量？
3. 为什么每笔交易的份额不同？
4. 如何计算期末价值？
5. 在此期间，谭雅的账户价值是增长的还是下降的？

年度报告　如果你是投资者，可以通过电话或电子邮件索取共同基金年度报告。在你成为共同基金持有者后，投资公司会自动向你发送年度报告。年度报告也可能发布在公司的网站上。年度报告包含投资公司总裁或基金经理的信函，也可能两者都有。

不要忘记基金经理在基金获得成功的过程中扮演的角色。如果一只基金的现任经理在过去的 5 年甚至更长时间里做得很出色，他未来的表现很有可能保持良好。

年度报告包含有关基金资产和负债的详细信息。它还包含一份业务报表，描述了基金的费用和日常运营成本，还包括净资产变动表和投资计划表。

此外，大多数年度报告都包含基金独立审计机构的信。这封信能够证实报告中所含信息的准确性。

财经刊物　印刷版和电子版的财经刊物，如《福布斯》《吉普林格的个人理财》《巴伦周刊》《货币》，以及它们的网站都是共同基金的信息来源。这些出版物提供有关共同基金的研究结果、年度调查报告和排名。

除了年度调查报告外，书店、公司网站或当地公共图书馆也有许多共同基金指南。

每股资本利得

　　资本利得指基金的销售价格超过其购买价格的金额。你出售共同基金时，确定资本利得将使你了解投资的回报是多少。

示例　萨尼以每股17美元的价格购买了富达股票选择基金。两年后，萨尼以每股19.5美元的价格出售了所持份额。萨尼出售的共同基金的每股资本利得是多少？

公式　销售价格−购买价格=每股资本利得
解答　19.5美元−17美元=2.5美元
萨尼的共同基金的每股资本利得为2.5美元。

轮到你了

　　如果你以每股8.5美元的价格购买某只共同基金，并以每股11美元的价格出售，你的每股资本利得是多少？

　　专业建议　专业咨询服务公司提供有关共同基金的详细信息。热门的信息来源包括标准普尔公司、理柏分析服务公司、晨星公司和价值线公司。此外，各种共同基金通讯社向认购者提供收费的信息。相关出版物价格昂贵，但你可以从经纪公司或公共图书馆获取出版物的副本。

　　晨星公司等专业咨询服务公司也提供共同基金在线研究报告。许多投资者发现，为这些公司提供的研究报告付钱是值得的。这些信息类似于打印的报告，快速获得这些信息的能力是一个优势。

　　互联网　许多投资者在互联网上研究共同基金投资。你可以通过以下方法在线获得相关信息。如果你知道基金的名称或 4~5 个字母的符号，你就可以获得该基金当前的市场价值、历史价格以及概况。

　　大多数发起共同基金的投资公司都有网站。这些网站上也有有用的信息。要获取信息，请使用搜索引擎并输入基金名称。你可以找到有关个人资金、开户程序、宣传资料和投资者服务的信息。不过，投资公司希望你成为持有者，因此，它们网站上的内容读起来像在推销。在投资之前，你需要看清事实。

阅读进展检查

列出　共同基金报价包含哪些信息？

资本利得

　　持有者可以通过在合适的时间出售基金来赚钱。为什么持有者每天跟踪基金的表现会有帮助？

投资回报

资本利得分配和资本利得有什么区别

　　无论你选择封闭式基金还是开放式基金，投资共同基金的目的都是为了获得收益。作为共同基金的持有者，你可以通过以下 3 种方式获得收入。

　　首先，你可以获得分红收入。<mark>分红收入（income dividend）</mark>是基金支付给持有者的收益。其次，你可以获得资本利得分配。资本利得分配指在出售基金投资组合中的证券时，持有者获得的款项。最后，你可以通过在低价时买入基金，然后在价格上涨后卖出来获得良好的回报。

　　当你出售共同基金时，因基金价值上升而产生的利润被称为资本利得。如前所述，资本利得是出售股票、债券或房地产等资产所得的利润。当然，如果基金价格在你买入到卖出的期间是下跌的，你就会亏钱。注意资本利得分配和资本利得之间的差异。当出售基金投资组合中的证券并将利润分配给持有者时，资本利得分配就会产生。当持有者出售共同基金的部分份额时，资本利得就会产生。

 阅读进展检查

定义　什么是分红收入？

税收和共同基金

共同基金收益如何纳税

分红收入、资本利得分配和资本利得都是应税收入。每年年底，投资公司和经纪公司会向每位持有者发送一份报表，详细说明他们收到的分红收入资本利得分配和资本利得。

通常，美国国税局会用表格 1099DIV 来提供这些信息。但是，投资者有责任保持清晰准确的购买和销售的价格记录。以下是共同基金交易征税的一般指导原则。

- 报告分红收入以及你收到的所有其他股息金额，它们都应作为固定收入纳税。
- 在你的联邦所得税申报表中申报你的资本利得分配。
- 在你的联邦所得税申报表中申报出售共同基金股份产生的资本利得或损失。

你应该了解有关共同基金税收的两个要点。首先，大多数投资公司允许你对你赚取的资本利得分配和分红收入进行再投资，而不是兑换成现金。这些收入是应纳税的，必须在你的所得税申报表中进行申报。其次，你可以决定何时出售你的股票或债券。

因此，你可以在缴纳税款或扣除投资损失时选择纳税年度。另外，共同基金可以在任何 12 个月内定期买卖证券。与你管理的其他投资不同，你无法控制共同基金何时出售证券，所以你也无法控制何时为资本利得分配纳税。

 阅读进展检查

定义 当你为共同基金纳税时，你应该注意哪两个要点？

买卖共同基金

你如何买卖共同基金来帮助你实现财务目标

　　投资的主要原因是你有机会从你的投资中赚钱。共同基金可以为投资者提供分红收入、资本利得分配以及利润。不同购买选择和提款选择使你可以管理共同基金的投资和利润，帮助你实现财务目标。

购买选择

　　在你购买基金之前，你需要考虑几种不同的购买选择。正如本章前面所讨论的，不同类型的基金以不同的方式出售。封闭式基金通过证券交易所，如纽约证券交易所，或场外交易市场交易。你可以从经纪公司购买开放式基金，也可以联系发起该基金的投资公司。

　　各种免佣和有佣基金也可以从共同基金超市购买，这些超市可以通过如 Charles Schwab 和 E-Trade 等经纪公司找到。共同基金超市至少有两个优势。首先，打一个免费电话，你就可以购买或出售共同基金，而不是与几家投资公司打交道。其次，你将从某个经纪公司收到一份对账单，而不是收到每个投资公司的对账单。此对账单会以相同格式汇总所有投资所需的信息。

　　当你从投资公司购买开放式共同基金时，你有几种购买选择：经常性账户交易、自愿储蓄计划、工资扣除计划、合同储蓄计划及再投资计划。

经常性账户交易　经常性账户交易是最流行和程序最简单的基金购买方式。通过这种方法，你可以决定投资多少钱以及何时投资，然后你只需购买尽可能多的股票。

自愿储蓄计划　使用自愿储蓄计划，你的购买量可以小于经常性账户交易的最低购买量限额。但是，当你第一次购买基金时，你还必须承诺定期以最低购买额购买基金。这样每个月进行一次小投资对于实现长期目标来说是一个很好的方式。大多数自愿储蓄计划的最低购买额为25美元至100美元。

工资扣除计划　大多数自愿储蓄计划也提供工资扣除计划。这意味着，经过你的允许，投资公司将从你每月的工资中扣除一定金额，用于投资你的共同基金。共同基金储蓄计划也可用于投资递延纳税的401（k）和403（b）退休计划及个人退休金账户。

合同储蓄计划　合同储蓄计划要求你在一段特定的时间内，通常是10～20年，定期购买股票。如果你不按要求购买，你需要支付罚款。金融专家和政府机构不赞成人们选择合同储蓄计划，因为许多投资者在这些计划中损失了钱。

再投资计划　你也可以通过基金的再投资计划购买开放式基金。通过再投资计划，你的分红收入和资本利得分配将自动再投资于该基金。大多数再投资计划允许持有者在不支付额外销售费用或佣金的情况下进行再投资。这是扩大投资组合的一个好方法。

提款选择

如果你选择投资共同基金，你还需要知道如何从基金中取出你的钱。你可以随时在证券交易所或场外交易市场向其他投资者出售封闭式基金的股票。开放式基金可以出售给发起该基金的投资公司。不过，你需要适当地通知对方，它将收到一张面值为你股票净资产价值的支票。一些基金允许你开支票提款。如果你持有价值至少5 000美元的某只共同基金的份额，大多数基金会为你提供4种提款方式。

资产增长提取比例

大多数共同基金允许投资者从其投资的资产增长中提取预先确定的比例的资金，或某段时间内投资增长的金额。

示例　马可投资1 500美元购买了一只绿色能源共同基金。第一个投资期结束时，他的投资价值1 800美元。他被允许每个投资期提取60%的资产增长额。他能提取多少钱？

> **公式**　当前投资组合价值 – 原始投资组合价值 = 资产增长
> 资产增长 × 预先确定的百分比 = 可提取金额
> **解答**　1 800美元 – 1 500美元 = 300美元
> 　　　　　300美元 × 60% = 180美元
> 马可可以提取180美元。

阅读结束后

决定　你会向年轻的投资者和退休的投资者提出什么购买共同基金的建议？为什么？

投资期间提取　第一种选择，你每个投资期可以提取一定金额，直到你的资金不多或完全用完为止。通常情况下，每个投资期为 3 个月，如果投资者选择提取资金，大多数基金会要求投资者只能提取最低金额，通常为 50 美元。

投资期间清算　第二种选择是在每个投资期清算或出售一定数量的份额。当然，持有的基金的净资产价值在不同的时期有所不同。因此，你收到的钱也会有所不同。

资产增长提取　第三种选择是提取投资资产增长中预先确定的比例，投资资产的增长即投资组合价值增长的金额。

例如，你预先确定提取投资组合资产增长的 60%。在某个投资期，你投资组合的资产增长额为 800 美元，那么你将收到一张 480 美元的支票（800 美元 ×60% = 480 美元）。如果你投资组合的价值没有增加，你就得不到任何款项。有关其他示例，参见本页的"计算"。

采用这种选择，你的本金没有变动，如果你提取的资产增长比例低于 100%，你的基金还将继续增长。

分红及分配提取　第 4 种选择是提取投资期从分红收入和资本利得分配中赚取的所有收入。和资产增长提取一样，采用这种选择，你的本金保持不变。

回顾关键概念

1. **识别**　共同基金的信息来源有哪些?

2. **解释**　讨论买卖共同基金的方法。

3. **总结**　解释共同基金收益的纳税方式。

4. **区分**　资本利得分配和资本利得有什么区别?

延伸思考

5. **推荐**　许多人认为共同基金是一种方便且相对便利的退休储蓄方式,人们为什么这么认为?你会对一个年轻人应该什么时候开始进行退休投资提出什么建议?

21世纪技能

6. **做出判断和决定**　埃里克是一名汽车修理师,他投资了一只共同基金。他想定期增加投资,而且正在考虑使用哪种购买方式。他可以选择自愿储蓄计划、合同储蓄计划和再投资计划。埃里克可选择的这3种购买方式分别有什么优缺点?你会建议他选择哪种购买方式?解释你的答案。

数学

7. **资本利得和资产增长提取比例**　埃拉购买了一只国际股票共同基金,当时该基金的资产净值为43.50美元。她能以这个价格购买125股。她计划每年提取资产增长额的45%。如果一年后,该基金的资产净值是46.25美元,她将提取多少金额?如果在第二年年底,埃拉以52.90美元的价格出售她持有的基金份额,她的资本利得是多少?

数学概念　**计算资本利得和资产增长提取额**　计算资本利得,要从出售时的资产净值中减去原始的资产净值。资产增长提取额是通过将年度资本利得乘以预先确定提取的比例来计算的。

提示　要确定销售共同基金的资本利得,首先要从每股的销售价格中减去购买价格,将这个数字乘以购买的份额。

债券和共同基金

公司债券

当你购买公司债券时，你基本上是在借钱给一家公司。公司债券有4种类型，你可以评估它们，使它们更好地满足你的投资目标。

债券评级

根据债券投资的安全性，债券被分为4个等级。了解债券评级对明智的投资有很大帮助。

试一试

债券共同基金只投资于债券，股票共同基金由股票组成。创建一个如右所示的图，归纳共同基金可购买的股票和债券类型。

股票共同基金	债券共同基金
1.	1.
2.	2.
3.	3.
4.	4.
5.	5.
6.	6.
7.	7.
8.	8.
9.	9.
10.	10.
11.	11.
12.	12.

章节评估

章节总结

- 公司债券有利率、到期日和票面价值等。
- 公司出售债券以筹集资金用于运营、扩张或购物。
- 投资者购买债券是因为债券能提供固定收益，而且本金会在到期日偿还。
- 政府出售债券的原因类似于公司——为其日常活动和服务提供资金，并为国债融资。政府债券包括短期国库券、中期国库券、长期国债、通货膨胀保值债券和美国政府储蓄债券。

- 有关债券的信息可在金融媒体、公司年度报告、债券评级报告和网上查阅。
- 共同基金包括封闭式共同基金、开放式共同基金、有佣基金和免佣基金。
- 共同基金信息可以在报纸、年度报告和金融出版物中找到，也可以通过网络找到。
- 共同基金的买卖方法包括经常性账户交易、自愿储蓄计划、工资扣除计划、合同储蓄计划、再投资计划和提款选择。

词汇复习

1. 在一张索引卡上写下以下术语，并在另一张索引卡上写下定义，将每个术语与其定义相匹配。

- 到期日
- 票面价值
- 信用债券
- 抵押债券
- 可转换债券
- 偿债基金
- 系列债券
- 记名债券
- 息票债券
- 无记名债券
- 零息债券
- 市政债券
- 投资级债券
- 收益率
- 封闭式基金

- 交易所交易基金
- 开放式基金
- 资产净值
- 有佣基金
- 免佣基金
- 收入分红
- 溢价
- 违约
- 大都市
- 投机
- 补偿
- 持有
- 用尽
- 清算

延伸思考

2. **解释** 描述对零息债券感兴趣的投资者类型。
3. **总结** 影响基金价格的因素有哪些？
4. **比较** 州和地方政府发行的证券和公司债券有何相似之处？它们有什么不同之处？
5. **假设** 评级为B和BB的债券被认为是投机性的，解释为什么有人会考虑投资这种债券。
6. **巩固** 解释为什么对投资时间有限、资金有限而且缺乏经验的投资者来说，共同基金是明智的选择。
7. **证明** 解释为什么一只有佣基金收取高佣金是合理的或不合理的。
8. **判断** 如果你想使投资组合多样化，你会加购公司债券吗？为什么会或为什么不会？
9. **评价** 共同基金的主要信息来源共有7个，核查这些来源，然后排序并解释排序的原因。

大学和职业准备

科学

10. **医疗保健共同基金** 根据《职业展望手册》，从记录健康信息的技术人员到癌症研究人员，医疗专业人员的就业人数预计将增长20%，大大超过2018年所有职业的平均增长水平。

    程序 研究这一就业人数增长的原因，并研究投资专家对投资医疗保健类共同基金的看法。

    分析 准备一份报告，解释医疗保健行业就业情况和医疗保健共同基金投资之间的联系。

数学

11. **资产净值** 特洛伊已经购买了一家大型股票共同基金的部分股份。基金的资产由2 000万美元的农业股票、5 600万美元的汽车股票、5 000万美元的金融股票、4 500万美元的电信股票和1 500万美元的其他行业股票组成。本基金的负债包括投资证券的应付款项2 500万美元，应付的投资管理费用1 500万美元，以及其他负债500万美元。如果该基金包含1 200万股股票，该基金的资产净值是多少？

    数学概念 **计算资产净值** 要计算共同基金的资产净值，从总资产中减去总负债，然后将计算结果除以发行的总份额。

    提示 从总资产中减去总负债，以获得基金的总净资产。

英语语言艺术

12. **共同基金** 想象一下，你是一只大型共同基金的经理，考虑投资者需要知道什么信息，然后思考如何以一种创造性的、专业的方式组织信息，以呈现给投资者。研究其他共同基金公司的网站或出版物以获取灵感。准备一份传单或小册子，说服人们投资你的基金。介绍你的基金，并解释为什么投资你的共同基金是明智的选择。使用图片和表格，使你的项目更具有吸引力。记住，你的传单应该是专业的并有吸引力的。

经济学

13. **债券市场** 世界上规模最大、流动性最强的债券市场之一，是由美国财政部等政府机构，以及美国政府拥有的企业发行的债券组成。政府发行债券以赚取其日常运作所需的资金。确定和评估政府发行的国债、市政债券和美国储蓄债券的收益和成本。政府如何使用债券和证券？谁享受好处？谁承担费用？在报告中总结你的研究。

实际应用

14. **投资公司** 上网浏览几家发行共同基金的投资公司的网站。就像其他企业一样，投资公司也希望你成为付费客户。选择一个网站进行分析，这家公司的宣言是什么？它提供什么服务？它是如何吸引你的注意力的？作为投资者，它希望你相信它能为你做些什么？找到至少3个可以用来确认公司网站上的信息是否准确的信息来源，总结你的发现并向全班展示。

你的资产组合

评估共同基金

埃里克正在寻找一只共同基金，因为投资共同基金能比大额存单获得更高的回报。他使用下面的表作为评估太平洋阳光成长基金的方法。太平洋阳光成长基金是一种股票共同基金。

评估太平洋阳光成长基金后，埃里克确定他喜欢其高回报的潜力。尽管他需要1 000美元才能进行初始投资，但他可能会选择该基金。

投资共同基金需要关注的事项	太平洋阳光成长基金
1. 共同基金的名称	1. 太平洋阳光成长基金
2. 共同基金的分组和分类	2. 股票共同基金/积极增长
3. 共同基金的目标（积极成长型、适度增长、收入和安全性）	3. 积极的资本增长
4. 过去12个月的收益率	4. 15%
5. 过去5年的平均回报率或收益率	5. 11%
6. 过去10年的平均回报率或收益率	6. 18%
7. 佣金或赎回费	7. 无费用
8. 最低投资额	8. 1 000美元
9. 是否对新投资者关闭	9. 否
10. 晨星评级（星级和风险）	10. 三星级，中等风险

研究

致电投资公司索取共同基金的募集说明书，你还可以去当地图书馆查看晨星公司或魏森伯格投资公司的年鉴，或者查看公司网站提供的募集说明书的PDF版本。在一张纸上创建一个与所示表类似的表，填写表上的信息以评估基金，利用这些信息来确定投资这只基金是否明智。

第20章

20

房地产和其他投资

看图说话

买卖收藏品（如经典汽车）可能是一种有趣的投资方式，但可能比买卖股票和债券风险更大。投资收藏品有什么好处？

探索项目

补充你的投资组合

关键问题

在你的投资组合中加入风险投资的明智方法是什么？

项目目标

你周末喜欢去旧货市场、旧货交换会、旧货店、当铺，以及古董商那里寻找绝版书籍、唱片、经典漫画书、稀有玩具和名人纪念品。你有一个诀窍，知道什么物品有市场需求，所以你通过在线购买和销售这些物品，以增加你的收入。网络使你可以很容易地把产品卖给远近的人，而且你已经在网上建立了良好的声誉。收藏品是一项很好的投资，但你要知道它比其他投资风险更大。因此，你要维持一个合理的投资组合。研究一下房地产、贵金属和宝石投资，制定一个策略，在你的投资组合增加房地产、贵金属和宝石投资。

考虑以下内容

- 你如何使用有限的资金参与房地产投资？
- 你将如何缩小房地产的选择范围？
- 投资哪些贵金属和宝石对你的投资组合而言是合理的？
- 你将如何监控自己的投资？

21世纪技能

做出判断和决定

你发现你的父母正在计划通过出售家里的珠宝来支付你的大学学费。你很感激，但是你对这个计划有些顾虑，写一段话来解释你的担忧。

重要见解

投资房地产、贵金属、宝石和收藏品都是扩大投资范围的有趣而富有挑战性的方式。

请教专家

收藏品

问： 收藏品是退休后的一项明智的投资吗？

答： 虽然收藏是令人愉快的，有时也是有利可图的爱好，但是收藏品并不是退休计划的主要内容，应把退休计划的重点放在建立一个多元化的投资组合上，包括股票和债券投资，这确实是一个不错的选择。你可以将收藏品作为投资组合的一小部分，但它的收益是不可预测的。

写作任务

写一份关于投资贵金属和宝石的利弊的完整报告。当你完成后，和同学交换，校对和编辑彼此的作品，查找拼写、语法和标点的错误，并提供内容改进的建议，根据收到的反馈修改论文。

第20章 阅读指导

阅读开始前

基本问题 股票和债券是大多数投资组合的主要组成部分，还有哪些其他有价值的投资呢？

中心思想

了解房地产、贵金属、宝石和收藏品投资的风险和收益可以帮助你建立一个健全的、多样化的投资组合。

内容词汇

- 直接投资
- 商业地产
- 间接投资
- 辛迪加
- 参与证
- 财务杠杆
- 贵金属
- 宝石
- 收藏品

学术词汇

在阅读和测试时，你会看到这些词。

- 有责任的
- 可观的
- 对冲
- 猛增

使用图表

在阅读本章之前，请绘制一个如右所示的图。你阅读时，请注意房地产的各种投资选择。

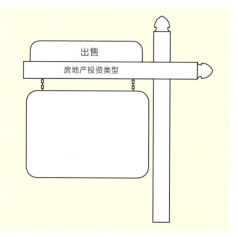

房地产投资

直接房地产投资和间接房地产投资的区别是什么

与股票和债券不同，房地产通常是你能看到、摸到并引以为傲的东西。然而，如果你是房地产市场的新手，你可能会对不同的房地产投资选择感到困惑。

直接房地产投资

房地产投资可以是直接的，也可以是间接的。<mark>直接投资（direct investment）</mark>的所有者对他购买的财产拥有合法所有权。直接投资包括单户住宅、复式公寓、土地和商业地产。

投资一套住房　什么是住房？显然，它是你和你的家人生活的地方。然而，拥有一套住房也是一种很好的投资。根据美国抵押贷款银行家协会提供的数据，房屋所有权是大多数美国人最大的金融资产。在美国，住房的预估市场价值接近 13 万亿美元。

在通货膨胀期间，你的货币购买力会下降。投资可以帮助你跑赢通货膨胀。随着时间的推移，住房仍将是一项有望带来稳定收益的投资。总的来说，历史上房价一直在稳步上涨（见图20.1）。然而，近年来，美国房价大幅下跌。虽然近期涨幅预计不如过去，但经济学家预计，未来 10 年房价将上涨 5.5%~6%。在过去的 150 年里，在排除了通货膨胀的影响后，拥有一套住房平均产生了 2.5% 的收益率。这与你对债券收益率的预期大致相同。

大多数房主都有抵押贷款，这可以使你获得一定的税收优惠。房主可以从联邦所得税申报单上扣除房产税和抵押贷款利息。

度假房屋　第二套住房的抵押贷款也可能使你获得一定的税收优惠。这在很大程度上取决于美国国税局是将该房产视为你的第二套房产还是出租房产。只要你每年出租房屋的时间不超过 14 天，政府就会认为这是你的第二套房产。在这种情况下，你可以从你的联邦所得税申报单上扣除抵押贷款利息和财产税。如果你定期出租度假屋，你扣除额的大小将取决于你是否积极管理房产，以及你收入的多少。

本节目标

- 描述不同类型的直接房地产投资。
- 描述不同类型的间接房地产投资。
- 讨论房地产投资的优缺点。

阅读进行时

预测　想象你有一个亲戚，他拥有一栋有 16 个单元的综合楼，作为管理这栋楼的回报，他允许你免费租住。你打算管理这栋楼多久？

图20.1 新单户住宅的平均销售价格

涨跌 从1980年到2006年，美国房屋的平均售价一直稳步上升，之后某些地区开始下降。2006年哪个地区的收益最高？哪个收益最低？你认为为什么2006年后某些地区的房屋价格开始下降？

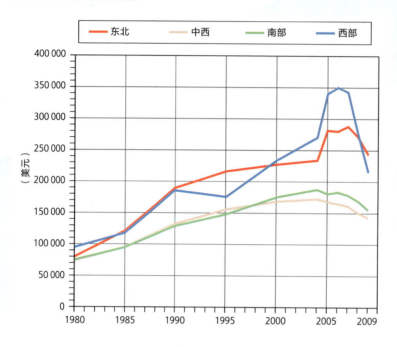

例如，凯文的父母拥有一个度假屋。这是一项很好的投资，因为这个家庭全年都在使用它，从不把它出租给其他人，这使得这套房子有资格作为第二套房子。因此，凯文的父母可以享受某些税收减免。

商业地产 除了度假屋，凯文的父母也拥有商业地产。==商业地产（commercial property）==是产生租金收入的土地和建筑物。凯文的父母拥有一栋公寓大楼，这增加了他们的收入。商业地产还包括复式住宅、酒店、办公楼和商店。大多数小投资者喜欢复式公寓、四层复式公寓或小型公寓楼。许多投资者从购买小型商业地产开始，随着原始投资净值的增加，会购买更大的房产。

文件探索

县房地产估价

房地产，如房子或土地，按其价值征税。价值越高，你向当地政府缴纳的税款就越多。你需要确保你的房地产被正确估价，这样你就不会缴纳过多的税。一个县的房地产估价包含以下信息。

- 房产编号。
- 房产描述。
- 估价。
- 评估价值。

房产编号	30－05655
所有者	米洛·拉奇
房产地址	威廉斯堡圆环6731号
法律描述	威廉斯堡殖民地C期73号地块
土地描述	100英尺 × 200英尺

主要建筑物描述

殖民时期风格，两层，2 251平方英尺[①]。建于1988年左右，共有8间客房、4间卧室、2间浴室、1间半浴室、全地下室，没有阁楼和车库，有1个壁炉。

描述		2010年估价		2010年课税值	
建筑	价值				
WD1:木地板	1 330美元	土地	42 900美元	土地	15 020美元
		建筑	162 870美元	建筑	57 010美元
		总计	205 770美元	总计	72 030美元

关键点 县政府评估房地产的价值，以确定该房产应缴纳多少税。县审计员审查近期被购买的房地产的价值以及对房地产的任何改进，然后确定房地产的估价。估价决定了税额。之后，审计员会向所有者发送一份声明，解释估价。

寻找 解决方案

回顾关键概念

1. 房产的编号是多少?

2. 这栋建筑的室内空间有多少平方英尺?

3. 这栋建筑是什么风格的?

4. 木地板的估价是多少?

5. 这块地的总面积是多少?

---

① 1平方英尺＝0.0929平方米。

土地 1986 年，凯文的父母非常震惊。美国的税法被重新修订，使得许多受欢迎的房地产投资形式，如购买公寓楼，不再享有原来那么高的税收优惠。商业地产对一些房地产投资者的吸引力下降了。许多投资者开始投资那些将被开发的土地。

在购买土地之前，凯文的父母和一位投资银行家谈过。这位银行家告诉他们，虽然土地投资往往会带来巨大的收益，但也有巨大的风险。如果建筑业发展整体放缓或商业活动减少，凯文的父母可能无法通过出售地产来赢利。更糟糕的是，他们可能无法以他们购买时的价格出售该地产。此外，这位银行家提醒他们，与公寓楼不同，城市的土地通常不产生任何收入。

另外，这位银行家还说，若想购买土地，要将其分割成更小的地块，用于建造独户住宅，他们必须确保下水道和其他公用设施是可用的。否则，他们必须提供相应服务。提供下水道服务最常见和最便宜的方法是连接附近城市或城镇现有的设施。

间接房地产投资

假设你想投资房地产，但你没有足够的资金，可以考虑间接房地产投资的解决方案。**间接投资（indirect investment）**是受托人代表投资者或投资者群体对财产拥有合法所有权的投资。间接投资包括房地产辛迪加、房地产投资信托基金、高风险抵押贷款和参与证。

投资度假屋

家庭度假屋可以成为合理的投资策略的一部分。如何使拥有度假屋成为一种明智的投资？

房地产辛迪加或有限合伙企业 辛迪加（syndicate）是个人或公司组成的临时协会，目的是执行需要大量资金的任务。房地产辛迪加投资房地产。辛迪加可以是公司或信托机构。辛迪加最常见的组织形式是有限合伙企业。

有限合伙企业是这样运作的：一个普通合伙人建立合伙企业，他对合伙企业的所有债务承担全部责任。然后，普通合伙人向一些有限合伙人或投资者出售股份。假设你决定加入辛迪加，作为有限合伙人，你只对你投资的金额负责，可能是 5 000 美元或 10 000 美元。这种有限责任是房地产辛迪加的一个重要条件，因为辛迪加的抵押贷款债务可能超过你或其他有限合伙人的个人净资产。

房地产辛迪加会给你和其他合伙人提供各种好处。例如，如果辛迪加购买多种类型的房产，你的投资将是多样化的。也就是说，你将成为不同类型房产的部分所有者。此外，辛迪加可以对房产进行专业化管理，你不需要自己照看它。

有一段时间，人们加入房地产辛迪加，把它看作一个避税所，利用所得税减免的法律安排谋利。然而，1986 年的税收改革法案限制了辛迪加投资者享有的税收优惠。例如，投资者不能再利用辛迪加投资的损失来抵销其他来源的收入应缴税款。1986 年的法律限制了对利息和折旧（一般磨损的成本）的扣除，还提高了资本所得税。

房地产投资信托基金 约书亚的祖父赠予他 3 000 美元作为毕业礼物。约书亚想把这笔钱投资于房地产，但他意识到他这些钱买不到公寓。约书亚可以考虑的一个房地产投资选择是房地产投资信托基金。房地产投资信托基金的运作方式与共同基金类似。与共同基金一样，房地产投资信托基金从许多投资者那里筹集资金。共同基金是股票、债券和其他证券的投资，而房地产投资信托基金是投资者在房地产、建筑或抵押贷款方面的投资。其份额可以在股票交易所或场外交易市场上进行交易。

房地产投资信托基金有 3 种类型：股权投资信托、抵押贷款信托和混合信托。如果你选择了股权投资信托基金，你的资金将用于投资房产。选择抵押贷款信托基金，你的资金会被用于融资建设贷款和已开发房产抵押贷款。如果你想把股权投资和抵押贷款信托结合起来，你可以选择混合信托。

大学和职业准备

沟通

成功人士的一个特点是具有很强的沟通能力。具有较强沟通能力的人能够通过各种形式和内容有效地表达想法。沟通技巧可以用于通知、说服或激励。好的沟通者也可以有效地倾听，并确定信息的意义和意图。培养良好的沟通技巧将有助于你在不同的环境中有效地沟通，并达到预期的效果。

写一写

想象一个场景，你或你认识的人表现出了很强的沟通能力。写一段或多段文字描述该场景，并解释沟通技巧如何影响该场景。你认为沟通技巧未来会对你有什么好处？

重要职业

蒂姆·桑多瓦尔 商业地产经理

当商业地产业主缺乏房地产投资日常管理所需的时间或专业知识时，他们往往会聘请像我这样的商业地产经理。我负责维护我管理的建筑物的建筑系统、供应商合同、租户关系，并对我负责管理的建筑物的盈亏负责。我定期访问相关网站，并参加每周或每月的租户会议。我负责管理房产的账单、执照，处理紧急情况或投诉，并就清洁、安全、景观美化、垃圾清理和其他服务的合同谈判。有时我为房产购买用品和设备，并安排专业人士维修。在我的领域内，那些具有工商管理或房地产学位，或具有专业证书的人最具优势。想知道你是否喜欢这种工作，可以找机会从事小型公寓现场经理的工作。

职业探索

研究房产管理范畴内的各种职位的职责。

1. 商业地产经理如何影响他们管理的房产的价值?
2. 商业地产经理的职责有哪些?

职业细节

技能	教育	职业道路
沟通、多任务处理、数学、计算机、管理、客户服务、组织和时间管理能力	工商管理、金融、房地产或相关专业本科或硕士学历	商业地产经理可以成为房地产资产经理、房地产经纪人、土地开发商，以及某些类型建筑的专家，比如翻新项目和医疗设施

美国联邦政府对房地产投资信托基金的规定如下。

- 将至少 **90%** 的年度净收入分配给股东。
- 避免投资风险过高，短期持有，以期出售快速获得利润的房地产。
- 聘请独立的房地产专业人士进行某些管理活动。
- 至少拥有 100 名股东，其中 5 人及以下持有的股份不超过一半。

如果你有兴趣了解更多关于房地产投资信托基金的信息，你可以联系美国全国房地产投资信托协会。

高风险抵押贷款 一些投资者接受高风险以换取可能的利润。例如，莫伊先生是一位富有的投资者，他购买高风险抵押贷款和其他债务合同。因为他很富有，他愿意承担金融机构，比如银行、储蓄和贷款协会不愿意承担的风险。

例如，莫伊先生可能会购买市场需求较低的房地产抵押贷款，该房地产的所有权可能在法律上不明确，也无法享有保险。由于这些风险，莫伊和其他类似的投资者的投资可能会获得较高的收益率。尽管莫伊不能保证获得较高的回报，但他希望房产的需求会增加，这样他将来会获得可观的甚至高于预期的利润。然而，如果需求不增加，莫伊可能会损失大部分或全部投资。

参与证　与莫伊不同，一些投资者无法用他们的资金承担这样的风险。如果你正在寻找无风险的房地产投资，那么参与证可能是一个不错的选择。参与证指投资政府机构购买的一组抵押贷款。因为其投资由一组抵押贷款构成，因此被视为共同基金。你可以从以下联邦机构购买参与证。

- 政府国家抵押贷款协会（吉利美）
- 联邦住房贷款抵押公司（房地美）
- 联邦国民抵押贷款协会（房利美）
- 学生贷款市场协会（萨利美）

一些州也发行参与证。你可以从纽约州抵押贷款代理公司（桑尼美）和新英格兰教育贷款营销公司（内利美）购买参与证。

与联邦政府关系密切的机构为它们提供担保。它们发行的参与证和美国国债一样安全。你可以投资至少 1 000 美元。每个月你可以收到本金和利息的支票，也可以将利润再投资。

 阅读进展检查

定义　什么是商业地产？有哪些例子？

世界级的机会
　　大型企业建筑群可能要花费数百万美元进行建造和维护。一个富裕的人如何投资这些房产呢？

房地产投资：利与弊

在考虑房地产投资时，你应该知道什么

在你投资房地产之前，你要权衡利弊。

房地产投资的优势

某些类型的房地产投资可能具有以下几个优势。

抵御通货膨胀　当通货膨胀率上升时，你的购买力就会下降。房地产等领域的直接和间接投资都可能提供一定程度的通胀保护。从历史来看，房地产价值随着时间的推移继续升高或至少保持不变，从而使投资者免受购买力下降的影响。

容易进入　通过间接投资房地产辛迪加，你可以轻松成为公寓楼或购物中心的业主之一。例如，你可能有机会以有限责任合伙人的身份用 5 000 美元投资一栋公寓楼。作为有限责任合伙人，你的责任以投资金额为限。购买商业地产（如公寓楼）的最低资金要求可能高达 100 万美元或更多。这往往超出了一个典型的房地产投资者的极限。通过把你的资金和其他投资者的资金集合到一起，你可以购买商业地产。

有限财务责任　对房地产辛迪加的间接投资会使你成为有限责任合伙人。这意味着你不需要承担超出你原始投资的损失。如果辛迪加正在投资高风险企业，这种优势将变得很重要。

财务杠杆　**财务杠杆（financial leverage）** 是将借来的资金用于直接投资。使用借来的钱，你可以买到更贵的房产。房地产价值和收入的上升可能是一个优势。

例如，黛博拉用 10 万美元购买了一幢大楼，没有借款。然后她以 12 万美元的价格出售了这栋楼。黛博拉 2 万美元的利润相当于她 10 万美元投资的 20%（20 000 美元 ÷ 100 000 美元 = 0.20 = 20%）。

假设黛博拉自己投资的钱只有 1 万美元，其他 9 万美元是抵押贷款，利率为 8.5%。3 年后，她以 12 万美元的价格出售了这处房产，利润为 7 721 美元［20 000 美元 –12 279 美元（利息）= 7 721 美元］。她的利润相当于她 1 万美元投资的 77%（7 721 美元 ÷ 10 000 美元 = 0.7721 = 77.21%）。

澳大利亚

蛋白石

许多人选择投资宝石，因为它不仅有价值，而且是可以欣赏的事物。当然，有很多宝石可供选择，包括钻石、红宝石和蓝宝石。蛋白石是一种有着悠久历史的美丽宝石。澳大利亚通常被认为是蛋白石的起源地。无论是现在还是在历史上，澳大利亚各地都有不同品种的蛋白石资源。例如，闪电岭地区以盛产黑蛋白石而闻名，昆士兰州是砂岩卵石蛋白石的产地，新南威尔士州多产光蛋白石和水晶蛋白石。

澳大利亚也是世界上的古老文化——原住民文化的家园。蛋白石在原住民的传说中扮演着重要的角色。澳大利亚中部的皮扬贾贾拉部落认为：一条巨大的彩虹蛇创造了世界。当它创造世界时，鳞片从它的皮肤上脱落下来，鳞片变成了蛋白石。旺库马拉部落流传着鹈鹕啄蛋白石生火的传说，当时人们认为这是造物主的礼物。

批判性思考

1. **扩展**　蛋白石是由什么构成的？其他国家生产蛋白石吗？
2. **关联**　宝石的历史会影响你对它的投资吗？

数据库

首都
堪培拉

人口
22 507 617

语言
英语78.5%，汉语2.5%，意大利语1.6%，希腊语1.3%，阿拉伯语1.2%，越南语1%，其他8.2%，未指明的语言5.7%

货币
澳元

国内生产总值
1.488万亿美元

人均国内生产总值
43 000美元

工业
采矿、运输设备、食品加工、化工、钢铁

农业
小麦、大麦、甘蔗、水果、牛、羊、家禽

出口
煤炭、铁矿石、黄金、肉类、羊毛、氧化铝、小麦、机械及运输设备

自然资源
铝土矿、煤炭、铁矿石、铜、锡、金、银、铀、镍、钨、矿砂、铅、锌、钻石、天然气、石油

房地产投资的弊端

不幸的是，像黛博拉这样的投资者不能确定他们的房地产投资是否会有收益。房地产投资可能有以下几个缺点。

缺乏流动性　也许房地产投资最大的缺点就是缺乏流动性。房地产投资是一种非流动性投资，这意味着它不能在没有价值损失的情况下轻易转化为现金。以有限合伙企业的形式出售商业地产或股份可能需要数月甚至数年的时间。

房地产价值下跌　正如前面所讨论的，房地产投资可能会提供一些通胀保护。然而，当利率下降，或当经济下滑时，房地产投资的价值可能会下降。如果你拥有房产，你可能必须做出艰难的决定，以低于购买价格的价格出售房产，并接受损失。

缺乏多样化　由于房地产价格昂贵，许多投资者只能买得起一套或两套房产。因此，建立一个多样化的房地产投资组合可能是困难的。不过，请记住，房地产投资信托基金、参与证和辛迪加提供了不同程度的多样化投资。

缺少税收激励措施　过去，房地产辛迪加是投资者的避税所。然而，1986年的税收改革法案使这一优势消失了。辛迪加投资者不能从他们其他来源的收入（如工资、股息和利息）中扣除房地产的损失。

1986年法案也影响了房地产投资，降低了此类投资的税收抵免价值。例如，投资者不被允许承担超过实际投资金额的损失。此外，除低收入住房外，所有房地产的投资税收抵免全部取消。

管理问题　当你投资房地产投资信托基金、辛迪加或参与证时，房产管理是你投资的一部分。当投资抵押贷款时，你不涉及房产管理的问题。然而，当购买自己的房产时，你必须管理它。这意味着你要负责寻找可靠的租户，更换磨损的地毯，修理炉子。房产管理可能是一份全职工作，许多投资者不愿意承担那么多责任。

投资选择

如果你考虑了房地产投资的所有优点和缺点，并认为它风险太大或太复杂，你可能会考虑其他有形投资。黄金和其他贵金属、宝石和收藏品是一些投资者的选择。然而，正如下一节所讨论的，这些投资收益是和风险相伴的。

回顾关键概念

1. **识别** 描述不同类型的直接房地产投资。

2. **列出** 描述不同类型的间接房地产投资。

3. **比较** 讨论房地产投资的利弊。

延伸思考

4. **评估** 1986年的税收改革法案限制了辛迪加投资者享有的税收优惠。例如，投资者不能再用辛迪加投资的损失来抵销其他来源的收入应缴税额，它限制了利息和折旧的扣除额，并提高了资本利得税。讨论该法案对房地产投资的影响。

21世纪技能

5. **创建媒体产品** 参与证被认为是无风险的投资。这使得它对那些正在寻求防范通胀的方法，但又没有足够资金投资的投资者很有吸引力。你将如何使潜在投资者对这些证券感兴趣呢？使用插图软件为财经杂志制作有说服力的广告，指出参与证的好处，包括强调这类投资的无风险性质，使用引人注目的图形和适当的图片。

数学

6. **财务杠杆** 埃文用14万美元购买了一栋公寓大楼作为投资。他没有借任何资金。如果他以16.5万美元的价格卖掉这栋楼，那么他的收益是多少？现在假设埃文申请12.5万美元的抵押贷款来支付这栋楼的费用，抵押贷款的利率为5.5%。如果他3年后以16.5万美元的价格卖掉这栋楼，他的收益率会是多少？（假设埃文每年为这笔贷款支付5 500美元的利息。）

数学概念 **计算财务杠杆** 要计算财务杠杆，你必须先计算销售的总利润，将这个结果除以原始投资，以确定借入资金的投资收益率。

提示 用原始购买价格减去销售价格来确定该建筑销售的净利润，再用这个结果减去贷款的总利息。

本节目标

- 识别不同类型的贵金属和宝石投资。
- 解释投资珍稀宝石吸引人的地方。
- 讨论作为一种投资方式的收藏品。
- 分析投资贵金属、宝石和收藏品的缺点和风险。

阅读进行时

联系 想想你拥有的那些可能由贵金属或宝石制成的珠宝，你认为它们是装饰品还是投资品？

黄金

人们为什么投资黄金和其他贵金属

==**贵金属**（precious metals）==包括金、铂和银等贵重矿石。许多人将他们的钱投资于贵金属，以此作为对通货膨胀的对冲或抵御。如果你有兴趣购买黄金，你有多种选择，见图 20.2。

当人们认为战争、社会动荡或通货膨胀可能即将到来时，黄金价格会上涨；随着国际紧张局势缓和或政局逐渐稳定，黄金价格会下跌。图 20.3 显示了从 1980 年到 2009 年黄金的价格是如何上涨和下跌的。

阅读进展检查

重申 在和平时期，黄金的价值会升高还是降低？为什么？

其他贵金属

投资铂等贵金属的一个缺点是什么

在社会或经济困难时期价值上升的贵金属包括银、铂、钯和铑。白银的价格在 1932 年每盎司① 24.25 美分的历史低点与 2009 年 12 月每盎司超过 16.99 美元间波动。

对于铂、钯和铑，人们了解得相对较少，不过它们也很受欢迎。这些金属都具有工业用途，特别是在汽车生产中。2009 年 12 月，铂售价约为每盎司 1 461 美元，钯售价约为每盎司 393 美元，铑售价约为每盎司 2 266 美元。

存储贵金属可能会很棘手。例如，价值 2 万美元的黄金的重量相当于一本平装书，相同价值的银重量超过 200 磅。请记住，在股票和其他有息投资为你赚钱的同时，贵金属可能仍被存放在金库中，无法赢利。为了获得利润，你必须正确预测市场，并在贵金属的市场价值

---

① 1 盎司 = 0.028 千克。

高于你的购买价格时出售它们。

 阅读进展检查

回顾　贵金属通常被用于什么行业？

图20.2　投资黄金

黄金价值　当经济衰退或社会动荡加剧时，有些人认为黄金是他们可以选择的最安全的投资。投资黄金可能有什么弊端？

1 **金条**　你可以从贵金属经销商和银行那里购买条形和圆形的金条，卖方的佣金从1％到8％不等。如果你没有将黄金存放在经销商处，那么在转售之前，你必须重新进行测试（检测金条的质量）。

2 **金币**　金币是投资这种贵金属的一个选择。大多数金币交易商接受10个以上金币的订单，并至少会向你收取2％的佣金。

3 **股票**　你可以通过购买矿业公司的普通股来使你的投资组合多样化。当经济健康时，黄金股的价格往往会下跌，而其他投资的价值会上涨；当经济衰退使传统投资失去价值时，黄金股的价值往往会上升。

珍稀宝石

投资珍稀宝石的优点是什么

当英国女王主持英国议会开幕大典时，她头戴皇冠，手持权杖，皇冠和权杖上都镶着钻石、红宝石、蓝宝石和其他闪闪发光的宝石。仪式一结束，这些皇家饰品很快就会被锁回位于伦敦塔的宝石屋。

在悠久的世界历史中，人们始终重视藏于地表之下的珍稀宝石。**珍稀宝石（precious gems）**是矿工从地下挖出的粗糙的矿藏（通常是水晶），之后它们会被切割并打磨成灿烂的宝石。这些宝石包括钻石、蓝宝石、红宝石和祖母绿。因为它们体积小，易于存放，具有高持久性和抵御通货膨胀的潜力，所以对投资者很有吸引力。

20 世纪 70 年代美国发生的通货膨胀促使投资者将更多的资金投入宝石等有形资产中。结果，钻石的价格上涨了 40 倍，一些幸运的投资者在那段时间发了财。

无论你是购买珍稀宝石存放在保险箱里，还是将其作为珠宝佩戴，都请记住与此类投资相关的风险。首先，你无法轻易地将钻石和其他珍稀宝石转换成现金；其次，作为初始投资者，你可能难以确定你将购买的宝石质量如何。

图20.3　1980年至2009年金价的变化

黄金的狂野之旅　在20世纪的最后20年中，黄金的价值波动很大。哪些因素可以用于解释1980年和2009年的金价飙升？

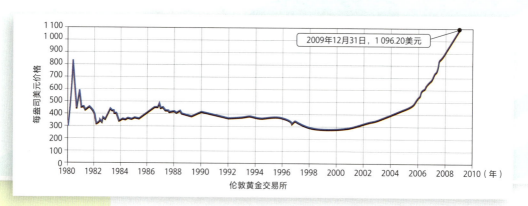

2009年12月31日，1 096.20美元

伦敦黄金交易所

宝石生产国的政治动荡会影响宝石的供应和定价。此外，你可能需要以较高的零售价格购买宝石，并以较低的批发价格出售，二者的差距通常为 10% 至 15%，最高可达 50%。

要确切了解你昂贵的珍稀宝石的品质如何，最佳方法是请独立的地质实验室进行认证，例如美国宝石学院。证书应列出宝石的特性，包括其重量、色泽、净度和切工。然而，宝石的分级并不是一门精确的学科。实验表明，向同一个实验室提交相同的宝石进行两次认证，可能会得到两个不同的等级。

尽管贵金属和珍稀宝石具有吸引力，但它们的投资风险仍然很大。主要风险来源于价格的巨大波动，这可能会受全球经济和政治因素的影响。例如，1980 年，世界重大事件使贵金属和珍稀宝石的价格迅速上涨。投资者以每盎司 850 美元的价格购买黄金，以 62 000 美元的价格购买 1 克拉的钻石。

地位的象征

纵观历史，珍稀宝石一直与皇室和财富有关。是什么赋予了钻石、蓝宝石、红宝石和其他宝石如今的价值？

阅读进展检查

定义 什么是珍稀宝石？

收藏品

什么是收藏品

收藏品是另一种投资方式。==**收藏品（collectibles）**==包括稀有硬币、艺术品、古董、邮票、稀有书籍、体育纪念品、绘画作品以及其他吸引收藏家和投资者的物品。每一种收藏品都能同时为知识渊博的收藏家和投资者带来快乐和获利的机会。许多收藏家惊讶地发现，他们为享受而购买的物品在持有期价值大幅增加。

例如，当汉娜还是个小女孩的时候，她的姨妈西尔维亚给她买了两个收藏品娃娃。随着她逐渐长大，汉娜收到了更多娃娃作为礼物，她自己也买了一些娃娃。她现在收藏了 100 多种不同的娃娃。虽然汉娜从来没有真正想过将她的娃娃作为投资，但她最近发现，其中有几个娃娃如今每个价值 500 美元，是其购买价格的 3 倍多。

市场定价

产品过剩和短缺会影响价格。当产品过剩时，价格会降低，以鼓励更多人购买。例如，当西兰花数量充足时，其价格会低于企业刚好能够满足消费者需求时的价格；当出现短缺时，卖家知道他们可以把价格定得更高，因为有很多潜在消费者愿意并且能够以更高的价格购买西兰花。房地产市场是产品过剩和短缺影响市场的经典例子。当有许多卖家和少数买家时，房地产价格低于正常水平；当有许多买家时，价格会更高。

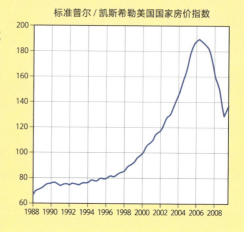

标准普尔／凯斯希勒美国国家房价指数

个人财务联系　如果你被赠予了收藏品，你可能会惊讶地发现它很值钱。因为流通中的这类物品很少见，所以存在短缺，导致想要收藏这一物品的人出价更高。你必须保持收藏品的完美状态，让其对于收藏家来说充满价值。

批判性思考　比较房地产和收藏品各自的市场和目前的价格。要完成这项任务，你需要研究这两个市场并考虑当前的经济状况。

网上的收藏品

在互联网时代出现之前，找到想要收藏的物品可能非常耗时。你必须通过收藏类杂志来研究你想要购买的商品的价值。然后，你必须参加展览，有时举办展览的地方可能很远，在展览会上，收藏家会见面，并买卖他们的商品。

如今这个过程发生了变化。互联网使得购买和销售收藏品变得高效、便捷，收藏品网站的数量也在激增。1999 年，当根西岛拍卖行将马克·麦奎尔打出第 70 个本垒打时用的棒球向竞价者展出时，它也向在线买家开放了价格。虽然棒球被一位匿名电话竞拍者（后来被证实是著名的漫画家托德·麦克法兰）以 300 万美元的价格拍下，但是它说明将互联网作为拍卖渠道使用已经被人们所接受。

其实，很容易理解为什么互联网会吸引收藏家。作为买家，你可以通过几次按键搜索到你想要收藏的物品，卖家也可以联系到世界各地的人。互联网上的商品价格不一定低，但相比之下购物更加容易，且大多数网站不收取买方的佣金。

在互联网上出售收藏品最适合较小的物品，如书籍、硬币、邮票、纽扣和纺织品，因为它们可以被轻松地扫描和邮寄。

当然，通过互联网收集收藏品有其缺点。作为在线买家，你无法面对面地评估卖家，或检查物品及其商标。此外，欺诈也是一种永远存在的风险。更严重的问题是，当你不知道你在向谁提供现金或信用卡号时，网上购物有很大的安全风险。

虽然网上收藏的安全风险获得了较高的关注，但是实际欺诈行为相对较少。

收藏家需注意

收藏是一个不错的爱好，也是一种良好的投资。

然而，明智的收藏家必须始终警惕线上或线下的诈骗。例如，你怎么知道你买的手套上的签名真的是由米奇·曼托签的？你收藏的美国内战时期的邮票会是伪造的吗？芭比娃娃·莱昂内尔机车模型或黑暗武士人物模型是否真的像你被告知的那样稀有和有价值？

当你进行收藏品交易时，请注意，某些在线拍卖和交换网站比其他网站更可靠。根据由美国全国消费者联盟（NCL）发起的互联网欺诈观察活动提供的数据，在过去 6 个月联盟收到的欺诈投诉中，有 76% 与在线拍卖有关。消费者可以通过美国全国消费者联盟欺诈热线举报疑似的互联网欺诈行为。要避免与收藏相关的欺诈行为，最安全的方法就是尽可能了解你收藏的物品的所有信息，并且只与信誉良好的经销商和拍卖网站进行交易。

实际案例

收藏品

你对古董或其他收藏品感兴趣吗？为了确保你的初始投资增长，你必须以合适的价格购买物品。为了更好地了解收藏品的售价和其具有价值的原因，你可以访问拍卖行的网站，查看收藏品及其建议的价格。

意想不到的财富

收藏可以是一种愉快的，有时还是有利可图的消遣。收藏品是明智的投资选择吗？你可能将哪些物品作为投资品？

表20.1　长期股票

最佳投资　根据下表，从长期看，股票和债券的平均年收益率最高。1年后，哪项资产的平均年收益率最高？5年后呢？

	× 年之后的平均年收益率			
资产	1年	5年	10年	20年
股票	2.6%	10.4%	15.5%	13.1%
债券	0.7%	9.9%	14.1%	10.2%
3月期国库券	4.3%	5.6%	6.7%	8.3%
钻石	0.0%	1.4%	5.9%	7.9%
房产	1.8%	2.9%	4.1%	6.3%
黄金	4.7%	1.3%	−0.2%	4.5%

请记住，收藏品不会产生利息或股息。此外，你可能很难在短时间内以满意的价格出售你的收藏品。如果你的收藏品价值显著增加，你将不得不购买保险，以在其损坏和被盗时获得补偿。

阅读进展检查

联系　互联网如何影响收藏品的买卖？

阅读结束后

预测　你如何使用本章提供的信息对贵金属、宝石或收藏品进行明智的投资？

规划投资

你如何为你和你的财务目标选择最佳投资类型

股票和债券等投资类型可能不太有趣或不那么令人兴奋，但正如你在表20.1中所看到的，从长远来看，它们已被证明是最稳定的投资类型。投资收藏品看起来很有趣，但对你来说，它可能不是实现你的财务目标的最佳方式。

明智的规划是从投资中获益最多的最佳方式。务必研究可用的投资类型，以便做出明智的决定；还要权衡每种投资的优缺点；问问你自己，你愿意承担多大的风险和责任。通过这些步骤，你将做出最适合你财务状况的决策。

第2节　评估

复习关键概念

1. **识别**　有哪些不同类型的贵金属和宝石投资?

2. **解释**　投资珍稀宝石有什么吸引人的地方?

3. **总结**　讨论作为一种投资的收藏品。

4. **归类**　投资贵金属、宝石和收藏品有哪些缺点和风险?

延伸思考

5. **决定**　通过在线购买和销售收藏品时,如何使自己免受欺诈?

21世纪技能

6. **展示和说明**　想想你的个人收藏品或其他家庭成员的收藏品,你或你的家人还有哪些值得收藏的东西?上网研究这些物品的价值,你能了解到它们的哪些历史?它们是如何被交易的?如果你或家人没有这样的收藏品,请设想你想要收藏的物品,例如人偶玩具、陶瓷娃娃、玩具汽车等,并进行相同的研究。向全班同学展示你的发现,如有可能,带上收藏品的样本或照片。

数学

7. **购买黄金**　为了尝试使投资组合多样化,利拉在2005年以每盎司422美元的价格购买了15盎司黄金。在2009年,她以每盎司944美元的价格出售了她持有黄金的1/3。在2010年,她又以每盎司1 254美元的价格出售了剩余的黄金。利拉2009年和2010年的利润分别是多少?如果她在2009年出售了所有黄金,她的利润会是多少?如果她到2010年才卖掉所有黄金又会怎样?

数学概念　计算黄金的收益率　要计算黄金的收益率,需要用出售价格减去购买价格,将所得结果乘以出售的盎司数,然后用这一结果除以购买时的总投资额。

提示　确定2009年销售的盎司数,用2009年每盎司的价格减去2005年每盎司的价格,并将该结果乘以出售的盎司数。

房地产和其他投资

抵押贷款参与证

参与证是对政府机构购买的一组抵押贷款的投资。

联邦机构名称	机构昵称
美国政府国家抵押贷款协会	吉利美
联邦住房贷款抵押公司	房地美
联邦国民抵押贷款协会	房利美
学生贷款市场协会	萨利美
纽约州抵押贷款代理公司	桑尼美
新英格兰教育贷款营销公司	内利美

投资黄金

如果你有能力预测市场行为，那么投资多种形态的黄金可能是一个很好的投资选择。

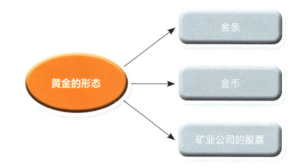

试一试

创建一个如右所示的图，并写下投资收藏品的利弊。

投资收藏品的利弊

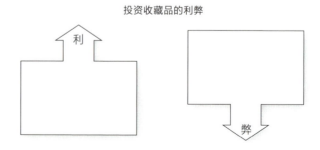

章节评估

章节总结

- 直接投资房地产的所有者拥有住宅或商业地产的合法所有权，并负责维护和管理。
- 间接投资类似于投资共同基金。一群投资者购买财产，受托人持有合法所有权。
- 房地产辛迪加、有限合伙企业和房地产投资信托基金是间接投资的例子。
- 房地产投资（房地产辛迪加和房地产投资信托基金）的优势在于：对冲通货膨胀、易于进入市场和有限责任。
- 房地产投资的劣势包括缺乏流动性和多样

性、存在价值下降的风险、缺少税收激励措施及存在潜在的管理问题。
- 贵金属包括金、银、铂、钯和铑。
- 珍稀宝石包括钻石、蓝宝石、红宝石和祖母绿。
- 收藏品包括稀有硬币、艺术品、古董、邮票、稀有书籍、体育纪念品、绘画作品和其他物品。
- 贵金属和珍稀宝石的价值可能会大幅波动，这使其成为一项风险投资。预测收藏品的价值很困难。

词汇复习

1. 使用以下词语中的两个或更多，撰写一个简短的故事。这个故事应该清楚地展现这些词语之间的相互关系。

- 直接投资
- 商业地产
- 间接投资
- 辛迪加
- 参与证
- 财务杠杆
- 贵金属
- 宝石
- 收藏品
- 有责任的
- 可观的
- 对冲
- 猛增

延伸思考

2. **分析** 长期以来，房屋所有权被称为"美国梦"的重要组成部分。你认为现在仍是这样的吗？为什么是或为什么不是？

3. **解释** 人们为什么选择有限合伙企业和房地产投资信托基金？

4. **辩论** 你是否同意"年轻人考虑投资房地产并非浪费时间"这一观念？请解释。

5. **调查** 投资房地产是实现投资组合多样化的一个好方法，但房地产投资缺乏多样化。试解释这个明显的矛盾。

6. **评估** 你的朋友认为投资收藏品是对时间和金钱的浪费。你会对她说什么？

7. **建议** 萨曼莎继承了祖母遗产中的一颗钻石和一条红宝石项链。不幸的是，宝石底座的损坏程度超出了可以修复的范围。萨曼莎正在想如何处理她继承的遗产。请你提出一个策略，帮助她确定遗产的价值，并向她建议如何提升其价值。

大学和职业准备

科学

8. 闪闪发光　虽然美国是宝石级钻石的最大消费国，但美国并不生产商业矿石。在地表以下100多英里[①]的深处，在特定的温度和压力条件下，无机碳会形成具有特定晶体结构的固体。大多数钻石是通过火山通道到达地球表面的。

程序　打印世界地图并标记宝石级钻石的开采地点。

分析　这些地点有什么共同的地质特征？

数学

9. 投资组合对冲　杰克持有150股国际股票基金，他在2008年以每股24.75美元的价格买入。之后，他决定购买一家黄金矿业公司的股票，以对冲其持有的其他资产。杰克决定以每股12.50美元的价格购买ABC金矿公司的50股股票。2010年，他持有的国际股票基金的市场价格为每股29.50美元，ABC金矿公司股票的市场价值为每股9.75美元。如果杰克在2010年同时出售这两项投资，那么他的总利润和收益是多少？他可以怎样增加收益？

数学概念　**计算投资组合的收益率**　计算投资组合的收益率，要用投资组合的总利润除以总投资额。

提示　要确定投资组合的总投资额，首先将国际股票基金的份额与2008年的每份额价格相乘，再将ABC金矿公司的股票数量与2008年的每股价格相乘，将两个数字相加得出总投资额。

---

① 1 英里 = 1.609 千米。

英语语言艺术

10. 投资选项　你的朋友杰瑞住在另一个州，且是他祖母遗产的唯一继承人。在留下了一些他出于感情原因想要保留的物品之后，杰瑞需要弄清楚如何处理剩余的遗产：城区的一片土地、一些房地产投资信托和美国政府国家抵押贷款协会的证书，还有一辆生产于1957年的需要维修的凯迪拉克汽车。杰瑞给你发了一封电子邮件来询问你的建议，以决定保留祖母的哪些投资和出售哪些投资，给杰瑞回一封电子邮件并提出你的建议。

道德

11. 复制品　许多古董和收藏品都有复制品，其中有些有标记，有些未经授权，并且被作为原件出售。事实上，有些复制品与原件非常接近，如果没有专业知识，收藏家甚至一些经销商都几乎没有办法鉴别。请说明在某些情况下，经销商将复制品作为真正的古董或收藏品出售是否可取，这种做法会如何影响古董行业。

实际应用

12. 房地产　想象一下，大约8个月前你开始了第一份全职工作，这份工作会在你被雇用的6个月后提供员工福利，因此你参加了401（k）计划。你租用了一套复式公寓的一半区域，房东正在出售该公寓，一对已婚夫妇租用了复式公寓的另一半区域。该建筑位于一个不错的地区，靠近你的工作单位。你正在考虑购买这套公寓，请使用报纸或互联网来查找这套复式公寓当前的价格。要做出购买房产的决定，你需要考虑哪些因素？购买房产有什么利弊？

你的资产组合

收集宝藏

拉塞尔从他的祖母那里继承了 3 颗钻石，他需要决定是保留还是出售。他已经对钻石进行了"4 C"——净度、色泽、切工和重量的评估，但没有评估钻石的实际价值。他带着钻石和评估报告去了市中心的钻石商城。

钻石商城的销售代表对钻石进行了评估。那颗 4 克拉的钻石是最有价值的，因为它被切割成了侯爵夫人的样子，并且具有良好的净度，这意味着其掺杂的杂质较少。它的颜色非常接近白色，这也提升了它的价值。另外两颗钻石是一对配套的 1 克拉宝石，它们被切割成了圆形，净度更高，但颜色较黄。评估师告诉拉塞尔，3 颗钻石总价值 5 000 美元，但钻石经销商可能只会给他一半左右。他还告诉拉塞尔，钻石商城不会有兴趣购买这些钻石。

拉塞尔去了另一家有"我们购买钻石"标志的商店，但商店的最高出价是 2 350 美元。拉塞尔决定将它们保存在一个保险箱中，而不是以远低于实际价值的价格出售。通过保留钻石，他拥有了在未来将钻石变现的选择，可以卖得更多的钱。他也想在未来将它们变成珠宝。在研究了祖母的钻石后，拉塞尔现在对了解其他宝石很有兴趣。未来有一天，他想进行宝石收藏。

应用

在一张纸上列出你想收藏的5件物品，这些物品将保值或可能更有价值。请选择其中1件，并解释其吸引你的原因。请描述专家如何使用年份、质量、稀有度和大众需求等标准来评估其价值。为什么这件收藏品使你有兴趣持有？你认为它是不是一种好的长期投资？试解释原因。

6 回顾与评估
制订投资计划

问自己

你是否考虑过如何积累财富并取得财务上的成功？你考虑过在股票市场上博弈吗？你想投资房地产吗？你的风险承受能力是高还是低？这些问题的答案可以指导你制订投资计划。

你的目标

本项目的目标是进行财务检查、分析投资选项、确定如何开始你的个人投资组合，并向全班同学进行关于投资决策的简短展示。

你将使用的技能

成功确定目标并为这些目标做好财务准备，都取决于你的技能。你可能使用的一些技能如下。

- 学术技能：阅读、写作和计算。
- 21世纪技能：金融知识、决策、批判性思维、信息管理、口语、听力和人际交往能力。
- 技术技能：文字处理、打字、使用电子表格或预算软件及演示文稿软件。

步骤1　评估财务状况

成功投资的第一步是进行财务检查。问问自己如下问题。

- 你目前的收入是多少？
- 你目前或预期的开支是多少？
- 你有足够的保障吗？
- 你有多少储蓄？你有足够的钱支付3~9个月的生活费吗？
- 你还有其他现金来源？

根据你对这些问题的回答来建立预算，建立预算时使用电子表格或预算软件。你还需准备一份文件，概述你当前的保险、应急基金储蓄计划和流动资产。

步骤2　探索投资选项

你有多少可用于初始投资的钱？你需要规划哪些短期和长期目标？例如，你是否需要在几年内开始为购房的首付款进行储蓄或者你是否想要为退休存钱？请考虑这些问题以及风险因素、投资增长和流动性，以确定哪些投资最适合你。你可以考虑使用不同类别的资产构建多样化的投资组合，如下。

- 股票。
- 债券。
- 宝石。
- 收藏品。
- 房地产。
- 共同基金。
- 大额存单。

记住，你现在可能无法同时进行以上全部

类别的投资，但制订计划仍然有所帮助。也许你现在的收入只够进行一项投资，再过一两年，你将开始实现投资组合的多样化和投资增长。总结哪些投资对你有吸引力，包括当前和未来的投资，并解释你的选择。

步骤3　建立关系

请与社区中可能来自当地银行或投资公司的财务规划顾问进行交谈。财务规划顾问如何确定哪些投资最适合他们的客户？他们如何评估每个客户的风险承受能力？

- 准备一些访谈问题，阐明你在评估投资选择时遇到的问题。
- 与财务规划顾问分享你的预算和投资计划，专业人士是否会推荐不同的行动方案？
- 做笔记并记录访谈时对方的回答。
- 认真倾听并适当回应。
- 如果你不理解其中某些内容，请让他做进一步的解释。
- 将访谈中了解到的信息进行汇总。
- 如果适用，调整你的预算和投资计划。

步骤4　创建你的展示

使用项目清单来准备你的展示。

步骤5　评估你的展示

你的展示将从以下几个方面被评估。

- 评估量规。
- 信息的准确性和组织性。
- 技术：展示和逻辑。
- 口语和听力技能。

项目清单

计划

✓ 通过平衡预算、获得足够的保险、建立应急基金和评估流动资产来进行个人财务检查。

✓ 评估各种投资选择，以确定最适合你财务目标和风险承受能力的选项。

✓ 与专业的财务规划顾问会面以审查你的投资计划。

写一写

✓ 制定一个平衡预算。

✓ 概述你当前的保险、应急基金储蓄计划和流动资产情况。

✓ 总结你的投资首选，并说明为什么你认为这是好的选择。

✓ 创建访谈问题清单。

✓ 对财务规划顾问的建议和信息进行总结。

展示

✓ 创建展示提纲。

✓ 制作图片并使用技术来增强你的展示效果。

✓ 语言清楚简洁。

✓ 提出你的预算并解释你如何平衡预算。

✓ 分享你的投资计划，并解释原因。

✓ 介绍你的访谈结果。

✓ 回答同学的问题。

看图说话

　　有效的财务计划会使财务不受意外事件的影响。为什么有一个能保护你财务的计划很重要？

你所在的世界

员工福利

如果你认为自己还太年轻，不必考虑税收策略，不用担心保险或退休计划，那么请三思。对于建立和保护你的财务，时间不是问题。有一份工作意味着有薪酬，但它还意味着更多。你的工作可以为你提供失业和伤残保险、员工补贴、社会保障和退休基金。根据某些工作的安全要求，你可能还应该拥有防护服。如果雇员在工作中因没有遵守安全守则而受伤，你认为他们是否有资格获得工伤补偿或失业保险等福利？

 大学和职业
准备

社会保障及退休 你想过如何度过退休生活吗？当你建立起你的事业后，为了实现你未来的财务目标，你有很多需要考虑的事情。社会保障也是一种税收，为联邦政府的退休、残疾和人寿保险福利提供资金。既然你的工资要交社会保障税，那么你为什么还要加入401（k）等退休计划呢？

经济学与你

年轻雇员的政府保护

《公平劳动标准法》（The Fair Labor Standards Act）涵盖了有关童工、最低工资和加班费的相关规定。例如，它禁止雇用未成年人从事危险工作，并限制他们的工作时间。它将最低工资定为每小时7.25美元。如果你有一份可以获得小费的工作，而且你的小费至少有30美元，那么你的最低工资可以是每小时2.13美元，全日制学生和学徒例外，他们可能收到低于最低工资的工资。美国劳工部负责最低工资法的实施。你认为政府为什么允许存在例外？如果没有这些例外情况，企业将受到什么影响？

看图说话

计划和准备可以帮助你完成纳税申报单，并将你要缴纳的税款降到最低。你认为哪些理财策略也可以作为税务策略？

探索项目

比较税率

关键问题

为什么不同城市的销售税不同？

项目目标

虽然税率显然不是决定住在哪里的唯一因素，但它应该是你考虑的因素之一。销售税的税率不仅会因州而异，而且会因市和县而异。税率的差异将影响你的生活成本。提前了解销售税的税率可以帮助你将支付的税款降到最低。选择一个你将来可能想要居住的州或地区，然后研究该地区3个不同城镇的销售税税率。准备一个简短的展示来分享你的发现，用视觉辅助方法来显示不同的税率和它们如何加总。

考虑以下内容

- 你研究的地区的税率比你现居地的税率高还是低？
- 你发现最高和最低税率之间的差异是多少？
- 这种差异是否会使你排除一个城镇？
- 还有什么购买策略可以帮助你把税款降到最低？

21世纪技能

有效的原因

许多人在网上购物以避免缴纳销售税。但随着网上购物的普及，许多州都在争取对网购征收销售税。你认为网上购物应该纳税吗？为什么应该或为什么不应该？

重要见解

一些可用的策略可以帮助你降低你需要缴纳的税款。

请教专家

电子税务

问： 我想填写电子所得税表，通过互联网提交文件有风险吗？

答： 如果你担心自己因为国税局没有收到你通过互联网提交的纳税申报单，而被收取滞纳金，你可以使用提供收据的填报服务。

 写作任务

近年来，报税软件和电子报税表越来越受欢迎。写一篇问答文章，解释电子报税相对于邮寄报税的优缺点。

基本问题　一年中，你能采取什么行动来减少你需要缴纳的税款？

中心思想

　　税有好几种。在准备报税表时，你必须理解报税条款，并备有正确的表格及文件。你应该遵循基本的策略来减少你需要缴纳的税款。

内容词汇

- 应纳税额
- 遗产税
- 继承税
- 所得税
- 所得税申报表
- 减免
- 调整后的总收入
- 应纳税收入
- 税收扣除
- 标准扣除
- 分项扣除
- 免税

- 税收抵免
- 津贴 / 免税额
- 延期
- 税务审计

学术词汇

　　在阅读和测试时，你会看到这些词。

- 消费税
- 家属
- 疏忽
- 征税
- 澄清
- 危害

使用图表

　　在阅读本章之前，请创建如下所示的 T 形表。在你阅读时，记下组成你总收入的收入类别。

收入类别	描述

税收与你

为什么税收很重要

税收是一项日常生活开支，它使美国地方、州和联邦政府能够提供重要的服务。税收被用来支付一些服务，如医疗保险、医疗补助、消防、道路维护，以及食品、药品和其他产品的安全检查等。

你每次拿到工资，买一张CD、一双鞋，或者给你的汽车加满油，你都要缴纳某种税。每年，独立的公共政策研究机构——税务基金会（Tax Foundation）都会决定一个人的多少工作所得需要纳税。"免税日"在4月初，这意味着从1月1日到4月初，你赚的钱都需要纳税。

有效的税务规划可以帮助你在缴纳税款和支付生活费后留下钱。你可以使用几种策略来规划税务。第一，了解当前的税收法律法规对你的影响。第二，保存完整准确的税务记录。第三，了解如何做可以减少你的 应纳税额（tax liability），也就是需要缴纳的税收总额。遵循这些策略，你可以享有减少缴税额的税收优惠。

阅读进展检查

回顾　为什么有效的税务规划是重要的？

税收类型

有哪些不同类型的税

在你的一生中，你将支付4种主要类别的税：销售税、财产税、财富税和收入税。

销售税

每次购买产品时，你可能已经缴纳了销售税。这类税会添加到你购买的大多数产品的价格中，并由州和地方政府收取。许多州不对食品和药品征收销售税。有一种销售税是消费税，是由联邦和州政府对特定商品和服务（如汽油、航空旅行和电话服务）征收的税。

阅读进行时

思考　为什么保持完整准确的税务记录对你很重要？

电子商务税

所有在线交易都应该征税吗？近年来，网络交易规模稳步增长。事实上，美国互联网上的商品零售额达到了近1 420亿美元。那些支持对电子商务征税的人指出，对在线交易征税可以带来收入，并补偿越来越多的消费者选择在线购物带来的税收损失。反对征收电子商务税的人指出，这种税将给小企业的发展带来障碍。

财产税

房产税是地方政府的主要收入来源。这种税收是根据土地和建筑物的价值而定的。随着房地产价格的上涨，财产税的金额也可能增加。在美国一些地区，州和地方政府会对船只和农业设备等财产征税。

财富税

遗产税（estate tax）是对一个人死亡时财产征收的联邦税。不幸的是，这并不总意味着一个人纳税义务的终结。一些州可能会征收继承税。**继承税（inheritance tax）**是对一个人在遗嘱中留给他的继承人的财产征收的州税。因此，在继承人获得遗产之前，他们必须缴纳继承税。另一种联邦财富税是赠与税。赠与税是对一个人在一年内赠与另一个人的价值超过 11 000 美元的资金或财产征收的税。专门用于支付教育费或医疗费的赠与不征收赠与税。

收入税

所得税（income tax）是对工资、薪酬和个体经营收入征收的税。工资是按小时计算的收入，薪酬是按周或月计算的收入，与工作小时数无关。个人所得税，是对你的收入征收的税，是联邦政府的主要收入来源。社会保障基金也作为税进行征收。这些基金为联邦政府社会保障计划中的退休、残疾和人寿保险提供资金。当前和未来对社会保障计划的修订可能会影响福利金的数额。

美国国税局　美国国税局是联邦机构，隶属于美国财政部，负责税收。国税局的主要任务是征收联邦所得税和执行国家税法。

收入税是按"你赚多少就付多少"原则征收的。你的雇主必须从你的工资中扣缴社会保障税和所得税，然后把钱交到国税局。如果你是个体经营者，拥有自己的企业或已退休，你可能需要自己估算纳税额。完成你的联邦所得税申报单后，你要确定你缴纳的所得税是多了还是少了，然后补交，或从国税局获得退税。

阅读进展检查

列出　你要缴纳哪 4 类税？

表格W-2

表格W-2提供了提交年度联邦所得税申报表所需的大部分信息。你必须保存此表格并将副本附在你的所得税申报表上。表格W-2包含以下信息。

- 雇主的姓名和地址。
- 雇员的姓名、地址及社会保障号码。
- 雇员的工资。
- 从收入中扣缴的项目和金额。

a 控制编号 22222 无效 □		仅限官方使用 OMB 编号1545-0008	
b 雇主身份证号码 26－8310024		1 工资、小费、其他报酬 86 411.75	2 扣缴联邦所得税 21 880.59
c 雇主名称、地址和邮政编码 **团体运输** **37 大街** **坦帕市，佛罗里达州33606**		3 社会保障工资 7 900.00	4 预扣社会保障税 5 449.80
		5 医疗保险工资和小费 88 775.00	6 扣缴医疗保险税 1 287.24
		7 社会保障小费	8 分配小费
d 雇员社会保障号码 XXX－XX－7822		9 提前付款	10 受扶养人津贴
e 雇员名 **特蕾莎**	姓 **阿尔瓦雷斯**	11 不合格的联邦计划	12a 见方框12的说明 编码
1335 史密斯大道 **坦帕市，佛罗里达州 33605**		13 法定 退休 第三方病假 员工 计划 工资 □ □ □	12b 编码
		14 其他	12c 编码
			12d 编码
f 雇员的地址和邮政编码			

15 州 佛罗里达州	雇员的州身份证号码 61－281517	16 州工资、小费等 86 411.75	17 州所得税 5 326.50	18 当地工资、小费等 88 775.00	19当地所得税 887.75	20当地名称 坦帕市

表格 **W-2** 工资及税单   20XX   财政部—国税局

副本A用于社保管理——请将整页表格连同表格W-3一并寄给社会保障署，不接受影印   Cat. 编号10134D

有关《隐私法》和《文书工作缩减法》的通知，请参阅 D 副本的背面。

不要裁剪、折叠或装订本页面的表格

关键点 表格W-2是雇主必须在每年1月底前准备好并给每位雇员和国税局的文件。该表格详细列出了该雇员的工资收入以及该年度扣缴的所有税款。表格W-2的标签和编号与表格1040和表格1040EZ的一致。

寻找 解决方案

回顾关键概念

1. 特蕾莎的工资、小费和其他报酬是多少？

2. 她的社会保障工资被扣了多少？

3. 她被扣了多少州所得税？

4. 雇主的识别号码是多少？

5. 特蕾莎的社会保障工资总额是多少？

在职税款

　　州和联邦政府用税收为社区提供服务，如公园、博物馆、图书馆和道路等建设。为什么政府要继续为现有的公园和图书馆征税？

理解所得税

你如何确定你要缴纳多少税

　　每年，数百万美国纳税人会准备他们的所得税申报单，并把填好的表格寄给国税局。<mark>所得税申报表（income tax return）</mark>是一种表格，如表格 1040 或 1040EZ，纳税人在表格上报告他从工作和其他来源获得了多少钱，以及需要缴纳的确切税款。

　　在填写纳税申报单时，你要确定你的应纳税款总额。然后，你需要将该金额与你的雇主年内从你的薪酬中扣除的总所得税进行比较。如果你通过雇主缴纳的所得税超过了你的应纳税额，你将获得退税。然而，如果你的应纳税额大于你缴纳的税款，你就需要向美国财政部缴纳差额，因为你需要缴纳的税款比被扣缴的多。

总收入和调整后的总收入

　　大多数（但不是全部）收入都要被征税。总收入一般包括一至三个主要组成部分。

　　（1）赚取的收入：工作收入，如工资、薪金、佣金、小费、奖金等。

　　（2）利息收入：你从银行、信用社以及储蓄和贷款协会获得的利息。

　　（3）分红收入：你从投资中获得的现金股息。

　　你的总收入也可能获得减免，即不必计入总收入的金额。<mark>减免收入（exclusion）</mark>也被称为免税收入，或不征税的收入。例如，大多数市政债券的利息免征联邦所得税。

　　另一种收入是递延所得税收入，也就是晚些时候纳税的收入。个人退休账户的收入是递延所得税收入。虽然这些收入现在都记在你的账户上，但你不需要为这些钱纳税，直到你从账户中取出它们时，你才需要纳税。

你按调整后的总收入缴纳所得税，而不是按总收入缴纳所得税。**调整后的总收入（adjusted gross income）**是减免后的总收入。减免包括个人退休账户缴款和学生贷款利息等。你调整后的总收入的准确数额是很重要的，因为它是其他税务计算的基础。

你的应纳税收入

当你确定调整后的总收入时，你可以算出你的应纳税收入。你的**应纳税收入（taxable income）**是你调整后的总收入减去所有允许的税收扣除。你的所得税是根据你的应纳税收入计算的。

税收扣除　**税收扣除（tax deduction）**是一笔你可以从调整后的总收入中减去以计算你应纳税收入的费用。每个纳税人都至少能享有**标准扣除（standard deduction）**，这是美国国税局规定的一笔不用纳税的钱。2009 年，一个人的标准扣除额为 5 700 美元。一对夫妇联合报税可以扣除 11 400 美元。65 岁以上的人或盲人有资格获得更高的标准扣除额。

你可以申报其他可以减少你应纳税收入的扣除额。**分项扣除（itemized deduction）**是指从调整后的总收入中扣除的特定费用，如医疗费用。标准扣除额和分项扣除额不能同时采用。如果标准扣除额大于你的分项扣除总额，你可以采用标准扣除额。你必须保留记录以证明你的情况适用于税收减免。常见的扣除包括以下几种。

- **医疗开支**　这些费用包括治疗的费用、处方药的费用、住院费用、医疗保险费、眼镜的费用、助听器的费用，以及没有得到报销或支付的医疗费用。你只能扣除超过调整后的总收入的 7.5% 的医疗费用（截至 2009 年）。因此，如果你调整后的总收入是 1 万美元，你只能扣除超过 750 美元的部分。

- **税**　你可以扣除州和地方所得税、房地产税、州和地方个人财产税。

- **利息**　你可以扣除房屋抵押贷款利息和房屋净值贷款利息。

- **捐赠**　你可以扣除捐赠给通过资格认证的慈善机构的现金或财产。如果你的捐赠超过你调整后的总收入的 20%，扣除将受到一定的限制。

分期付款

有些商店提供分期付款计划。如果你想买一件特别的衣服，了解商店的分期付款计划。你可以选择分期付款，在最后一次付款时获得商品。这是一种不需要信用卡的无息支付方式。

概念应用

如果你想买一副价值240美元的滑雪板，你每月支付30美元，你需要多长时间才能买到滑雪板？

重要职业

克里斯汀娜·谢弗 报税代理人

我喜欢数学，而且我擅长理解和处理数字。我也喜欢与人打交道。所以我成了一名个体报税代理人。由于税法每年都在变化，可能会让人感到困惑，许多个人和小型企业会聘请报税代理人。我使用计算机程序、加法器、税单说明和税单来计算所欠或多付的税款，并通过适当的调整、扣减和抵免来将客户的税款降到最低。1月到4月是我最忙的时候。对我而言，一个典型的客户会议的内容可能包括审查工资单和以前的纳税申报单，询问收入、支出、投资和其他财务信息，并打印出表格寄给国税局。非常规的报税表可能需要更多的时间并查阅税法或公告来填写。你可以通过参加在线课程、社区大学课程，或由报税连锁机构提供的培训来为从事该职业做准备。

职业探索

访问美国劳工部劳工统计局的网站，获取有关报税代理人和会计师职业的信息。

1. 你认为报税代理人和会计师的职业生涯受到科技的什么影响？

2. 为什么注册会计师的收入比报税代理人高？

职业细节 ➤

职业	教育	职业道路
沟通、数学、计算机、人际关系、时间管理、批判性思考、解决问题、判断和决策	高中文凭，在线或职业学校的税务筹划培训，工作经验，副学士学位，通过税务代理公司的课程	报税代理人可以成为注册所得税编制人、注册会计、信用稽核员、精算师和财务顾问

免税　**免税（exemption）**是对纳税人、纳税人配偶和符合条件的家属的调整后的总收入的扣减。家属指你在经济上支持的人，比如孩子。

要成为被扶养人，家属必须符合以下所有条件。

（1）家属的收入不得超过一定数额，除非他未满 19 岁或是 24 岁以下的全日制学生。

（2）他必须是特定的亲属或居住在纳税人的家中。

（3）家属一半以上的扶养费由纳税人提供。

（4）家属必须符合一定的公民身份要求。

计算你的税款　一旦你知道你的应纳税收入，你就能计算出你应缴纳多少所得税。纳税人大多使用税单或税率表来计算所得税。

2009 年以来的税率以表 21.1 所示的六税率体系为基础。税率表每年都在变化。

你的所得税可以通过**税收抵免（tax credit）**来减少，这是一笔可以直接从你应缴纳的税款中扣除的钱。税收抵免不同于扣除。税收扣除是你可以从调整后的总收入中扣除的金额，而税收抵免会使你所欠的税款直接减少。如果你应缴纳 300 美元的税，并且得到了 100 美元的税收抵免，你可以减去它，只欠 200 美元的税。

低收入的工人可以从一种叫劳动收入抵免（EIC）的税收抵免中受益。这种联邦税收抵免针对的是那些有工作且应纳税收入低于一定数额的人。收入不足以缴纳联邦所得税的人也有资格获得这种税收抵免。

阅读进展检查

识别 有哪两种类型的税收抵免？

纳税

你如何向国税局缴纳所得税

你可以通过不同的方式向联邦政府缴纳所得税：预估支付或工资代扣。个体经营者每个季度可能要缴纳预估的税款。

表21.1 **联邦所得税的六税率体系**

高收入，高税率 六税率体系是累进税，也就是说你的应纳税收入越高，你的税率就越高。根据这一体系，一位年收入5.5万美元的单身人士适用哪个税率？

税率	单身纳税人收入	税率	共同申报的已婚纳税人收入
10%	不高于8 350美元	10%	不高于16 700美元
超过8 350美元的部分15%，加上835美元	8 350～33 950美元	超过16 700美元的部分15%，加上1 670美元	16 700～67 900美元
超过33 950美元的部分25%，加上4 675美元	33 950～82 250美元	超过67 900美元的部分25%，加上9 350美元	67 900～137 050美元
超过82 250美元的部分28%，加上16 750美元	82 250～171 550美元	超过137 050美元的部分28%，加上26 637.50美元	137 050～208 850美元
超过171 550美元的部分33%，加上41 745美元	171 550～372 950美元	超过208 850美元的部分33%，加上46 741.50美元	208 850～372 950美元
超过372 950美元的部分35%，加上108 216美元	372 950美元及以上	超过372 950美元的部分35%，加上100 894.50美元	372 950美元及以上

工资代扣

当詹姆斯·欧文开始在一家公司工作时，他的雇主要求他填写表格 W-4，即雇员的预扣税款免税额证明（见表 21.2）。雇主代扣并缴给国税局的联邦所得税金额，取决于你在表格 W-4 上申报的免税额。**免税额（allowance）**取决于你的婚姻状况和是否有家属。免税额可以减少雇主扣缴的所得税。

完成表格 W-4 你可以根据简单的说明来填写表格 W-4。

（1）填写你的姓名和地址。

（2）填写你的社会保障号码。

（3）勾选方格，表示你是单身还是已婚。

（4）如果你的姓和社保卡上的不一样，在相应的方格中勾选。

（5）写下你申报的免税额。要计算出你可以申报多少免税额，请填写表格 W-4 顶部的个人免税额工作表。

（6）请说明你希望扣除多少额外款项（如果有的话）。

（7）如果你符合表格所列的条件，并表明你已获得免缴付个人所得税的许可，则不会被扣缴任何个人所得税。

（8）在表格上签名并注明日期。

预估支付款项

每年夏天，约翰都通过做园林绿化生意赚钱。他没有雇主，应该如何纳税？和其他个体经营者一样，约翰向政府预估支付款项。这些款项将在 4 月 15 日、6 月 15 日、9 月 15 日和 1 月 15 日到期（最后一笔款项是上一年的）。约翰根据他对年底应缴税款的估计来支付。为避免因少缴税款而受到惩罚，他的预估支付额必须至少等于他去年缴纳的税款，或至少相当于当年税款的 90%。

申请免税额

有些雇员在表格 W-4 上申请的免税额比实际免税额少，因此他们的工资被扣缴了更多的税款。有些雇员不申请免税额。在这两种情况下，雇主从每笔工资中扣下的钱都比要求的要多。因此，雇员们希望在提交纳税申报单时能从政府获得退款。

表21.2　表格W-4

免税额　表格W-4能让雇主知道应该从雇员的工资中扣多少税。你为什么会要求扣除额外的钱？

个人免税额工作表（自己保存）		
A　如果你没有受扶养人，请为你自己输入"1"		A ___1_
B　输入"1"，如果：● 你单身且只有一份工作 ● 你已婚，只有一份工作，且你的配偶没有工作 ● 你第二份工作的薪水或你配偶的薪水（或两者之和）不超过11 000美元	}	B ___1_
C　如果你有**配偶**，输入"1"。但是，如果你已婚并且配偶有工作或不止一份工作，你可以选择输入"0"（输入"0"可以帮助你避免少扣税款。）		C ___0_
D　输入你将在报税表上声明的受扶养人（配偶和你自己除外）数目		D ___0_
E　如果你将在报税表上填报"户主"（见上文"户主"项下的条件），请输入"1"		E ___0_
F　如果你有至少1 500美元的儿童或扶养照料费用，且计划申请信贷，输入"1" 　（注意：不包括子女抚养费。详情请见503号条文。）		F ___0_
G　**儿童税收抵免**（包括附加儿童税收抵免）： 　● 如果你的总收入在15 000美元至42 000美元之间（已婚为20 000美元至65 000美元），为每个符合条件的孩子输入"1"， 　　如果你有3到5个符合条件的孩子，再加上"1"，或者如果已有6个以上符合条件的孩子**再加上"2"**。 　● 如果你的总收入在42 000美元至80 000美元之间（已婚为65 000美元至115 000美元），为每一或两个符合条件的孩子输入"1"， 　● 如果有3个符合条件的孩子输入"2"，如果你有4个符合条件的孩子输入"3"，如果有5个或更多符合条件的孩子输入"4"		G ___0_
H　合计A行到G行，并在这里输入此数之和。（注意：这可能与你在报税表上申请的免税次数不同。）		H ___2_
为准确起见， 请填写所有有适 用的工作表。	● 如果你计划**逐项扣除或声明收入调整**，并希望减少预扣税款，请参阅第2页的扣除和调整工作表 ● 如果你有一份以上的工作或已婚，你和你的配偶都有工作，并且所有工作的收入总和超过35 000美元，请参阅第2页的**双收入/双工作表**，以避免少扣税 ● 如果以上两种情况都不适用，请在此停止，并在下面的表格W-4第5行的H处输入数字	

-----------------------　从这里剪下来，把表格W-4给你的雇主，上面的部分自己要保存记录。　-----------------------

表格 W-4 美国财政部 国内收入署	**员工预扣税款免税额证明**	OMB 编号1545-0010 **20--**
	▶ 有关《隐私法》和《文书工作缩减法》的规定，请参见第2页。	

1　你的姓名或打印你的名字和中间名缩写 名　JAMES A.　　　姓 IRVING		2 你的社会保障号码 123:XX:XXXX
家庭地址（门牌号和街道） 23 CEDAR GLENN	3 ☐ 单身　☐ 已婚　☐ 已婚，但按较高的单身费率扣款 注意：如果已婚，但在法律上分居，或配偶是非居民的外国人，勾选"单身"项。	
城市或城镇、州和邮政编码 ARLINGTON, ILLINOIS 61312	4　如果你的姓和社保卡上的不一样，勾选这里。 你必须拨打1-800-772-1213申请一张新卡。　▶ ☐	

5　你申请的免税额总额（通过上文第H行或第2页的申请表计算）		5 ___2_
6　你想从工资扣除的额外金额，如果有的话		6 ___
7　本人申请免缴2005年扣缴税款，并证明本人符合以下两项免缴条件 　　去年，我有权要求退还所有被扣缴的联邦所得税，因为我没有纳税义务，并且 　　我希望今年也能得到退还，因为我预计自己没有纳税义务。 　　如果你同时满足这两个条件，在这里写上"免税"。　▶		7 ___

根据伪证处罚，我保证我有权获得此证书上声明的预扣数额，或者我有权要求获得免缴资格。

雇员签字 （无签字格 无效） ▶	*James A. Irving*	日期 ▶ 1|3|20--
8　雇主姓名及地址（雇主：请填写第8行和第10行，并寄往税务局）		9 办公室编码 （选填）	10 雇主身份证号

Cat. 编号1020Q

在表格 W-4 上申报很低的免税额或不申报免税额是获得退款的一种方式。雇员可能会把额外扣缴的税款视为"强制储蓄账户"。然而，作为雇员，他们也可能会用工资扣除计划来代替储蓄。他们可能会忘记额外扣缴的税款的机会成本。这些纳税人可能没有意识到，额外扣除的钱就像向政府提供无息贷款。政府不需要在一年内返还这些额外的资金，直到雇员填好税务申报表，这通常是在每年的 4 月 15 日。明智的纳税人在准备表格 W-4 时，会要求所有他们有权得到的免税额，把钱放入他们自己的口袋。

回顾关键概念

1. **总结** 税务规划的3个基本策略是什么?

2. **描述** 什么是应纳税收入?

3. **比较** 税收扣除和税收抵免有哪些相同点和不同点?

4. **关联** 雇主如何使用表格W-4?

延伸思考

5. **评价** 许多人希望从工资中扣除更多的税款, 以便获得更多退税, 这是不是一个好主意? 解释你的观点。

英语语言艺术

6. **税收基金会** 税收基金会的一项使命是帮助纳税人了解税收政策。它被认为是一个中立的税收研究组织。使用在线资源了解更多税务基金会涉及的研究领域, 如所得税、税收等级和创造就业机会。选择其中一个你感兴趣的领域, 并进行研究以获得更多发现。准备一份从税务基金会获得的关于你所选主题的信息摘要, 分享给你的同学。

数学

7. **联邦所得税** 泰瑞刚刚开始在XYZ建筑公司的建筑师生涯。他没有结婚, 没有免税额证明上要说明的家属, 也不是任何人税务上的家属。他新职位的年薪是3万美元, 且没有其他收入来源。根据表21.1, 泰瑞的税率是多少? 到今年年底, 他应缴纳多少联邦所得税?

数学概念 **计算应缴税款** 要计算应缴纳的联邦所得税, 首先要用年薪来确定应纳税收入的税率, 按照税率公式计算应缴纳的所得税。

提示 确定个人的年薪及婚姻状况, 利用这些信息在表21.1中找到应纳税收入的税率。

表格W-2

表格W-2提供了什么信息

　　每年，当詹姆斯要提交他的年度所得税申报表时，他的雇主会给他一份表格 W-2，也称为工资和税收对账单。这张表格列出了他的年收入，以及从他的工资中扣除的联邦所得税，社会保险费和任何适用的州、地方所得税。根据法律，你的雇主必须在每年 1 月 31 日前把这份表格寄给你。

阅读进展检查
识别　表格 W-2 是什么？

本节目标

• 描述联邦所得税申报表的类型。

阅读进行时

预测　什么因素决定你是否申报所得税？

联邦所得税申报表

关于联邦所得税申报表，你应该知道什么

　　知道如何计算你的应纳税收入后，你就可以填写你的年度所得税申报表并把它寄给国税局。在开始之前，你需要考虑一些基本信息：谁必须填、最后期限和罚款，以及选择申报表。

谁必须填

　　你是美国公民、居民，或居住在波多黎各的美国公民？如果是，那么一旦你的收入超过一定数额，你就必须提交联邦所得税申报表。这个数额基于你填报时的状况和其他因素。例如，年收入总额超过 7 700 美元的 65 岁以下单身人士或年收入总额超过 8 850 美元的 65 岁以上单身人士，均须提交个人所得税申报表。即使克里没有达到申报要求，她也应该提交一份纳税申报单，以获得从其工资中扣缴的所得税的退税。以下是 5 种申报状态类型。

- **单身**：未结过婚或已离婚或在法律上已经分居且没有家属的人。
- **已婚，提交联合报税表**：收入合计的已婚夫妇。
- **已婚，单独报税**：各自支付自己税款的夫妻双方。

- **户主**：未婚的个人或负担家庭的丧偶人士，为孩子或其他受扶养的亲属支付超过一半的费用。
- **符合资格的丧偶人士**：配偶在过去两年内去世，且有一名家属的个人。

最后期限和罚款

你必须在每年 4 月 15 日前提交所得税申报表，除非那一天是星期六或星期日。在这种情况下，你必须在下个星期一之前申报。如果你需要退款，尽早提交你的退款申报表，以避免长时间的等待。如果你没有按时提交申报表，即使只晚了一天，你也可能要支付罚款。

如果你不能在截止日期前提交，你可以在 4 月 15 日之前提交表格 4868，获得 4 个月的**延期（extension）**，延长所得税申报期限，但它不会"延迟"你的纳税义务。在你提交表格 4868 时，你还必须寄一张支票，以缴纳你的预估应缴税款。

如果你按季度缴纳预估税款，就必须按时缴纳税款。如果你少预估了应缴税额，你必须支付利息和你应该支付的金额。由于疏忽（缺乏关注）或欺诈导致的付款不足可能导致大额罚款。未按规定提交纳税申报表是严重违反税法的行为，可能导致巨额罚款。

好消息是，如果你迟了几个月或几年才要求退款，你发现了一个计算错误，或者你没有申报允许的扣除额，美国国税局将支付你利息和退款。你必须在报税后 3 年内或缴税后 2 年内申报退款及利息。

选择申报表

美国国税局提供约 400 种申报表和时间表。然而，你可以选择的只有 3 种基本表格：短表格 1040EZ 和表格 1040A，以及长表格 1040。

表格 1040EZ　表格 1040EZ 是最简单的申报表。如果你符合以下条件，你可以使用此表格。

- 你的应纳税收入低于 10 万美元。
- 你是单身或已婚（后者提交联合纳税申报表）。
- 你未满 65 岁。
- 你没有家属。
- 你的收入仅包括工资、薪酬和小费，以及不超过 1 500 美元的应税利息。
- 你没有分项扣除，不要求对收入进行任何调整，也不会要求任何税收抵免。

例如，亚斯明是一个在健康诊所做兼职的高中生。她是单身，收入低于申报所需的数额，去年的利息收入只有 11 美元。因此，亚斯明能够使用表格 1040EZ 获得退税。

表格 1040A　如果以下任一条适用，你可以使用这一表格。

- 你的应纳税收入少于 10 万美元。
- 你有资本利得分配，但没有资本利得或损失。
- 你申报标准扣除额。
- 你申报扣除个人退休账户缴款。
- 你为孩子等家属的照料费、教育费、劳动收入、退休储蓄缴款申报税收抵免。
- 你有个人退休账户缴款、学生贷款利息、教育费用或继续教育的学费和杂费的减免。
- 你没有分项扣除。

表格 1040　表格 1040 是表格 1040A 的扩展版本。它涵盖所有收入类型。如果你的应纳税收入超过 10 万美元，你必须使用此表格。此外，如果你有超过一定限额的利息或股息收入，为自己工作的收入，或出售物业的收入，你必须使用表格 1040。许多年收入低于 10 万美元的纳税人使用此表格，并发现表格 1040 提供税收优惠。

此表格的逐项扣除使用附表 A，如医疗费用、房屋抵押利息及房地产税。这些扣除额将减少你的应纳税收入，从而减少你必须缴纳的税款。

阅读进展检查

列出　申报状态有哪 5 种类型？

完成联邦所得税申报表

要完成3个主要的所得税表格，你需要做什么

只要你准备好了，有正确的文件和信息，并且理解你使用的表格，那么填写联邦所得税申报表并不难。在开始填写申报表之前，请见表 21.3，其中列出了你需要的所有文档和信息。在最终完成申报表前，你先草拟一份粗略的申报表。无论你是提交电子版还是邮寄，一份草稿有助于你在提交前仔细核对你的计算结果。

沙特阿拉伯

天课税

税收是人们普遍接受的一种生活方式。我们的大部分商品和服务都要缴销售税。我们从工资中扣除税款。我们每年缴纳一次所得税。而沙特阿拉伯的公民遵循的是一种不同的制度。他们也向政府缴税，但是他们没有销售税和所得税。相反，沙特人要缴纳天课税，或称宗教财富税。天课税于1975年开始征收，是根据个人和企业的应纳税收入计算的。天课税是2.5%的统一税率，由天课和所得税部（Department of Zakat and Income Tax）征收。

沙特阿拉伯人缴纳天课税，而非沙特阿拉伯的个人和公司则向天课和所得税部缴纳所得税，税率根据应纳税收入的多少，从5%到30%不等。政府还征收公司税，不过税率因行业和利润总额而异。

批判性思考

1. **扩展**　研究天课税和非沙特阿拉伯人缴纳的所得税。沙特阿拉伯的石油和其他碳氢化合物生产企业的公司税是如何确定的？
2. **关联**　你认为外国人与沙特阿拉伯公民缴纳不同的税公平吗？为什么？

数据库

首都
利雅得

人口
277 345 986

语言
阿拉伯语

货币
沙特阿拉伯里亚尔

国内生产总值
7 185亿美元

人均国内生产总值
31 300美元

工业
原油生产、石油炼制、基础石化、氨、工业气体、氢氧化钠（烧碱）、水泥、化肥、塑料、金属、商业船舶修理、商业飞机修理、建筑

农业
小麦、大麦、西红柿、瓜类、枣类、柑橘类、羊肉、鸡肉、鸡蛋、牛奶

出口
石油及石油产品

自然资源
石油、天然气、铁矿石、黄金、铜

风险的5个组成部分

在纳税时间做好准备意味着你需要持有所有必要的文件。以下文件清单将帮助你完成纳税申报。

- **税务表格和说明手册**　确保你拥有包含最新的税务信息的新表格和说明手册。在你提交第一份纳税申报表之后，美国国税局会在每年的 1 月向你发送新的纳税申报表。如果你需要不同的或附加的表格，可以从美国国税局的网站下载。
- **你的纳税申报表副本**　请准备前几年的纳税申报表副本以供参考，除非你是第一次申报。
- **健康保险表格**　你的健康保险情况决定了你需要哪种表格。
- **你的表格 W-2**　如果你是通过邮件申报的，你必须在纳税申报表中附上表格 W-2 的副本。如果你在这一纳税年度为多个雇主工作，你将收到多张表格 W-2。
- **利息和股息表格**　你还将会收到表格 1099-INT，其中会报告你的利息收入（见表 21.3），以及表格 1099-DIV，其中会报告你的分红收入。

完成申报表后，你务必将这些表格和所有相关文件的副本保存在安全的地方至少 6 年。

填写表格1040EZ

在你收集了所有必要的税务文件之后，你可以开始填写你的纳税申报表。表 21.4 展示了一个纳税申报表。

表21.3　税务记录

记录保存系统　你将需要这里显示的文件和信息。你什么时候需要多个表格W-2？

健康保险表格
- 美国国税局网站提供了关于谁应该收到健康保险表格，如何使用，以及有无这个表格时分别如何填报的信息

纳税申报表及纳税申报信息
- 现行税表和说明手册
- 现行税法和节税技术参考书
- 家庭成员社会保障人数
- 前几年的联邦纳税申报表副本

收入记录
- 表格W-2 报告工资、薪酬和预扣除税款
- 表格W-2P报告养老金收入
- 表格1099 报告储蓄和投资的利息、股息、资本利得和损失
- 表格1099 报告为自己工作的收入、特许权收入和养老金或退休计划的一次性付款

费用记录
- 医疗、家属护理、慈善捐赠和工作相关等费用的收据
- 按揭利息（表格1098）及其他可扣除利息
- 商业、投资和租赁的费用文件

表21.4 **利息收入表**

赚取利息 你可以从任何向你支付账户利息的金融机构获得表格1099-INT。什么类型的收入需要表格1099-DIV？

9292	无效	有效		
付款人姓名、街道、城市、州、邮政编码和电话号码 **贝利银行** **达内斯敦路 1155 号** **伊利诺伊州阿灵顿市 61312**	付款人的 RTN （可选）	OMB号码1545-0112 **20 ––** 表格 1099-INT		**利息收入**
付款人联邦身份证号码 **521283179**	收件人的识别号 **123XXXXXX**	1. 第 3 栏中未包含的利息收入 **45．00 美元**		副本 A 国际税收服务中心和表格 1096 一起填报。
收件人姓名 **詹姆斯·A. 欧文**		2. 提前赎回的违约金	3. 美国的储蓄利息债券和国库券等	《隐私法》和《文书工作缩减法》，以及完成本表格的指导，见20––年表格1099、表格1098、表格5408和表格W–2G的说明。
街道地址（包括公寓号码） **锡达格伦巷 23 号**		4. 预扣联邦所得税	5. 投资费用	
城市、州和邮政编码 **伊利诺伊州阿灵顿市 61312**		6. 国外税收	7. 在国外或在美国的个人财产	
账户号码（可选） **894–6210**				
表格 1099-INT **不要剪切或分隔此页上的表单**		Cat.号码 14410K ——	财政部—国税局 **不要剪切或分隔此页上的表单**	

表 21.5 展示了詹姆斯·欧文是如何填写表格 1040EZ 的。

（1）在输入了他的姓名、地址和社会保障号码后，詹姆斯在表格 W–2 的第一行输入了他的工资总额。

（2）詹姆斯通过储蓄账户获取了 45 美元的利息（这应在表格 1099–INT 中报告）。他在第 2 行输入了此金额。

（3）詹姆斯没有什么要报告在第 3 行的，所以那里是空着的。

（4）詹姆斯加总了第 1、第 2 和第 3 行，以获得调整后的总收入，并将其记录在了第 4 行。

（5）詹姆斯的父母将他作为家属填报在所得税申报表中，因此詹姆斯使用表格 1040EZ 背面的工作表来计算他的最高扣除额。他在第 5 行输入了 4 850 美元。

（6）他从调整后的总收入中减去他的扣除额，然后计算出了应纳税收入 5 445 美元。他将其写在了第 6 行。

（7）在第 7 行，詹姆斯按照表格 W–2 中的报告，输入从他的工资中预扣的联邦所得税额（1 375 美元）。

（8）詹姆斯不能申报任何收入抵免，所以他将第 8 行空着。

（9）他加总了第 7 行和第 8 行，以得出他的总付款额（1 375 美元）。他在第 9 行输入了这个金额。

（10）现在詹姆斯知道他欠了多少税。第 6 行显示了他的应纳税

表格1040EZ应纳税金

你可以通过税务表来了解你是否欠了税或者你是否会得到退款。

实例 雅克在书店做兼职工作，她一年的调整后的总收入是10 840美元，她的标准扣除额是4 850美元。根据表21.6中的纳税表，她的应纳税款是多少？

> **公式** 调整后的总收入−标准扣除额=应纳税收入
>
> 根据纳税表上的应纳税收入范围查找应纳税款。
>
> **解答** 10 840美元−4 850美元=5 990美元
>
> 收入在5 959美元至6 000美元的个人应纳税598美元。

轮到你了

你的调整后的总收入是9 438美元。如果你是单身，并且作为某个人的家属被登记在纳税申报表上，你欠多少税？

收入是 5 445 美元。他查看了表格 1040EZ 说明手册中的税务表（见表 21.6），查找显示"如果使用表格 1040EZ，第 6 行是""大于 5 400美元但小于 5 450 美元"。因为他是单身，所以他应纳税 543 美元。他在第 10 行输入了这个金额。

（11）詹姆斯的雇主扣留的税款比詹姆斯应缴纳的多。通过从总付款额（第 9 行）减去应纳税款（第 10 行），詹姆斯发现美国国税局欠他一笔 832 美元的退款，他在第 11a 行输入了这个数字。如果他填写第 11b、第 11c 和第 11d 行，他可以将退款直接存入他的银行账户。他把这几行空着，这样他将收到一张退款支票。

（12）他在所得税申报表上签字并注明日期，填入他的职业。詹姆斯将他的纳税申报表复印件存档，将他的表格 W-2 附在原始纳税申报表上，并将完整的纳税申报表邮寄给了国税局。

填写表格1040A

詹姆斯使用表格 1040EZ 是因为他的税务情况并不复杂。然而，一些纳税人将受益于表格 1040A，见表 21.7。表格 1040A 使纳税人能够申报扣减，从而减少他们必须支付的税款。

提交联邦所得税申报表

你可以采取以下几个选项中的一个来完成申报表填写。你可以填写传统的纸质表格并邮寄给美国国税局。如果你通过互联网以电子方式提交申报表，你的申报表将直接被传送到美国国税局的电脑上。

表21.5 表格1040EZ

纳税申报表 一定要写清楚，并仔细核对你在纳税申报表上输入的所有数字。为什么要在邮寄前复印一份纳税申报表？

表格 1040EZ	财政部—国税局 无扶养人的单一和联合申报人的所得税申报表（99）		20--		OMB 号码1545-0675

标签（参见11页）使用美国国税局标签

否则，请打印或打字

总统竞选（1页1）▶

标签在此	你的名字和中间名字的首字母 JAMES A.	姓氏 IRVING		你的社会保障号码 123 XX XXXX
		姓氏		你配偶的社会保障号码
	家庭住址（号码和街道）。如果你有邮政信箱，请参阅第11页。 23 CEDAR GLENN		Apt. 编号	▲ 重要！ ▲ 请务必在上面输入你的社会保障号码
	市、镇或州和邮政编码。如果你有外国地址，请参阅第11页。 ARLINGTON, ILLINOIS 61312			

注意：勾选"是"不会改变你的税收或减少你的退款。你或者你的配偶（如果是共同申报）愿意投资3美元到这个基金吗？ ......▶

本人 □是 ☒否 配偶 □是 □否

收入

在此附上表格W-2

附上表格，但不额外收取任何款项

注意：你必须选择是或否

1 工资、薪金和小费。这应显示在表格W-2的框1中，附上表格W-2。	1	10 250	00
2 应税利息。如果总额超过1 500美元，那么你不能使用表格1040EZ。	2	45	00
3 失业补偿和阿拉斯加永久基金红利。	3		
4 加总第1、第2和第3行，这是你调整后的总收入。	4	10 295	00
5 你父母（或其他人）能否将你作为他们的被扶养人？ ☒是 输入背面工作表中的金额。 □否 如果你单身，输入7 950美元。如果你结婚了，和配偶进行共同申报，请输入15 900美元。请参阅后面的解释。	5	4 850	00
6 用第4行的金额减去第5行的金额。如果第5行的大于第4行的，则输入-0-。这是你的应纳税收入。 ▶	6	5 445	00

支付和税收

7 表格W-2第2栏中预扣的联邦所得税。	7	1 375	00
8a 劳动收入抵免。	8a		
b 从军危险所得税免税选择。			
9 加总第7行和第8行，这是你的总付款额。	9	1 375	00
10 税收。根据第6行的金额在小册子第24~第32页的税务表中找到你应缴纳的税款，然后，在这一行的表格中输入税款。	10	543	00

退款

直接存起来！请参阅第18页，填写11b、11c和11d。

11a 如果第9行的金额大于第10行的，用第9行的金额减去第10行的金额，这是你的退款。▶	11a	832	00
b 路由号码	c 类型 □支票 □储蓄		
d 账户号码			

你欠的金额

12 如果第10行的金额大于第9行的，用第10行的金额减去第9行的金额，这是你欠的金额。想了解更多付款详情，请参阅第19页。▶	12		

第三方

你想让另一个人和国税局讨论这张申报表吗（请参阅第19页）？ □是。请完成以下操作。 ☒否

指定人姓名　　　　电话号码　　　　个人身份证号码

在这里签名

联合申报？请参阅第11页。保留一份本记录的副本。

根据伪证罪的处罚，我声明我已检查了本申报表，据我所知和所信，本申报表真实、正确，准确列出了我在纳税年度收到的所有金额和收入来源。填表人（纳税人除外）的声明是填表人所知的所有信息。

你的签名 James A Irving	日期 2|2|--	你的职业 ASSISTANT MGR.	日间电话号码 (815) 555-1941
配偶的签名（如果是联合申报，必须双方签字）	日期	配偶的职业	

仅限付费填表人使用

填表人签名	日期	检查是为个体经营者 □	填表人的社会保障号码或报税人代码
公司的名称（如果你是个体经营者，填你的名称）、地址和邮政编码 ▶		联邦税号	
		电话号码 ( )	

《隐私法》和《文书工作缩减法》，请参阅第23页。　　　Cat. 号码11329W　　　表格1040EZ（20—）

使用这个表格的条件

- 你的申报状态是单身或已婚。如果你不确定你的申报状态，请参阅第11页。

- 你（以及你的配偶，如果是已婚共同申报的话）未满65岁，并且截至2004年年底没有失明。如果你出生于1940年1月1日，那么在2004年年底，你将被视为65岁。

- 你没有在申报表上说明家属信息。有关家属的信息，请参阅Teletax（美国国税局管理的回答税务问题的热线）主题354（参见第6页）。

- 你的应纳税收入（第6行）少于100 000美元。

- 你不要求对收入进行任何调整。有关收入调整的信息，请参阅Teletax 主题451~468（参见第6页）。

- 你唯一可以申报的税收抵免是收入抵免。有关抵免的信息，请参阅Teletax主题601~608和610（参见第6页）。

- 你只有工资、薪酬、小费、应税奖学金、失业补偿金或阿拉斯加永久基金红利，你的应税利息不超过1 500美元。但是，如果你获得了表格W-2第5框和第7框中未包含的小费（包括已分配的小费），你可能将无法使用表格1040EZ（参见第12页）。如果你打算让一个孩子获得阿拉斯加永久基金红利，参见第13页。

- 你没有收到任何预付收入抵免款项。
  如果你不能使用此表格，参见Teletax主题352（参见第6页）。

填写你的纳税申报表

如果你获得奖学金、助学金、免税利息收入，如市政债券，填写前请参阅小册子。此外，如果你收到了表格1099-INT，其中显示已扣缴联邦所得税或从你的失业补偿/阿拉斯加永久基金红利中预扣的税款，请参阅小册子。请记住，即使没有获得表格W-2，你也必须报告所有工资、薪酬和小费。即使你没有获得表格1099-INT，你也必须报告你所有的应纳税收入，包括银行利息、储蓄和贷款等。

避免常见错误的提示请参阅第20页。

在第5行勾选"是"的被扶养人工作表

（保留一份副本供记录）

如果有人可以将你（或你的配偶，如果是已婚共同申报的话）视作被扶养人，使用此工作表计算第5行中输入的金额，即使此人选择不这样做。要了解是否有人可以表明你是其被扶养人，请参阅Teletax主题354（参见第6页）。

A. 从前面的第1行开始（如有）。   10 250
      +   250.00   等于总共 ▶   A.   10 500.00

B. 最低标准扣除额。   B.   800.00

C. 在此处输入A行或B行当中较大的一个。 . . .   C.   10 500.00

D. 最高标准扣除额。如果是单身，请输入4 850美元；如果是已婚人士，请输入9 700美元。   D.   4 850.00

E. 在这里输入C行或D行中较小的一个，这是你的标准扣除额。 . . . .   E.   4 850.00

F. 免税额。
- 如果是单身，输入 -0-。
- 如果是已婚，共同申报，并且
  ——你和你的配偶都可以被称为被扶养人，输入-0-。
  ——你们当中只有一个人可以作为被扶养人申报，请输入3 100美元。

  F.   -0-

G. 加上E行，在这里和前面的第5行输入总数。   G.   4 850.00

如果你在第5行勾选了"否"，因为没有人可以将你（或你的配偶，如果是已婚共同申报的话）视作被扶养人，请在第5行输入以下适用于你的金额。

- 单身，输入7 950美元，这是你的标准扣除额（4 850美元）和免税额（3 100美元）的总和。

- 已婚共同申报，输入15 900美元。这是你的标准扣除额（9 700美元）、免税额（3 100美元）和你配偶的免税额（3 100美元）的总和。

邮寄报税表

请在20--年4月15日前寄回你的报税表，使用小册子附带的信封。如果你没有那个信封，或者这一年中你搬家了，请参阅封底以获取要使用的地址。

表格 **1040EZ**（20--）

美国国税局为个人提供了两种电子申报方式。第一，你可以通过授权的美国国税局电子文件提供商进行电子申报。使用这种方法，你或税务专业人员都可以准备纳税申报表。税务专业人员会把它转交给国税局。第二，你可以使用你的个人电脑和税务软件进行申报。

今天，大多数纳税人使用个人电脑进行税务记录和税务表格准备。H & R Block at Home 和 Turbo Tax 等软件允许你填写所需的纳税表格和时间表，打印后邮寄或在线申报。美国联邦税的电子申报每年超过 6 000 万次。通过电子申报，纳税人通常能在 3 周内收到退款。

表21.6 税收表样本

应缴纳税款 税务表说明小册子将包含一张当前的税务表，供你根据应纳税收入确定本年度应缴纳的税款。如果你是单身，应纳税收入为6 825美元，你应缴纳多少税？

20-- 税表								大于	小于	单身	已婚共同申报
				示例：布朗先生单身，其表格1040EZ第6行的应纳税收入为26 250美元。首先，他找到了收入为26 250~26 600美元的行。接下来，他读到"单身"列并向下读该列。收入行和申报状态列满足条件时显示的金额为6 584美元。这是他应该在表格1040EZ第10行输入的税额。						你的纳税金额是	
								26 200	26 250	3 576	3 219
								26 250	26 300	3 584	3 226
								26 300	26 350	3 591	3 234
								26 350	26 400	3 599	3 241

如果使用表格1040EZ第6行		并且你是		如果使用表格1040EZ第6行		并且你是		如果使用表格1040EZ第6行		并且你是		如果使用表格1040EZ第6行		并且你是	
大于	小于	单身	已婚共同申报	大于	小于	单身	已婚共同申报	大于	小于	单身	已婚共同申报	大于	小于	单身	已婚共同申报
		你的纳税金额是				你的纳税金额是				你的纳税金额是				你的纳税金额是	
3 000				**4 000**				**5 000**				**6 000**			
3 000	3 050	303	303	4 000	4 050	403	403	5 000	5 050	503	503	6 000	6 050	603	603
3 050	3 100	308	308	4 050	4 100	408	408	5 050	5 100	508	508	6 050	6 100	608	608
3 100	3 150	316	316	4 100	4 150	416	416	5 100	5 150	516	516	6 100	6 150	616	616
3 150	3 200	318	318	4 150	4 200	418	418	5 150	5 200	518	518	6 150	6 200	618	618
3 200	3 250	323	323	4 200	4 250	423	423	5 200	5 250	523	523	6 200	6 250	623	623
3 250	3 300	328	328	4 250	4 300	428	428	5 250	5 300	528	528	6 250	6 300	628	628
3 300	3 350	333	333	4 300	4 350	433	433	5 300	5 350	533	533	6 300	6 350	633	633
3 350	3 400	338	338	4 350	4 400	438	438	5 350	5 400	538	538	6 350	6 400	638	638
3 400	3 450	343	343	4 400	4 450	443	443	5 400	5 450	543	543	6 400	6 450	643	643
3 450	3 500	348	348	4 450	4 500	448	448	5 450	5 500	548	548	6 450	6 500	648	648
3 500	3 550	353	353	4 500	4 550	453	453	5 500	5 550	553	553	6 500	6 550	653	653
3 550	3 600	358	358	4 550	4 600	458	458	5 550	5 600	558	558	6 550	6 600	658	658
3 600	3 650	363	363	4 600	4 650	463	463	5 600	5 650	563	563	6 600	6 650	663	663
3 650	3 700	368	368	4 650	4 700	468	468	5 650	5 700	568	568	6 650	6 700	668	668
3 700	3 750	373	373	4 700	4 750	473	473	5 700	5 750	573	573	6 700	6 750	673	673
3 750	3 800	378	378	4 750	4 800	478	478	5 750	5 800	578	578	6 750	6 800	678	678
3 800	3 850	383	383	4 800	4 850	483	483	5 800	5 850	583	583	6 800	6 850	683	683
3 850	3 900	388	388	4 850	4 900	488	488	5 850	5 900	588	588	6 850	6 900	688	688
3 900	3 950	393	393	4 900	4 959	493	493	5 900	5 959	593	593	6 900	6 959	693	693
3 950	4 000	398	398	4 959	5 000	498	498	5 959	6 000	598	598	6 959	7 000	698	698

在准备表格 1040 和附表时，使用税务软件可以节省 10 个小时甚至更长时间。

选择税务软件时，应考虑以下因素。

（1）你的个人情况，你是受他人雇用还是自己经营公司？

（2）与收入类型、非常规扣除和各种税收抵免有关的特殊税务情况。

（3）软件的功能，如"审计检查"、未来税务规划及在线申报联邦税和州税。

（4）技术情况，如硬件和操作系统要求，以及其能提供的在线支持。

电子申报　近年来，美国国税局已经使在线申报变得更容易、成本更低。通过"免费申报联盟"软件，数百万纳税人可以免费进行在线税务申报。美国国税局和税务软件行业之间的这种合作关系鼓励了更多人采用电子申报。没有资格使用免费申报联盟的纳税人仍然可以以象征性的费用在线申报。你不必购买该软件，只需访问软件公司的网站并支付使用该税务程序的费用即可。

有资格使用免费申报联盟的纳税人要小心，你可能会成为消费者。一家公司可能会尝试向缺乏经验的纳税人销售其他金融产品，例如昂贵的退款预期贷款。此外，使用免费申报服务的纳税人必须知道，州纳税申报表可能不包括在免费计划中。

完成所得税申报

如果你居住在美国征收所得税的州，你必须填写一份州所得税申报表，只有以下 7 个州没有州所得税。

- 阿拉斯加州。
- 佛罗里达州。
- 内华达州。
- 南达科他州。
- 得克萨斯州。
- 华盛顿州。
- 怀俄明州。

在大多数州，州所得税率在 1% 到 10% 之间，基于你在联邦纳税申报表上申报的调整后的总收入或应纳税收入。各州通常要求所得税申报表与联邦所得税申报表同时提交。要了解州所得税表的更多信息，请联系你所在州的税务部门或税务委员会。

大学和职业准备

自我管理

许多成功人士具备的一个特点是自我管理。自我管理是评估自己的知识、技能并实现个人目标的能力。具有较强自我管理能力的人能够适应变化，并利用策略完成艰难的任务。自我管理技能也将帮助你应用和传递你已经学到的策略和信息，以克服挑战。

写一写

想想你曾经使用或可能使用自我管理技能的情况。写一个或多个段落来描述该场景，并解释自我管理技能如何对场景产生积极影响。你认为自我管理技能将如何帮助你实现个人目标？

表21.7 表格1040A

把事情简单化 表格1040A的内容比表格1040EZ复杂，但使用起来比表格1040A简单。你什么时候应该使用表格1040EZ而不是表格1040A？

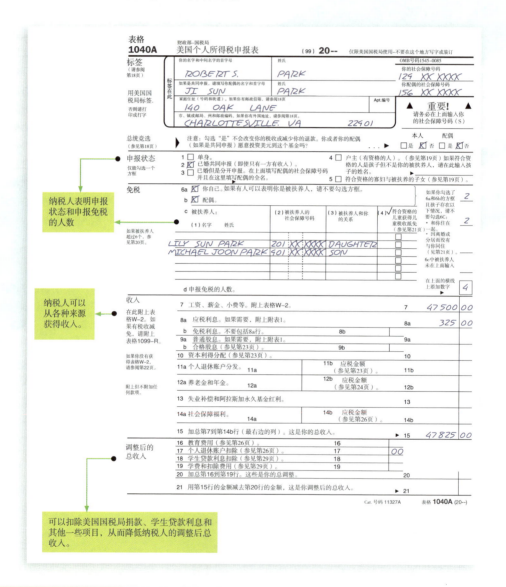

纳税人表明申报状态和申报免税的人数

纳税人可以从各种来源获得收入。

可以扣除美国国税局捐款、学生贷款利息和其他一些项目，从而降低纳税人的调整后总收入。

税收信贷和税款

几种类型的税收抵免、预估的税额和预扣税加起来的总税收。

22	输入第21行的金额（调整后的总收入）。	22	43 825	00

23a 检查 □ 你出生于1940年1月2日之前。   复选框
如果： □ 你配偶出生于1940年1月2日之前   合计 ▶ 23a □

b 如果你是婚后分开申报，而你的配偶列出扣除额，请参阅第30页并在这里核对。 ▶ 23b □

标准扣除
· 在第23A或第23B行勾选任何复选框的人，或可以被称为被扶养人的人，请参见第31页。
· 其他：单身或已婚单独申报，4 850美元。
· 已婚共同申报或符合条件的遗孀9 700美元，户主7 150美元。

24	输入你的标准扣除额（见左边栏）。	24	9 700	00
25	用第22行的金额减去第24行的金额。如果第24行的金额大于第22行的金额，则输入-0-。	25	34 125	00
26	如果第22行等于或小于107 025美元，则用3 100美元乘以第6d行申报的免税人数。如果第22行大于107 025美元，请参阅第32页的工作表。	26	12 400	00
27	用第25行的金额减去第26行的金额。如果第26行的金额大于第25行的金额，则输入-0-。 ▶	27	21 725	00
28	税，包括任何替代最低税（参见第31页）。	28	2 544	00

29	儿童和被扶养人护理费用的减免。附件2。	29		
30	为老年人或残疾人提供的减免。附件3。	30		
31	教育减免。附表格8863。	31		
32	退休储蓄供款减免。附表格8880。	32		
33	儿童税收抵免（参见第36页）。	33		
34	收养减免。附表格8839。	34		
35	加总第29至第34行，这是你的总减免。	35	-0-	
36	用第28行的金额减去第35行的金额。如果第35行的金额大于第28行的，输入-0-。	36		
37	表格W-2中的预付收入抵免。	37		
38	加上第36行和第37行，这是你的总税收。 ▶	38		
39	从表格W-2和表格1099中预扣的联邦所得税。	39	4 550	00

如果你有一个符合条件的孩子，附上劳动收入抵免计划表。

40	2004年估计的纳税额和2003年的申报金额。	40		
41a	劳动收入抵免。	41a		
b	从军危险所得免税选择。 41b			
42	额外的儿童税收抵免。附表格8812。	42		
43	加总第39、第40、第41a和第42行，这是你的总付款。 ▶	43	4 550	00

退款

直接存起来？请参阅第50页，填写45b、45c和45d

44	如果第43行的金额超过第38行的，则用第43行的金额减去第38行的金额，这是你多付的金额。	44	2 006	00
45a	应退还给你的第44行的金额。 ▶	45a	2 006	00

▶ b 路由号码 [   ]   ▶ c 类型：□ 支票   □ 储蓄

▶ d 账户号码 [   ]

46	要应用2005年估计税的第44行的金额。	46		

你欠的金额

47	你欠的金额。用第38行的金额减去第43行的金额。有关如何付款的详细信息，请参阅第51页。 ▶	47		
48	估计的税务处罚（参见第51页）。	48		

第三方 你想让另一个人和国税局讨论这张表格吗（请参阅第51页）？   □ 是，请完成以下操作。   ☒ 否

指定人姓名   电话号码 ▶   个人身份证号码 [   ]

根据伪证罪的处罚，我声明我已检查了本申报表，据我所知和所信，本申报表真实、正确，准确列出了我在纳税年度收到的所有金额和收入来源。填表人（纳税人除外）的声明基于填表人知道的所有信息。

联合申报？请参阅第11页。保留一份复本以备记录。

你的签名 ▶ *Robert S. Park*   日期 3/8/--   你的职业 *LANDSCAPER*   日间电话号码 *804 555-9394*

配偶的签名（如果是共同申报，必须双方签字）▶ *St Ann Park*   日期 3/8/--   配偶的职业 *FLORIST*

仅限付费人填表使用

如果付费人以外的其他人填写表格，他还必须在表格上签名并提供附加信息。

填表人签名 ▶   日期   检查是否为个体经营者 □   填表人的社会保障号码或报税人代码 [   ]

公司的名称（如果你是个体经营者，填你的名字）、地址和邮政编码 ▶   联邦税号 [   ]

电话号码 (   )

表格**1040A** (20--)

回顾关键概念

1. **描述**　纳税申报表的3种基本形式是什么?

2. **总结**　完成纳税申报需要哪些文件?

3. **识别**　在选择纳税申报软件时应考虑哪些因素?

延伸思考

4. **假设**　你为什么要雇用一个专业的报税人而不是用纳税申报软件来准备你的申报表?

英语语言艺术

5. **获取和评价信息**　在准备纳税申报表时，了解所有现行法律很重要，因为税法经常改变。除了查看当前的纳税申报表和说明手册外，你还可以查看这一年到下一年税务变化的在线资源。进行在线查询，看看上一个纳税年度发生了什么变化。写一段文字以分享你发现的信息。如果你正在提交暑期工作的纳税申报表，这些变化会对你产生影响吗?

数学

6. **扣除额**　尼科在过去的一年里获得了25 000美元的扣除额。他没有作为被扶养人出现在任何其他人的纳税申报表的免税主张中，也没有为任何被扶养人进行免税主张。尼科住在一套公寓里，所以他没有任何住房抵押贷款利息或税收减免要求。然而，他有学生贷款，并支付了3 750美元的利息。今年他还向慈善机构捐赠了575美元。确定尼科的扣除额并计算其调整后的总收入，尼科应该使用逐项扣除还是标准扣除?

数学概念　**计算调整后的总收入**　要计算调整后的总收入，首先要确定适当的扣除额，即从总收入中扣除适当的扣除额，以获得调整后的总收入。

提示　通过计算所有符合条件的扣除总额来确定逐项扣除的总额，将其与基于婚姻状况的标准扣除额进行比较，并将其中那个较大的数字用于计算应纳税收入。

税务援助

税务援助是否对准备纳税申报表有帮助

如果你的个人财务状况变得更加复杂，那么你的纳税准备也会变得更加复杂。规章制度令人费解，但你可以获取帮助。你会发现许多专业人士和机构愿意回答你的问题并提供好的建议。此外，你还可以从各种软件程序中选择一个，辅助你进行纳税准备。去一家书店，你会发现成堆的关于税务筹划和填写纳税申报表的指南书。个人理财杂志也提供税务信息。图 21.1 显示了一些可能的选项。

在评估税务援助服务时，请考虑以下要点。

- 税务专业人员接受过什么培训？有什么经验？
- 如何确定费用？
- 填表人是否建议你报告可能受到质疑的各种扣减？
- 如果你的纳税申报表需要经过审计，填表人是否会代表你出席？
- 纳税准备是机构的主要业务，还是销售金融产品和服务的前哨？

此外，像所有的政府机构一样，美国国税局也提供在线服务。你可以从国税局的网站上下载表格并获得重要的税务信息和建议。你可以在当地的国税局找到同样的服务。

本节目标

- 识别税收策略。

阅读进行时

问题　哪些与工作有关的费用可以从你的税收中扣除？

阅读进展检查

总结　在准备纳税申报表时，你可以到哪里寻求帮助？

税务审计

审计意味着什么

美国国税局审查所有纳税申报表的完整性和准确性。如果你的计算不正确，国税局将重新计算，并向你发送账单或退款。在某些情况下，国税局可能会审核你的纳税申报表并要求你提供更多信息。<mark>税务</mark>

审计（tax audit）是国税局对你的纳税申报表进行的详细检查。美国国税局定期进行审计，以确定纳税人缴纳了所有税款。美国国税局没有给出其审计特定申报表的原因，但是该机构可能会关注异常大的扣除额或你不能申报的扣除额。

图21.1 **你可以选择的税务援助**

寻求帮助 税法常常让普通纳税人感到困惑和有点害怕。如果选择使用税务软件，你为什么每年都需要买新的软件？

当你必须提交所得税申报表时，请使用税务援助产品和服务。

美国国税局网站

像所有的政府机构一样，美国国税局也提供在线服务。你可以从国税局的网站上下载表格并获得重要的税务信息和建议。你可以在当地的国税局找到同样的服务。

图书

去一家书店翻阅有关税务筹划和填写纳税申报表的指南书。个人理财杂志也提供税务信息。

软件

纳税准备软件每年更新一次，及时跟进税法的变化。

专业人士

税务专业人士可以帮助你做税务准备，回答你的问题，并确定你是否有资格获得扣除和抵免。

如果你收到了审计通知，你有权要求时间准备。你也可以要求美国国税局对他们质疑的项目进行澄清或解释。在审计当天，按时到达指定地点，并仅携带与税法相关且符合税法的文件，确保清楚、完整、快速地回答审计师的问题，在审计期间保持积极的态度。如果你愿意，你的报税人、会计师或律师可以到场。如果你保存了完整准确的财务记录，审计工作应该会进展得比较顺利。

阅读进展检查

定义 什么是税务审计？

规划税收策略

有什么策略可以减少你应缴纳的税款

聪明的纳税人知道如何合法地减少税款。你必须支付你应付的税额，但你不必支付更多。与购买、投资和退休有关的各种策略有助于减少你应缴纳的税款。

消费者购买策略

你所做的购买决定会影响你支付的税款。例如，你买了房子，你支付的抵押贷款利息和你的房地产税是可以从税款中扣除的。你也可以扣除房屋净值贷款的利息。美国国税局允许你扣除高达 10 万美元的房屋净值贷款利息。

一些与工作相关的费用也可以从税款中扣除。工会会费、部分差旅费和教育费、商业工具和某些求职费用符合条件。这些费用中超过调整后总收入 2% 的部分可以扣除。然而，你的第一份工作或在不同领域获得工作产生的相关费用不可扣除。

工作费用

许多与工作相关的费用，包括培训的费用，通常可以从你的税款中扣除。哪些与工作相关的费用可以扣除？

经济学与你

稀缺性事实

　　所有国家都面临着"稀缺性"的事实，稀缺性是由有限的经济资源和无限的"想要"和"需要"造成的。每个国家都被迫就应该生产什么、应该如何生产以及应该为谁生产做出经济决策。在美国，政府选择让全国人民决定要在市场上购买什么产品。企业决定如何生产这些产品。消费者个人的收入决定应该为谁生产这些产品。政府必须就如何使用纳税人的钱和其他收入做出类似的决定。政府必须考虑如何在保护、监管和援助方面更好地为人民和国家服务。

个人财务联系　大多数人的资源是有限的，而"想要"和"需要"是无限的。经济资源的稀缺性迫使你考虑如何储蓄、投资和花钱。

批判性思考　用你及你所在的社区或联邦政府最近的情况来解释稀缺性的事实。

阅读结束后

判断　政府如何鼓励人们提前为退休进行储蓄？你认为年轻时开始为退休存钱是个好主意吗？为什么？

投资

　　某些投资决策可能会降低你的所得税。此外，一些投资决策既可以增加你的收入，又可以降低你的税款。还有一些投资可能符合税收递延的要求，这意味着收入将在以后纳税。

　　退休计划　不管你的年龄是 16 岁还是 26 岁，现在是你开始计划退休的时候了。为了鼓励人们提前计划退休，政府允许人们推迟对投资于退休计划的钱进行纳税。如果你今年开设了个人退休账户，在一定的金额和条件下，你投资的钱可以从你的税款中扣除。你不必为这笔钱或它赚取的利息缴纳任何所得税，直到你提取它，这也许是 50 年之后。

改变你的税收策略

　　人们纳税是因为法律规定他们必须这样做。政府尽力在不危及提供重要服务的情况下，尽量减少你应缴纳的税款，这就是税法不断变化的原因之一。你的税收策略也应该改变。由于政府允许扣除额或可扣除金额发生变化，你应该审查你的财务计划，始终充分利用新的税法。

回顾关键概念

1. **描述**　如果你收到美国国税局的审计通知,你有什么权利?

2. **识别**　为减少你所欠税款,你应该从哪3个方面考虑?

3. **解释**　政府如何通过税收策略鼓励人们提前制订退休计划?

延伸思考

4. **编制**　弗雷德拥有一家小型广告公司,编制一份清单,列出弗雷德可能从税款中扣除的与工作相关的费用。

英语语言艺术

5. **退休计划**　许多企业和组织为员工提供退休计划。这些可以作为备选方案,也可以作为自己开设个人退休账户的补充。最常见的退休计划是401(k)计划和403(b)计划。尽管这些计划是通过组织提供的,但如果员工离开公司,他们仍保持对账户的控制。研究了解更多关于这些退休计划的信息,并写一段文字解释员工使用组织提供的退休计划的好处。

数学

6. **采购策略**　盖尔在一家汽车制造厂当工程师,她调整后的总收入为41 000美元。她有一套房子,她已经支付了12 350美元的房屋净值利息。她的工作要求她支付一些费用。在过去的一年里,这些费用包括旅行费450美元、工会会费350美元、教育费用400美元和商务工具费500美元。这些是盖尔能从其税款中扣除的。计算盖尔可以用来减少税款的扣除额。

数学概念　**计算扣除额**　要计算总扣除额,首先要确定所有超过调整后总收入2%的与工作相关的支出,将结果与其他扣除项相加,以确定总扣除额。

提示　将调整后的总收入乘以2%,然后确定与工作相关的可作为扣除项的费用。

制定税收策略

生活税

了解你一生中需要支付的税种可以帮助你控制支付的金额。

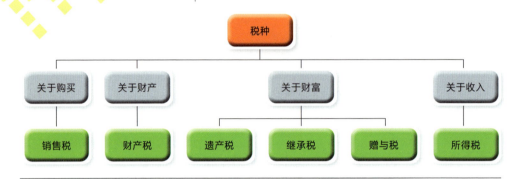

做好准备

在填写纳税申报表之前，请确保你已经收集了填写表格所需的所有信息和文件。

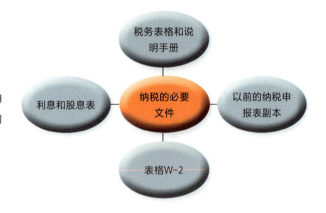

试一试

创建一个如右所示的清单，描述你可以用来减少应缴纳的税款的税收策略。

税收策略

章节评估

章节总结

- 财务规划涉及税收，因为后者会降低你的实得工资。
- 其他财务决策也会影响你支付的税额。
- 你的应纳税收入是收入加利息和分红减去扣除额和免税额。
- 税收扣除是允许你从调整后的总收入中扣除的金额，以得出你的应纳税收入。
- 标准扣除额由美国国税局确定。
- 税收抵免直接从你的应缴纳税款中扣除。
- 员工填写表格W-4，确定预扣税款免税额。

- 编制表格W-4，确保雇主扣除应缴纳给国税局、州和地方税务机关的正确金额。
- 表格1040EZ适用于没有家属且应纳税收入低于一定金额的申报人。
- 表格1040A允许申报人从其税款中扣除个人退休账户缴款和税收抵免。
- 如果你需要列明逐项扣除和/或应纳税收入超过一定金额，你必须提交表格1040。
- 你可以制定策略，降低你的税款，如购买住房或在个人退休账户中存钱。

词汇复习

1. 在一篇短文中，至少用以下术语中的10个向他国学生解释美国人是如何纳税的。

- 应纳税额
- 遗产税
- 继承税
- 所得税
- 所得税申报表
- 减免
- 调整后的总收入
- 应纳税收入
- 税收扣除
- 标准扣除
- 分项扣除

- 免税
- 税收抵免
- 津贴/免税额
- 延期
- 税务审计
- 消费税
- 家属
- 疏忽
- 征税
- 澄清
- 危害

延伸思考

2. **识别** 考虑你的个人财务状况，你最近缴纳了哪些类型的税？

3. **评价** 累进税意味着你收入越多，你应缴纳的税率就越高。分析并解释这是否是一种公平的税收制度。

4. **评估** 莎拉想在表格W-4上申报较低的扣除额，这样她就可以获得更高的退税，你会给莎拉什么建议？

5. **总结** 伊桑是一名26岁的单身人士，去年的收入为45 000美元，他定期向个人退休账户存入资金，没有申报逐项扣除，他应该使用表格1040EZ还是表格1040A？

6. **归类** 如果你还没有申报所得税，你会把自己归类为纳税人吗？解释你的答案。

7. **预测** 为什么税务专业人员通过电话或在线聊天回答问题对使用纳税准备软件有帮助？

8. **角色扮演** 如果你是一名理财规划师，你会建议你的客户咨询专业会计师吗？为什么会或为什么不会？

大学和职业准备

科学

9. **税务准备软件**　技术的进步使税收准备工作变得更容易，普通公民更容易完成这一工作。许多人以前每年都必须花钱雇用专业报税人为他们填写纳税申报表，现在他们意识到，借助纳税申报软件在家报税可以节省时间和金钱。

程序　研究并找出使用纳税申报软件的好处，解释为什么这种软件越来越流行。

分析　准备一份调查结果清单，并与你的同学分享。

数学

10. **表格1040EZ**　去年，克里斯汀的工资和小费总额为11 500美元。她的公司扣除了650美元用于缴纳联邦所得税。克里斯汀没有申报任何家属，也没有人申报她为家属。她一年中从储蓄账户中获得了97美元的应纳税利息。使用表21.4中的表格来确定克里斯汀的纳税或抵免金额。

数学概念 计算纳税或抵免金额　要计算纳税或抵免金额，请确定应纳税收入并使用表21.4中的表格。

提示　确定总收入并加上所有应纳税利息，以确定调整后的总收入，从调整后的总收入中减去标准扣除额，以确定克里斯汀的应纳税收入。

英语语言艺术

11. **纳税准备**　如果你雇用一名专业人士帮助你准备纳税，你会告知其很多个人信息，所以雇用专业报税人时必须小心，以避免财务欺诈。使用在线资源查找相应的警告标志，以帮助自己识别欺诈性报税。使用你找到的信息制作一个说明警告标志的传单。

经济学

12. **税制**　即使是收入相等的纳税人也会因扣除和抵免不同而缴纳不同的税款。政府试图通过向某些群体提供税收优惠，使税收更加公平。当太多人利用减税政策时，政府就会亏钱，所以要提高税收或削减优惠。游说者试图影响政府有关税法的决定。通常，会有多个游说者，代表不同的团体，试图在一个问题上影响立法者。研究1999年美国颁布的《公平税法案》，撰写一份一页纸的报告，总结如果这个法案通过了，它将如何改变税收制度，它与最近的立法有什么关系。

实际应用

13. **慈善捐赠**　杰斯定期向当地慈善机构捐款。他的报税人告诉他，美国国税局允许从税款中扣除对合格慈善机构的现金或财产捐款。如果你自愿参加慈善活动，你不能扣除你的时间损失，但你可以扣除你的旅行费用。你扣除的金额有限制，你必须遵守规则才能申报。访问美国国税局网站，了解有关这些规则和限制的更多信息，包括你需要保留的记录和你在纳税申报表上注明的扣除额。给杰斯写一封信分享你的发现。

你的资产组合

放轻松

使用复印件填写所得税申报表，你也可以从美国国税局网站下载本表格。假设你当年的工资是13 220美元，赚取了137美元的利息。你的表格W-2显示你已经预扣了1 003美元的联邦所得税。你父母没有在他们的所得税申报表上将你申报为被扶养人。使用表21.4中的纳税表查找你的税款，然后计算你的退款或你应缴纳的税额。

表格 1040EZ	财政部—国税局 无扶养人的单一和联合申报人的所得税申报表 (99)	20--	OMB 号码1545-0675

标签
（参见11页）
使用美国国税局标签

否则，请打印或打字

标签 在此	你的名字和中间名字的首字母	姓氏	你的社会保障号码
	如果是共同申报，请填写你配偶的名字和首字母	姓氏	你配偶的社会保障号码
	家庭住址（号码和街道）。如果你有邮政信箱，请参阅11页	Apt. 编号	**重要！** 请务必在上面输入你的社会保障号码
	市、镇或州和邮政编码。如果你有外国地址，请参阅第11页		

总统竞选（1页1）

注意：勾选"是"不会改变你的税收或减少你的退款。你或者你的配偶（如果是共同申报）愿意投资3美元到这个基金吗？

	本人	配偶
	□是 □否	□是 □否

收入
在此附上表格W-2
附上表格，但不额外收取任何款项

1 工资、薪金和小费。这应显示在表格W-2的框1中，附上表格W-2。 | 1

2 应税利息。如果总额超过1 500美元，那么你不能使用表格1040EZ。 | 2

3 失业补偿和阿拉斯加永久基金红利。 | 3

4 加总第1、第2和第3行，这是你调整后的总收入。 | 4

注意：你必须选择是或否。

5 你父母（或其他人）能否将你作为他们的被扶养人？
是。输入背面工作表中的金额。□ 否。如果你单身，输入7 950美元。如果你结婚了，和配偶进行共同申报，请输入15 900美元。请参阅后面的解释。□ | 5

6 用第4行的金额减去第5行的金额。如果第5行的大于第4行的，则输入-0-。这是你的应纳税收入。 | 6

支付和税收

7 表格W-2第2栏中预扣的联邦所得税。 | 7

8a 劳动收入抵免。 | 8a

b 从军危险所得免税选择。 |

9 加总第7行和第8a行，这是你的总付款额。 | 9

10 税收。根据第6行的金额在小册子第24-第32页的税表中找到你应缴纳的税款，然后，在这一行的表格中输入此金额。 | 10

退款
直接存起来！请参阅第18页，填写11b、11c和11d。

11a 如果第9行的金额大于第10行的，用第9行的金额减去第10行的金额，这是你的退款。 ▶ | 11a

▶ b 路由号码 □□□□□□□□□ ▶ c类型 □支票 □储蓄

▶ d 账户号码 □□□□□□□□□□□□□□□□□

你欠的金额

12 如果第10行的金额大于第9行的，用第10行的金额减去第9行的金额，这是你欠的金额。想了解更多付款详情，请参阅第19页。 | 12

第三方

你想让另一个人和国税局讨论这张申报表吗（请参阅第19页）？ □是：请完成以下操作。 □否

指定人姓名 ▶ 电话号码 ▶（ ） 个人身份证号码 □□□□□

在这里签名
联合申报？请参阅第11页。保留一份副本以备查。

根据伪证罪的处罚，我声明我已检查了本申报表，据我所知和所信，本申报表真实、正确、准确地列出了我在纳税年度收到的所有金额和收入来源。填报人（纳税人除外）的声明基于填表人所知的所有信息。

你的签名 | 日期 | 你的职业 | 日间电话号码（ ）

配偶的签名（如果是联合申报，必须双方签字） | 日期 | 配偶的职业 |

仅限付费填表人使用

填表人签名 | 日期 | 检查是为个体经营者 □ | 填表人的社会保障号码或报税人代码

公司的名称（如果你是个体经营者，填你的名称）▶ | | 联邦编号 |
地址和邮政编码 | | 电话号码（ ） |

《隐私法》和《文书工作缩减法》，请参阅第23页。 | Cat. 号码11329W | 表格 **1040EZ** （20—）

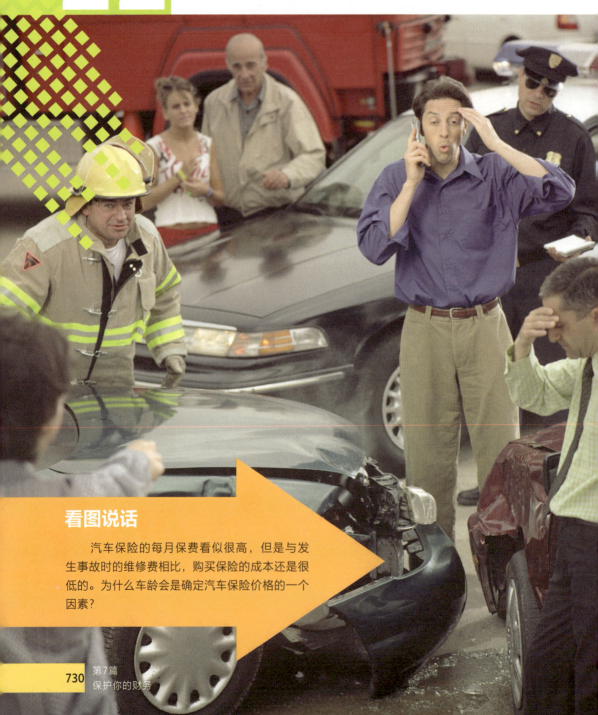

看图说话

汽车保险的每月保费看似很高，但是与发生事故时的维修费相比，购买保险的成本还是很低的。为什么车龄会是确定汽车保险价格的一个因素？

探索项目

探索保险选项

关键问题

为什么对租户而言，购买租赁保险很重要？

项目目标

泰勒已准备好第一次独自居住。他已经找到了一间靠近学校和单位的公寓。他知道他需要用租赁保险来保护自己，但他不确定他需要哪种保险以及多少费用。

- 首先，帮助泰勒创建他拥有的财产清单，并确定大致的价值。
- 考虑电脑、音响或运动器材等物品，一旦发生自然灾害，需要重置置办哪些东西。
- 选择3家提供租赁保险的公司，并比较每家公司的保险范围和保险费用。
- 使用电子表格来呈现你的发现，然后选择你认为最划算的公司。

考虑以下内容

- 你如何创建你的个人财产清单？
- 你应该如何确定你的财产价值？
- 你更喜欢实际现金价值的保单还是采用重置价值结算方法的保单？
- 你如何降低保单的每月保险费？

21世纪技能
做出判断和决定

你应该将清单、照片和相关文件储存在哪里？为什么？

重要见解

房屋和机动车保险为你和你的财产提供财务保护。

请教专家

保险费

问： 我哥哥17岁，驾驶记录很好。为什么他的机动车保险费高于他同龄的女性？

答： 保险费是对所有类型司机的事故统计数据分析确定的。由于年轻男性的事故发生率高于年轻女性，年轻男性的保险费更高。一些保险公司会在父母的保单中为年轻人提供折扣。

写作任务

考虑决定你的汽车保险费的所有因素，然后写一封信给当地报社的编辑，其中应包含青少年可以采取的使保险费尽可能低的具体措施。

阅读开始前

基本问题　哪些类型的风险会带来对房屋和机动车保险的需求?

中心思想

拥有正确的保险项目和风险管理计划可以使你免受经济损失。保险项目的目标是以最低的成本获得最佳的保护,许多因素都会影响保险的成本。

内容词汇

- 保险
- 保险单
- 保险费
- 风险
- 危险
- 潜在危险
- 疏忽
- 免赔额
- 责任
- 房屋保险
- 个人财产保险
- 医疗费用保险
- 实际现金价值
- 重置价值
- 人身伤害责任
- 当前收益率
- 未投保司机保护
- 财产损失责任
- 碰撞
- 无责任制度
- 指定风险池
- 投资组合

学术词汇

在阅读和测试时,你会看到这些词。

- 假设
- 破坏
- 评估
- 背书
- 僵硬的
- 强制的

使用图表

在阅读本章之前,请绘制一个如右所示的饼状图。阅读时,请注意房屋所有者的保单保险范围的5个方面。

房屋所有者保单的保险范围

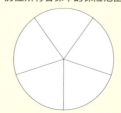

什么是保险

买保险为何如此重要

保险（insurance）是对可能出现的财务损失的保护。由于你无法预测未来，你永远不会知道你或你的财产何时可能发生意外。保险能够使你为最坏的情况做好准备，它可以防范财产损失、疾病和受伤等风险。虽然保险多种多样，但它们有几个共同的特征。例如，它们可以使你免受财务损失。

保险公司，或称承保人，是一种风险分担组织，它们同意支付可能发生在其投保人身上的损失。人们通过购买一项被称为**保险单（policy）**的合同加入该风险分担组织。保险单的购买者被称为保单持有人。根据保单，保险公司同意承担保单持有人的风险。作为回报，保单持有人向公司支付**保险费（premium）**，即保险的费用。保险单条款提供的保护被称为保险范围，受保单保护的人称为受保人。

阅读进展检查

识别　什么是保险公司？

风险的类型

最常见的风险类型有哪些

风险、危险和潜在危险是保险行业的重要术语。在日常用语中，这些词具有几乎相同的含义。然而，在保险业务中，每个词语都有不同的、特殊的含义。

风险（risk）是损失或受伤的可能性。你每天都面临着风险，如果你过马路，就有机动车撞到你的风险；如果你拥有财产，则存在财产丢失、被盗、受损或毁坏的风险。

在保险业务中，风险意味着没有人可以预测问题，保险公司每次签发保险单时都在冒险。保险公司通常将受保人或受保财产视为其风险。

危险（peril）指任何可能导致损失的事情，这也是有人购买保险的原因。人们购买保险单来防范各种危险，包括火灾、风暴、爆炸、

本节目标

- 识别风险的类型和风险管理方法。
- 解释保险如何帮助管理风险。
- 描述财产和责任保险的重要性。

阅读进行时

确定　为什么大多数人都想给自己的汽车、房屋和个人财产投保？

抢劫和事故等。

潜在危险（hazard）指任何能够增加危险的可能性的事情。例如，房屋中老化的电线是一种潜在危险，它增加了发生火灾的可能性。

最常见的风险包括个人风险、财产风险和责任风险。个人风险包括由疾病、残疾、年老或失业而导致的身体或收入损失的风险；财产风险包括由火灾、盗窃、潜在危险等危险造成的财产损失的风险；责任风险包括因疏忽导致的人身伤害或财产损失的风险。**疏忽（negligence）**指未能采取常见的或合理的措施来防止事故发生。例如，房屋所有者没有将房子前面台阶上的冰块清除，会产生责任风险，因为访客可能会摔倒在地。

个人风险、财产风险和责任风险是纯粹的，或者说是可保险的风险类型，保险公司在保险覆盖范围内的事件实际发生时才会为损失支付资金。纯粹的风险是偶然的、无意间发生的。虽然没有人能够预测纯粹的风险是否会出现，但预测它会造成多大损失是可能的。

投机风险是一种要么有损失，要么有收益的风险，创立一家小企业就是投机风险的一个例子。投机风险不能被投保。

阅读进展检查
回顾　最常见的 3 种风险类型是什么？

风险管理的方法
为什么风险管理很重要

风险管理是一种有组织的计划，旨在保护你自己、你的家人和你的财产，它有助于减少破坏性事件造成的财务损失。风险管理是一个长期规划过程，你的风险管理需求将在你生命中的不同阶段发生变化。如果你了解如何管理风险，你可以为自己和家人提供更好的保护。见表22.1，大多数人认为风险管理就是购买保险。然而，保险并不是处理风险的唯一方法。

风险规避

你可以通过不开车上班来避免发生交通事故的风险，汽车制造商可以通过不生产新车来避免产品故障的风险，这些都是风险规避的例子。这些方法可以规避风险，但其中也会有艰难的权衡。如果你不能开车上班，你可能不得不放弃这个工作；汽车制造商也可能会输给那些冒着风险生产令人兴奋的新车的竞争对手。

但在某些情况下，风险规避是切实可行的。例如，通过在高犯罪率地区采取预防措施，你可以避免被抢劫的风险；通过在汽车中安装安全系统，你可以避免汽车被盗的风险；管理珠宝店的企业家可以通过将他的商品锁在金库中来避免因被抢劫而产生的损失。显然，没有人或者企业可以完全避免风险。

风险降低

你无法完全避免风险。但是，你可以降低它造成伤害的可能性。例如，你可以通过系好安全带来降低在车祸中受伤的风险；你可以通过不吸烟来降低患肺癌的风险；通过在家中放置灭火器，你也可以减少火灾造成的损坏。此外，你还可以通过正确饮食和定期锻炼来降低患病的风险。

风险承担

风险承担意味着对风险的负面结果承担责任。如果你知道损失可能很小，那么承担风险，或者说自己承担风险是理性的。当你已经采取了所有可能的预防措施来避免或降低风险时，承担风险也是可取的。

表22.1　风险和风险管理策略

风险的成本　虽然大多数类型的风险都有成本，但有一些策略可以帮助减少其财务影响。保护你的财产如何帮助你减少风险的财务影响？

风险		
个人事件	财务影响	减少财务影响的策略
残疾	·收入损失 ·费用增加	·储蓄和投资 ·残疾保险
死亡	·收入损失	·人寿保险 ·遗产规划
财产损失	·对财产的灾难性破坏 ·修理或重置 ·盗窃的损失	·维修和保养 ·机动车保险 ·房屋保险 ·洪水或地震保险
责任	·索赔和安置费用 ·诉讼和法律费用 ·个人资产和收入的损失	·保护财产 ·房屋保险 ·机动车保险

当特定物品的保险费很高时，它可能不值得投保。例如，旧车通常比新车价值低。因此，即使旧车发生事故并且被撞坏，你也可以通过不支付保险费而得到更好的经济利益，因为这辆车无论如何都不值钱。

自我保险是风险承担的另一种选择。通过给自己设立一个特殊基金——这些钱可能来自储蓄，你可以承担损失。自我保险并不能消除风险，但它确实提供了一种承担损失的方法，可以作为保险单的替代方案。有些人会采用自我保险，因为他们无法从保险公司获得保险。

风险转移

处理风险最常用的方法是转移风险，也就是说将风险转移给保险公司。作为你支付保险费的交换，保险公司同意承担你的损失。

大多数类型的保险单都会有免赔额。免赔额是风险承担和风险转移的结合。**免赔额（deductible）** 是保险单持有人在保险范围内的损失发生时必须支付的固定金额。例如，倒下的树砸坏了你的汽车，你可能必须支付 200 美元的修理费，而你的保险公司将支付剩余部分。

 阅读进展检查

识别 有哪 4 种风险管理方法？

做保险计划

哪些因素会影响你的保险目标

因为所有人都有自己的需求和目标，其中许多会随着时间的推移而变化，所以个人保险计划应该适应这些变化。你的个人保险计划应随着你的需求和目标的变化而变化。柯克和卢安妮是一对年轻夫妇，以下 4 个步骤概述了他们如何做保险计划以满足他们的需求和目标。

步骤1 设立保险目标

柯克和卢安妮的主要目标应该是尽量减少个人、财产和责任风险，他们还需要决定如何承担潜在损失。收入、年龄、家庭规模、生活方式、经历和责任是他们设定目标时需要考虑的重要因素。他们购买的保险必须符合目标。

文件探索

汽车保险申报单

在大多数州，法律要求你为你的汽车投保。为了使自己免受财务损失，准确地了解你的汽车保险覆盖的范围和具体的费用是很重要的。申报单会列出以下信息。

- 保险单编号。
- 保险期限。
- 保险限额。
- 保险费。

卓越全球保险公司的汽车保险申报单				
保险单编号　A02 0076215				
保险期限：20--/12/27到20--/12/27（伤者所在地的标准时间）				
保险范围和责任限额				
覆盖范围	汽车1		汽车2	
	限额	保险费	限额	保险费
A 人身伤害和财产损失		265.00		339.00
每次事故	1 000 000		1 000 000	
B 医药费支付	5 000	9.00	5 000	11.00
C 无保险驾驶人的人身伤害		76.00		76.00
每次事故	1 000 000		1 000 000	
D 除碰撞之外的汽车损坏		63.00		126.00
实际现金价值免赔额	500.00		500.00	
碰撞		155.00		271.00
实际现金价值免赔额	500.00		500.00	
额外覆盖范围				
交通费		包含		包含
每天/上限	20/600		20/600	
拖欠和人工成本		10.00		10.00
每次伤残	50		50	
盗窃覆盖范围——电子				
磁带、唱片和光盘				
GAP覆盖范围				
总额		578.00		833.00

关键点　汽车保险申报单详细说明了保险的覆盖范围。它说明了事故发生后你应得到怎样的支付，其中包括汽车损坏和人身伤害。申报单还解释了保险费是如何确定的。

寻找　解决方案

回顾关键概念

1. 什么是保险单编号？

2. 人身伤害赔偿限额是多少？

3. 该保险单规定承保人将支付多少交通费，如租车费？

4. 这份保险单包含多少辆车？

5. 这份保险单的成本是多少？

剧院、动物园和博物馆等许多地方都向学生提供折扣价。你还可以享受公交、地铁及电影等活动折扣，甚至可能有资格获得汽车保险的折扣，所以在付全款之前，你一定要询问是否有学生折扣。

概念应用

你认为企业为什么会为学生提供折扣？

柯克和卢安妮应尝试制订一个基本的保险计划，以实现以下目标。

- 减少因早逝、疾病、事故或失业造成的收入损失。
- 减少因火灾、盗窃或潜在危险等危险造成的财产损失。
- 减少因个人疏忽造成的收入、储蓄等财产损失。

步骤2　制订计划

规划是一种生活方式，不只是让你的生活顺其自然。柯克和卢安妮需要确定他们面临的风险和他们可以承担的风险，还必须确定哪些资源可以帮助他们减少可能由严重风险造成的损害。

此外，他们需要了解可用的保险类型。不同类型保险的成本以及不同公司的成本是他们计划中的关键因素。最后，这对夫妇需要研究不同保险公司可靠性的记录。

柯克和卢安妮在制订他们的保险计划时必须提出以下 4 个问题。

- 他们为什么投保？
- 他们应该花多少钱投保？
- 他们应该购买什么类型的保险？
- 他们应该选择哪家保险公司？

步骤3　将计划付诸实践

在制订计划之后，柯克和卢安妮需要通过实际行动来实施计划。在此过程中，他们可能会发现他们的保险还不够。在此情况下，他们可以购买额外的保险，也可以改变他们既有的保险的覆盖范围。另一种选择是调整预算以支付额外保险的费用。最后，柯克和卢安妮可能会改变他们的储蓄计划或投资项目，并在紧急情况下使用这些资金。

最好的保险计划应足够灵活，使柯克和卢安妮能够应对不断变化的生活状况。他们的目标应该是制订一个可以应对需求的变化的计划。

步骤4　审查计划实施的效果

每隔两三年，或者每当家庭情况发生变化时，你都应该花时间审查一下你的保险计划。

你应该问自己的问题包括：它有效吗？它是否足以保护我的计划和目标？

例如，柯克和卢安妮对他们保险单的保险范围已经很满意了。然而，6 个月前，这对夫妇买房时，他们意识到是时候重新检查他们的保险计划了。有了新房子，风险就变大了许多。如果一场大火毁掉了他们房屋的一部分，会发生什么？

租住公寓的夫妇与拥有房屋的夫妇需求不同。这两种类型的夫妻面临着类似的风险，但他们的财务责任差异巨大。在制订或审查保险计划时，请考虑你是否提供了保护自己、家人、财产所需的财务资源。

阅读进展检查

回顾　在制订保险计划时，你应该提出哪 4 个问题？

财产和责任保险
为什么将财产和责任保险包含在财务计划中很重要

重大自然灾害给美国和世界其他地区造成了灾难性的财产损失。2004 年，仅在佛罗里达州，飓风"查理"造成的破坏就导致了高达 68 亿美元的保险索赔。2005 年，飓风"卡特里娜"，飓风"丽塔"和飓风"威尔玛"造成了 500 亿美元的损失。保险索赔是支付财务损失的请求，如果没有从保险中获得的钱，受飓风影响的人们可能无法修复他们的房屋。

保险是保护你最贵重的财产的一种投资，其成本看上去可能很高，但它能承担的财务损失可能要大得多。以下是与你的房屋和汽车相关的两种主要风险类型：一种是你的财产损坏或损失的风险，另一种则包括你给他人造成人身伤害或损坏他人财产的责任风险。

责任
责任（liability）是对另一个人的损失或伤害的财务成本负有的法律责任。即使伤害或损失并非你的过错，你也可能被判定负有法律责任。假设特里在丽莎的院子里玩耍时跌倒并受伤，特里的家人可以起诉丽莎的父母，即使他们没有做错任何事。同样，假设桑杰在帮助艾德搬东西时意外地损坏了一幅画，艾德可以起诉桑杰，让他赔偿这幅画。

如果你在某种情况中被认定负有责任，通常是因为你的疏忽造成了事故的发生。疏忽的例子包括让你的孩子在没有看护的情况下在泳池里游泳，或者因你未打扫楼梯而导致某人滑倒、跌落。

职业责任险　职业责任险，或称渎职责任保险，是当客户针对企业或员工的错误造成的财务损失进行索赔时，覆盖企业或专业人员责任的保险。该类索赔的常见原因是疏忽、虚假陈述和不准确的建议。医生、律师、建筑师、工程师和房屋检查员可能拥有这类保险，保险的覆盖范围取决于职业。例如，对税收专员而言，如果客户的纳税申报表上的错误导致了客户的财务损失，这一责任将被保险覆盖。这类保险单通常以 1 000 000 美元的保险金增量签发，免赔额从每笔索赔 1 000 美元到 25 000 美元不等。

财产损坏或损失

人们把大量的钱花在房屋、汽车、家具、衣物等个人财产上。财产所有者面临两种基本风险。第一种是由火灾、大风和洪水等危险引起的物理伤害，这些危险会损伤或毁坏你的财产。例如，暴风雨可能会吹落树枝，砸碎你的汽车挡风玻璃，因此，你不得不修理你的汽车。因为在修车期间你不能开车，所以你必须另找一种方法上班或回家。保险可以帮助你支付修车期间的交通费用。

财产所有者面临的第二种风险是由犯罪行为导致的损失或损坏，如抢劫或故意破坏（如故意毁坏私人或公共财产）。保险可以补偿你的财产损失或损坏。

回顾关键概念

1. **区分** 保险业务中使用的风险、危险和潜在危险概念之间的区别是什么?

2. **理解** 保险计划在风险承担和风险转移中的作用是什么?

3. **总结** 财产和责任保险在财务计划中有何重要性? 职业责任保险的成本和收益各是什么?

延伸思考

4. **评价** 达尼娅最近花几千美元买了新的摄影设备,这用了她大部分的积蓄。你会推荐达尼娅自我保险还是保险单?

英语语言艺术

5. **我最喜欢的东西** 列出你最贵重的财产,考虑重置这些物品可能要花多少钱。请注意,相比金钱价值,有些个人财产可能具有更高的个人价值,甚至无法重置,比如照片。写一份会计分录,讨论如果清单上的物品丢失、被盗或损坏,会带来什么样的个人后果和经济后果,同时描述为这些物品投保可能有什么影响。

数学

6. **责任保险** 德文的儿子留他的小伙伴们在家过夜。不幸的是,其中一个留在家里过夜的孩子因为德文的疏忽,从楼梯上摔了下来。受伤孩子的父母正在起诉德文,要求德文赔偿他们总计3 200美元的医疗费用。德文有责任保险,免赔额是350美元,他每月为这项保险支付25美元的保险费。有了这个保险,德文这一年节省了多少钱?

数学概念 **计算因保险节省的金额** 要计算因保险节省下来的钱,首先要确定如果没有保险,总共会产生多少费用,然后确定保险费总额和免赔额。

提示 通过计算每年支付的保险费,并将其与相应的免赔额相加,得出一年内保险的总费用。每年支付的保险费等于每月支付的金额乘以月数。

本节目标

- 识别房屋所有者和租客可获得的保险范围和保险单的种类。
- 分析影响房屋保险覆盖范围和成本的因素。

阅读进行时

推断　当你为买房而申请贷款时，你认为贷方为什么会要求你购买房屋保险？

房屋保险的覆盖范围

房屋保险的保单包括什么

为你的住宅及其内部陈设投保对保护你的投资来说是绝对必要的。**房屋保险（homeowners insurance）**是一种为你的住宅及其相关财务风险提供保护的保险，覆盖个人财产损坏和对他人造成伤害等风险。

房屋保险为房屋、建筑物或房屋中的其他结构、额外的生活费用、个人财产、个人责任及相关事项、其他专门事项提供保险。

建筑物及其他结构

房屋保险的主要目的是在房屋受损或被毁的情况下使你免受财务损失。房屋的其他独立结构，如车库或工具棚，也在房屋保险涵盖的范围内。事实上，这种保险的范围甚至包括园林景观中的树木、灌木和其他植物。

额外的生活费用

如果一场大火或其他事件损坏了你的房屋，额外生活费用保险将为你支付住在其他地方的费用。例如，在房屋修理或重建期间，你可能需要住在汽车旅馆或租住公寓，这些额外的生活费用将由你的保险提供。一些保险单将额外生活费用保险的金额限制在房屋总保险金额的 10% 到 20%，还可能将支付期限的上限设置为 6 到 9 个月。另一些保险单可能会支付最多 1 年的额外生活费用。

个人财产

家具和衣物等家居用品由房屋保险中的个人财产保险进行保障，占据房屋保险价值的一部分，其占比通常为 55%、70% 或 75%。例如，为一处房产投保的 80 000 美元中，可能有 56 000 美元（70%）用于家居用品保险。

个人财产保险通常会规定特定物品被盗后的赔偿限额，例如，珠宝被盗的赔偿上限是 1 000 美元。它还能够补偿你外出时携带物品的损失。例如，你度假随身携带的或在学校使用的物品通常在保险的覆盖范围内。个人财产保险甚至涵盖你租用的物品，例如在租用期内的地毯清洁剂。

大多数房屋保险还将个人计算机和其中存储的数据包括在保险覆盖范围内，这取决于特定的保险限额。你的保险代理人可以确定计算机设备是否受到保护，是否受到数据丢失、饮料泼洒或电力激增造成的损失。

家庭清单　如果你的个人财产出现了问题，你必须证明它价值多少以及它确实属于你。为了使这个过程变得简单，你可以创建家庭清单。家庭清单是个人物品的清单，其中需要包含购买日期和价格信息。你可以从保险代理人处获得相应表格。如果你决定编制自己的家庭清单，图22.1提供了一个例子。对于有特殊价值的物品，你应该列出收据、序列号、品牌名称、型号和价值证明。

此外，请对照你的清单，保存房屋及内部陈设的录像或照片，拍摄壁橱等存储区域时应确保门是打开的。在照片的背面写明被拍摄物品的价值和拍摄日期。定期更新你的清单、照片和相关文件，将每份文件的副本保存在安全的位置，例如放在保险箱中。

额外财产保险　如果你拥有贵重物品，例如昂贵的乐器，或计算机和相关设备，你可以购买个人财产流动保险。**个人财产流动保险（personal property floater）**是覆盖特定高价值物品的损坏或损失的额外财产保险。保险公司需要该物品及其价值的详细描述文件。你还需要不时地接受专家对该物品的评估，以确定其价值是否发生了变化。此外，你要保留贵重物品的照片、收据和估价单。

保护投资
　　乐器和计算机设备等贵重物品可能需要个人财产流动保险。为什么你要不时地对这些物品进行估价？

图22.1 房屋清单

个人财产 如果你的财产被盗、被损或被毁，拥有房屋清单能够帮助你证明财产的价值。为什么你还应保存所列项目的视频或照片？

个人责任及相关保险

人们每天都因为给他人造成人身伤害或造成他人财产损失而面临着自身财务损失的风险。例如，一位客人可能会因为你家台阶上的一块冰摔倒而摔断胳膊，你的儿子或女儿在邻居家玩耍时也可能会意外地打破一盏古董灯。

重要职业

艾伦·巴加瓦 保险理赔员

我想在灾难发生时帮助人们，无论是车祸时还是极端天气造成损失时。作为一名保险理赔员，我负责计划和安排索赔过程中所需工作。我通过采访索赔人和证人，咨询警方和查看医院记录，检查财产损失来调查索赔情况，以确定保险公司应为损失支付多少费用。有时，我会咨询其他专业人士，例如会计师、建筑师、工程师、律师和医生，他们可以为索赔提供更专业的评估。我收集到的信息会列在用于索赔的评估报告中。在保险单持有人的索赔获得批准后，我会与索赔人协商并进行处理。帮助索赔人是这份工作中我最喜欢的部分之一。当我与索赔人一起审查保险单并研究索赔范围时，我会提供高水平的客户服务。

职业探索

访问美国劳工部劳工统计局的网站，获取有关保险理赔员的职业信息。

1. 索赔审查员与理赔员的职责有何不同？

2. 研究理赔员的工作，雇主需要其具备哪些资质？他们更偏好哪些资质？

职业细节

技能	教育	职业道路
人际关系、问题解决、协商、计算机和数学，代码、建筑、修复和法律术语	高中毕业证，与保险相关的工作经验或职业培训，一些州要求执业证	保险理赔员可以成为私人调查员、保险评估师、承保人、精算师和调查部门的经理

在这些情境中，你可能要赔偿损失。房屋保险中的个人责任部分能够在正式员工以外的其他人因受伤或财产损失向你提起诉讼时，为你和你的家庭成员减少损失。这种保险的范围也包括法律辩护的费用。

保险金额 大多数房屋保险提供 100 000 美元的基本个人责任保险额，但通常这还不够。保护伞保险，也被称为个人灾难保险，为基本个人责任保险提供了补充。这种额外的保护涵盖了所有人身伤害索赔的种类。例如，某人起诉你说了或写了一些负面或不实的言论，损害了其声誉，那么保护伞保险将减少你的损失。

延伸责任保险对富人和企业都很有用。这类保险的售价为 100 万美元或更高。如果你是企业所有者，你可能还需要其他类型的责任保险。

医疗费用保险（medical payments coverage）会支付你家访客意外轻伤所需的费用，还包括由你、你的家庭成员，甚至你的宠物在房屋之外造成的轻微伤害所需费用。医疗费用保险范围内的支付无须确定过错方，这使保险公司能够快速、简便地处理小额索赔，通常额度最高为 5 000 美元。如果伤害严重，房屋保险中的个人责任部分将覆盖它。医疗费用保险不包括你或住在你家的其他人受伤后的费用。

如果你或你的家庭成员意外损坏了他人的财产，房屋保险的补充保险将支付赔款，额度通常最高为 500 美元或 1 000 美元。同样，这种支付不需要考虑过错方。如果损坏的物品昂贵，则可使用个人责任保险处理。

专门保险

房屋保险通常不包括洪水和地震造成的损失。如果你居住在频繁发生洪水或地震的地区，你需要购买专门保险。在一些地区，由联邦政府管理的国家洪水保险项目提供洪水保险。这种保险与房屋保险是分开的。保险代理人或联邦保险管理局下设的联邦紧急事务管理局（FEMA）可以为你提供更多信息。

你可以通过将地震或洪水保险作为房屋保险的支撑（扩大保险范围），或者通过州管理的保险项目来获得地震或洪水保险。最严重的地震发生在太平洋沿岸地区，但是其他地区也可能发生地震。如果你在地震或洪水风险较高的地区购买了房子，你可能必须为这类风险购买保险。

阅读进展检查
回顾 保险单中的建筑物和其他结构包含什么？

租户保险
为什么租户获得租户保险很重要

对于租房者，房屋保险范围包括个人财产保护、额外生活费用保险、个人责任和相关事项保险。租户保险不包括建筑物和其他结构的保险。

经济学与你

竞争

竞争是企业之间为争取客户而"做的斗争"，它在市场经济中起着至关重要的作用。公司努力以较低的价格生产质量更高的产品，以吸引和留住客户。除了价格竞争，还存在非价格竞争，这使得公司能够收取更多费用，同时仍然能够获得客户忠诚度，并吸引新客户。在非价格竞争中，公司提供特殊的服务、卓越的品质、专业知识和可靠性，这使它们能够拉开与竞争对手的差距。

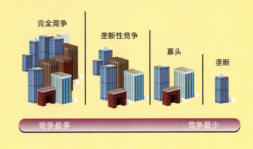

个人财务联系 在购买房屋和机动车保险时，同时考虑价格和非价格竞争是十分明智的。价格较低的保险单也许不能一直提供你为房屋或汽车投保所需的保险范围或服务。

批判性思考 描述你遇到过的非价格竞争策略。在为你的房屋或汽车选择保险公司和保险单时，你会考虑哪些非价格竞争因素？

租户保险中最重要的部分是对个人财产的保护。许多租房者认为他们受到房东房屋保险的保护，但是，只有当房东对损害负责时才会获得赔付。例如，电线铺设不当导致火灾并损害了租户的财产，租户可以从房东那里获得赔款。租户保险相对便宜，并提供类似于房屋保险的保障。

阅读进展检查

总结 租户保险的保险范围包括什么？

房屋保险的形式

每种形式提供哪些保险范围

房屋保险有多种形式，提供不同的保险范围。有些形式并非适用于所有领域。

基本形式（HO-1）可以承担火灾、闪电、风暴、冰雹、火山爆发、爆炸、烟雾、盗窃、故意破坏、玻璃破碎和骚乱等危险的损失。扩展形式（HO-2）覆盖了更广的范围，包括坠落物和冰、雪或雨夹雪带来的损坏。

特殊形式（HO-3）覆盖所有基本和扩展形式的风险，以及除明确排除在保险单之外的任何其他风险。常见的排除项包括洪水、地震、战争和核事故。保险单所列的风险包括个人财产风险。

租户形式（HO-4）保护租户的个人财产，使其不受保险单所列风险的影响。它不包括对建筑物和其他结构的保险。

综合形式（HO-5）扩大了特殊形式的保险范围。综合形式包括保险内容的重置成本和保险建筑物的担保重置成本。

共管公寓所有者保险（HO-6）保护个人财产和对居住单元的任何改造或改善。这可能包括书架、电器、壁纸或地毯。共管公寓协会为公寓和其他结构购买保险。

建造住房单元和流动住房通常属于传统保险的保险范围。然而，一些移动房屋可能需要更高费用的特殊保险，这取决于房屋的位置和与地面的连接方式。移动房屋保险昂贵：一套价值 5 万美元的移动房屋的保险成本相当于一套价值 15 万美元的其他类型房屋的保险成本。

虽然家庭保险不覆盖某些风险（见表 22.2），但家庭保险涵盖以下额外费用的保险。

- 信用卡诈骗、支票伪造和假币等造成的损失。
- 移除受损财产所需的费用。
- 紧急移除财产以使其免受损坏的费用。
- 损失后临时维修以防止进一步损坏的费用。
- 消防部门在有此类费用的地区收取的费用。

 阅读进展检查

回顾　哪类房屋保险的保险范围不包括建筑物和其他结构？

你需要多少保险
什么是实际现金价值法

你可以通过选择正确的保险金额和了解影响保险成本的因素来实现最佳的保险价值。你的保险应该基于你重建或修理房子所需的金额，而不是你为此支付的金额。随着建设成本的上升，你应该增加保险金额。事实上，如今，随着建设成本的上升，大多数保险都会自动扩大保险范围。

表22.2　并非覆盖所有财产

包含或不包含　确保你的房屋保险覆盖哪些财产，这样你就可以在必要时购买单独的保险。你认为保险为什么不覆盖房屋所有者出租给其他人的房产？

房屋保险不覆盖的某些个人财产	
· 需要单独保险的物品，如珠宝、毛皮、船只或昂贵的电子设备	· 飞机及其零部件
· 动物	· 属于租户的财产
· 未获得道路使用许可证的汽车，用于房屋维修的除外	· 属于出租公寓的财产
· 汽车的音响设备，如收音机和CD播放机	· 房屋所有者出租给其他人的财产
	· 商业财产

过去，许多房屋保险只承保房屋重置价值的80%。如果房屋被毁，房屋所有者必须支付部分重置费用。如今，大多数公司都推荐全险。

如果你借钱买房，贷款人会要求你购买财产保险。你的家庭保险金额决定了你个人财产的保险范围。个人财产的保险金额通常是家庭保险金额的55%到75%。

保险公司基于以下两种方法进行理赔。根据**实际现金价值法**（actual cash value），你收到的款项是一个项目的重置成本减去折旧后的金额。折旧是一件物品随着年限增加而失去的价值。卖出一辆用了5年的自行车的所得将比当初买它时付的钱少。

根据**重置价值法**（replacement value），你将收到修理或重置物品的全部费用。这种理赔不考虑折旧。许多公司将重置成本的上限设置为物品实际现金价值的400%。重置价值保险比实际现金价值保险更贵。

阅读进展检查

定义　什么是折旧？

影响家庭保险成本的因素

为什么房屋位置和结构类型会影响你的房屋保险成本

你的房屋保险成本取决于房屋位置、结构类型、建筑材料，以及你选择的保险类型和保险金额等因素。

房屋位置

房屋位置会影响你的保险费用。保险公司为那些房屋靠近供水设备或消防栓，或者位于消防条件较好的地区的人提供较低的保险费用。犯罪事件频繁发生的地区费用较高。生活在受龙卷风和飓风等恶劣天气影响的地区的人们可能需要支付更高的保险费用。

结构类型

房屋的结构类型及其构造影响保险价格。例如，砖房的保险费用通常比类似的木质结构低。然而，砖房的地震保险比木房的贵，因为木房更可能在地震中保存下来。此外，将旧房子恢复到原来的状态费用不菲，这意味着其保险成本会更高。

房屋价格、保险金额、保险类型

房屋的购买价格直接影响你支付的保险金额。30万美元的房子比10万美元的房子支付的保险费用更高。此外，你选择的保险类型和保险范围也会影响你支付的保险费用。

重置成本
保险可以使用实际现金价值法或重置价值法进行理赔。为什么重置价值保险比实际现金价值保险贵？

建筑问题

建造房屋所用的材料会影响保险成本。为什么砖房的保险成本会比木房的低？

保险单上列出的免赔额也会影响保险成本。如果你增加免赔额，保险费会更低，因为公司支付的赔偿金会更少。最常见的免赔额是250美元，将免赔额从250美元提高到1 000美元可以减少15%甚至更多的保费。

保险折扣

如果房屋所有者采取措施降低房屋风险，大多数公司会提供折扣。如果你有烟雾探测器或灭火器，保险费可能会低一些。如果你的房子有防盗锁和报警系统，使小偷更难进入，保险费可能会更低。

公司差异

通过比较几家公司的保险费率，房屋所有者可以节省高达25%的保费。有些保险代理人只为一家公司工作，还有一些是独立代理人，代表几家不同的公司。

不要只根据价格来选择公司，还要考虑服务和保险范围。而且，并非所有公司都以同样的方式进行理赔。

例如，常青巷的所有房屋的一侧都被大冰雹击中，它们都有相同的壁板。不幸的是，房屋所有者发现这种类型的壁板不能再用，需要更换。一些保险公司将支付更换壁板的费用，而其他的保险公司只会支付损坏部分的费用。

州保险委员会和消费者组织可以为你提供不同保险公司的信息。《消费者报告》杂志提供各种商品和服务的公开信息，并定期对保险公司进行评级。

回顾关键概念

1. **描述** 房屋保险的基本保险范围包括什么?

2. **识别** 哪些家庭保险的表格是可用的?

3. **解释** 哪些因素会影响家庭保险的成本?

延伸思考

4. **推断** 许多保险公司不会向同一社区的所有人出售房屋保险,为什么会这样?

21世纪技能

5. **分析媒体** 大型保险公司会通过多种媒体进行广告宣传,比如广告牌、直邮传单、电台广告、杂志广告和电视广告。找到至少3家保险公司的广告,评估广告,以确定每个广告的信息和目的。公司是否在宣传它的服务、价格、客户服务或其他什么? 写一份简短的报告,解释你的分析。你是否会因为广告而选择一家公司而非另一家? 为什么是或为什么不是?

数学

6. **房屋保险** 伊娃的房子最近被烧毁了。幸运的是,她有一份房屋保险,保险金额为15万美元。房屋保险为个人财产提供高达房屋被保价值的55%。伊娃损失的家居用品包括: 价值2.5万美元的家具、1万美元的电器、5 000美元的电子产品和3 500美元的其他物品。伊娃的家居用品保险金额是多少? 她能弥补所有损失吗? 如果不能,那么有多少损失是不能覆盖的?

数学概念 **计算保险范围** 要计算房屋保险覆盖的个人财产价值,首先要确定房屋的保险金额,用个人财产保险的百分比乘以这个数字。

提示 通过加总所有个人财产的价值来确定个人财产的总损失,从保险单承保的个人财产总额中减去这一金额,以确定该保险是否覆盖所有损失。

机动车保险的需要

为什么司机购买机动车保险是个好主意

每年，汽车事故造成的工资和医疗费用损失超过 1 500 亿美元。它们能从身体、经济和情感上摧毁人们的生活。购买保险并不能消除交通事故造成的痛苦和伤害。然而，保险可以减少财务影响。

美国的每个州都有《金融责任法》（FRL），这部法律要求司机证明，如果他有过错，他要为汽车事故造成的损害承担赔偿责任。截至 2003 年，超过 45 个州的法律要求人们持有机动车保险。如果事故造成伤亡和财产损失，司机必须向州提交报告。在其他州，大多数人选择购买机动车保险。很少有人有足够的钱来满足自己的财务责任要求。

机动车保险的保险范围包括人身伤害保护和财产损失保护（参见图 22.2 ）。

阅读进展检查

描述　什么是《金融责任法》？

阅读进行时

发现　你所在的州是否要求车主购买机动车保险？如果是，州要求购买什么类型的机动车保险？

图22.2　**机动车保险的保险范围**

保护自己　拥有机动车保险可以在发生事故后减少司机的经济损失。你为什么想要人身伤害保险而不是依赖你的医疗保险？

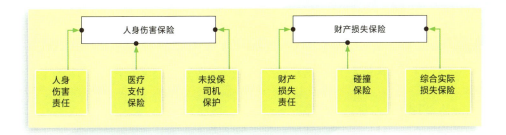

许多成功人士都具备的一个特点是领导力。领导力是激励一群人实现共同目标或完成任务的能力。拥有强大领导力的人会利用人际关系和解决问题的能力带领他人朝着一个共同的目标前进。优秀的领导者利用他人的长处，以身作则，帮助他人充分发挥自己的潜力。培养强大的领导力可以帮助你在学校、社会和事业中克服挑战并取得成功。

写一写

想象一个需要很强领导力的场景，写一段或多段文字来描述这个场景，并解释领导力如何影响结果。你认为培养领导力会如何帮助你在未来取得成功？

汽车人身伤害保险
谁受到人身伤害责任保险的保障

大多数机动车保险公司赔付的钱被用于法律和医疗费用，以及有人受伤时产生的其他费用。人身伤害保险的主要类型包括：人身伤害责任、医疗支付保险和未投保司机保护。

人身伤害责任

人身伤害责任（bodily injury liability）是一种保险，覆盖应由你承担责任的交通事故造成的人身伤害。如果行人、其他车上的人或你车上的乘客受到伤害，该保险将支付所有与车祸有关的费用。

责任范围通常用 3 个数字表示，如 100/300/50。它代表以千美元为单位的保险金额。前两个数字指的是人身伤害保险。在 100/300/50 的例子中，10 万美元是保险公司为任何一人在任何事故中受伤而支付的最高金额；第二个数字，即 30 万美元，是该公司在任何一次事故中为所有受害方（两个或两个以上）支付的最高总金额；第三个数字，即 5 万美元，是对他人财产损害的支付限额（见图 22.3）。

医疗支付保险

医疗支付保险是为在你车里受伤的人（包括你）支付医疗费用的保险。当你乘坐他人的车或你们中的任何一人被车撞时，该保险还为你和你的家人提供医疗福利。

未投保司机保护

你可以通过购买未投保司机保护来承担你自己和你的乘客的风险。未投保司机保护（uninsured motorist's protection）是一种保险，如果你与未投保司机或肇事逃逸司机发生事故，该保险将保障你和你的家人。在大多数州，这类保险不覆盖汽车本身的损坏。各州对无保险驾驶的处罚各不相同，但通常包括严厉的罚款和暂停行使驾驶权。

阅读进展检查

回顾　用来表示责任范围的 3 个数字是什么？

图22.3 机动车保险责任范围

了解数字 用来描述责任范围的3个数字指的是3种支付的限额，为什么其中两个数字代表人身伤害责任支付？

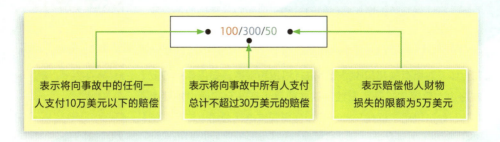

100/300/50

表示将向事故中的任何一人支付10万美元以下的赔偿

表示将向事故中所有人支付总计不超过30万美元的赔偿

表示赔偿他人财物损失的限额为5万美元

汽车财产损失保险

每种财产损失保险的意义是什么

夏日的一天下午，烤饼屋的女主人凯莉结束了工作，开车回家。雨下得很大，她看不清楚。结果，她没有意识到她前面的车已经停下来，于是左转，撞上了那辆车。凯莉的新车被撞坏了。幸运的是，她买了财产损失保险。如果你损坏了别人的财产或者你的车被损坏，财产损失保险可以补偿你的经济损失。

财产损失保险包括以下几个方面。

- 财产损失责任。
- 碰撞保险。
- 综合实际损失保险。

财产损失责任

财产损失责任（property damage liability）是适用于你损害他人财产的情况的一种机动车保险。此外，当你得到车主允许驾驶他的车时，它也能保护你。虽然受损的财产通常是汽车，但其范围可以扩大到建筑物、街道标志和电线杆等设施。

墨西哥
绿色天使

　　许多人成为汽车俱乐部的付费会员是为了享受紧急道路服务的好处，而不是将此保险范围增加到他们的机动车保险中。在墨西哥，政府已经介入来满足当地人和游客的相关需求。路边援助项目被称为"绿色天使"，是一个由联邦政府资助的项目，自20世纪70年代以来一直在运作，对所有联邦和收费公路进行巡逻和服务。如果你被迫把车停在路边，建议你打开引擎盖，这样项目人员就会知道你需要帮助。此外，你可以用手机或Telmex（墨西哥国家电话公司）电话亭的电话拨打"078"请求帮助。"绿色天使"是一种拖车，可以把你带到一个服务站。项目人员也接受过小型车维修的培训，会携带汽油、机油、备用轮胎、小配件、地图，以及给迷路游客的小册子（司机通常既能说一口流利的英语，也擅长西班牙语）。他们也能够在事故或医疗紧急情况下进行急救。所有的服务都是免费的，司机只需要支付汽油、机油或零部件的费用。

批判性思考

1. **扩展**　进行更多研究，以了解"绿色天使"的服务范围。汽车司机如何辨别"绿色天使"？

2. **关联**　"绿色天使"计划与美国汽车协会等汽车俱乐部提供的路边服务有什么关系？

数据库

首都
墨西哥城

人口
120 286 655

语言
92.7%的人口说西班牙语，5.7%的人口说西班牙语和土著语言，仅0.8%的人口只说本土语言，0.8%的未说明

货币
墨西哥比索

国内生产总值
1.327万亿美元

人均国内生产总值
15 600美元

工业
食品饮料、化工、钢铁、石油、矿产、纺织、服装、汽车、耐用消费品、旅游

农业
玉米、小麦、大米、豆类、棉花、咖啡、水果、西红柿、牛肉、家禽、乳制品、木材产品

出口
制成品、油和油产品、银、水果、蔬菜、咖啡、棉花

自然资源
石油、银、铜、金、铅、锌、天然气、木材

碰撞保险

碰撞（collision）保险是当你的车发生事故时，覆盖你汽车损失的保险。不管是谁的过错，你都会得到钱。然而，你可以得到的金额仅限于事故发生时汽车的实际现金价值，所以你要记录你汽车的状况和价值。

综合实际损失保险

如果你的车在非事故情况下损坏，综合实际损失保险可以为你提供补偿。它可以承担你的汽车遭遇火灾、盗窃、破坏、冰雹、洪水、龙卷风、地震和雪崩等产生的损失。

阅读进展检查

总结 财产损失责任保险的保险范围是什么？

无责任保险

为什么有些州采取无责任制度

为了减少处理车辆受损案件的时间，降低处理成本，一些州正在尝试一些替代方案，包括无责任制度。**无责任制度（no-fault system）**要求事故涉及的司机向自己的保险公司索取保险金。谁造成了这次事故并不重要，每个公司都要向投保人支付最高限额的保险金。无责任制度和无责任保险的保险范围因州而异。

阅读进展检查

定义 什么是无责任制度？

其他机动车保险范围

什么时候需要工资损失保险

除人身伤害和财产损失保险外，还有其他形式的机动车保险。例如，你的车被盗或正在修理，租车报销保险将支付你的租车费用。工资损失保险将支付你因在交通事故中受伤而损失的工资和其他收入。

实施无责任制度的州通常要求车主购买工资损失保险，在其他州可由车主选择是否购买。

如果你的车发生故障，拖车和紧急道路服务保险将支付援助费用。这在长途旅行或恶劣天气的情况下很有帮助。如果有必要，你可以把车拖到加油站去。然而，一旦你的车到达维修店，支付账单将是你的责任。如果你是汽车俱乐部的会员，你的会员福利可能包括拖车保险。在这种情况下，购买紧急道路服务保险可能是一种浪费。

阅读进展检查

辨别 什么是工资损失保险？

机动车保险的成本
为什么推荐100/300的人身伤害责任保险

机动车保险并不便宜。普通家庭每年在机动车保险上的花费超过1 200美元。保险费与保险公司每年支付的理赔金额有关。你的机动车保险成本与汽车、居住地和驾驶记录等因素直接相关。

弗兰克是一名学生，最近刚拿到驾照。他做兼职工作，拿的是最低工资。弗兰克的例子将告诉我们如何实现最佳的保险价值——保险范围、影响保险费的因素和降低保险费的方法。

保险金额

弗兰克将支付的保险费取决于他所需的保险金额。他需要足够的保险来在法律和经济上保护自己。

法律问题 如前所述，汽车事故涉及的大多数人无法用自己的钱支付高昂的庭外和解费用。因此，大多数司机会购买责任保险。

许多基本保险提供10/20的人身伤害责任保险。然而，一些人身伤害案件的事故受害者会获得数百万美元的赔偿，因此，建议选择100/300的保险范围。

财产价值 随着医疗费用和法律和解费用的增加，汽车保险的成本也在上升。因此，弗兰克应该考虑财产损失赔偿限额为50 000美元甚至100 000美元的保险。

影响保险费的因素

汽车类型、评级区域和司机类型是影响保险成本的另外 3 个因素。

汽车类型　汽车的年份、品牌和型号会影响保险费用。高价车和具有昂贵零配件、需要复杂维修的车的保险费用更高。此外，对于那些经常被盗的车，保险费用可能会更高。

评级区域　在大多数州，机动车保险费用是由评级区域或车主的居住地决定的。不同的地方适用不同的费用。例如，事故和盗窃事件在农村地区发生的频率较低，保险费用可能比大城市要低。

司机类型　司机类型基于年龄、性别、婚姻状况、驾驶记录和驾驶习惯确定。一般来说，年轻司机（25 岁以下）和老年司机（70 岁以上）的事故发生频率更高，事故影响更严重。因此，这些群体需要支付更高的保险费。你的驾驶记录也会影响你支付的金额。如果你发生过交通事故或收到过交通罚单，你的保险费率将会增加。

你索赔的费用和次数也会影响你的保险费。如果你提出过高昂的索赔额，你的费率将会提高。如果你索赔的次数过多，你的保险公司可能会取消你的保单，并且你可能很难从其他公司获得保险。为了解决这个问题，每个州都设立了一个 **指定风险池（assigned risk pool）**，这个风险池意味着一群无法获得机动车保险的人会被分配到在该州经营的每个保险公司。这些投保人的保险费率是正常费率的几倍。如果他们形成了良好的驾驶记录，他们可以重新申请正常的费率。

保险公司也会考虑你的信用评分。然而，保险公司不能仅仅根据你的信用报告就拒绝为你投保。

货比三家

与其他商品或服务一样，在决定使用之前，你应该从几家公司获得保险报价。什么因素会影响机动车保险的成本？

关于统计数据

因为统计数据显示，25岁以下的司机的事故发生频率更高，事故影响更严重，所以这个年龄段的司机保险费通常更高。你的驾驶记录如何影响你的保险费率？

降低保险费

弗兰克降低机动车保险费的两种方法是比较公司和利用折扣。

比较公司　机动车保险公司的费率和服务各不相同。即使同一地区的公司，保险费也可能相差高达100%。弗兰克应该比较一下当地保险公司的服务和费率。大多数州都会发布这类信息。此外，弗兰克还可以通过《消费者报告》或他所在州的保险部门等渠道了解公司的声誉。

利用折扣　对于弗兰克来说，保持低费率的最好方法是避免交通事故和收到交通罚单来保持良好的驾驶记录。此外，大多数保险公司提供各种各样的折扣。

由于弗兰克不到25岁，他可以通过参加司机培训或在学校保持好成绩来获得降低费率的资格。此外，在车上安装安全装置将减少被偷窃的可能，并降低弗兰克的保险成本。不吸烟也使得他有资格获得较低的机动车保险费。在同一家公司投保两辆或两辆以上的车辆也可享受折扣。另外，增加免赔额可以降低保费。例如，一辆较旧的汽车可能不值得你为之承担碰撞和综合保险费用。

无论你选择的保险是什么，机动车保险都是一项有价值的、强制性的，必须包括在个人理财计划中的保障措施。

 阅读结束后

决定　你认为各州是否应该要求所有司机购买机动车保险？为什么？

回顾关键概念

1. **列出**　指出机动车保险有哪两类。
2. **识别**　除人身伤害和财产损失保险外,还有其他哪3种类型的机动车保险?
3. **解释**　了解影响机动车保险费用的3个主要因素。

延伸思考

4. **评估**　跑车的保险通常比轿车更贵,为什么会出现这种情况?

英语语言艺术

5. **不要酒后驾车**　避免事故可以帮助你维护良好的驾驶记录,并降低保险费率。许多事故是由酒后驾车引起的,研究并了解人们可以采取哪些措施来减少与酒精相关的交通事故。征求同学和家长的意见,并联系反对酒后驾车母亲组织或反对酒后驾车学生组织等团体,使用你收集的意见制作一个公共服务公告,以广播广告的形式制作,时间不要超过60秒。

数学

6. **机动车保险**　加布有机动车保险,包括责任保险,保险范围为100/300/50。一次,他开车时打电话,不小心撞到了另一辆车。这次事故是加布的错,造成了3人受伤。这些人的医疗费用分别为15万美元、7.5万美元和17.5万美元。另一名司机的车也受到了损坏,需要15 500美元的修理费。加布的保险足以支付所有的医疗费用吗? 如果不够,他要自付多少钱? 他的保险是否足以赔偿汽车的损失?

数学概念　**计算责任保险**　为了计算汽车的责任保险是否足以赔偿损失,首先要确定医疗、财产损失的支付限额,再从支付限额中分别减去医疗费用和财产损失的赔偿金额。

提示　通过查看保险单条款以确定医疗费用和财产的责任保险金额。第一个、第二个和第三个数字分别代表1个人的损失赔偿限额、3个人的损失赔偿限额,以及财产的损失赔偿限额。

家庭和机动车保险

方案规划

通过规划你的保险，你可以找到满足你需求和目标的保险计划。

规划保险的步骤

| 步骤1 设立一个保险目标 | 步骤2 制订一个计划 | 步骤3 将计划付诸行动 | 步骤4 审查计划的效果 |

保险形式偏好

了解不同的保险形式可以帮助你选择最适合你的。

房屋保险的形式		
HO-1	基本形式	火灾、闪电、风暴、冰雹、火山爆发、爆炸、烟雾、盗窃、故意破坏、玻璃破碎、暴乱等危险
HO-2	扩展形式	除基本形式覆盖的范围外，再加上坠落物和冰、雪或雨夹雪造成的伤害
HO-3	特殊形式	基本形式和扩展形式涵盖的所有内容，以及除明确排除在保险单以外的其他风险，包括个人财产风险
HO-4	租户形式	租户的个人财产
HO-5	综合形式	扩大了特殊形式保险范围，加入了对保险内容的重置成本和对保险建筑物的担保重置成本
HO-6	共管公寓所有者保险	保护个人财产和对居住单元的改造或改善

试一试

绘制一个如右所示的图，它可以帮助你总结各种类型的机动车保险。

机动车保险

章节评估

章节总结

- 风险是损失或受伤的可能性；危险是可能导致损失的事情；潜在危险增加损失的可能性；疏忽指未能采取合理的措施来防止事故的发生。
- 风险规避、风险降低、风险承担和风险转移是管理风险的方式。
- 保险涉及风险转移的方法：作为收费的交换，承担损失。
- 财产保险可以补偿由自然原因、火灾和犯罪活动造成的损失。
- 责任保险覆盖对他人损失或所受伤害的财务成本的法律责任。

- 房屋保险覆盖建筑物及其他结构、额外的生活费用、个人财产和个人责任。
- 租户保险覆盖个人财产、额外生活费用，以及个人责任和相关事项。
- 影响房屋保险成本的因素有房屋位置、结构类型、保险金额和保险类型、保险折扣以及保险公司。
- 机动车保险的种类包括：人身伤害责任、医疗支付保险、未投保司机保护、财产损失责任、碰撞保险和综合实际损失保险。
- 影响机动车保险费用的因素包括保险金额、汽车类型、评级区域和司机类型。

词汇复习

1. 使用以下词创建一个纵横拼图。

- 保险
- 保险单
- 保险费
- 风险
- 危险
- 潜在危险
- 疏忽
- 免赔额
- 责任
- 房屋保险
- 个人财产保险
- 医疗支付保险
- 实际现金价值

- 重置价值
- 人身伤害责任
- 未投保司机保护
- 财产损失责任
- 碰撞保险
- 无责任制度
- 指定风险池
- 假设
- 破坏
- 评估
- 支撑
- 僵硬的
- 强制性

延伸思考

2. **解释** 假设你买了一份10/20/10责任保险，解释这意味着什么。
3. **区分** 纯粹风险和投机风险的区别是什么？
4. **调查** 解释为什么你的驾驶记录会影响你的机动车保险费率。
5. **结论** 租户保险覆盖个人财产，但不覆盖建筑物，说明其原因。
6. **规划** 设想你需要个人和职业责任保险的情况，确定每种情况下的成本和收益。
7. **构造** 编制一份由疏忽引起的汽车风险清单。
8. **判断** 假设瑞克在拜访你家时绊了一跤，摔断了胳膊，判断瑞克是否有权起诉你的家人。
9. **思考** 想想你拥有的私人物品，你认为哪些物品可能需要你购买个人财产保险？

大学和职业准备

社会研究

10. 联邦紧急事务管理局 联邦紧急事务管理局成立于1979年，负责管理国家洪水保险计划。该计划旨在补偿不断上涨的修复和更换受损建筑的费用。参与这项计划的社区必须遵守有助于减少洪水灾害的特殊管理规定。居住在这些社区的房屋所有者在购买房屋时必须购买洪水保险。通过印刷或在线资源了解有关社区必须遵循的管理规定的更多信息，写一份简短的报告来概述这些规定。

数学

11. 房屋和机动车保险 艾莉雅有房屋保险和机动车保险。她每月的房屋保险费是50美元，机动车保险费是110美元。房屋保险和机动车保险免赔额分别是1 200美元和350美元。艾莉雅每年共支付多少保险费？如果艾莉雅的房子被暴风雨毁坏了，同年她还发生了车祸，那么她这一年的保险支付总额是多少？

数学概念 **计算保险支付总额** 要计算每年的保险支付总额，首先要确定每种保险每月的保费，并乘以月数，再加上免赔额。

提示 确定房屋保险的月保费，用这个数字乘以月数来计算每年支付的保险费。

英语语言艺术

12. 无责任保险 许多州采用无责任机动车保险制度。在某些州，无责任保险的投保人不能起诉事故涉及的其他司机。由于没有诉讼费，该制度可以提供更低的保险费。有些州允许司机互相起诉。一些无责任制度限制或明确了其覆盖的保险类型。在老师的指导下和同伴一起学习，选择一个采用无责任保险制度的州，和你的伙伴一起研究和了解这一制度，准备一份口头报告来总结你发现的信息。

经济学

13. 未投保司机 一项研究表明，当失业率上升时，未投保司机的数量也会上升。当经济状况面临挑战时，有些人会认为发生车祸的风险低得不值得支付每月的保险费。其他人则可能保留甚至增加保险，以确保他们在紧急情况下有经济上的保障，写一篇文章讲述你的立场和原因。

实际应用

14. 安全驾驶合同 为了鼓励青少年了解驾驶风险，许多学校采用了签订安全驾驶合同的方法。这些合同由青少年和父母或监护人签订。通过签订这份合同，成年人承诺要和青少年谈谈安全驾驶的问题，青少年则承诺遵守安全规则，比如系好安全带、不酒后驾车等。研究并找出安全驾驶合同的案例，以此为基础，制定自己的合同，你的合同可以涉及你在朋友或家人的驾驶时看到的任何安全风险。

你的资产组合

机动车保险价格

在马里奥买下他想要的汽车之前，他需要确定他能买得起保险。他选择通过低负债、未投保司机保险和高免赔额来尽可能地降低他的保险费用。显然，保险公司B能为同一保险提供更低的价格。

调查保险公司	保险公司 A	保险公司 B
人身伤害保险：		
人身伤害责任，每人50 000美元，每起事故10万美元	472美元	358美元
未投保司机保护	208美元	84美元
医疗支付保险 每人2 000美元	48美元	46美元
财产损失保险：		
财产损害责任 每起事故50 000美元，免赔额500美元	182美元	178美元
碰撞保险	562美元	372 美元
综合实际损失保险，免赔额500美元	263美元	202美元
租车：	40美元	32美元
折扣：好司机、安全气囊、车库停车	（165美元）	
年度总额	1 610美元	1 272美元

研究

确定你想拥有的汽车品牌、型号和生产年份，研究两家保险公司分别会给出怎样的价格，你可以通过电话了解它们的费率，许多公司也有网站。在一张纸上记录你的发现，你是如何比较的？你会选择哪家公司？为什么？

第23章

23 健康、伤残和人寿保险

看图说话

　　尽管有一些年轻人认为他们不需要健康保险，但是当意外发生时，保险会发挥作用。什么事情可能使年轻人需要健康保险？

探索项目

探索健康保险的覆盖范围

关键问题

你应该在健康保险单上寻找什么？

项目目标

在选择健康保险前，仔细考虑你的具体情况和需要是很重要的。虽然你可能觉得较低的月保险费是最重要的因素，但你必须考虑到你将承担的自付费用，以确定哪种保险是真正最划算和最适合你的。从考虑如何使用健康保险开始。你多久去看一次医生？你参加危险的活动吗？你需要视力或牙科保险吗？列出你的关键项目清单。

考虑以下内容

- 除了基本健康保险之外，你还需要哪些保险？
- 你能负担多少自付费用？
- 你有资格参加政府的医疗保健计划吗？
- 你有既存状况吗？

21世纪技能

适应改变

未来生活的改变可能会如何影响你的医疗保健需求？

重要见解

一个好的财务规划应该包含健康和人寿保险。

请教专家

医疗保健费用

问： 我是一个高中生，为什么我现在就应该关心未来的医疗保健费用？

答： 你的个人习惯会影响你现在和将来的医疗费用。许多健康问题都是由不良习惯造成的，而且可能是多年形成的，比如缺乏锻炼或饮食不佳。现在就养成良好的习惯，可以减少将来产生健康问题和相关费用的可能性。

 写作任务

制作一张图文并茂的海报，说明你现在可以养成的，能帮助你确保未来医疗费用保持在低水平的好习惯。

基本问题　人寿保险单如何帮助你制订良好的财务计划？

中心思想

在为你的"需要"选择最佳保险时，了解可用的健康保险类型及来源是很重要的。如果你不能工作，伤残收入保险是很重要的。人寿保险可以减轻你家属的经济负担。

内容词汇

- 健康保险
- 共同保险
- 止损
- 共同付费
- 蓝十字
- 蓝盾
- 管理式医疗
- 健康维护组织
- 优选医疗机构
- 服务点计划
- 医疗保险计划
- 医疗补助计划
- 伤残收入保险
- 受益人（保险）
- 定期保险
- 终身保险
- 现金价值
- 养老保险

学术词汇

在阅读和测试时，你会看到这些词。

- 失效
- 膳食费
- 补充
- 临终关怀
- 有效
- 暂停
- 困难
- 条款

使用图表

在阅读本章之前，画一个如下所示的表。在阅读的过程中，请记下两项政府医疗保健计划以及它们各自提供的收益。

政府医疗保健计划	

什么是健康保险

为什么对健康的人来说健康保险很重要

健康保险（health insurance）是一种保护形式，可以减轻人们因疾病或受伤而承受的经济负担。你向保险公司支付保险费或其他费用，作为回报，保险公司为你支付大部分医疗费用。

健康保险包括医疗费用保险和伤残收入保险。医疗费用保险通常只支付实际医疗费用。伤残收入保险为受伤或生病而不能工作的人提供部分收入补偿。本章所说的健康保险一般指医疗费用保险。可以购买的健康保险有团体健康保险、个人健康保险和COBRA。

团体健康保险

大多数有健康保险的人都参加团体保险。通常，这些保险是由雇主发起的，这意味着由雇主提供保险，支付部分或全部保费。其他组织，如专业协会，也提供团体保险。团体保险覆盖你和你的直系亲属。1996年的《健康保险便利和责任法》（Health Insurance Portable and Accountability Act）确定了新的联邦标准，以确保员工换工作后不会失去健康保险。例如，父母可以从一个团体健康保险转成另一个团体健康保险，且覆盖范围不会缩小。此外，父母的保险费用不会比其他员工高。

团体保险的成本相当低，因为许多人在同一份保险单下投保，这样的保险单是与风险分担团体或保险公司签订的合同。团体保险提供的保险金额各不相同。例如，一些保险限制为住院和医疗费用支付的数额。

协调的好处　如果你的保险不能覆盖你所有的健康需求，你还有一些选择。如果你已婚，你可以利用"给付协调"（coordination of benefits）条款，该条款允许你将多个保险的保险金结合起来。从所有保险中获得的保险金的限额为所有医疗费用的100%。

本节目标

- 解释财务规划中健康保险的重要性。
- 分析各种类型健康保险的成本和给付额。

阅读进行时

预测　想象并描述一个年轻健康的人需要健康保险的情况。

个人健康保险

有些人可能没有雇主提供的团体保险，或者因为他们是个体经营者而无法得到团体保险。还有些人可能对团体保险的保险范围不满意。在这些情况下，个人健康保险可能是一个不错的选择。你可以直接从你选择的公司购买个人健康保险。投保人可以是个人或家庭。个人健康保险可以根据你的需要进行调整。

COBRA

1986 年的《综合预算协调法案》（Consolidated Omnibus Budget Reconciliation Act）允许失业员工在一定时间内保留前雇主提供的团体保险。你必须为一家私人公司、州或地方政府工作，才有资格申请《综合预算协调法案》赋予的权利。

阅读进展检查

识别 两种健康保险——医疗费用保险和伤残收入保险的区别是什么？

保险覆盖的范围

你认为基本健康保险和重大医疗保险为什么常常是同时提供的

通过个人或团体保险，可以获得几种类型的健康保险。几乎每一个健康保险都包含一些特定的福利，其他福利则不那么常见。

基本健康保险覆盖的范围

基本健康保险包括住院费用保险、手术费用保险和医生费用保险。

住院费用 住院费用保险支付住院期间的部分或全部住宿费和膳食费（日常餐费）。常规护理、小型医疗用品和医院设施使用的费用也包括在内，例如麻醉、敷料、X 光检查和手术室的使用。

大多数保险单规定了你每天住院费用的最高赔付额。它们也可能限制保险覆盖的天数。大多数保险单还有免赔额。

手术费用 手术费用包括全部或部分手术费，无论手术是在医院还是在医生工作室做的。保险单通常包含一个服务列表，其中列出了每种手术的最高支付额。例如，某种保险可能规定阑尾切除手术的最高支付额为 500 美元。如果保险不覆盖全部手术费，投保人必须支付差额。人们经常同时购买手术费用保险和住院费用保险。

医生费用 医生费用包括部分或全部不涉及手术的医生护理费用，包括特定服务，如在医院、医生工作室，甚至病人家里的治疗。医生费用保险覆盖例行检查、X 光检查和实验室检查。在基本健康保险中，医生费用保险通常与手术费用保险和住院费用保险结合在一起。

重大医疗保险

大多数人认为基本健康保险能满足他们的日常需要。然而，严重疾病或事故的成本可能会快速累加。例如，陈需要紧急手术，包括手术、两周的住院治疗、实验室检查和几次复查。他震惊地发现，他的基本健康保险只支付了不到总账单的一半，留下了超过 1 万美元的债务。

重大医疗保险本可以更好地保护陈。重大医疗保险支付长期住院和多次手术的巨额费用。它填补了基本健康保险无法覆盖的空白地带。重大医疗保险覆盖了医院内外大多数由医生确定的护理和治疗。每年每种疾病的最大保险金额从 5 000 美元至 100 多万美元不等。

共同保险 当然，这类保险并不便宜。为了降低保险费，大多数重大医疗保险都要求设置免赔额。一些保险还包含共同保险条款。**共同保险（coinsurance）**是投保人在免赔额之外必须自行支付的医疗费用的百分比。许多保险要求投保人在支付免赔额后支付 20% 或 25% 的费用。

例如，阿利安娜的保单包含 800 美元的免赔额和要求她支付所有账单 20% 的共同保险条款。如果她的账单总额为 3 800 美元，保险公司将首先从保险中扣除应扣除的部分（800 美元）。然后，保险公司将支付剩余 3 000 美元的 80%，也就是 2 400 美元。因此，阿利安娜的总花费是 1 400 美元（800 美元的免赔额和 600 美元的共同保险）。

止损条款 一些重大医疗保险包含了止损条款。止损条款要求投保人支付一定金额以内的所有费用，如保险金额剩余费用的100%。一般来说，投保人会在保险生效前支付3 000美元至5 000美元的自付费用。

综合重大医疗 重大医疗保险可作为包括基本健康保险在内的单一保险的一部分，也可以单独购买。综合重大医疗保险是一种能够帮助支付医院、手术、医疗和其他费用的全面健康保险。它的免赔额很低，通常是200美元到300美元。大多数综合重大医疗保险限制对某些费用的保险金。

住院补偿保险

当你住院时，住院补偿保险会支付保险金。然而，与提到的大多数保险不同，这类保险并不直接覆盖医疗费用。你需要用现金支付，并选择医疗或非医疗费用。虽然这类保险的覆盖面有限，但它的保险金可以广泛使用。住院补偿保险是基本健康保险或重大医疗保险的补充而不能替代。然而，购买这种保险的人通常需要支付比保险金高得多的保险费。

牙科费用保险

牙科费用保险可以补偿投保人的牙科服务和用品的费用。牙科费用保险鼓励人们采用预防性牙科保健，支付维护和保健费用。这类保险通常覆盖口腔检查、X光检查、清洁、补牙、拔牙、口腔手术、假牙和牙套。然而，一些牙科费用保险不覆盖X光检查和清洁。与其他保险一样，牙科费用保险可能有免赔额和共同保险条款，规定投保人在免赔额后支付牙科费用的20%至50%。

视力保健保险

许多保险公司将视力保健保险作为团体保险的一部分。视力和眼睛健康的问题在常见慢性保健问题中排第二。在考虑视力保健保险时，你应该分析成本和收益。在某些情况下，视力保健保险的成本会超过它的价值。视力保健保险可以覆盖眼科检查、眼镜、隐形眼镜、眼科手术和眼科疾病的治疗。

小婴儿，大花费

当你考虑到怀孕期除了住院、医疗和分娩时的护理之外，还有医生的检查和测试，你会发现生孩子的成本可能会相当高。哪些费用可能属于住院费用？

不必要的保险

恐惧症、旅行事故、死亡和癌症等保险通常通过邮件、报纸和杂志出售。这些保险会引起不必要的恐惧，并且在许多国家是非法的。它们仅覆盖具体的状况，而这些状况已经涵盖在重大医疗保险中了。

长期护理保险

如果你得了严重的疾病或残疾了，无法照顾自己，长期护理保险会提供你可能需要的日常帮助的费用。长期护理保险覆盖了长期在养老院及在家接受的帮助，如穿衣、洗澡和做家务等日常活动。每年的保险费取决于年龄和保险金额，从 1 000 美元到 16 000 美元不等。你投保时年龄越大，你的年保险费就越高。一般情况下，长期护理保险面向 50 岁至 80 岁的人群，最多支付 2 至 6 年的保险金，并对保险金设定限额。长期护理保险并不适合所有人，很少建议 60 岁以下的人购买。

另一个选择是通过社区服务满足你的长期护理需求。家庭成员提供的护理可由到家护士、家庭卫生助理、护理人员提供的服务进行补充。这些服务变得越来越广泛，可能适用于你的社区，也可能不适用。

阅读进展检查

识别 列出包含在基本健康保险中的 3 个基本保险。

健康保险单的主要规定

健康保险单中的主要条款涉及哪些利益和限制

所有健康保险单都有一些共同的条款。你必须确保自己了解你的保险涵盖的内容：有什么利益，有什么限制，法律规定保险公司可以如何运作，例如，法律规定了健康保险公司在什么情况下可以拒绝承保、更改保费和取消保险。

大多数健康保险包括以下条款。

- **资格** 该条款规定了保险覆盖的人员。这通常包括投保人、其配偶和一定年龄的子女。

- **分配保险金** 当你提交账单和索赔表时，你将获得报销。 当你分配保险金时，你可以让保险公司直接向医生或医院付款。

- **内部限制** 具有内部限制的保险为特定服务设置特定的还款水平。

- **共同付费** 共同付费是你每次接受承保服务时支付的固定费用。 该费用通常在 5 美元到 20 美元之间。保险公司支付服务费用的余额。这与共同保险不同，共同保险是在你支付免赔额后负责医疗费用的一定百分比。

- **服务给付** 具有此条款的保险单会列出服务的覆盖范围，而不是金额。例如，你有权接受 X 光检查，而不需要支付 40 美元的费用。服务给付总是优于保险金支付，因为在服务给付条款存在时，保险公司会支付特定服务的所有费用。

- **保险金限制** 该条款规定了最高保险金。保险金限制包括对个人可以获得的保险金额的限制以及对如住院补偿保险的基本保险金的限制。

- **排除和限制** 此条款指明了保险不包含的服务。排除和限制可以包括现实状况，或保险生效前诊断的状况。

- **给付协调** 如前所述，保险给付协调条款使你无法从两个或多个保险金总计超过实际费用的团体保险中获取额外利益。根据这一规定，你和你配偶的保险的给付将得到协调，保险只支付最高为实际费用的 100％ 的费用。

- **保证可恢复** 根据这一条款，除非你未支付保险费，否则保险公司不能取消保险。这一条款还禁止保险公司提高保险费，除非它们提高团体保险所有成员的保险费。

- **取消和终止** 该条款解释了保险公司可以取消保险的情况，还解释了如何将团体保险转换为个人保险。

 阅读进展检查

定义 什么是共同付费？

选择保险

你应该选择哪种健康保险

现在你已经熟悉了健康保险类型及其主要条款，那么你如何选择呢？你选择的保险种类将受到你能负担的保险费与你想要和需要的给付水平的影响。如果你是通过你的雇主投保的，那么你的雇主为你提供的保险也可能影响你的选择。

你可以购买基本健康保险、重大医疗保险，或者同时购买基本健康保险和重大医疗保险。这3种选择中的任何一种都将至少支付你的部分医疗费用。理想情况下，你应该有一个基本健康保险和一个重大医疗保险，它们可以互为补充。还有一种选择是购买全面重大医疗保险，它将两种保险的价值结合在了一起。

利益和限制

仔细阅读和理解你的健康保险单的所有条款是很重要的。为什么要优先选择有服务给付条款的保险？

健康保险权衡

不同的健康保险单会提供不同的利益。当你在决定要购买哪种保险时，你应该权衡以下要点。

报销还是赔偿　报销型保险会按实际费用支付给你。赔偿型保险则只支付特定的金额，不管实际费用是多少。

例如，凯蒂和赛斯每次去同一位专家的诊所看病都要花费 200 美元。凯蒂的报销型保险有 300 美元的免赔额。一旦她的花费超过免赔额，保险将支付她看病所需的剩下费用。赛斯的赔偿型保险支付他每次在专家诊所看病的 125 美元费用。

限制　保险公司的限制类型由政府规定。有内部限制的保险只覆盖固定数额的费用，比如住院期间的每日食宿费。具有总限额的保险可能会限制保险总金额。有些保险没有限制。

免赔额和共同保险　健康保险的费用受免赔额的影响。免赔额是投保人在保险公司支付保险金前必须支付的医疗费用的固定数额。健康保险的费用也受共同保险条款的影响。

自付限额　有些保险限制了你必须支付的免赔额和共同保险金额。你的花费达到这个限额后，保险公司将承担所有额外费用。自付限额可以帮助你降低财务风险，但也可能增加你的保险费。

基于常理和习惯的给付　有些保险会考虑特定区域的服务平均费用。他们用这一平均费用给投保人设定支付限额。如果你所在地区的标准手术费用是 1 500 美元，那么你的保险将不会支付超过这个金额的费用。

回顾关键概念

1. **识别**　描述住院费用保险、手术费用保险和医生费用保险提供的保险金。

2. **列出**　确定除了基本健康保险外，你可能想要购买的5种健康保险。

3. **关联**　解释健康保险与你的财务规划有什么关系。

延伸思考

4. **分析**　描述报销型保险和赔偿型保险的优势和劣势。

英语语言艺术

5. **身体和财务健康**　你的朋友布莱恩25岁了，过着积极健康的生活。他很少生病，所以他觉得不应该把钱花在健康保险上。写一个剧本，讨论健康保险的好处，并向布莱恩解释为什么不管目前的状况如何，他都应该购买基本健康保险。你的剧本应该是对话形式的，包括布莱恩的反对意见或问题，以及你做出的回答。

数学

6. **共同保险或止损**　卡梅伦正在考虑购买一份保险，她决定从两个选项中选择。其中一份保险包含600美元的免赔额和要求投保人支付所有账单20%的共同保险条款。另一份保险包含止损条款，要求投保人支付1 000美元的费用，之后保险公司将支付剩余的所有费用。如果卡梅伦的医疗费用为3 000美元，哪一份保险的自付费用最低？

数学概念　**计算医疗费用**　要计算医疗费用，首先要确定医疗账单或总费用，然后确定从保险中获得的保险金，并从总费用中减去它。

提示　从总费用中减去免赔额，并用此结果乘以20%，确定有共同保险条款的保险单产生的费用，再用此结果加上免赔额。

阅读进行时

发现 私人机构提供的保险与政府提供的保险有什么不同?

私人医疗保健计划

健康维护组织和优选医疗机构有什么不同

在美国,大多数健康保险是由私人机构提供的,而不是由政府提供的。私人医疗保健计划有若干来源:私营保险公司、医院和医疗服务计划、管理式医疗、家庭卫生保健机构、雇主自设的健康计划。此外,现在有些雇主可以提供医疗保健账户来帮助管理医疗保健费用。

私营保险公司

保险公司以团体保险或个人保险形式销售健康保险。其中,团体保险约占全部医疗保险的 90% 和全部伤残收入保险的 80%。

有几百家私营保险公司经营健康保险业务。它们主要为雇主提供团体健康计划。然后,这些雇主向雇员提供健康计划,作为员工福利。保险费全部或部分由雇主支付,其余部分由雇员支付。

这些保险通常通过直接向提供服务的医生、医院或实验室支付费用来支付医疗费用。

医院和医疗服务计划

蓝十字和蓝盾是类似于私营健康保险公司的州级别的组织。每个州都有蓝十字和蓝盾。**蓝十字(Blue Cross)**是一家提供医院护理保险的保险公司。**蓝盾(Blue Shield)**是一家提供手术费用保险和医疗服务保险的保险公司。"蓝色公司"为数百万美国人提供健康保险。

管理式医疗

不断上升的医疗成本导致了管理式医疗的增加。根据一项行业调查,23% 的在职美国人参加了某种形式的管理式医疗。**管理式医疗(managed care)**指为其成员提供全面医疗保健的预付医疗。管理式医疗的目的是通过控制医疗服务的使用来控制医疗服务的成本。

控制成本

通过降低医疗成本，管理式医疗能帮助更多的人获得医疗保险。哪种管理式医疗要求你选择一名主要的护理医生？

管理式医疗公司会提供信息，帮助会员更好地管理他们的医疗需求。健康计划已经启动了互联网项目，允许你在线了解医学研究情况、支持团体、获得专业建议。管理式医疗由健康维护组织、优选医疗机构和服务点计划提供。

健康维护组织　选择管理式医疗可以通过**健康维护组织（HMO）**，它直接雇用选定的（或预先批准的）医生及其他医疗专业人员或与他们签订合同，提供医疗服务，每月收取固定的预付保险费。健康维护组织是基本健康保险和重大医疗保险的替代品。

健康维护组织的理念是：预防服务将把未来的医疗问题最小化。因此，这类计划通常包括常规免疫接种和检查、筛查和诊断测试。它们还为其他广泛的健康服务提供保险。这些服务分为两类：基础服务和补充服务。基础健康服务包括住院、门诊、手术及紧急护理。如果你参加了健康维护组织，你通常会为每项服务支付一小笔共同费用，比如门诊费。补充或额外的服务通常包括需要额外付费的视力保健和开处方服务。

首次注册健康维护组织时，你必须从健康维护组织提供的医生列表中选择一名计划医生。这位医生为你提供或安排所有的医疗保健服务。如果你在健康维护组织提供的医生名单之外的医生处获得治疗，那么你需要自己承担服务费用，医疗紧急情况除外。如果你突然生病或受伤，不立即治疗将危及你的生命或健康，你可以去最近的急诊室。其他所有护理必须由医院和医生根据与健康维护组织签订的合同提供。

健康维护组织并不适合所有人。许多健康维护组织的客户抱怨他们的健康维护组织拒绝给他们提供必要的护理。另一些人则觉得医生的选择有限。

下面是一些使用和选择健康维护组织的技巧。因为健康维护组织要求你只使用特定的医生，你应该确保医生离你的家或工作地点近。如果你不喜欢你首选的医生，你也应该确保自己更换医生比较方便。更换医生后，医生的费用也应由健康维护组织支付，并且你应该能够对健康维护组织拒绝提供医疗服务的任何情况提出上诉。最后，看看成本和收益——该计划是否会产生自付费用或共同支付额，以及将提供哪些服务。

优选医疗机构　健康维护组织的一个变体是优选医疗机构。**优选医疗机构（PPO）**是一组医生和医院，他们 / 它们同意以预定的费用向成员提供特定的医疗服务。优选医疗机构通过保险公司直接或间接向雇员提供折扣服务。优选医疗机构的保险费略高于健康维护组织的保险费。

优选医疗机构计划中的成员通常不支付免赔额，但可能需要承担最低的共同支付额。健康维护组织要求成员只接受健康维护组织提供的护理，但优选医疗机构计划中的成员有更大的灵活性。成员可以去首选的医疗服务提供者（从预先提供的列表中选择）处，也可以去自己的医生处。决定使用自己医生的病人不会像健康卫生组织的客户那样失去保险。然而，他们必须支付免赔额和更高的共同支付额。

服务点计划　**服务点计划（POS plan）**结合了健康维护组织和优选医疗机构的特性。服务点计划依靠一个由医生和医学专业人士组成的网络，并与这些医生和专业人士签订合同，收取一定的费用提供服务。与健康维护组织一样，你需要选择一个医生来负责你的护理和诊断。只要你是从预定的医疗机构那里得到医疗服务的，你只需支付很低的费用，或者无须付费，就像健康维护组织的客户那样。然而，你可以在这个网络之外以更高的费用寻求护理，像优选医疗机构计划一样。虽然有了服务点计划，但你不会被限定在医疗网络中。服务点计划的成本要高于健康维护组织。

家庭卫生保健机构

不断上涨的医疗费用、新的医疗技术和越来越多的老年人，使家庭护理成为医疗行业增长最快的领域之一。家庭卫生保健由家庭卫生保健机构、家庭护理辅助机构和"临终关怀"（为绝症患者提供护理的设施和组织）提供。这些提供者遵照医嘱在家中提供医疗服务，通常只收取医院类似服务的费用的一小部分。

雇主自设的健康计划

有些公司选择自我保险，设有自己的保险计划，向员工收取保险费，并支付医疗保险金。这些公司必须支付超出保险费金额的医疗费用。不幸的是，一些公司没有固定的金融资产来应对这类情况，这可能会给公司和员工带来财务灾难。

医疗保健账户

健康储蓄账户（health savings accounts）是美国工人健康保险的最新补充。你和你的雇主必须对健康储蓄账户、健康报销账户（health reimbursement accounts）和弹性支出账户（flexible spending accounts）进行分类。这些账户都有其使用方式、使用限制和征税方式。

弹性支出账户允许你将税前收入存入由雇主管理的账户。年末，你需要把钱用于医疗保健，但剩余的钱你无法提取出来使用。

健康报销账户与高免赔额保险挂钩。该账户完全由你的雇主资助，用于医疗保健。你可以将每年未花完的钱保留下来，但如果你换工作，你将失去这笔钱。该账户的保险费往往低于传统保险的，但高于健康储蓄账户的。你可以将其中的资金投资于股票、债券和共同基金。这些钱免税，但只能用于医疗保健。

健康储蓄账户允许你将钱存入一个免税账户，如果你购买了高免赔额的健康保险来支付高昂的开支，这个账户可以用于自付医疗费用。例如，你的健康保险单至少有 1 150 美元的免赔额，你可以每年把一部分税前收入存入健康储蓄账户，达到免赔额为止——但是家庭保险不超过 5 950 美元，个人保险不超过 3 000 美元，另外 55 岁以上的人可以额外缴纳 1 000 美元。你可以免税从健康储蓄账户中取钱，但只能用于家庭的医疗费用。在达到免赔额和共同支付额后，保险仍然可以覆盖医疗费用的 80%。健康储蓄账户必须有最高自付金额限制，也就是医疗费用的 100%。和健康报销账户一样，你可以将健康储蓄账户的资金投资于股票、债券和共同基金，这些资金免税。与健康报销账户不同的是，如果你换了工作，你可以带走健康储蓄账户中的钱。

阅读进展检查

区分 两个提供医疗服务计划的州级别的组织叫什么？它们有何不同？

政府医疗保健计划
谁从政府医疗保健计划中获益最多

到目前为止，我们讨论的健康保险多是通过私营公司购买的。然而，一些消费者有资格享受联邦和州政府提供的医疗保健计划。联邦提供的是医疗保险计划，联邦和州都提供医疗补助计划。

医疗保险

也许最著名的政府项目是医疗保险。==医疗保险计划（Medicare）==是一项由联邦政府资助的健康保险计划，适用于 65 岁以上或有残疾的人。医疗保险计划分为 4 个部分：医院保险（1 部分）、医疗保险（2 部分）、医疗保险优惠（3 部分）和处方药保险（4 部分）。

医疗保险计划的 1 部分由一部分社会保障工资税提供资金。1 部分帮助支付住院病人的医院护理费用、专业护理机构的护理费用、家庭保健费用和临终关怀费用。项目参与者每年支付一次免赔额，1 部分支付住院病人医院护理中保险覆盖的所有服务费用。大多数 65 岁以上的人都有资格享受免费的医疗保险。

医疗保险计划的 2 部分帮助支付医生的服务费以及 1 部分没有覆盖和没有完全覆盖的医疗服务费和用品费。2 部分有免赔额和 20% 的共同保险。这意味着一旦一个人的医疗费用达到了年度医疗保险的免赔额，医疗保险将支付此人这一年余下时间中保险覆盖的服务费用的

80%。医疗保险计划的 2 部分是一项补充计划，由那些认为自己需要额外保险的个人购买，每月定期收取保险费。联邦政府将根据该金额缴纳一笔保险费。

1997 年通过的《平衡预算法》（Balanced Budget Act）创立了"医疗服务＋选择"（Medicare ＋ Choice）计划，后者于 2003 年更名为"医疗保险优惠"（Medicare Advantage），即 3 部分。3 部分结合了 1 部分和 2 部分。经医疗保险计划批准的私营保险公司提供这种保险。其费用可能低于原来的医疗保险计划，并可能提供额外的收益。

4 部分覆盖处方药。私营的、经批准的公司提供这种保险。它必须包括必要的药物。3 部分通常也会覆盖处方药。

医疗保险计划财务情况　医疗保险计划面临财务风险。医疗保健费用持续增长，美国老年人口也在增加。这种情况使医疗保险计划面临资金耗尽的危险。

更长寿

65 岁以上老年人的数量正在增长，这在一定程度上要归功于积极健康的生活方式和医疗服务的改善。为什么老年人需要政府项目来帮助支付医疗保险？

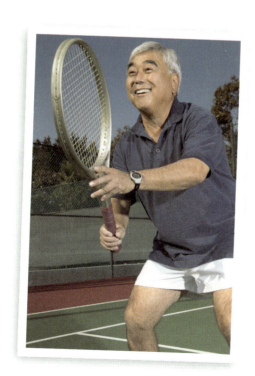

阿卡拉·萨尔 保险代理人

我天生有销售能力，我关心我的客户。我向个人、家庭、公司和其他团体销售保险，以补偿他们/它们未来因受伤、疾病、死亡、财产损失或盗窃遭受的经济损失。通常，我每天需要拜访潜在客户，获取关于他们的财务资源和需求，以及被保险人身体状况或财产的数据。然后我会制订一个适合该客户的保险计划，解释这个计划的成本和收益，然后写一份保险单。我定期与我的客户保持联系，以便处理保单的更改和续签。互联网让我更容易接触到更多的客户，更好地了解新产品。建立一个满意的客户群，向潜在客户推荐我的服务，这对我的成功至关重要。

职业细节

技能	教育	职业道路
销售、协商、沟通、数学、计算机及时间管理，法律和金融知识	高中以上学历或同等学力，但具有商业、金融或经济学本科以上学历者优先，州颁发的许可证，继续教育	保险代理人可以成为销售经理、独立代理人或经纪公司老板

职业探索

访问美国劳工部统计局的网站，获取有关保险代理人职业的信息。

1. 除了销售保险外，保险代理人还需要履行哪些工作职责？

2. 随着科技的进步，这项工作发生了怎样的变化？未来还会发生什么变化？

医疗保险计划不包含什么 医疗保险计划有效地覆盖了许多医疗费用，但有一些医疗费用是医疗保险计划无法覆盖的。这些费用如下。

- 某些类型的专业或长期护理。
- 在美国境外接受的护理，加拿大和墨西哥除外，只有在有限的情况下才会被覆盖。
- 私人护理。
- 院外处方药。
- 常规体检。
- 牙科保健。
- 大多数筛查和一些糖尿病用品。
- 大多数免疫接种。

医疗保险计划也限制了它覆盖的服务种类和费用。如果医生不接受医疗保险计划全额支付，病人有责任支付差额。

补充性医疗保险　有资格享受医疗保险并希望获得更多保险的人可以购买补充性医疗保险。补充性医疗保险通过填补医疗保险不覆盖的医疗费用来补充医疗保险。补充性医疗保险不由联邦或州政府提供。它由私营公司提供。所有补充性保险必须覆盖医疗保险覆盖范围的某些缺口，例如住院的共同保险金额。

医疗补助

另一个著名的政府健康计划是==医疗补助计划（Medicaid）==，这是一个向某些低收入个人和家庭提供的医疗援助计划。医疗补助由各州管理，但由州和联邦基金共同资助。

与医疗保险不同，医疗补助的覆盖范围很广泛，所以有医疗补助的人不需要补充性医疗保险。典型的医疗补助项目如下。

- 医生服务。
- 住院服务。
- 门诊服务。
- 实验室服务。
- 熟练的护理和家庭健康服务。
- 处方药。
- 眼镜。
- 21 岁以下人群的预防性护理。

政府消费者健康信息网站

卫生与公众服务部运营 60 多个网站，其中包含大量与健康和医疗有关的可靠信息。

健康资讯查询网　健康资讯查询网提供政府和非营利性组织运营的 1 000 多个网页的链接。网站根据主题列出信息。

MedlinePlus　MedlinePlus 是全球最大的已发布的医疗信息的互联网集合。它最初是为卫生专业人员和研究人员设计的，但对学生和对医疗保健感兴趣的人也很有价值。

NIH 健康信息　美国卫生研究院（NIH）运营着一个网站。它会在出版物和互联网上向你提供消费者健康信息。

美国食品药品监督管理局　美国食品药品监督管理局（FDA）是一家联邦消费者保护机构，它在它的网站上提供各种食品、药品、化妆品和医疗器械的安全信息。

回顾关键概念

1. **识别**　列出私人医疗保健计划的6个来源。

2. **区分**　政府的医疗保险与医疗补助有什么区别?

3. **总结**　描述3种医疗保健账户。

延伸思考

4. **判断**　你认为65岁以上能够负担得起私人医疗保险的人应该有资格享受医疗保险吗?

21世纪技能

5. **做出判断和决定**　你的健康保险一直是父母给你买的。假设你刚开始做第一份全职工作,现在你必须拥有自己的健康保险。你工作的公司为员工提供两种管理式医疗:一种是健康维护组织,一种是优选医疗机构。考虑每种计划的优点和缺点,以及你的个人情况和需求,你认为哪种计划最适合你的健康和财务需求?

数学

6. **优选医疗机构**　克里斯背部不适,决定去医院。克里斯有一个优选医疗机构,根据其规定,在保险单持有人的医疗费用达到400美元的年度免赔额后,该保险将覆盖这笔费用的85%。假设克里斯去了他的优选医疗机构,他的医疗费用总计1 200美元,而克里斯在本年度没有支付任何免赔额。克里斯需要付多少钱? 优选医疗机构覆盖了多少医疗费用?

数学概念 **计算覆盖成本**　计算优选医疗机构的覆盖范围,需要从总医疗费用中减去每年的免赔额,然后将结果乘以覆盖率。自付费用为总医疗费用减去保险金额。

提示　首先确定所需的年度总免赔额,从而计算收到的保险金额。即从发生的总医疗费用中减去免赔额,然后将结果乘以覆盖率。

伤残收入

为什么伤残收入保险很重要

在伤残收入保险出现之前，生病的人因无法工作而损失的钱往往比支付医疗账单的钱多。伤残收入保险的设立就是为了补偿此类收入损失。==伤残收入保险（disability income insurance）==在雇员因怀孕、非工作引起的意外事故或疾病而无法工作时提供定期现金收入。它旨在保护你的赚钱能力，这是你最宝贵的资源。这种保险如今很常见，有数百家保险公司提供。

"伤残"一词的确切含义因保险公司而异。当你不能正常工作时，有的保险公司会支付你保险金。有的保险公司则只会在你病得很重或受了重伤，无法从事任何工作的情况下才会向你支付保险金。例如，一个手受伤的小提琴手可能无法完成常规工作，但能够进行其他工作。一个好的伤残收入保险计划会在你不能进行常规工作的时候支付你报酬。如果你只能做兼职工作，一个好的伤残收入保险计划也会支付部分保险金。

许多人犯了忽视伤残收入保险的错误，没有意识到这一点非常重要。由于伤残人员失去了收入，但仍需支付生活费用，因此伤残会导致比死亡更严重的经济问题。

此外，伤残人员往往有支付巨额医疗费用和接受特殊护理的需要。

伤残收入来源

在你从私营保险公司购买伤残收入保险之前，请记得你可能已经拥有某种形式的这种保险。如果你在工作中受伤，可以通过职工赔偿获得此保险；如果你长期伤残，也可以通过雇主或社会保险获得伤残收入保险金。

职工赔偿 如果你的伤残是由工作中发生的事故或疾病造成的，你可能有资格获得职工赔偿金，金额取决于你的工资和工龄。

雇主 许多雇主通过团体保险计划提供伤残收入保险。在大多数情况下，你的雇主会支付部分或全部的保险费用。一些保险可能只提供几个月的工资，还有一些保险提供长期保护。

本节目标

- 解释伤残保险在财务规划中的重要性。
- 描述伤残收入的不同来源。

阅读进行时

推断 伤残保险可能覆盖哪些内容？

社会保障 社会保障可能是我们最熟知的退休收入来源，但它也提供伤残收入保险金。如果你是一个缴款给社会保障系统的工人，成为伤残人员后，你将有资格获得社会保障金。你能得到多少保障金取决于你的薪水和你向社会保障系统缴款的年数。你的家属也有资格享有某些保险金。但是，社会保障制度有非常严格的规定。如果工人的身体或精神状况妨碍他们工作的时间大于 12 个月，或他们的状况可能导致死亡，他们就会被视为伤残。保险金从工人伤残之后的第 6 个月起生效。工人只要一直处于伤残状态，保险金就一直有效。

私人收入保险计划 私营保险公司提供了许多保险，可以补偿人们因疾病或伤残遭受的收入损失。伤残收入保险每周或每月向因病或意外事故而不能工作的人支付现金。支付的金额通常是一个人正常收入的 40% 到 60%。一些私人收入保险计划的支付金额高达 75%。

做好准备

尽管每个人都可能发生意外事故，但你可以通过确保你有伤残收入保险来做好经济上的应对。一个人何时有资格享受社会保障中的伤残收入保险金？

伤残保险选择

当你购买健康保险或伤残收入保险时，你需要在不同的伤残保险单中做出选择。你应该考虑以下几个因素。

等待期或消除期 你的保险金不会从你伤残的那一天开始支付，你得等到伤残后的第 6 个月才能获得这些保险金。这段等待的时间被称为等待期或消除期。通常情况下，消除期较长的保险收取的费用较低。

保险金期限 每个保险单都指定了支付保险金的特定期限。有些保险单只有几年有效，或者说只有几年算是好保险。有的保险单会在你年满 65 岁时自动失效。

还有一些保险向被保险人终身付款。你应该寻找一个能为你提供终身保险金的保险。如果保险单规定保险单持有人年满 65 岁时停止付款，那么永久性伤残可能会成为此人主要的经济负担。

保险金金额　你的目标保险金金额应该是，和其他收入来源相加等于实得工资的 70% 到 80%。当然，保险金越高，持有保险的成本越高。

事故和疾病保险　一些伤残收入保险只为意外事故支付费用。然而，事故并不是造成伤残的唯一原因，因此疾病保险也很重要。

保证可恢复　如果你的健康状况变差，你的伤残收入保险公司可能会取消你的保险。寻找一个只要你继续支付保险费，就能保证覆盖范围的保险计划。一些保险计划甚至可能在你成为伤残人员后暂停或停止支付保险金。

 阅读进展检查

回顾　伤残收入有哪 4 个来源？

你的伤残收入需求

你如何确定你的伤残收入需求

在你了解到你的保险金将来自众多公共和私人来源之后，你应该确定这些保险金能否满足你的伤残收入需求。你理想的情况是补偿你原本可以获得的所有收入。这笔钱应该够你在康复期支付日常开支。你将不会有工作相关的额外费用，你的税款将在你伤残期降低。在某些情况下，你可能根本不必缴纳某些税款。

回顾关键概念

1. **描述**　你为什么要买伤残保险?

2. **解释**　职工赔偿保险不覆盖哪种类型的伤残? 为什么?

3. **识别**　在购买伤残收入保险时,你应该考虑哪5个因素?

延伸思考

4. **推理**　哪些职业可能更需要伤残收入保险? 解释你的答案。

英语语言艺术

5. **包容性保险**　大多数人都明白为财产投保的重要性,比如他们的房子、汽车或珠宝。不幸的是,许多人没有将自己的工作能力视为一种资源,因此没有意识到伤残收入保险的必要性。假设你是文艺行业的杂志记者,写一篇文章解释伤残收入保险对该行业工作人员的重要性,如演员、作家和音乐家。

数学

6. **工人赔偿**　丽塔因为地面结冰在公司停车场滑倒受伤了。她所在的公司提供长期的职工赔偿保险,它支付100%的年薪,最长可达4个月; 或者支付65%的年薪,最长可达1年。如果丽塔失业9个月,她可以领取多少职工赔偿保险金? 假设丽塔的月薪为3 500美元,如果她没有受伤,在同一时间段她能赚多少钱?

数学概念　**计算职工赔偿保险金**　要计算职工的赔偿保险金,请确定每月工资,并将该金额乘以在非工作时间段内每月的保险金占工资的百分比。

提示　计算伤残的前4个月领取的保险金金额,方法是用每月保险金占工资的百分比乘以每月工资,再乘以月数。

什么是人寿保险

为什么说使你的财务计划包括人寿保险很重要

当一个人购买人寿保险时，他正与签发保险单的公司订立合同，他同意定期支付一定数额的金钱——保险费。作为回报，公司同意向受益人支付死亡抚恤金，或在投保人死亡时支付一笔指定金额的款项。受益人（beneficiary）指从保险中获得利益的人。如果养老保险的投保人在保险单指定的到期日仍然健在，该笔款项将被支付给投保人。

人寿保险的目的

购买人寿保险可以帮助你保护那些依赖你的人，补偿他们因你的死亡遭受的经济损失。这些人可能包括配偶、子女、年迈的父母或商业伙伴。人寿保险金有以下用途。

- 在死亡时偿还房屋抵押贷款或其他债务。
- 当儿童达到一定年龄时，一次性给其一笔钱。
- 为儿童提供教育或收入。
- 支付未覆盖的医疗费用和丧葬费。
- 死后进行慈善捐赠。
- 提供退休收入。
- 储蓄。
- 为幸存者提供固定收入。
- 制订遗产计划。
- 缴纳遗产税和死亡税。

人寿保险是在死亡时提供流动资金的一种方式。

人寿保险原则

没有人可以肯定地说出一个人能活多久。然而，保险公司能够做出一些有根据的推测。多年来，它们编制的表格显示了人们寿命的估值。利用这些表格，公司可以粗略估计一个人的寿命，并据此为客户设定保险费。一个人距离估计的死亡日期越近，他购买人寿保险需要支付的保险费就越高。例如，一个65岁的女性要支付的人寿保险的费用要比一个25岁的女性高。

本节目标

- 描述各种类型的人寿保险。
- 识别人寿保险单中的关键条款。

阅读进行时

思考　想象你5年、10年和15年之后的生活，在什么时候你会想拥有一个好的人寿保险单?

表23.1　预期寿命表

还有几年　保险公司使用预期寿命表来帮助确定人寿保险的价格。以历史来看，通常情况是男性寿命更长还是女性寿命更长？

年龄	平均	男性	女性	年龄	平均	男性	女性
0	77.7	75.1	80.2	45	35.1	33.1	37.0
1	77.2	74.7	79.7	50	30.7	28.8	32.5
5	73.3	70.8	75.8	55	26.5	24.7	28.0
10	68.4	65.8	70.8	60	22.4	20.7	23.8
15	63.4	60.9	65.9	65	18.5	17.0	19.7
20	58.6	56.1	61.0	70	14.9	13.6	15.9
25	53.9	51.5	56.1	75	11.6	10.4	12.3
30	49.2	46.9	51.3	80	8.7	7.8	9.3
35	44.4	42.2	46.4	85	6.4	5.7	6.8
40	39.7	37.6	41.7				

预期寿命

如果历史可以作为指导，那么你将比你的祖先活得更长。1900年，美国男性的预期寿命为 46.3 岁，美国女性的预期寿命为 48.3 岁。相比之下，到 2000 年，男性的预期寿命增加到了 74 岁，女性的预期寿命增加到了 80 岁。表 23.1 显示了一个人还能活多少年的估值。这类表格指导保险公司定价。例如，30 岁的女人可以再活 51.3 年，这是 30 岁的女人可能再活多少年的平均期望值。

你需要人寿保险吗

在你购买人寿保险之前，你必须确定自己是否需要它。一般来说，如果你的死亡会给某人造成经济困难或生活负担，那么人寿保险就是明智的选择。有孩子的家庭通常最需要人寿保险。然而，独居或与父母住在一起的单身人士通常很少或根本不需要人寿保险，除非他们有大量债务，或想为父母、朋友、亲戚、慈善机构提供保险。

阅读进展检查

定义　什么是受益人？

人寿保险保单类型

你认为人寿保险什么时候最重要

你可以从两种类型的人寿保险公司购买人寿保险：股东拥有的股份人寿保险公司和投保人拥有的共同人寿保险公司。在美国，大约95%的人寿保险公司是股份公司。人寿保险可分为两大类：短期保险，如定期保险；永久保险，如终身保险。

定期保险

定期保险（term insurance），有时也被称为短期人寿保险，是一种仅在特定期限或一段时间内提供生命损失补偿的保险。定期保险只在你于承保期（可能是1年、5年、10年或20年，或者70岁以下）死亡的情况下才会支付保险金。如果你停止支付保险费，你的保险就会停止。对大多数客户来说，定期保险通常更划算。20多岁和30多岁的人的定期保险费比终身保险的费用要低。你在抚养孩子时最需要人寿保险。当你的孩子独立，你的资产增加时，你可以缩小你的保险范围。定期保险有许多不同的形式。

可续保期限 定期保险在保险期末结束，但如果你有续保的选择权，你可以续保5年。但是，由于你年龄增长，你的保险费会增加。续保通常也有年龄限制，这意味着你达到一定年龄后将不能续保。

多年期限 多年期限或直接期限保险保证你在保险期每次支付相同的保险费。

转换期限 这种类型的保险允许你从定期保险转为永久保险。如果你有转换期保险，你可以在不体检的情况下把它换成终身保险。这种变化需要你支付更高的保险费。但是，终身保险的费用将在你的余生保持不变。

递减期限 定期保险也可以有另一种形式，即支付给受益人的费用随着时间的推移递减。保险费在保险期通常是相同的。你选择的保险期限可能取决于你的年龄或你希望投保的时间。例如，你有房子的抵押贷款，你可以买一个25年期的递减期限的保险，以确保你死后债务还可以偿还。随着贷款余额的减少，保险金会减少。

确定你的期限

定期保险提供特定时间的保险。人们什么时候最需要人寿保险？

经济学与你

你的税金

政府用你的税金为公民的健康、福利和安全提供所需的服务。政府官员通过分析政府项目的成本和收益来决定税收分配。《联邦保险缴款法》规定了一种为社会保障提供资金的税收。社会保障为美国的老年人、残疾人和低收入公民提供福利。它包括老年人医疗保险和低收入公民医疗保险。

个人财务联系 在投票之前，研究候选人，看看是否有人与你对特定政府项目的成本/收益的看法相同。问问你自己，候选人是否同意你关于税收该如何使用的想法。

批判性思考 全民医疗保险是一个美国政府提供的医疗服务，使用成本/效益分析来讨论全民医疗保险的利弊，准备一份简短的报告并与全班同学分享。

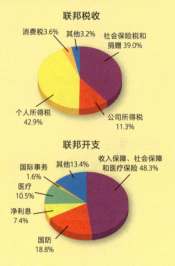

终身保险

最常见的永久保险是终身保险（也被称为直接人寿保险、现金价值保险或普通人寿保险）。**终身保险（whole life insurance）** 是一种永久性的保险，你每年都要支付一定的保险费。你死后，保险公司向你的受益人支付一笔规定的金额。你的保险费主要取决于你购买保险的年限。

终身保险也可以作为一种投资。你支付的每一笔保险费的一部分都会被存入储蓄账户。当你取消保险时，你有权获得这笔储蓄，即**现金价值（cash value）**。终身保险之所以受欢迎，是因为它既提供死亡保险金，又提供储蓄。

终身保险可能对那些打算长期购买保险的人或那些希望以更结构化的方式进行储蓄的人有意义。美国消费者联合会保险集团建议你在把钱投资于终身保险之前，先看看其他策略。

定期保险的保险费在你每次续保时都会提高。相比之下，终身保险最初年费更高，但保持不变。现在已经发展出了多种类型的终身保险，包括有限支付保险、可变人寿保险、可调整人寿保险和普通人寿保险。

有限支付保险 有限支付保险只收取一定期限的保险费，通常为

20或30年，或者直至被保险人达到一定年龄。这段时间结束时，保险费就"付清"了，但是投保人仍然享有终身保障。投保人死亡后，受益人将获得全部死亡保险金。由于保险费必须在较短的时间内支付，因此有限支付保险的年保险费较高。有限支付保险的一种特殊形式是单一费用保险。对这种类型的保险，你只需要支付一笔很高的保险费。

可变人寿保险　对可变人寿保险，你每次支付的保险费是固定的。与终身保险一样，部分保险费会被存入一个单独的账户，被投资于股票、债券或货币市场基金。也就是说，死亡保险金是有保障的，但死亡保险金的现金价值会因股票市场的涨跌而发生较大变化。如果基金的收益增加，你的死亡保险金也会增加，因此是投保人承担投资风险，而不是保险公司。销售可变人寿保险的人寿保险代理人必须是由美国证券交易商协会授权并在证券交易委员会注册的经纪人代表。

可调整人寿保险　可调整人寿保险允许你根据自己的需求变化改变你的保险范围。例如，你想增加或减少你的死亡保险金，你可以更改保险费或保险期限。

普通人寿保险　普通人寿保险本质上是一种有现金价值的定期保险。你的部分保险费将被存入一个资金不断增长并能赚取利息的投资账户。你可以借入或提取现金。有了普通人寿保险，你可以在不改变保险范围的情况下更改保险费。

其他类型的人寿保险

其他类型的人寿保险包括团体人寿保险、信用人寿保险和养老人寿保险。

团体人寿保险　团体人寿保险是定期保险的一种变体。它以一种保险条款覆盖了大量人员。团体内的人员不需要体检就可以得到保险。团体保险通常由雇主提供，雇主为雇员支付部分或全部费用。它也可能由专业组织提供，允许会员获得保险。它可能比类似的定期保险贵。

信用人寿保险　如果你在付清全部债务（如汽车贷款或抵押贷款）之前死亡，信用人寿保险将还清这些债务。就保险的补偿效果来说，这种类型的保险不是最佳选择，减少定期保险是一个更好的选择。

养老人寿保险　养老人寿保险指在特定时期内提供保险的人寿保险，如果投保人在保险期结束时还健在，保险公司需要向投保人支付一笔款项。如果投保人在此之前死亡，受益人将获得这笔钱。

人寿保险单的主要条款

你为什么要考虑增加人寿保险单上的条款

仔细研究你的保险单中的条款或条件，确保在生活发生变化时及时更新必要的信息。

以下是一些最常见的条款。

受益人的指定

你要决定谁能从你的人寿保险单中得到好处。受益人可以是你的配偶、孩子，甚至你的商业伙伴。你也可以指定次要受益人，如果你的主要受益人在你死亡之前死亡或与你同时死亡，次要受益人将获得这笔钱。随着需求的变化，你可以更新受益人名单。

不可抗辩条款

不可抗辩条款规定，如果保险单在规定的期限（通常为两年）内生效，保险公司不能取消保险单。在此之后，只要被保险人活着，保险单一直有效。如果保险公司拒绝履行保险单上的条款，不可抗辩条款将保护受益人免受经济损失。

宽限期

当你购买人寿保险时，你同意定期支付一定的保险费。宽限期为 28 至 31 天，你可以在此期间支付保险费而不受处罚。宽限期过后，如果你没有支付保险费，保险单将失效。

保险单恢复　如果还没有兑现为现金，已失效的保险单可以重新生效。要恢复保险单，你必须再次符合承保条件，并且支付逾期保险费和利息。恢复期有限，通常是一年或两年。

人寿保险单

如果持有人寿保险单的人死亡，依赖该保单持有人的人可以通过人寿保险金补偿经济损失。通过获得一份人寿保险，你可以确保你所爱的人或受益人不会被你的债务所困扰。

人寿保险单包含以下信息。

- 保险单识别号。
- 被保险人姓名。
- 死亡保险金金额。

- 现金价值。
- 保险费成本。

一般家庭生活
GHL

保险单周年报表

胡安·拉米雷斯
第一大街21号
佛罗里达州史密斯维尔55523

保险单识别号：	2 – 615 – 879
投保日期：	20--年5月18日
被保险人：	胡安·拉米雷斯
计划名称：	终身保险
票面金额：	36 364美元
保险费：	每月41.87美元
投保日期：	2003年6月23日
支付截止日期：	2016年6月23日

本保险单将在2016年6月23日之前提供以下保险金，前提是在该日期之前投保人一直支付保险费，且无其他变化。

	死亡保险金	现金价值
基本保单	36 364.00美元	4 253.00美元
附加	81.39美元	7.82美元
期权	63 554.61美元	0.00美元
合计	100 000.00美元	4 260.82美元

关键点 人寿保险单显示了保险公司在保险单持有人死亡后将支付的预定款项。这一款项被称为死亡保险金。此外，随着时间的推移，保险单持有人支付保险费，保险单也会累积现金价值。如果保险单持有人选择在死亡前取消保险单，他将获得保险单的现金价值。

寻找 解决方案

回顾关键概念

1. 该保险单每年需要支付多少费用？

2. 该保险单什么时候签发的？

3. 胡安死后，保险单将支付多少钱？

4. 胡安的保险什么时候到期？

5. 如果胡安决定取消这项保险，保险公司会付给他多少钱？

自杀条款

许多保险单规定，在保险的头两年内，自杀死亡的投保人的受益人只能得到已支付的保险费。自死亡之日起两年后，受益人可以领取全部的死亡保险金。但是，一些保险单规定，如果投保人自杀身亡，其不会提供任何保险金。

附加条款

保险公司可以通过附加条款来改变保险单的条件。附加条款是附加在保险单中的条款，通过添加/排除特定条件或更改保险金金额来更改内容。附加条款的例子包括豁免保险费残疾保险金、意外死亡保险金和保证保险选择权。

阅读结束后

联系 根据本章提供的信息，你会选择哪些保险计划来满足你的健康和财务需求？

豁免保险费残疾保险金 豁免保险费残疾保险金允许投保人在达到一定年龄（通常为60岁）前出现完全和永久残疾的情况下，停止支付保险费。保险公司将为其支付保险费，使保险单保持效力。

意外死亡保险金 人寿保险单的另一个典型附加条款是意外死亡保险金，有时也被称为双重赔偿。如果被保险人在事故中丧生，双重赔偿将支付两倍保险单价值的保险金。事故也应发生在一定的年龄之前，一般是60岁或65岁。专家建议不要在你的保险范围内添加此附加条款。获得这种保险金需要支付较高保险费，而你在事故中死亡的可能性很小。

保证保险选择权 第三个重要附加条款是保证保险选择权。本附加条款允许你在不进行体检的情况下，每隔一定时间购买一个特定的附加人寿保险。对于那些预计未来需要更多人寿保险的人来说，这是一个很好的选择。

生活保障费用 此特殊附加条款旨在帮助防止通货膨胀侵蚀或降低购买力而设计的。购买力的损失、减少或被侵蚀是指通货膨胀对固定金额货币的影响。随着时间的推移，固定金额的货币未来的购买力不会像今天这么强。

保险需求

在你购买任何类型的保险之前，有一些因素你都应该考虑，比如你的收入来源、财务责任、储蓄和净资产。你需要定期评估你的保险需求，以确定你的保险范围能否支持你的个人财务计划。

回顾关键概念

1. **描述**　定期保险有哪4种类型?

2. **识别**　除了定期人寿保险和终身人寿保险以外, 还有哪3种人寿保险?

3. **列出**　列举人寿保险单上常见的4种附加条款。

延伸思考

4. **思考**　"有孩子的家庭最需要人寿保险。"你同意这样的说法吗? 解释你的答案。

21世纪技能

5. **分析媒体**　有些公司在宣传儿童人寿保险。根据一则广告, 每天只需11美分, 你就可以为一个孩子购买一份终身保险。找到一家为儿童人寿保险做广告的公司, 这类保险的保险金是多少? 你觉得这些保险金有效吗? 你是否同意这样的说法: 只有当有人依赖他们的收入或者他们有很多债务时, 他们才需要人寿保险? 写一份评估儿童人寿保险的总结。

数学

6. **普通人寿保险**　特伦斯决定购买一份普通人寿保险。他每月为这份保险单支付55美元的保险费, 其中25%由保险公司存入投资账户。15年后, 特伦斯总共会交多少保险费? 他存入自己的投资账户的钱有多少? 如果特伦斯每年在投资账户获得7%的收益, 那么15年后账户中的余额是多少? (使用下面提供的年金公式。)

数学概念　**计算普通人寿保险的总投资价值**　要计算普通人寿保险单的总投资价值, 请确定每年存入投资账户的金额, 并加上该账户的所有收益。

提示　用以下公式计算n年后投资账户的余额: 余额 = $p \times [((1+r)^{(n+1)} - 1)/r] - p$, 其中p为年投资额, r为年回报率。

健康、伤残和人寿保险

在哪里购买

当你从私营机构购买健康保险时，在决定把钱花在哪里之前，你应该仔细考虑你可以选择的方案。

保险收入

你可以选择从私营公司购买伤残收入保险，也可以从其他来源获得收入。

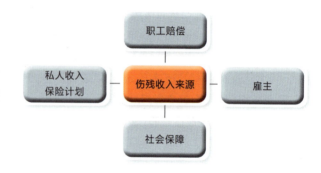

试一试

创建一个如右所示的表，以梳理和比较人寿保险选项。

人寿保险	
类型	描述

章节评估

章节总结

- 健康保险对财务规划很重要, 因为它可以减轻你因疾病或伤害而承受的财务负担。
- 不同健康保险单具有一定的相似性, 但在条款方面可能有所不同。
- 私人医疗保健计划可由私营保险公司提供, 包括健康维护组织、优选医疗机构和雇主自设的服务点计划等。
- 一些雇主除了提供传统的健康计划外, 还提供医疗保健账户。
- 医疗保健账户包括健康储蓄账户、健康报销账户和弹性支出账户。
- 政府医疗保健计划包括医疗保险和医疗补助。
- 伤残收入保险为因怀孕、非工作引起的意外事故或疾病而无法工作的人提供定期现金收入。
- 伤残收入来源包括职工赔偿、雇主、社会保障和私人收入保险计划。
- 人寿保险包括定期保险、终身保险、团体人寿保险、信用人寿保险和养老人寿保险。
- 人寿保险单上的关键条款包括受益人的指定、不可抗辩条款、宽限期、自杀条款和附加条款。

词汇复习

1. 为每一个术语造一个可以填空的句子。这些句子应该包含足够的信息来帮助读者确定缺失的词。

健康保险	受益人 (保险)
共同保险	定期保险
止损	终身保险
共同付费	现金价值
蓝十字	养老保险
蓝盾	失效
管理式医疗	膳食费
健康维护组织	补充
优选医疗机构	临终关怀
服务点计划	有效
医疗保险计划	暂停
医疗补助计划	困难
伤残收入保险	条款

延伸思考

2. **解释**　哪些生活变化可能会促使你的保险单发生变化?

3. **提议**　介绍一个人在哪两种情况下可能需要伤残收入保险。

4. **思考**　杰克在一家新公司找到了一份工作, 但在近几个月没有资格领取保险金。为什么他会选择COBRA而不是购买个人保险?

5. **评价**　持有共同保险可能会迫使你自付更多的钱, 说明保险单持有人可能需要共同保险的原因。

6. **评价**　政府医疗保健计划有存在的必要吗? 为什么有必要或者为什么没有必要?

7. **评估**　医疗信息资源如何帮助人们降低医疗保险成本?

8. **判断**　有些保险公司只会在你不能从事工作时向你支付伤残收入, 这公平吗? 为什么公平或者为什么不公平?

9. **辩护**　尝试为人寿保险公司设立自杀条款的权利辩护。

科学

10. **健康维护组织** 健康维护组织的理念是预防性服务将最大限度地减少未来的医疗问题，从而节省资金。然而，许多人认为，虽然预防性服务是有益的，但它实际上并没有节省金钱。

    程序 对预防医疗的成本及其对医疗和健康保险成本的影响进行研究。

    分析 根据你的发现，你认为预防医疗能省钱吗？写一段话来分享你的观点，用你的研究来支持你的结论。

数学

11. **我应该选择哪种保单** 卡尔文正在从两种人寿保险单中做选择。第一种是价值25万美元的20年期保单。每月保险费为17美元，期末现金价值为0美元。第二种是相同保险金额的终身保单，每月保费为92美元，20年后的现金价值为26 000美元。终身保单20年后的净收入/费用是多少？你会选择哪种保单？为什么？

    数学概念 **计算收益** 计算人寿保险单的净收入/费用的方法是用期末的现金价值减去支付的保险费总额。

    提示 要计算人寿保险的总费用，首先要确定每月的保险费，将该数字乘以12个月，得出年度费用，然后将结果乘以该保险持有的年数。

英语语言艺术

12. **弹性支出账户** 除了传统的医疗保健计划外，通常还有一个选择，即弹性支出账户。员工向他们的弹性支出账户存款，然后可以将这笔钱用于他们的保险不覆盖的医疗费用，包括共同保险、处方药和免赔额。一些雇主甚至会在一定的金额范围内匹配缴款。开展研究，了解弹性支出账户的更多好处和用途。设计一个宣传册，向公司员工宣传弹性支出账户。

道德

13. **医疗保健费用** 许多健康保险计划以约定的费率支付某些服务费用，或支付固定的金额，保险单持有人必须支付差额。有些医生会接受支付的金额，即使费用较低。一些医生对没有保险的病人收取更高的费用，声称他们在有医疗保险的病人那里亏了钱，必须向没有保险的病人收取更高的费用。你认为这样公平吗？政府应该规范医生的收费标准吗？写一段话来解释你的观点。

实际应用

14. **个人医疗保险** 比尔22岁，现在单身，他目前有全职工作，是一名在职研究生。他的公司目前没有提供医疗保险计划，所以他想购买个人医疗保险。利用在线资源找到两家提供基本医疗保险的公司，比较两家公司的医疗保险计划，包括保险金、共同保险、免赔额和成本，用图或电子表格来比较两个计划。根据你的调查结果，你会向比尔推荐哪个计划？给比尔写封电子邮件解释你的建议。

你的资产组合

比较人寿保险

肖恩·理查兹正在调查人寿保险的费用。他28岁，已婚，有两个孩子。肖恩联系了两家声誉良好的保险公司，并对同样价值10万美元的保险进行了比较。

肖恩选择了20年期的递减定期保险，因为这种保险成本低，即使未来他不能将其转换成现金，需要支付的费用也不会太高。他在B公司购买了保险。

保险类型	A公司	B公司
20年期的价值100 000美元的递减定期保险		
每月保险费	14.00美元	8.25美元
20年的保险费总额	3 360.00美元	1 980.00美元
20年后的现金价值	无	无
价值100 000美元的终身（有限支付）保险		
每月保险费	82.00美元	62.60美元
20年的保险费总额	19 280.00美元	15 024.00美元
20年后的现金价值	25 000.00美元	21 243.00美元

比较

按照肖恩的表，在另一张纸上绘制你自己的表来比较人寿保险费率。使用互联网，或者通过打电话，获取两家保险公司的报价信息。以20年期价值10万美元的定期递减保险单和价值10万美元的终身（有限支付）保险单为基础报价，根据你的年龄确认价格。

24

退休和遗产规划

看图说话

　　退休和遗产规划是当你变老时，确保你和你爱的人得到照顾的方式。你的退休计划对你的子孙后代有什么帮助？

探索项目

计划退休

关键问题

为什么现在就开始考虑退休计划很重要？

项目目标

开始计划退休永远不会太早。不过，退休计划不仅仅意味着储蓄多少钱。首先要考虑你退休后理想的生活方式。这将帮助你确定你需要多少收入来实现你的目标。接着，你需要考虑你的生活费用，包括住房、食物、交通、医疗等。一旦确定了你的费用，你就需要评估所有可能的收入来源。想想你退休后想要的生活，并用它来帮助你进行财务分析。虽然现在你不知道具体金额，但你可以列出你在接近退休年龄时拥有的所有资产和负债。

考虑以下内容

- 当你退休时，你打算拥有自己的房子吗？
- 你愿意将工资的多少比例作为退休储蓄？
- 你会购买人寿保险或年金吗？
- 你会设立个人退休账户吗？
- 雇主养老金计划是工作的一个重要福利吗？

有效地应用技术

如果在阅读募集说明书后仍需要看更多资料，你还可以采取哪些步骤？

重要见解

退休和遗产规划可以帮你为以后的生活设定条件。

请教专家

遗嘱的力量

问： 我的父母没什么钱，对他们来说，立遗嘱真的那么重要吗？

答： 即使你的父母没什么钱，他们也应该立遗嘱。如果他们在没有立遗嘱的情况下去世，他们居住地的州政府将介入并主导他们财产的分配。律师起草遗嘱的费用在200美元到350美元之间。它会给你的父母带来内心的平静，这是值得的。

 写作任务

假设你现在要立一份遗嘱，考虑你所有的财产以及银行账户。写一段文字详细说明如何立遗嘱以及立遗嘱时需要考虑哪些因素。

阅读开始前

基本问题　人们应该在什么年龄开始他们的退休和遗产规划？

中心思想

退休计划可以让你储蓄或投资足够的钱，以便在退休时过上舒适的生活。有许多种退休计划可以满足个人需求。不同类型的遗嘱和信托将保护你和你家人的经济利益。

内容词汇

- 养老机构
- 固定缴款计划
- 401（k）计划
- 归属
- 固定收益计划
- 个人退休账户
- 基奥计划
- 年金（保险）
- 继承人
- 遗产
- 遗产规划
- 受益人（遗产）
- 遗嘱
- 无遗嘱
- 信托
- 遗嘱认证
- 遗嘱执行人
- 监护人
- 遗嘱附录
- 生前遗嘱
- 授权委托书

学术词汇

在阅读和测试时，你会看到这些词。

- 误解
- 调整
- 转存
- 分配
- 声明
- 否认

使用图表

在阅读本章之前，构建一个如右所示的表。在阅读过程中，寻找处理遗产所需的法律文件。

处理遗产所需的法律文件
1.
2.
3.
4.
5.
6.
7.
8.
9.
10.
11.

计划退休

当你计划退休时，你应该考虑哪些因素

哈里斯互动公司最近的一项调查显示，在 55 岁至 64 岁的人中，95% 的人计划在退休后至少做一些工作。另一项调查显示，退休人员希望未来继续学习，尝试新事物，追求新的爱好和兴趣。有一天，当你退休时，你也可能会渴望一种积极的生活。

现在看来，你退休的那天离你还很远。你还在上高中，毕业后，你可能会工作很多年。然而，开始计划退休永远不会太早。计划可以帮助你应对生活中可能发生的突然变化，它可以给你一种对未来的掌控感。计划也能让退休生活更舒适。

如果你没有对退休问题做过任何研究，你可能对"黄金岁月"有一些误解或错误的想法。下面是一些关于退休的无稽之谈。

- 你有足够的时间为退休储蓄。
- 储蓄少量资金无济于事。
- 当你退休时，你花费的钱更少。
- 你的退休生活将持续大约 15 年。
- 你可以依靠社会保障和公司养老金计划来支付基本生活开支。
- 你的养老金福利会随着通货膨胀而增加。
- 雇主的健康保险和医疗保险将覆盖你的所有医疗费用。

其中的一些说法在过去可能是正确的，但现在已经不再适用。退休后你可以生活很多年。如果你想要你的退休生活幸福舒适，你需要足够的钱来适应你的生活方式。这就是为什么你应该尽早开始计划和储蓄。现在为将来储蓄需要在支出和储蓄之间进行权衡。开始为退休储蓄永远不晚，但是你越早开始，你会越富有。

假设你想在 65 岁退休时至少拥有 100 万美元，如果你从 25 岁开始储蓄，你可以通过每月存入投资基金约 127 美元来实现这个目标，这些基金的年增长率约为 11%。如果你等到 50 岁才开始存钱，那么要实现这个目标，你的月存款金额就会飙升至 2 244 美元。

本节目标
- 解释退休计划的重要性。
- 识别退休生活成本和住房需求。

阅读进行时

预测　你认为你应该什么时候开始计划退休生活？

制定长期目标

当你考虑退休时，思考一下你的长期目标。退休对你来说意味着什么？也许是时候停止工作，放松一下了。也许你想环游世界，培养一个爱好，或者开始第二职业。问问你自己：退休后你想住在哪里？你想要什么样的生活方式？然后分析你当前的财务状况，确定你需要做什么来实现你的长期目标。

进行财务分析

表 24.1 中的清单是一个示例，展示了如何分析金融资产和负债。记住，资产是你拥有的任何有价值的东西，比如现金、财产和投资。它包括支票和储蓄账户中的现金、房子、汽车、电视机等，还包括股票、债券、人寿保险单、养老基金和其他投资的当前价值。

你的负债是你所欠的债务，包括汽车贷款余额、信用卡余额、其他贷款余额和未缴税款。从你的资产中减去你的负债，就得到了你的净资产。理想情况下，你的净资产应该每年都在增加。

表24.1　资产、负债和净资产

了解你的净资产　你可以用总资产减去总负债来计算你的净资产。你的负债是多少？

资产（美元）		负债（美元）	
现金：		目前未付账单	600
支票账户	800	房屋抵押贷款（余额）	9 700
储蓄账户	4 500	汽车贷款	1 200
投资：		房产税	1 100
美国储蓄债券（当前现金价值）	5 000	房屋改善贷款	3 700
股票、共同基金	4 500	**总负债**	**16 300**
人寿保险：			
现金价值、股息	10 000		
公司养老金：			
养老金福利	20 000		
财产：			
房子（转售价值）	50 000	净值：	
家具和电器	8 000	资产－负债=净值	
收藏品和珠宝	2 000	108 800－16 300=92 500	
汽车	3 000		
其他：			
借款给哥哥	1 000		
资产总值	**108 800**		

退休奖赏

许多人认为退休是对美好生活的奖赏，是一次旅行和探索新爱好的机会。当你退休时，你可能想做些什么？

评估资产

定期评估你的资产。你可能需要在储蓄、花费和投资方面做出调整，以便与你的目标保持一致。当你评估你的资产时，请考虑以下因素：住房、人寿保险、储蓄和投资。每一项资产都会对你的退休收入产生重要影响。

住房　房子是你最有价值的资产。但是，如果你买的房子有高额的抵押贷款，你可能无法为退休储蓄。在这种情况下，你可以考虑买一个更小、更便宜的房子居住。小一点的房子通常更容易维护，也更便宜。你可以用省下来的钱来增加你的退休基金。

人寿保险　在将来的某个时候，你可能会为你所爱的人购买人寿保险。如果你有孩子，你在孩子很小的时候去世，人寿保险可以为他提供经济支持。但是，当你即将退休时，你的孩子可能已经可以自给自足。当那一天到来的时候，你可以通过缩小你的人寿保险覆盖范围来减少你的保险费。你将拥有额外的资金用于生活开支或投资。

其他资产　当你评估你的资产时，你也要评估你拥有的任何其他投资。当你最初选择这些投资时，你可能更感兴趣的是：让你的资金随着时间的推移而增长，而不是获得快速的收益。当你准备退休时，你可能想用这些投资的收入来支付你的生活费用。

　阅读进展检查

识别　你应该定期审查哪 4 项资产？

退休生活费用

当你计划退休时，你应该考虑哪些生活费用

当你计划退休时，你要估计需要多少资金才能在退休时过上舒适的生活。你不能准确地预测你将需要多少资金，但你可以估计你的基本需求的费用，考虑你的消费模式和生活状况可能会发生的变化。

例如，与你年轻时相比，退休时，你可能会在娱乐、健康保险和医疗保健上花费更多的资金；与此同时，你在交通和服装上花费的资金可能会更少，你的联邦所得税也可能更低。此外，各种退休计划的一些收入可能会以较低的税率征税，或者根本不征税。图24.1提供了退休费用的示例。为了做实际比较，你要列出你的主要支出类别，可以从固定支出开始，然后列出你的可变支出以及杂项支出，如医疗支出和度假支出。你一定要有应急基金，以备不时之需。记住，在计算时，你要估计得高一些。

图24.1　老年（65岁以上）家庭支出

退休成本　财务计划的一部分是估计退休后你的生活需要多少资金。根据这张图，如果一个老年家庭年收入2万美元，他们会在住房上花多少钱？

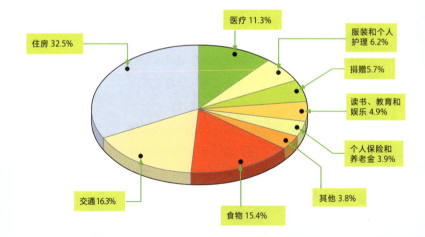

住房 32.5%
医疗 11.3%
服装和个人护理 6.2%
捐赠 5.7%
读书、教育和娱乐 4.9%
个人保险和养老金 3.9%
其他 3.8%
食物 15.4%
交通 16.3%

图24.2　随时间的通货膨胀

货币价值　由于通货膨胀，将来1美元能买的东西不会像今天这么多。为什么计算未来的商品价格时，要估计得高一些？

记住，你要把通货膨胀考虑进去。当计算退休时商品和服务的价格将上涨多少时，要估计得高一些（见图24.2）。即使3%的通货膨胀率也会导致价格每24年翻一番。此外，当考虑未来退休时的生活费用时，你要做好应急计划。

　阅读进展检查

回顾　退休后你可能会增加哪些方面的支出？

退休住房

在退休期间，你应考虑住房需求的哪些因素

你居住的地方会对你的经济需求产生重大影响。在退休前的几年，你可以利用假期研究你想要定居的地方。如果你找到了一个喜欢的地方，你可以在一年的不同时间去那里。这样，你就可以体验那里的气候和环境。你可以认识住在那里的人，了解他们的活动、出行和税收。

文件探索

退休预算工作表

计划退休的最佳时间是你年轻的时候。在你的工作生涯中，你每月都需要存钱，这样当你停止工作时，你会有足够的资金来维持生活。退休预算工作表含有以下信息。

- 你当前的年收入和预期收入。
- 你当前的年度支出和预计支出。

预计退休预算工作表——罗伯特和艾米丽·拉斯克利夫					
年度收入（美元）			**年度支出（美元）**		
	当前	退休		当前	退休
工资	85 000	0	抵押贷款/房租	27 600	0
养老金	0	12 000	房产税	4 500	7 500
社会保障	0	19 200	房屋保险	1 200	2 000
出租收入	0	0	收入和社会保障税	29 750	13 750
个人退休账户	0	14 000	储蓄	5 000	1 000
年金	0	5 000	水电费	450	750
债券利息	0	0	食品	1 000	650
股票红利	0	2 300	医疗费用保险	750	3500
共同基金股息	0	3 210	人寿保险	850	0
货币市场利息	250	0	汽车付款	1 500	750
其他	0	0	汽车保险	1 400	800
总收入	85 250	55 710	汽车维修和汽油	2 500	1 500
			慈善捐款	1 000	1 000
			礼物	1 500	1 000
			旅行/娱乐	5 000	15 000
			贷款/信用卡	1 200	500
			其他	0	0
			总支出	85 200	49 700
总收入减总支出				**50**	**6 010**

关键点 退休预算工作表能帮助你计算你的预计收入和预计支出之间的差异。这份工作表将帮助你决定为退休存多少钱。

寻找 解决方案

回顾关键概念

1. 当前的年度支出是多少？

2. 他们为什么不把抵押贷款或房租作为退休后的一项开支？

3. 当他们退休后, 为什么食品和交通开支会下降？

4. 为什么拉斯克利夫一家退休后没有人寿保险支出？

5. 他们有足够的预计收入吗？

退休搬迁陷阱

你需要考虑搬到新地方的缺点。人们有时会发现自己被困在了一个他们不喜欢的地方。一些退休人员搬走后发现他们想念自己的孩子、孙子、朋友和亲人。还有一些退休人员搬到他们梦想的地方，发现他们犯了经济错误。

研究地点 以下是专家关于如何在一个新地方住下来之前研究税收和其他成本的一些提示。

- 联系当地商会，了解地区财产税和当地经济的详细信息。
- 联系国家税务部门，研究退休人员的收入、遗产税和免税的情况。
- 阅读你正在考虑的城镇或城市的当地报纸的周日版。
- 与当地水电公司核对，估算能源成本。
- 在不同季节去该地区，并与当地居民谈论那里的生活成本。
- 如果你打算买房，可以等等，先花时间租一套房子。

住房类型

即使你不搬到新地方，退休时的住房需求也可能会发生变化。许多退休人员想要一个易于维护又便宜的房子，比如小一点的房子、共管公寓或公寓。靠近公共交通、商店和娱乐区也很重要。图24.3显示了几个选项。

绝大多数人更愿意在他们自己家里变老。意识到这一趋势，建筑供应商推出了从杠杆门把手到水龙头——当你把手放在壶嘴时，水龙头会自动打开——等一系列房屋改造产品。为满足老年房屋所有者而进行的房屋改建正在为这些产品创造需求。此外，承包商正在重新建造通用设计住宅，方便使用轮椅的人、步行者，或者那些想要更方便的人。

许多老年人退休后搬进养老机构。**养老机构（ALE）**是一个综合住宅，为老年人提供个人和医疗服务。养老机构提供的服务从最低限度的服务到全面、持续的护理。它们可能在质量上差异很大，但是养老机构越来越受退休老人的欢迎，因为他们中的一些人不能独自生活和照顾自己。

有了这么多选择，确定退休后的住所本身就是一项耗时的工作。无论你选择什么样的退休住房，确保知道你要签的是什么，明白你要买的是什么。

图24.3 退休住房选择

没有地方像家一样 一些人退休后选择搬到一个新家,而另一些人更喜欢他们已经建立的家。为什么一个退休的人会决定搬去和他们的成年子女住在一起?

　　退休住房选择取决于个人、经济和医疗因素。大多数退休人员的目标是拥有一个满足他们特殊需求的、舒适又负担得起的住房。

1 　　大多数退休人员决定留在原来的地方,继续住在自己的房子里。

2 　　对于一些退休老人来说,与成年子女和年幼的孙辈一起生活是一种选择。

3 　　对于退休的残疾人来说,一个具有特殊功能的通用设计住宅,如拥有加宽的门、较低的电器和自动水龙头,既有吸引力又实用。这些房屋能帮助残疾人保持独立。

回顾关键概念

1. **识别**　你可以采取哪3个步骤来规划你的退休生活?

2. **列出**　说出估算退休费用时应该考虑的4个方面。

3. **描述**　退休后搬家有哪些陷阱?

延伸思考

4. **评估**　搬到新家前要做好研究,一个建议是阅读当地报纸的周日版,评估这一行为如何帮助人们避免退休陷阱。

英语语言艺术

5. **退休梦想**　当你退休时,了解你想要什么样的生活是成功制订退休计划的第一步。你必须设定一些长期目标,以便采取必要的步骤来实现它们。视觉图像通常可以提醒你,你的目标并激励你去实现。想象你退休后想要的生活,结合图片和文字,制作一个拼贴海报,表达你关于退休梦想的想法和感受。

数学

6. **家庭费用**　汤姆和卡罗尔已经退休,年收入为7.3万美元。他们正试图跟踪分析自己的预算,确定他们是如何花钱的。他们要你帮助确定一些开支。参考图24.1,该图显示了65岁及65岁以上的老年人的家庭特定支出占收入的百分比。估算汤姆和卡罗尔花费在医疗保健和住房上的年收入。

数学概念 估计家庭开支　要计算花费在一个特定类别上的家庭年收入,请找出每个类别开支的大致百分比,并将该百分比乘以年收入。

提示　通过图24.1确定支出的百分比,并将这个百分比乘以年收入,来估计花费在住房上的年收入。

本节目标

- 描述社会保障在退休计划中的作用。
- 讨论雇主养老金计划提供的福利。
- 解释各种个人退休计划。

阅读进行时

研究 通过了解退休计划，确定哪种类型的个人退休账户看起来更灵活——传统的个人退休账户还是罗斯退休账户。

公共养老金计划

在社会保障制度下，谁获得福利

记住，养老金计划是一种退休计划，至少部分由雇主提供。公共养老金计划由各州和市建立。社会保障是美国政府于 1935 年设立的一项公共养老金计划。负责管理这个项目的机构叫作社会保障局（Social Security Administration）。

社会保障

社会保障是许多美国人退休收入的重要来源。该计划覆盖了 97% 的员工，目前几乎 1/6 的美国人都领取某种形式的社会保障福利。社会保障是为退休人员、幸存者和残疾人提供福利的一揽子保障。然而，你不应该仅仅依靠社会保障来支付你所有的退休费用。社会保障不是为了提供 100% 的退休收入。此外，该计划目前和未来的修订可能会减少退休福利。

谁有资格 你获得社会保障退休福利的数额基于你多年的收入。你挣得越多，你的福利就越多，直到规定的最大限度。

每年社会保障局都会给你发送一份你的收入记录，以及你未来每月福利的估值：以美元计算，如果你在不同年龄退休，你每个月将得到多少钱。例如，这份清单可能会列出你于 62 岁、67 岁和 70 岁退休，你会得到怎样的福利，这是根据你出生的年份、你到目前为止的收入以及你未来的预期收入估计的。

为了有资格享受退休福利，你必须获得一定信用分。这些信用分是基于你工作的时间长短，并根据你缴纳的社会保障税或其他费用，按季度计算的。季度数取决于你的出生年份。例如，1928 年后出生的人至少需要 40 个季度才有资格享受福利。

家属资格 员工的某些家属也可以根据社会保障计划领取福利，其中包括 62 岁及以上的配偶、18 岁以下的未婚子女（或 19 岁以下，如果他们是高中以下的全日制学生），以及 18 岁及以上的未婚残疾人士。丧偶人士可以在 62 岁之前领取社会保障福利。

社会保障福利

社会保障福利金额因人以及开始领取福利的年龄而异。你的福利金额是多少？

社会保障退休福利 在美国，大多数人可以在 62 岁开始领取社会保障退休福利。然而，62 岁时领取的月金额比等到法定退休年龄时领取的要少。这个初始金额将成为日后领取金额的基准额。

过去，人们可以在 65 岁时获得全额退休福利。然而，法定退休年龄正在逐渐提高。对于 1960 年及以后出生的人来说，法定退休年龄是 67 岁。如果你在符合条件后推迟申请福利，你的月领取金额将因为你的等待每年略有增加，但只会增加到 70 岁。

社会保障信息 关于社会保障的更多信息，你可以访问社会保障网站，在网站上获取相关表单和出版物的电子版，以及其他有价值的信息链接。你要了解更多关于社会保障福利的税收问题，请联系美国国税局，并获取出版物 554、《美国老年人税务指南》（OATG）、出版物 915，以及社会保障和同等铁路退休福利的相关资料，这些出版物的电子版也可以在美国国税局网站上找到。

其他公共退休金计划

除了社会保障，联邦政府还为联邦政府工作人员和铁路雇员提供其他特殊的退休计划。这些雇员不享受社会保险。退伍军人管理局为在军队服役期间死亡的人的家属提供养老金，还为符合资格的退伍军人提供伤残抚恤金。此外，许多州和地方政府为他们的雇员提供退休计划。

阅读进展检查

回顾 社会保障福利建立在什么基础之上？

重要职业

米切尔·坎特 **遗产规划师**

遗产规划不仅仅是写遗嘱，它还包括财务、税务、医疗和商业计划。这不是一个一次性事件，而是一个动态的过程，人们应该根据需要调整他们的遗产计划，以适应资产、关系、健康和法律方面的变化。在负责遗产管理的律师指导下，我作为一名遗产规划师帮助人们完成这一过程。我帮助人们确定他们死后的资产将如何分配。如果他们无法自理，我还帮助他们决定资产和医疗保健将如何管理。我向受益人介绍相关事务办理程序和税收截止日期，并确保他们遵守最后期限。我还计算债务、开支、税收和现金价值。在某些情况下，我可能需要缓和受益人与家庭成员之间的冲突。每天我都要借助判断力、财务信息处理问题，为处于困境的人们找到最好的结果。

职业探索

访问美国劳工部劳工统计局的网站，以获得遗产规划师的职业信息。

1. 思考遗产规划师的各项工作，为什么谨慎是其必须具备的特质？

2. 研究遗产规划师的招聘信息，公司在寻找符合什么资格的人？优先条件和必要条件分别是什么？

职业细节 ▶

在美国	教育	职业道路
写作、数学、人际交往、组织、解决问题、分析和多任务处理	会计、金融、经济、商业或法律学士学位，遗产规划和风险管理课程	遗产规划师可以成为财务顾问、遗产律师、投资顾问和房地产经理

雇主养老金计划

拥有雇主养老金计划的好处之一是什么

退休收入的另一个可能来源是你工作的公司提供的雇主养老金计划。有了这种计划，你的雇主会为你的退休福利缴费，有时你也会缴费，这些资金是递延纳税的，直到你退休后提取时才缴纳。

雇主养老金计划各不相同。如果你所在公司提供这样的福利，你要弄清楚你将获得什么福利，以及你什么时候有资格获得这些福利。你应该尽快参加这个计划。大多数雇主养老金计划可以分为两种基本类型：固定缴款计划和固定收益计划。

固定缴款计划

固定缴款计划（defined-contribution plan），有时被称为个人账

户计划，是雇主为每个员工设立的个人账户。雇主每年向账户缴纳一定数额。这种退休计划不能保证任何特殊的福利。当你退休并有资格享受福利时，你会收到账户上的全部资金（包括投资收益）。目前有几种类型的固定缴款计划。

理财计划　有了理财计划，你的雇主承诺每年为你预留一定数额的资金。它是你收入的一定比例。

股票奖励计划　在股票奖励计划下，雇主的缴款会被用于购买公司的股票。在你退休前，股票由信托公司保管。之后，你可以保留或出售你的股票。

利润分享计划　在利润分享计划下，雇主的缴款取决于公司每年的利润。

401（k）计划　**401（k）计划［401（k）plan］**（或称减薪计划）是一种退休储蓄计划，由你薪资的一部分提供资金，该部分从你的工资中扣除，并存入一个特殊账户。许多雇主为员工匹配缴纳一定金额或工资一定比例的资金。

401（k）计划中的资金可以用于投资股票、债券和共同基金。因此，如果你在职业生涯的早期就开始缴费，你可以在账户中积累大量的钱。此外，401（k）计划中的资金是递延纳税的。

403（k）计划　如果你在免税机构工作，如医院或非营利性组织，减薪计划被称为403（b）计划。该计划中的资金也是税收递延的。401（k）计划和403（b）计划被称为避税年金（TSA）计划。每年可向401（k）计划和403（b）计划缴纳的数额受法律限制，向其他类型的固定缴款计划缴纳的数额也是如此。

归属　不管你受雇于雇主的时间长短，养老金计划中的雇员缴款归你个人所有。但是，如果你换了工作，跳槽到了另一家公司，雇主给你账户的缴款会发生什么变化呢？养老金计划最重要的一个方面是归属。**归属（vesting）**指即使雇员不再为雇主工作，雇员仍有权在公司资助计划（如退休金）中拥有公司的缴款。归属在不同的时间点有所不同，这取决于公司的政策。当你在一家公司工作多年后，你就是完全归属，或者有权获得该计划的100%缴款。在一些计划中，归属是分阶段的。例如，你可能在3年后获得20%的收益，然后每年再获得20%，直到你获得全部收益。

固定收益计划

固定收益计划（defined-benefit plan）是一种退休计划，它根据雇员的总收入和工作年限规定雇员在退休年龄将获得的福利。该计划没有规定雇主每年必须缴纳多少。相反，雇主的缴款是根据退休计划中每个参与者需要多少钱来计算的。如果资金不足，雇主将必须额外缴款。

换另一个计划

一些养老金计划有"可移植性"，这意味着当你换工作时，你可以把获得的收益从一个养老金计划转移到另一个养老金计划。员工也受到 1974 年的《雇员退休收入保障法》（Employee Retirement Income Security Act）的保护，它为养老金计划设定了最低标准。根据这项法律，联邦政府承担固定收益计划承诺的部分款项。

 阅读进展检查

列出　固定缴款计划有哪 5 种类型？

个人退休计划

个人退休账户最大的好处是什么

除了雇主计划，许多人还有个人退休计划。这类计划对于个体户和不受雇主养老金计划保障的员工特别重要，例如个人退休账户和基奥计划。

个人退休账户

个人退休账户（IRA）是一个特殊账户，个人把一部分收入存入其中，用于退休生活。表 24.2 总结了各种类型的个人退休账户的特点。

普通个人退休账户　普通个人退休账户是一种传统的或经典的个人退休账户，允许你每年缴款，直到 70 岁半。从 2010 年开始，50 岁以下的人每年可以缴款 5 000 美元。50 岁以上的人每年可以缴款 6 000 美元。根据你的报税状况和收入，你的缴款可以全部或部分免税。减税还取决于你是否参与了雇主提供的退休计划。

罗斯个人退休账户　罗斯个人退休账户的年度缴款不免税，但收入是免税的。如果你是调整后的总收入少于 9.5 万美元的单一纳税人，你可以缴纳与普通个人退休账户相同的金额。对于已婚夫妇，调整后的总收入的总和必须低于 15 万美元。

70 岁半之后，你仍可以继续向罗斯个人退休账户缴款。如果你有一个罗斯个人退休账户，你 59 岁半时，或者你使用这笔钱购买你的第一套房子 5 年后，你从中取钱可以免税或免于罚款。你可以把普通个人退休账户转化为罗斯个人退休账户。根据你的情况，其中一种账户可能比另一种账户更适合你。

简化雇员退休金计划　简化雇员退休金计划，也称简化雇员退休金账户，也是一种个人退休账户，适用于小型企业和个体经营者。小型企业的简化雇员退休金账户会为每个员工在银行或其他金融机构开设一个个人退休账户。雇主每年缴款可达法律规定的最高限额。员工缴款可以免税，每年情况可能有所不同，收入可以延期纳税。个体经营者的简化雇员退休金账户的运作大致相同。2005 年，个人每年最多缴款 4.2 万美元。直到 2010 年，限额每年都在增加。

配偶个人退休账户　如果你提交了一份联合纳税申报表，你可以代表没有工作的配偶向配偶个人退休账户缴款。这与普通个人退休账户和罗斯个人退休账户缴款相同。根据你的收入，这笔缴款可以全额或部分免税。这也取决于你是否参加了雇主提供的退休计划。

转存个人退休账户　转存个人退休账户是一种传统的个人退休账户，它允许你将所有或部分应税收入从一个个人退休账户转到另一个个人退休账户，而无须缴税。

教育个人退休账户　教育个人退休账户又被称为科维尔教育储蓄账户，是一种具有一定限制的特殊个人退休账户。它允许个人每年缴款 2 000 美元，用于 18 岁前的任何个人教育。这些缴款不是免税的，但它会为教育支出提供免税额。

即使你有其他类型的养老金计划，你也可以向不能免税的个人退休账户缴款。你的个人退休账户获得的所有收入都会有复利，递延纳税，直到你开始提款时才缴纳。记住，个人退休账户最大的好处在于其税收递延实现的收益增长（见图 24.4）。

个人退休账户取款　当你退休时，你可以通过以下几种方法从你的个人退休账户中提取资金。你可以一次性取出所有的钱，但这些钱都要作为纳税收入。如果你决定分期从你的个人退休账户中提取资金，你只需要按提取的金额纳税。你也可以把取出的资金存入年金账户，以保障以后的生活。

表24.2 个人退休账户的类型

账户选择 你应该了解所有的选择，以便从你的缴款中获得最大的收益。普通个人退休账户和罗斯个人退休账户有什么不同？

个人退休账户类型	个人退休账户特征
普通个人退休账户	• 利息和收益递延纳税 • 个人缴款有年度限制 • 免税缴款有资格限制 • 缴款不会减少当前的税收
罗斯个人退休账户	• 利息和收益递延纳税 • 个人缴款有年度限制 • 在特定情况下取款免税 • 缴款不会减少当前的税收
简化雇员退休金计划	• "先自付"工资减少缴款 • 税前缴款 • 利息和收益递延纳税
配偶个人退休账户	• 利息和收益递延纳税 • 有工作的配偶和没有工作的配偶都可以缴款到年度限额 • 免税缴款有资格限制 • 缴款不会减少当前的税收
转存个人退休账户	• 普通个人退休账户，接受所有或部分应税收入从另一个退休账户转存到本账户 • 可以转存到罗斯个人退休账户
教育个人退休账户	• 利息和收益递延纳税 • 当资金用于高等教育开支时，减少10%的提前支取罚金 • 个人缴款有年度限制 • 缴款不会减少当前税收

基奥计划

　　基奥计划（Keogh plan），也被称为 H.R.10 计划或个体工商户退休计划，是专门为个体工商户及其员工设计的退休计划。基奥计划有各种各样的限制，包括你每年免税缴款的金额限制。基奥计划管理起来很复杂，所以在使用这类个人退休计划之前，你应该获取专业的税务建议。

阅读进展检查

回顾 谁应该考虑使用简化雇员退休金计划？

退休计划的限制
你必须什么时候开始提取资金

除了罗斯个人退休账户，对于大部分延税的退休计划，你不可能永远把资金存在里面。当你退休或 70 岁半时，你必须开始接受"最低生活分配"，这是从你通过计划积累的资金中提取的。分配或提取的金额取决于你在分配开始时的预期寿命。如果你不从退休账户中提取最低金额，美国国税局将向你收取罚金。

阅读进展检查

记忆 你必须在多大年龄开始从你的递延纳税退休计划中获得最低生活分配？

年金
为什么除了退休计划，人们还要购买年金

如果你已经将 401（k）计划或利润分享计划的资金提高到允许的限额，但你还想储蓄更多的资金，那怎么办？答案可能是年金。**年金（annuity）**是从保险公司购买的一种合同，它保证在未来一定年限或终身向购买者支付固定或可变的款项。

你也可以从个人退休账户或公司养老金中获得资金来购买年金。你可以购买年金来补充你从其他类型的退休计划中获得的收入。你可以选择购买单笔付款或分期付款的年金。你还需要决定，保险公司是立即将年金收入寄给你还是之后寄给你。你从年金中获得的款项按普通收入纳税。而你从年金中获得的利息在开始付款前累计免税。一些可选的收入年金如下。

- 终身收入：你的余生都会获得收入，直到死亡为止。
- 最低支付金额的终身收入：你将终身获得收入。如果你在获得一定数额的款项前去世，你的受益人将获得其余款项。
- 二人终身收入：二人终身领取收入。在任何一个人去世后，另一个人会按原金额的百分比继续获得款项。

图24.4 早点开始退休计划的好处

潜在收入 你越早为退休计划缴款，退休时你的收入就会越高，即使你不继续向该账户缴款。为什么储蓄者A缴纳的资金更少而净收益却更高？

年龄	25	35	45	55	65	净收益（排除缴款）
			缴款			
储蓄者 A	每年2 000美元（9年）	无缴款				525 344
储蓄者 B	无缴款	每年2 000美元（30年）				290 427

假设固定回报率为9%，每月有复利，本金没有变化

年金类型

年金可以是固定的，也可以是可变的。固定年金可以提供一定数额的收入。可变年金提供超过最低数额的收入，收益取决于你的投资回报率。

即时年金 接近退休年龄的人可以购买即时年金。这类年金会立即提供收入。它通常要求一次性支付。当你65岁时，你可能不再需要人寿保险，特别是你如果有了孩子。你可以将保险单的现金价值转换为一次性支付的即时年金。

递延年金 递延年金的收入从未来的某个日期开始支付。与此同时，存款的利息也在增加。年轻人经常购买这样的年金来为退休储蓄资金。以一次性付款方式购买的递延年金被称为单一保险费递延年金。"保险费"是你支付的款项。这类年金之所以受欢迎，是因为其免税的潜力更大。如果你分期付款购买递延年金，你可能想要一种保险费支付灵活的年金。这意味着你的缴款金额每年都会有所不同。

年金成本

年金和年金产生的收入有多种选择。年金的成本、费用和其他特性因保险单而异，因此你应该与保险代理商讨论所有可能的选择。询问收费标准和利率等情况。此外，你一定要了解提供年金的保险公司的财务状况。

依靠退休收入生活

你可以做些什么来增加退休收入

当你计划退休时，你会准备一个预算或支出计划。然而，退休后，你可能会发现你的花费比你预想的要高。如果是这样，你必须做出一些调整。

首先，确保你得到了你应得的所有收入。你是否有资格申请其他项目或福利？你还需要考虑你可能转换成现金或其他收入来源的任何资产或贵重物品。

其次，退休人员可能要重新权衡消费和储蓄。例如，他们可以进行免费和低成本的娱乐，而不是高成本度假，而不是度过昂贵的假期。公园、博物馆、图书馆和博览会，这些都是令人愉快的选择。退休人员也可以在电影院、餐馆、商店等享受特殊折扣。

额外收入

　　年金由保险公司出售，为退休储蓄提供了另一种方式。年金有什么好处？

经济学与你

国内生产总值

国内生产总值是衡量一个国家生产力的指标。它涉及消费支出、政府支出和私人投资。它还考虑了一个国家的贸易平衡和库存变化。为了计算国内生产总值，要将消费支出加上投资，再加上政府支出，然后减去贸易逆差或增加贸易顺差，再减去正在减少的库存，或加上正在增加的库存。要判断经济是否运行良好，可以将国内生产总值与之前的国内生产总值数据进行比较，如果国内生产总值增加，那么经济状况良好。通过计算每个因素对国内生产总值贡献的百分比，你可以分析经济增长是如何实现的。从历史数据看，消费支出占美国国内生产总值的比例最大。

国内生产总值
（单位：10亿美元）

年份	国内生产总值
2004	11 867.8
2005	12 638.4
2006	13 398.9
2007	14 077.6
2008	14 441.4
2009	14 256.3

个人财务联系　作为一个经济指标，国内生产总值提供了理解经济健康状况的途径。对美国国内生产总值的历史数据回顾可能会帮助你确定：你需要储蓄多少钱才能在退休后过上好日子。美国经济分析局（BEA）提供了美国国内生产总值的数据和图表，包括季度调整后的实际国内生产总值。

批判性思考　10年的国内生产总值表将如何显示给定时间点在经济周期的位置？这些信息对遗产规划有何帮助？

退休期间工作

退休人员可以利用他们的技能和时间，而不只是花钱。有些人决定退休后做兼职或全职工作。许多人为了保持活力，追求新的事业。工作能给人带来更强的参与感和自我价值感，这也是一个补充退休收入的好方式。

使用你的积蓄

在退休期间，你应该什么时候开始从你的"积蓄"中提取资金？答案取决于你的经济状况以及你想留给继承人多少遗产。你的**继承人（heirs）**是在你死后有继承你财产的法律权利的人。你的储蓄可能足够多，使得你可以依靠储蓄利息过上舒适的生活，或者你可能需要定期取款，为退休生活提供资金。然而，你要谨慎行事。动用你的退休基金时，你应该考虑，如果你定期取款，你的储蓄能维持多久。不管你的情况如何，你都应该设法存够退休基金，以维持生活。

回顾关键概念

1. **识别**　被称为避税年金计划的两项固定缴款计划是什么?

2. **描述**　教育个人退休账户的特征是什么?

3. **认识**　社会保障养老金计划为谁提供福利?

延伸思考

4. **思考**　现在许多公司提供401(k)计划作为员工福利。不幸的是,员工并非总能充分利用这类计划,请考虑可以使401(k)计划收益最大化的方式。

21世纪技能

5. **适应变化**　达蒙正在为退休进行规划。他意识到社会保障、个人退休账户和他的退休金计划无法维持当前的收入水平。退休后他不想继承工作,因为他希望利用退休时间去追寻新的技能和爱好。给达蒙发一封邮件,就他可以做出的改变提出建议,确保他在退休之后有足够的收入来保障生活。

数学

6. **提前退休计划**　丹最近刚从大学毕业,他的父母为他举办了一个毕业派对,丹收到了2 500美元。在与父母讨论后,丹决定将这笔钱投资于退休账户。他把钱存入了罗斯个人退休账户,每年年利率为9%。假设利率保持不变,并且丹没有缴纳任何额外的资金,那么5年后丹的罗斯个人退休账户中会有多少钱?

数学概念　**计算账户余额**　要计算特定时间段后账户中的余额,你必须计算当年的利息并将结果与初始数额相加。每年的计算过程相同。

提示　通过将原始存款金额乘以年利率来计算赚取的利息,并确定第1年后的期末余额,即将利息与原始存款金额相加,以计算第1年后的期末余额。

本节目标

- 识别各种不同的遗嘱。
- 讨论几种不同的信托。
- 描述遗产的共同特征。
- 识别影响遗产的税收类型。

阅读进行时

思考 哪些情况可能会促使你改变你的遗嘱？

遗产规划的重要性

为什么遗产规划很重要

许多人认为遗产只属于富人，然而事实上每个人都有遗产。**遗产（estate）**是个人或团体拥有的所有财产和资产。在你的工作年限内，你的财务目标是为当前和未来的需求积累自己的财产。但是，随着年龄的增长，你的观点也会发生变化，你开始考虑你死后会发生什么。

什么是遗产规划

遗产规划（estate planning）是为管理个人资产制订详细计划的过程，目的是在你活着时充分利用资产，并确保你去世后资产被合理分配。如果没有良好的遗产规划，你一生积累的资产可能会因你去世时的各种税收而大幅减少。

遗产规划是退休规划和财务规划的重要组成部分，它包含两个阶段。第一阶段是通过储蓄、投资和保险来积累你的遗产，第二阶段是确保你的遗产在你去世时按照你的意愿分配。如果你结婚了，你的遗产规划应该考虑你的配偶和孩子的需求（如果你有的话）。如果你是单身，它应对你的受益人有利。**遗产受益人（estate beneficiary）**是被指定接受某人遗产的人。

当你去世时，你的配偶、孩子、亲戚和朋友将面临一段悲伤的时光，他们中的一个人或几个人可能会负责处理你的事务。这将是一段艰难的时光，因此你的遗产规划应该清晰、有条理，否则你的亲人可能会在处理遗产时遇到问题。避免问题的一种方法是确保重要文件可获取、易理解并合法。

法律文件

遗产规划涉及各种法律文件，例如**遗嘱（will）**。遗嘱是一个人对自己死后遗产处置的法律声明（或陈述）。在你去世后，负责处理你的事务的人需要查阅你的遗嘱和其他重要文件。在你的继承人获得他有权继承的遗产之前，这些文件必须被审查和核实。如果没有人能够找到必要的文件，你的继承人可能会遇到困难，甚至失去一部分应继承的遗产。

你应该整理以下各种重要文件。

- 你、你的配偶以及孩子的出生证明。
- 结婚证和离婚证。
- 法律关系变更证明（对保护收养儿童很重要）。
- 军队服役记录和退伍文件。
- 社会保障文件。
- 保险单。
- 银行账户的转账记录。
- 保险箱记录。
- 车辆登记材料。
- 股票和债券的所有权证明。

你要保留多份处理保险索赔和处置遗产所需的文件副本。在某些情况下，父母已去世的孩子可能需要证明父母出生、结婚或离婚的文件，在世的配偶、子女和其他继承人也可能被要求出示被继承人的死亡证明。

你所拥有的一切
　　你的所有财产和资产构成了你的遗产。现在，你的遗产包括什么？

 阅读进展检查

理解 遗产规划包括哪两个阶段？

遗嘱

为什么遗嘱是如此重要的文件

每个成年人拥有的最重要的文件之一是书面遗嘱。 如果你去世后**无遗嘱（intestate）**，即处于没有有效遗嘱的状态，你的合法居住州政府将介入并主导你的遗产分配，而不会考虑你的意愿。

你要确保你有书面遗嘱。具有遗产规划经验的律师可以帮你起草遗嘱，这可以帮助你的继承人避免许多麻烦。律师费将根据遗产的规模和家庭的具体情况而有所不同，标准遗嘱的费用在 200 美元到 500 美元之间。

遗嘱的类型

在准备遗嘱时，你有几种选择。遗嘱的 4 种基本类型是简单遗嘱、传统的婚姻份额遗嘱、免税信托遗嘱以及规定金额遗嘱。遗嘱的类型会影响你的遗产纳税情况。

所有类型的遗嘱通常都指定受益人，即指定在你去世后获得你的部分或全部遗产的人。受益人可以是配偶、亲戚、朋友或组织。在本书接下来的讨论中，受益人是配偶。

简单遗嘱 简单遗嘱将全部遗产都留给配偶。这样的遗嘱对于遗产较少的人来说通常是足够的。然而，对于较多或复杂的遗产，简单遗嘱可能无法实现目标。这种类型的遗嘱也可能导致更高的总体税额，因为留给配偶的所有遗产都将作为其财产的一部分缴纳税款。

传统的婚姻份额遗嘱 传统的婚姻份额遗嘱是将调整后的总遗产的一半（遗产的总价值减去债务和成本）留给配偶，另一半留给孩子或其他继承人，或保留在家庭信托中。**信托（trust）** 指由被称为受托人的指定人员为他人的利益管理他人资产的安排。信托可以为配偶提供终身收入，且在其死亡时也不会被征税。对于这种遗嘱，一半遗产在配偶的一方去世时被征税，另一半遗产在配偶的另一方去世时被征税。

免税信托遗嘱 对于免税信托遗嘱，除了一定数额归信托所有，其余所有资产都归配偶所有。归属信托的收入加上它赚取的利息，可以为配偶提供终身收入，并且不被征税。2004 年和 2005 年，这种遗嘱中的免税信托额为 150 万美元；2006 年到 2008 年，这一金额增加到 200 万美元；到了 2009 年，金额进一步增加到 350 万美元。如果财产价值大幅增加，这种遗嘱的免税功能可能会变得十分重要。这种类型的遗嘱对大额遗产有益。

规定金额遗嘱 规定金额遗嘱允许你将满足家庭财务目标的任意金额转交给你的配偶。出于避税目的，你可以转交 150 万美元的免税额（2004 年和 2005 年）。你也可以转交与家庭未来收入需求相关的金额或与个人物品价值相关的金额。

州法律可能会规定你必须留给配偶多少遗产。大多数州规定配偶必须获得一定数额的遗产，通常是遗产价值的 1/2 或 1/3。各州还有关于遗产何时以及各部分如何转移给受益人的法律。

规定金额遗嘱有一个主要的缺点。假设你将特定资金留给你指定的继承人，并将余额留给你的配偶，虽然这些金额在起草遗嘱时是公平合理的，但可能很快就会有变化。如果企业本身的问题或股市下跌导致遗产价值降低怎么办？遗产价值降低不会影响继承特定金额遗产的继承人，但它会影响配偶继承的遗产价值。因此，大多数专家建议此类遗嘱应使用百分比而不是特定金额。

遗嘱及其认证

遗嘱要符合你的特定需求，取决于许多因素，包括遗产规模、通货膨胀、你的年龄和你的目标。无论你选择何种类型的遗嘱，最好避免遗嘱认证。**遗嘱认证（probate）**是证明遗嘱有效或无效的法律程序，也是在你死后根据遗嘱的内容管理和分配你的遗产的过程。专门的遗嘱认证法庭会对遗嘱进行验证，并确保你的债务已经还清。你应该避免遗嘱认证，因为它成本高、时间长、公开。正如你将在本章后面的部分所读到的那样，生前信托可以避免遗嘱认证，也更便宜、更快捷、更私密。

遗嘱的形式

遗嘱可以是手写的，也可以是正式的。手写遗嘱是你自己准备的手写形式的遗嘱。它应该完全由你自己书写、注明日期并签名，页面上不应出现打印的信息。有些州不承认手写遗嘱的合法性。

正式遗嘱通常是在律师的帮助下准备的。它可以全部是打印的，也可以是预先打印出来并由你填写的表格。你必须在两名见证人面前签署遗嘱；见证人不能是遗嘱中指定的受益人，且必须在你面前签名。

法定遗嘱是预先印制的，可以从律师那里、办公用品商店和一些文具店购买。使用预先打印的遗嘱存在巨大风险，该表格可能包含不符合你的继承人的最佳利益的条款。如果你更改预先印制的遗嘱的措辞，那么部分或全部遗嘱可能会被宣布无效。此外，这种形式的遗嘱可能与现行有关遗嘱的法律不同步。出于这些原因，你在准备遗嘱时，最好寻求律师的建议。

公平分配

准备遗嘱可以确保每个家庭成员能够根据你的意愿获得你的一部分遗产。你为什么不希望你的所有财产都归一个人？

决策

成功人士和有效领导者往往拥有强大的决策技能。决策技能包括分析和评估证据和论据以选择最佳解决方案。有效决策者能够在信息和论据之间建立联系，并考虑各种观点。此外，拥有强大决策技能的人还能够评估他们决策的有效性，并将他们的经验和知识应用于未来的情境中。培养决策技能会使你在学校、社区和工作中受益。

写一写

想象一个需要你使用决策技能的场景，写一段或几段话来描述这个场景，并解释你做出的决策。这个决策有效吗？现在回想起来，你会改变你当时的决策吗？

撰写你的遗嘱

撰写遗嘱使你能够准确地表达你希望遗产被如何分配给你的继承人。这是确保你的所有财产最终被分配到你理想的地方的唯一方法。撰写遗嘱的一些指导原则如下。

（1）与配偶或同伴密切合作，准备你的遗嘱。

（2）写下你的遗嘱，使其符合你目前的意愿。

（3）不要选择受益人作为见证人。如果这个人被要求对你的遗嘱进行认证，他可能不会被允许获得你的任何遗产。

（4）如果你再婚，要考虑签署一份婚前协议。如果你在婚礼前签署协议，意味着你和你的结婚对象在法律层面上同意双方都不会对另一方的遗产提出任何要求。

（5）考虑使用百分比而不是金额。

（6）如果你已婚，你的配偶也应该写遗嘱。

（7）灵活一些。

（8）将你的遗嘱原件保存在安全的地方，并在家中保存一份副本。

（9）如果你要修改遗嘱，准备一份新的遗嘱或添加一个附录。

（10）选择愿意执行任务的执行人。

选择遗嘱执行人 **遗嘱执行人（executor）**是愿意并且能够执行遗嘱任务的人。这些任务包括准备资产清单，收取应收款项，以及偿还债务。遗嘱执行人还必须准备并提交所有所得税和遗产税申报表。同时，此人将负责决定出售或对资产进行再投资，以偿还债务，并在处置遗产时为你的家庭成员提供收入。遗嘱执行人还必须分配遗产并为受益人和遗嘱认证法庭进行最终核算。遗嘱执行人可以是家庭成员、朋友、律师、会计师或银行的信托部门，你也可以指定一位受益人作为执行人。各州法律规定了遗嘱执行人的费用，如果你未在遗嘱中指定遗嘱执行人，法院将任命一个执行人。自己任命执行人有助于防止不必要的遗产分配延迟。它还将最大限度地减少遗产税和结算成本。

选择监护人 如果你有孩子，你应该指定一位监护人，在你和你的配偶同时死亡并且孩子无法照顾自己时照看他们。**监护人（guardian）**是指承担照顾死者孩子的责任并为孩子管理遗产直至他们达到一定年龄的人。许多州都要求监护人向遗嘱认证法庭缴纳担保金（数百美元）。如果监护人用未成年人的财产谋取私利，担保公司将向未成年人偿还担保金。

在指定监护人时，你应该选择一个你熟悉的、爱孩子的，并在养育孩子方面与你有相同观念的人。这个人还必须有能力并且愿意承担作为父母的责任。

　　改变遗嘱　由于你的生活或者法律的变化，有时你可能希望更改你的遗嘱中的条款。以下是你希望重新检查你的遗嘱的一些原因。

- 你搬到了一个有不同法律的州居住。
- 你已经出售了遗嘱中提及的财产。
- 你遗产的规模和构成已经发生变化。
- 你结婚、离婚或再婚了。
- 你的继承人已经死亡，或者有新的继承人出生。

　　不要对现有遗嘱的页面进行任何书面更改。对已经签署并经过认证的遗嘱进行添加、删除或涂抹可能会使遗嘱无效。

　　如果你只想做一些小改动，添加遗嘱修改附录可能是最好的选择。**遗嘱修改附录（codicil）**是一份解释、添加或删除现有遗嘱中条款的文件。为了保证有效，它必须符合关于遗嘱的法律要求。

　　如果你想对遗嘱进行重大修改，或者你已经添加过遗嘱修改附录，那么最好准备一份新遗嘱。新的遗嘱一定要包含一个取消先前遗嘱的所有条款及遗嘱修改附录的条款。

　　阅读进展检查

　　定义　什么是遗嘱认证？

生前遗嘱
为什么准备生前遗嘱很重要

　　在你生命中的某个时间点，你的身体或精神可能会出现问题，无法代表自己行事。如果发生这种情况，**生前遗嘱（living will）**有助于确保你根据自己的意愿得到照顾。生前遗嘱是一份法律文件，在该文件中，你将说明如果你身患绝症并且无法做出决定，你是否想要通过人为干预维持生命，见表24.3。在两名见证人面前签署这一遗嘱并注明日期，随时检查你的生前遗嘱以更新你的决定。为了确保其有效性，请与最亲近的人一起讨论你想要准备生前遗嘱的想法。

　　当你起草一份传统遗嘱时，你可以考虑写一份生前遗嘱。大多数律师在为你准备传统遗嘱或者遗产计划的同时，会免费为你准备一份生前遗嘱。你也可以从非营利性组织那里得到生前遗嘱的表格。

哥斯达黎加
外籍人士的热门之选

　　许多人会考虑搬到一个新的地方享受退休生活，有时这个新的地方可以是另一个国家。外籍人士被定义为居住在别国的人。许多国家都有越来越多的外籍人士社区。美国人常常会被他国新的语言或文化吸引，而搬家去那里，成为外籍人士。哥斯达黎加是最受美国移民欢迎的国家之一。这个国家离美国很近，所以移民可以与留在美国的朋友和亲人保持联系。此外，哥斯达黎加是一个和平而美丽的国家，境内到处是雨林、海滩和国家公园。这个国家的生活成本也比较低，并有许多税收优惠。它的税率很低，房价与美国相比也较为便宜，投资者无须为房产支付资本利得。许多人可以用每月不到1 000美元的生活费过得十分舒适。

批判性思考

1. **扩展**　当你搬到另一个国家时，你不需要成为其公民，但要考虑该国政府的规定。研究成为另一个国家的公民的过程，除了护照以外，你还需要获得哪些文件？

2. **关联**　搬到外国和搬到新的城镇或州可能有所不同，面对新的生活，你可以采取哪些措施？

数据库

首都
圣约瑟

人口
4 755 234

语言
西班牙语（官方），英语

货币
哥斯达黎加克朗

国内生产总值
485.1亿美元

人均国内生产总值
12 900美元

工业
微处理器、食品加工、医疗设备、服装、建筑材料、化肥、塑料制品

农业
香蕉、菠萝、咖啡、甜瓜、观赏植物、糖、玉米、大米、豆类、土豆、牛肉、禽类、乳制品、木材

出口
香蕉、菠萝、咖啡、甜瓜、观赏植物、糖、牛肉、海鲜、电子元件、医疗设备

自然资源
水能

表24.3 生前遗嘱

良好的决策 即使你无法做出决策，生前遗嘱也将确保你对医疗护理的观点得到尊重。在什么情况下，你会无法为自己的医疗护理做出决策？

生前遗嘱声明

声明写于__年__月__日

我，_____心智健全，希望并且自愿表明我的愿望，即我不希望我的死亡过程在下列情况下被人为地延长：如果在任何时候，我的医生认为我身患无法治愈的疾病或处于疾病晚期，并且我的医生确定采用生命维持程序只会人为地拖延死亡过程，无论是否使用维持生命的设备，我终将死亡，那么我将决定停止或撤销此类程序，并且允许我在仅服用药物或接受向我提供舒适护理等必要医疗程序的情况下死亡。

由于我没有能力对这种生命维持程序的使用提出要求，我的想法是我的家人和医生应该尊重这一声明，将其作为我拒绝接受手术治疗等医疗手段并接受其后果的合法权利的最终表达。我理解这份声明的全部内容，我是在情绪和精神都正常的情况下做出此声明的。

签名_____

居住州、市、县_____

我十分熟悉声明人，我相信此人心智健全。

见证人_____

见证人_____

授权委托书

授权委托书（power of attorney）是授权某个人代表你行事的法律文件。如果你病重或受伤，你可能需要某个人来照顾你和处理你的个人事务。这一问题可以通过授权委托书来解决。

你可以为你选择的任何人发放授权委托书。你指定的人可以被给予有限的权力，也可以被给予极大的权力。你可以仅授予此人执行特定行为或交易的权力，也可以允许该人完全代表你行事，包括执行你的生前遗嘱。

最后指示函

除了传统遗嘱和生前遗嘱之外，准备一份最后指示函是一个好办法。这份文件不具有法律约束力，但它可以为继承人提供重要信息。它应该包含葬礼安排的喜好以及希望告知死讯的人的姓名。通过最后指示函，你还可以让人们知道你的银行卡、保险箱和其他重要物品的位置。

阅读进展检查

识别　你可以将授权委托书发给谁？

信托

为什么为避免遗嘱认证而设立信托十分重要

总的来说，信托是一种法律安排，它为你或你的受益人的利益管理你遗产中的资产。信托的发起者被称为委托人或授权人。信托由受托人管理，受托人可以是个人和机构，例如银行。受托人服务通常由银行提供，在某些情况下也由人寿保险公司提供。银行会对管理信托的服务收取少量费用，收取的费用通常基于信托中资产的价值。设立信托是否有意义取决于个人情况。

设立信托的一些常见原因如下。

- 减少遗产税。
- 避免遗嘱认证并立即将你的资产转移给你的受益人。
- 免去自行管理资产的麻烦，同时从信托中获得定期收入。
- 为在世的配偶或其他受益人提供收入。
- 确保在你去世后，你的财产被用于预期目的。

信托的类型

信托的类型有很多，包括信用担保信托、可放弃信托、生前信托和遗嘱信托。你要选择最适合自身情况的信托类型。遗产律师可以为你提供适合你需要的信托类型的建议。

信托分为可撤销信托和不可撤销信托。可撤销信托是指在你有生之年有权结束或更改其条款的信托。可撤销信托能够避免漫长的遗嘱认证过程，但它并不能使资产免受联邦或各州遗产税的影响。不可撤销信托是无法更改或终止的信托。

不可撤销信托也能够避免遗嘱认证并帮助减少遗产税。但是，根据法律，你不能从不可撤销信托中移走任何资产，即使你在之后的生命阶段中需要它们。

信用担保信托　信用担保信托是帮助死者的配偶避免为作为遗产的一部分留下的资产支付遗产税的信托。截至 2004 年，遗产的免税金额为 150 万美元，2006 年增加到 200 万美元，并在 2009 年继续增加到 350 万美元。作为最常见的遗产规划信托，信用担保信托有许多其他名称：绕行信托、剩余遗产信托、A/B 信托、免税等价信托和家族信托。单身人士不需要设立信用担保信托，因为转移给配偶以外的人的资产自动免税。

可放弃信托　可放弃信托适用于资产不足以使用信用担保信托，但未来可能需要信托的夫妇。通过可放弃信托，在世的配偶可以得到死者留下的所有财产，但其有权放弃或拒绝遗产的某些部分。任何被放弃的财产都会进入信用担保信托。这种做法可以帮助在世的配偶使财产免受遗产税的影响。

生前信托　生前信托，也被称为生存者信托，是你对财产管理的一种安排。它允许你作为委托人在你有生之年获得收益。要设立一个生前信托，你只需将你的一些资产转移给受托人，然后向受托人表明你对你有生之年和去世之后管理信托的想法。

生前信托有以下几个优点。

- 它会保障隐私。遗嘱是一种公共记录，但是信托不是公共记录。
- 在你去世后，信托中的资产可以避免遗嘱认证。这消除了遗嘱认证的成本及其造成的延迟。

为自己设立信托
　　信托可以帮助你和你的受益人管理你遗产中的资产。为什么你要为你的受益人设立信托？

- 如果你在多个州拥有财产，这是有利的。
- 它使你能够考察受托人的表现并在必要时更改条款。
- 它可以减轻你的管理责任。
- 它使得继承人之间发生争执的可能性比立遗嘱更低。
- 如果你身患绝症或者无法做出决定，它可以指导你的家人和医生遵循你的意愿进行治疗。

设立一个生前信托会比立遗嘱花费更多资金，但是，根据你的具体情况，生前信托可以是一个很好的遗产规划选项。

遗嘱信托 遗嘱信托是根据你的遗嘱设立的，并在你去世后生效。如果你的受益人在财务方面缺乏经验，那么这种信托可能很有价值；如果你认为你的遗产税很高，它也可能是最优选项。遗嘱信托具有许多与生前信托相同的优势。

阅读进展检查

总结 可撤销信托和不可撤销信托之间的主要差异是什么？

你的遗产

共同所有权的类型如何影响遗产的分配

记住，你的遗产包括你拥有的一切。因此，遗产规划的一个重要步骤是清点你的资产。不要忘记你的资产应包括共同拥有的财产、人寿保险单、员工退休福利、别人欠你的钱以及你的所有个人财产。

有些州被称为"共同财产州"。共同财产是夫妻双方在婚姻期间赚取的任何资金，以及用这些资金购买的任何物品，它不包括作为礼物收到的或通过继承获得的资产。在共同财产州，夫妻双方各拥有财产的 50%。因此，配偶中一方的遗产是夫妻共同财产的一半。

在非共同财产州，财产会包含在拥有它的配偶的遗产中。你拥有财产的方式会带来显著的税收差异。

共同所有权

配偶对财产的共同所有权是非常普遍的。共同所有权还可能存在父母和子女之间或其他亲属之间。在某些州，共同所有权可能有助于避免遗嘱认证和免除遗产税。但是，它并不会免除联邦遗产税，事实上，它有可能增加联邦遗产税。

共同所有权有 3 种类型，对应不同的遗产税，会产生不同的遗产规划结果。

（1）你和你的配偶可以以"具有生存权的共同所有人"的身份拥有财产。

- 你和你的配偶各占一半财产，在一方去世后，财产将被转移给另一方。
- 设立这样的所有权不需要缴纳赠与税。此外，配偶中的一方死亡时不需缴纳遗产税。但是，当夫妻双方都去世后，它可能产生比传统的婚姻份额遗嘱更高的遗产税。

（2）你和你的配偶可以以"共有人"的身份拥有财产。

- 每个人都拥有特定份额的财产，且包含在你的遗产中。
- 在你死后，你的那份财产不会被转移给其他共有人。相反，它包含在你的遗嘱认证遗产中，由你决定谁得到它。
- 赠与税和遗产税不适用于配偶的财产。但是，送给孩子的共同利益可能会产生税收。

（3）夫妇可以以"共有财产全部占有"的形式拥有财产。

- 夫妻双方都拥有财产。
- 当一方去世时，另一方自动获得该财产。
- 未经对方同意，一方不得出售财产。

共同所有权不能很好地代替遗嘱，因为它不能很好地控制遗嘱人死后财产如何分配和如何纳税。各州法律规定了共同所有权的类型和效力。有些州要求详细说明生存权，或至少简述。关于这些问题，你应咨询律师。

人寿保险和员工福利

如果你有人寿保险，该保险的收益将被计为你遗产中的资产。人寿保险的收益不需要缴纳所得税，也不需要遗嘱认证。人寿保险还能免除大多数州征收的一部分遗产税。然而，在某些情况下，比如当你更改了受益人，用保险单换取现金，或者用保险单申请贷款时，人寿保险需要缴纳联邦遗产税。

从雇主养老金计划或基奥计划中获得的死亡福利通常不包括在遗

产中。但也存在例外，一个例外是福利可以作为遗产，另一个例外是受益人选择一次性分配时平均所得税的特殊条款。

终身赠与和信托

你可能会把你的部分财产赠与他人，或者为你的配偶或孩子设立信托。在一定条件下，这种赠与和信托在你去世后不会成为你的遗产。然而，如果你仍然控制或使用你赠与的东西或信托，它仍然是你的遗产，并且需要纳税。例如，你把房子的所有权转移给了一个孩子，但你继续住在里面，房子的价值就会作为你遗产的一部分被征税。

同样，如果你把财产放在信托里，但对收入或本金有一定的控制，那么即使你自己无法获得这些资金，它也包含在你的遗产中。

 阅读进展检查

认识 什么是共同财产？

税收和遗产规划

是州政府还是联邦政府征收遗产税

联邦政府和州政府征收各种类型的税，你必须在遗产规划中考虑这些税。与遗产有关的 4 种税收类型分别是遗产税、遗产和信托联邦所得税、继承税和赠与税。

遗产税

遗产税是对一个人死后的财产征收的联邦税。遗产税是用死者的投资、财产和银行账户的市场公允价值减去免税金额后，再通过计算得出的。

2009 年，遗产的免税金额为 350 万美元，这意味着 350 万美元以下的遗产并不在计算遗产税的范围内，而只有超过 350 万美元的那部分遗产才需要缴税，这部分适用的税率为 45%。经过仔细规划，超过 350 万美元的遗产也可以免除联邦遗产税。

根据现行法律，无论你向配偶赠与什么，都可以免缴赠与税和遗产税。赠与配偶的东西不需要提交赠与纳税申报表。如果你是在你死前 3 年内赠与的，那么它们仍有可能包含在你的遗产中。

遗产和信托联邦所得税

除联邦遗产税申报表外，遗产和某些信托的所有者必须提供联邦所得税申报表。遗产和信托的应纳税收入的计算方法与个人应纳税收入的相同，每季度必须缴税两次。

继承税

你的继承人可能需要为获得继承遗产的权利而缴纳税款。继承税是对一个人在遗嘱中提到的财产征收的税。

只有州政府征收继承税。大多数州会征收继承税，但各州法律关于免税额和税率的规定差异很大。州继承税的合理范围是继承人所得的 4% 至 10%。

赠与税

联邦政府和州政府都会征收赠与税，是对一个人在一年内向他人赠与价值超过 11 000 美元的资金或财产征收的税。减少遗产纳税负担的一种方法是通过将遗产的一部分作为礼物赠与他人来减少遗产的规模。你可以自由地赠与你的配偶、孩子或其他人一定的财产。然而，当你这样做的时候，你不要把你退休后可能需要的资产赠送出去。

根据联邦法律，你每年可以向他人赠与 11 000 美元，而无须支付任何赠与税。夫妇每年可以向他人赠与 22 000 美元而无须缴税。超过规定额度的赠与需要缴税。目前，赠与税税率与遗产税税率相同，被称为统一转让税率。如果赠与是在你去世前 3 年内发生的，那么所赠物品可能会被视为你遗产的一部分，并被征税。许多州有其他的赠与税法律。

政府的份额

受益人必须为死者的遗产纳税。做遗产规划时，你应考虑哪4种税？

缴税

在尽一切可能降低遗产税之后，你可能会发现你的继承人仍然需要纳税。在这种情况下，你将不得不考虑纳税的最佳方法。

联邦遗产税必须在死者去世后9个月内支付。州遗产税、遗嘱认证费用、债务和其他费用通常也是如此。这些费用可能会给你的继承人带来财务问题。获得足够的现金来支付税款、债务和其他费用而不造成经济问题，是非常困难的。

有多种方法可以处理这个问题。

（1）购买人寿保险。人寿保险单可能是为你的继承人提供处理你的遗产时所需的免税现金的最佳方式。

（2）提前储蓄足够的现金，在到期时支付税款和费用。然而，这些现金在你有生之年可能要缴纳所得税，在你死后也要缴纳遗产税。

（3）你的继承人可以通过出售资产来纳税。然而，这可能导致其失去重要的收入来源。

（4）你的继承人可能会借钱，然而，很难找到一家提供借钱纳税服务的商业贷款机构。此外，借钱只会延长面对这个问题的时间，在这个过程中利息成本还会增加。

（5）如果你的家庭成员或受益人能够证明他们有合理的理由，国税局可能会允许他们延期或分期支付税款。然而，与借款一样，这种支付方式可能只会延长面对这个问题的时间。

规划未来

遗产规划是至关重要的，不仅要确保你的资产以你选择的方式分配，还要确保不会给你所爱的人留下困难或棘手的问题。

为你的遗产和税收进行规划，写一份遗嘱，这些只是你为了自己和他人能拥有一个财务安全的未来可以采取的几个步骤。此外，为自己的退休生活规划和储蓄将有助于你晚年的需求得到满足。

记住，你今天为自己做出的取舍、决定和设定的目标会影响你的个人财务状况，而你的财务状况将继续影响你现在和未来的生活。

 阅读结束后

回答 这一章的信息是否说服了你更早开始你的退休规划？为什么？

回顾关键概念

1. **描述**　遗嘱的4种基本类型是什么？

2. **解释**　信用担保信托的优点是什么？

3. **识别**　财产共同所有权的3种类型是什么？

4. **区分**　遗产税和赠与税的区别是什么？

延伸思考

5. **评估**　斯特凡在遗嘱中将他的全部遗产留给了他的妻子，但他们即将离婚。斯特凡应该准备一份新的遗嘱，还是在现有的遗嘱上添加遗嘱附录？

英语语言艺术

6. **最后的意愿**　假设你的朋友伊恩告诉你，他不想花钱请律师帮他立遗嘱，相反，他觉得他可以留下一封最后指示函来表达他分配资产的意愿。请你写一段你和伊恩之间的对话，你要向他解释为什么他不应该这样使用最后指示函，同时说明立遗嘱有什么好处。

数学

7. **遗产税**　2010年安妮特和哈罗德退休了，他们的遗产总价值达到了275万美元。根据美国遗产税制度，如果安妮特或哈罗德在2011年至2013年之间去世，另一个人可以免税获得200万美元。任何超过免税额的收入都要缴纳联邦遗产税。如果安妮特或哈罗德在这段时间内去世，另一个人需要缴纳多少联邦遗产税？假设遗产税税率是48%。

数学概念　**计算遗产税**　计算需缴纳的联邦遗产税，首先要确定法律规定的免税范围之外的遗产金额，将这一数额乘以联邦遗产税税率。

提示　要确定免税范围之外的遗产金额，首先确定从遗产中获得的收入总额，再减去免税金额。

退休和遗产规划

提前规划

通过考虑你想要的退休生活方式,你可以评估你现在所处的境况,并决定你需要采取哪些步骤来获得你想要的生活方式。

退休规划
1. 制定长期目标
2. 进行财务分析
3. 清点资产

了解你的选项

律师可以帮助你选择最适合你自身情况的遗嘱类型,以确保你的受益人缴纳最少的税款。

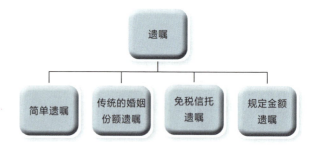

试一试

画一个如右所示的图,列举4种主要的信托,你可以从中选择能满足你需要的类型。

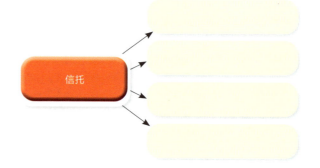

章节评估

章节总结

- 你越早开始为退休规划和储蓄，你的资产积累的速度就越快。
- 估算你的生活费用是退休规划的第一步。你的住房需求将取决于你的愿望和健康。
- 社会保障金将定期向你提供收入，但并不意味着能覆盖你的所有退休费用。
- 固定缴款计划是每个雇员拥有的个人账户，雇主每年向其缴纳特定金额；固定收益计划则根据总收入和工作年限确定福利。
- 个人退休账户包括普通个人退休账户、罗斯个人退休账户、简化雇员退休金计划、配偶个人退休账户、转存个人退休账户、教育个人退休账户和基奥计划。
- 遗嘱的类型包括简单遗嘱、传统的婚姻份额遗嘱、免税信托遗嘱和规定金额遗嘱。
- 信托的类型包括信用担保信托、可放弃信托、生前信托和遗嘱信托。
- 许多遗产的共同特征是配偶对财产有共同所有权。
- 遗产被征收遗产税、遗产和信托联邦所得税、继承税和赠与税。

词汇复习

1. 在索引卡上写出以下术语，并在另一些索引卡上写出定义，两两合作或小组合作，将术语与其定义相匹配。

- 养老机构
- 固定缴款计划
- 401（k）计划
- 归属
- 固定收益计划
- 个人退休账户
- 基奥计划
- 年金（保险）
- 继承人
- 遗产
- 遗产规划
- 受益人（遗产）
- 遗嘱
- 无遗嘱

- 信托
- 遗嘱认证
- 遗嘱执行人
- 监护人
- 遗嘱附录
- 生前遗嘱
- 授权委托书
- 误解
- 调整
- 转存
- 分配
- 声明
- 否认

延伸思考

2. **解释** 关于退休的一个无稽之谈是储蓄少量资金是无济于事的，解释这为什么是无稽之谈。

3. **关联** 转存个人退休账户与普通个人退休账户有何关联？

4. **确定** 选择遗嘱执行人时，你可能会考虑哪些因素？

5. **推理** 为什么雇主提供退休计划是有益的？

6. **假设** 为什么遗产规划师会建议新婚夫妇以"共有人"的形式持有财产？

7. **判断** 你认为遗产税公平还是不公平？联邦政府和州政府应该取消这种税吗？

8. **辩护** 退休以后，杰克逊想用他的积蓄去旅行，但他的家人希望他把钱留给孩子们。你支持杰克逊还是他的家人？为什么？

9. **评价** 劳伦和泰勒拥有一套没有抵押贷款的房子，他们计划在退休后旅行。这对夫妇应该保留他们当前的房产还是考虑其他选择？

社会研究

10. 养老金计划　随着预期寿命的延长和生活成本的增加，许多人认为社会保障体系需要调整，以更好地为老龄人口服务。其他国家如何为老年人提供服务？使用纸质资源或在线资源进行研究，了解另一个国家的社会保障或类似的公共养老金计划。它与美国的社会保障有何不同？它如何满足公民的需求？准备一份简短的报告来分享你的发现。你认为他们的系统有效吗？这个系统在美国会有效吗？

数学

11. 为退休储蓄　玛塔决定参加公司的401(k)计划。她被允许将最多25%的年薪用于该计划，该公司对应匹配存入员工前5%的缴款的50%（1.00美元对应0.50美元）。玛塔选择存入她工资的7%。假设该计划每年收益率为10%，玛塔的年薪为75 000美元，每年进行一次缴款，在年初进行，3年后玛塔的总缴款额是多少？在第3年结束时，她账户中的余额是多少？

数学概念　计算401(k)收益　通过确定总缴款额及所获得的收益，并将其与余额相加，来计算账户中的余额。

提示　首先将年薪乘以员工出资的百分比来计算每年的缴款额。接着，将年薪乘以公司为员工缴款匹配的资金百分比，再乘以匹配率。将这两个数值相加，得出总缴款额。

英语语言艺术

12. 社会保障　许多退休人员发现自己会重返工作岗位。但你应该知道，就业会影响你的社会保障福利。请在得到老师的允许后，访问社会保障部门的网站，找到标题为《工作如何影响你的福利》的文章。如果你无法理解有些内容，请与成年人讨论或联系社会保障部门办公室，以得到解释。你认为退休再就业的相关政策公平吗？写一段文字来总结文章中的关键点以及你的评价。

道德

13. 财务决策　格雷格和贝丝的祖母刚去世，但没有留下最后指示函。格雷格想举行大型的葬礼来纪念他们的祖母，然而贝丝认为他们的祖母会更喜欢小型的、只有关系密切的人参加的葬礼。格雷格认为贝丝只关心钱，而贝丝坚持说这与钱无关。你认为格雷格和贝丝应该如何处理这种情况？这件事有"正确"和"错误"之分吗？写一段文字呈现你的分析，其中应包括给格雷格和贝丝的建议。

实际应用

14. 遗嘱和信托　你需要律师帮助你起草遗嘱或信托文件。但是，你可以通过进行一些初步的研究来最大限度地缩短律师在准备遗嘱或信托文件上花费的时间。弄清楚你所在州对有效遗嘱或信托的要求，寻找遗嘱样本或信托文件，以便知道之后需要完成什么工作。通过研究，你会知道需要准备哪些文件，写一份关于你所在州要求的摘要和一份必备文件的清单。

你的资产组合

为退休储蓄

亨利已有资格参加公司的403(b)计划。他可以将工资（每年20 000美元）的2%到15%用于投资。公司将最多为他缴款的5%匹配50%的资金，即为他投资的每1美元匹配50美分。亨利决定存入工资的5%。基于目前每年10%的回报率，亨利计算出了自己未来10年能存下多少钱，其中包括公司为他匹配的资金。

	缴款（美元/年）	利息（美元）	总额（美元）
亨利每月缴款	1 000		
公司每月匹配亨利出资的50%	500		
第1年	1 500.00	150.00	1 650.00
第2年	1 500.00	315.00	3 465.00
第3年	1 500.00	496.50	5 461.50
第4年	1 500.00	696.15	7 657.65
第5年	1 500.00	915.77	10 073.42
第6年	1 500.00	1 157.34	12 730.76
第7年	1 500.00	1 423.08	15 653.84
第8年	1 500.00	1 715.38	18 869.22
第9年	1 500.00	2 036.92	22 406.14
第10年	1 500.00	2 390.61	26 296.75
总额	15 000.00	11 296.75	26 296.75

计算

在一张纸上绘制与上表类似的表格，利用这个表格计算，如果你每年以10%的年利率存2 000美元，公司每年为你缴款500美元，10年后你会有多少钱。

回顾与评估
规划退休

问自己

你有没有想过退休之后你的生活会是什么样的？为什么储蓄、投资和保险是很重要的？你知道谁退休后拥有你想要的生活吗？回答这些问题可以帮助你制订切实的、成功的退休计划。

你的目标

该项目的目标是估算退休期间维持你期望的生活所需的费用，考虑能够提供这些费用的收入来源，并准备简短的展示来分享你的发现和解决方案。

你将使用的技能

能否成功确定目标并为目标做好财务准备，取决于你的技能，你可能使用的一些技能如下。

- 学术技能：阅读、写作和计算。
- 21世纪技能：批判性思考、口语、听力、金融知识和人际交往。
- 技术技能：文字处理、打字、互联网研究和使用软件。

步骤1　确定生活费

了解需要多少资金来支撑你期望的生活有助于你的财务计划与退休生活相适应。

- 你一旦退休，你需要多少收入来支付如住房、食物、衣服等所需的费用？
- 你的保险费和医疗费需要多少钱？
- 你希望能够进行哪些类型的休闲活动？
- 你会继续赠送礼物和进行慈善捐款吗？

对所需收入有了合理的估计后，你需要对它进行调整以适应通货膨胀。假设通货膨胀率为4%，写一篇描述性的文章来分享你期望的生活，然后写一段文字来总结你对所需收入的计算。

步骤2　考虑收入来源

你想在什么年龄退休？一旦退休，你将如何继续赚取收入？考虑书中提到的所有收入来源。

- 你是否有储蓄计划？
- 当前充足的保险如何影响你之后的收入？
- 你是否将资金投入了多元化的投资组合？
- 你能否获得养老金计划、个人退休账户或年金？
- 你想在退休期间继续做兼职或全职工作吗？

虽然你现在可能没有收入来投资或开设个人退休账户，但了解所有可能的选项并制订计划以适当分配你未来的收入，是非常重要的。为了更好地理解这些选项，进行研究，然后写一份关于如何准备退休收入的提案。你的提案应包括估计的日期，例如，你计划何时开始投资或开设个人退休账户。

步骤3　建立关系

你可以从具有经验的人那里获得哪些信息？与你所在社区的退休人员会面，了解他们是如何为退休做准备的。他们为支撑理想的生活做足了准备吗？与退休前的生活费用相比，他们现在的生活费用如何？

- 提前准备访谈问题。
- 做笔记并记录对方回答的内容。
- 使用积极的肢体语言，提出开放式的问题。
- 在提出问题时要表示礼貌和尊重。
- 练习积极的倾听技能。
- 撰写你在访谈中获得的信息的摘要。

步骤4　准备你的陈述

使用项目清单来准备你的陈述。

步骤5　评估你的展示

你的陈述将被从以下几个方面进行评估。

- 评估量规。
- 信息的准确性和组织性。
- 技术：清晰、整洁的演示文稿。
- 人际交往技能。

计划

✓ 估计你退休后的支出。
✓ 确定退休期间你的收入来源。
✓ 与你所在社区的退休人员会面，讨论其退休规划，并向其寻求建议。

写一写

✓ 写一篇文章来描述你退休后希望拥有的生活。
✓ 写一份你退休期间生活费用的摘要，注意考虑资金的流动性。
✓ 写一份提案，说明你将如何为退休后的生活提供资金，其中应包括所有可能的或你预期的收入来源，以及你打算何时开始使用这些来源。
✓ 列出你的访谈问题。
✓ 写一份受访者回答内容的摘要。

展示

✓ 准备陈述提纲。
✓ 准备图片并使用技术来改进你的陈述。
✓ 语言清楚简洁。
✓ 向全班同学分享你对退休生活的期望。
✓ 陈述你的退休收入来源。
✓ 陈述你的访谈摘要，并描述它可能如何改变你的期望或建议。
✓ 回答同学的提问。

做职业选择

职业与工作的不同之处在于，职业会使你在一个领域或相关领域逐渐承担更多的工作。你需要学习一些特殊的技能来选择职业，以帮助你找工作。选择职业和确定就业机会需要仔细思考和准备，为了做出重要的职业选择，请遵循以下步骤。

做出职业决定的步骤

1. 进行自我评估，以确定以下问题。
   - 价值。
   - 生活目标。
   - 兴趣。
   - 技能和资质。
   - 性格。
   - 工作环境偏好。
   - 关系偏好。
2. 根据你的自我评估来确定职业选择。
3. 收集每个选择的信息，包括职业未来的趋势。
4. 根据你的自我评估来评估这些选择。
5. 做出你的决定。

做出决定后，计划如何实现你的目标。你最好有短期、中期和长期的目标。在做出选择时，你要探索相应领域未来几年的机会。未来几年中，新技术和自动化将对就业机会产生什么影响？记住，做计划能帮助你创造就业机会。

 个人职业档案

你可以创建和维护个人职业档案，保存你在求职过程中创建和收到的所有文件。
- 联系人列表。
- 简历。
- 推荐信。
- 雇主评估表。
- 奖励。
- 参与学校、社区和志愿者活动的证据。

- 关于求职的注意事项。
- 面试后做的笔记。

 职业研究资源

为了收集有关各种就业机会的信息，你可以利用多种资源。

- **图书馆。** 学校图书馆或公共图书馆提供良好的职业信息资源。在这里，你可以找到关于职业的书籍、杂志、小册子、电影、视频和特别参考资料。美国劳工部出版了3本特别有用的参考书：《职业名称词典》，它描述了大约20 000种工作与相关数据，以及从业者的工作方式；《职业前景手册》，它包含超过200个职业的信息；《职业探索指南》，它将工作分为12个领域，这些领域又被细分为不同的工作组和子组。
- **互联网。** 互联网正成为研究话题的主要资源，尤其对职业研究很有帮助。
- **职业咨询。** 职业咨询是对从事你感兴趣的职业的专业人士进行的信息咨询，了解职业的具体日常情况。
- **工作经验。** 在职经验对于了解工作或职业很有价值。你可以了解你的学校是否有工作经验项目，或考虑去一家公司或组织实习。实习会给你提供直接的工作经验，帮你为将来的全职工作积累有价值的经验。

 职业搜索

你可以搜索各种各样的资源，帮助自己求职。你应该研究所有可能产生工作机会或提供工作信息的资源。在进行搜索时，你可以将联系人的信息做成列表。可用资源如下。

- **与家人、朋友和熟人建立联系。** 这意味着联系你认识的人，包括学校的辅导员、前雇主和专业人士。

- **合作教育和工作经验项目。**许多学校都有这样的项目，学生兼职做与某门课程相关的工作。许多公司还提供工作经验项目，这些项目不局限于一个职业领域。
- **报纸广告。**阅读当地报纸上的招聘广告，这些广告不仅能提供就业机会，还能让你了解当地的就业市场。
- **职业介绍所。**大多数城市有公共的和私人的两种职业介绍所。这些职业介绍所将劳动者与工作进行匹配。一些私人机构可能会收取费用，所以你一定要知道谁应该支付这笔费用以及费用是多少。
- **公司人事办公室。**大中型企业设有人事办公室，以处理招聘事宜，包括招聘新员工。你可以打电话联系或直接去这些办公室了解职位空缺。
- **网上搜索。**网络会为你提供多种求职机会。Monster.com等网站提供有职位空缺的公司的名单。与职业相关的网站很多，所以你面临的挑战是：找到那些你感兴趣的工作。你感兴趣的公司可能有网站，会提供有关福利和就业机会的有价值的信息。

🌈 申请职位

当你获取了有关工作机会的资源，并发现了一些你感兴趣的工作，下一步就是申请。你需要填好申请表，写好求职信，准备好自己的简历。在大多数州，如果你未满18岁，你申请工作之前需要有工作许可证。一些州和联邦的劳动法律规定，某些工作对年轻人来说太危险。法律还限制了学生一天、一周或一学年的工作时间。如果你不是美国公民，你还需要有必要的证件，比如绿卡。

工作申请

你可以直接在办公地点获取工作申请表，也可以书面或网上申请。最好在家填写申请表，但是有些公司会要求你在工作地点填写。

使用规范语言，即你在学校所学的口语和正式文体，整齐准确地填写求职申请表。你必须如实填写表格，并注意细节。

个人资料

为了确保你在求职申请表上填写的内容准确，在填写申请表之前，你可以制作一份包含以下项目的个人情况介绍表。

- 你的姓名、家庭住址和电话号码。
- 你的社会保障号码。
- 你申请的工作。
- 你可以开始工作的日期。
- 你可以工作的天数和时间。
- 你想要的薪水。
- 你是否有犯罪记录。
- 你的教育背景。
- 你以前的工作经验。
- 你的出生日期。
- 如果有，写下你的驾驶执照号码。
- 你的兴趣爱好和获得的奖励
- 你生活过的地方。
- 你是否需要雇主提供住宿。
- 推荐人列表，这些人会告诉雇主你会做得很好，他们包括亲戚、学生、前雇主等。

推荐信

推荐信是有帮助的。你可以请老师、辅导员、亲戚和其他熟悉你的人写推荐信。推荐信应该简短扼要，先对你的情况做概述，接着简述你的重要成就，结尾应该简单描述你的性格和职业道德。

求职信

有些员工更喜欢求职信，而不是申请表。求职信就像一篇宣传你自己的文章，你需要说明你为什么是最适合这份工作的人，你有什么特殊的资格，还要包括申请表上通常能找到的所有信息。用规范语言写这封信，确保它整洁、准确。

简历

投简历的目的是让雇主能给你面试的机会。简历能告诉未来的雇主你是什么样的人，你能为他们做什么。一份好的简历会用一页或两页的提纲来概括你的优点。它应该包括下列资料。

- **身份。**包括你的姓名、地址、电话号码和电子邮件地址。
- **目标。**说明你要找的工作类型。
- **经验。**列出与你申请的具体工作相关的经验。如果你没有在相关领域工作过，列出其他工作经验。
- **教育。**包括从高中起就读的学校、入学日期，以及获得的学位。你也可以写上与你申请的工作相关的课程。
- **推荐人。**最多3个推荐人。一定要提前询问别人是否愿意作为你的推荐人。

你放在网上或通过电子邮件发送的简历被称为电子简历。有些网站允许你免费发布自己的简历。雇主会访问这些网站，以寻找新员工。你的电子简历应该遵循常规的要求：信息准确，突出你的技能，并向未来的雇主推销自己。

求职信

如果你想得到你想要的工作，你需要在简历中附上一封优秀的求职信。你可以把求职信看作自我介绍。求职信是潜在雇主首先看到的东西，它能给人留下深刻的印象。以下是写求职信的一些技巧。

- **简短。**你的求职信应该只有一页纸，不能再多了。
- **让它看起来专业。**把你的信输入电脑，然后用激光打印机打印出来，不要使用喷墨打印机，除非它能打印出非常清晰的文字。使用白色或浅黄色的纸，其他任何颜色都会分散读者的注意。在信的顶部输入你的姓名、地址、电话号码和电子邮箱地址。

- **解释你写这封信的原因。**用一句话开始你的求职信，描述你是从哪里知道职位空缺的信息。"乔安·怀特建议我与你联系，咨询市场营销部的一个职位。"或者"我写信申请你们在《太阳城日报》上刊登的招聘广告上的职位。"
- **介绍自己。**简要描述你的专业能力和背景，参考你的简历："正如你在简历中所看到的，我是一名经验丰富的编辑，有报纸和教科书方面的编辑工作背景。"然后突出具体的成就。
- **推销自己。**你的求职信应该让读者认为："这个人正是我们要找的人。"你要突出你能为公司做些什么，把你的技能与职位清单上提到的技能和职责联系起来。如果招聘广告提到了"解决问题"，请说明你在学校或工作中解决问题的经历。如果招聘广告提到了特定的技能或知识，请在信中说明你对技能或知识的掌握程度（还要确保这些技能都包括在你的简历中）。
- **提供所有要求的信息。**如果招聘广告要求你提供"薪资要求"或"过往薪资"，请在求职信中写下这些信息。但是，你不必给出具体数字，你可以说："我的工资为每小时10美元到15美元。"如果雇主没有要求你提供薪资信息，就不要提供。
- **要求面试。**你已经推销了自己，现在要包装自己。要自信，但不要咄咄逼人。"如果你同意我成为贵公司的一员，请拨打电话（写下你的电话号码）。在你方便的时候，我可以去面试。"最后，你要感谢这个人。"谢谢你的考虑，我期待收到你的回复。"在结尾，你要签名。
- **检查错误。**反复阅读你的信，确保每句话都是正确的，没有拼写、标点和语法错误。不要依赖计算机的拼写检查器或语法检查器。

如果你把"to the"输入成了"tot he"，拼写检查器是检测不出来的。一个好办法是让别人阅读你的信，他可能会注意到你忽略的错误。

 ## 面试

了解如何充分准备和跟进面试，对你的职业成功至关重要。在人生的不同时期，你可能会面试老师、主管等不同职位。正如一份优秀的简历对于打开面试的大门至关重要一样，面试技巧对于你迈出最好的一步，抓住机会也至关重要。

研究公司

让雇主相信你了解自己应聘的这个领域并对该领域很感兴趣，这一点很重要。公司提供什么产品或服务？最近的发展情况怎么样？面临着怎样的竞争？用你的研究证明你对公司的了解。

准备向面试官提的问题

准备好要问面试官的问题，以下是一些示例。

- "我的职责是什么？"
- "你能描述一下我的工作环境吗？"
- "在公司晋升的机会有多大？"
- "你们提供培训吗？"
- "你能告诉我在这里工作的人的一些信息吗？"

着装得体

你永远不会有第二次机会给人留下良好的第一印象。非语言交流占交际的90%，所以得体的着装是很重要的。每个工作适合的着装都不相同，你应该穿适合你申请的职位的衣服。在大多数情况下，穿干净、保守的中性职业装比较安全。要注意打扮，化淡妆，少戴首饰，确保你的指甲和头发干净且修剪整齐。不要带大钱包、背包、书或外套，只需携带一叠纸、一支笔，以及简历和推荐信的复印件，把它们放在一个小文件夹里。

表现良好

面试时要举止得体。你要对你遇到的每一个人有礼貌。放松并专注于你的目的：尽可能给人留下最好的印象。

- 准时。
- 保持镇定和放松。
- 避免紧张。
- 避免讲话时使用如"嗯"和"比如"等词。
- 直视面试官的眼睛，自信地讲话。
- 使用非语言技巧来增强自信，比如一次有力的握手。
- 通过表现理解不同观点的存在来体现自己的成熟。
- 除非被要求，否则不要直呼别人的名字。
- 知道面试官的名字、头衔，以及面试官名字的发音。
- 在面试官坐下之前不要坐下。
- 不要过多谈论你的个人生活。
- 永远不要说前雇主的坏话。

为一般的面试问题做准备

你永远无法确定面试中会发生什么，但你可以为常见的面试问题做好准备。有些面试问题是非法的。面试官不应该问你的年龄、性别、肤色、种族或宗教信仰。雇主不应该问你是否已婚或怀孕，或质疑你的健康情况。

现在花点时间想想你的答案。你甚至可以把它们写下来，以理清你的想法。

面对所有面试问题的关键是要诚实、积极。把你的答案集中在适用于你应聘的工作的技能和能力上。和朋友练习回答以下问题。

- "谈谈你自己。"
- "你为什么想在这家公司工作？"
- "你对上一份工作有什么喜欢不喜欢的地方？"
- "你最大的成就是什么？"
- "你最大的优点是什么？"

- "你最大的缺点是什么？"
- "你喜欢和别人一起工作还是单独工作？"
- "你的职业目标是什么？"或者"你认为5年后自己会是什么样子？"
- "请给出一个你在短时间内处理大量工作的例子。你是怎么做到的？"
- "你是否与一个不好相处的人密切合作过？你是如何处理这种情况的？"

面试后

面试后，你一定要感谢面试官付出的时间和精力。别忘了跟进面试，问一问："下一步是什么？"如果你被告知几天内可以打电话了解情况，要等两三天再打。

如果面试顺利，雇主可能会打电话给你，给你这个工作机会。了解这份工作的条件，包括职位和薪水，你要决定你是否想要这份工作。如果你决定不接受这份工作，写一封拒绝信，要有礼貌，并感谢对方。你可以给出一个不接受这份工作的简短理由，并为将来的工作敞开大门。

接下来写一封信

面试结束后，写一封感谢信，表明你对这份工作的态度、兴趣和热情。这也能体现出你做事有条理。信要写得简洁而有礼貌，谢谢面试官，并再次推销自己。

接受新工作

如果你决定接受这份工作，写一封接受信。这封信应该包括你的感谢、接受工作邀请的意愿表达、有关雇用条件（工资、工作时间、福利）及开始工作的时间的信息。这封信要写得简洁准确。

开始新工作

第一天上班你会很忙，提前确定着装要求，并穿着得体；学会恰当地完成每一项任务，当你需要帮助时，寻求帮助；了解公司的规章制度。

第一天你要做一些文书工作，带上你的个人资料。你需要填一些表格。通过表格W-4，你的雇主知道应该扣多少税。你可能还需要填写表格I-9，这表明你可以在美国工作。你还需要提供你的社会保障号码并证明你可以在美国工作。你可以带上你的护照、入籍证明，或者你的美国国籍证明。如果你不是美国的永久居民，带上你的绿卡。如果你是美国居民，你需要携带你的工作许可证。在一些州，如果你不满16岁，你需要办理不同类型的工作许可证。

在一些州，你可能会被要求参加体检，作为就业的必要条件。这可能是为了你和你的同事的安全，特别是在使用机器或其他设备时。

重要的技能和品质

你不会独自工作。你需要学习与人相处和合作的技能。在职场中，你需要具备与人相处的良好品质，包括积极、有同情心、对他人感兴趣、理解差异，以及表示尊重。如果你表现出良好的工作能力，雇主可能会提拔你或给你加薪。你也必须和雇主沟通。例如，你生病或上班迟到，你应该尽快打电话给你的雇主。要想成为一名优秀的员工并在工作中取得成功，以下几点是必不可少的。

- 合作。
- 良好的品质。
- 有责任感。
- 完成已开始做的事情。
- 工作要快，而且要做好。
- 有很强的职业道德感。
- 在没有监督的情况下也能很好地工作。

- 与他人合作愉快。
- 拥有主动权。
- 对你所做的事表现出热情。
- 准时。
- 充分利用你的时间。
- 遵守公司的规章制度。
- 忠诚。
- 拥有良好的习惯。

 ## 离职

如果你正在考虑辞职或将被解雇，你将面临职业生涯中的一次困难。辞职的第一步是准备一封简短的辞职信，在你与上司的会面结束时交给他。辞职信要简短扼要，感谢公司给你提供的机会，不要列出工作中出现的错误。

友好地离开，别忘了要推荐信，不要谈论你的雇主或任何同事。当你申请新工作时，不要对雇主说消极的话。被解雇会让你感到愤怒或沮丧，试着把它看作一个改行的机会。如果可能的话，协商一个好的离职补偿方案。了解你可能享有的福利，也许公司会向你提供求职服务或咨询，为你寻找新的就业机会。

采取行动

是时候采取行动了，记住你在寻找这份工作时创建的关系网和联系人列表，向朋友、家人和其他熟人寻求支持，考虑加入一个求职社群。评估你的技能，如果必要，升级这些技能。审视你的态度和职业选择，决定你想要的方向，然后继续前进!